탈공업화 함정과 낡은 질서의 붕괴 그리고 대변환의 시작

탈공업화와 시장시스템들의 붕괴 그리고 대변환

최배근

집문당

머리말

탈공업화 함정과 낡은 질서의 붕괴 그리고 대변환의 시작

미국 여론조사 전문업체인 갤럽에 따르면 세계 인구 70억 명 중 경제학에서 생산활동이 가능한 인구로 분류되는 15세 이상 인구가 50억 명이고, 그 중 30억 명이 일하고 있거나 일하고 싶어 하는 반면 이들 중 12억 명만이 상근 정규직이다. 그런데 향후 전망은 더욱 비관적이다. 일부에서 2030년까지 전 세계에서 20억 개의 일자리가 사라질 것 혹은 20년 안에 현재 일자리의 3개 가운데 1개가 소멸할 가능성을 전망하고 있기 때문이다. 이처럼 세계는 '일자리 전쟁'을 벌이고 있다. '일자리 전쟁'은 다수의 사람들이 사실상의 생존 위협에 시달리고 있음을 의미한다.

일자리 전쟁과 생존 위협의 증대는 시스템 실패를 의미한다. 개인의 문제에서 비롯된 것이 아니기 때문이다. 일자리와 소득의 양극화, 수많은 청년 실업, 고용 없는 성장, 임금 없는 성장, 부채에 의존하는 성장 등은 시스템 실패의 현상에 불과하다. 인류 세계는 지난 200년 넘게 산업화와 시장시스템들을 통해 물질적 부를 증진시키고 대다수 개인의 먹고 사는 문제를 해결했다. 산업사회란 기본적으로 공업화를 의미한다. 즉 인류 세계는 산업혁명 이래 적어도 1960년대까지 소득과 일자리의 증대를 제조업에 의지해왔다. 그런데 국가마다 차이가 있지만 60년대 이후부터 탈공업화가 진행되기 시작했다. 예를 들어, 미국의 경우 제조업 종사자의 비중이 1960년 28.4%에서 2013년까지 8.8%로 축소되었고, 특히 2000년 이후 제조업 일자리는 거의 30%나 감소하였다. 즉 2000년 1,730만 명에서

2011년 1,160만 명으로 570만 명, 즉 33%가 하락했다. 미국의 일자리 증가율이 1970년 이후부터 하락하기 시작한 배경이다. 즉 미국의 일자리 증가율은 70년대 연평균 2.6%, 80년대 1.6%, 90년대 1.3%, 그리고 2000년대는 0.9%로 지속적으로 하락해왔다.

다른 주요국들도 정도 차이가 존재하지만 비슷한 패턴을 밟고 있다. 독일이 1960년 29.8%에서 2012년 20.0%, 프랑스는 22.2%에서 8.9%, 영국은 26.2%에서 8.9%로 하락하였다. 한국도 예외는 아니다. 일본이 27.6%(1974년)에서 16.8%(2011년)으로 감소하는 데 37년이 소요된 반면, 한국은 27.6%(1991년)에서 16.9%(2011년)로 감소하는 데 20년이 소요될 정도로 '압축적 탈공업화'가 진행되고 있다. 탈공업화는 제조업 종사자의 하락뿐만 아니라 산출량에서도 확인된다. 예를 들어, G7 국가에서 GDP 대비 제조업의 비중(2010년 기준)은 영국과 프랑스가 10%, 캐나다 11%, 미국 12%, 이탈리아 15%, 독일 19%, 일본 20%에 불과한 실정이다. 물론, 이러한 탈공업화는 제조업 산출량이 1987~2013년간 60% 이상이 증가할 정도로 생산성 향상에서 비롯한 것이었다. 그럼에도 불구하고 GDP 대비 제조업 생산액의 비중(경상가격 기준)이 1960년 25.2%에서 2011년에는 11.6%로 하락하였다.

탈공업화가 야기한 고용시스템의 약화는 가계부채의 증가와 '금융화'로 이어졌다. 일자리 창출 역량의 약화와 임금소득의 정체 등은 가계의 소득 창출 역량을 저화시킴으로써 가계부채를 증가시킨 반면, 제조업의 수익률 악화로 새로운 수익원을 찾던 자본의 이해는 신용의 급증을 수반한 '금융화'로 이어졌다. 역설적이지만 가계의 '채무화'는 다름 아닌 금융의 성장을 의미하기 때문이다. 이런 점에서 지난 30년간 금융발전으로 포장된 과잉금융('금융화')은 정상궤도에서의 이탈을 의미하였다. 과잉금융은 미국 금융을 포함해 세계 금융을 셧다운시킨 그림자 금융을 만들어내는 등 금융시스템의 이탈에서 그친 것이 아니었다. 사회의 주요 시스템들이 금융의 이해에 따라 재구성되면서 사회보장시스템과 모기지시스템 등 주요 시스템들의 탈구(dislocations)를 만들어냈다. 90년대부터 '청년 실업'과

'고용 없는 성장' 현상이 나타났듯이 고용시스템의 약화 속에 혁신시스템과 교육시스템의 위기로 확산되었다. 2000년대 이후 '혁신의 실종'과 일자리와 관련된 대학교육의 효과성 약화 등이 그것이다. 이처럼 2000년대 이전까지 사회 주요 시스템들의 순기능이 약화되자 정치권은 이에 대응하여 미래소득을 끌어다쓰는 '부채에 의존한 성장(전 사회의 채무화)'을 선택하였고, 그 결과는 과잉부채와 과잉신용의 심화 그리고 '대 금융위기(the Great Financial Crisis)'였다.

80년대 후반부터 '대 금융위기' 전까지 약 20년간의 이른바 '대 안정기(the Great Moderation Era)'는 결국 부채로 포장된 것이었음이 금융위기 이후 드러났다. '대 금융위기' 이후 선진국은 물론이고 신흥시장국의 향후 성장 전망을 IMF가 계속 하향 조정하고 있는데 이는 '대 금융위기' 이전의 장기 성장률이 과대평가되었음을 보여주는 것이다. 사실, 부채에 의한 성장 기여분을 제외하더라도 선진국 경제는 80년대 이후부터 성장률의 둔화가 진행되었고, 신흥시장국의 성장률 역시 '대 금융위기' 전인 2005년경부터 이미 둔화되기 시작했다.

'대 금융위기'로 세계 경제는 중요한 분기점을 맞이하고 있다. '대 금융위기' 이후 글로벌 경제의 장기불황은 시장시스템들이 제대로 작동하지 않고 있음을 보여주는 것이다. 실제로 2007년 '대 금융위기'가 발발한 지 8년이란 시간이 흘렀음에도 불구하고 그 발발 원인은 해결되지 않고 있다. 즉 세계 경제의 GDP 대비(금융부문을 제외한) 총부채는 해소되기는커녕 오히려 '대 금융위기' 이전에 비해 40%포인트나 증가했다. 리먼 브러더스 파산 이후 5년간(2008~13년간) GDP 대비 (금융부문을 제외한) 부채는 미국과 유럽과 영국에서 각각 23, 25, 19%포인트나 증가했고, 신흥시장국과 중국의 경우도 각각 30, 72%포인트 증가했다. 즉 과잉부채 문제를 새로운 부채로 덮었음을 보여준다. 미래소득의 사용을 의미하는 부채가 증가한다는 것은 기대만큼 성장이 이루어지고 있지 않기 때문이다. 첫째, '대 금융위기' 이후 미국경제의 회복은 기본적으로 정부와 중앙은행(연준)의 부채 증가에 의한 것이었다. 게다가 고용의 내용이나 GDP 대비 투자 비중 등에서 보듯이 경기회복도 건강하지 못하다. 금리를 쉽게 정상화시키지 못하는 이유이다.

둘째, 90년대 초부터 20년 넘게 장기불황을 겪는 일본경제가 선택한 수단도 미국과 마찬가지로 정부와 중앙은행(일본은행)의 부채 증가에 의한 것이다. 문제는 규모만 달라졌을 뿐 이미 실패가 입증된 방식이라는 점이다. 오히려 일본 정부의 파산이 앞당겨질 가능성이 높아지고 있다. 셋째, 2010년부터 본격적으로 진행된 '유로존 위기'로 2012년까지 증가했던 유로존의 GDP 대비 전체 부채는 2009년 수준으로 하락했다. 독일 등 유럽의 채권국들이 유럽중앙은행(ECB)과 재정위기 국가들의 부채 증가에 부정적이기 때문이다. 미국과 일본처럼 유럽중앙은행(ECB)의 부채 증가를 억제한 대가가 경기침체와 디플레이션 압력의 증대 등 '유로존의 일본화'이다. 유로존은 두 가지 핵심문제를 갖고 있다. 미국과 일본처럼 탈공업화 함정에서 벗어나는 문제와 '보다 깊은 통합'을 위해 초국가 협력의 정치 리더십을 만들어내야 한다. 후자는 초국가 단위에서 '집단행동의 딜레마' 문제를 해결하는 문제로 국민국가와 국민경제라는 근대의 패러다임을 극복하는 과제라는 점에서 탈공업화와 맥을 같이 한다. 이처럼 주요국의 경제위기는 산업화와 근대화 패러다임의 종언에서 비롯하기에 일시적으로 해결될 문제가 아니다. 최소한 장기저성장이 불가피한 배경이다. 낡은 질서는 붕괴되었는데 새로운 질서가 도래하지 않는다는 점에서 '위기'인 것이다.

마지막으로, 최근 중국의 경기 둔화는 일시적 현상이 아니라 구조적 문제에서 비롯한 것이다. 중국은 개혁을 통해 '공유된 성장'을 이루어냈지만 90년대 후반 성장이 둔화되면서 개방을 가속화하였고, 그 결과 성장률을 증대시켰지만 불평등이라는 비용을 지불해야만 했다. 게다가 중국 역시 탈공업화가 진행되며 고용 창출 역량을 급속히 약화시키고 불평등도 증대시키고 있다. 즉 탈공업화와 개방이 심화될수록 불평등도 악화되었고, 그 결과 내수(가계소비)가 약화되면서 성장을 둔화시키는 요인으로 작용하였다. 그러나 금융위기 직전까지는 부채에 의한 선진국 성장에 힘입은 수출 증대가 내수 약화를 상쇄시켰다. 문제는 금융위기 이후 세계 무역이 크게 둔화되면서 중국의 수출증가율 역시 크게 하락하였고, 이에 대해 중국 정부는 (국영기업 중심으로) 은행 신용 지원을 통해 기업투자 증가로 대응하였다. 그러나 (선진국이 보여주었듯이) 부채에 의존한 성장은 지속 불가능하다. 실제로 부채 한 단위당 성장이 급감하고 있다. 이처럼 내수의 취약성이 지속되는 가운데 수출 및 부채 주도의 성장 약화가 중국 성장 둔화의 배경이다. 즉 중국의 탈공업화와 불평등 그리고 세계 경제의 장기저성장이 구조적이라는 점에서 중국의 성장 둔화 역시 구조적일 수밖에 없다.

지금까지 소개한 주요국들의 시장시스템들은 각자의 독자성을 가지고 인류세계에 나름의 족적을 남긴 시스템들이었다. 그런데 세계 경제의 주역으로 활약해왔던 시장시스템들이 더 이상 역동성을 발휘하지 못하고 있다. 즉 각각의 시장시스템들은 그 차이에도 불구하고 탈공업화 함정에 놓여 있다. 산업사회라는 한 시대가 막을 내리고 있는 것이다. 여기까지가 이 책에서 다루는 내용들이다. 주요시장시스템들의 종언은 한국 경제상황의 이해에 시사하는 바가 많다. 압축적 공업화가 압축적 탈공업화와 고령화로 이어지며, 그 결과 일자리 및 소득 양극화, 청년 실업, 고용과 임금 없는 성장, 수출에 목을 매는 경제구조, 부채에 의존한 성장 등 주요 시장시스템들의 문제가 한국 경제에 모두 응집되어 있기 때문이다.

마지막으로 탈공업화의 함정에서 벗어나기 위해서는 새로운 질서가 필요하다. 경제활동이 아이디어집약적으로 변화하듯이 무형재경제에 부합하는 교육방식, 금융모델, 사회 및 경제 운영원리 등이 필요하고, 민주주의 또한 업그레이드시켜야 한다. 이 부분은 이 책에서 다루는 주제들은 아니다. 별도의 책(「탈공업화와 무형재경제 그리고 협력의 경제학」, 2015)에서 다루고 있다. 두 책의 출간을 지원해 준 집문당 출판사에 감사의 말을 남기고 싶다.

목 차

第6장 탈공업화와 일본 네트워크 시장시스템의 파산 / 389

第7장 중국, 또 다른 시장시스템 –지속 불가능한 베이징 모델과 팍스시니카의 환상– / 439

제1장 ▸

탈공업화와 이행기의 도래

이른바 '다보스포럼'으로 불리는 '2012 세계경제포럼(WEF)'에서 '거대한 변환: 새로운 모델 만들기(The Great Transformation: Shaping New Models)'라는 주제를 내걸고 '자본주의 실패'에 대한 논쟁이 벌어졌다. '다보스포럼'이 구체적 성과를 만들어내지 못했지만 세계 경제가 전환점을 맞이하고 있다는 사실은 대다수가 동의하는 분위기였다. 서구사회에서 엘리트층을 중심으로 자본주의 한계와 실패가 거론되는 근본 이유는 제도와 시스템으로서 자본주의의 혁신 역량이 고갈되었기 때문이다. 산업화 역사의 2세기 동안 시장시스템들[1]이 반복적인 경기순환 속에서도 지속적인 진화를 계속할 수 있었던 것은 역기능에도 불구하고 가치 창출이라는 순기능을 발휘할 수 있었기 때문이다. 즉 영국 산업화의 출발 시점인 1770년대부터 약 200년간 세계경제는 시장시스템에 기초해 새로운 시대를 만들어냈다. 무엇보다 성공적인 산업화로 이전 시기와는 비교가 되지 않을 정도로 소득을 증대시켰다. 이를 기반으로 인류 세계는 민주주의 발전도 이루어낼 수 있었다. 서구사

1 시장경제나 시장시스템은 각 사회마다 고유의 특성을 가지고 있기에 복수로 지칭한다.

회의 보수와 진보 양 진영이 1960년대 대타협을 통해 복지국가를 건설할 수 있었던 것도 성공적 산업화로 가능한 것이었다. 즉 서구사회의 보수와 진보 양 진영은 세 가지 최소 지점에 합의를 만들어낼 수 있었다. 첫째, 경제성장의 결과가 균등하게 배분되지 않지만 대다수가 혜택을 향유할 수 있다는 믿음을 가질 수 있었고 그 결과 경제를 기본적으로 시장에 의해 운용한다는 점에 합의하였다. 둘째, 시장 경쟁이 제대로 작동하기 위해서는 공정성이 전제되어야 하고, 이는 구성원 모두가 자신의 능력을 발휘할 기회를 갖는 것을 의미하기에 최소한의 공정성을 확보하기 위해 구성원 모두에게 균등한 교육 기회를 제공한다는 점에 합의하였다. 셋째, 그럼에도 불구하고 시장 경쟁에서는 낙오자가 존재할 수밖에 없기 때문에 낙오자에게도 최소한의 사회안전망의 제공이 필요하다는 점에 합의하였다.

그러나 1960년대 말부터 서구 시민사회의 합의에는 균열이 가기 시작했고, 1970년대 중반 이후부터 성장은 소수에게 집중되었다. '함께 하는 성장(공유된 성장)'에서 '소수가 혜택을 독점하는 성장'으로의 변화는 선진국의 시장시스템들이 일자리와 가치 창출 역량이 하락하면서 일자리와 소득의 양극화 현상이 나타났기 때문이다. 게다가 (제조업을 중심으로) 자본의 수익률이 하락하면서 신자유주의를 바탕으로 자본과 보수 진영은 감세와 사회적 지출의 축소, 시장개방 등 신자유주의 정책을 추진하였다. 그 결과가 소득불평등의 심화였고 가계부채의 증가였다. "전체 경제 활동에서 금융산업의 지배력과 기업 경영에 대한 금융 통제가 증가하는, 즉 경제 중력의 중심이 생산에서 금융으로 이동"하는 '금융화(financialization)'가 진행된 배경이기도 하다. 금융이 산업이냐에 대해서는 논란이 있지만, 금융이 산업이라 하더라도 속성상 홀로 발전하는 것은 불가능하다. 그런데 금융화는 과잉금융, 즉 실물에 비교한 금융의 과잉 성장이었기에 하나의 '사회적 탈구(social dislocation)'였다. 그렇기에 '금융화'는 GDP 대비 부채의 비중이 커지는 '채무화'였다. 자금중개가 고유 기능이고 조달한 자금을 운영해 수익을 추구하는 은행 영업의 특성 상 은행 자산의 대부분은 부채일 수밖에 없다. 따라서 GDP 중 금융부문의 이익이 차지하는 비중이 과도하게 커지는 금융의 과잉 성장이란 다름 아닌

GDP 대비 부채의 성장을 의미한다. 즉 미래의 안정적인 소득이 확보되지 않는 상황에서의 금융화는 다름 아닌 가계의 채무화를 의미할 수밖에 없다. 실제로 소득불평등이 확대될수록 가계의 소득 대비 부채의 원리금 상환액이 차지하는 비중(DTI, Debt To Income) 및 GDP 대비 은행의 민간대출(신용) 비율이 증가하는 공진화 현상이 위기 직전에 반복적으로 나타났다. 저소득층의 실질소득과 고용 안정이 개선되지 않다보니 가계부채 증가는 지속되었고 결국 금융위기를 야기한 금융취약성으로 이어졌다. 게다가 서민들의 기본적인 삶이 위협받는 상황에서 정치인들은 단기적 효과를 갖는 포퓰리즘 정책(예: 주택금융지원에 의한 주택시장부양책)을 선택하였고, 이러한 임기응변식 대응은 상황(예: 가계와 금융 부문의 대차대조표 취약성)을 악화시켰을 뿐이다

이처럼 금융위기의 주요 원인으로 작용한 소득불평등의 심화와 금융화가 기본적으로 일자리와 가치 창출 역량의 저하에서 비롯한 것이라는 점에서 70년대 이후 시장시스템은 하나의 제도로서 더 이상 대다수 사회 구성원의 안정적인 삶을 보장해주지 못하고 있는 것이다. 상호 연관된 고용시스템-금융시스템-사회보장시스템-주거시스템-교육시스템-혁신시스템 등 모두가 제대로 작동하지 않게 된 이유이다. 2007년 8월 9일 프랑스 최대 은행인 BNP 파리바(Paribas)가 자신이 운영하던 펀드 3개의 상환 유예를 선언하면서 실체를 드러내기 시작했던 '글로벌 금융위기(the global financial crisis, GFC)'[2]는 자본주의 역사 속에 주기적으로 발생했던 과거의 금융위기와 다른 이유이다. 규모의 차이가 아니라 발생 원인에서 근본적인 차이를 갖고 있는 것이다. 다보스포럼에서 '거대한 변환'이라 불렀듯이 금융위기는 한 시대가 막을 내리면서 발생한 사건이다. 마찬가지로 90년대 초 이래 지속되고 있는 일본의 '장기불황'이나 '유럽의 일본화(Japanification or Japanization of Europe)'에 대한 우려까지 나오는 '유로존 위기'의 지속 등도 기본적으로는 일본형 시장경제(네트워크형 시장시스템)나 유럽형 시장경제의 붕괴를 의

2 일부에서는 '대 금융위기(the Great Financial Crisis)' 혹은 '북대서양 금융위기(the North Atlantic financial crisis)' 등으로 부르기도 한다.

미한다. 오늘날 이른바 선진국이라 불리던 사회에서 '국민적 좌절감'이 독버섯처럼 자라는 배경이다. 심지어 지난 30년 이상 역동성을 보이던 중국식 사회주의 시장경제 역시 공업화가 심화되며 분기점을 맞고 있다. 이는 산업화와 시장경제가 한 쌍이라는 점에서 당연한 결과이다. 이처럼 우리는 지난 2세기 이상 세계경제의 발전을 주도해왔던 주요 시장시스템들의 위기를 목도하고 있다. 15세기 전후부터 18세기 중반까지 자본주의 이행기를 거쳐 산업화와 자본주의 시대로 진입했듯이, 훗날 역사가들은 이 시대를 새로운 시대로의 이행기라 부를 것이다. 인류 세계가 적어도 1770년대부터 산업화 시대로 확실히 진입했지만, 그 이전 약 200년간의 이행기를 거쳤듯이 현재의 인류 세계는 산업화 이후의 새로운 시대로의 진화에 직면하고 있다.

경제적으로 새로운 시대의 방향은 탈공업화와 탈물질화에서 그 단서를 찾을 수 있다. 프랑스 국가 통계기관(INSEE: Institut national de la statistique et des études économiques, the French national statistical institute)의 정의에 따르면 "산업은 시장 판매 목적의 물질 재화를 생산하기 위해 생산요소를 결합시키는 경제활동들로 구성한다. 그리고 여기서 '재화'란 수요가 존재하고 소유권이 설정될 수 있는 물질 대상이다." 그러나 애플, 구글, IBM, 마이크로소프트, 버라이즌(Verizon), 페이스북, 오라클(Oracle), 아마존 등에서 보듯이 (2014년 3월 11일 기준) 미국 주식시장에서 총액 기준 상위 20대 기업의 대부분은 이른바 '공장 없는 재화 생산자들(Factoryless Goods Producers, FGPs)'이다. '경제의 탈물질화' 혹은 '경제성장의 탈물질화(dematerialisation of growth)'는 무형가치 혹은 무형재가 가치 창출을 주도하고 있음을 의미한다. 그런데 무형재는 제조업과 전혀 다른 경제 원리가 작용한다. 즉 경쟁과 사유재산권 그리고 합리성이 작동하는 제조업과 달리 무형재의 경우 협력과 공유 그리고 호혜성이 작동한다.[3] 많은 사람들이 2000년대 IT 혁명 이후의 장밋빛 청사진을 제시했음에도 불구하고 정체를 보인 이유도 IT를 비롯한 새

---

3 이에 대해서는 최배근, 2015, 「탈공업화와 무형재경제 그리고 협력의 경제학」, 집문당 참고.

로운 산업들이 갖는 비제조업적 특성을 이해하지 못한 데서 비롯한다. 마찬가지로 탈공업화 이후 여러 국가들에서 대체산업으로 창조산업을 육성했음에도 그 성과가 만족스럽지 않은 이유도 마찬가지이다. 즉 많은 사람들이 지식사회나 정보사회가 산업사회와 다르다고 얘기하면서도 새로운 사회를 바라보는 기본적인 시각과 패러다임은 여전히 산업사회를 만들어 냈던 지적 체계나 산업사회에서 작동했던 패러다임에 기초하고 있기 때문이다. 즉 인류 세계는 산업화 이후 무형재경제로의 전환이라는 새로운 단계로 진화해야 하는 과제에 직면하고 있다. 먼저 탈공업화 충격과 그 결과를 살펴보자.

제1절 탈공업화의 충격과 새로운 이행

탈공업화의 상황

1960년대 말 미국을 필두로 70년대까지 주요 선진국들은 산업화를 완료하였다. 미국의 경우 제조업 종사자의 비중은 1960년 28.4%, 1970년 26.4%, 1980년 22.1%, 1990년 16.8%, 2000년 14.4%, 2013년 8.8%로 지속적으로 축소되었고, 특히 2000년 이후 제조업 일자리는 거의 30%나 감소하였다. 2000년 1,730만 명에서 2011년 1,160만 명으로 570만 명, 즉 33%가 하락했다. 2013년에 1,200만 명으로 다소 회복되었음에도 불구하고 2010년 8.9%였던 제조업 종사자 비중은 2013년에 8.8%로 하락하였다. 다른 선진국도 정도 차이가 존재하지만 비슷한 패턴을 밟고 있다. 독일이 1960년 29.8%에서 2012년 20.0%, 프랑스는 22.2%에서 8.9%, 영국은 26.2%에서 8.9%로 하락하였다. 한국도 예외는 아니다. 일본이 27.6%(1974년)에서 16.8%(2011년)으로 감소하는 데 37년이 소요된 반면, 한국은 27.6%(1991년)에서 16.9%(2011년)로 감소하는 데 20년이 소요될 정도로 '압축적 탈공업화'가 진행되고 있다.

탈공업화는 제조업 종사자의 하락뿐만 아니라 산출량에서도 확인된다. 예를 들어, G7 국가에서 GDP 대비 제조업의 비중(2010년 기준)은 영국과 프랑스가 10%, 캐나다 11%, 미국 12%, 이탈리아 15%, 독일 19%, 일본 20%에 불과한 실정이다.[4] 물론, 이러한 탈공업화는 제조업 산출량이 1987~2013년간 60% 이상이 증가할 정도로 생산성 향상에서 비롯한 것이었다. 그럼에도 불구하고 GDP 대비 제조업 생산액의 비중(경상가격 기준)이 1960년 25.2%에서 2011년에는 11.6%로 하락하였다. 이러한 추세는 제조업의 중요성 약화를 의미하지는 않는다. 농업의 중요성이 없어지지 않았듯이 제조업 역시 여전히 중요한 산업이다. 단지, 보다 적은 노동력으로 인간이 원하는 양을 만들어낼 수 있게 된 것이다. 과거 농업이 그랬듯이, 제조업의 생산성 증대가 역설적으로 제조업의 일자리 창출 역

표 1-1. 미국 제조업의 고용, 산출량, 노동생산성의 연평균 증가율, 1960~2013년

	1960~79	1980~99	1990~99	2000~09	2010~13
고 용					
제조업	1.1	-0.5	-0.4	-3.4	0.2
전 체	2.0	1.6	1.6	-0.2	1.0
산출량					
제조업	3.9	3.5	3.6	-1.0	4.0
전 체	3.8	3.2	3.7	1.8	2.9
일인당 산출량					
제조업	2.8	4.0	4.0	3.0	3.9
전 체	1.8	1.6	2.0	2.0	1.9

출처: T. Moran and L. Oldenski, 2014, "The US Manufacturing Base: Four Signs of Strength," PIIE No. PB 14-18.

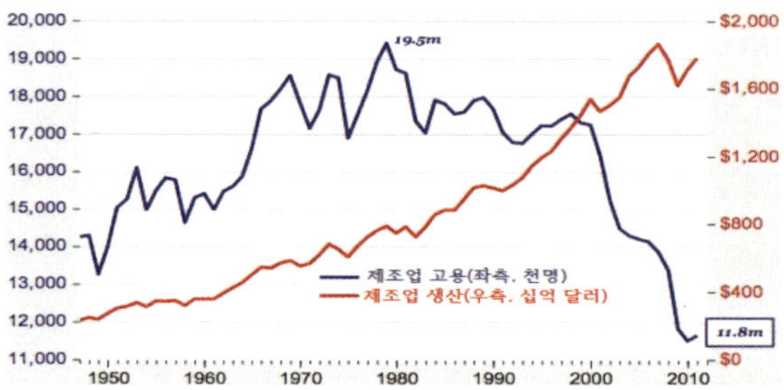

출처: J. Walsh, 2012 "The Myth of U.S. Manufacturing Decline," (Oct. 15). http://www.counterpunch.org/2012/10/15/the-myth-of-u-s-manufacturing-decline/

그림 1-1. 미국 제조업의 고용과 생산액, 1947~2010년

4 K. Aiginger, 2014, "Industrial Policy for a Sustainable Growth Path," WIFO Working Papers No. 469, Figure 4, p. 14.

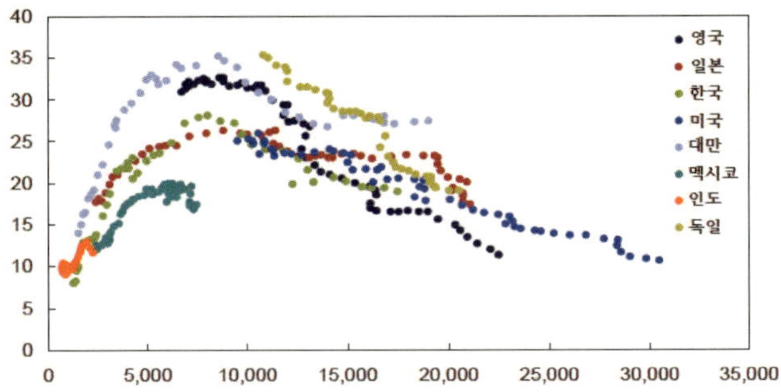

주: 1990년 PPP 조정 GDP.
출처: MGI, 2012, "Manufacturing the future: The next era of global growth and innovation" (Nov.), Exhibit 1.

그림 1-2. 제조업의 고용 비중(%)과 일인당 국민소득의 관계

량의 감소로 나타난 것이나.

산업화가 완료되면 대체적으로 일인당 국민소득이 1만 달러 수준에 도달한다. 이른바 중산층사회가 확립된다. 즉 1만 달러 이후 고용 측면에서 탈공업화가 진행된다. 산업화와 더불어 민주주의가 발전하는 이유이다. 반면, 부가가치 기준에서 GDP에서 제조업이 차지하는 비중은 30～40% 수준에서 정점에 도달한다. 세계의 공장이라는 중국도 2000년대 후반 33%에 도달한 이후 최근 하락세로 전환되었다. 주요국 경제 대부분이 산업구조의 업그레이드와 산업체계의 다양화에 직면하고 있음을 의미한다.

미국경제력의 약화와 제조업의 과잉생산

미국은 2차 대전이 끝났던 1945년에 세계 GDP의 40%와 세계 제조업 생산의 약 절반을 차지했다.[5] 그러나 전후 일본과 서유럽 국가들의 경제가 회복되면서 이들 국가와 미국 간의 경쟁력 격차는 빠르게 축소되었다. 미국의 제조업 생산이 지속적으로 상승했음에도 불구하고 세계 제조업 생산에서 미국이 차지하는 비중은 1970년까지 28%로 축소되었고, 2010년에는 19% 밑으로까지 하락했다.

5 P. Kennedy, 1987, "The (Relative) Decline of America," *The Atlantic Monthly*, p. 29 (August).

그 결과 미국은 1960년대 후반부터 일본과 서독 등에 대해 무역적자를 보이기 시작했다. 국가와 지역마다 공업화의 전개 과정에 차이는 있지만 기본적으로 60년대까지 미국과 서유럽 국가들 그리고 일본 등은 중화학 공업화를 완료한다. 즉 공업 생산력의 비약적인 발전으로(상대적) 과잉 공급의 문제에 직면하게 된다. 70년대 이후 공업화가 신흥시장국[6]으로 확대됨에 따라 제조업의 공급 과잉은 더욱 심화된다. 특히, 1980~2010년간 산업생산이 1,345%나 증가한 결과 현재 제조업 생산에서 미국을 앞지르고 있는 중국의 공업화로 오늘날 제조업의 공급 과잉은 세계경제의 구조적 문제가 되었다.[7]

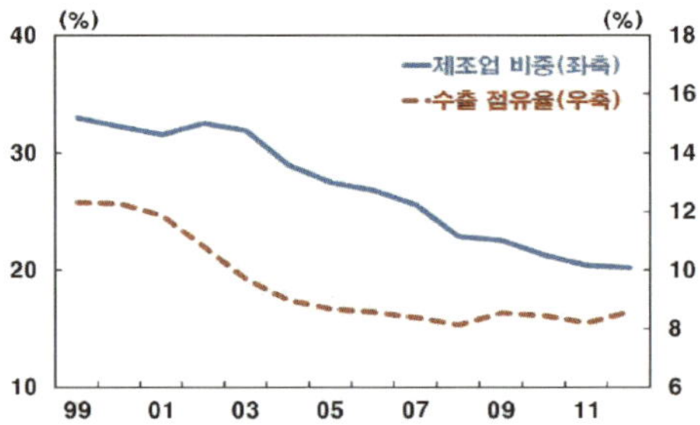

출처: 권상준, 2014, "미국의 일자리 양극화 현황 및 시사점," 한국은행 「국제경제리뷰」, 제2014-24호.

▌그림 1-3. 미국 제조업의 세계 비중과 시장 점유율

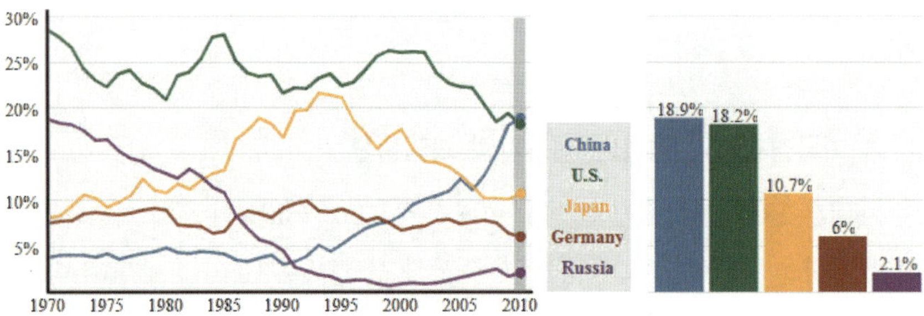

출처: Economist, "The share of world's manufacturing."
http://economistonline.muogao.com/2012/05/the-share-of-worlds-manufacturing.html

▌그림 1-4. 세계 제조업에서 주요국이 차지하는 비중

6 1981년 국제금융공사의 Antoine van Agtmael이 부정적 의미를 갖는 제3세계의 대체 용어로 처음 사용.
7 J. Walsh, 2012 "The Myth of U.S. Manufacturing Decline" (Oct. 15).
http://www.counterpunch.org/2012/10/15/the-myth-of-u-s-manufacturing-decline/

제조업의 공급 과잉에 따른 경쟁의 격화는 자본의 이윤율 하락으로 이어졌다. 〈표 1-2〉에서 보듯이 1960년대까지 대체적으로 25% 이상을 유지했던 주요 선진국의 제조업 이윤율은 1965년에 미국을 필두로 하락하기 시작하여 1980년대

▌표 1-2. 전후 선진국의 법인기업 전체 및 제조업의 순이윤율(단위: %)

연 도	선진국	미국 외 선진국	유 럽	프랑스	독 일	일 본	영 국	미 국
1952	17.5 30.2	17.8 24.3	18.5 24.3	19.6 22.1	24.8 36.8	12.8 17.1	13.2 17.2	17.3 33.9
53	17.0 29.4	18.1 23.8	18.3 24.0	18.8 23.2	24.0 36.2	17.1 19.6	13.7 16.6	16.3 32.9
54	16.4 26.6	18.7 24.1	18.8 23.9	19.6 23.6	23.3 34.6	18.0 26.0	14.3 17.3	14.9 28.4
55	18.8 30.7	19.4 24.2	19.8 24.3	20.4 23.7	25.8 35.6	16.6 22.9	14.2 16.8	18.4 35.3
56	17.1 26.6	18.9 22.7	19.3 21.8	20.7 21.6	24.9 32.0	16.6 27.9	12.8 14.7	15.9 29.5
57	16.4 24.6	19.6 22.6	19.4 20.8	23.4 21.7	24.4 30.1	20.4 36.9	12.3 14.1	14.3 26.1
58	14.8 21.1	18.6 21.7	18.6 20.8	22.7 23.2	22.5 29.4	18.4 30.6	11.5 13.6	12.1 20.6
59	16.8 25.2	19.1 22.1	19.2 20.9	21.3 18.6	23.2 29.7	18.5 32.7	12.2 14.4	15.1 27.8
1960	16.9 24.7	21.0 24.6	20.5 21.5	24.2 20.2	22.9 28.6	23.3 47.3	13.5 15.6	13.8 24.8
61	16.6 24.0	20.1 23.9	19.2 19.3	24.0 19.5	20.2 25.2	24.5 52.8	11.5 12.7	13.9 24.2
62	17.2 24.3	18.8 20.7	18.0 16.7	24.1 18.7	18.0 21.0	22.2 42.6	10.3 11.0	15.9 27.9
63	17.7 25.7	18.5 20.6	17.6 15.7	25.6 19.5	16.2 18.6	22.3 45.0	11.3 11.7	17.0 30.7
64	18.5 27.5	19.0 22.8	18.0 16.8	27.5 21.6	17.0 20.0	22.8 50.6	11.8 12.9	18.2 32.3
65	19.4 29.1	18.7 21.5	18.2 16.7	27.9 21.5	16.5 19.4	20.9 43.6	11.2 12.0	19.9 36.4
66	19.5 28.2	19.3 21.0	17.9 15.9	28.5 22.4	15.1 16.7	24.1 43.3	9.8 10.2	19.6 35.2
67	19.0 26.1	20.9 22.7	18.1 15.9	29.0 22.1	14.3 16.7	29.4 49.8	9.5 10.0	17.5 29.4
68	19.3 26.8	21.9 24.9	18.8 17.4	27.1 22.5	15.9 20.6	30.8 52.8	9.6 9.5	17.1 28.8
69	18.8 25.3	22.9 26.1	19.0 18.2	27.8 24.9	15.8 21.4	33.7 53.6	9.3 9.1	15.1 24.5
1970	17.1 21.9	22.4 25.0	17.3 16.8	27.1 23.2	14.5 18.5	34.8 52.7	7.5 9.7	11.9 18.0
71	16.0 20.7	19.5 21.3	16.4 14.5	26.7 21.5	13.3 16.4	26.8 42.6	7.4 7.8	12.5 19.9
72	16.1 21.3	19.2 21.0	16.7 14.7	26.6 22.4	12.8 14.8	24.6 39.3	7.7 9.1	13.1 21.6
73	15.4 21.9	17.8 21.8	16.0 15.4	27.0 23.3	12.2 15.2	21.6 38.8	8.0 8.9	13.2 22.0
74	12.6 16.4	14.8 17.3	13.7 13.8	24.5 22.1	10.4 13.7	17.3 26.1	4.5 4.3	10.4 15.1
75	11.7 13.1	12.4 10.8	11.4 8.8	20.7 13.0	9.2 11.0	14.5 15.2	3.3 2.4	11.0 16.2
76	12.3 15.3	13.0 13.1	11.9 11.2	18.9 15.1	10.9 13.3	15.4 18.0	4.1 3.0	11.7 18.2
77	13.0 16.0	13.5 13.1	12.5 11.8	19.9 16.2	11.1 12.9	15.8 16.3	6.4 6.2	12.5 19.7
78	13.2 16.2	14.3 14.3	12.9 12.4	19.9 17.5	11.6 13.0	17.4 18.9	6.6 6.5	12.1 18.5
79	12.6 14.9	14.5 14.9	13.4 13.8	19.8 18.7	11.8 13.4	16.9 17.0	6.0 4.6	10.7 14.9
1980	12.1 12.3	14.9 13.5	13.5 12.1	21.7 14.0	10.0 9.5	17.4 16.2	5.0 2.5	9.2 10.6
81	11.5 11.5	13.4 11.7	11.8 10.4	16.9 11.8	8.9 7.8	16.3 14.0	5.1 1.5	9.6 11.3
82	10.6 10.2	13.2 11.4	11.7 10.5	16.3 12.0	9.0 8.8	15.9 13.9	6.7 3.3	7.9 8.5
83	11.5 11.5	13.5 12.0	12.5 11.6	17.1 12.9	10.4 11.6	15.2 13.1	8.1 4.4	9.4 10.8
84	13.1 14.2	14.4 13.8	13.6 12.7	18.4 14.5	10.9 12.2	15.9 15.3	8.9 5.0	11.7 14.8
85	13.2 14.3	15.0 14.8	14.3 14.3	19.1 16.2	11.3 14.1	16.3 15.5	10.0 6.9	11.3 13.5
86	13.5 15.1	15.9 15.7	15.7 16.7	21.6 19.1	12.2 16.2	16.2 14.3	9.0 8.5	11.2 14.2
87	13.6 15.9	16.1 16.2	16.3 17.7	22.2 21.5	12.4 14.9	15.7 14.6	10.4 10.2	11.2 15.4

주: 왼쪽 수치는 법인기업 전체의 수익률이고, 오른쪽 수치는 제조업의 수익률.
출처: P. Amstrong, A. Glyn and J. Harrison, 1991, *Capitalism Since 1945*, 김수행 역, 「1945년 이후의 자본주의」, 1993, 동아출판사, 부표 1, 2.

에는 10~16% 수준까지 하락했다. 이윤율 내용의 변화를 이해하려면 기업의 이윤 실현 과정을 이해할 필요가 있다. 기업의 이윤 실현은 생산(가치창출)과 판매(가치실현)의 두 과정으로 나누어 이해할 수 있다. 즉 기업이 이윤 추구의 목적으로 투입한 자본은 노동 등 생산요소를 구입하여 상품을 생산할 것이고, 그 생산물을 시장에 판매하면 자본은 이윤을 실현하게 된다. 따라서 이윤율은 크게 볼 때 생산 과정에서 노동의 기여(노동생산성)와 노동비용(임금)의 상대적 크기에 의해 결정되는 이윤몫 부분과 시장 수요의 크기에 의해 영향을 받는 산출량 중 판매량의 비중으로 구성된다.

$$\text{이윤율} \equiv \frac{\text{이윤}}{\text{투하자본}} = \frac{\text{이윤}}{\text{실현된 부가가치}} \times \frac{\text{실현된 부가가치}}{\text{투하자본}}$$

$$= \text{이윤몫} \times \frac{\text{실현된 부가가치}}{\text{투하자본}}$$

여기서

$$\text{이윤몫} \equiv \frac{\text{이윤}}{\text{실현된 부가가치}} = \frac{\text{실현된 부가가치} - \text{노동비용}}{\text{실현된 부가가치}}$$

$$= 1 - \text{노동몫}$$

$$\text{노동몫} \equiv \frac{\text{노동비용/노동력}}{\text{실현된 부가가치/노동력}}$$

$$= \frac{\text{노동력 한 단위의노동비용}}{\text{한 단위 노동력으로 만든 실현부가가치}}$$

즉 〈표 1-3〉에서 보듯이 주요 선진국의 자본수익률을 보면 1965~73년 기간에 연평균 -2.8%를 기록했고, 이 중 이윤몫의 부분이 연평균 -1.7% 그리고 '실현된 부가가치/투하자본'의 부분이 연평균 -1.1%를 기록하였다. 그런데 1973~87년 선진국의 자본수익률을 보면 연평균 -0.9%로, 1965~73년 기간에 비해 하락폭이 줄어드는 경향을 보여준다. 이 기간 중 이윤몫이 연평균 0.2%로 증가했듯

▌표 1-3. 주요 선진국들의 산업 전체의 수익성과 결정요인들, 1965～87년(연평균 변화율)

	1965～73	1973～87	1973～75	1975～79	1979～82	1982～87
이윤율	-2.8	-0.9	-12.8	1.9	-5.6	5.1
이윤몫	-1.7	0.2	-6.8	1.5	-1.8	3.4
노동생산성	3.2	1.5	-0.7	2.5	0.4	2.3
실질임금	3.5	0.9	1.0	2.0	-0.2	0.8
실현된 부가가치/투자자본	-1.1	-1.1	-6.5	0.3	-3.8	1.7

출처: P. Amstrong, A. Glyn and J. Harrison, 1991, *Capitalism Since 1945*, 김수행 역, 「1945년 이후의 자본주의」, 1993, 동아출판사, 표 14-9.

이 자본수익률의 하락을 줄인 요인은 이윤몫의 개선에 의한 것이었다.

이처럼 이윤율은 1965～73년 기간과 1973～87년 기간 사이에 중요한 변화가 확인된다. 첫째, 두 기간 전체적으로 하락했지만 후자의 기간에서 하락률은 축소되고, 이는 이윤몫이 하락에서 상승으로 전환된 데서 비롯하였다. 이윤몫이 증가로 변화한 요인은 노동생산성(AP_L)의 증가율이 실질임금의 증가율을 상회한데 따른 것이었다. 둘째, 후자의 기간에 이윤율의 하락폭이 줄어들었음에도 불구하고 이윤율이 증가로 전환되지 못한 이유는 시장수요, 즉 상대적 과잉공급에 의한 것이었다. 즉 시장수요의 크기에 의해 결정되는 '실현된 부가가치/투하자본'의 하락폭은 앞의 기간과 차이를 보이지 않고 있다.

따라서 1970년대 이후 세계경제 환경의 주요 변화들은 이윤율 하락에 대한 자본의 대응과 밀접한 관련을 맺고 있다. 1960년대 후반부터 효율성의 시장 원리를 만능시하는 신자유주의 확산이 그것이고, 특히 영국의 대처와 미국의 레이건 정부 하에서의 신자유주의 경제정책들(대처리즘과 레이거노믹스), 예를 들어 긴축정책, 감세, 노동시장과 산업현장에 대한 탈규제, 민영화 등이 바로 신자유주의 사상에 기초한 것들이다. 신자유주의 사상의 아버지로 불리는 하이에크(Hayek, 1974년 노벨상 수상)는 신자유주의는 국내적으로나 국제적으로 시장 기능의 복원과 확대가 개인의 자유와 행복을 증대시키는 길이라고 주장했다. 자유방임주의를 옹호하고 민간주도 경제를 지향하는 통화주의자들의 복귀나 새고전학파(New Classical)의 부상 그리고 시장실패 시 정부 역할의 필요성을 주장하는 케인즈주의의 퇴조 등이 그것이다.

자본주의 발흥기의 구자유주의와 달리 신자유주의는 서구의 강력한 노조와 복지정책에 대한 자본의 반격으로 등장했다. 즉 신자유주의는 자본의 이윤 추구를 제약하는 공공성과 민주성의 논리에 대항하려는 것으로, 특히 글로벌화가 진전되면서 그 힘이 강화되었다. 실제로 신자유주의에 기초한 경제정책들로 '이윤몫'은 상당히 개선되었다. 그러나 이윤몫의 회복과 그에 따라 이윤율의 감소폭이 줄어들었는데도 이윤율의 또 다른 주요 구성요소인 '실현된 부가가치/투하자본'의 하락은 개선되지 않았다. 그 결과 이윤율은 충분히 회복될 수 없었다. '실현된 부가가치/투하자본' 비율의 하락은 상대적 과잉생산에 기인한 것으로, 즉 시장수요 부족의 문제였기 때문이다. 사실, 신자유주의 경제정책들은 한편에서는 '이윤몫'의 개선을 통해 이윤율을 증대시켰지만, 다른 한편으로는 시장을 축소시켜 이윤율을 하락시키는 측면도 있었다. 예를 들어 미국에서는 1970년대 초 이래 실질임금 하락과 실업 증가를, 그리고 유럽에서는 1979년 이후 실질임금 증가의 둔화로 이윤몫에 대한 압력을 완화시켰다. 그런데 이는 동시에 시장수요(구매력)를 하락시키는 요인으로 작용할 수밖에 없다. 즉 이윤율 개선은 시장을 추가로 확장하지 않고서는 혹은 새로운 시장의 창출 없이는 한계를 가질 수밖에 없는 것이었다. 시장 개방, 즉 무역자유화의 흐름이 그것이다. 이제 구체적으로 신자유주의 경제정책들의 효과와 결과를 살펴보자.

정부 개입의 아킬레스건, 필립스 곡선

신자유주의는 기본적으로 경제 운영에서 시장 기능의 강화, 즉 정부 개입의 반대를 의미한다. 자본주의의 본질적 불안정성이 만들어내는 과잉저축(저축>투자)의 누적은 불균형의 심화를 초래할 수밖에 없고, 이러한 거시적 시장의 불균형(총공급>총수요)을 해결하기 위해서는 정부가 적자 재정을 통해 총수요의 부양이 필요하다는 케인스 경제학이 1960년대까지 주요 흐름으로 자리를 잡았다. 이른바 정부지출의 승수효과를 긍정적으로 평가하였다. 감세와 정부지출 축소 등을 주장하는 미국 공화당 출신의 대통령이었던 리처드 닉슨(Ricahrd Nixon)조차 1971년에 "이제 우리는 모두 케인스주의자(Now, we are all keynesian!!)"라고 말을 할 정도였다. 그러나 '화폐수량설'을 되살림으로써 통화주의자들의 대부로 불리는 밀턴 프리드먼(Milton Friedman, 1976년 노벨 경제학상 수상)은 고개를 저었다. 그는 정부지출 확대는 곧 민간부문 경제활동을 위축시키기 때문에 실질 효과가 없다며 '정부지출의 승수효과'에 근본적인 의문을 제기했다. 이른바 '구축효과(crowding-out effect)'이다. 재정 확대로 경제 살리기에 따른 중장기 효과가 불투명하다는 사실을 증명하려면 필립스 곡선(Phillips Curve)이 중장기적으로 존재하지 않는다는 사실을 입증해야만 한다.

참고로 1958년에 필립스(A.W. Phillips)는 95년 기간에 대한 영국의 실업률과 임금 상승(wage inflation)의 자료를 그렸고, 그 결과를 통해 실업과 인플레이션 사이에 상충(trade-off) 관계가 존재한다는 사실을 발견하였다. 즉 실업률과 인플레이션율 사이에 음(-)의 기울기를 갖는 필립스 곡선을 의미한다. 이 사실은 실업률 하락은 인플레이션 상승을 야기하고, 역으로 인플레이션 하락은 실업률 상승을 허용함으로써만 가능하다는 것을 의미하였다. 즉 정부가 실업률을 낮추기를 원하면 총수요를 증가시킴으로써 노동과 생산물 시장에서 인플레이션 대가를 지불하고 단기적으로는 국민소득과 고용을 증가시킬 수 있게 된다. 따라서 정부지출의 승수효과를 부정하기 위해서는 필립스 곡선이 존재하지 않음을 입증해야 했다.[8]

이와 관련하여 1968년 프리드먼은 '화폐정책의 역할(The Role of Monetary Policy)'이라는 논문에서 구조적 특성에 의해 결정되는 실업률(마찰적 실업 및 구조적 실업에 의해 발생할 수밖에 없는 일정 수준의 실업률)을 의미하는 '자연실업률

8 사실 필립스 곡선이 나타내는 관계는 직관적으로 볼 때 일리가 있다. 일반적으로 실업률이 낮다는 것은 노동과 다른 자원이 부족한 경제 상태임을 말하는 것이기에 물가상승을 가져올 가능성이 높고, 반대로 실업률이 높을 때는 경제에 유휴 자원이 많다는 것을 의미하기에 물가는 하락할 가능성이 높기 때문이다. 한편 인플레이션율에 영향을 미치는 것은 수요 충격만이 아니다. 유가나 원자재 등 상품가격의 상승 같은 공급 충격도 인플레이션율에 영향을 미친다. 혹은 실질 GDP가 잠재생산량 수준에 있을 때 총수요 확장은 궁극적으로 물가만 상승시킬 가능성이 높다.

(natural rate of unemployment)'과 '적응적 기대(adaptive expectation)' 개념을 도입하였다. 즉 자연실업률은 사람들의 기대 인플레이션율과 실제 인플레이션율이 같아지는 '장기균형' 상태에서의 실업률을 의미하였다.[9] 즉 기대 인플레이션율을 초과하는 실제 인플레이션율, 즉 기대 밖의 인플레이션율이 실물경제에 영향을 미친다는 견해에 입각하여 기대 인플레이션율과 실제 인플레이션율이 일치하면 인플레이션율과 실업률 사이의 상충관계는 없어진다고 주장했다. 예를 들어, 정부의 총수요 팽창정책은 단기적으로 물가상승과 실업률 감소를 가져오지만, 시간이 지남에 따라 자신의 실질임금의 하락을 경험한 노동자들은 명목임금의 인상을 요구하게 되고 그에 따라 실질임금이 다시 상승하기 시작하면 고용은 줄어들고 실업률은 올라가기 시작한다. 다시 말해 물가상승률이 명목임금의 인상을 초과하는 한 실질임금의 하락만큼 고용은 증가하고 실업률은 감소한다. 그러나 궁극적으로 명목임금이 물가의 상승을 상쇄할 정도로 인상되면 고용의 수준도 원래 수준으로 감소하고 물가만 상승한 결과가 된다. 따라서 장기적으로 고용과 인플레이션 간에는 상충관계가 존재하지 않게 된다. 〈그림 1-5〉를 통해 설명해보자. A점이 국민경제의 초기상태를 나타내고 있는데 이 U_1의 실업률이 너무 높다고 판단한 정부가 총수요 팽창정책을 쓰면 단기에서는 B점으로 이동해 실업률이 U_2로 낮아지는 결과가 나타난다. 그런데 이 과정에서 물가상승률이 π_2로 높아지고 이에 따라 노동자들이 명목임금 인상을 요구함에 따라 하락했던 실질임금이 다시 상승하기 시작한다. 이 과정에서 실업률이 점차 올라가고 경

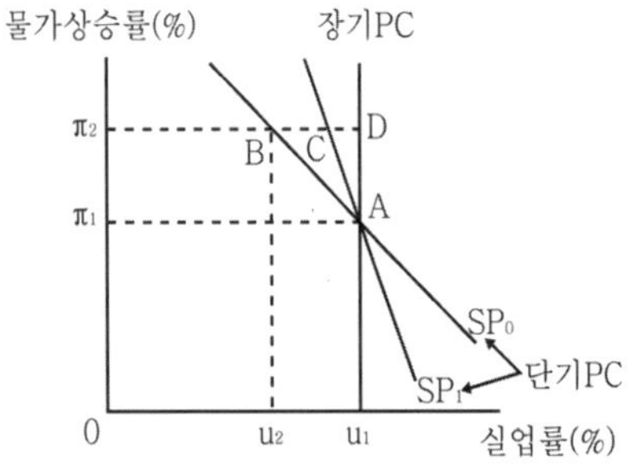

▮ 그림 1-5. 자연실업률 가설

9 자연실업률에 영향을 미칠 수 있는 요인으로 인구구조와 산업구조의 변화, 노동시장의 효율성, 근로유인과 관련된 제도, 경제주체의 선호변화, 생산성의 변화 등이 지적된다. 자연실업률의 개념은 1968년에 프리드먼이 전미경제학회(American Economics Association)에서 행한 강연에서 제시되었다.

제는 결국 D점으로 귀착하게 되는데 이 점과 A점을 잇는 수직선이 장기적인 관점에서 본 필립스 곡선이라고 말할 수 있다.

우하향의 필립스 곡선이 존재하지 않는다는 주장은 새고전학파(new classical)의 '합리적 기대(rational expectation)' 개념에 의해서 더 강화된다. 예를 들어, 1972년 '기대와 화폐의 중립(Expectations and the Neutrality of Money)'이라는 논문을 쓴 루카스(Lucas, 1995년 노벨상 수상자)는 프리드먼의 '적응적 기대' 대신에 '합리적 기대' 개념을 도입한다. '합리적 기대' 가설에 따르면 사람들은 결정을 내릴 당시 입수 가능한 최선의 정보에 의거 미래에 대한 예측을 행한다. 예를 들어, '합리적 기대' 가설에 따르면 그 동안 사람들은 고용이 개선될 때 인플레이션이 심화된다는 것을 항상 경험했기 때문에 이제는 고용이 좋아질 기미를 보이면 즉각적으로 높은 임금을 요구한다는 것이다. 즉 사람들은 경제정책상의 조치와 그 조치에 내포되어 있는 의미를 매우 신속하고 정확하게 평가하고 예측하며, 그에 따라 행동한다면, 예상된 경제조치는 실물부분에 더 이상 영향을 미칠 수 없다는 것이다. 따라서 필립스 곡선은 일반적으로 나타나지 않으며, 단기적으로 나타나는 계산의 '오차', 즉 새로운 정보 때문에만 존재할 수 있다. 이처럼 새고전학파 경제학자들에 따르면 특정한 경제는 항상 자연실업률 혹은 물가안정실업률(NAIRU, Non-Accelerating Inflation Rate of Unemployment: 물가상승률이 더 높아지거나 낮아지지 않고 안정적으로 유지될 수 있는, 즉 인플레이션을 가속화하지 않는 실업률)을 갖게 된다. 즉 인플레이션이 얼마가 되던 장기적으로 실업률은 자연실업률로 되돌아간다는 신자유주의자들의 '자연실업률' 가설에서는 정부의 경제정책은 실업과 인플레이션 중 하나를 선택할 수 있는 것이 아니라 실업문제 하나조차도 해결할 수 없게 된다. 정책의 비효과성을 입증하게 된 것이다. 그리하여 신자유주의 경제학에서는 고용을 개선하기 위해서는 공급측면에 영향을 미쳐야만 하고, 이를 위해 시장의 힘이 작동하는 것을 제약하는 장애물을 제거하고 혁신을 유발할 수 있는 시장 환경을 조성해야만 자연실업률이 낮아질 수 있다고 주장한다. 신자유주의자들의 주장은 70년대 스태그플레이션의 출현으로 힘을 얻게 된다. 즉 1차 석유파동[10]

이후 연율 10% 이상의 물가상승이 계속되고 실업률은 좀처럼 6%대 이하로 떨어지지 않는 상황, 즉 스태그플레이션(stagflation) 상태가 계속되었기 때문이다.

그러나 필립스 곡선이 장기적으로 수직선이라는 주장은 이론적으로나 경험적으로 충분히 검증된 것은 아니다. 첫째, 경제학의 기본개념 중 하나인 기회비용 개념, 이른바 '희생률(sacrifice ratio)' 개념에 따르면 인플레이션의 억제가 GDP 감소를 불러오는 현상은 많은 국가들에서 발견되기 때문이다. 즉 기본적으로 금리 수준의 선택에서 경기부양과 물가안정 중 하나는 불가피하게 포기해야 문제에 직면하기 때문이다. 둘째, 〈그림 1-6〉과 〈그림 1-7〉에서 보듯이 60년대 후반부터 70년대 초까지 실업률과 인플레이션율 간 상충관계는 여전히 존재하였다. 즉 총산출량이 잠재 수준 혹은 그 이상을 유지하였던 미국경제는 1969년 말 정점을 찍고 후퇴하기 시작하기 전까지 60년대 후반에도 실업률의 하락이 지속된 반면, 60년대 후반부터 상승하기 시작한 물가상승률은 1969년에 6%까지 치솟았다. 즉 총수요가 부족한 상황에서 물가상승 압력이 지속되는 비용상승 인플레이션이 나타나기 시작했다. 그에 따라 미국 연방준비이사회(Federal Reserve Board, FRB) 혹은 연준(Fed)은 1970년 1월 9%였던 기준금리(federal funds rate)를 그해 말까지 4.9%로 인하하였고, 그 결과 실질 연준 금리는 2.8%에서 -0.7%가 되고, 총통화량(M2)의 증가율은 총산출량보다 3.7% 빠르게 증가하였다. 그런데 연준의 통화완화 정책에도 불구하고 1972년까지 물가상승의 압력은 나타나지 않았다. 72년 상반기에 3%까지 하락한 인플레이션율은 하반기부터 상승하기 시작하여 73년 말까지 8%를 돌파했다. 반면 1970년 초 4% 수준에 있던 실업률은 그해 말까지 6%로 상승한 후 72년부터 다시 하락하기 시작해 73년에는 5% 밑으로 다시 떨

---

10 제1차 석유파동은 1973년 10월 6일 발발한 제4차 중동전쟁이 10월 17일부터 석유전쟁으로 비화하면서 발생했다. 그해 10월 16일 페르시아만의 6개 석유수출국들은 오펙(OPEC) 회의에서 원유 고시가격을 17% 인상한다고 발표한 데 이어서, 17일 이스라엘이 아랍 점령지역에서부터 철수하고 팔레스타인의 권리가 회복될 때까지 매월 원유생산을 전월에 비해 5%씩 감산하기로 결정하였다고 발표하였다. 그 결과 아라비아산 원유에 대한 OPEC의 공식가격은 1차 석유파동 이전의 3.07달러에서 1974년까지 11.65달러로 3.8배가 올랐다.

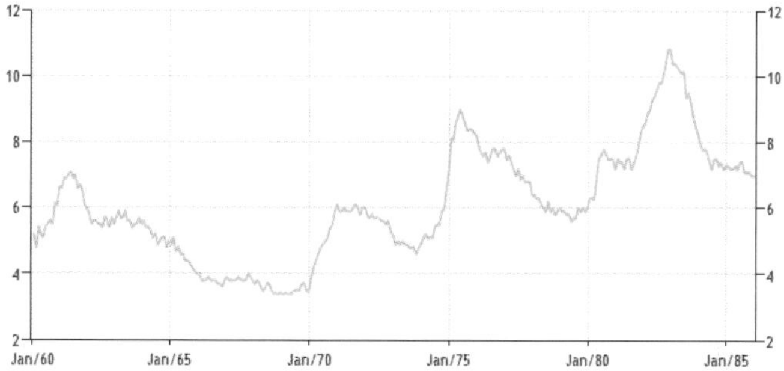

▌그림 1-6. 1960~85년 미국의 실업률

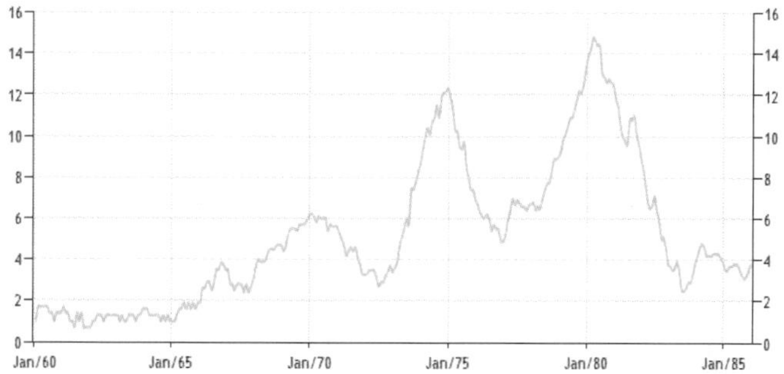

▌그림 1-7. 1960~85년 미국의 인플레이션율(연평균 변화율)

어졌다. 인플레이션율과 실업률 간 상충관계가 깨진 것은 74년 이후부터였다. 그런데 이때의 인플레이션은 총수요가 부족한 상황에서 발생한 비용상승 인플레이션(cost-push inflation)이었다. 즉 통화주의자들의 주장의 배경이 되었던 70년대 스태그플레이션은 달러 가치의 하락과 더불어 석유파동(oil shock)을 중심으로 한 공급 충격에서 비롯한 것이었던 반면, 인플레이션율과 실업률 사이의 상충관계는 수요 충격과 연관된 것이다(그림 1-8).

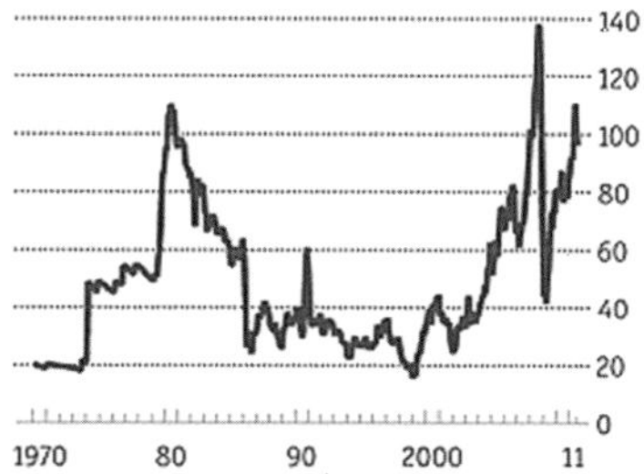

출처: Economist, 2011, "Commodities: Crowded out," p. 18 (Sep. 24). http://www.economist.com/node/21528986

▌그림 1-8. 석유 가격의 추이(배럴당 달러, 2011년 가격 기준)

신자유주의 경제학자들의 주장은 영국에서도 입증되지 않았다. 영국판 신자유주의인 영국의 대처리즘(Thatcherism, 1979~90)은 강력한 긴축정책으로 인플레이션율[11]을 낮추었다. 신자유주의 경제학자들의 주장에 따르면 이는 단기적으로 실업률을 상승시킬 수 있지만 결국 장기적으로는 실업률이 자연실업률 수준으로 돌아가야 하는데, 〈그림 1-9〉에서 보듯이 실업률은 과거보다 높아진 상태로 유지되었기 때문이다. 이는 인플레이션 정책에 의해 자연실업률 자체가 과거에 비해 상승했기 때문으로 보이는데, 노동시장이 신자유주의 경제학자들의 주장처럼 유연하게 움직이지 않는다는 사실을 보여준 것이었다. 즉 해고된 사람들의 노동생산성 하락, 절망에 의한 취업 포기, 재취직의 어려움 등으로 인해 실업률이 일단 높아지고 나면 쉽게 낮아지지 못하는 것이다.

한편, 1960년대 말 이후의 인플레이션은 금값의 상승, 즉 달러 가치의 하락과 밀접한 관련을 맺고 있다. 즉 달러에 대한 신뢰 저하와 달러 가치 하락이 60년대

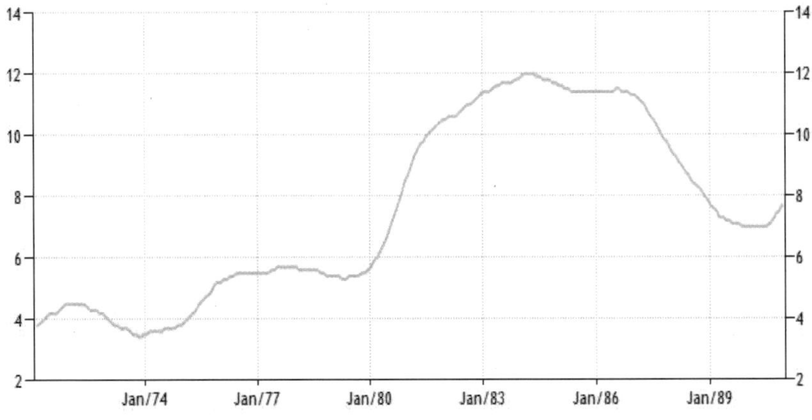

▌그림 1-9. 영국의 실업률 추이, 1971~90년

11 영국 소매가격지수(RPI, Retail Prices Index)의 상승률은 1970년 6.4%에서 1차 석유파동 이후인 1974년 16.0%, 1975년 24.2%까지 상승하였다가 1978년 8.3%까지 하락했으나, 1978년 12월 26일부터 79년 3월 5일까지 이란의 석유수출정지에 기인한 2차 석유파동으로 1979년 13.4%, 1980년 18.0%로 다시 상승하였다. 그러나 긴축과 경기침체로 1983년에는 4.6%까지 하락하게 된다.

후반에 표면화되었고, 이른바 '닉슨 쇼크'로 부르는 1971년 8월 15일 '금태환 정지' 선언은 그 결과물이다. 경제력의 다원화와 미국경제의 경쟁력 약화 그리고 그에 따른 미국의 무역수지 적자로 미국의 동맹국들이 미국에게 금을 요구하기 시작하며 달러 가치가 하락했던 것이다. 그 결과 2차 대전 이후부터 1960년까지 미국이 보유하였던 금의 양은 200.9억 달러의 가치에 달하는 5억 7,400만 온스였으나 1971년 초 금의 양은 절반 수준인 100억 달러까지 감소하였다. 이 규모는 외국 은행들이 보유하는 달러 규모에 미달하는 것이기 때문에 달러에 대한 투매가 불길처럼 확산되었다. 이처럼 '스태그플레인션'이 나타난 이유는 브레튼우즈체제의 붕괴의 결과였지 통화 확장의 결과가 아니었다. 70년대의 1, 2차 '오일쇼크'도 달러의 가치 하락에서 비롯된 것이었고, 통화 팽창은 불에 기름을 부은 격이었을 뿐이다. 즉 '닉슨 쇼크'가 '대 인플레이션(the Great Inflation, 1965~1984)'의 핵심 원인이었다.[12] 이는 '대 인플레이션'을 석유파동의 결과로 이해하는 많은 시장주의자들의 인식과 달리 미국경제력과 달러 통제력의 약화라는 세계경제 시스템의 변화에서 비롯한 것이라는 사실을 의미한다. 2차 대전 이후부터 1960년대까지 대부분 선진국과 모든 개도국들은 자본통제를 유지하고, 하나의 공통 국제통화 기준이 재확립되었다. 달러 가치의 안정성은 개별 국가의 물가안정을 유지하는데 공통 지주였다. 그리고 미국 통화정책의 안정성과 미국의 해외직접투자로 유출된 달러를 상쇄시킨 적당한 경상수지 흑자 유지가 달러 가치 안정성을 뒷받침하였다. 즉 미국의 연준은 사실상의 세계 중앙은행으로서 행동하였다. 그러나 '닉슨쇼크'에 의한 달러가치의 절하와 변덕스러운 미국 통화정책은 대변동을 야기했다. 즉 연준은 변동성이 높은 핫머니(hot money)의 흐름을 야기함으로써 연속적인 버블의 생산자가 되었다. 달러가치의 절하를 시장이 예상할 때 혹은 연준이 국내 금리를 자연이자율보다 지나치게 낮게 유지하려 할 때 핫머니는 미국 밖으로 유출될 수밖에 없고, 주변국 중앙은행들은 환율 절상을 용인해 수출경쟁력

12 Businessweek, 2011, "Nixon Shock," p. 78 (Aug. 8-14).

을 상실하거나 국내 통화로 달러를 매입해 통화에 대한 통제를 상실하는 딜레마에 직면하게 된다. 주변국의 통화 통제에 대한 집단적 상실은 1차 상품의 달러 가치에 버블을 구현하여 국제 물가 상승을 초래시키고, 시차를 두고 (버블이 터지기 전에) 미국 역시 인플레 충격을 받는다.[13] 달러가 유도한 핫머니 신드롬이 70년대의 전 세계 '대 인플레이션'의 많은 부분을 설명한다.[14] 즉 (앞에서 지적했듯이) 60년대 말 달러가치 하락(금 가격의 상승)은 1970~71년 미국으로부터 핫머니를 다른 선진국으로 유출시켰다. 이로 인해 서유럽, 캐나다 그리고 일본 중앙은행들은 시장에 대규모로 개입할 수밖에 없었고 그 결과 자국의 본원통화량 증대와 더불어 달러 보유가 급격히 증가했다. 미국 밖으로 세계 통화의 공급은 상품가격의 인플레, 특히 1973~74년 석유가격을 폭발시켰다. 세계 경기침체에 의해 1975년 인플레이션이 어느 정도 진정된 후 엔화에 대한 달러가치의 평가절하를 통해 미국의 무역적자를 축소시킬 수 있다는 잘못된 믿음을 가진 카터 행정부에 의해 1976년에 유사한 상황이 재연되었다. 즉 1977~78년 달러가치의 절하와 함께 핫머니가 미국에서 유출되었다. 위기 분위기가 고조되자 1978년 10월 선진국 중앙은행 컨소시움(consortium)은 달러 매입과 환율 안정을 위해 시장에 개입하였고, 연준은 금리를 인상할 수밖에 없었다. 그러나 피해는 확산되고 있었다. 달러 보유고의 급증과 더불어 미국 밖으로 세계 통화 공급은 급증하였고 이는 상품가격의 급등과 1979~80년 세계 경제에 높은 인플레이션을 유발시켰다.

---

13 1972년 대통령 선거에서 재선을 노리던 닉슨 대통령은 인플레이션 없이 실업률은 낮추고 경제를 진작시킬 방법을 강구했다. 자유시장을 신봉하고 경제 규제를 기피하던 닉슨이 갑자기 "나는 케인시언이다"라고 선언한 뒤 대통령 선거가 1년여 남은 1971년 8월, 무역적자를 해결하기 위해 금본위제를 버리면서 달러 가치를 하락시켰다. 그리고 임금·물가 통제를 포함하는 '신경제정책'을 실시했다. 미국이 금본위제를 폐기하자 금 가격은 온스(28.35g)당 36달러에서 120달러로 폭등했고 달러 가치가 급락했다. 달러 가치 하락은 미국의 수입물가 인상으로 이어졌다. 수입가격이 올라갔지만 미국 기업들은 임금·물가 통제로 인해 제품가격을 올릴 수 없었다. 비용을 절감할 수밖에 없었다. 그러나 규제 때문에 임금 역시 인하할 수 없었기에 노동자들을 해고해야만 했다. 결과적으로 실업이 늘고 경제 성장은 둔화됐다. 스태그플레이션이 전개된 이유이다.

14 미국 통화 증가율은 1970~80년에 매년 10.99%씩 증가했다. 제1차 스태그플레이션 직전인 1970~73년에는 통화 증가율이 연평균 12.23%에 이르렀고, 1974년에 7.85%로 잠시 낮아졌다가 1975년부터 다시 높아져 1975~80년에 연평균 10.70%를 기록했다.

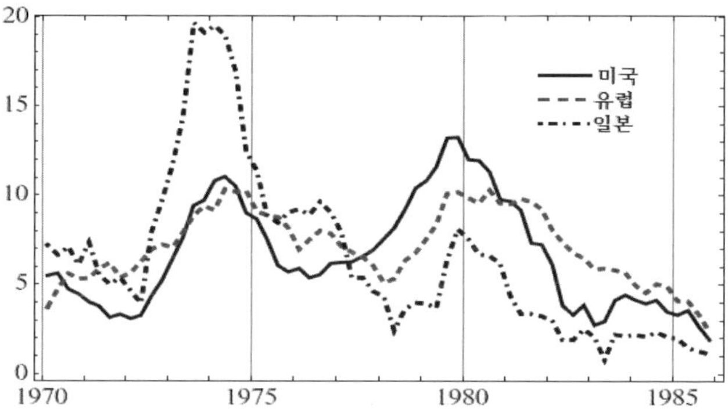

출처: http://www.globalfinancialdata.com. R. McKinnon, 2010, "Rehabilitating the unloved dollar standard," Heinz W. Arndt Memorial Lecture, Canberra (April 15).

그림 1-10. 주요 서유럽 국가와 미국과 일본의 소비자물가지수, 5분기 이동평균, 1970~85년

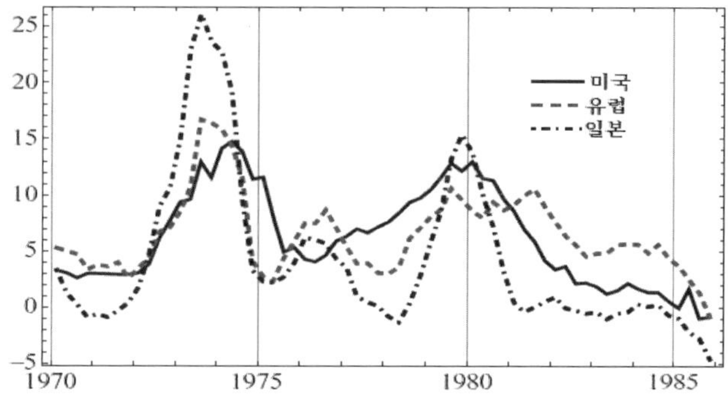

출처: 앞의 소비자물가지수와 동일.

그림 1-11. 주요 서유럽 국가와 미국과 일본의 생산자물가지수, 5분기 이동평균, 1970~85년

사실, 통화주의자들의 필립스 곡선에 대한 부정은 장기의 성격에 대한 이해 부족에서 비롯한 것이다. 1953~92년간 미국의 경우 기간별로 나누지 않고 전체를 하나로 묶어 관찰할 경우 인플레율과 실업률 간에는 상충관계가 없는 것으로 보인다. 그런데 이 기간 전체를 1955~71년, 1974~84년, 1985~92년의 세 개 구간으로 나누어 보면 필립스 곡선이 존재하되 기간에 따라 곡선의 위치가 변하고 있음을 알 수가 있다. 즉 실업률에 영향을 미치는 요인은 인플레율만이 아니다.

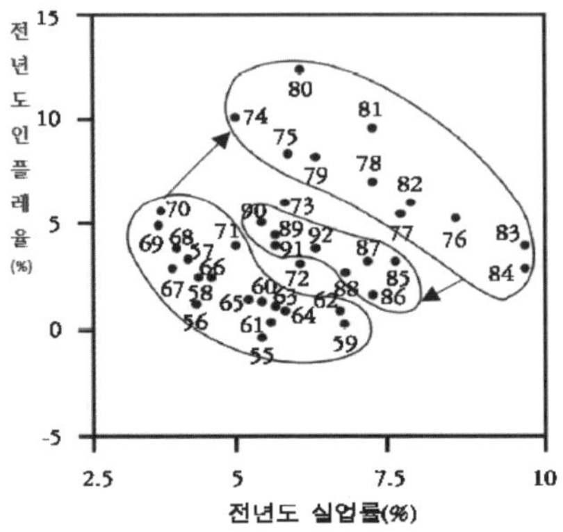

출처: P. Ormerod, 1994, The Death of Economics, Faber and faber.

그림 1-12. 인플레율과 실업률의 관계: 필립스 곡선의 이동

인플레율이 실업률에 미치는 요인은 필립스 곡선 상에서의 이동으로 나타나겠지만, 인플레율을 제외한 다른 요인으로 실업률이 변화했다면 필립스 곡선 자체가 이동할 것이다. 위 분석 기간 동안 미국경제는 법과 제도를 포함해 시스템이나 산업구조의 변화를 포함해 글로벌화 등 대외환경에서도 중요한 변화들을 경험하였다. 즉 이 기간에 필립스 곡선 자체가 이동하였다고 보는 것이 합리적일 것이다.

필립스 곡선의 존재는 최근의 연구들에 의해서도 지지받고 있다. 특히, 1982~2013년간 미국의 주별 자료를 사용해 (필립스가 원래 제시한) 실업률과 임금 변화율 사이의 관계를 조사한 결과 비선형이며 원점에 볼록한 모양을 갖는 필립스 곡선이 존재함이 확인되었다.[15] 비선형-볼록형 필립스 곡선의 존재는 평균 실업률

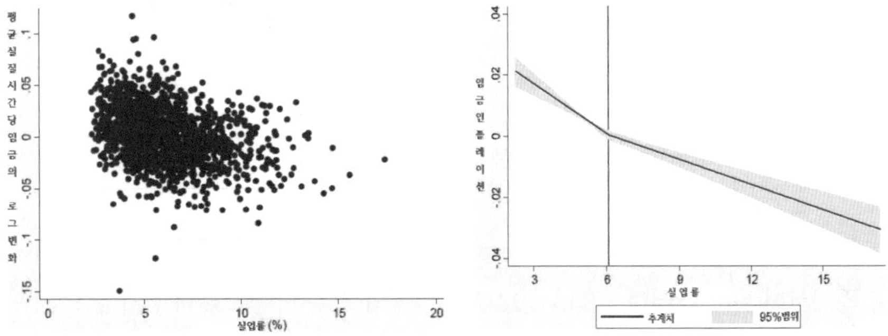

출처: A. Kumar and P. Orrenius, 2014.

그림 1-13. 실질임금 변화율과 실업률의 관계, 1982~2013년

15 A. Kumar and P. Orrenius, 2014, "A Closer Look at the Phillips Curve Using State Level Data," Federal Reserve Bank of Dallas, Working Paper 1409; R. Gordon, 2013, "The Phillips Curve is Alive and Well: Inflation and the NAIRU During the Slow Recovery," NBER Working Paper

위에서보다 평균 실업률 아래에서 실업률을 낮출 경우 임금 상승률이 크다는 것을 의미한다.

한편, 필립스 곡선의 이동 가능성은 "경기순환 과정 중 실업률과 구인율(vacancy rate)간 부(-)의 관계"를 나타내는 '비버리지곡선(Beveridge curve)'의 이동에서도 간접적으로 확인된다. 예를 들어, 비버리지곡선은 미국경제에서 1951~2014년간 대부분의 경기순환마다 이동하였고, 이는 구조 변화에서 비롯되었음이 확인된다. 이는 실업률이 높은 기간 중에 어떠한 경기안정화정책도 실업률을 침체 이전 수준으로 낮추기 어렵다는 것을 의미한다.[16]

문제는 경제활동에서 무형재 산업의 비중이 높아지면서 우상향의 필립스 곡선이 나타날 가능성도 배제하기 어렵다는 것이다. 즉 경제활동에서 무형가치 비중의 증대는 (뒤에서 소개하는) 필립스 곡선의 논쟁을 새로운 국면으로 전개시켰다. 미국경제는 1990년대 후반에 '신경제'라는 새로운 현상을 경험한다.[17] 90년

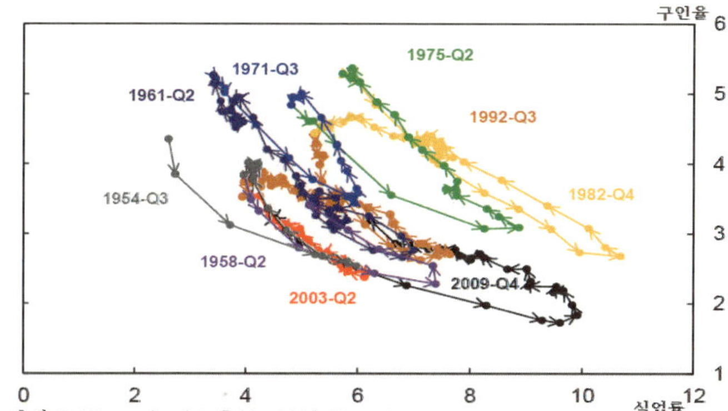

출처: P. Diamond and A. Şahin, 2014, Figure 2.

▌그림 1-14. 미국에서의 비버리지 곡선, 1951년 1분기~2014년 2분기

No. 19390 (Aug.).

16 P. Diamond and A. Şahin, 2014, "Shifts in the Beveridge Curve," Federal Reserve Bank of New York Staff Reports No. 687 (Aug.).

17 참고로 신경제론(new economy 또는 new paradigm)은 1990년대 미국경제의 지속적인 장기호황(long boom) 현상을 규명하는 데 한계를 보이는 정통경제론의 시각에 대비되는 견해로 미국경제에 대한 낙관론과 일본, 독일 등 여타 선진국에 비해 미국 시스템이 성과에서 우월함을 부각하는 과정에서 등장했다. Foreign Affairs, 1998, "The American Economy: Beautiful or Boastful?," May/June.

대 후반의 신경제 현상은 인플레율과 실업률 사이의 관계를 보여주는 필립스 곡선에 나타난다. 인플레율과 실업률 간 상충관계를 주장하는 케인스학파나 인플레율과 실업률의 관계는 독립적이라는 시장주의자들의 예상과 달리 90년대 후반 미국경제에서 물가상승률과 실업률 사이에는 정(+)의 관계가 나타났다. 즉 미국경제는 1991년 3월에 경기 저점(trough)을 통과한 이후 1999년까지 9년째 경기확장 국면이 지속되었고 1999년의 실업률은 29년 만에 최저수준(4.2%)을 나타냈다.[18] 반면, 소비자물가상승률은 90년대 중반 이후 계속 하락하여 1999년(1~4월) 중에는 전년 동기 대비 평균 1.8% 상승에 그쳤다. 게다가 기업의 수익성이 향상되면서 경제의 장래에 대한 낙관적인 전망으로 주식시장도 활황세를 지속했다. 예를 들어 다우존스(Dow Jones) 지수는 1999년 3월 29일자로 1만 포인트를 상회(10,006.78)하는 등 1995년 이후 약 2배 수준으로 상승했다(그림 1-15).

이처럼 90년대 들어 미국경제는 '고성장-저실업률-저인플레율'의 '이상적 균형경제(Goldilocks Economy: 경제가 뜨겁지도 차갑지도 않은 호황인 상태, 즉 성장은 날로 거듭하지만 물가는 상승하지 않는 경제 상태)'[19]가 유지되는 과정에서 이제까지 거시경제지표 간에 정착되어 온 전통적인 관계로는 더 이상 설명할

▌그림 1-15. 1990년대 미국의 주가지수 추이(다우존스 기준)

18 과거 최장 경기호황기간은 1961~69년(106개월: 8.8년)이었다.

19 골디락스(Goldilocks)란 영국의 전래동화 '골디락스와 곰 세 마리(Goldilocks and the Three Bears)'에 나오는 머리칼이 황금색인 소녀의 이름으로 어느 날 소녀가 숲 속의 곰들이 맛있게 차려놓은 너무 뜨겁지도 차갑지도 않은 죽을 맛있게 먹었다는 데서 유래한 말이다.

▌표 1-4. 1990년대 미국 신경제의 지표들

	1990	1991	1992	1993	1994	1995	1996	1997	1998	1999	2000
실질GDP증가율	0.8	-1.0	2.7	2.2	3.5	2.0	3.7	3.9	3.9	4.1	4.1
소비자물가상승률	5.4	4.2	3.0	3.0	2.6	2.8	3.0	2.3	1.6	2.7	3.4
실업률	5.6	6.8	7.5	6.9	6.1	5.6	5.4	4.9	4.5	4.2	4.0
노동생산성	0.5	0.7	3.1	0.1	0.5	0.6	2.4	1.2	2.2	2.3	3.3

주: 전년 동기 대비 기준이고, 생산성은 비농림부문 기준임.
출처: Bureau of Labor Statistics, Bureau of Economic Analysis.

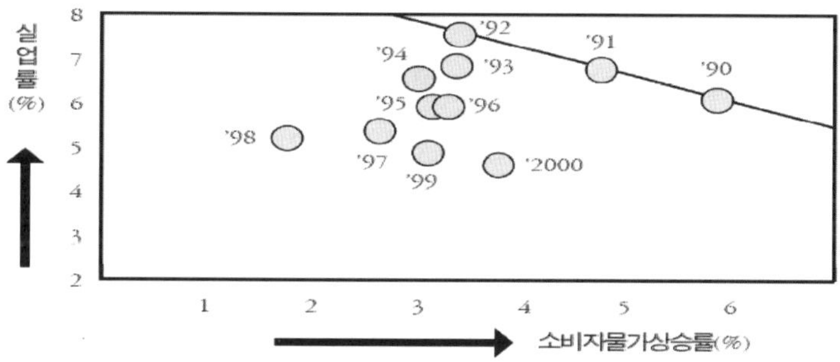

▌그림 1-16. 신경제에서 인플레율과 실업률의 관계

수 없는 이례적인 현상이 빈번히 발생했다. 이는 실업률이 일정 수준 이하로 하락하면 임금 또는 물가가 상승하는 것이 일반적인 경제현상이었던 점이나, 실업률을 일정 수준 낮추기 위해서는 어느 정도 인플레이션을 용인할 수밖에 없다는 경험적 관계가 약화되었음을 의미했다. 즉 시장이론에 따르면 실업률이 낮아지면 한계노동력의 질이 낮아짐에 따라 생산성(노동시간당 산출량)이 하락할 수밖에 없기 때문이다.

그렇다면 신경제 현상을 어떻게 해석해야 하는가? 신경제 현상에 대해서 당시(1999년 11월 30일) 미국의 연준(Fed)은 산업생산 및 설비가동률 보고서를 통해 컴퓨터와 반도체 등 첨단 IT업종이 미국 산업생산 증가분의 절반 이상을 담당하면서 미국의 경기호황을 가능케 했다고 밝혔다. 즉 연준은 1995~99년까지 5년간 산업생산 증가율이 연평균 4.5%로 상당히 높았는데 컴퓨터, 반도체 등을 제외할 경우 이 기간 중 산업생산증가율은 연평균 2%에 불과하다고 밝혔다. 또 1998년 증가율은 0%였으며 1999년은 0.9%에 그칠 것으로 추정했다. 이와 관련해 연준은 컴퓨터와 반도체, 통신 등 3대 산업의 생산 증가가 산업 전체 생산 증가분의 절반 이상을 차지했다고 밝혔다. 즉 첨단업종이 90년대 후반 산업 전반의 최대 활력소였던 것이다. 신경제 현상에 대해서는 총수요와 총공급의 구조 변화를 이해하면 설명이 가능하다. 첫째, 첨단 업종에 대한 투자 확대, 그리고 닷컴기업(dotcom)이 주도한 주식시장의 활황세, 즉 자산효과에 따른 소비 증가로 총수요의 증대($AD_0' \rightarrow AD_1'$)가 있었다. 여기에 총수요에 대한 물가의 탄력성이 비탄력적으로 변화한 총수요의 구조 변화($AD \rightarrow AD'$)를 고려하자. 둘째, 총생산에서 IT산업, 특히 무형가치의 비중이 증대함에 따라 총공급 곡선의 기울기가 완만해졌다($AS_0 \rightarrow AS_0'$). 이처럼 총수요 및 총공급의 구조 변화를 고려할 경우 총수요의 변화에 따른 물가 상승은 훨씬 적게 나타날 것이다. 즉 전통적인 시장이론에 따르면 높은 성장은 총수요 측면에서 소비와 투자의 증가를 가져와 총수요를 증대시키고, 총공급 측면에서는 한계생산체감으로 물가상승을 수반하기 때문에 고성장과 저물가는 공존할 수 없게 된다. 하지만 IT혁명으로 생산성이 높아짐으로써 고용을 늘리면서도 가격상승의 압력은 피할 수 있게 된 것이다.

제2절 신자유주의 반동과 사회적 탈구의 시작

신자유주의 경제정책: 자본의 독재와 시장의 독주

필립스곡선의 존재를 부정한 신자유주의 경제학자들은 본격적으로 경제활동에서 정부 역할의 축소를 주장하였다. 국가마다 정도의 차이가 있지만 선진국들에서 GDP 대비 정부지출의 비중은 80년대 이후 처음으로 정체하기 시작했고 90년대에는 후퇴까지 하였다. 이러한 추세는 금융위기 이전까지 일반적 경향이었다. 정부 역할의 축소는 구체적으로 앞에서 소개한 통화 및 재정의 긴축, 감세, 민영화(privatization), 그리고 노동시장 및 산업현장에 대한 탈규제(deregulation) 등으로 나타났다. 즉 자본과 노동의 타협, 시장과 정부의 균형은 붕괴되고, 자본의 독재와 시장의 독재가 시작되었다. 첫째, 긴축정책은 단기적으로는 기업의 이윤을 희생시키지만 장기적으로는 생산 및 투자의 수익성을 회복시킬 수 있다. 예를 들어, 긴축 재정은 호황일 때는 경기의 과열을 막기 위해서 세입의 일부를 다음 해로 이월하고, 정체되었을 때는 세수의 감소를 예상하여 이에 상응하는 세출의 감소를 도모하기 위해 경비의 일부를 삭감한다. 구체적으로 1970년대 들어 경제성장과 완전고용을 더 이상 주요 목적으로 유지할 수 없게 된 미국과 영국 정부 등은 인플레이션의 가속화, 그리고 이윤 압박과 경쟁력 상실에 대해 디플레정책과 노동자의 소득 억제 정책으로 대응했다. 디플레정책으로 한계기업(경쟁력을 상실하여 앞으로의 성장이 어려운 기업)이 도산하고 단기 이윤을 희생시키더라도 장기적으로 생산 및 투자의 수익성을 회복하자는 데 있다. 디플레정책은 대량실업을 양산함으로써 노동자들의 교섭력과 노동자의 저항을 약화시켜 노동 강도의 강화와 임금 상승의 둔화, 그리고 작업 규율 강화 등의 효과를 거둘 수 있기 때문이다. 즉 디플레정책을 통한 불황의 유도는 직장 폐쇄나 일자리 상실 등 노동자의 심리적 두려움을 증대시킴으로써 저항을 약화시켜 임금상승은 둔화되고 임금증가율은 가격증가율을 밑돌게 된다. 디플레정책의 연장선에 있는 소득억제 정책도 노동자에게 화폐임금 증가액의 억제 혹은 심지어 실질소득의 인하를 수락하도록 압박하였다. 이처럼 디플레정책과 소득 억제 정책 등 정부와 자본의 공세로 임금이 억제되면서 임금노동자들의 불만은 증대되고 파업물결이 확산되었다. 그러나 대개의 파업은 실패로 끝났고, 70년대 말쯤에는 고용, 생활수준, 복지서비스를 더 이상 기존의 수준으로 유지할 수 없게 되었다. 그리고 정부와 노조 모두 시장메커니즘의 자유롭고 효율적인 작동을 방해하는 대상으로 전락했다. 그 결과 정부와 노조의 역할 축소는 정책결정에서 지배적 흐름이 되었다.

둘째, 이윤 압박의 요인들로 지적된 법인세나 사회보장 부담 등의 인하나 경감, 공급 능력을 약화시키는 근로소득세나 이자소득세 등의 감세를 주장했다. 예를 들어, 레이건 행정부(1981~88년)는 소득세의 최고세율을 70%에서 33%로 삭감했고,[20] 대처 정부(1979~90년)는 83%에서 40%로 내렸다. 신자유주의 경제학자들은 조세 감면을 통하여 총수요를 증대시키고, 노동공급의 증가와 저축 및 투자의 증대로 총공급도 증가시켜 물가안정과 경기활성화가 동시에 달성될 수 있다고 주장하였다. 다시 말해, 근로소득세나 이자소득세의 인하, 그리고 법인세의 인하는 세후 실질임금의 증가로 노동력 공급의 증가나 저축의 증가 그리고 기업투자의 증가를 가져와 총공급곡선을 오른쪽으로 이동시킬 것이라고 주장한다. 1980년대 초반 미국 레이건 행정부에 의해 받아들여져 학계보다는 일반대중에

표 1-5. 레이건 행정부의 주요 감세 조치

연 도	법 안	주요 내용
1981	Economic Recovery Tax Act	· 소득세, 한계세율(70% → 50%) 등 세율인하 · 맞벌이 가구에 대한 공제 확대 · 부동산세 공제 확대 · 특별소득세율 인하
1982	Tax Equity and Fiscal Responsibility Act	· 소득세 감세 연장
1986	Tax Reform Act	· 개인소득세율 인하(최고세율 50% → 28%) · 개인 소득공제 확대 · 법인세율 인하(최고세율 46% → 34%)

자료: 미 재무부.

표 1-6. 주요국의 법인세 최고세율 변화[21]

연 도	핀란드	프랑스	독일	일본	네덜란드	노르웨이	스웨덴	영국	미국
1981	61.50	50.00	60.00	–	48.00	50.80	57.80	52.00	49.70
1991	42.00	42.00	56.25	49.98	35.00	50.80	30.00	33.00	38.85
2001	29.00	36.43	38.90	40.87	35.00	28.00	28.00	30.00	39.26
2010	26.00	34.43	30.18	39.54	25.50	28.00	26.30	28.00	39.21

자료: OECD.

20 참고로 미국의 최고 소득세율은 1940년(루즈벨트 정부) 81.1%에서 1950년(트루먼 정부) 84.4%, 1960년(아이젠하워 정부) 91.0%, 1970년(닉슨 행정부) 71.75%, 1980년(카터 정부) 70.0%, 1990년(부시 정부) 28.0%, 2000년(클린턴 정부) 39.6%, 2003년(부시 정부) 35.0%로 변해 왔다. 자본이득세의 감세에 대해서는 다음을 참고할 수 있음. http://www.taxfoundation.org/files/fed_capgains_taxrates-20100830.pdf

게 더욱 널리 알려지게 된 '공급중시경제학(supply-side economics)'이 그것이다. 조세감면을 통해 실업과 인플레이션의 문제를 모두 해결할 수 있다니 얼마나 환상적인 일인가? 게다가 조세 감면에 따른 총공급의 증대는 조세수입도 증대시켜 재정적자도 줄일 수 있다고 주장하였다. 이른바 '래퍼곡선(Laffer's curve)'이다.

그러나 이들은 60년대 말 이래 서구경제의 본질적 문제(탈공업화)를 인식하지 못했거나 의도적으로 외면했다. 신자유주의 경제학과 달리 가장 높은 소득세율이 유지되었던 1950, 60년대는 서양 역사학자들이 '황금기(the Golden Age)'라고 부르듯이 경제성장과 민주주의가 가장 번영하였던 시기이다. 게다가 80년대 초반 레이건 행정부의 소득세와 법인세가 대폭 인하된 결과는 물가상승과 함께 폭발적인 재정적자의 증가(그림 1-17) 그리고 소득분배의 악화였다. 무엇보다 공급중시경제학은 시장이론과도 부합하지 않는다. 첫째, 생산요소의 공급탄력성(예: 노동에

공급중시경제학(Supply-side economics) 수요 면보다 공급 면을 중요시하는 경제정책상의 주장으로 경제의 안정 회복과 인플레이션 억제를 위해 감세나 기업의 투자확대촉진법을 만들어 재화나 서비스의 공급을 증가할 필요가 있다고 주장하는 경제이론이다. 즉 공급 측면을 중시하는 정부는 기업과 개인에 대한 세금 감면과 규제축소를 통해서 기업이 생산을 늘리도록 장려한다. 생산의 증가가 곧 고용증대와 지출 증가를 통해서 개인에게도 '조금씩 흘러간다'는 것이다.

래퍼곡선(Laffer's curve) 미국의 경제학자 래퍼가 제시한 세율과 세수의 관계를 나타내는 곡선으로, 세율이 0%일 때에는 세수도 영이 되나 세율이 100%일 때에는 누구라도 소득을 얻기 위한 활동을 거부하기 때문에 세수도 영이 된다. 래퍼곡선은 중간에 세수가 극대로 되는 점(이를테면 50%의 세율)이 존재한다는 것을 주장하고 있다. 미국 대통령 레이건의 감세정책은 당시 미국이 이미 래퍼곡선의 상반부가 넘는 위치에 있다는 판단에 근거한 것이다. 그러나 래퍼곡선은 실증적 연구에서 도출된 것이 아니라 그와 같은 사고도 가능하다는 견해를 나타낸 것에 불과하다.

21 참고로 1950년 35%의 세율로 처음 도입된 한국의 법인세율은 70년대 40%, 80년대 30%, 90년대 20%로 감소하였고, 2000년 28%에서 2001년 27%, 2005년 25%, 2010년에 22%로 감소했다.

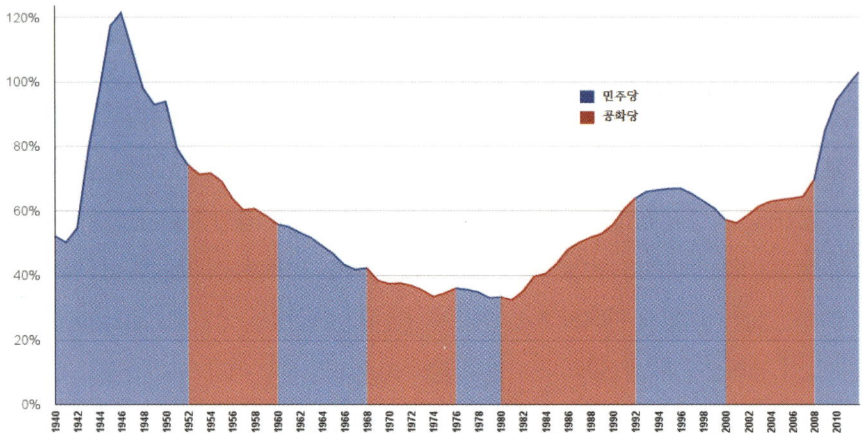

▌그림 1-17. 1940~2012년간 미국 역대 행정부와 연방정부 총부채의 추이, GDP 대비

대한 임금탄력성이나 저축에 대한 이자율탄력성)은 적어도 단기에서는 비탄력적이다. 생산요소시장의 경우 대체효과와 소득효과가 반대로 작용하기 때문이다. 즉 소득세율 인하의 혜택을 가장 많이 입은 고소득층의 경우 소득효과가 대체효과보다 크기에 소득세율 인하에 따른 세후임금의 증가가 노동력 공급으로 이어질 가능성은 희박하다. 마찬가지로 80년대 초와 같은 경기침체 상황은 자금수요가 매우 낮기에 이자소득세율의 인하에 따른 세후이자소득의 증대와 저축의 증대가 투자 증대로 이어질 가능성도 높지 않다. 세후이윤을 증대시키는 법인세 인하 역시 경기 침체 상황에서는 효과가 낮을 수밖에 없다. 즉 법인세 인하에 따른 세후이윤의 증대가 신규 투자에 따른 효과는 투자가 집행되고 이윤이 실현될 경우 효과를 갖는 반면, 경기 침체기에는 투자에 따른 기대수입이 낮기에 신규 투자 자체가 증가할 가능성이 낮고, 법인세 인하는 신규 투자의 증대 없이 기업의 세후이윤만 증대시킬 가능성이 높다. 이처럼 잘못된 경제이론에 근거한 공급중시경제학의 정책 처방은 재정적자의 증가뿐만 아니라 부유층에게 유리한 조세 감면으로 소득분배까지 악화시켰다. 소득분배를 나타내는 지표 중 하나인 지니계수를 보면 레이건 행정부 출범 전 해인 1980년에 0.403에서 1988년에는 0.426으로 소득분배가 악화되었

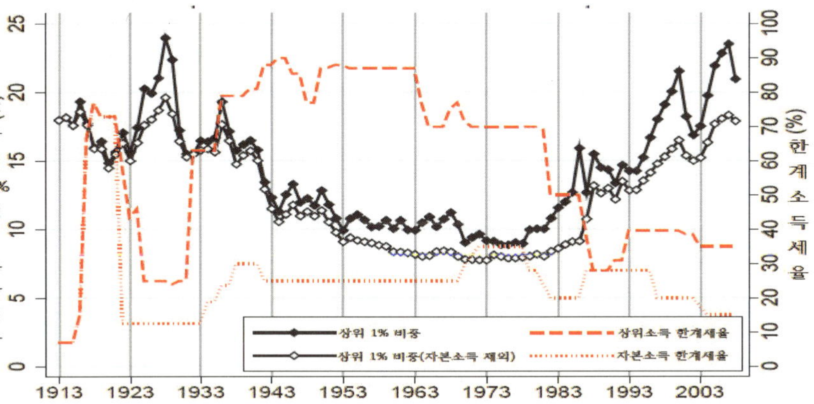

출처: T. Piketty, E. Saez, S. Stantcheva, 2011.

▌그림 1-18. 상위 1%의 소득 비중과 최고소득세율의 추이

다. 이는 상위 1%의 소득 비중과 최고소득세율 간 역(-)의 관계에서도 확인된다(그림 1-18).[22]

셋째, 민영화된 기업이 보다 강한 경쟁에 직면하기에 경제적 효율성이 제고된다는 신념에 기초하여 공기업의 민영화가 급진적으로 추진되었다.[23] 그러나 공기업의 민영화로 대기업은 그 규모가 더욱 커지고 대조적으로 국가는 점점 그 권한이 줄어들 수밖에 없다. 독점적인 공익사업의 경우 정부가 그 사업의 장래 수익성을 보장해주려는 구조적 유인이 존재하였던 반면, 새로운 민영체제하에서 해고 위협의 증대는 노동자들을 위축시켜 더 낮은 임금이나 보다 강도 높은 노동패턴을 받아들이도록 강제하기 때문에 수익성 증가를 위해 희생하는 쪽은 바로 노동자들이었다. 게다가 만약 민영화가 경영자로 하여금 사회적 이유로 계속 유지되어온 서비스를 중단시킨다면 그 이윤 증가는 소비자의 희생을 대가로 한 것이었다. 무

22 T. Piketty, E. Saez, and S. Stantcheva, 2011, "Optimal Taxation of Labor Incomes: A Tale of Three Elasticities," NBER Working Paper 17616.

23 1990~97년에 세계적으로 국가가 민영화한 재산은 그 총액이 513억 달러에 달했다. 이제 세계에서 100대 그룹에 드는 다국적 대기업은 하나하나가 120개 국가보다 수출량이 더 많았다. 특히, 23위 안에 드는 기업들은 인도, 브라질, 인도네시아, 멕시코와 같은 개발도상의 거인국들보다 더 많이 수출하였다. 이들 기업의 수출량이 전 세계 무역량의 70%를 차지하였다.

엇보다 민영화의 목적은 공기업을 경쟁체제로 전환해 경영을 효율화하는 데 있는 반면, 산업의 경쟁 여건이 조성되지 않았음에도 불구하고 민영화를 할 경우 이론적으로 효과를 기대할 수 없다. 그 경우 해당 기업을 받은 민간 기업은 또 다시 독점력을 갖게 된다. 특히 민영화와 더불어 해당 기업을 인수한 민간 기업에게 일정 기간 적자를 보전해주거나 독점을 인정해주는 등의 특혜를 제시할 경우 생산성의 향상 등 민영화의 목적은 거둘 수 없다. 공기업 비효율성의 대부분 원인들을 만들어낸 '정치실패'에 대한 비판이나 민주주의 강화의 필요성을 지적하기보다는 이념에 기초한 비판으로 또 다른 비효율성인 '시장실패'를 만들어낸 것이다.

넷째, 산업 운영에 있어서 안전 및 환경보호 등에 관한 정부규제의 제거나 노동시장의 유연화를 위해 노사관계에 관한 다양한 법적 규제의 변경과 노동조합의 활동에 대한 규제를 포함한 노동시장에 대한 법적 규제의 완화를 추진하였다. 그 결과 높은 실업으로 이미 약화되고 있었던 노동자계급의 지위는 더욱 위축되었고, 노조와 기업(자본) 간의 세력 균형은 무너졌다. 예를 들어 1970년대 초반 보수당 정부의 급진적 노사관계법이 노조의 반대로 패배한 교훈을 바탕으로 대처정부는 일련의 고용법을 통해 서서히 노조를 약화시켰다. 미국에서도 고용 지원 정책이 폐기되었다. 또한, 70년대까지 미국은 일자리 회복을 위한 정책의 선두 국가였다. 예를 들어, 카터 정부는 임금보조금, 공공 고용프로그램 등을 도입하여 최대 70만 명 이상에게 혜택을 제공하였다. 그러나 이러한 정책을 '큰 정부'로 비난한 레이건 정부는 이들 정책을 폐기하고 기금을 대폭 삭감하고 훈련을 민간부문에게 이전하였다. 그 결과 오늘날 미국 정부는 인플레 조정 후 기준으로 적극적 노동시장 정책을 펼쳤던 1980년에 비해 60%도 안 되게 지출하고 있고, GDP 대비 기준으로 다른 선진국에 비해 적게 지출하고 있다. 흔히 미국 노동

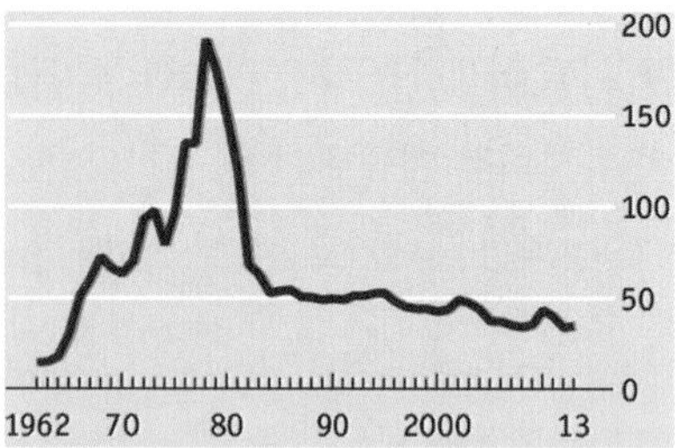

출처: Economist, 2014, "Social mobility:A memo to Obama" (Mar. 1).

▌그림 1-19. 미국의 일인당 훈련비용에 대한 연방정부 지출 추이(2005년 가격 기준)

시장의 장점으로 유연성과 효율성을 거론한다. 예를 들어, 80년대 미국의 실업률은 하락한 반면 유럽은 고실업이 지속되었는데 미국 학자들은 이를 '유럽병'이라 비난하였다. 그러나 이 유연성은 생계와 생존 위기에 내몰린 미국 노동자의 희생의 산물이었다. 즉 미국 노동자의 경우 고용과 연계된 의료보험 혜택과 최대 6개월에 불과한 실업급여 등으로 일자리 확보를 적극적으로 시도할 수밖에 없다. 1980년대 이후 유럽이나 일본 등과 달리 영국과 미국 등 앵글로색슨형 시장시스템 하에서 상위 소득계층으로 소득의 집중이 심화된 이유이다(그림 1-21, 22).

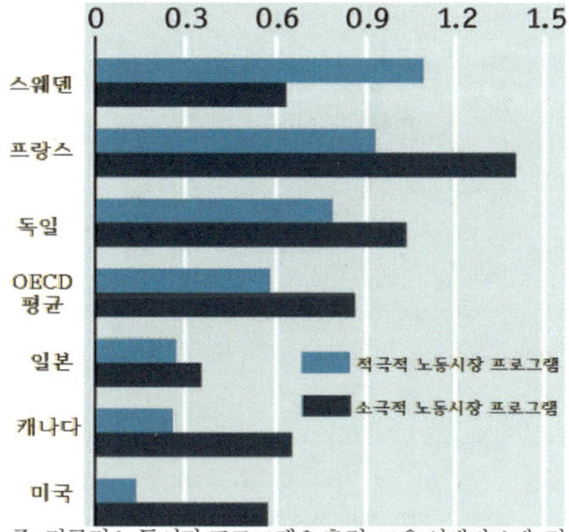

주: 적극적 노동시장 프로그램은 훈련, 고용 인센티브제, 직접 일자리 창출 등을 포함. 소극적 노동시장 프로그램은 실업수당, 조기 퇴직 등을 포함.
출처: Economist, Mar 1st 2014.

▌그림 1-20. GDP 대비 노동시장 프로그램 지출 비중, 2011년

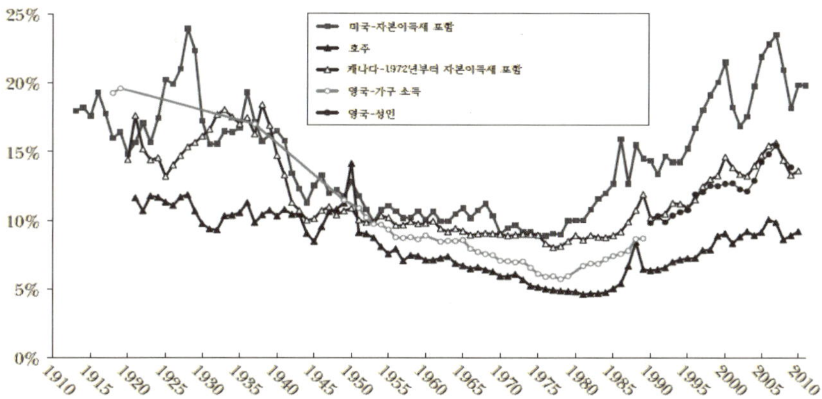

출처: F. Alvaredo, A. Atkinson, T. Piketty, and E. Saez, 2013, "The Top 1 Percent in International and Historical Perspective," *Journal of Economic Perspectives,* Vol. 27, No. 3.

▌그림 1-21. 영어 사용국의 상위 1%의 소득 비중 추이

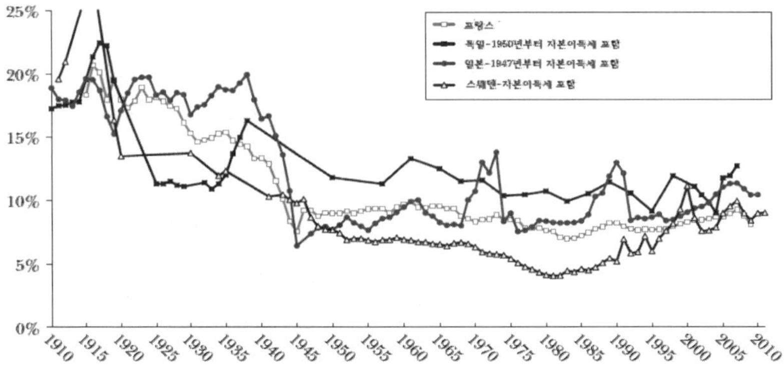

출처: F. Alvaredo, A. Atkinson, T. Piketty, and E. Saez, 2013.

▌그림 1-22. 유럽과 일본의 상위 1% 소득 비중 추이

신자유주의 경제정책의 결과 자본의 몫은 크게 개선된 반면 임금노동자의 몫은 크게 악화되었다(그림 1-23 참고). 미국 노동자의 평균 실질임금(주급)은 1950년 213달러에서 1973년에는 315달러까지 상승하였으나 1980년 275달러, 1990년 260달러로 70년대 후반 이래 계속 하락했다. 제조업의 평균 실질임금(주급)만 보더라도 1950년 233달러에서 1973년에는 361달러까지 증가했으나 그 이후 계속 하락하여 1991년에는 328달러로 축소되었다.[24] 1970년대 후반 이래 소득불평등의 심화는 그 결과였다. 60년대까지 진행되던 빈곤층의 하락 추세도 70년대 멈추었고, 80년대부터는 증가하기 시작했다. 예를 들어, 1에 가까울수록 소득분배의 악화를 의미하는 지니계수가 레이건 행정부

▌표 1-7. 미국 가계의 지니계수, 1967~ 2013년

연도	지니계수	연도	지니계수	연도	지니계수
2013	0.476	1998	0.456	1982	0.412
2012	0.477	1997	0.459	1981	0.406
2011	0.477	1996	0.455	1980	0.403
2010	0.468	1995	0.450	1979	0.404
2009	0.469	1994	0.456	1978	0.402
2008	0.467	1993	0.454	1977	0.402
2007	0.463	1992	0.433	1976	0.398
2006	0.470	1991	0.428	1975	0.397
2005	0.469	1990	0.428	1974	0.395
2004	0.466	1989	0.431	1973	0.400
2003	0.464	1988	0.426	1972	0.401
2002	0.462	1987	0.426	1971	0.396
2001	0.466	1986	0.425	1970	0.394
2000	0.462	1985	0.419	1969	0.391
1999	0.458	1984	0.415	1968	0.386
		1983	0.414	1967	0.397

출처: US Census Bureau.

24 R. Batra, 1993, *The Myth of Free Trade*, Robert Stewart Books, pp. 25 & 27.

출범 전 해인 1980년에 0.403에서 1988년에는 0.427, 그리고 레이건 행정부의 정책을 계승한 부시(G. Bush) 행정부의 마지막 집권 해인 1992년에 0.434로 증가하였다. 〈그림 1-24〉에서 보듯이 1980년경 상위 10% 가구의 소득은 전체 소득 중 약 33%를 차지하였으나 금융위기 전까지 50%로 상승할 정도로 소득불평등은 악화되었다.

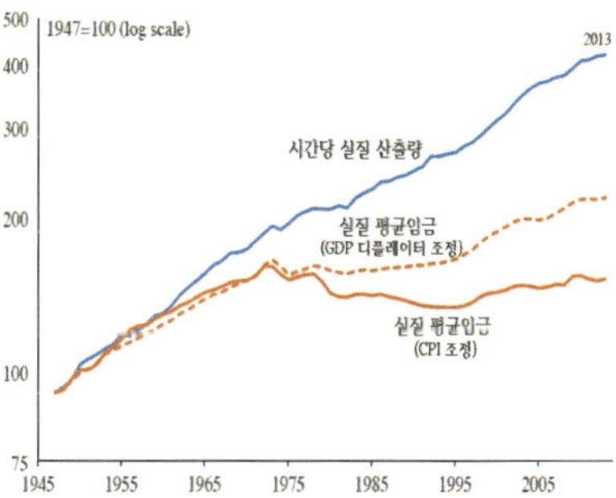

생산성과 평균임금의 증가, 1947~73년

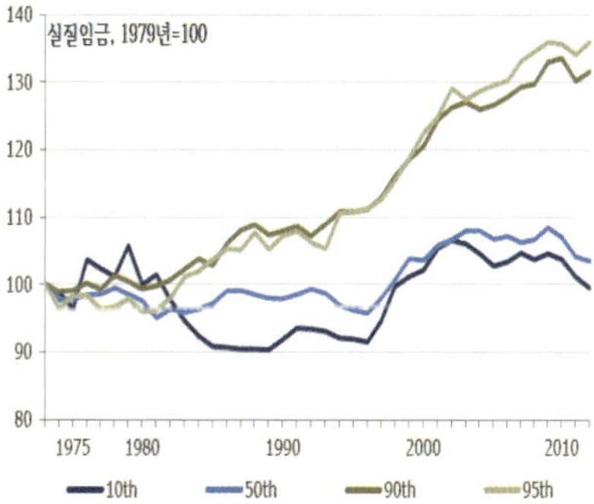

미국의 계층별 실질임금의 추이, 1973~2012년

출처: Economic Report of the President 2014, Figure 1-14, p. 41; J. Schmitt, 2015, "Failing on Two Fronts: The U.S. Labor Market Since 2000," Center for Economic and Policy Research, Figure 4.

▌그림 1-23. 미국의 생산성과 평균 실질임금 그리고 계층별 실질임금의 추이

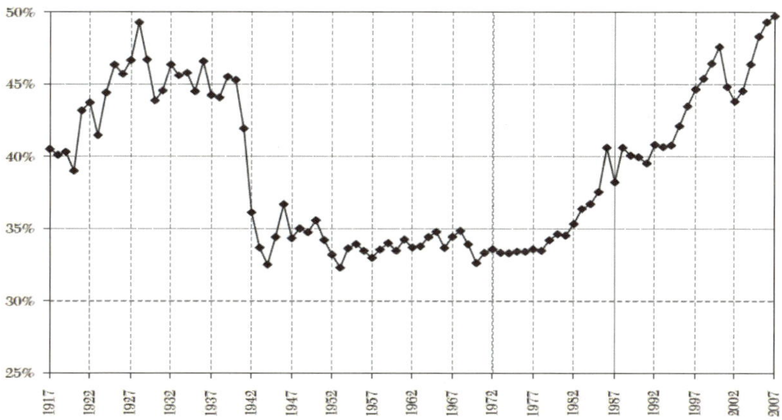

출처: A. Atkinson, T. Piketty, E. Saez, 2011, "Top Incomes in the Long Run of History," *Journal of Economic Literature*, Vol 49 No. 1, p. 6, Figure 1.

▌그림 1-24. 미국 상위 10%의 소득 비중 추이, 1917~2007년

소득불평등의 심화는 (다음에서 살펴볼) 무역과 자본흐름이 자유화되면서 더 강화된다. 시장이론(Stolper-Samuelson theorem)에 따르면 무역자유화는 (미국의 경우) 경쟁력이 낮은 부문(예: 노동집약적 제조업 부문)의 타격과 경쟁력 높은 부문(예: 금융부문)의 이득을 증가시킨다. 또한, 자본흐름 자유화의 결과 한 국가의 경제정책이 해외자본의 흐름에 크게 영향을 받게 되었다. 통화 및 재정 정책의 가장 중요한 업무 중 하나가 자본시장의 판단과 작동을 보호하는 일이 되어버린 것이다. 예를 들어 시장이론은 재정정책이 기본적으로 균형재정의 규범 아래에 운영되어야 하며, 조세 및 재정에 기초한 자금 순환을 최대한 줄여 재량 여지를 제거하고 자금이 민간 자본시장에서 돌도록 보장하는 것 자체가 중요한 목적이 되어야 한다고 주장한다. 〈그림 1-25〉에서 보듯이 근로소득세 인하와 더불어 자본이득세(capital gains tax) 인하가 그것이다.

시장이론에서는 장기 수준의 산출량이 저축과 투자의 양, 즉 자본량에 의존하기 때문에 자본이득세율의 인하는 경제성장을 증대시킨다고 주장한다. 그러나 자

스톨퍼-사뮤엘슨 정리(Stolper-Samuelson theorem) 국가 간 무역발생의 원인 및 무역 패턴의 결정요인을 각국의 요소부존량 비율의 차이와 생산량 간의 요소투입비율(요소집약도)의 차이로서 해명한 헥셔-올린 정리(Heckscher-Ohlin theorem)에 의하면, 일국은 자국에 풍부하게 보존되어 있는 요소를 집약적으로 투입하는 재화생산에 특화하여 수출하고 희소한 요소를 집약적으로 투입하는 재화를 수입하게 된다. 따라서 자유무역이 일어나게 되면 풍부한 요소의 가격은 올라가는 반면 희소한 요소의 가격은 내려가게 되고, 요소 가격은 국제적으로 균등화된다. 따라서 높은 임금을 지불하는 수입국이 낮은 임금밖에 지불하지 못하는 나라와 자유무역을 실시함에 따라 수입국 노동자의 실질임금 수준은 저하된다. 예를 들어, 높은 임금을 지불하는 미국이 낮은 임금밖에 지불하지 못하는 나라와 자유무역을 실시함에 따라 미국 노동자의 실질임금수준은 저하된다. 이러한 경향을 방지하기 위하여 그 나라로부터 수입되는 상품에 대해 보호관세를 부과해야 할 필요가 있다고 주장한 이론이다.

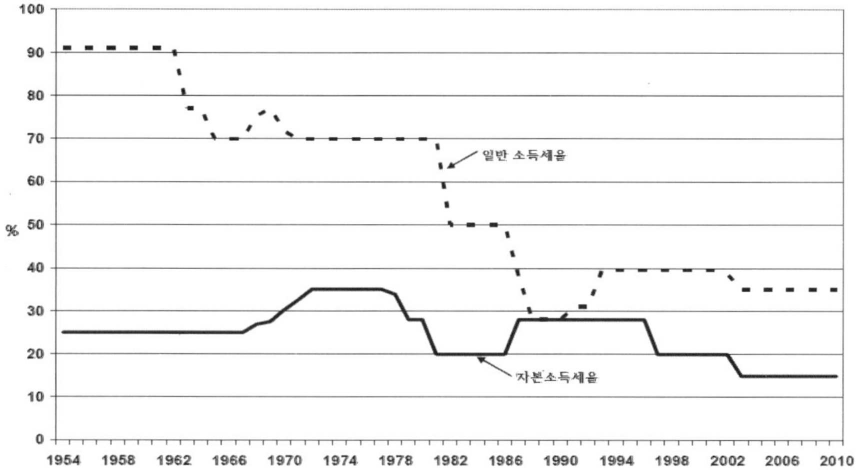

출처: T. Hungerford, 2010, "The Economic Effects of Capital Gains Taxation," Congressional Research Service Report.

▌그림 1-25. 자본 소득과 일반 소득의 최고세율 추이

본이득세율 인하의 장기적 효과를 추적한 미국 의회조사국(CRS)[25]은 자본이득세율 인하가 저축과 투자에 거의 영향을 미치지 않았고, 심지어는 부정적으로 영향을 미쳤다고 보고하였다. 즉 자본이득세율 인하는 (한시적이든 영구적이든) 장기 경제성장에 영향을 미칠 가능성은 낮고, 고소득자의 혜택만을 증가시켰다고 주장하였다. 이처럼 자본흐름의 자유화는 자본의 영향력을 증대시키고 노동자의 교섭력을 약화시킴으로써 기업 수익의 배분을 생산부문에서 주주-경영자의 몫으로 이동시켰다.

무역자유화와 세계무역기구 체제의 등장

지금까지 살펴본 정책들이 신자유주의의 대내적 경제정책이라면 무역자유화라는 시장 개방은 신자유주의의 대외적 경제정책 중 하나였다. 앞에서 지적했듯이 신자유주의의 대내적 경제정책으로 이윤율을 구성하는 한 축인 이윤몫은 크게

25 T. Hungerford, 2010, "The Economic Effects of Capital Gains Taxation," Congressional Research Service Report.

개선되었으나, 다른 축인 시장 수요의 부족은 여전히 지속되었다. 그 결과가 후진국들에 대한 시장개방의 압력으로 나타났고, 그에 따라 세계시장을 관리하기 위한 국제협력과 국제기구의 역할 또한 증대하였다. 무엇보다, 관세 장벽과 수출입 제한을 제거하고 국제무역과 물자교류를 증진시키기 위해 1947년 제네바에서 미국을 비롯한 23개국이 조인한 국제적인 무역협정인 '관세 및 무역에 관한 일반협정(GATT, General Agreement on Tariffs and Trade)'은 1973~79년에 진행된 동경라운드까지 7차의 라운드 교섭을 거쳤다. 이 과정을 거쳐 주요 선진 공업국의 평균관세율은 GATT 출범 시의 35%에서 4.7%로 크게 인하되었다. 이에 따라 관세는 국제무역에 더 이상 장애가 되지 않았다. 그러나 관세율 저하에 비례하여 비관세 조치도 계속 커졌고, 자유로운 무역을 확대하기 위해서는 비관세장벽(Non-Tariff Barriers, NTBs)을 낮추거나 폐지할 필요성이 제기되었다. 이 때문에 제5차 라운드까지는 관세 인하만을 교섭했지만, 1964~67년 스위스 제네바에서 있었던 제6차 케네디라운드에서는 덤핑방지 협정을 채택하는 등 관세 이외의 비관세 장애문제를 처음으로 다루었다. 더욱이 제7차 동경라운드에서는 덤핑, 보조금, 상계관세(相計關稅: 수출국이 수출품에 장려금이나 보조금을 지급하는 경우 수입국이 이에 의한 경쟁력을 상쇄시키기 위해 부과하는 누진관세) 및 관세평가, 보건 및 안전기초, 수입허가절차, 항공기, 정부조달의 7개 분야에서 협정을 마련하는 등 본격적으로 비관세 장애문제를 다루었다.

이처럼 70년대에 무역자유화가 크게 확대되었음에도 불구하고 기본적으로 가트(GATT) 체제를 벗어난 것은 아니었다.[26] 그 결과 70년대 말부터 가트 체제

26 GATT 체제에서도 두 번의 변화가 있었다. 하나는 유럽통합의 움직임 속에 최혜국(MFN) 관세 적용을 중단시키기 위한 케네디 라운드(Kennedy Round, 1964~67), 다른 하나는 브레튼우즈 체제의 붕괴와 오일쇼크와 일본의 부상을 다루었던 도쿄 라운드(Tokyo Round, 1973~79)다. 1958년 유럽경제공동체(EEC)가 결성된 뒤부터 EEC 제국이 역내관세를 단계적으로 철폐시키는 반면, 역외관세에 대해서는 공통관세 징수를 설정하였다. EEC로부터 축출되는 결과가 되는 것을 극복하기 위해 미국의 케네디 대통령은 1962년 6월 의회에서 통상확대법을 통과시켜 미리 관세를 대폭 인하함으로써 EEC 역내의 관세장벽을 무너뜨리고 나아가 관세 일괄인하(다자간 무역협상)를 시도하였다. 한편, 도쿄라운드를 통해 미국은 선택적 긴급수입제한(safeguard) 조항의 설정을 시도하였다. 그러나 긴급수입제한의 남용에 대한 염려와 선진국 주도의 협상에 대한 불만 등으로 교섭참가 99개국 중

에 대한 근본적인 변화가 미국을 중심으로 논의되었다. 미국의 무역적자가 70년대 후반부터 크게 증대되었기 때문이다. 제8차 다자간 무역협상(1986~93년)인 우루과이라운드(UR, Uruguay Round)가 그것이고, 그 결과가 1995년 출범한 국제무역기구(WTO, World Trade Organization) 체제이다. 가트 체제와 WTO 체제의 주요한 차이로 세 가지를 지적할 수 있다. 첫째, 가트 체제는 제조업(공산품) 중심의 무역자유화를 추구하였지만, WTO 체제에서는 1차 및 3차 산업까지 시장개방의 대상이 확대되었다. 둘째, 가트 체제에서는 선·후진국 간 경제발전의 차

표 1-8. 미국의 무역수지, 1960~2013년(단위, 100만 달러)

연도	무역수지	재화	서비스	연도	무역수지	재화	서비스
1960	3,508	4,892	-1,384	1987	-151,684	-159,557	7,874
1961	4,195	5,571	-1,376	1988	-114,566	-126,959	12,393
1962	3,370	4,521	-1,151	1989	-93,141	-117,749	24,607
1963	4,210	5,224	-1,014	1990	-80,864	-111,037	30,173
1964	6,022	6,801	-779	1991	-31,135	-76,937	45,802
1965	4,664	4,951	-287	1992	-39,212	-96,897	57,685
1966	2,939	3,817	-878	1993	-70,311	-132,451	62,141
1967	2,604	3,800	-1,196	1994	-98,493	-165,831	67,338
1968	250	635	-385	1995	-96,384	-174,170	77,786
1969	91	607	-516	1996	-104,065	-191,000	86,935
1970	2,254	2,603	-349	1997	-108,273	-198,428	90,155
1971	-1,302	-2,260	958	1998	-166,140	-248,221	82,081
1972	-5,443	-6,416	973	1999	-263,160	-336,171	73,011
1973	1,900	911	989	2000	-376,749	-445,787	69,038
1974	-4,293	-5,505	1,212	2001	-361,771	-421,276	59,505
1975	12,404	8,903	3,501	2002	-417,432	-474,491	57,059
1976	-6,082	-9,483	3,401	2003	-490,984	-540,409	49,425
1977	-27,246	-31,091	3,845	2004	-605,357	-663,507	58,150
1978	-29,763	-33,927	4,164	2005	-708,624	-780,730	72,106
1979	-24,565	-27,568	3,003	2006	-753,288	-835,689	82,401
1980	-19,407	-25,500	6,093	2007	-696,728	-818,886	122,158
1981	-16,172	-28,023	11,851	2008	-698,338	-830,109	131,770
1982	-24,156	-36,485	12,329	2009	-381,272	-505,910	124,637
1983	-57,767	-67,102	9,335	2010	-500,027	-645,857	145,830
1984	-109,072	112,492	3,420	2011	-548,625	-740,646	192,020
1985	-121,880	122,173	294	2012	-537,605	-742,095	204,490
1986	-138,538	-145,081	6,543	2013	-476,392	-701,669	225,276

출처: U.S. Census Bureau, Foreign Trade Division.

서명 국가는 미국·일본·EC(유럽공동체) 등 선진 25개국에 불과했고, 개발도상국에서는 아르헨티나와 칠레 등 몇 나라를 제외하고는 서명을 기피하였다.

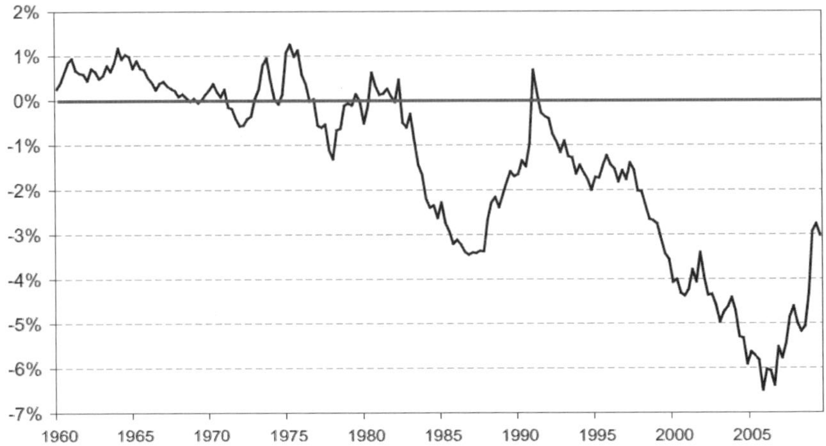

출처: R. McKinnon, 2010, "Rehabilitating the unloved dollar standard," Heinz W. Arndt Memorial Lecture, Canberra (15 April 2010).

▌그림 1-26. 미국의 경상수지, GDP 대비

이에 따른 시장개방의 정도의 차이가 인정되었으나 WTO 체제에서는 공정한 게임이 강조되면서 동등한 수준의 시장개방과 생산 활동과 관련된 노동・환경 등의 문제에서도 선진국들의 수준을 개도국들에게 요구하였다.

셋째, WTO 체제에서 무형재인 지적재산권이 무역 대상으로 새롭게 추가되었다. 미국은 지적재산권의 상품화 및 무역 대상으로 포함시키기 위해 국내 환경을 먼저 정비하였다. 즉 지식이 사적 소유권을 획득하게 되는 계기가 되었던 1980년 미국 상원에서 통과된 '특허 및 상표수정법안', 이른바 '베이-돌(Bayh-Dole) 법안'이 그것이다. 이 법안의 주요 골자는 미연방정부의 지원을 받은 공공연구소, 대학, 비영리연구소, 중소기업 등의 연구결과를 그 기관이 특허를 출원하고 기술사용료를 받을 수 있게, 즉 소유권을 가질 수 있게 허가했다는 점이다. 즉 **공공자원으로 만들어진 지식에 사적 소유권을 부여한** 것이다. 지식과 아이디어의 상품화가 이루어진 것이다. 그리고 20세기 후반에 들어서면서 기업의 대학 연구개발 투자가 급증한 배경이다. 1970년만 해도 연구개발에 대한 연방정부의 지원은 149억 달러로 기업의 총 투자액 104억 달러보다 많았으나, 1997년이 되면 연방정부의 지출은 627억 달러이고 기업의 지출은 1,333억 달러로 관계가 역전되었다. 이처럼 대학의 연구개발에 대한 기업 투자가 급속히 증가하고, 대학의 특허 출원이 매우 활발해져 경제발전에 도움이 된 반면, 전통적으로 공공연구소와 대학 등의 연구과정과 결과가 공개됨으로써 인류 지식의 진보에 기여해왔던 '과학공유자원(Scientific Commons)'의 개념을 크게 위축시키고, 학자들은 기업의 이해관계로부터 자유롭지 못하게 되어 대학과 지식의 공공성 그리고 학문의 자유가 훼손되었다. 예를 들어, 이 법안에 대해 초기에 미국 사회는 미국 산업의 쇠퇴를 반전시키는 데 기여한 것으로 긍정적으로 평가하였다.[27] 구체적으로 1980년 이후 미국 대학의 특허는 12배가 증가했고, 대학 연구실에서 수행된 연구를 활용한, 즉 이른바 '스핀오프(spin off)'[28]를 이용한 기업이 2,200개가 넘었고, 그 과정에서 26만 개의 일자리가 만들어졌고, 2002년 기준 연간 400억 달러를 기여하였다고 주장하였다. 그런데 시간이 지나면서 이 법안에 대한 평가는 부정적으로 변화하였다. 예를 들어, 이코노미스트(Economist)[29]는 스핀오프를 이용한 기업이 4,500개 이상이나 되고, MRI, B형 간염 백신, 구글 검색엔진 등을 포함해 수십 개의 의학적 진보와 기술혁신을 만들어냈음에도 불구하고 시간이 흐를수록 이 법안에 대한 비판이 넘치고 있다고 소개했다. 즉 대학이 기초지식보다는 실용적이고 산업적 목적을 가진 지식에 집중하고, 진리의 중립적 중재자이기보다는 기업처럼 행동하고, 특허와 재산권 기술의 출현으로 과학적 연구가 지연되고, 특허성 보호범위에 대한 법적 동의로 인해 서로 간에 자료와 지식의 공유를 꺼리게 되고, 대학과 연구자 간에 특허(patents and royalties)에 대한 소송이 일상화되고 있다는 것이다. 이처럼 UR에서는 지적재산권이라는 새로운 분야가 교섭의 대상으로 되

27 Economist, 2002, "Innovation's golden goose" (Dec. 12). http://www. economist.com/node/1476653

28 스핀오프(spin off)란 정부출연연구기관의 연구원이 자신이 참여한 연구결과를 가지고 별도의 창업을 할 경우 정부보유의 기술을 사용한 데 따른 사용료를 면제하고 성공 후 신기술연구기금 출연을 의무화하는 제도이다.

29 Economist, 2005, "Intellectual property: Bayhing for blood or Doling out cash?" (Dec. 20). http://www.economist.com/node/5327661

었다 하여 '지적재산권의 무역적 측면(TRIPS, Trade-related Aspects of Intellectual Property)'이라는 이름으로 부르게 되었다. 사실 세계무역기구 설립 협정의 부속 협정으로 체결된 TRIPS 협정과 세계지적재산권기구(WIPO, World Intellectual Property Organization)의 저작권 조약은 미국 주도로 만든 것이다. 이를 통해 미국 기업들이 막대한 이익을 올리기 때문이다. 2013년 기준 전 세계 지적재산의 수입 중 39%를 차지하고 있는 미국[30]은 지적재산권에서 큰 흑자를 실현하고 있다. 예를 들어, 2009년 기준 미국은 로열티와 라이센스 수입이 898억 달러였던 반면, 해외 지불액은 252억 달러에 불과했다.[31] 지적재산권 로열티 수입이란 지적재산권 이용료를 말하는 것이므로, 지적재산권 상품 그 자체를 판매하여 얻은 수익까지 합하면, 미국이 지적재산권으로 얻는 수입은 로열티 수입의 수십 배에 달한다. 만성적인 무역수지 적자로 허덕이는 미국 입장에서 지적재산권은 그야말로 황금알을 낳는 거위인 셈이다.

제3절 자본의 탈제조업과 금융화: 무질서 시대의 도래와 금융위기

지금까지 살펴보았듯이 자본의 수익률 하락에 대한 신자유주의식 대응으로 제조업의 구조적 공급 과잉의 문제는 해소될 수 없었다. 미국과 서유럽 국가 그리고 일본 등의 제조업 부문 기술이 평준화되는 가운데 가격경쟁이 치열해졌고, 그 결과 가격경쟁력에서 뒤처질 수밖에 없는 미국 제조업의 경쟁력 쇠퇴는 불가피했다. 예를 들어, 60년대 후반에 일본과 독일(당시 서독)에 대한 미국의 무역수지가

30 E. Gresser, 2014, "U.S. share of world intellectual property revenue – 39 percent," Progressive Economy (Nov. 5). http://progressive-economy.org/2014/11/05/u-s-share-of-world-intellectual-property-revenue-39-percent/

31 Economics and Statistics Administration and the United States Patent and Trademark Office, 2012, "Intellectual Property and the U.S. Economy: Industries in Focus," U.S. Department of Commerce (March).

적자로 전환되었고, 1985년부터는 중국에 대한 무역수지도 적자를 실현하였다. 사실, 미국이 주도적으로 추진한 시장개방 정책은 가격경쟁력에 기초하는 제조업에게 불리하게 작용할 수밖에 없었다. 60년대부터 글로벌 무역자유화가 급속히 확장되면서 제조업 일자리의 외주화(outsourcing)가 진행되었고, 여기에 70년대 초부터 주기적으로 반복되는 경기침체는 제조업 노동자의 해고로 이어지는 등 미국의 '러스트 벨트(Rust Belt, 공장지대로 일명 Manufacturing Belt, Factory Belt, Steel Belt)'는 위축되기 시작했다.

미국경제력의 상대적 약화와 브레튼우즈 체제의 붕괴

산업화 이후의 새로운 길이 열리지 않은 상황에서 자본의 탈제조업이 금융화로 이어진 것은 자연스런 현상이었다. 산업체계의 다양화나 산업구조의 업그레이드가 지연 혹은 실패하면서 금융이 과잉 발전하는 현상은 19세기 말 영국이 이미 경험한 것이다. 그러나 1980년대 이래 선진국에서 금융활동의 규모와 범위의 급증은 전대미문의 일이었다. 금융화는 금융부문의 소득 비중의 증가, 가계부채의 상승, 금융중개기관의 대차대조표에 금융 청구액(claim)의 증가, 과도한 리스크 추구의 지표인 금융부문의 규모와 레버리지의 증가, 소득불평등의 증가, 금융산업의 정치적 영향력의 증가 등을 보여준다.[32]

80년대 이후 30년간 진행된 금융화가 미국 제조업 경쟁력의 상대적 약화에서 비롯한 것이듯이 현대 금융시스템 역시 탈제조업화에 그 뿌리를 두고 있다. 1971년 8월 15일 미국의 닉슨 대통령은 각국의 공적기관이 보유한 달러의 금에 대한 교환성을 정식으로 정지하는 이른바 '금태환(gold convertibility) 정지'를 선언하였다. 1차 대전 이후 미국이 세계경제의 중심으로 떠오르면서 금 가격 표시로서의 중요성이 점차 증가되었다. 루즈벨트 대통령은 온스(31.1035g)당 금 가격을 20.67달러에서 35달러로 올렸고 달러-금 교환기준을 설정해서 미국 연준(Fed)

32 Ò. Jordà, M. Schularick, and A. Taylor, 2014, "The Great Mortgaging: Housing Finance, Crises, and Business Cycles," NBER Working Paper No. 20501.

에서 달러를 금으로 교환할 수 있는 제도를 만들었다. 1944년 7월 미국 뉴햄프셔주의 브레튼우즈(Bretton Woods)에서 44개 연합국 대표들이 참석한 가운데 전후의 국제통화질서를 체결한 '브레튼우즈 협정'[33]은 이러한 금-달러 기준제도를 공식화했고 일정한 비율에 의해 각국 통화가 금으로 교환할 수 있는 비율을 정해 운용하는 통화정책을 정하였다. 이에 따라 온스당 35달러라는 금 가격은 1968년 금 가격의 자유화 시기까지 각국 중앙은행의 협조 하에 유지되었다.[34] 그런데 베트남전에 쏟아 부은 돈 때문에 미국이 흔들린다는 것을 감지한 각국으로부터 미국에 '달러를 주고 금을 받는' 금태환 요구가 빗발치자,[35] 이를 감당할 수 없었던 미국이 '브레튼우즈 협정'을 깨고 금 바꿔주기를 금지키로 한 것이 바로 '닉슨 쇼크'다. 이는 제2차 대전 이후 계속됐던 금본위체제, 즉 달러(35달러)를 주면 금(1온스)을 준다는 보장하에 달러 기준의 고정환율제의 종료를 의미했다. 앞에서 기술했듯이 미국의 '금태환 정지'는 기본적으로 국제수지의 적자 확대와 달러의 신뢰도 하락, 그리고 미국의 금 준비 감소에 따른 결과였다.

사실, 브레튼우즈 체제의 붕괴는 예고된 것이었다. 기축통화제는 본질적으로 세계가 수용할 수 있는 기준 자산(an acceptable numeraire)으로서 대외지불준비금

---

33 충분한 국제유동성의 확보(the adequacy of international liquidity)는 2차 대전 이후 국제금융시스템 개혁의 주요 요인이었고, 금-달러 연계, 고정환율시스템, 국내 및 (특히) 국제 금융거래에 대한 엄격한 규제, 금융시장 발전에 대한 일반적 제약이 브레튼우즈 체제의 주요 특성이었다.

34 사실, 1934년 1월 31일부터 미국 재무성은 외국이 보유하는 공식적 달러는 '금과 같다(as good as gold)'며 외국 중앙은행과 정부가 보유한 달러에 대해 금 1온스에 35달러 기준으로 상환하는 것을 보증했다. 브레튼우즈 체제 유지를 위한 장치가 '골드 풀(gold pool)' 제도였다. 런던 자유 금시장에서의 금 가격을 공정가격(1온스=35달러) 가까이 유지함으로써 투기적인 변동과 그에 따른 국제적인 환시세의 혼란을 방지하기 위하여 구미 8개국(독일, 네덜란드, 미국, 벨기에, 스위스, 영국, 이탈리아, 프랑스)의 중앙은행이 1961년 10월에 합의하였다. 이처럼 금 가격의 안정성과 브레튼우즈 체제의 유지는 집단행동이 필요하였다. 즉 개별 이해보다 집단의 이해가 우월해야만 가능한 것이었다. 실제로 1965년경부터는 만성적인 파운드 불안이나 미국의 국제수지 적자 때문에 금 매각액이 많아져서 1967년에는 프랑스가 사실상 탈퇴하였고, 1968년 3월에는 금의 2중가격제가 채용되었기 때문에 골드 풀은 활동을 정지하였다.

35 특히, 미국에 대해 커다란 무역흑자를 보며 막대한 달러를 보유하고 있었던 독일 내에서 미국의 금태환에 대한 의심이 확산되기 시작했다. 독일이 보유한 달러화는 계속 쌓이는데 미국이 보유한 금은 한정돼 있어 독일이 보유한 달러를 미국이 금과 교환해 줄 능력이 있는지 의심이 생긴 것이다. 그러자 독일은 지속적으로 미국에 달러를 금과 태환해 달라고 요청했다.

(reserves) 자산(달러)의 가치를 보증하면서 대외지불준비금 자산(달러)에 대한 수요 증대를 충족시키기 위해 충분히 공급을 해야 하는 문제인 이른바 '트리핀 딜레마(Triffin dilemma)' 문제를 갖기 때문이다. 가계와 기업처럼 정부 역시 유동성(liquidity)[36]에 대한 용이한 접근이 필요하다. 폐쇄경제에서 정부는 기본적으로 중앙은행을 통해 모든 유동성의 필요를 제공할 수 있다. 그러나 개방경제에서는 국제통화가 필요할 때 중앙은행이 프린트할 수 없고, 보유한 총 대외지불준비금과 이용 가능한 국제통화에 대한 신용 규모에 의해 정부의 힘이 제약된다. 2차 대전 이후 세계 제조업의 절반 이상을 생산하고, 전 세계 금 중 71%를 미국이 보유할 정도로 사실상 1950년대까지는 경쟁자가 없는 달러 지배 시기로 금과 달러가 국제유동성의 역할을 수행하였다. 2차 대전 이후 미국 이외의 국가들에서 달러의 부족은 마셜플랜(the Marshall Plan: 1947년부터 1951년까지 미국이 서유럽 16개 나라에 행한 대외원조계획)으로 불리는 유럽부흥계획(European Recovery Program, ERP)을 통한 정부 양여와 대출, 미국에서의 자본 유출 등으로 해결되었다.

그러나 민간자본의 유출이 급증하면서 미국은 1950년까지 국제수지가 적자로 전환되었다. 즉 미국 직접투자에 의한 자본 유출은 1946~57년간 연평균 9억 1천 3백만 달러에서 1958~69년간 22억 달러로 증가했고, 기타 장기 자본 유출은 같은 기간 동안 2억 5천 5백만 달러에서 12억 달러로 증가했다. 무엇보다 60년대 초부터 단기 자본 유출이 급증했다. 1946~58년간 연평균 2억 6천 1백만 달러가 미국으로 유입되었으나 1960년에 25억 달러가 유출되었다. 미국에서보다 유럽과 일본에서 통화 긴축이 이루어지면서 이자 마진의 확대에서 비롯한 것이었다. 즉 1956년에 총산출량이 잠재 수준 아래로 떨어지자 물가안정을 최우선시하였던 통화정책은 1958년부터 변화하기 시작했다. 특히 1961년 정권을 잡은 케네디 행정부는 1965년까지 '산출량(GDP) 갭(output gap≡실제 GDP－잠재 GDP)'

36 재화와 다른 자산에 지출할 수 있는, 즉 쉽게 판매할 수 있는 자산을 일컫는다. 폐쇄경제에서 정부는 기본적으로 중앙은행을 통해 모든 유동성 필요를 제공할 수 있다. 그러나 개방경제에서는 외국 통화가 필요할 때 중앙은행이 프린트할 수 없고, 보유한 총 지불준비금(reserves)과 이용 가능한 외국 통화 신용은 정부의 힘을 제약한다.

에 통화정책의 초점을 맞추었다. 이는 국가 경제정책의 핵심을 완전고용 달성과 잠재 수준의 성장에 설정했던 '1946년 고용법(the Employment Acto of 1946)'에 근거한 것이었다. 그 결과 미국은 물가안정과 대외균형보다 완전고용과 경제성장에 통화정책의 초점을 맞추었던 것이다. 1960~69년간 연평균 달러 유출은 20억 달러에 달했고, 그 결과 2차 대전 이후의 달러 부족은 달러 과잉으로 바뀌었다. 〈그림 1-27〉에서 보듯이 1960년 8월부터 미국의 대외 달러 부채는 금 보유액을 초과하기 시작했고, 그 결과 미국 재무성에서 대규모 금의 회수가 재발하여 금 가격이 상승할거라는 기대가 확산되었고 1960년 10월 20일에는 금 가격이 일시적이지만 1온스 당 40.50달러까지 치솟았다.[37] (앞에서 소개한) '골드 풀(gold pool)' 체제는 이에 대한 대응이었고, 그 연장선에서 10월 27일 영란은행(BoE)이 런던 금 시장에 개입하며 금 가격은 진정되었다. 게다가 1950년대와 60년대는 남아프리카공화국에서의 새로운 금광 개발과 러시아의 금 매각으로 큰 문제는 발생하지 않았다.

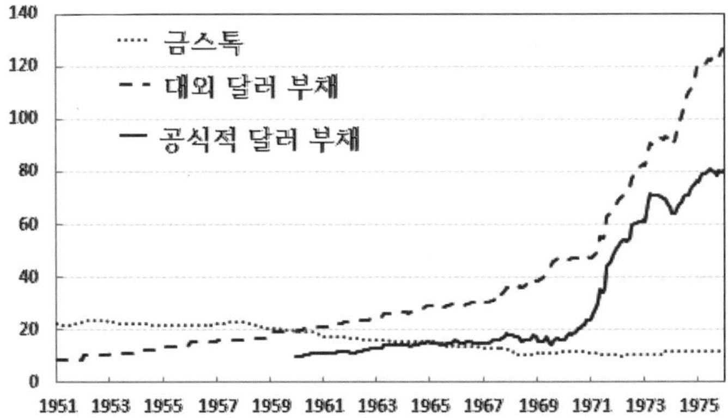

출처: M. Bordo and O. Humpage, 2014, "Federal Reserve Policy and Bretton Woods," Federal Reserve Bank of Cleveland, Working Paper 14-07(Aug.), p. 4, Figure 1.

▌그림 1-27. 금과 달러대외부채의 규모(10억 달러)

37 M. Bordo and O. Humpage, 2014, "Federal Reserve Policy and Bretton Woods," Federal Reserve Bank of Cleveland, Working Paper 14-07 (Aug.).

그러나 1960년대 중에 공식적인 대외 달러 부채가 55억 달러까지 증가하면서 1965년 12월에는 공식적인 대외 달러 부채가 금 보유액을 초과하기 시작했다. 즉 미국 금 보유량의 축소와 해외 달러 보유량의 증가 추세가 계속된 반면, 세계 금 스톡은 증가하는 글로벌 지불준비금을 좇아갈 수 없었다. 게다가 영국 파운드화 가치의 불확실성, 프랑스의 달러-금 교환 가속화 및 프랑스 대중들의 브레튼우즈 체제에 대한 비판 증가 등 국제 긴장들이 증가하며 금에 대한 투기적 수요가 재발한 반면, 골드 풀 체제가 동원할 수 있는 자원의 바닥이 드러나기 시작했다. 여기에 1966년 러시아가 금 매각을 중단하며 금 스톡은 증가가 멈추었다. 마침내 1968년 3월 골드 풀 체제의 붕괴, 뒤이은 영국 파운드화의 하락으로 금 시장은 공식적 시장과 민간 시장 둘로 분리되었다. 1969년 12월에서 1974년 3월 사이에 공식적 대외 달러 부채가 554억 달러나 급증하였고, 이는 미국의 인플레이션과 더불어 달러 가치의 급락과 금 가격의 급등은 불가피해졌다.

그럼에도 불구하고 미국 정부(아이젠하워 및 케네디 행정부)와 전문연구기관(예: 브루킹스연구소) 등은 미국의 대외불균형을 '근본적'인 문제로 인식하지 않았다. 첫째, 글로벌 시장에서 유럽 국가들의 경쟁력 향상에 대해 (앞에서 소개했듯이) 아이젠하워와 케네디 행정부는 차별적 무역 실행의 제거로 대응했다. 둘째, 미국의 국제수지 적자를 군사원조와 경제개발프로그램의 탓으로 돌렸던 미국 행정부는 이 원조들을 냉전 분위기에서 삭감하는 것이 어려웠지만 미군 재배치라는 위협카드를 사용하여 미국의 재화와 서비스에 대한 구매와 결합시켰다. 셋째, 케네디와 존슨 행정부는 포트폴리오투자 유출, 미국은행의 해외 대출, 해외직접투자를 억제하기 위해 1963년 7월 19일에 이자율평형세(IET, Interest Equalization Tax)를 도입하였다. 이 조치는 존슨 행정부에서 비은행 금융기관으로 확대되었다. 물론, 이 조치는 자본유출을 줄이기 위한 것이었다. 그 이후에도 자본통제는 강화되었다. 예를 들어, 대체로 해외직접투자의 축소를 자발적으로 요청하던 것에서 연준에게 권한을 주어 강제적인 것으로 전환하였다. 넷째, 해외 금리 수준과 일치시키기 위해 통화정책을 통해 단기금리의 인상을 시도하였다. 즉 자본유출을 줄이기 위해 단기 금리를 올리는 대신 국내 투자를 부양하기 위해 장기 금리는 인하시키는 이른바 '오퍼레이션 트위스트(operation twist)'를 시행하였다. 이는 기존의 '빌스온리정책(bills only policy)'의 포기를 의미하는 것이었다. 즉 시장의 민간 참여자가 불안하지 않도록 연준이 특정의 국채 수익률을 조작하지 않겠다는 입장을 바꾼 것이었다. 1960~64년간 시행된 '오퍼레이션 트위스트'로 연준의 국채 보유 비중은 1951~59년간 1년 미만, 1~5년 만기, 5년 이상이 각각 126, 50, -76%에서 1960~64년간은 각각 27, 67, 6%로 변하였다. 즉 단기 국채 비중을 줄이고 장기 국채 비중을 증가시킴으로써 단기 금리 인상과 장기 금리 인하에 개입하였던 것이다.[38] 1964년 이후 '오퍼레이션 트위스트'를 중단한 이유는 1965년 초 1%였던 인플레이션율이 1969년 말까지 6%로 상승함에 따라 통화 긴축으로의 전환과 금리를 인상해야 했기 때문이다. 즉 1965~69년간은 통화정책과 국제

오퍼레이션 트위스트(operation twist) 중앙은행이 시행하는 공개시장조작의 한 가지 방법으로 미국에서 1961년에 처음으로 실시하였다. 한편에서 장기증권을 매입하고 다른 한편에서 단기증권을 매도하는 조작을 동시에 행함으로써 통화공급량을 변화시키지 않고도 장기이자율을 인상하고 단기이자율을 인하하거나 또는 그와 반대 경우의 효과를 거둘 수 있다. 장단기금리를 반대방향으로 움직이게 하기 때문에 이 이름이 붙었다.

빌스온리정책(bills only policy) 이 정책은 제2차 세계대전 때부터 전후에 걸쳐 행하여졌던 국채가격 지지정책에 대한 반동으로 생겨났으며, 1953~1961년에 실시되었다. 연준은 전후에도 재무성의 요청으로, 국채의 시장가격 하락과 이자율의 상승을 막기 위해 국채의 가격하락 방지조작을 하였는데, 이 조작은 전후의 인플레이션 억제를 위한 금융긴축정책과는 상반되었다. 그래서 연방공개시장위원회는 1953년 3월에, 공개시장조작을 은행준비금에 미치는 영향을 통해서 금융정책 목적에만 도움을 주게 한다는 방침 하에, 국채시장에 혼란이 생겼을 경우 외에는 공개시장조작의 대상을 단기국채에 한정한다는 취지를 공표하였다.

38 M. Bordo and O. Humpage, 2014, "Federal Reserve Policy and Bretton Woods," Federal Reserve Bank of Cleveland, Working Paper 14-07 (Aug.), Table 1.

수지 개선과 금 손실의 해결이라는 대외 목표가 상충되지 않았던 것이다. 다섯째, 1962년 1월, 63년 7월, 64년 11월에 연준은 '규제 Q(Regulation Q: 연방준비법 19조에 따라 정한 은행예금이율의 최고한도 규정)'의 한도를 인상하였다. 즉 상업은행이 저축성 금리를 인상할 수 있도록 하였다.

그러나 1969년 이후 통화정책의 내적 목표와 대외 목표는 다시 충돌하기 시작하였다. 총산출량이 잠재 수준 혹은 그 이상을 유지하였던 미국경제는 1969년 말 정점을 찍고 후퇴하기 시작하였던 반면, 인플레이션은 여전히 높은 수준에 머물렀다. 사실, 총수요가 부족한 상황에서 물가상승 압력이 지속되는 비용상승 인플레이션의 경우 전통적인 통화정책과 재정정책은 도움이 되지 않는다. 그럼에도 불구하고 1970년 1월 9%였던 연준 기준금리인 연방기금금리(federal funds rate)를 그해 말까지 4.9%로 인하한 결과 실질 연준 금리는 2.8%에서 -0.7%가 되고, 총통화량(M2)의 증가율은 총산출량보다 3.7% 빠르게 증가하는 등 연준은 통화완화 정책을 실시하였다.

1970년 세계가 보유한 달러 지불준비금은 급증하였고(그림 1-28), 달러 가치를 방어하기 위해 각국 중앙은행은 대규모 달러를 구입하였다.[39] 1970년 말에 미국의 금 보유액은 110억 달러에 불과했던 반면, 해외 달러보유액은 530억 달러에 달해 미국이 금으로 지불할 수 없는 규모가 420억 달러에 달했다. 420억 달러는 미국 GDP의 4.2% 규모였고, 당시 연방정부의 부채가 GDP의 28%에 불과했기에 재정적으로 부담이 되지 않는 규모였다. 문제는 당시 세계 금 생산액이 18억 달러, 그리고 해외 금 스톡이 290억 달러로 총 308억 달러 규모에 불과했기에 부족분 420억 달러 규모에는 112억 달러나 부족한 것이었다. 게다가 미국이 해외의 금 매입을 시도할 경우 금 가격의 폭등이 불가피한 실정이었다. 잠재적으로 재정이 지불불능 상태에 빠진 것이다. 1971년 여름까지 달러를 금으로 바꾸는 투

39 금-달러 연계에 기초한 금본위제의 문제는 세계 생산이 금 생산액을 초과할 경우 금 가격의 상승이 불가피한 반면, 금-달러의 교환 비율이 고정된 상황에서 디플레이션이 발생할 수밖에 없다. 그런데 미국의 선택권이 존재하지 않는 상황에서 나머지 국가는 통화 가치를 절하시킬 수밖에 없고 통화가치 절하는 수출경쟁력의 저하로 이어질 수밖에 없다.

기가 증가하였고 일부 중앙은행도 가세하였다(그림 1-29). 1971년 8월 15일에 닉슨대통령이 금태환을 공식적으로 중단한 이유이다.

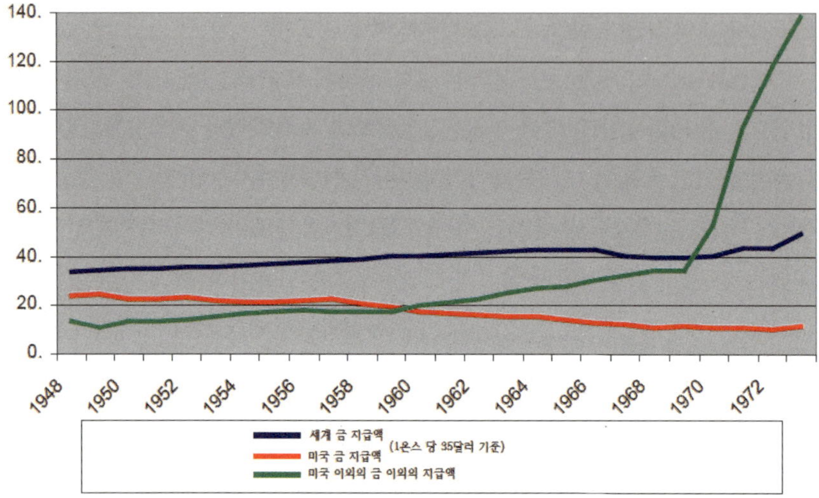

출처: M. Obstfeld, 2011, "The International Monetary System: Living with Asymmetry," NBER Working Paper No. 17641, Figure 1.

▌그림 1-28. 금 지불준비액과 해외 정부가 보유한 달러 보유액(10억 달러)

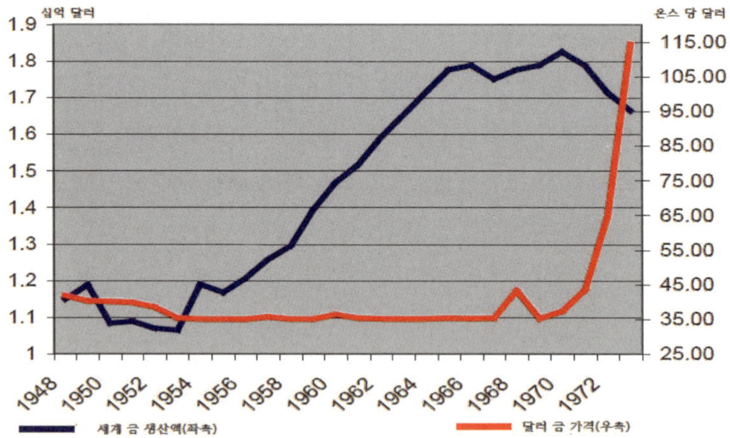

출처: M. Obstfeld, 2011, Figure 2.

▌그림 1-29. 금 생산액과 달러-금 가격

화폐의 상품화와 금융 불안정 시대의 도래

미국의 '금태환 정지' 선언 이후 달러에 대한 신뢰 하락으로 시장의 금 가격이 상승하자 1971년 12월과 1973년 2월 두 차례에 걸쳐 달러 가치를 평가절하시켰지만 각국의 경쟁적인 평가절하가 확산되면서 고정환율제는 붕괴되고 '변동환율제'가 확산되었다. 그 과정을 간단히 기술하면 다음과 같다. 브레튼우즈 체제의 붕괴에 따른 통화체제의 불안정과 금융시스템의 혼란을 방지하기 위하여 10개국 재무장관들은 1971년 12월 18일 미국 워싱턴 D.C.에 있는 스미소니언박물관에서 고정환율제로의 복귀에 합의했다. 이른바 '스미소니언 협정(The Smithsonian Agreement)'이라 부르는 국제통화조정 협정을 체결한 것이다. 협정의 주요 내용은 환율체제를 고정환율체제로 유지하고, 금에 대한 달러화의 평가를 7.895% 절하하고 다국 간 평가의 재조정을 실시하며, 환율변동폭을 종래의 상하 1%에서 2.25%로 확대하는 것이었다. 즉 스미소니언 협정은 브레튼우즈 체제의 기본을 유지하되 미국의 무역적자를 감안하여 달러화의 평가절하, 즉 금 1온스당 35달러에서 38달러로 달러화 가치를 평가절하시키고, 환율의 변동폭을 확대시킴으로써 조정 가능한 고정환율제의 유지 등을 주요 내용으로 구성한 것이다.

미국을 비롯한 서방 선진국들이 브레튼우즈 체제의 재건에 안간힘을 쓴 이유는 당시만 해도 안정적인 국제통화시스템을 세계경제 발전에 필수불가결한 요소로 생각했기 때문이었다. 그러나 스미소니언 협정은 4개월여에 걸친 협상 기간과 합의 내용이 보여주듯이 매우 불안정한 것이었다. 미국경제력의 상대적 약화 및 경제력의 다원화 속에서 달러본위제(기축통화체제)는 지속될 수 없는 것이기 때문이다. 환율 불안에 대한 우려로 유럽의 선진국들은 1972년 스위스 바젤에 모여 '스네이크 체제(snake in the tunnel)'[40]를 끌어냈지만 무의미한 것이었다. 국제경제의 흐름은 더 이상 고정환율체제를 유지할 수 없게 만들었기 때문이다. 영국이

40 유럽 국가들이 미국 달러화에 대해 상하 2.25%의 변동폭을 유지하되, 역내 국가들 사이의 환율은 상하 1% 범위 내에서 변동할 수 있도록 한 것이다. 즉 달러화에 대한 변동폭을 터널로, 유럽 내 국가들 사이의 변동폭을 그 안에 들어 있는 뱀으로 묘사한 것이다.

먼저 1972년 6월 변동환율제를 선언했고 프랑스, 이탈리아 등이 뒤를 이었다. 이는 시장 변화에 따른 불가피한 선택이었다.41 즉 금에 대한 투기자본이 유입되면서 금 가격은 폭등하여 72년 8월 평균 67.03달러, 73년 7월 6일에는 127달러, 74년 12월 30일에는 195.25 달러까지 급등하였다.

마찬가지로, 투기자본이 일본 엔화와 독일 마르크화에 집중되면서 엔화는 1971년 8월 '닉슨선언' 이후 357.350엔에서 73년 7월 10일까지 259.40엔으로 27%가 절상되었고, 마르크화는 3.3883 마르크에서 73년 7월 26일까지 2.2910 마르크로 33%나 절상되었다. 이처럼 고정환율제는 더 이상 유지가 불가능하였다. 이러한 변화를 반영하여 1976년 1월 자메이카의 킹스턴에서 열린 IMF 제5차 잠정위원회에서 가맹국이 각국의 경제 여건에 적합한 변동환율제를 자유로이 선택할 수 있게 함으로써 변동환율제를 공식화하고, 금을 폐화시키고 국제준비자산으로서 SDR(Special Drawing Rights, IMF의 특별인출권)의 기능을 강화하는 등 IMF 협정 개정을 결정함으로써 국제통화시스템의 새로운 시대를 열었다. 이른바 1978년 4월 정식으로 발효된 '킹스턴체제(Kingston System)'이다. 이처럼 전후 세계경제의 회복과 발전에 중요한 역할을 담당했던 브레튼우즈 체제는 경제력의 다원화로 인해 국제경제의 파란만장한 변화를 몰고 올 변동환율제에 자리를 내주고 역사의 뒤안길로 사라지게 된 것이다. 변동환율제의 도입과 달러 가치 하락의 결과 달러표시 금의 가격도 폭발적으로 상승하여 1980년 1월 21일 금 가격은 850달러까지 상승하였다.

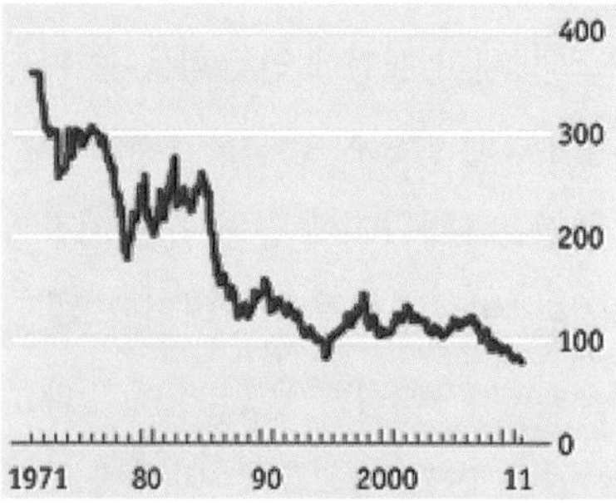

출처: Economist, 2011. "Forty years on" (Aug. 13). http://www.economist.com/node/21525933

그림 1-30. 달러 대비 일본 엔화 가치의 추이

41 세계 주요 6개국 통화에 대비 달러화의 평균적인 가치를 나타내는 달러 지수(dollar index)가 만들어진 시점도 1973년 3월이다. 6개국 통화는 유로(58.6%), 엔(12.6%), 파운드(11.9%), 캐나다 달러(9.1%), 스웨덴 크로네(4.2%), 스위스 프랑(3.6%)이며, 각 통화의 비중은 그 국가의 경제 규모에 따라 결정된다.

출처: Sunday, August 07, 2011.

▌그림 1-31. 70년대 이후 금 가격의 추이

SDR(Special Drawing Rights) 경제 및 무역 규모는 커지는데 기축통화(key currency)인 달러의 공급이 부족한 상황, 즉 국제시장에서 부족한 유동성을 보완하기 위해 IMF의 대출 기능을 확대할 수밖에 없었다. 그에 따라 IMF는 가맹국에게 그 출자액의 비율(Quota)에 따라 배분되는 일종의 대체통화(국제준비통화)로 SDR을 1970년부터 출범시켰다. SDR은 특정국이 국제수지의 적자 상태에 빠졌을 경우 SDR을 외국의 통화당국이나 중앙은행에 인도함으로써 필요한 외화를 입수, 그 외화를 국제결제 및 기타에 이용하는 형식이다. SDR은 유형의 통화는 아니지만 금이나 달러의 뒤를 잇는 제3의 통화로 간주된다. SDR의 가치는 달러화와 같은 금 1온스당 35SDR로 정해졌다. 1970년 1월부터 3년간 발행된 SDR은 95억 달러에 달했다. 스탠바이협정(Stand-by agreement)과 달리 조건이 없다. SDR을 도입함으로써 미국의 국제수지 적자 규모와 관계없이 글로벌 유동성을 증대시키는 것이 가능하였다.

스탠바이협정(stand-by agreement) IMF 가맹국이 국제수지 적자로 단기적인 보전재원이 필요한 경우 쿼터의 일정 비율에 해당하는 금액을 일정 기간 동안 일정 조건하에 추가적인 협의절차 없이 인출·사용할 수 있도록 사전에 합의하는 제도로서 1953년에 도입하였다. 동 협약체결가맹국은 협약 내용의 일부로서 합의된 정책준수

사항 등 제반 신용인출 조건을 충족하였을 경우 협약 한도 내에서 일정 기간마다 일정액을 인출할 수 있으며 IMF로서는 동 협약을 통하여 가맹국에게 필요한 자금을 신속하게 제공하고 정책준수 사항의 이행 여부를 감독함으로써 당해 가맹국이 IMF의 목적에 부합하는 효율적인 경제정책을 수행하도록 지원하였다. 여기서 신용인출 조건이란 신용 공여 시 경상수지 적자를 균형수준으로 회복시키기 위해 IMF가 당해 가맹국에게 부여한 정책 준수사항을 의미한다.

요약하면, 1944년 44개 국가들의 합의로 출발한 브레튼우즈 체제에서 달러는 '통화계(the monetary sky)'에서 태양과 같은 중심적 존재였다. 그러나 2차 대전 이후 일본과 서유럽 경제가 빠르게 회복되면서 미국의 경제 규모가 전 세계에서 차지하는 비중은 1950년 35%에서 1969년에는 27%로 축소된다. 이러한 경제력의 다원화, 즉 미국경제력의 상대적 약화는 금태환에 기초한 기축통화제의 지속을 불가능하게 하였고, '닉슨 쇼크'는 그 산물에 불과하였다. 따라서 금태환 정지가 수반한 변동환율제는 리스크와 불안정을 특성으로 하는 '새로운 세계'의 도래를 의미하였다. 즉 통화의 가치가 시장에서 결정될 경우 통화가치는 점진적 조정이 이루어질 것이라는 프리드먼과 같은 시장주의자들의 예상은 매우 부정확했음이 입증되었다.[42] 변동환율제 도입 이후 통화 가치의 높은 변동성은 많은 국민경제들을 위협하였다. 1997년 아시아와 라틴 아메리카의 통화런(currency runs, 통화 포기)이 한 예다. 유럽인들이 유로화를 만든 것도 불확실성 속에서 살 수 없기 때문이었다. 게다가 변동환율제의 도입은 또 다른 부작용을 만들어냈다. 브레튼우즈 체제는 고정환율을 유지하기 위해 엄격한 자본통제 위에 기초하였다. 그러나 변동환율제의 도입으로 자본통제는 불필요해졌고, 80년대 초에 자본흐름의

42 브레튼우즈 체제의 설립자들은 변동환율제가 매우 위험하고 불안정하다고 믿은 반면, 프리드만은 합리적인 정책이 수반된다면 투기꾼들은 시장을 안정시키는 힘(stabilising force)으로 작용할 것이기에 통화 가치는 시장 적정가격(fair price)으로부터 너무 이탈하지 않게 될 것이라고 주장하였다. 그러나 프리드만이 예상한 것보다 환율은 매우 변동적으로 나타났다. Economist, Aug. 13th, 2011, "Forty years on," p. 52.

통제는 폐지되었다. 80년대 이후부터 금융종사자의 상대적 임금이 증대하기 시작했고, 자산버블이 빈번하게 발생한 것은 결코 우연이 아니었다.[43]

이와 같이 금과 달러, 달러와 국민국가 통화 간 교환비율을 고정시켜 놓고 국제금융체계에서 가치척도로만 기능했던 선진국의 통화들이 가치의 일상적 변화를 동반하는 금융자산으로 취급되기에 이르렀다. 이처럼 국민통화(화폐)들의 상품화는 이처럼 국제경제 질서의 변화에서 비롯한 것이었다. 그런데 국민통화들의 상품화는 본래 상품이 아니거나 혹은 될 수 없는 것이 상품이 되었다는 점에서 상품이 된 화폐는 노동과 토지와 더불어 이른바 '허구적 상품(fictitious commodity)'이다. 이처럼 산업사회에서 3대 생산요소인 토지(자연)와 노동(인간) 그리고 자본(화폐)의 상품화가 완성된 것이다.[44]

하나의 금융자산이 된 국민통화의 미래가치에 대한 예상의 변화는 외환 매매를 촉진했다. 외환 거래를 촉진한 또 하나의 이유는 바로 포트폴리오투자(portfolio investment)라는 금융국제화의 급진전이다.[45] 외국의 금융자산을 획득하기 위해서는 먼저 그 나라의 외환을 매입해야 하기 때문이다. IMF와 국제결제은행(BIS, 4월 기준)에 따르면 전 세계 1일 외환 평균거래액은 1973년 약 1,500억 달러에 불과했으나 1995년 1.2조 달러, 2004년 1.9조 달러, 2007년 3.3조 달러, 2010년 4.0조 달러로 급증했다. 이러한 증가의 대부분은 국제무역과는 관련이 없는 것이었다. 세계 수출액 대비 외환의 연간거래액의 비중은 1979년 12배에 불과했으나 금융위기 이전인 2007년에는 약 67배로 증가한 반면, 외환거래액 중 3% 이내만

---

43 1945~71년간 월가에서 발생한 연간 최악의 손실은 14.1%가 하락한 1957년이었을 뿐이다. Economist, 2011, "Forty years on" (Aug. 13), p. 52.

44 토지와 노동의 상품화 과정은 15세기부터 19세기까지 진행된 인클로저(enclosure)와 1834년의 '신구빈법(Poor Law of 1834)' 등에 의해 진행되었다.

45 국제자본의 이동형태는 크게 직접투자(direct investment)와 포트폴리오투자로 구분할 수 있다. 기업의 경영권을 획득할 목적으로 투자하는 것이 직접투자인데 반해, 경영참가에는 관심이 없이 투자수익의 획득을 위해 각종 유가증권 등에 투자하는 것을 포트폴리오투자라고 한다. 포트폴리오투자의 특징으로는 투자대상자산의 수익성에 직접적으로 영향을 미치는 투자대상국 통화의 환율, 금리, 세율 등의 추이뿐만 아니라 투자자의 수익위험(risk return)에 대한 선호도에 따른 포트폴리오 조정에 의하여 크게 좌우되는 점을 들 수 있다.

이 실물거래와 연결되어 있을 뿐이고 97% 이상은 단기차익을 따라 움직이고 있다. 이런 상황에서 시장의 환율이 실물부문의 펀더멘털(fundamental)[46]에 따라 결정될 수는 없다. 오히려 투기적으로 돈이 움직여 실물거래가 영향 받는 현상이라 할 수 있다. 이러한 사정들은 변동환율제하에서 시장을 통해 결정되는 환율을 극히 불안정하게 만들 수밖에 없다. 환율이 불안정하다는 것은 국제적 수준에서 가치를 표현하기 위한 공통의 준거점이 부재하다는 것을 의미한다.

여기에 1973년과 1979년의 두 차례 석유파동은 국제금융의 새로운 흐름을 가속화시켰다. 앞에서 지적했듯이 70년대 초 경기침체 상황에서 제1차 석유파동은 이른바 1970년대의 스태그플레이션(stagflation)의 세계적 확산에 주요 역할을 했다. 그런데 1차 석유파동으로 1974년 11.65달러까지 올랐던 아라비아산 원유에 대한 오펙(OPEC)의 공식가격은 2차 석유파동으로 제1차 석유파동 이후 불과 6년 만에 20달러선을 돌파하였고, 현물시장에서는 배럴당 40달러까지 치솟았다. 석유파동의 여파는 성장률의 둔화와 인플레이션 등 세계경제에 큰 영향을 미쳤다. 앞에서 소개했듯이 석유를 포함한 원자재 가격의 전반적 상승은 기축통화인 달러 가치의 하락과 관련이 있었다. 달러 가치의 하락은 1차 상품 공급 국가의 수입 감소를 의미했기 때문이다.

인플레이션은 명목금리 인상으로 이어질 수밖에 없고, 금리 인상은 채권의 가격 및 주가의 하락으로 작용한다. 미국 연준의 기준금리는 1972년 4분기에 5% 안팎이었으나 그 다음해에는 10%를 돌파하였고 1974년 중반에는 12%까지 넘어섰다. 그 후 2차 석유파동 이전까지 안정적인 하락세를 보였으나 1978년부터 다시 상승하기 시작하여 1981년 1월초에는 20%를 넘어서기까지 하였다. 이처럼 1970년대 달러 가치의 하락에 따른 변동환율제와 인플레이션으로 이자율과 환율과 채권 가격과 주가의 변동폭이 크게 확대되는 등 국제금융시장의 불안정성은 크

46 한 나라의 경제가 얼마나 건강하고 튼튼한지, 즉 기초 경제여건을 나타내는 용어로 한 나라의 경제 상태를 표현하는 데 가장 기초적인 자료가 되는 주요 거시경제지표로 경제성장률, 물가상승률, 경상수지가 가장 대표적인 지표들이다.

게 증가했다. 변동금리부채권[47] 시장의 폭발적 성장이나 선진국 투자자들의 해외 주식 인수의 급증 등은 이를 반영한다. 참고로 변동금리부 채권가격 결정의 기본을 이루는 기준금리(대표적인 단기시장의 실세금리)로 유로시장에서는 3개월 또는 6개월 만기의 리보(LIBOR, London Interbank Offered Rate)가 주로 이용되고, 미국 시장에서는 90일 만기 재무성증권(T-bill)의 유통수익률이 주로 이용되었다.[48]

미국채 미국 재무부가 재정자금을 마련하기 위해 발행하는 미국채는 만기에 따라 단기, 중기, 장기로 구분된다. 가장 만기가 짧은 국채는 1년 이하로 'Treasury bills (T-Bills)'이라고 부른다. 2년물에서 10년물 사이의 국채는 'Treasury notes(T-Notes),' 10년물 이상은 'Treasury bonds(T-Bonds)'로 칭한다. 보통 장기물이라고 하면 10년에서 30년 만기의 국채를 말한다. 만기 1년 미만의 초단기 국채인 T-Bill은 1개월, 3개월, 6개월물로 발행된다. 국채인데다 만기까지 짧아 투자자들에게 가장 위험이 없는 투자자산으로 분류된다. T-Bill은 미국 재정적자를 메우거나 만기가 도래한 국채를 차환 발행하는 용도로 사용된다. 보통 '제로 쿠폰'의 할인채로 발행된다. 즉, 이자를 주지 않는 대신 액면금액보다 낮은 가격으로 발행하는 것이다. 매주 수요일 입찰을 받아 금요일에 발행된다. 최저 거래 단위는 1만 달러다. 중기물인 T-Note는 2년, 5년, 10년 만기로 구성되며 액면가는 1,000달러에서 100만 달러까지 다양하다. 장기물인 T-Bond의 경우 30년물이 주를 이룬다. T-Note와 T-Bond는 이표(coupon)가 있어 6개월마다 이자를 지급한다. 과거에는 장기 금리를 예측할 때 30년 만기 국채 수익률을 사용했으나 1990년부터 2000대 초까지 발행규모가 상당히 줄었고 2001년 10월 31일 미국 재무부가 30년물 발행을 중단하자 10년물 국채가 그 자리를 대신하게 됐다. 그러나 연기금 펀드나 대규모 장기 기관투자자들로부터 장기 국채 수요가 늘어나고 있고 단기채와 장기채 간 수익률 차이가 줄어들자 2006년 2월부터 다시 30년물 발행을 재개했다.

---

47 지불이자율이 대표적 시장금리에 연동되어 매 이자지급기간마다 재조정되는 중장기 채권이다. 만기상환일까지 금리가 고정되는 고정금리부채권에 대응되는 개념으로 채권 발행 시에 지급이자율의 결정방법을 약정하고, 매 이자지급기간 개시 전에 차기지급이자율(이자지급금액)이 결정된다.

48 한편, 금융위기 이후 미국과 유럽의 금융당국이 신용경색 해소를 위해 낮은 조달비용을 확대하였을 뿐만 아니라 상대적으로 안정성이 높은 소매예금 유치 확대에 나서면서 은행간시장을 통한 자금조

글로벌 금융위기 당시 리먼 브러더스가 파산한 후 미국 정부와 연준(Fed)이 본격적으로 금융시장에 개입하는 결정적 계기로 작용했던 것이 최초의 머니마켓뮤추얼펀드(Money Market Mutual Fund)인 리저브프라이머리펀드(Reserve Primary Fund)의 파산 위기였다. 그런데 1971년 탄생한 리저브프라이머리펀드는 시장 단기 이자율과 저축예금에 대한 규제된 이자율 사이의 불일치를 수익 근거로 삼았는데 두 이자율 간 격차가 벌어졌던 이유가 60년대 말부터 발생한 인플레이션 때문이었다. 〈그림 1-7〉에서 보았듯이 60년대 말부터 인플레이션의 급등에 따라 시장 단기 이자율 역시 급등하여 규제된 저축금리와의 차이가 크게 벌어졌다(그림 1-32). 그 결과 저축자들은 미국채 같은 저위험-고수익 자산을 구매할 기회를 가지게 되었다. 즉 투자자들은 전통적인 저축예금에서 자금을 인출하기 시작했고 높은 수익을 낳는 현금 같은 증권으로 이동시켰다.

사실, 머니마켓뮤추얼펀드의 기반은 대공황 시기 두 개의 은행법—1933년의

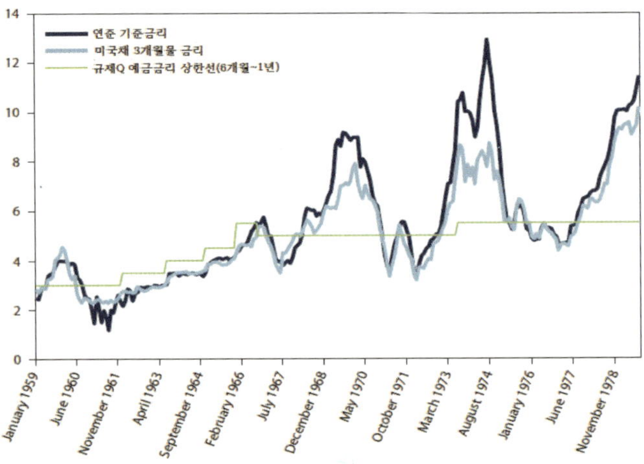

출처: N. Borst, 2013, "Shadow Deposits as a Source of Financial Instability: Lessons from the American Experience for China," PIIE (May), p. 3, Figure 1.

▌그림 1-32. 1960년대와 70년대 미국의 통제된 이자율(%)

달은 축소되었다. 그 결과 기준금리로 리보금리의 위상이 약화되면서 대체 금리지표로 재할인금리, RP금리, OIS(overnight index swap: 국내외 금융기관 간 혹은 미국 금융기관 간 거래되는 하루짜리 초단기 외화대출 금리 혹은 단기 금리) 등이 사용되기도 하였다.

글래스-스티걸법(the Glass-Steagall Act of 1933)과 1927년의 맥파든법(the McFadden Act of 1927)—에 의해 만들어졌다. 글래스-스티걸법의 '규제 Q' 조항은 요구불예금에 이자 지급을 금지하고 연준에게 저축예금에 대한 이자 상한의 책정 권한을 부여했다. '규제 Q' 조항은 1920년대 은행들 간 예금에 대한 경쟁이 대공황 중에 많은 은행을 파산시켰다는 근거에 기초한 것이었다. 최대 이자율의 상한선을 책정함으로써 은행들은 지속 불가능한 높은 이자율을 저축자에게 제공할 수 없게 되었고, 순이자마진(NIM, net interest margins)을 유지하고 고위험 대출을 막을 수 있게 하였다. 머니마켓뮤추얼펀드의 발전에 기여하였던 또 다른 은행법인 맥파든법은 연방정부의 인가를 받은 상업은행들(national banks)에게 주 상업은행들과 동일한 경쟁기반을 허용했다. 맥파든법이 시행되기 전까지 주 상업은행들만이 지점 개설 권한을 부여받은 반면 국법은행들(national banks)은 지점 개설이 금지되었다. 이 규세를 피하기 위해 많은 국법은행들은 국법은행의 지위를 포기하고 연준시스템(Federal Reserve System)에서 탈퇴하기 시작했다.[49] 맥파든법은 국법은행들도 지역의 상업은행들처럼 동일한 지점 개설 권한을 부여하도록 주들에 강제함으로써 경쟁의 불리함을 해결하였던 것이다.[50]

1940년 투자회사법(the Investment Company Act of 1940) 하에서 투자회사로 등록하고 증권거래위원회(SEC)에 의해 규제받은 머니마켓뮤추얼펀드는 상업은행들과 같은 이자율 제한 및 주간 업무 규제에 제약받지 않았다. 이러한 규제 갭이 머니마켓뮤추얼펀드를 급속히 성장시켰다. 그럼에도 불구하고 60년대 말 이전까지는 이자율 상한선을 시장의 단기 이자율 위에 설정했기 때문에 문제가 되지 않았다. 그러나 60년대 말부터 단기 이자율의 급등으로 자금들이 머니마켓뮤추얼펀드로 이동하기 시작했다. 주간 운영에 대한 제약이 없었기에 뮤추얼펀드는

---

49 R. Rajan and R. Ramcharan, 2012, "Constituencies and Legislation: The Fight over the McFadden Act of 1927," NBER Working Paper No. 17266.

50 1956년의 은행지주회사법(the Bank Holding Company Act of 1956)은 특정 주에 본점을 가진 은행지주회사들은 다른 주에서 은행업을 하지 못하도록 함으로써 주간은행업(interstate banking)을 더욱 제한했다.

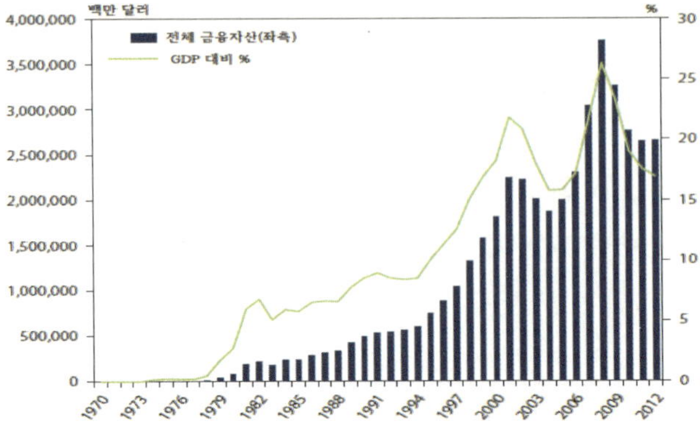

출처: N. Borst, 2013, p. 4, Figure 2.

▌그림 1-33. 미국 머니마켓펀드의 총 자산 추이, 1970~2012년

전국적 기업들로 급속히 성장했다(그림 1-33). 1980년 이자상한법 폐지와 1982년 상업은행들에 대한 머니마켓 업무 허용 그리고 1994년 주간은행업 폐지 등에도 불구하고 머니마켓뮤추얼펀드가 지속적으로 성장할 수 있었던 이유는 상업은행에 비교해 규제를 받지 않았기 때문이다. 즉 연방예금보험공사(FDIC)에 예금보험 납부 면제, 연준에 의해 요구받는 지불준비금 면제, 상업은행에 비교해 자금조달 비용을 낮추어 준 자기자본 요구의 면제 등으로 뮤추얼펀드는 은행의 예금보다 높은 수익을 제공할 수 있었다. 〈그림 1-33〉에서 보듯이 머니마켓의 자산 규모는 2008년에 예금기관의 자산 대비 32%이자 GDP 대비 26%에 해당하는 3.76조 달러에 달했다.[51] 특히 머니마켓뮤추얼펀드는 1992~2008년간 CP 시장의 자금조달의 약 35%를 차지하였다. 리먼 파산 이후 머니마켓펀드가 파산 위기에 처하자 연준이 'CP 매입용 자금지원제도(CPFF, Commercial Paper Fund- ing Facility)'를 설립한 배경이다.

이처럼 환율, 금리, 주가 등 기초 금융상품 가격의 불안정성이 심화되면서 가격 차이를 이용한 금융거래가 크게 증가하였다. 그러나 금융거래의 확대는 자본시장의 개방 및 자본흐름의 자유화를 전제로 할 수밖에 없다. 제조업의 경쟁력 약

51 금융위기 이후 2012년까지 머니마켓의 자산 규모는 GDP 대비 17%까지 축소되었다.

화로 자본의 수익성이 악화된, 그러나 자본시장 중심의 금융시스템을 가진 미국이 자본흐름의 자유화를 주도한 이유이다. 미국은 1973년 '대통령 경제보고서(Economic Report of the President)'에서 자본통제에 대한 반대를 명시하였고, 1974년에는 자본통제 정책들을 폐지하였다. 사실, 미국도 이전까지는 자본흐름의 자유화를 통제하였다. 대표적인 규제가 (앞에서 소개한) 1963~74년간 미국에서 시행된 '이자율평형세(IET)'였다. 1963년 7월 케네디 대통령이 제안하여 1964년 9월부터 발효된 이자평형세는 미국의 금리가 다른 나라에 비하여 낮아서 미국의 투자가들이 고수익의 외국 증권에 투자하는 경향이 증가하고 이것이 미국의 국제수지를 악화시키는 한 요인이 되었기 때문에, 미국과 외국 사이의 금리를 평형되게 하고 미국 국내 자본시장에서의 외채의 기채(起債) 등을 억제하기 위해 제안되었다. 원래 1965년까지의 시한입법으로 법제화되었으나 국제수지의 개선이 이루어지지 않아 그 후로 몇 차례 연장되다가 1974년 4월 1일에 철폐되었다.

1979~80년 이후에는 유로시장에 대한 규제를 포기하였다. 유로시장은 어떤 통화로 표시된 자금이 해당통화 발행국 이외의 국가에서 거래되는 시장, 즉 국내시장으로부터 독립된 외부의 시장을 말한다. 1950년 소련 등 동유럽 국가들이 자신들의 달러예금을 미국 측의 달러 동결을 피해 유럽의 은행들에게 예탁한 것이 그 기원이다. 특히, 1970년대 석유위기에 오일달러가 유로시장에 유입되면서 유로시장의 자금 흐름은 OPEC 제국과 미국을 중심으로 하는 선진국에서 무역수지 적자국인 비산유개발도상국으로 이동함으로써 현저한 발전을 이루었다. 당초에는 은행의 달러예금을 중심으로 한 '유로커런시시장' 또는 '유로달러시장'으로서의 성격이 농후하였으나 1980년대 들어 증권화가 진전되면서 '유로본드시장'의 비중이 증대되어 서독 마르크, 일본 엔 등으로 거래통화도 다양화되었다. 이처럼 유로시장은 국내의 규제에 얽매이는 경우가 상대적으로 적은 자유로운 시장이었다. 국내시장으로부터 이전된 자금의 수용처로서 금융혁신의 진전에 공헌했으며 각국 시장의 폐쇄성, 비효율성을 곤란하게 하여 각국의 금융자유화와 글로벌화 추진에도 기여하였다.

그 밖에도 미국은 1975년에 주식매매의 거래소 집중의무를 폐지하였고, 이로 인해 거래소의 비회원증권회사가 상장주식을 장외에서 매매하는 시장으로 점차 확대되었다. 참고로 증권유통시장은 일반적으로 거래소시장과 장외시장으로 구별되는데, 광의의 장외시장은 거래소시장 밖에서 유가증권의 거래가 이루어지는 시장을 총칭한다. 1971년 2월에 개장한 미국의 대표적 장외시장인 나스닥(NASDAQ, National Association of Securities Dealers Automated Quotations)이 활성화된 배경이다.

한편, 금융상품 가격의 변동성 증대는 차익거래의 동기뿐만 아니라 리스크 관리의 필요성도 증대시켰다. 이는 선물, 옵션, 스왑 등 파생금융상품(financial derivatives)의 등장 배경이다. 파생금융상품은 모두 미래의 불확실성과 관련이 있다. 예를 들어, 브레튼우즈 체제가 붕괴되면서 환율 변동폭의 확대로 (외)환위험이 커지자 환위험을 관리하기 위해 상품선물을 응용하여 통화선물이 처음으로 도입되었고, 이어 금리선물 및 주가지수선물 등으로 급속하게 확산되었다. 이는 선물거래가 금융자산의 가격변동위험에 대한 효과적인 수단이 되기 때문이다. 파생금융상품은 주식이나 채권 등의 본원적 혹은 기초 상품으로부터 파생된 금융상품을 말한다. 따라서 파생금융상품의 가격은 그 자체가 독립적으로 결정되는 것이 아니라 본원적 상품의 가격 변동에 기초하게 된다. 파생금융상품은 선물거래로부터 발전한 것인데 선물거래는 원래 선도거래(forward trading, 先渡去來)에서 유래하였다. 고대 때부터 선도거래가 행해진 것으로 전해지고 있지만 본격적인 선물거래는 1848년 시카고상품거래소(Chicago Board of Trade, CBOT)가 설립된 이후로 보고 있다. 그러나 금융선물은 상품선물을 모방하여 이보다 훨씬 뒤인 1972년에 들어와서 통화선물(또는 외환선물)을 중심으로 거래되기 시작하였다.[52] 통화선물 거래가 성공적으로 이루어지자 선물거래방식이 점차 다른 금융자산으로 확산

52 원래 선물거래는 각 거래소에서 정한 규칙에 의해 규제되고 연방 차원의 감독기관이 존재하지 않았으나 1974년 상품선물거래위원회법이 통과된 후 1975년에 상품선물거래위원회(CFTC, Commodity Futures Trading Commission)가 구성되었다.

선물 계약 시점에 일정한 가격으로 장래 특정일에 특정 자산 또는 상품을 인도, 결제하겠다고 약속하는 거래 방식

옵션 장래 특정일에 특정 자산 혹은 상품을 일정한 가격에 매입 또는 매도할 수 있는 권리를 오늘 거래하는 방식

스왑 두 개의 상품 또는 자산에서 파생되는 현금 흐름, 가격지수 등을 일정 기간마다 교환하기로 약정하는 거래 방식

되었고 1980년대 이후에는 선물계약의 전체 거래대금이 현물거래를 압도하고 있는 실정이다.

또한, 어떤 시점에 가서 자신이 처한 상황에 따라 미리 약속한 거래에 대한 혜택을 선택하는 옵션(option) 시장도 1972년 시카고에서 설립된다. 파생금융상품의 가치를 계산하기 위한 금융공학과 수학이 발전하기 시작한 것도 이러한 금융환경의 변화가 배경을 이룬다. 금융공학의 효시로 알려진 '블랙-숄즈 모형(Black-Scholes Model)'이 발표된 것이 1973년('옵션과 기업 채무의 평가, The Pricing of Options and Corporate Liabilities')이다. 블랙-숄즈 모형은 숄즈에게 노벨상의 영광을 안겨주었을 뿐 아니라, 발표 후 불과 수개월 만에 금융시장에서 이 방정식을 이용한 옵션의 가치 평가가 이루어질 정도로 파급 효과가 지대하였다. 금융공학[53] 및 수학으로 제조한 파생금융상품의 진화(위력과 한계)는 서브프라임 모기지(subprime mortgage)[54]의 질을 높여, 즉 리스크를 낮추어 판매가 가능하도록 만든 부채담보증권(CDO, collateralized debt obligation)에서 절정을 이룬다. 일명 '복합

53 급격한 가격변동과 국제적 경쟁 시작 그리고 신금융 상품의 개발 등은 수학적 및 통계학적 기법의 사용 증가와 함께 금융업을 묘사적 학문(descriptive discipline)에서 분석적인 공학(analytical engineering science), 이른바 '금융공학(financial engineering)'으로 변화시켰다.

54 서브프라임 모기지는 주택 가격이 무한히 오르지 않는 이상 대출을 회수하기 어려운 사람들에게까지 해주는 대출이었다. 이런 약탈적 대출은 무서류 대출(Low-doc, No-doc loans) 혹은 소득도 없고 일자리도 없고 자산도 없는 사람들에게도 대출해주는 닌자대출(NINJA; No Income, No Job & No Asset) 등으로 불렸다. 특히, 피기백(piggyback)이라는 엽기적인 대출까지 등장했는데, 계약금 등의 초기자금 없이 주택 가격의 100%에 수수료까지 대출해 주는 상품이었다.

파생금융상품'[55] 혹은 '구조화금융상품'[56]으로 부르기도 하는 CDO는 1990년대 중반에 첫 선을 보인 후 미국, 유럽 등지에서 발행 규모가 지속적으로 증가하였고,[57] 금융위기 발발의 요인이 되었다.

리스크 관리를 위한 신용보증, 즉 금융상품의 리스크에 대한 보험 성격을 갖는 신용보증 사업과 상품도 70년대 초에 등장한다. 즉 신용보증의 첫 번째 형태는 70년대 초 최상의 신용등급을 가진 MBIA와 Ambac 같은 모노라인(monoline)[58] 보증업체에 의해 개발되었고, 주로 지방정부가 발행한 채권의 파산을 보증하였다. 파산에 대한 보험의 제공으로 지방정부는 최고 신용등급(AAA)으로 채권을 발행하는 것이 가능했고, 이에 대한 대가로 보증업체에 수수료를 지급하였다. 즉 채권보증업체의 보증을 통해 지방정부는 발행 채권의 등급을 높임으로써 최초 판매 시에 저리에 의한 채권 매출이 가능하였다. 그러나 이러한 비즈니스가 가능했던 이유는 신용보증기관이 지방정부 파산가능성을 과대평가했기 때문이었다. 이른바 신용등급 차익거래(rating arbitrage)인 것이다. 신용보증은 90년대에 CDO와 더불어 금융위기의 주요 요인 중 하나로 지적되는 신용파산스왑(CDS, credit default swap)의 등장으로 발전하게 된다. 파산 위험 자체를 사고팔 수 있도록 만든 신용파생상품인 CDS[59]는 2000년 이후 급증하여, 금융위기가 발발했던 2007년 기준 미지불된 CDS 규모는 세계 GDP와 맞먹는 60조 달러에 달했다. 즉 모노라

55 다양한 종류의 채권을 일반 여신은행 등으로부터 양수받은 후 투자자들에게 판매하기 위해 이들을 함께 묶은(pool) 뒤 투자자에게 판매하기 좋게 다양한 신용등급의 투자상품으로 나눈 채권이다.

56 표준적 금융상품으로 충족될 수 없는 특정 요구에 대처하기 위해 만들어진 합성투자상품.

57 2002~2010년간 유럽 17개 국가에서 소매로 판매된 CDO는 5만5천개에 달했다. L. Zingales, 2015, "Does Finance Benefit Society?" NBER Working Paper 20894 (Jan.).

58 1973년에 설립된 금융서비스 회사인 MBIA(Municipal Bond Insurance Association)와 MGIC 투자회사의 자회사인 AMBAC(American Municipal Bond Assurance Corporation)은 주택을 담보로 지방정부 채권의 원리금 상환을 보증하는 채권보증전문회사이다. 즉 채권을 발행한 기업이나 금융회사가 부실해져 돈을 제대로 갚지 못할 때, 이를 대신 지급해 주기로 보증하는 회사이다. 채권시장이 발달한 미국에서는 모노라인의 채권 보증 규모만 2006년 말 기준 2조 2천억 달러에 달할 정도로 활성화돼 있다. 채권 등 금융시장 관련 분야만 보증하면 모노라인(monoline)이라 하고, 부동산과 재해 관련 위험까지도 보증하면 멀티라인(multilines)으로 불린다.

59 자금조달을 하는 채무자는 부도 위험만 따로 떼어내 팔 수 있기 때문에 자금조달이 쉬워지고, 투자자는 일정 수수료(프리미엄)를 내고 스왑을 구입함으로써 부도에 따른 원금 손실을 피할 수 있다.

인과 AIG[60] 등은 모기지담보증권(MBS), CDO, 기타 자산 등에 이 모델을 적용한 것이다. CDO나 CDS 등에 대해서는 다음 장에서 자세히 소개할 것이다.

또한, '리스크 재단자(arbiters of risk)'라는 막강한 권한을 행사하는 3대 국제신용평가기관이 만들어진 것도 70년대 중반이었다. 세계 대공황을 겪은 1930년대 이후 금융 규제 당국은 금융회사들이 채권 투자와 관련하여 신용평가기관의 "판단에 주의를 기울일 것"을 요구하였다. 즉 채권의 포트폴리오 안전성에 대한 갈망에서 시작된 이러한 규제들이 신용평가기관들을 채권 시장의 중심에 밀어 넣는 데 주요 역할을 하였다. 그런데 1975년 미국의 증권거래위원회(SEC, Securities and Exchange Commission)는 "판단에 대한 주의를 기울여만 하는" 신용평가기관에 대한 범주, 이른바 '국가적으로 인정된 통계적 평가등급기구("nationally recognized statistical rating organization", NRSRO)'에 S&P, 무디스(Moody's), 피치(Fitch) 등 세 개의 신용평가기관만을 포함시키고 진입 장벽을 설정하였다. 즉 3대 신용평가기관들은 "준규제기관(quasi-regulatory status)의 지위를 부여받은 것이고, 그들의 판단은 은행과 보험과 펀드 등을 지배하는 규칙으로 하드웨어에 내장된 고정배선 같은 것"이었다.[61]

국내 자본시장의 제도 정비를 마친 미국은 선진국들과 함께 신용리스크 등 국제금융시장의 리스크를 관리하기 위해 국제금융감독기구를 마련하는 한편, 국제금융시장의 규칙을 변경하였다. 즉 세계금융시장의 불안정성이 심화되면서 국제결제은행(Bank for International Settlements, BIS) 자기자본비율〔=(자기자본/위험가중자산)×100〕 등 은행감독과 관련한 국제표준 제정, 각국 감독당국 간 협력 및 정보교환 등의 기능을 수행하는 '바젤은행감독위원회(The Basle Committee on Banking Supervision)'가 G-10 중앙은행 총재들 주도로 1974년에 결성되었다.[62]

60 금융위기로 미 정부와 연준(FRB)은 미국의 다국적 종합금융업체인 AIG에 금융위기 이후 총 1,820억 달러의 공적 자금을 투입하였고, 공적 자금 투입의 대가로 미 재무부는 주당 30달러 미만에 확보한 우선주를 보통주로 전환하여 AIG 주식 총 92%를 보유한 최대주주가 됐다. 미 재무부는 2012년 이후 매각하여 공적 자금을 회수할 계획을 갖고 있다.

61 Economist, 2011, "redit-rating agencies: Judges with tenure" (Aug. 13), p. 54.

자본시장에서 신용평가사의 역할 경제학적으로 볼 때 자금수요자와 자금공급자 간에는 정보의 비대칭성이 존재하게 된다. 자금수요자의 경우 자금공급자에게 자신에게 유리한 정보만 제공할 유인이 존재하기 때문에 채무불이행의 가능성이 낮은 자금수요자도 자신의 신용도를 자금공급자에게 알리는 것은 쉬운 과정이 아니다. 따라서 적절한 정보의 전달체계가 존재하지 않는다면 사회 전체적으로 볼 때 바람직한 자금 거래가 발생하지 않는 시장의 실패가 일어날 수 있다. 이와 같은 시장실패가 간접금융시장에서는 자금의 중개역할을 담당하는 은행과 같은 금융기관을 통해 완화될 수 있는 반면, 직접금융시장에서는 개별 자금공급자가 개별 자금수요자에 대하여 신용정보를 수집・평가하는 과정에서 지나친 비용이 발생할 가능성이 있으며 신용평가회사는 이런 상황에서 개별 자금수요자의 신용도에 대한 평가를 담당한 후 다수의 자금공급자와 이를 공유함으로써 사회적으로 유용한 역할을 할 수 있다. 이와 같은 신용평가사의 역할 수행은 자금수요자의 정보가 얼마나 정확하게 공개되느냐에 달려 있으며 이를 보장하기 위해 금융감독기관들은 회계 및 재무 정보의 공시에 대한 강한 규제를 가해 왔다. 이러한 공시 정보의 수집 및 가공을 통해 신용정보(신용등급)를 생성하는 신용평가회사의 생존은 정보 생성을 위해 필요한 수수료 부과가 무임승차(free-rider)를 배제하면서 확보하는 데 달려 있다. 신용등급은 쉽게 다른 수요자에게 전달될 수 있으므로 일단 공개되면 그 가치를 빠른 시간 내에 상실할 위험이 있다. 이에 대응하여 현재 시장에서 큰 영향력을 행사하는 선진 신용평가사나 우리나라의 신용평가회사는 무임승차자 문제를 해결하기 위해 채권의 발행자(자금수요자)인 기업에 수수료를 청구하고 있다. 그러나 발행자에게 수수료를 받는 것은 이해상충의 문제를 발생시키기에 최근 시장에 진입하는 신용평가사들은 발행자에게 수수료(issuer based fee)를 받기보다는 투자자에게 정보이용료(subscription based fee)를 통해 사업을 영위하고 있다.[63]

62 금융위기 이전까지 회원국이 13개국이었으나 2008년 11월 G20 정상회의에서 금융안정포럼(Financial Stability Forum) 및 바젤위원회 등 주요 국제표준제정기구의 회원 확대가 필요하다는 지적에 따라 2009년 3월 한국을 비롯한 7개 나라가 신규 회원국으로 추가됐다. 그 결과 현재 위원회의 회원은 아르헨티나, 호주, 벨기에, 브라질, 캐나다, 중국, 프랑스, 독일, 홍콩, 인도, 인도네시아, 이탈리아, 일본, 한국, 룩셈부르크, 멕시코, 네덜란드, 러시아, 사우디아라비아, 싱가포르, 남아프리카, 스페인, 스웨덴, 스위스, 터키, 영국, 미국 등이다. 1년에 4번 정기적인 모임을 갖는다(http://www.bis.org/bcbs/history.htm).

또한, 1976년 킹스턴에서 열린 IMF 제5차 잠정위원회에서 미국은 자신의 입장을 다른 선진국들에게 밀어붙이며 국제통화체제를 재편하기 위해 협력적인 금융통제의 의무는 강화하지 않고, 6-3 조항과의 충돌에도 불구하고 4-1 조항에 "자본거래의 촉진"을 포함하도록 새로 수정하였다.64

한편, 경제력의 다원화, 즉 미국 제조업의 경쟁력 약화에 따른 경상수지 적자에도 불구하고 기축통화 지위의 유지와 금융부문의 이해에 얽매여 강달러 정책을 고수하는 가운데 경상수지 적자 문제를 해결하기 위해 흑자국에 대한 압력을 통해 해결하였다. 즉 1971년 '금태환 정지' 선언을 포함한 닉슨 독트린(Nixon Doctrine) 충격 이후 미국은 독일을 비롯한 주요 서유럽 국가와 일본의 통화 가치를 절상하기 위해 수입품에 10% 관세를 부과하였다. 미국의 압력에 굴복하여 미국과 관련 국가들은 시장에 개입하여 흑자국의 통화 가치를 절상시키기로 합의하였다. 그 결과, 교역 비중으로 가중 평균한 미국의 달러 가치는 그해 12월까지 6.5%가 하락하였다. 자신의 요구를 거두자 미국은 수입 관세를 제거하였다. 사실, 글로벌 불균형 문제는 기본적으로 경제력의 다원화와 미국 중심의 금융질서(달러본위제) 간의 비대칭성에서 비롯한 것이다. 고정환율제에서 변동환율제로의 전환도 글로벌 불균형을 해소할 수는 없었다. 변동환율제 역시 달러본위제에 기초하고 있다는 점에서 미국 중심의 금융질서에는 변화가 없기 때문이다. 오히려 변동환율제에서 미국을 제외한 나머지 국가들은 (자본의 급격한 유출입에 따른 외환위기를 방지

63 BIS, 2000, "Credit Ratings and Complementary Sources of Credit Quality Information," BASEL Committee on Banking Supervision Working Paper (Aug.). 블룸버그에 따르면 금융위기로 신뢰성이 훼손되었음에도 불구하고 세계 3대 신용평가사(Standard & Poor's, Moody's Investors Service, Fitch Rating)는 여전히 글로벌 신용등급 사업 시장의 97% 이상을 차지하고 있다. Businessweek, 2011, "Over Rated" (Nov. 28-Dec. 3) p. 51.

64 4조(Obligations Regarding Exchange Arrangements) 1항은 "회원국의 일반 의무가 국제통화시스템의 근본 목적이 국가 간에 재화와 서비스, 그리고 자본 거래를 용이하게 하는 틀을 제공하는 것이라는 사실을 인정한다"라고 수정하였다. 반면, 6조(Capital Transfers) 3항은 '자본이전에 대한 통제'와 관련하여 "어느 회원국도 현재 거래에 대한 지불을 제한하거나 책임 이행에 대한 자금 이전을 부당하게 지연하는 방법으로 통제할 수는 없지만, 국제 자본이동의 규제에 필요한 통제들을 행사할 수 있다"라고 규정하고 있다.

하기 위해서는) 외환(달러)을 안정적으로 확보해야 하는 과제를 갖게 되었다. 가장 바람직한 방법은 경상수지 흑자를 통한 것이고, 이는 미국의 경상수지 적자의 심화를 의미하기 때문이다. 즉 기축통화 지위를 유지하기 위한 강달러 정책은 미국의 경상수지에 부정적으로 작용하고, 이는 다시 기축통화로서 달러의 신뢰도 저하로 이어질 수밖에 없는데 인위적으로 강달러 정책을 고수함으로써 경상수지 적자 문제는 악화될 수밖에 없게 되는 것이다.

제2장

금융화와 금융위기

이처럼 제조업의 공급 과잉과 자본의 수익률 하락은 시장의 개방과 자본흐름의 자유화 등으로 이어졌다. 그리고 이를 주도한 것은 제조업 경쟁력 약화에 직면한 미국이었다. 미국은 19세기 말 경제에 대한 은행과 상업의 헤게모니가 자리 잡았던 영국이 그랬듯이 산업구조의 업그레이드보다는 금융을 중심으로 미국경제를 재편하였다. 즉 카터 행정부 말기부터 시작된 금융규제의 완화는 레이건 행정부에서 본격적으로 추진되고, 1985년 1월 두 번째 임기의 연두교서에서는 "미국을 세계의 투자수도"로 건설하겠다고 천명한다. 즉 국가 이해를 금융적 관점에 맞춘 것이다. 그 결과 GDP 대비 금융산업의 비중은 1980~2007년간 두 배로 증가하였다. 금융자산의 규모 역시 20세기가 시작되던 1900년에 GDP 대비 101%에서 1980년 198%로 약 두 배 증가하는 데 80년이 걸렸으나, 그로부터 30년도 채 안된 2007년까지 442%로 약 2.5배가 증가하였다. 글로벌 외환시장 거래(FX turnover)도 1995년 하루 1.2조 달러에서 2010년에는 4조 달러로 증가하였고, 외환 장외거래(OTC, over the counter) 규모는 글로벌 GDP의 1995년 8.9배에서 2009년에는 17.5배로 증가하였다. 외환거래 중 비금융부문은 13.4%에 불과하였고, 등록된 딜러의 거래와 금융기관 사이의 거래가 각각 38.9%와 47.7%를 차지하였다. 특히 상위 9개 금융회사가 전체 거래액의 75%를 차지하였다. 꼬리와 몸통의 관계가 역전된 것이다(Tail is wagging dog). 또한, 1960년 680에서 1980년 약 840까지 20년간 약 24% 증가에 불과했던 다우존스 산업평균지수(일명 다우지수)도 2000년에는 11,500까지 또 다른 20년간 1,269%가 증가하였고, 2007년까

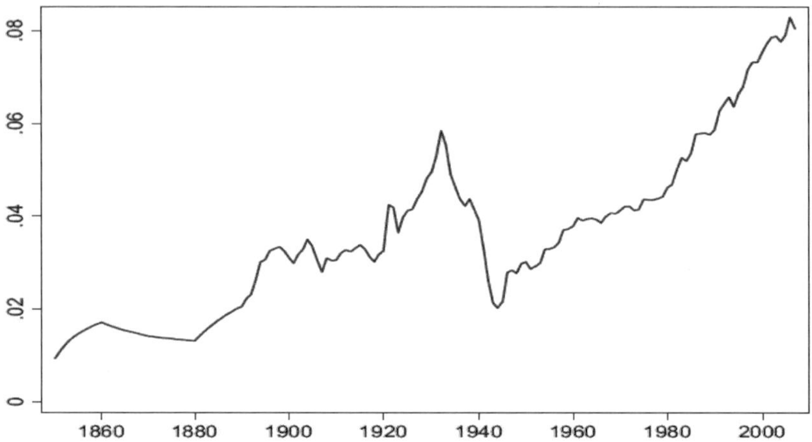

출처: T. Philippon, 2008, "The evolution of the us financial industry from 1860 to 2007: Theory and evidence," NBER WP No. 13405, Figure 1.

▌그림 2-1. 미국 금융산업의 비중(GDP 대비)

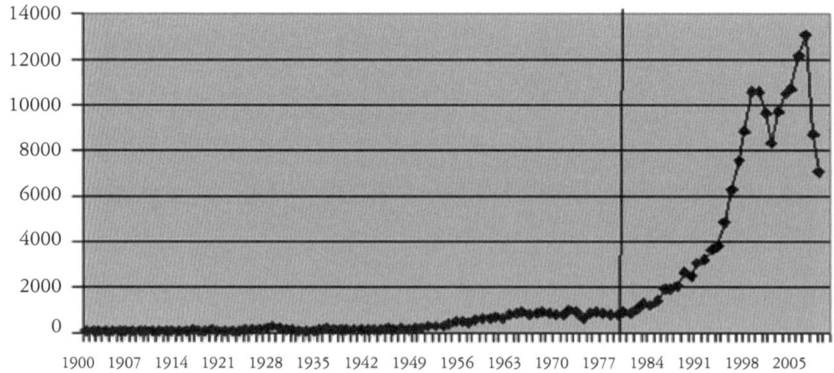

▌그림 2-2. 다우존스 산업 평균, 1980~2007년

지 14,000을 돌파하였다.

한마디로 금융부문이 경제 규모의 확장을 주도했고, 전체 자산에서도 금융자산이 증가한 시대였다. 금융화는 특정 국가의 현상이 아니라 전 세계적 현상이었다. 1980~2007년간 전 세계 GDP가 10조 달러에서 55조 달러로 5.5배 증가하는 동안, 금융 자산은 12조 달러에서 196조 달러로 16배 이상 증가하였다. 해외자본 흐름의 규모도 1980년 5천억 달러에서 위기 직전에는 10.5조 달러까지 21배가 증가하였다. 세계경제포럼의 '2008년 금융 발전 보고서'[1]에 따르면, GDP 대비 금융 자산 규모가 100% 이상인 국가가 1990년 33개국에서 2006년에는 72개국으로 2배 이상 증가하였다. 1990~2006년간 유로 지역이 180%에서 303%, 영국이 287%에서 359%, 미국이 303%에서 405%, 그리고 한국이 83%에서 198%로 증가하였다. 특히, 신흥 시장국의 금융화가 크게 증가하였는데, 이 지역의 금융 자산 규모는 1999년 1조 2천억 달러에서 2006년에는 23조 6천억 달러로 20배 이상 급증하였다.

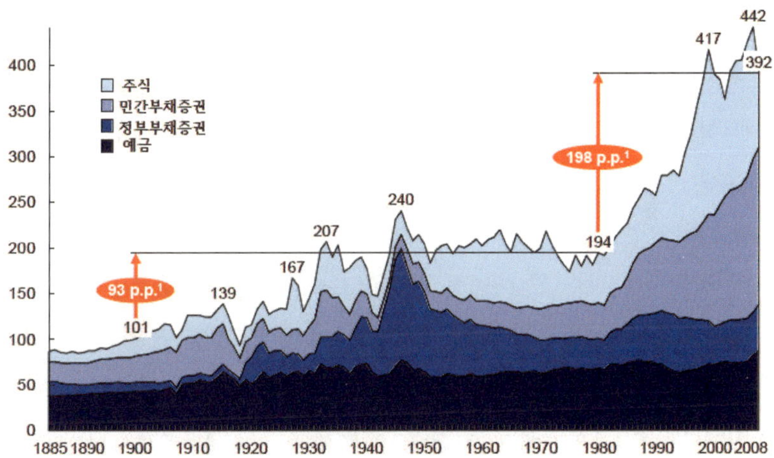

주: 1. GDP의 %포인트.
출처: MGI, 2009, "Global capital markets: Entering a new era," Exhibit 1.

▌그림 2-3. 미국 금융자산의 성장(GDP 대비 %), 1980~2007년

1 http://www.weforum.org/pdf/FinancialDevelopmentReport/2008.pdf

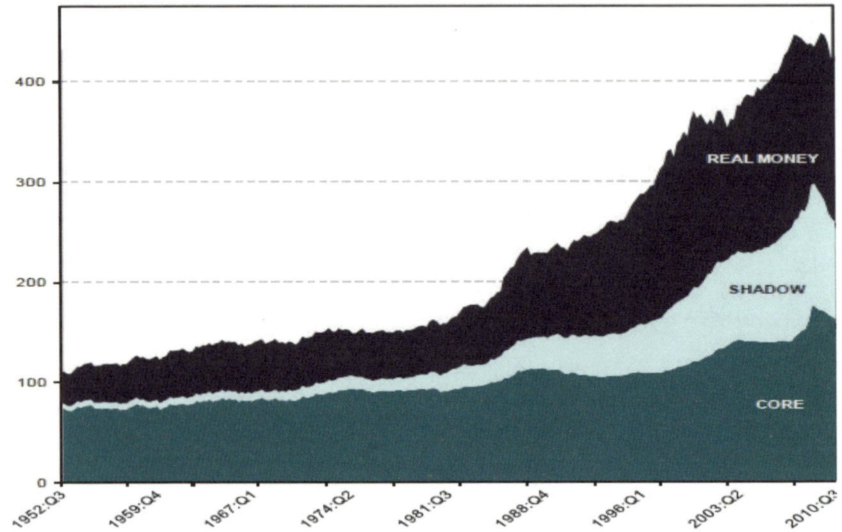

주: Real Money에는 연금, 뮤츄얼펀드, 보험 포함; 그림자금융(shadow banking)에는 머니마켓펀드, 증권중개, 금융지주회사, 민간ABS기금 포함; 정부지원핵심집단(Core)에는 연준, 정부보증기관, 연방정부가 보증하는 예금취급기관 포함.

출처: A. Bhatia, 2011, "Consolidated Regulation and Supervision in the United States," IMF Working Paper WP/11/23.

▌그림 2-4. 미국 금융부문의 규모(GDP 대비 총 금융자산, %)

금융산업의 빠른 성장은 금융에서 높은 수익이 발생했기 때문이다. 예를 들어, 역사적으로 금융부문의 이윤은 전체 이윤의 약 10%를 차지하였으나 1980년에 20%에 근접했고, 90년대 30%를 넘어섰고 2000년대에는 40%까지 상승했다(그림 2-5). 그렇다 보니 금융부문 주가 역시 2000~07년간 주식시장의 연평균 6% 증가율보다 13배나 큰 78%로 성장하였다. 그리고 금융산업의 높은 수익은 금융산업으로의 인재 집중과 실물부문에 대한 투자 부족으로 이어졌다(그림 2-6). 미국 민간부문 전체의 평균 임금 대비 금융부문 종사자의 임금은 1948~82년에 99~108%에 불과했으나 2007년에는 181%로 증가하였다(그림 2-44). 마찬가지로 금융부문 종사자의 교육 수준도 같은 추이를 보였다. 2007년에는 미국 하버드대 졸업생의 47%가 금융이나 컨설팅 분야로 진출하였다.[2] 그리고 1980년대 이

2 Economist, Mar. 31st, 2010, "Trying harder: Can higher productivity fill the gap?"

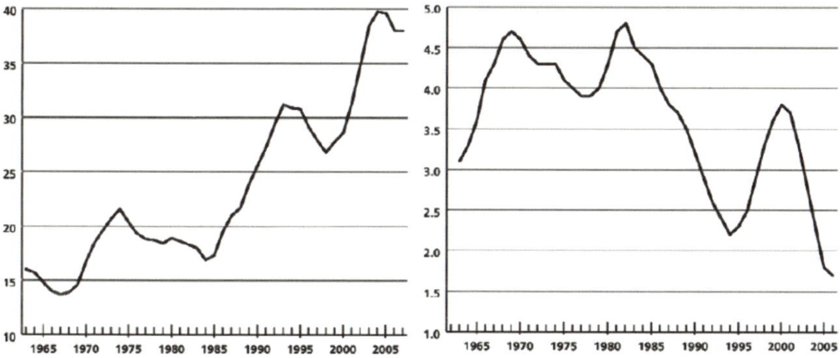

출처: J. Foster, April 2008, "The Financialization of Capital and the crisis," *Monthly Review*.

▌그림 2-5. 미국 전체 기업 이윤 중 금융기업의 비중(좌)과 GDP 대비 비주거 민간부문의 순고정투자 비중(우), 5년 이동평균

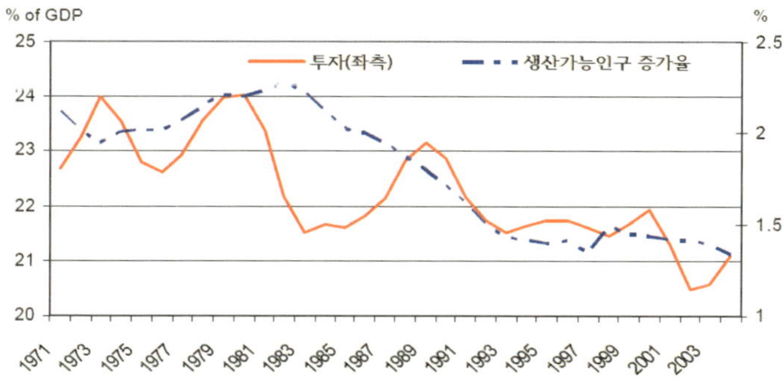

출처: B. Desroches and M. Francis, 2007, "World real interest rates: a global savings and investment perspective" Bank of Canada, Working Paper 2007-16.

▌그림 2-6. 주요 35개국 대상 투자율 추이

후 비주거 민간부문의 순투자는 (90년대 후반의 IT 붐 시기를 제외하면) 추세적 하락을 이어갔다(그림 2-5). 이처럼 80년대 이후부터 2007년 금융위기 발발 이전까지 금융 주도의 성장은 실물과 금융의 균형적 발전에 기초한 것이 아니라 과잉금융 속에 이루어진 것이었다.

즉 '금(전)융(통)'의 의미를 갖는 금융의 고유 역할은 금융자원의 중개 기능이다. 그런데 금융부문의 유입된 금융자원이 실물부문의 투자로 연결되지 않고 금융부문에서만 순환된 것이다. 참고로 국제통화기금(IMF)과 경제협력개발기구

(OECD) 등에 따르면, 미국·유로권·영국·일본·오스트레일리아·캐나다 등 선진국만을 따로 추려 명목 GDP와 유동성(광의통화 기준)의 변화를 살펴봤더니 둘 사이의 비율은 1983년을 100으로 잡을 때 2006년 말엔 144에 이르렀다. 시중에 돌아다니는 돈의 양이 실물부문보다 1.5배 가까이 더 빠르게 늘어났다는 얘기이다. 특히 미국 연준(Fed)이 금리를 1%로 인하했던 2003년부터 2009년까지 글로벌 유동성의 증가는 98조 3천억 달러에 달했다. 이는 같은 기간의 글로벌 GDP의 증대 규모인 21.7조 달러의 4.5배가 넘는 규모였다. 아시아 나라들로 시야를 돌리면 둘 사이의 거리는 훨씬 더 벌어진다. 아시아 5개 나라의 명목 GDP와 유동성 통계를 토대로 그 비율을 보면 2006년 말에 약 250~300으로 나타났다. 선진국 중심의 세계 평균치보다 두 배 가까이 높다. 생산과 소비 등 실물부문에 흡수되지 않은 채 역내를 이리저리 떠돌아다니는 유동성이 풍부하다는 뜻이다. 중국이 359로 초과 유동성 정도가 가장 심했고, 한국은 289로 두 번째를 차지했다. 선진국의 경우 GDP 대비 유동성 비율이 80년대 이후 25년간 비교적 일정한 속도로 늘어난 데 반해, 아시아 나라들에선 그 비율이 2000년대 이후 가파르게 늘어났다. 참고로 '글로벌 유동성'은 정책 입안의 측면에서는 '화폐 유동성(monetary liquidity)'과 '금융시장 유동성(financial market liquidity)'으로 구분할 수 있고, 금융안정성 범주에서는 외환보유고를 포함한 중앙은행 통화인 '공식적 유동성(official liquidity)'과 민간부문이 창출한 '민간 유동성(private liquidity)'으로 구분할 수 있다.[3] 즉 '글로벌 유동성'은 정부에 대한 순신용(=발행 채권-은행 시스템의 정부 예금), 해외부문에 대한 순신용(=외환보유액-외화부채), 민간부문에 대한 순신용(=대출-민간부문의 고정예금), 기타 순자산(=기타 자산-기타 부채-자본과 지급준비금)의 합으로 구성된다.[4] 그리고 '글로벌 유동성'의 규모는 통화정책[5]과 리스크 식욕(risk appetite) 그리고 총 국제신용(cross-border credit)에 의해 영

---

3 CGFS, 2011, "Global liquidity-concept, measurement and policy implications," BIS, Publications No. 45 (Nov.).

4 BIS International Banking Statistics, Tables 2 & 3, Global Financial Stability Report 2010 and 2005.

향을 받는다. 즉 '글로벌 유동성'의 규모는 통화정책에 의한 '공식적 유동성'에 의해서만이 아니라 시장이 만들어내는 유동성(market-generated liquidity)에 의해서도 확장되었다.

실물부문의 과소투자는 〈그림 2-7〉과 〈그림 2-8〉에서 보듯이 기업의 기록적인 현금보유 규모에서도 확인된다. 산업구조의 업그레이드나 산업체계 다양화의 지연은 비금융 기업의 자본지출 감소와 기업 이윤의 저축 전환으로 이어지며 기

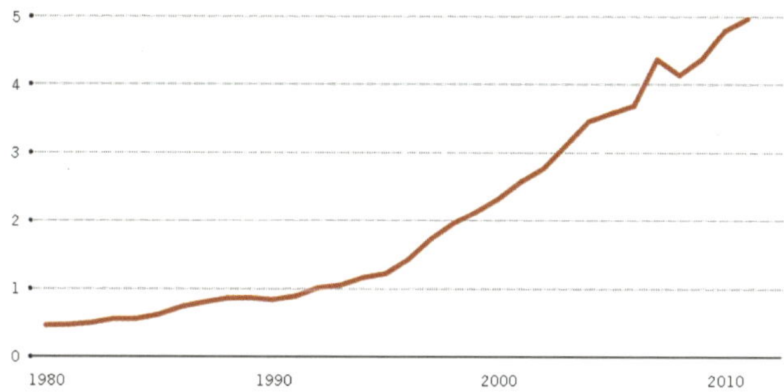

출처: J. Sánchez and E. Yurdagul, 2013, "Why Are Corporations Holding So Much Cash?" The Regional Economist (Jan.). https://www.stlouisfed.org/publications/re/articles/?id=2314

▌그림 2-7. 미국 전체 기업의 현금 및 현금성자산 규모의 추이

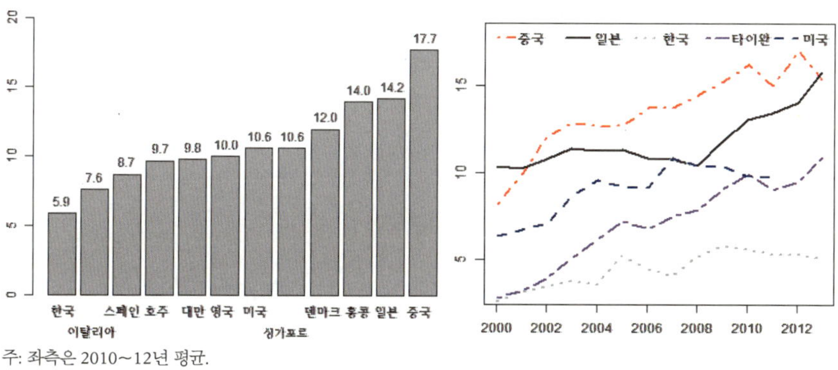

주: 좌측은 2010~12년 평균.
출처: G. Sher, 2014, "Cashing in for Growth: Corporate Cash Holdings as an Opportunity for Investment in Japan," IMF Working Paper WP/14/221.

▌그림 2-8. 주요국 비금융기업의 (현금/자산) 비율(중앙값, %)

5 예를 들어, 중앙은행의 기준금리는 자금조달 조건과 이용 가능한 자금 규모에 영향을 미친다.

업은 순차입자에서 순저축자로 바뀐다. 비금융기업들의 현금이나 현금성 자산이 90년대 이후에 급증한 이유이다. 1980년 4,530억 달러에 불과했던 미국 전체 기업의 현금 보유는 2011년에는 약 5조 달러까지 증가했다. 1980~95년간은 연평균 7%로 증가한 반면, 1995~ 2010년간은 연평균 10%로 증가했다. 기업의 현금 보유 증가는 미국 기업만의 특수 현상이 아니라 세계적 현상이다. 기업의 수익이 투자로 이어지지 않은 것이다. 이는 80년대 이후 저축의 주체인 가계의 저축률이 하락한 반면, 투자의 주체인 기업의 저축률은 증가하여 90년대 이후에는 양자가 역전되어 금융위기 당시에는 후자가 전자의 두 배 이상이 될 정도로 격차가 벌어졌다(그림 2-9). 이는 인플레이션율의 장기적 하락(그림 2-10)[6]과 더불어 저금리

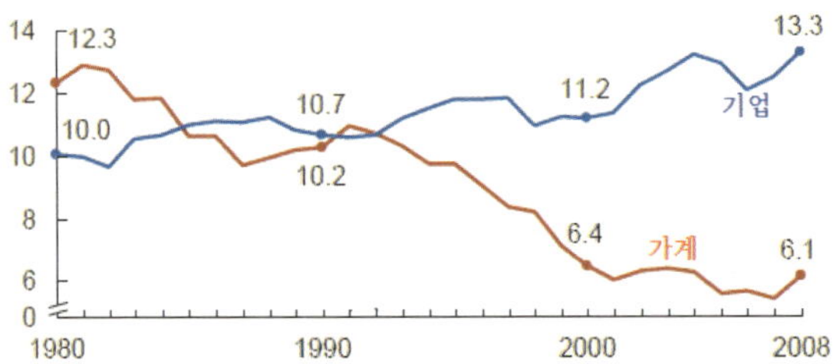

출처: McKinsey Global Institute, 2010, "Farewell to cheap capital?" Exhibit 12.

그림 2-9. 선진국에서 기업과 가계의 총저축률(GDP 대비) 변화 추이, 1980~2008년

주: 여기서 인플레이션은 핵심 개인소비지출에 의해 측정된 것.
출처: 블룸버그(Bloomberg)가 제공한 월간 연 자료.

그림 2-10. 미국의 소비자물가 상승률 추이, 1976~2006년

6 인플레이션 하락은 글로벌화와 경제활동에서 무형가치 비중의 증대 등에서 비롯한다.

기조(그림 2-11, 12)의 형성에 주요한 요인으로 작용하였다. 물론, 한국도 이러한 흐름에서 예외는 아니었다(그림 2-13, 14).

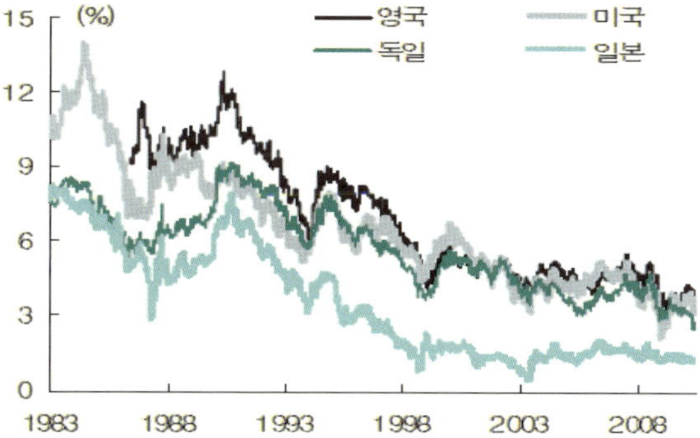

출처: 김완중 · 강전은 · 이승훈, 2010, "금융위기 이후 은행권 자금조달 및 운용 행태의 구조적 변화와 시사점," 하나금융경영연구소, 그림 28.

▮ 그림 2-11. 주요국의 국고채 10년물 금리 추이

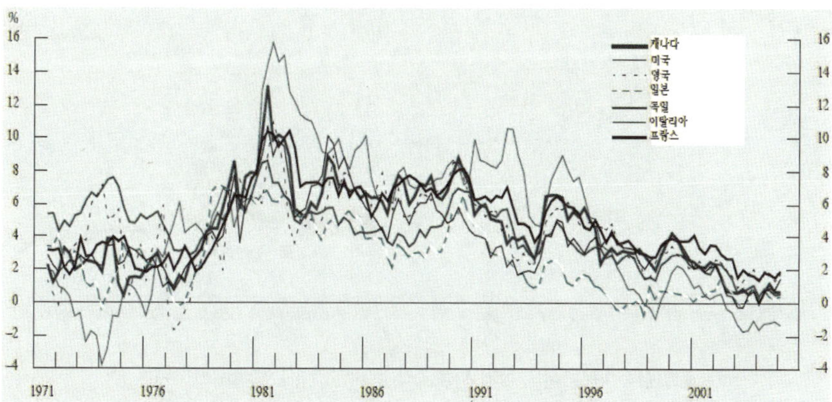

출처: Brigitte Desroches and Michael Francis, 2007.

▮ 그림 2-12. G-7 국가의 5년물 실질금리 추이

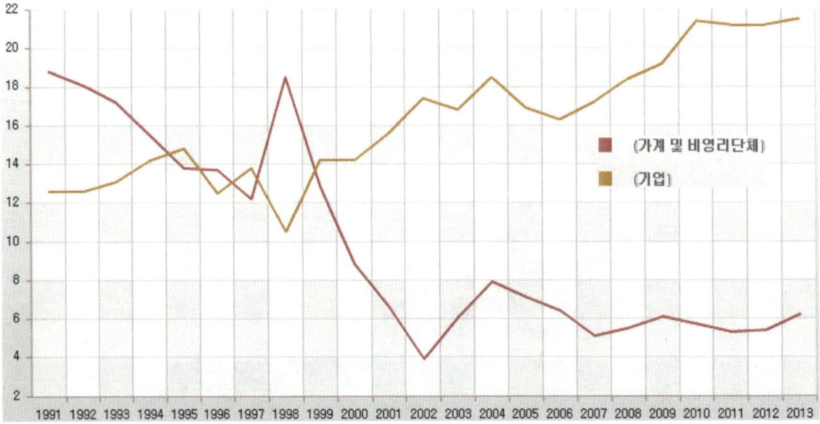

출처: 한국은행.

▌그림 2-13. 한국의 가계 및 기업의 저축률 추이, 1991~2013년

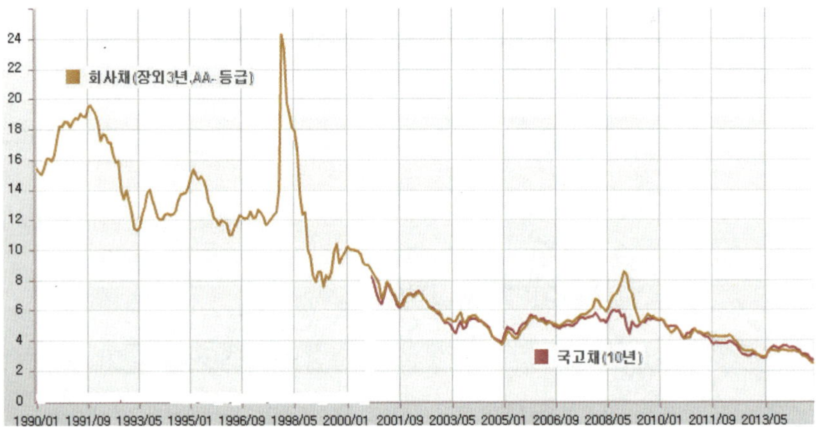

출처: 한국은행.

▌그림 2-14. 한국의 장기 시장금리 추이(연리 %), 1995~2014년

한편, 기업의 수익이 투자로 이어지지 않을 경우 기업의 장기적인 성장 동력은 약화될 수밖에 없고, 이는 다시 미래 경제와 수익 성장에 대한 비관적 전망으로 이어질 수밖에 없다는 점에서 금융화는 지속될 수 없다. 〈그림 2-15〉에서 보듯이 1980년대 초 이래 소득 중 노동이 차지하는 비중이 대다수 국가와 산업들에

서 현저하게 하락했는데 원인 중 약 50%가 1980년경부터 시작된 투자재(자본재) 가격의 상대적 하락[7](그림 2-16)이었던 반면, 자본 가격의 하락은 부분적으로 기업저축의 증가에 따른 자금조달 비용의 하락에 따른 것이었다.[8]

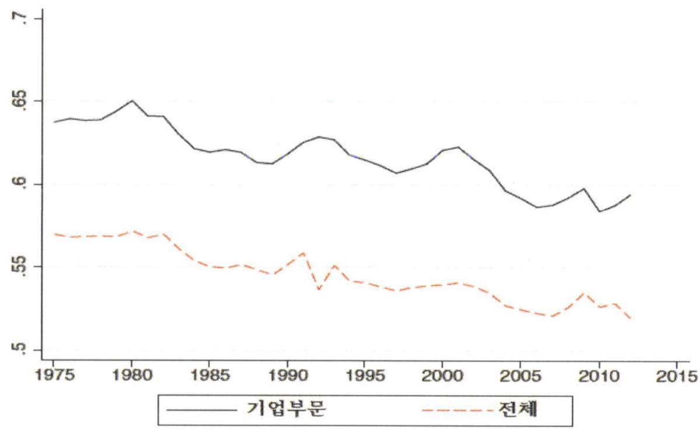

출처: L. Karabarbounis and B. Neiman, 2014, "The Global Decline of the Labor Share," Quarterly Journal of Economics (Oct.), p. 70.

▌그림 2-15. 글로벌 노동소득 비중의 저하

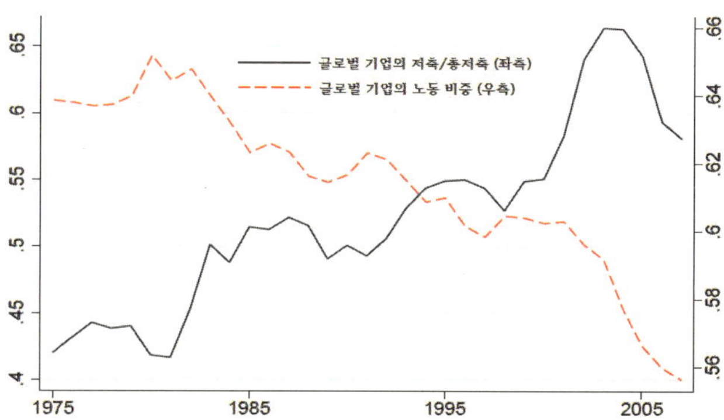

출처: L. Karabarbounis and B. Neiman, 2012, "Declining Labor Shares and the Global Rise of Corporate Savings,“ NBER Working Paper No. 18154, Figure 1.

▌그림 2-16. 글로벌 기업의 노동 비용과 기업 저축 비중

---

7 L. Karabarbounis and B. Neiman, 2014, "The Global Deline of the Labor Share," *Quarterly Journal of Economics*, Vol. 129 No. 1, pp. 61-103.

8 L. Karabarbounis and B. Neiman, 2012, "Declining Labor Shares and the Global Rise of Corporate Saving," NBER Working Paper No. 18154.

또한, 기업 저축의 증대는 은행의 대출 수요 감소로 이어져 자금조달과 수익원의 시장 의존을 증대시키는 은행의 비즈니스 모델의 변화 요인으로 작용한다. 즉 전통적으로 은행은 대출에 필요한 자금을 예금에 의존하였으나 시간이 지남에 따라 은행은 자금 조달을 채권, 기업어음(CP), 환매조건부채권(Repo, RP)에 의존하는 것으로 바꾸었다. 즉 은행의 자금조달에서 예금의 비중이 감소하고 수익원에서도 거래수수료나 중개료 등 비이자소득 수입원이 증가하는 등 은행의 시장 의존이 증대하였다. 예를 들어, 2007년 1월 기준 은행의 자본 대비 자산담보기업어음(ABCP)의 비중은 시티뱅크가 77.4%, ABN Amro가 201.1%였다. 반면, 은행들의 소매 예금의 비중은 2002년 58%에서 2007년 52%로 축소되었다. '자산의 증권화(asset securitisation)' 혹은 '자산의 화폐화(asset monetization)'가 자금 조달과 수익원 변화의 중심에 있었던 것이다.[9] 자산유동화증권(ABS) 시장의 폭발적 성장이 그것이다. 이처럼 '자산의 증권화'로 글로벌 은행들은 '대출 후 (만기까지) 보유'하는 전통적인 방식(Lend-and-Hold, L&H)에서 자산유동화를 통해 자산의 신용 위험을 다양한 투자자들에게 배분하는 방식(Originate-to-Distribute, OTD)으로 비즈니스(수익) 모델을 바꾼 것이다. 즉 '자산의 화폐화'는 내생적 금융(endogenous finance)과 내부화폐(inside money, 민간 내부의 채권에 의한 화폐)의 등장을 의미하였고, 이로 인해 금융위기의 주요 원인으로 작용한 금융과 신용의 폭발적 성장을 초래했다. 그리고 이는 뒤에서 보듯이 통화지표의 변화나 통화정책의 이전 메커니즘의 약화의 배경으로도 작용하였다.

9 국제결제은행(BIS)은 자산의 증권화를 "특수목적법인에 의해 만들어진 증권이 특수목적법인(SPE)에 의해 보유된 금융자산 풀(pool)로부터의 현금흐름에 의해 지지된 지급권을 가지고 투자자에게 발행되는 과정"으로 정의한다. Basel Committee on Banking Supervision, July 2011, Report on asset securitisation incentives, p. 1. '자산의 증권화'가 급증한 것은 바젤 I이 '자산의 증권화'에 관대하였기 때문이다. 은행의 자산 이전이 증권위원회가 설정한 기준과 리스크가 특수목적법인(SPVs, Special Purpose Vehicles)에 이전되도록 건전성 기준에 포함된 규정들을 충족하는 한 위험가중자산 대비 자기자본 비율에서 자산을 배제할 수 있도록 허용해주었다. A. Rinne, 2004, "Treatment of asset securitization under the proposed BASEL II Accord and the U.S. Banking Agencies' advance notice of proposed rulemaking," Master of Arts in Law and Diplomacy Thesis, Tufts University, p. 31.

그럼에도 불구하고 대부분의 경제학자들과 정책입안자들은 금융이 주도한 성장이 지속가능하다고 생각하였다. 그 근거로 80년대 중반 이후 크게 감소한 경기 사이클의 변동성을 지적한다. 미국은 1984년 1분기부터 2006년 2분기까지 인플레이션율과 실업률의 하락을 경험하였다. 미국경제는 2차 대전 이후 GDP가 연평균 3.27%로 성장하였고, 성장률의 표준편차는 2.7%였다. 반면, '대 안정기(the Great Moderation)'의 성장률 표준편차는 1.3%에 불과하였다.[10] 그래서 경제학자들은 이 시기를 이른바 '대 안정기'라 부르는 이유이다. 이러한 성장은 금융혁신에 의해 파산의 리스크를 분산시킴으로써 가능했다고 믿었다.

그러나 금융 중심의 성장은 지속될 수 없었다. 금융위기는 금융이 혼자 발전하는 것이 불가능하다는 것을 보여주었다. 실제로 지난 30년 과잉금융의 시대는 은행의 성장률이 역설적으로 하락하였음을 보여준다. 미국 연방예금보험공사(FDIC) 사료에 따르면 지난 미국 은행들의 연평균(복리) 수입증가율은 70년대 12%, 80년대 10%, 90년대 8%, 2000년대 6%로 지속적으로 하락하였다.[11] 실물부문의 성장 없이 은행의 성장은 한계에 직면할 수밖에 없음을 보여주는 것이다. 금융위기는 실질 생산성의 개선 없는 금융이윤의 지속 증가가 불가능함을 보여준 것이다. 즉 지난 30년, 특히 90년대 후반 이후 실물경제는 완만한 성장이 진행된 반면, 금융자산

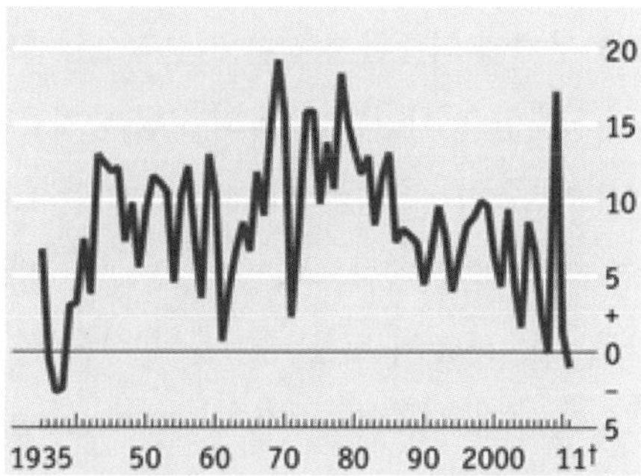

출처: Federal Deposit Insurance; Economist, Oct. 22nd 2011, "Wall Street results: Darkness visible"에서 재인용. http://www.economist.com/node/21533422

▌그림 2-17. 미국 은행 수입 증가율(전년 대비, %)

---

10 J. Makin, 2011, "he Limits of Monetary and Fiscal Policy,"AEI (July). 대안정기는 저인플레이션과 고성장 그리고 가벼운 침체의 시기로 정의된다. J. Lin and V. Treichel, 2012, "The Unexpected Global Financial Crisis," World Bank Policy Research Working Paper 5937, p. 5.

11 Businessweek, 2010, "Banks Face a Decade of Slow Revenue Growth" (Oct. 28). http://www.businessweek.com/magazine/content/10_45/b4202051142692.htm?chan=magazine+channel_ news+-+markets+%2B+finance

의 가격은 과도한 인플레이션이 진행되었다. 그럼 이제부터 과잉금융이 어떻게 금융위기를 초래했는지 살펴보자.

제1절 고용시스템의 약화

금융위기 발발 이후 8년간 동원 가능한 통화와 재정 자원 등을 모두 투입했음에도 불구하고 세계 경제의 취약성은 계속되고 있다. 강한 경기회복을 보이고 있다는 미국경제도 실상을 들여다보면 취약성이 여실히 드러나고 있는데 그 핵심 이유는 고용의 취약성에서 비롯한다. 이에 대해서는 다음 장에서 살펴보고 여기서는 과잉금융(금융화)을 만들어낸 미국 고용시스템의 문제를 살펴보자. 앞에서 지적했듯이 미국경제는 산업화 완료 이후 산업체계의 다양화나 산업구조의 업그레이드보다 금융화를 선택하였고, 그 결과는 '부채에 의존한 성장'과 금융위기였다. 부채에 의존한 성장은 기본적으로 고용시스템의 일자리 창출 능력의 저하에서 비롯한 것이었다. 미국의 고용 증가율은 1970년대 이후부터 하락하기 시작했다. 70년대는 연평균 2.6%, 80년대는 1.6%, 90년대는 1.3%, 그리고 2000년대는 0.9%로 지속적으로 하락했다.[12] 즉 50년대부터 70년대까지는 매 10년마다 12, 20, 26%씩 고용 증가율이 상승했지만 그 이후 80년대는 20%, 90년대는 15%, 그리고 2000~07년간(2000~10년간)은 7%(2%)로 계속 하락했다. 이는 앞에서 지적했던 미국 산업구조의 변화, 즉 탈공업화와 맞물려 있다. 제조업 종사자 수는 1979년 7월 1,953만 명에서 금융위기 발발 직전인 2007년 7월에는 1,389만 명으로 564만 명이 축소되었다. 이 기간 동안 미국의 민간 노동력이 1억 464만 명에서 1억 5,305만 명으로 4,841만 명의 절대적 증가가 있었던 것을 고려하면 제조업 종사자의 축소 규모는 충격적이다. 참고로 대공황 당시 미국의 제조업 종사자가 1939년 1월 908만 명에서 1943년 11월 1,660만 명으로 752만 명 증가

12 MGI, 2011, "An economy that works: Job creation and America's future" (June).

한 것과는 대조적이다.

산업구조의 변화에 따른 고용시스템의 약화는 핵심 남성노동력(25~54세) 고용률의 장기 추세에서도 확인된다. 1969년만 하더라도 핵심 남성노동력의 95%가 고용되었으나 금융위기 직전까지 90% 이하로 하락하였고, 민간부문에 고용된 남성 고용률(16~64세 중 취업자 비중)도 1950년대 80%대에서 지속적으로 하락하여 2000년대에는 70% 이하로 하락했다. 하락 추세를 보이던 고용률은 금융위기로 더욱 심화되었을 뿐이다. 예를 들어, 핵심 남성노동력의 고용률은 2011년 7월까지 약 81%로 하락했고, 전체 남성 고용률도 65% 밑으로 추락했다. 문제는 선진국 중 해고가 가장 용이하고 노조가입률이 가장 낮고 실업보험도 낮은 수준의 그룹에 포함될 정도로 미국 노동시장이 유연함에도 불구하고 '일자리 기계(Jobs Machine)'가 작동하지 않는다는 점이다. 금융위기를 계기로 고용률이 크게 감소한 것은 금융위기 이후 '실직 상태가 27주를 초과'하는 장기실업자 비중의 급증에서 비롯한다(그림 2-18). 금융위기 이전 장기실업자 비중이 가장 높았던 1982-83년의 침체 당시에도 25%를 넘지 않았으나 금융위기 이후에는 40% 이상이 상당기간 지속되었다.[13] 남성 고용률이 1948년 이래 최저 수준으로 떨어진 이유도 구직활동을 포기할 가능성이 높은 장기실업자의 비중이 높기 때문이다.[14] 실제로 금융위기 이후 장기실업자의 약 90%가 구직활동을 포기하며 비경제활동인구로 전락했다. 그렇다 보니 구직활동 포기자까지 포함한 실제 실업률은 공식실업률의 두 배에 가깝다.[15] 여기에 일을 더 하고 싶어도 기회가 제한된 이른바 과소고용(underemployment)까지 포함하면 실업률은 공식실업률의 두 배가 훨씬 넘는다.[16] 이처럼 고용구조가 취약하고 고용의 질이 악화되다 보니 임금 증가율

13 공식실업률이 자연실업률 수준에 근접한 2014년 12월에도 장기실업률은 32%로 금융위기 이전 17%보다 거의 두 배 수준이다.

14 2009년 12월에 1948년 이래 최저 수준인 63.3%를 기록하였다.

15 예를 들어, 2011년 10월 공식실업률이 9.1%였던 반면, 구직활동 포기자까지 포함할 경우 16.2%에 달하였다. A. Gary Shilling, 2011, "Deflation Has Arrived: The Risk is a self-feeding downward spiral," *Forbes* (Oct. 24).

16 미국 노동통계국(Bureau Labor Statistics)에서는 2010년에 창출된 59만 3천 개 일자리 중 68%인

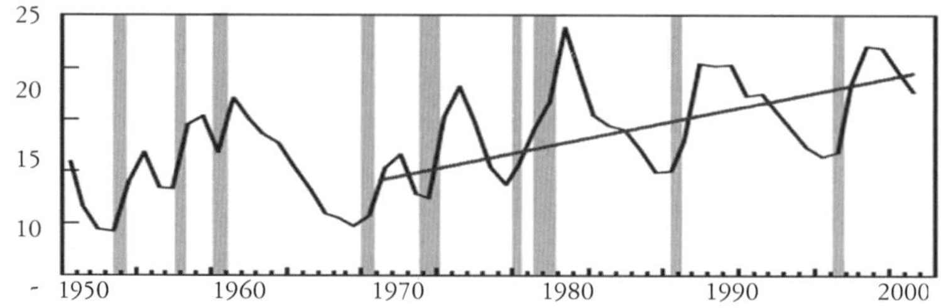

출처: Congress of the US Congressional Budget Office, 2007, Long-Term Unemployment (Oct.).

▌그림 2-18. 금융위기 이전 미국의 장기실업률 비중의 추이, 1950~2006년

역시 둔화되어 '고용 없는 성장'에 '임금 없는 성장(Wage- less recovery)'까지 추가되었다.17 그 결과 상무부의 인구조사국(the Census Bur- eau)은 2010년 가계소득의 중앙값(median)이 49,445달러라고 발표했는데 이는 인플레를 조정했을 때 1997년 수준보다 낮은 규모였다. 또한, 빈곤율은 지난 17년 동안 최고치인 15.1%까지 치솟았다.

첫째, 글로벌화는 IT혁명과 더불어 저숙련 및 일상적인 화이트칼라 업무의 수요를 축소시켰다. 건축 같은 물리적 활동을 포함한 변형 노동(transformational work)은 중국 같은 신흥시장으로 이동함에 따라 대부분 선진국에서 그 수요가 장기간 하락18을 겪고 있다. 콜센터나 은행의 일상 업무처럼 자동화시킬 수 있는 일자리(transactional work)나 저임금 해외 노동력으로 대체할 수 있는 일상적인 업무의 화이트칼라 일자리를 없애고 있다. 임금 차이(labor arbitrage)에 따른 일자리 외주(outsourcing)가 제조업 분야에만 국한되지 않고, 컴퓨터 프로그래밍, 카피라이터(copywriter), 후선 법률업무(back-office legal tasks) 등 화이트칼라 분야까지 확대되고 있는 것이다. 예를 들어, 미국의 다국적기업들은 2000년대 이후 아시아·

40만 4천 개가 비정규직 파트타임이었다고 발표하였다. 금융위기 이후 없어진 875만 개의 일자리를 임시직으로 채웠던 것이다.

17 예를 들어, 2010년 6월에서 2011년 5월 사이에 미국의 시간당 평균임금은 지난 25년 이래 최저 수준인 1% 증가에 불과했다. 또한, 미국 상무성 보고에 따르면 2011년 2분기 이후 8월까지 5개월 동안 근로자 91%의 인플레 조정 후 봉급(Take-home pay adjusted for inflation)이 세 번이나 뒤로 후퇴하였다.

18 한국의 경우에도 제조업 일자리는 1991년 516만 명에서 2012년 363만 명으로 급감하였다.

태평양 지역에서 150만 명과 남미 지역에서 47만 7,500명 등 해외에서 290만 명을 새로 고용한 것으로 나타난 반면 같은 기간 미국 내 일자리는 오히려 86만 4천 개가 감소했다. 미국 기업들이 자국 내 고용을 줄이고 해외에서의 고용을 늘리고 있는 이유는 인건비를 줄여 회사의 수익을 극대화하기 위한 것이다. 급여 수준이 높은 미국보다 상대적으로 임금이 싼 아시아와 남미, 동유럽 등에서 고용을 늘려 지출을 줄이려는 목적인 것이다.[19] 반면, 지식의 활용이나 다른 사람과의 협력에 의존하는 상호작용 노동(interactional work)은 본질적으로 표준화가 어렵기에 일자리가 소멸될 가능성이 없다.[20] 즉 기술에 의해 대체되고 있는 생산직(production occupations)과 거래직(transaction occupations)에서는 자본심화 효과(capital-deepening effect)가 나타나고 있는 반면, 상호작용 일자리의 경우 기술은 노동자를 대체하기보다는 노동자 역량을 보완하는 역할을 수행하고 있는 것이다.[21] 또한, 컴퓨터화는 저숙련 서비스에서 사용되는 많은 비일상적이고 정형화되지 않은 손재주를 요구하는 기술(예: 건강 보조, 안전요원, 병원 잡역부, 청소원, 서빙하는 사람 등)에 대한 수요는 영향을 미치지 않았다.[22] 이러한 서비스 분야는 사람이 직접 제공해야 하는 비교역 특성을 갖기 때문이다. 실제로 미국의 경우 1990~2008년간 2,700만 개의 새 일자리 중 98%가 비교역 부문, 특히 정부와 헬스 분야에서 창출되었다.[23] 글로벌화는 자본 및 숙련 집약적 산업에서 경쟁력을 가진 산업화 국가에서 저숙련 노동력의 일자리를 축소시키기 때문이다(스톨퍼-사뮤엘슨 정리).

또한, IT를 중심으로 한 신기술의 등장은 새로운 직업을 만들면서 동시에 고용구조에 깊은 영향을 미쳤다. 예를 들어, IT혁명으로 사람과 컴퓨터 간의 대체가

19 David Wessel, 2011, "U.S. Firms Keen to Add Foreign Jobs," WSJ (Nov. 22).

20 MGI, 2011, "An economy that works: Job creation and America's future" (June).

21 미국의 경우 2001~09년간 생산직은 270만 개, 거래직은 70만 개가 감소한 반면, 상호작용 일자리는 480만 개가 증가했다.

22 D. Autor, L. Katz, M. Kearney, 2008, "Trends in U.S. Wage Inequality: Revising the Revisionists", *Review of Economics and Statistics*, Vol. 90 No. 2, pp. 300-23.

23 M. Spence, 2011, "Globalization and unemployment: The downside of integrating markets," *Foreign Affairs*, Vol. 90 No. 4 (July/Aug.).

가능해짐으로써 중간 수준의 화이트칼라가 단순한 상품으로 전환된 것이다. 즉 중간소득계층의 화이트칼라 사무직 노동력은 컴퓨터나 외주(outsourcing)에 의한 대체에 특히 취약하다. 컴퓨터화는 인지능력과 대인기술(cognitive and interpersonal skills)에 대한 수요를 증가시킨 반면, 단순사무직과 정형화된 분석능력(routine analytical skills)의 화이트칼라 일자리 그리고 정형화된 손재주 기술(routine manual skills)에 의존하는 상대적 고임금의 제조업 생산 일자리에 대한 수요를 축소시켰다. 게다가 IT 기술발전으로 '적기 공급 생산(Just-in-Time)' 방식이 강화되며 임시직 근로자 의존율이 증가하였다. 이른바 '일자리 양극화(the polarization of job)' 현상이다. 한편으로 제조업과 사무직 중 정형화된 업무를 수행하는 중간소득 일자리가 감소하고, 다른 한편으로 관리자와 전문가 등 고임금 노동력과 저임금 개인서비스 노동력은 증대하였다. 예를 들어, 미국의 경우 영업(sales), 사무행정(office and administration) 노동자, 생산노동자(production workers), 장비나 기계 조작 인력(operators) 등 4개 직업은 1979년에 전체 일자리의 57.3%를 차지했으나 2007년에 48.6%로 축소되었다.

일자리 양극화는 미국만의 현상이 아니었다.[24] 〈그림 2-20〉에서 보듯이 1993년부터 2006년간 중간소득층의 일자리는 유럽연합(EU)에서는 적어도 8%가 감소했다. 반면에 교육을 많이 받아 컴퓨터 사용으로 생산성이 증가한 상위 소득계층의 일은 같은 기간 프랑스 12.5%, 이탈리아는 17%나 증가했다. 노동시장

표 2-1. 시간당 임금에 따른 일자리 구분

구 분	상위직(1~22%)[1)]	중위직(22~82%)	하위직(82~100%)
특 성	인지, 추상, 의사결정	표준적, 일상적 반복 업무	비반복적 육체노동 · 대인업무
사 례	관리자, 의학 분야 전문직, 이코노미스트, 금융시장 Analyst, 컴퓨터 프로그래머, 엔지니어 등	비서, 소매판매원, bank teller, 데이터 입력원, travel agent, 기계조작원, 제품조립자 등	청소부, 정원사, 바텐더, 간병인 등

주: 1) (　)내는 2013년 현재 각 분위별 일자리가 전체 일자리에서 차지하는 비중.
출처: 권상준, 2014, "미국의 일자리 양극화 현황 및 시사점", 한국은행 「국제경제리뷰」, 제2014-24호.

24 M. Goos, A. Manning and A. Salomons, 2011, "Explaining Job Polarization in Europe: The Roles of Technology, Globalization and Institutions," ILO (June 23-24) 참고.

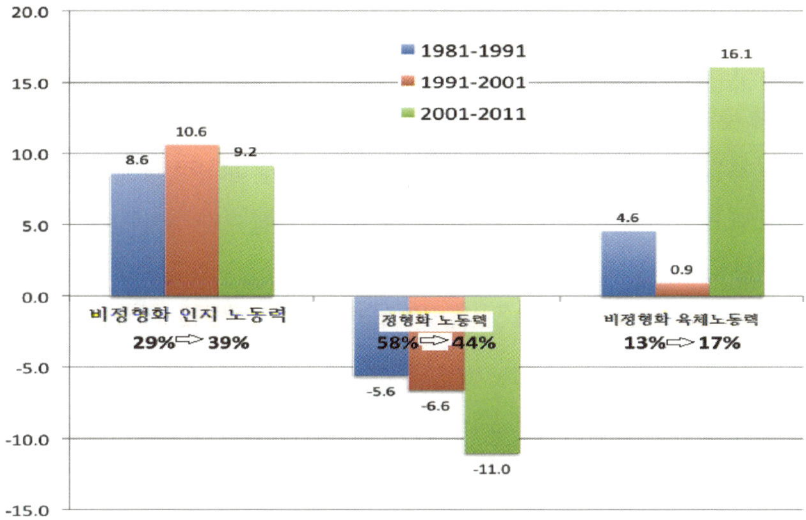

출처: N. Jaimovich and H. Siu, 2012, “The Trend is the Cycle: Job Polarization and Jobless Recover,” NBER Working Paper No. 18334.

▌그림 2-19. 미국 노동시장에서 직업집단별 고용 비중의 변화(%)

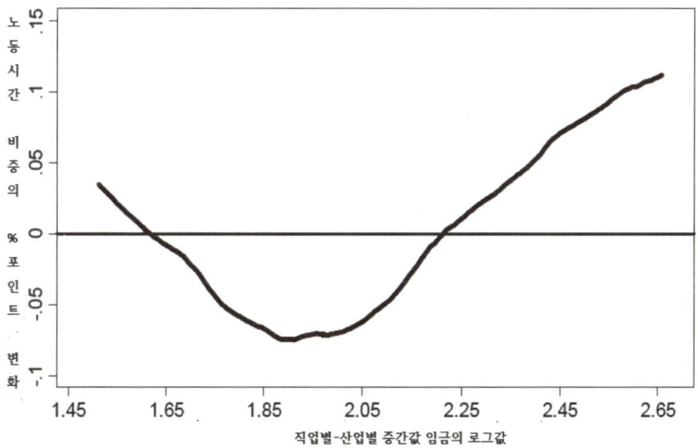

출처: M. Goos, A. Manning, and A. Salomons, 2010, “Explaining Job Polarization in Europe: The Roles of Technology, Globalization and Institutions,” CEP Discussion Paper No 1026.

▌그림 2-20. 유럽의 일자리 양극화, 1993~2006년

에서는 더 이상 일상 반복적인 기술을 갖춘 노동력을 원하지 않는 것이다. 표준화된 지식이나 기술은 프로그램 혹은 코딩화가 되기 때문이다. 중간소득층 일자리의 감소는 중산층의 소득 감소와 소득불평등으로 이어지고 있다. 소득불평등 악화는 성장의 지속에 부정적인 영향을 미치는 것으로 확인된다.[25]

이처럼 IT 혁명과 글로벌화의 심화는 노동의 유형에 따라 상이한 영향을 미쳤다. 변형 노동이나 거래 노동은 축소시킨 반면, 상호작용 노동은 수요가 증대하고 있다. 반면, 일자리를 상실한 노동력 중 다수는 노동시장의 깊은 변화에 대응하는 데 실패하였다. 2011년 기준 전 세계 기업의 34%가 자신이 원하는 노동력을 확보하는 데 어려움을 겪는 '일자리 불일치(job mismatch)'[26] 문제가 그것이다. 노동의 성격이 변화한 반면, 노동력을 공급하는 교육인프라는 산업사회의 유산에 머물러 있기 때문이다. 1960~70년대 노동력은 기업에게 준고정자산(quasi-fixed assets)으로 간주되었으나 오늘날은 처분 가능한 대상(disposable worker)이 되었다. 과거에 기업은 노동력의 훈련에 투자하고 노동자는 기업특수적 지식(firm-specific knowledge)을 축적했기 때문에 기업 경영자는 저성장 혹은 침체기에 노동력을 유지했다가 회복기에 생산량의 빠른 회복을 추구하였다.[27] 예를 들어, 미국의 경우 1973년 침체기에는 GDP가 1% 하락할 때 고용과 생산성은 각각 1/3과 2/3를 분담하였으나, 최근 경기 후퇴의 경우 기업은 98%를 고용 감소로 대응하고 있다.[28] 즉 1990년대 이전까지 기업은 경기침체에 직면했을 때 노동시간의 감축이나 임시직 해고 등을 통해 노동비용의 일부를 감축했음에도 불구하고 생산성 하락을 자연스런 결과로 수용하였다. 그러나 글로벌 경쟁이 격화되고 IT혁명이 진행된

25 A. Berg and J. Ostry, 2011, "Inequality and Unsustainable Growth: Two Sides of the Same Coin?" IMF Staff Discussion Note (April 8).

26 Economist, 2011, "The Future of Jobs" (Sep. 10).

27 MGI, 2011, "An Economy that works: Job Creation and America's future" (June), p. 13.

28 $Y \equiv (Y/L) \times L$ 따라서 GDP 증가율($\triangle Y/Y$)은 노동생산성 증가율{$\triangle(Y/L)/(Y/L)$}과 고용 증가율($\triangle L/L$)의 합으로 구성된다. 미국의 경우 1973~75년 침체 때는 고용 축소와 생산성 축소를 각각 32%와 68%, 1981~82년 침체 때는 각각 51%와 49%로 배분했던 반면, 1990~91년 침체 때는 각각 75%와 25% 그리고 2001년과 2007년 이후 침체 때는 각각 98%와 2%로 배분하였다. MGI, 2011, "An economy that works" (June), p. 14.

90년대 이후 기업은 고용의 희생으로 생산성과 수익성의 유지를 추구하고 있다.[29] 노동이 관리 대상으로 변화했음을 의미한다. 이는 제조업의 고부가가치화에 따라 제조업이 자본집약적에서 아이디어집약적으로 변화한 결과 자본집약적 생산시스템에서 중요한 역할을 수행했던 노동력의 숙련도의 중요성이 약화된 결과였다. 즉 노동은 더 이상 고정투입물(a fixed input)이 아니라 가변투입물(a variable input)이 된 것이다. 파트타임, 임시직, 파견직 노동자 등이 증가하는 배경이다.

노동시장의 깊은 변화에 가장 큰 피해를 입은 대상자는 청년 노동력이었다. 90년대 이후 '고용 없는 성장' 현상이 등장하면서 '청년 실업'의 문제가 대두되기 시작하였다. 금융위기 직전인 2007년 2분기에 OECD 국가들의 평균 전체 실업률은 5.9%였던 반면, 청년(15~24세) 실업률은 두 배가 넘는 13.2%였다. 금융위기 이후인 2013년 2분기에도 전체 실업률은 9.1%였던 반면, 청년 실업률은 20.5%나 되었다.[30] 청년층이 고용시스템의 약화에 따른 최대 희생자로 등장한 것이다. 청년 실업의 문제는 단순히 저소득만으로 설명할 수 없는 불행스러운 사회적 문제다. 청년 실업의 사회적 직접비용으로는 실업수당의 지급 증대, 소득세 수입의 감소, 능력 낭비 등을 들 수 있다. 그 밖에 간접비용으로 두뇌의 해외 유출, 범죄, 중년까지 지속되는 임금 손상(wage scar)[31]을, 그리고 사회적 효과로는 이른바 집에 머물며 부모와 같이 살려는 '보금자리 신드롬(full-nest syndrome)'을 낳는다.

제2절 과잉금융의 구조화

'금융화'로 인해 실물시장을 보조하고 반영하던 금융시장은 실물시장과 관계

29 이와 관련하여 금융위기 이후 미국과 독일의 대응 차이는 비교가 된다. 독일은 금융위기 이전에도 경기 확장 시 고용 증대가 35%, 임금 억제가 10%, 그리고 근로시간계좌 사용이 나머지를 구성하였다. 금융위기 이후 침체 속에서도 독일의 실업률이 오히려 하락한 배경이다.

30 OECD iLibrary.

31 실업 기간이 증대할수록 임금 감소 효과는 증가한다.

없이 작동하기 시작했다. 미국사회의 세속적 금언은 월가(Wall Street)와 메인 스트리트(Main Street: 전통적 가치, 즉 노동자계급과 소기업 소유주들의 이해를 대표하는 장소)의 관계와 관련해서 전자는 후자의 거울에 불과하다고 가르쳤다. 여기서 전자는 탐욕의 거리로 투기꾼들이 두려움과 욕망의 잔치를 벌이는 곳이고, 후자는 철강으로부터 소프트웨어까지 미국인들이 필요로 하는 생산자들의 공간으로 묘사된다. 대개의 사람들이 생산자는 '선'이고 투기꾼은 '악'이라고 생각하였다. 그러나 적어도 1980년대 이후 월가와 메인 스트리트의 분리는 도덕적 우화로서 만족될 뿐이지 현실과는 거리가 먼 완전한 허구가 되었다. 즉 전자는 실물경제의 성과를 보여주는 척도일 뿐 그 자체가 경제를 주도하지 못한다는 생각은 더 이상 성립하지 않게 되었다.[32] 즉 금융은 국가 경제와 국민의 삶에 절대적 영향을 미치고 있다. 금융위기 이전까지 많은 국가들은 금융산업을 21세기의 주력 산업으로 육성하겠다는 목표를 가졌다.

개인 역시 자신의 노후를 금융에 크게 의존할 수 없는 상황에 놓였다. 자신이 평생 저축한 연금이 24시간 쉬지도 않고 전 세계를 누비며 일을 해주고 있기 때문이다. 특히, 산업화를 완료한 대부분 국가들이 고령화에 직면하면서 이른바 '돈이 일하는 경제(Money-Working Economy)'에 대한 의존이 증대하고 있다. 즉 미래의 불확실성이 증대하는 가운데 '오래 사는 위험'에 직면한 가계는 자조(自助)의 노력이 절실해졌다. 하지만 저금리로 인해 수단이 별로 없다. 저축만으로는 스스로의 노후 대비는 감당할 수 없게 된 것이다. 적절한 노후생활 수단을 찾지 못하면 사회문제가 되는 것은 물론이고 내수 부진과 소비 침체로 경제에도 나쁜 영향을 줄 수 있다. 일본의 '장기불황'이 여기에 해당된다. 이러한 이유로 노후를 대비해 소극적인 의미의 '저축'보다 적극적이고 능동적인 '투자'에 관심을 가지게 된다. 즉 고령화 사회에 접어들면서 젊은 세대 스스로 자산을 축적해 본인이 고령세대가 됐을 때 노후생활 자금으로 이용하는 방식을 택해야 하기 때문이다. 이것이 '금융의 펀드화'가 등장한 배경이다. 펀드는 다수 투자가로부터 자금을 공개적으로

32 Newsweek, April 27th, 1998, pp. 31-34.

헤지펀드 '헤지(hedge)'라는 말은 원래 농업에서 유래됐다. '울타리를 쳐서 자산을 안전하게 관리한다'는 뜻이다. 경작 시점에 미리 수확 때 사고파는 가격을 정해 농산물 가격이 오르거나 내림에 따라 생기는 손해를 피하고자 했다. 알프레드 존스는 1949년 이 원리를 이용해 부유층의 자산을 관리하는 펀드를 만들었다. 이 펀드가 처음 만들어진 헤지펀드이다. 그러나 헤지펀드는 70년대 이후 본격적으로 등장하기 시작하였다. 대표적인 헤지펀드인 조지 소로스(George Soros)의 퀀텀(Quantum)이 설립된 것도 1973년이었다.[33] 그리고 1990년대 국제금융시장이 개방의 물결을 타면서 헤지펀드의 규모는 폭발적으로 커졌다. 연기금, 국부펀드, 금융회사 등의 엄청난 자금이 유입되었다. 그 결과 헤지펀드의 자산 규모는 1993년 530억 달러에서 2001년 4,150억 달러, 2007년 1.8조 달러, 리먼 브러더스(Lehman Brothers) 파산 직전인 2008년 중반에는 1.9조 달러까지 증가했다. 헤지펀드의 높은 수익률은 기본적으로 고위험의 파생금융상품과 실물자산에 투자하는 데서 비롯한다. 헤지펀드는 금융위기 이전까지 감독의 사각지대였고, 종래 헤지펀드의 특성으로 비밀주의, 불투명, 감독의 사각지대 등으로 묘사되었으나, 금융위기의 재발 방지를 위해 2010년 7월 도입된 '도드-프랭크(Dodd-Frank)' 법안은 운용자산 규모가 1억 5천만 달러일 경우 2012년 3월부터 증권거래위원회(SEC)에 등록을 의무화시켰다. 이는 규제 대상에 포함되었음을 의미한다. 또한, 대형 은행의 고위험 자기자본 거래(Principal Investment)를 규제하기 위해 은행의 헤지펀드 투자는 자기자본의 3% 내에서만 가능하고, 헤지펀드 등 개별 펀드에 대한 지분투자도 3%로 제한하였다(일명 볼커룰).

공모펀드 대 사모펀드 뮤추얼펀드는 투자자를 공개적으로 모집하다 보니 투자자가 일반 대중이나 법인이나 기관 등인 공모펀드인 반면, 헤지펀드나 사모투자펀드나 벤처캐피털 등은 사모의 성격을 갖기에 투자자가 부유층 개인이나 연기금이나 보험기금, 재단 등이 주요 고객이다. 공모펀드는 공시나 정보공개 등의 의무를 갖거나 투자 대상도 허용된 유가증권과 상품으로 제한되고 차입과 공매도(short stock selling, 주식이나 채권을 가지고 있지 않은 상태에서 행사하는 매도주문)가 허용되지 않고 상대수익률을 추구하는 등 규제를 많이 받는다. 반면, 투자자 수가 제한되는 사모펀드는 고객(주주)의 자율규제에 따라 규제를 받지 않고 절대수익률을 추구한다. 헤지펀드가 '투기세력', 사모투자펀드가 기업사냥꾼 등의 부정적 이미지를 갖게 된 이유이다.

33 조지 소로스는 2011년 7월 퀀텀펀드에서 외부 투자자금을 돌려주고 소로스 일가의 자금만 운용하

모집 · 운용하는 뮤추얼펀드(mutual fund), 소수 투자자 중심의 폐쇄적으로 운용하는 헤지펀드(hedge fund)나 사모투자펀드(private equity fund), 적정 수준 이상의 보유 외환을 따로 떼어 투자용으로 모아 운영하는 국부펀드(sovereign wealth fund) 등이 금융시장에서 주요 펀드로 활동하고 있다. 2000년 11조 8,000억 달러 규모이던 세계 펀드의 순자산액은 2006년 21조 8,000억 달러로 불어났다. 일부에서 오늘날 자본주의를 '펀드 자본주의(fund capitalism)' 혹은 '화폐관리자 자본주의(Money Manager Capitalism)'라 부르는 이유이다.

펀드의 급성장은 기업부문에 대한 금융의 영향력 확대로 이어졌다. 미국에서 펀드의 주식소유 비중은 1985년에 6%에 불과했으나 2007년에는 30%까지 증가하였다. 또한, 펀드들은 기업 인수합병(M&A) 시장의 개입 등 투자 영역을 확대함으로써 기업경영권 획득과 개입을 증가시켰다. 금융부문의 영향력 확대는 1980년대 중반 이후 경기침체가 주로 신용위기에서 기인하였고, 신용위기의 중심에는 펀드들이 있었다는 사실에서도 확인된다. 예를 들어, 80년대 후반 미국 저축대부조합(S&L, Savings and Loan) 사태 시 부동산금융의 부실 문제가 실물경기 위축으로 전이되었고, 2001년 IT발 경기침체도 나스닥의 거품 형성과 붕괴 과정에서 발생한 것이었다. 최근의 세계 경기침체 역시 미국발 서브프라임 모기지 사태에서 비롯한 것이었다. 이처럼 1980년대 이후 금융 충격이 실물경기침체를 가져오는 중요한 요소로 부상하였다. 또한, 주요 금융위기 때마다 헤지펀드가 관련되어 있었다. 예를 들어, 헤지펀드는 1992년 영국 중앙은행인 잉글랜드은행을 대상으로 파운드화를 투매하는 공격을 퍼부은 장본인, 1994년 멕시코 금융위기, 1997년 태국 바트화 폭락사태와 한국 외환위기를 초래한 장본인, 1998년 롱텀캐피털매니지먼트(LTCM) 파산 때의 주인공으로 지목된다. 헤지펀드들은 신용위기 과정에서 공매도 방식을 주로 활용하였다.[34]

기로 결정했다. 헤지펀드에서 SEC에 등록할 의무가 없는 '패밀리 오피스'로의 전환을 하기 위한 것이다.

34 공매도를 이용한 헤지펀드의 대표적인 거래기법이 롱쇼트 전략(long-short strategy)이다. 이는 실제 가치보다 높게 평가된, 즉 시장가격이 높은 쪽을 공매도(short)하고, 낮은 쪽을 매수(long)하는

글래스-스티걸 체제의 붕괴

과잉금융은 기본적으로 높은 수익 추구의 결과로 형성된 것이다. 이제 금융이 수익을 추구하는 방법을 살펴보자. 먼저 금융의 수익은 위험(리스크) 추구와 비례한다. 그러나 은행 등 금융회사의 과도한 위험 추구는 금융회사의 파산으로 그치지 않고 전염효과(contagion effect)의 형태로 사회적 비용을 유발시킨다. 즉 금융회사가 파산할 경우 그 피해는 주주와 경영자 등에 대한 사적 비용을 크게 초과한 사회적 비용을 유발하고, 심지어는 경제시스템 전체의 문제가 된다. 그리하여 금융부문에는 특정한 행동규칙을 설정하는 규제, 그 규칙이 준수되는지의 여부를 관찰하는 감시, 그리고 금융회사의 행동을 보다 전반적으로 단속하는 감독을 통

미국의 금융 규제 및 감독 기구 미국의 금융 규제 및 감독 기구로는 연방준비시스템(FRS)의 회원은행이나 금융회사를 감독하는 FRB, 예금보험을 제공하는 동시에 연방준비시스템에 포함되지 않은 주정부 인가 은행(약 6,500개)을 규제하는 연방예금보험공사(FDIC), 1,600개에 달하는 전국 단위의 은행(national banks) 인가와 규제를 담당하는 재무부 통화감독청(The Office of the Comptroller of the Currency, OCC), 연방저축조합(Federal Savings Association)에 가입하고 있는 연방저축대부은행(federal savings and loans)과 연방예금은행(federal savings bank)에 대한 승인과 감독을 하는 저축은행감독국(The Office of Thrift Supervision, OTS), 회계 규칙을 규제하는 재무회계표준위원회(The Financial Standards Accounting Board, FASB), 투자은행과 신용평가기관 등 기업을 규제하는 증권거래위원회(SEC), 정부보증기업들(Government Sponsored Enterprises, GSEs)을 규제하는 연방주택금융국(Federal Housing Finance Agency, FHFA), 7,292개(2011년 3월 기준)의 연방신용조합의 인가와 감독을 담당하는 신용조합(National Credit Union Administration, NCUA), 미국상품거래소에서 거래되는 각종 선물에 대한 규제와 감독을 수행하는 상품선물거래위원회(Commodity Futures Trading Commission, CFTC) 등이 있다.

전략으로 다른 시장요인과 무관하게 수익을 낼 수 있는 구조다. 공매도는 주가변동성을 심화시키는, 즉 주가 하락이 예상되는 국면에서 주가 하락을 확대시키는 요인으로 지적되며 금융위기 이후 유럽을 중심으로 공매도 금지의 분위기가 확산되었다. 우리나라도 2011년 8월 공매도 금지를 한시적으로 도입했다.

하여 과도한 리스크를 추구하지 못하게 한다. 따라서 금융회사가 높은 수익을 추구하려면 규제와 감독 등을 완화시켜야 한다.

미국의 규제 및 감독 체계는 1930년대 세계 대공황을 계기로 도입된, 이른바 '뉴딜판 금융규제(Banking Act of 1933, 은행법)'에 기초한다. 미국의 연방예금보험공사(FDIC)를 설립시킨 은행법은 상원의원 카터 글래스(Carter Glass)와 하원의원 헨리 스티걸(Henry Steagall)에 의해 후원된 법이기에 '글래스-스티걸법(Glass-Steagall Act)'으로 불리기도 한다. '1933년 은행법'은 기본적으로 은행 개혁과 은행의 투기 규제에 목적을 갖고 있었다. 미국에서는 '1864년 은행법(National Banking Act of 1864)'에 의해 은행업과 증권업의 분리 및 금융자본과 산업자본의 분리가 이루어졌었다. 그러나 1920년대에 은행업과 증권업의 겸영이 허용되었다. 그런데 1929년 발생한 주가 폭락과 그에 이은 대공황의 원인 중 하나가 상업은행이 고객의 자산을 이용하여 일삼은 무분별한 투기 행위였다는 판단에서 '1933년 은행법'이 제정되었다. 이 법의 핵심 내용은 상업은행(CB, commercial bank)은 여·수신 업무만 하고, 투자은행(IB, investment bank)은 증권 업무만 하도록 업무를 분리하여 상업은행이 고객의 예금으로 주식 투자를 할 수 없도록 만든 것이다. 이 법을 통해 연방예금보험공사(FDIC, Federal Deposit Insurance Corp.)를 설립하여 은행예금을 보장하는 연방예금보험제도를 창설하고, 금융에 대한 연방준비제도의 통제를 강화하였으며 앞에서 소개한 '저축예금 이자상한제', 이른바 '규제(Regulation) Q'를 실시하고, 연방공개시장위원회(FOMC)를 설립하였다. 이때부터 미국에서는 상업은행과 투자은행의 영역이 엄격히 분리되어 골드만삭스(Goldman Sachs)나 리먼브러더스 등은 투자은행으로, 뱅크오브아메리카나 시티은행 등은 상업은행으로 성장하였다. 참고로 '글래스-스티걸 법'은 은행들의 이자 지급을 제한했다. 즉 (앞에서 소개했듯이) 요구불예금에 대해서는 이자를 지급할 수 없으며, 정기예금을 포함한 저축성예금에 대해서는 연준(Fed)이 수시로 정하는 지급이자의 최고 한도를 초과할 수 없도록 하였다.

그런데 1970년대 파생금융상품의 개발과 금융공학의 발전 등으로 기존의 규제가 비효율적이라는 주장이 득세하면서 (노동시장이나 행정 규제 등에 대한 탈규제와 더불어) 금융부문에 대한 탈규제 압력이 증대하여 대공황 이래 미국 금융시스템의 기초가 되었던 '글래스-스티걸 체제'는 붕괴되기 시작하였다. 예를 들어, '관리된 화폐'인 펀드는 대개 규제를 받지 않았기 때문에 규제를 받은 은행과의 경쟁에서 유리하였다. 위기의 주요 기여자로 지적되는 이른바 '그림자금융(shadow banks)'의 출현 배경이기도 하다. 사실, 은행에 대한 규제 완화의 많은 부분이 규제를 덜 받고 자금조달 비용을 절감할 수 있으며 높은 레버리지(차입)를 사용하는 '그림자금융'과 경쟁할 수 있도록 하는 데 초점을 맞추었다. 예를 들어, 은행들은 감독 없이 높은 리스크를 추구하기 위해 (장)부외거래(off-balance sheet transaction)[35]가 가능한 회사인, 이른바 '특수목적법인(SPVs)'을 만들었다. 이러

레버리지 효과(leverage effect, 지렛대효과) 기업의 이익창출 능력을 보여주는 자기자본수익률(Return on Equity, ROE)은 종종 타인으로부터 빌린 차입금을 사용하여 높일 수 있다. 이를 '레버리지효과'라고 부른다. 예를 들어 100억 원의 자기자본으로 10억 원의 순익을 올리게 되면 자기자본이익률은 10%가 되지만, 자기자본 50억 원에 타인자본 50억 원을 도입하여 10억 원의 순익을 올리게 되면 자기자본수익률은 20%가 된다. 타인자본을 사용하는 데 드는 금리비용보다 높은 수익률이 기대되는 경우에는 타인자본을 적극적으로 활용하는 것이 유리하지만 타인자본을 과도하게 도입하면 경기가 어려울 때 금리부담으로 인한 도산 위험이 높아진다. 즉 앞의 예에서 외부자본 조달 비용이 5%라고 가정하면 50억 원에 대한 비용은 2억5천만 원이 될 것이고, 따라서 순이익은 7억5천만 원이 되기에 자기자본이익률은 15%가 된다. 자기자본만으로 수익을 추구했을 때보다 수익률이 5% 증가하게 된다. 즉 다음의 관계가 성립한다.

자기자본수익률(ROE) ≡ 순이익(Earnings)/자기자본(equity)
= {순이익(Earnings)/자산(Assets)} × {자산(Assets)/자기자본(Equity)}
= {순이익(Earnings)/자산(Assets)} × 레버리지 배율
= 자산수익률(ROA) × 레버리지 배율

35 예를 들어, (장)부외거래이기에 자본 비용을 피할 수 있다.

한 특수목적법인이 '(장)부외법인(Off-balance-sheet entities)' 혹은 '(장)부외자금조달특수목적법인(off-balance sheet financing special purpose entity)' 등으로 불리는 이유이다. 이에 대해서는 다음 절에서 자세히 살펴볼 것이다.

본격적인 금융규제 철폐는 '규제 Q'를 철폐한 '1980년 예금금융기관 규제완화 및 통화 관리법(the Depository Institutions Deregulation and Monetary Control Act of 1980, 일명 '신금융법')'에서 시작되었다. 무엇보다 요구불예금 이외의 예금들에 대한 '규제 Q'를 제거[36]하고, 은행 합병을 허용하고, 저축대부조합(S&L)에 대해 요구불예금을 허용하고, 연방정부가 들어주는 보험액을 구좌당 3만 달러에서 10만 달러로 늘렸다.[37] '신금융법'을 이어 이른바 '간-세인트 저메인법(The Garn-St. Germain Act)'이라 불리는 '1982년 예금금융기관법(the Depository Institutions Act of 1982)'의 도입으로 단기 예금계정의 발행이 허용되었다. 즉 1971년 미국 투자은행 중 하나인 메릴린치(Merrill Lynch)가 '만기 1년 미만의 단기금융상품에 집중 투자해서 얻은 수익을 고객에게 되돌려주는 초단기 금융상품'인 MMF(Money Market Funds or Money Market Mutual Funds)를 개발한 후 상업은행의 요구불예금은 타격을 입고 '규제 Q'는 무력화되었다. MMF와 경쟁할 수 있도록 초단기 저축금융상품인 수시입출식 저축성예금 중 하나인 MMDA(Money Market Deposit Account)가 예금취급기관인 상업은행이 취급할 수 있도록 허용되었다.

또한, '간-세인트 저메인법'으로 저축대부조합에 대한 규제의 빗장도 완화되었다. S&L은 원래 서민들의 예금을 받아 10~20년 만기 주택담보대출을 주업으로 하는 서민금융기관이었다. 그런데 인플레이션과 싸우기 위한 70년대 말과 80년

---

36 인플레이션 진행에 따른 금융기관으로부터의 예금인출을 방지하기 위해 요구불예금과 저축예금의 장점을 혼합한 상품, 즉 이자도 지급받고 개인수표도 발행할 수 있는 예금인 이른바 'Now 계정(negotiable order of withdrawal accounts)'이 전국적으로 허용되었다

37 1934년 2,500달러에서 시작된 예금보장 한도액은 1935년 5천 달러, 1950년 1만 달러, 1966년 15,000달러, 1969년 2만 달러, 1974년 4만 달러, 1980년 10만 달러, 2008년 25만 달러로 인상했다. 예금보험제는 소비자 보호와 은행 파산 방지 등을 위해 도입되었으나 도덕적 해이를 유발하는 문제를 내포한다.

대 초 금리 인상으로 저금리 시기에 단기 자금조달(예금)로 장기 고정금리의 모기지를 대출한 S&L의 파산이 발생하였다. 이른바 '장단기 만기불일치(maturity mismatch)'와 '자산-부채 불일치(asset-liabiltiy mismatch)' 문제들이 발생한 것이다. 무엇보다 '간-세인트 저메인법'은 이자율 상승에 맞추어 모기지 이자율을 조정해주는 변동이자율 대출(adjustable-rate mortgage loans)을 도입했다. 둘째, S&L의 자산 운용폭도 넓혀주었다. 이전까지는 주택자금 융자가 주류를 이뤘지만 이 법이 통과된 후에는 전체 자산의 30%를 일반 융자할 수 있게 되었다. 셋째, 자산의 40%를 상업용 부동산에 대출할 수 있게 해주었고 대출 시에도 담보물 감정가의 100%를 융자할 수 있게 되었다. 넷째, S&L의 자산 대비 최저자기자본 비율도 대폭 낮추어 비용을 절감시켜주었다. 80년 5%에서 4%로 낮춘 데 이어 82년에는 3%로 낮추었다. 자기자본 비율이 낮아지면서 보험을 들어줘야 하는 연방정부의 부담은 커질 수밖에 없었다. S&L 문제를 탄력성이 적은 주택융자만을 취급했기 때문이라 이해한 레이건 행정부는 이렇게 규제를 완화하면 저축대부조합이 서민주택자금 대출기관으로서의 기능을 수행하면서도 S&L의 대출 범위를 넓혀 투자선을 다양화하면 수익을 증가시킬 수 있다고 믿었다.

그러나 '간-세인트 저메인법'은 은행의 도덕적 해이(위험부담행위의 증가)를 크게 증가시킴으로써 80년대 말의 S&L 부도 사태의 요인으로 작용하였다. 즉 정부가 지급보증을 해주는 예금보험 대상액이 큰 폭으로 늘어나자 조합들은 예금을 유치해 몸집을 불리기 위해 본격적인 고금리 수신 경쟁에 뛰어들기 시작했다. 높은 수신금리를 물어주려면 서민금융 대출만으로는 역부족이다. 결국 조합들은 정크본드나 상업용 부동산 대출 등 고위험 투자에 나섰다. 이른바 도덕적 해이와 방만한 경영이 뿌리를 내리기 시작한 것이다. 게다가 지리적으로 대출을 집중시킨 주간은행업(interstate banking) 제약으로 리스크가 증대하였다. 하지만 잠재된 리스크를 안고 호황을 누리던 S&L은 1980년대 후반 부동산 가격이 폭락하자 수많은 S&L이 부실화되고 지급불능 사태가 이어졌다. 이름 그대로 예금 및 융자의 위기가 발생한 것이다. 1989년 이미 곪을 대로 곪은 'S&L 사태'[38]를 떠안고 출범한 당시 조지 부시 시니어 행정부는 결국 출범 직후 금융 구조조정의 메스를 들었다. 1989년 '금융기관개혁구제법(Financial Institutions Reform, Recovery and Enforcement Act, FIRREA)'[39]과 1991년 '연방예금보험공사개선법(FDIC Improvement Act)'[40] 제정을 토대로 S&L 정리에 들어간 부시 정부는 2,273억 달러를 투입하여 한국의 자산관리공사와 유사한 한시적 파산처리전문기구인 '정리신탁공사(RTC)'를 신설하고 금융감독기관인 연방예금보험공사(FDIC)를 통해 본격적인 구조조정 작업에 뛰어들었다. 정리비용과 금융시스템에 미치는 영향, 정책 일관성 등을 두루 감안해 부실한 S&L은 폐쇄시키고 악성 여신은 다른 금융기관에 떠넘기는 대신 정부가 사주는 방식을 택했다. 즉 대규모 손실을 납세자의 부담으로 떠넘겼던 것이다.

---

38 1989년 8월에서 95년 말까지 정리된 747개의 부실 저축대부조합(S&L)의 부실채권 규모는 당시 S&L 업계 총자산의 25%에 달하는 4,500억 달러를 넘어선 것으로 집계되고, 부실 정리를 위해 2,273억 달러에 달하는 공적 자금이 투입되었으며 이 중 875억 달러의 손실이 발생하였다. S&L 사태와 관련해 무려 2,085명이 실형을 살았다. S&L은 원래 서민들의 예금을 받아 10~20년 만기 주택담보대출을 주업으로 하는 서민금융기관이다. 그런데 금리자유화 이후 86년 4월부터 2년간 대체적으로 7% 이하에 머물렀던 기준금리가 88년 4월 이후 상승하기 시작하여 89년 1월에는 9%를 넘어섰고 그해 5월까지 10% 근처까지 육박하는 등 자금조달 비용이 높아지는 상황에서, 대출은 장기 확정 저금리 상품이어서 역마진이 발생하면서 유동성 위기에 처하고 무더기로 도산하게 된다. 이때 벌처펀드(vulture fund)들이 본격적으로 출범해 부실채권 시장을 형성하였다. 벌처(vulture)란 독수리나 콘돌처럼 남의 불행을 이용해 먹는 자란 의미이다. 외환은행 매각주인 론스타도 이때 등장하였다. 1991년 '웨스트코스트 에퀴지션 파트너스'라는 펀드를 설립하여 RTC로부터 자산 10억 달러를 인수해 부실자산 처리 노하우를 축적하였다. S&L이 주로 모기지를 대출 담당했기에 투자 분야는 당연히 부동산과 관련된 부실 채권이었다.

39 1980년대 말 S&L의 도산 급증에 따른 기금 부족 및 연방주택대부은행이사회(Federal Home Loan Bank Board, FHLBB)의 감독기능 약화 등으로 연방저축대부보험공사(Federal Savings and Loan Insurance Corporation, FSLIC)의 효과적인 기능 수행이 어렵게 되었다. 이에 따라 1989년 제정된 미국 '금융기관 개·구제 및 규제강화법'에 의거, 기존의 연방저축대부보험공사(Federal Savings and Loan Insurance Corporation, FSLIC)가 해산되면서 저축기관 보험기금(Savings Association Insurance Fund, SAIF)이 설립되었는데, FHLBB의 감독 하에 운용되었던 FSLIC와는 달리 연방예금보험공사(FDIC) 산하에 소속되어 있다.

40 정부가 부실화된 S&L을 구제하기 위해 공적 자금을 투입하고, 1991년 FDIC는 적자 상태가 되어 재무부에서 금전대차를 하게 된다. FDIC 가입은행에 적용되는 보험료율은 기금의 수지 상황에 따라 신축적으로 결정되는데 1991년 말 제정된 '연방예금보험공사개선법'에 따라 1993년 1월부터는 가입금융기관의 경영건전성 등에 따라 국내예금 100달러당 23~31센트 범위에서 보험료율을 차등 부과할 수 있게 되었다.

S&L의 구제는 은행들에게 잘못된 신호를 주었다. 리스크 높은 사업이 파산할 경우, 특히 사업의 규모가 클수록 정부가 구제할 것이라는, 이른바 '대마불사(too big to fail)'의 인식을 형성시켰다. 결과적으로 90년대 초 이래 은행들은 리스크를 면하기 위해 통합을 하였다. 1990~98년 사이에 은행은 27%나 감소하였다.[41] 은행의 합병을 지원하기 위해 1994년에 '리글-닐 주간은행업무 효율화 법안(Riegle-Neal Interstate Banking and Branching Efficiency Act of 1994)'이 제정되었고, 주간 은행 및 지점에 대한 금지를 제거했다.[42] 대마불사라는 암묵적 보증을 받는 은행들은 주가 상승을 위한 고수익(고위험) 추구를 통해 주주 이득을 증대시킬 수 있고, 예금 유치(자금조달) 비용을 감소시킬 수 있고, 신용 평가에서 이점이 있기에 대형화를 추구한다.

'글래스-스티걸 체제'는 1999년 제정된 '금융서비스 현대화법안(Financial Modernization Act)'으로 붕괴하게 된다. 즉 1999년 11월 금융산업 경쟁력을 명분으로 내세운 클린턴 행정부의 정책과 월스트리트 상업은행들의 로비력이 맞물리면서 상업은행의 주식 투자를 허용하는 것을 주요 내용으로 하는 이른바 '그램-리치-블라일리법(Gramm-Leach-Bliley Act)'이 제정됨으로써 '글래스-스티걸법'은 폐지되었다. 주요 내용으로 은행, 증권사, 보험사 간의 제휴 및 합병 촉진을 규정하고 있는 1장에서 "증권 활동에 종사하는 법인(증권계열사)과 연방준비 회원 은행(일반 상업은행) 간의 제휴 및 합병에 대한 금지와 증권사의 간부, 이사 또는 직원이 연방준비 회원 은행의 임직원으로 동시에 봉사(겸직 임원제)하는 것에 대한 금지를 폐지하기 위해 1933년의 은행법(글래스-스티걸법)을 수정한다"라고 명시했다. 즉 상업은행업과 투자은행업 간 이해가 충돌하는 것을 금지시켰던 규제는 제거되었다. 이 법은 금융시장(자본 및 외환시장)의 개방과 더불어 은행, 증권, 보험 간의 장벽을 제거하는 금융시장의 대통합을 의미하지만, 다른 한편 금융장벽의 제거는

41 1998년 4월의 트래블러 보험회사(Travelers Insurance Group)와 시티그룹(Citicorp)의 합병이 대표적 통합이다.

42 S. Mallaby, 2010, *More Money than God: Hedge Funds and the Making of a New Elite*, Penguin Press.

▌표 2-2. 80년대 이후 미국의 대표적인 금융업 탈규제 법안

대표 법안	도입 시기	주요 내용
금융기관 규제완화 및 통화관리법(The Depository Institutions Deregulation and Monetary Control Act, DIDMCA)	1980	· 예금은행 이자율 상한제 폐지(1986년까지 단계적으로 금리자유화) · 예금보험공사(FDIC)의 보증범위 확대(4만 → 10만 달러)
예금취급금융기관법(the Garn-St Germain Depository Institutions Act, GSG)	1982	· 1983년 10월까지 예금관리규제의 완전 철폐를 규정 · S&L의 상품취급업무에 대한 제약해제(비업무용 주택담보대출 → 상업용부동산, 개인소비대출 허용)
연방준비제도이사회 지침	1987 ~89 1996 ~97	· 은행지주회사의 증권자회사를 통한 증권업무 허용(10%룰) · 은행의 건전성 확보와 투자자 보호를 위한 업무차단장치 마련
주(州)간은행업 및 지정설치 효율성법(Riegle-Niel Interstate Banking Efficiency Act)	1994	· 은행들의 州 간 영업 전면 허용으로 영업범위 확대
감독규제완화법	1996	· 은행과 증권업의 겸업을 확대 허용(10% → 25%)
금융서비스현대화법 (Gramm-Leach-Bliley Act)	1999	· 글래스-스티걸법(Glass-Steagal Act of 1933) 폐지(금융업무의 확대와 겸업 허용) · 금융지주회사 근거조항 마련

금융업종 내 경쟁을 금융업종 간 무한경쟁, 즉 금융의 겸업화 및 대형화를 확대 · 심화시켰다. 즉 1999년 법으로 대형 은행들은 상업은행, 보험회사, 자산관리사, 헤지펀드 및 사모펀드를 모두 운영할 수 있었을 뿐 아니라 금융산업 내 리스크 높은 금융상품의 도입을 주도하였다. 투자은행이 소유 혹은 만든 상업은행의 보유 예금으로 투자은행이 투기를 할 수 있도록 허용한 1999년 법은 금융위기를 심화시킨 요인으로 지적되는 이유이다.

금융의 탈규제 흐름은 은행에 국한된 것은 아니었다. 투자은행과 금융 관련 전반으로 확산되었다.[43] 클린턴 정부 시절인 2000년 장외파생상품 거래를 규제

43 탈규제의 정책을 주도한 것은 리건(Regan, 메릴린치 회장 출신으로 레이건 행정부의 재무장관), 베이커(세계 1위 사모펀드 칼라일 그룹 출신으로 레이건 행정부 재무장관 및 국무장관), 브래디(Brady, M&A를 전문으로 하는 뉴욕의 투자은행인 딜런리드의 회장 출신으로 레이건과 부시 시니어 행정부의 재무장관), 그린스펀(Greenspan, 1987~2006년 연준 의장 역임), 루빈(Rubin, 시티그룹 회장 출신으로 클린턴 행정부의 재무장관), 서머스(Summers, 경제학자 출신의 클린턴행정부

에서 제외한 것은 '금융위기 진전의 전환점'이었다. 또한, 부시 행정부에서는 증권거래위원회(SEC)의 리스크 관리 감독부서 인원을 기존의 140여 명에서 1명으로 축소시켰다.[44] 1999년 은행(CB)과 증권(IB)의 분리를 주 내용으로 한 그램-리치-블라일리(Gramm-Leach-Bliley)법이 제정되면서 금융지주회사제도가 도입되었고, 그 결과 상업은행(CB)과 투자은행(IB)이 지주회사 형태로 다시 결합되는 계기가 마련되었다. 반면 리먼브러더스, 베어스턴스(Bear Stearns) 등 투자은행지주회사의 규제에 대한 명시적 규정이 없어 이들에 대한 증권거래위원회(SEC)의 규제는 사실상 불가능해졌다. 즉 SEC는 이러한 규제 공백을 보완하기 위해 통합감독 프로그램(Consolidated Supervised Entities Program, 2004. 6. 8)을 마련하였으나, 강제성이 없고 규제 완화를 원하는 IB들의 끈질긴 요구를 반영하였다. 예를 들어, SEC는 투자은행이 부채 규모를 실질적으로 증대시킬 수 있도록 순자본 기준(net capital rule)을 완화하였다.[45] 그 결과 서브프라임 모기지를 지원하는 모기지담보

재무장관), 스노우(Snow, 퇴임 후 사모펀드인 서버러스 캐피탈 매니지먼트 회장직을 수행한 부시 주니어 행정부 재무장관), 폴슨(Paulson, 골드만삭스 CEO 출신으로 부시 주니어 행정부의 재무장관) 등으로 대부분 월가 출신이었다.

44 금융위기 이후 규제 강화의 분위기 속에서 미국 증권거래위원회(SEC)의 2011년 예산은 약 20%까지 증가하였고, 조직 규모도 2007년 수준보다 36%나 증가한 4,700명으로 증대하였다. D. Moss, 2009, "An Ounce of Prevention: The Power of Public Risk Management in Stabilizing the Financial System," Harvard Business School Working Paper 09-087, p. 4. 또한, SEC 소속 변호사인 다시 플린(Darcy Flynn)은 상원 사법위원회(the Senate Judiciary Committee)의 찰스 그래슬리(Charles Grassley) 상원의원에게 보낸 서한에서 SEC가 연방정부의 자료보관 규정을 위반하여 1993년부터 '검토 중인 사안(matters under inquiry, MUI)'에 대한 9,000여 개의 파일을 폐기 처분했으며, 그 중에는 버나드 메이도프(Bernard Madoff)의 투자 사기뿐만 아니라 골드만삭스, 리먼브러더스, 도이치뱅크, 헤지펀드인 SAC 캐피탈 등의 증권법 위반 여부에 관한 조사도 포함됐다고 주장했다. 그는 또 SEC 고위 관계자들이 연방 문서국 관계자들에게 이 같은 문건 파기 사실에 대해 거짓 증언했으며, SEC가 정식 조사를 진행하지 않기로 결정한 뒤 관련 문건들은 모두 파기됐다고 주장했다. 특히 이러한 문서 파기는 2003~05년간 및 2005~09년간 SEC 위원장을 역임했던 윌리엄 도날드슨(William Donaldson) 및 크리스토퍼 콕스(Christopher Cox) 시절에 이루어졌다. 전자는 레버리지의 극단적 추구를 용인하였고 후자는 규제에 대한 광신적 자유방임주의자로 문제가 되는 모기지의 증권화 혹은 그런 증권을 판매하면서 동시에 반대 거래를 할 수 있도록 허용하였다. Businessweek, 2011, "Destruction of the SEC" (Sep. 5~11), pp. 8-9.

45 즉 1975년부터 미국 SEC에 등록된 증권회사에 적용된 '표준 순자본규칙(Uniform Net Capital Rule)'은 증권회사에 대한 자기자본규제 제도였는데 순자본이 50억 달러가 넘는 증권회사(broker/dealers)에 대해 2004년부터 면제를 해주었다. SEC로부터 CSE(Consolidated Supervised

증권들(MBS, mortgage backed securities)의 성장을 부채질하였다. 새로운 파생상품들[46]은 기존의 주식, 채권, 옵션 등과 달리 거래 청산소가 없었고, 2000년 상품선물현대화법(the Commodity Futures Modernization Act of 2000)으로 규제에서 제외되었다. 그 결과 파생상품의 거래액은 2001년 106조 달러(미국 GDP의 10.4배, 세계 GDP의 3.3배)에서 2008년에는 531조 달러(미국 GDP의 약 3.7배, 세계 GDP의 약 8.7배)로 급증하였다.[47]

탈규제의 기본논리는 '자율규제'론이었다.[48] 예를 들어, 과잉금융 시대에 장기간 연준 의장을 수행한 그린스펀은 파생금융상품의 개발 및 사용에 대한 어떠한 규제 및 감독에 대해서도 반대한다며 금융회사 자신에 의한 '자율규제(self-regulation)'를 주장하였다. 자기 이익 극대화를 추구하고 금융회사의 리스크는 외부의 감독기구보다 금융회사가 가장 정확히 알고 있기에 금융회사는 자신을 파산시킬 수 있는 과도한 리스크를 추구하지 않을 것이라는 논리였다. 즉 민간 차원의 자체적인 규제가 정부의 규제보다 과도한 리스크 부담을 방어하는 데 효과적이라고 주장하였다. 그러나 그린스펀은 도덕적 해이의 문제를 간과하였다. 파생상품을 거래하는 금융종사자들은 봉급보다는 성과에 기초해 매년 보너스로 보상받았다. 문제는 그러한 보상들이 파생상품의 투자에 따른 '꼬리 리스크'의 발생 가능성을 배제하고 계산된 것이었다는 점이다.[49] 이에 대해서는 뒤에서 살펴볼 CDO 같은 파생상품의 특성으로 쉽게 이해할 수 있다. 확실히 탈규제는 보다 커다란 리스크와 보다 높은 기대 수익의 추구를 가능케 함으로써 월가(Wall Street)에 혜택을 준다. 그러나 리스크 추구의 증대는 신용경색을 촉발시킬 가능성을 높일 수밖

Entities) 자격을 승인받게 되면 해당 IB는 레버리지 규제(15배 미만)가 배제됨에 따라 과도한 레버리지를 통한 자산 확대가 가능하였다. 2008년 9월 26일 SEC는 금융위기의 원인으로 지목된 CSE 프로그램을 폐지하였다.

46 CMO(Collateralized Mortgage Obligations), CDO, CLO(Collateralized Loan Obligations), 2차 및 3차 CDO 등이 그것들이다.

47 BIS, Semiannual OTC derivatives statistics at end-June 2011.

48 영국에서는 '최소규제(Light Touch)'로 나타났다.

49 J. Lin and V. Treichel, 2012, p. 56.

에 없다. 금융부문이 금융중개 활동에서 제약을 받을 경우 메인 스트리트(Main Street, 실물부문)의 신용은 감소하고 투자는 줄어들게 되고, 그 결과 임금소득자에게 부정적인 외부성을 부과하는 산출량과 노동의 한계생산을 하락시킨다.[50]

금융위기 이후 그린스펀은 미 하원 감독·정부개혁위원회의 금융위기 청문회에 출석(2008. 10. 23)하여 "금융기관들이 내가 기대했던 바와 같이 주주들과 투자자들을 보호하지 못했다"라며 파생상품에 한 규제를 반대했던 자신의 잘못을 부분적으로 인정하는 발언을 했다. 사실, 그린스펀은 과도한 리스크 추구를 부추겼다는 점에서 도덕적 해이 이상의 문제(meta moral hazard)를 초래시킨 장본인이다. 시장을 지원하기 위해 통화정책을 사용할 것이라는 믿음을 줌으로써 리스크 프리미엄을 축소시키고 전체 자산시장을 끌어올렸기 때문이다.[51] 은행 등 금융 영역에 대한 규제 철폐는 예상대로 금융회사들의 리스크 추구 증대로 이어졌다. 이는 〈그림 2-21〉과 〈그림 2-22〉에서 보듯이 글래스-스티걸 체제의 시기와 80년대 이후 은행위기의 빈도 비교에서도 확인된다.

참고로 금융업종의 장벽 철폐는 통화지표에도 영향을 미쳤다. 예를 들어, 한국의 통화지표를 보면 외환위기 이후인 1998년부터 한국은행은 새로운 통화지표를 기존의 통화지표와 병행하여 사용하였고, 2002년부터는 새로운 통화지표로 완전히 개편하였다. 즉 종래 은행과 비은행 금융기관 중심으로 구분하던 통화지표의 구분이 무의미해져 기간을 중심으로 구분하였다. 현금 혹은 현금성 금융상품을 M1에, M1과 더불어 은행과 비은행 관계없이 2년 이하의 단기 금융상품을 M2에, 그리고 2년 이상의 금융상품을 M3으로 구분하였다.

---

50 A. Korinek and J. Kreamer, 2014, "The redistributive effects of financial deregulation: wall street versus main street," BIS Working Papers No 468 (Oct.).

51 M. Miller, P. Weller, and L. Zhang, 2002, "Moral Hazard and the U.S. Stock Market: Analyzing the 'Greenspan Put," *The Economic Journal,* Vol. 112 Issue 478, pp. 171-86. 대규모 시장 혼란이 발생하면 연준이 금리를 내리고 유동성을 공급할 것이라는 시장의 신념 또는 확신을 일컫는 이른바 '그린스펀 풋(Greenspan Put)'이다. 예를 들어, Remarks by Chairman Alan Greenspan: Economic volatility, Aug. 30, 2002, at a symposium sponsored by the Federal Reserve Bank of Kansas City, Jackson Hole, Wyoming 참고.

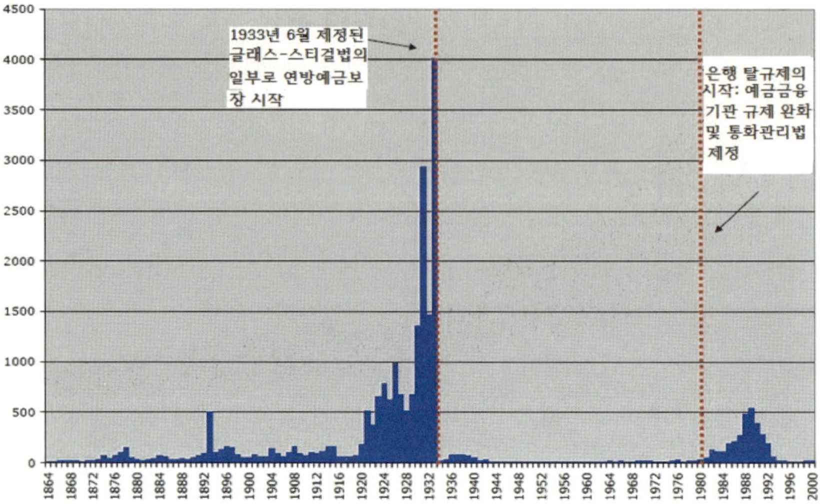

출처: A. Allison, 2014, "Submission to the Financial System Inquiry: Stability-addressing too-big- to-fail."

▌그림 2-21. 1864~2000년간 미국의 은행위기들: 폭풍 가운데 유일한 평온의 시기

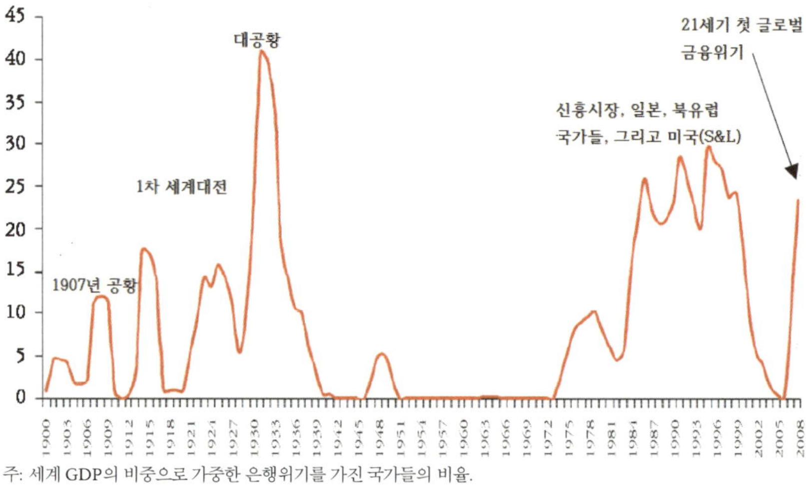

주: 세계 GDP의 비중으로 가중한 은행위기를 가진 국가들의 비율.
출처: Reinhart and Rogoff, 2010, *This Time Is Different: Eight Centuries of Financial Folly*, Princeton University Press.

▌그림 2-22. 세계 은행위기의 빈도, 1900~2008년

▌표 2-3. 2002년 2월 16일 발표한 한국은행의 새 통화지표

구통화지표		새통화지표	
M1 (통화)	현금통화+은행의 요구불예금	신M1	M1+비통화금융기관요구불예금+금융기관 수시입출식 저축성예금(은행의 저축예금・MMDA・투신사MMF)
M2 (총통화)	M1+은행의 저축성예금 및 거주자 외화예금	신M2	=신M1+기간물 정기예・적금 및 부금(만기 2년 이상 제외)+시장형상품+실적배당형상품(장기금전신탁 제외)+금융채+기타(투신증권저축・종금사발행어음)
M3 (총유동성)	M2+비통화금융기관 예수금+CD+RP+ 표지어음 및 상업어음 일반매출+금융채	신M3	=신M2+신M2대상 금융기관의 2년 이상 상품+한국증권금융의 예수금 및 자발어음+생명보험사 및 우체국보험의 보험계약준비금 및 RP+농협국민생명공제 예수금

주: MMF는 2007년 3월부터 M1에서 제외되었다.

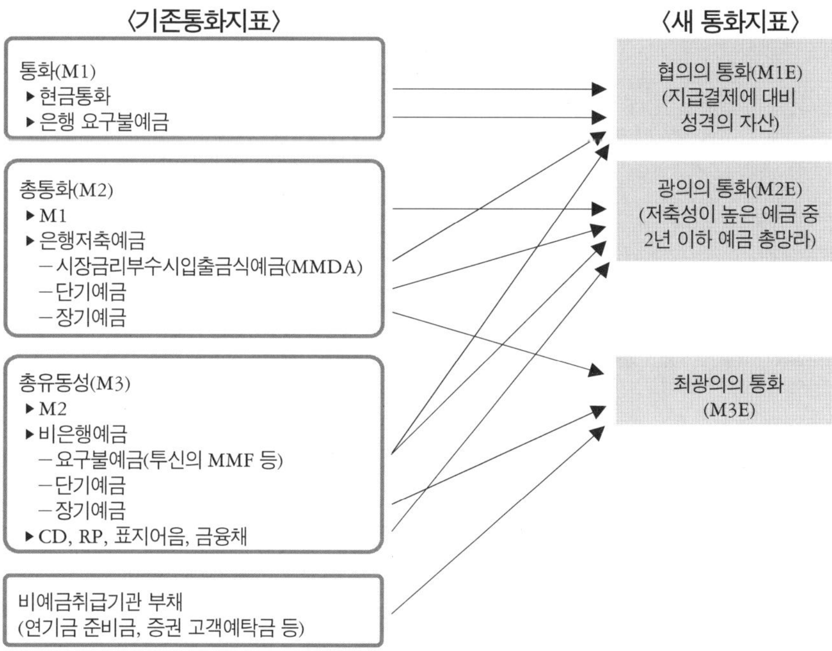

▚ 그림자금융시스템: 시스템(공식 세계)이 만든 시스템 밖(비공식)의 세계

고수익을 추구하기 위한 금융의 과도한 리스크 추구는 법 개정과 규제 철폐를 통해서만 가능한 것은 아니었다. 규제와 감독을 회피하기 위한 금융거래가 금융

혁신이라는 미명하에 폭발적으로 증대하였다. 파생금융상품을 중심으로 거래소 시장 밖인 장외거래(OTC, over-the-counter)[52]와 대차대조표(B/S, balance sheet)에 수치가 나타나지 않는 (장)부외거래(off-balance sheet transaction)가 급증하였다.[53] 〈그림 2-23〉은 2000년대 이후 (장)부외거래 규모가 급증했음을 보여준다.

금융 규제와 감시의 대상에서 벗어나기 위한 또 다른 방식이 '그림자금융(shadow banking)'[54]이다. '그림자금융'은 "은행이 아니면서, 따라서 은행 규제의

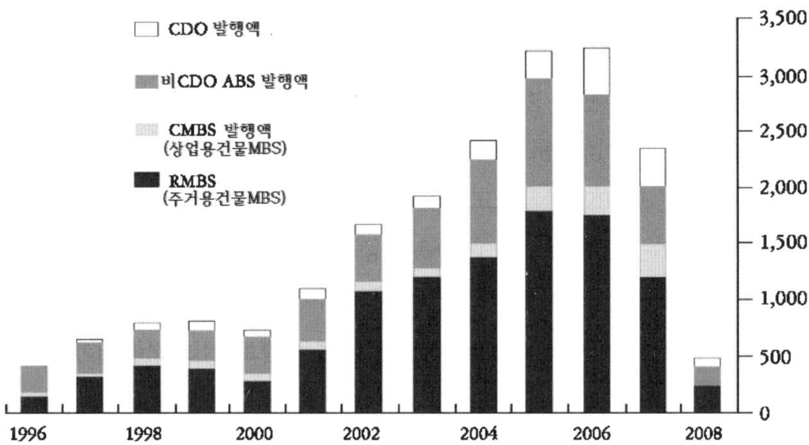

출처: Dealogic.

▌그림 2-23. (장)부외거래 규모의 추이

52 거래소의 중요한 대체시장으로 장외시장의 딜러들은 직접 만나지 않으며 이들은 전화와 컴퓨터로 연결되어 있다. 거래는 전화로 이루어지고, 전화 통화는 녹음된다. 거래의 한 상대방은 일반적으로 금융기관에서 일하는 거래자이다. 거래의 다른 상대방은 금융기관에서 일하는 거래자이거나 기업의 재무담당자 또는 펀드매니저일 것이다. 장외시장의 거래 규모가 거래소의 규모보다 대개 크다. 예를 들어, 2010년 7월 도드-프랭크(Dodd-Frank) 법안이 통과되기 이전 장외(OTC)거래를 통한 파생금융상품의 명목가치만 하더라도 세계 GDP의 10배가 넘는 7백조 달러로 추정한다.

53 금융자산의 인도와 인수, 자금 결제가 계약 만기 시점에 이루어지고 계약 시점에는 자산이나 부채 가치가 변동하지 않는 파생금융상품은 (장)부외거래의 속성을 갖는다.

54 "Presentation by Gordian Knot to the Liquidity Working Group of the Federal Reserve Bank of New York on levered ABS investing," Oct. 9, 2009 and http://www.fcic.gov/hearings/pdfs/2010-0227-Gorton.pdf. G. Gorton, 2009, "Slapped in the Face by the Invisible Hand: Banking and the Panic of 2007," *Federal Reserve Bank of Atlanta Jekyll Island Conference Proceedings*.

대상이 아니면서, 은행의 기능을 수행하는 기관 혹은 장치"로 정의한다. 즉 그림자금융은 전통적 은행(예금수취기관)처럼 만기(maturity), 신용(credit), 유동성(liquidity) 전환을 수행하지만, 중앙은행의 유동성에 대한 접근(예: 재할인창구)이나 공공부문으로부터의 신용 보증(예: 예금보험)에서 배제된다.[55] 즉 그림자금융은 건전성 규제와 감독 관리가 적용되지 않는 혹은 규제를 받는 은행의 경우보다 규제와 감독 관리를 덜 받는 환경에서 발생한다. 여기서 '그림자'라는 말은 은행 대출을 통해 돈이 유통되는 일반적인 금융시장과 달리 투자대상의 구조가 복잡해 손익이 투명하게 드러나지 않는다는 점에서 붙은 것이다. 투자은행 · 헤지펀드 · 구조화투자회사(SIVs, Structured Investment Vehicles: 투자은행들이 장기고수익자산에 투자할 목적으로 설립한 투자전문 자회사)뿐만 아니라 비은행 모기지대출회사, 헤지펀드와 사모펀드(PEF, Private Equity Fund), 투자은행과 증권중개인(broker dealers), 보험, 머니마켓뮤추얼펀드(MMMF), 연기금, 정부보증기업(GSEs, Government Sponsored Enterprises), 특수목적기업(SPCs or SPVs, Special Purpose Companies or Vehicles), ABCP 콘듀잇(Conduit: 부동산 · 카드채 · 유가증권 등을 혼합해 유동화하기 위해 은행들이 설립한 자산유동화법인), 증권대부(고객의 공매를 위하여 한 중개인이 다른 중개인에게 증권을 대부하는 업무), 모노라인(Monoline: 채권보증회사) 등이 포함된다.

즉 규제의 부담을 회피하기 위해 대형 은행이나 보험회사 등은 자신을 전면에 드러내지 않고 (앞에서 소개한) 비금융회사인 특수목적법인(SPVs 혹은 SPCs)을 만들어 유동성을 새롭게 만들어내고 〈고수익-고위험〉 채권을 거래하였다.[56] 즉 미

---

55 Z. Pozsar, T. Adrian, and A. Asheraft, H. Boesky, 2012, "hadow Banking,"FRB of N.Y. Staff Reports, no. 458 (Feb.). 금융안정위원회(FSB)는 "정규적인 은행시스템 외부에서 이루어지는 신용 중개와 관련된 금융중개 기관이나 금융중개 활동"으로, IMF는 "비핵심 부채(비전통적 자금조달)를 통한 은행과 비은행 금융기관의 자금조달"로 정의했다. Financial Stability Board(FSB), 2013, "Policy Framework for Strengthening Oversight and Regulation of Shadow Banking Entities," Consultative Document, Financial Stability Board, Basel. http://www.financialstabilityboard.org/publications/r_130829c.htm; IMF, 2014, "Global Financial Stability Report: Risk Taking, Liquidity, and Shadow Banking: Curbing Excess While Promoting Growth," Ch. 2 (Oct.).

국의 주요 투자은행들은 〈고수익-고위험〉 자산에 투자할 목적으로 구조화상품에 대한 투자전문 자회사인 구조화투자회사(SIVs), 일명 콘듀잇(Conduit)[57]을 설립했는데 먼저 투자은행들은 SIV에 우량자산을 출자하고, 이를 근거로 SIV는 자산담보부 기업어음(ABCP)을 발행해 단기자금을 조달한다. 이 자금으로 모기지증권 등 고수익 장기 채권에 투자하였다. 구조화투자회사의 콘듀잇 규모(ABCP 발행액)가 2007년 초에 약 2.2조 달러에 달했고, overnight RP도 2.5조 달러, 헤지펀드가 2.5조 달러, 5대 투자은행이 4조 달러의 자산을 기록하는 등 그림자금융이 총자산 10조 달러의 정규 은행체계보다 규모와 중요성이 더 커졌음에도 이를 방치하여 위기를 조장한 것이다. 그럼에도 불구하고 2008년 3월 약 20조 달러에 달했던 그림자금융의 부채는 금융위기 발발 이후인 2010년 1분기에도 약 16조 달러의 규모를 유지할 정도로 여전히 중요한 영역으로 남아 있다.[58] 이처럼 특수목적법인이 머니마켓과 펀딩마켓에서 역할이 증가하면서 전통적 은행시스템의 밖에 있는 그림자금융의 자산 비중이 급증한 것이다. 그런데 엄격한 자본을 요구했던 은행시스템과 달리 느슨한 자본이 요구되는 비은행 금융시스템의 공존 속에 대마불사(TBTF, too big to fail)에 대한 암묵적 보증이 작동한 것이다. 게다가 그림자금융의 주요 자금조달원인 CP나 RP는 통화량에 포함되지 않기에 통화정책은 효과가 약화될 수밖에 없다.

---

56 특수목적법인은 한국에서도 감독의 사각지대로 금융비리의 온상이다. 저축은행 부실 초래의 한 요인으로 지적된다. 매일경제신문, 2011. 5. 28, “금융비리 온상 SPC ‘감독 사각지대’”.

57 콘듀잇은 ‘도관’이라는 사전적 의미에서 추론할 수 있듯 한 번 설립되면 수도관에서 물이 뿜어져 나오듯 계속 유동화 증권을 발행할 수 있다는 뜻으로 이름이 붙여졌다. 미국 감독당국은 투자은행(IB), 헤지펀드 등에 비해 상업은행(자기자본비율 규제 등)에 대한 규제가 엄격하다는 불만을 덜어주기 위하여 1980년대 중반 부외 기구 설립을 허용하였다. SIV는 1988년 Citigroup이 처음 개발한 것으로 알려져 있는 (장)부외 기구(off-balance sheet vehicles)로 감독당국의 시야에 드러나지 않는 그림자금융의 핵심요소로서 단기차입과 장기운용으로 만기불일치 및 유동성위험에 노출되어 있다.

58 Z. Pozsar, T. Adrian, A. Asheraft, and H. Boesky, 2010, pp. 4-5. 은행의 비핵심부채까지 포함할 경우 미국 그림자금융의 규모는 2008년 2분기 말 기준 25조 달러에 근접했고, 2013년 말까지 약 20조 달러에 달하였다. A. Harutyunyan, A. Massara, G. Ugazio, G. Amidzic, R. Walton, 2015, “Shedding Light on Shadow Banking,” IMF Working Paper WP/15/1 (Jan.).

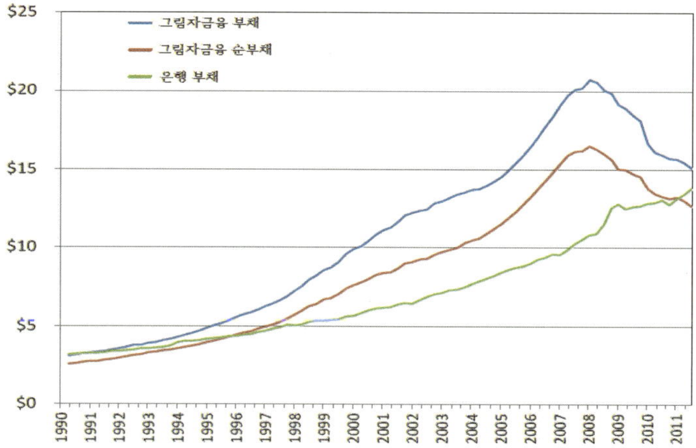

출처: Z. Pozsar, T. Adrian, A. Ashcraft, and H. Boesky, 2012, "Shadow Banking," Federal Reserve Bank of New York Staff Report No. 458, Figure 1(Feb. revision).

▌그림 2-24. 그림자금융의 부채(자금조달 규모) 대 전통적 은행의 부채(조 달러)

이처럼 투자은행들은 구조화투자기관(SIV)을 설립해 CDO 등 위험도가 높은 파생상품을 (장)부외거래로 처리함으로써 관리 비용과 위험성을 줄였던 것이다. 금융위기 당시 구조화금융상품 시장이 경색되면서 ABCP 시장의 유동성 위기가 나타난 이유이다. 많은 금융기관들은 모기지를 비롯한 각종 부채를 담보(기초자산) 로 채권을 발행하고 매입하는 일을 반복했는데 부채를 담보로 만든 증권 시장이 경색되면서, 더 근원적으로는 주택가격과 MBS들의 가치가 하락하면서 단기 CP 시장에 투자했던 투자자들이 안전자산으로 도피하면서, 시시각각 도래하는 단기 부채를 제때 상환하지 못한 콘듀잇들이 심각한 자금난에 처한 것이다. 즉 단기 유동성 자금조달(차입)로 장기 비유동성 자산의 투자에 따른 장단기 만기불일치와 부채와 자산의 불일치라는 금융의 원천적 문제가 발생하였다. 그림자금융의 불투명성이 상황을 크게 악화시켰을 뿐이다. 그 결과 각국 중앙은행의 대규모 자금 지원에도 불구하고 상황은 나아지지 않았고 CP 시장의 유동성 위기만 더 커졌다. 서브프라임 위기가 장기화될 것으로 보고 있는 투자자들이 ABCP와 같은 위험자산 매입을 극도로 꺼리면서 결국 많은 콘듀잇들이 보유 자산을 헐값에 내던

질 수밖에 없는 최악의 상황에 직면한 것이었다.[59]

그림자금융시스템은 미국 시스템의 산물이다. 그림자금융시스템은 약 80년 전 설립된 연방주택대출은행(FHLB, Federal Home Loan Bank; 1932) 시스템과 패니매(1938), 그리고 그 이후 설립된 프레디맥(1970)으로 이루어진 정부보증기업(GSE)이 만들어지면서 그 싹이 뿌려졌기 때문이다. 정부보증기업(GSE)들은 은행의 자금 조달과 대출 수행 방식을 극적으로 변화시켰다. 연방주택대출은행은 첫 번째 대출 제공자였고,[60] 패니매와 프레디맥은 증권화 방식의 신용 중개, 즉 (앞에서 소개한) OTD 모델(the originate-to-distribute model)의 발상지였다. OTD 모델은 '자산의 증권화'에서 설명한 것이다. 정부보증기업(GSE)들은 예금으로 자금을 조달한 은행들과 달리 자본시장을 통해 자금을 조달하였다는 점에서 은행 기반의 OTH(originate-to-hold) 신용중개 방식이 증권화 기반의 OTD 신용중개 방식으로 변경된 것이다. 무엇보다, 정부보증기업(GSE)들은 본질적으로 준정부(quasi-government) 특수목적법인들(SPVs)로서 운영된 것이다.[61] 80년 전에 싹이 텄지만 그림자금융이 만개한 것은 30년 전인 80년대 초였다. 자기자본수익률(ROE)을 높이려는 대형 은행들의 대응[62]이 그림자금융시스템 성장의 주요 추진력이었다. 즉 은행들은 예금에 의해 자금을 조달하여 장단기 스프레드(spread) 수익에 기반한, 신용리스크 집약적 사업을 도매 자금을 조달하여 사업서비스 수수료 수익에

59 이와 관련하여 영국 파이낸셜 타임스(FT, 2007. 8. 30)는 영국 2위 은행인 스코틀랜드 왕립은행(RBS)의 말을 인용하면서 CP 시장에서 재고 정리를 위한 430억 달러의 '투매(firesale)' 가능성을 거론할 정도였다.

60 주택분야의 금융을 지원할 목적으로 설립된 연방주택대출은행은 오늘날 기간물 모기지 융자 패키징(the term warehousing loan)의 첫 번째 제공자였다. 연방주택은행법에 의해 설립된 미정부 산하 기관으로 12개 지방은행과 그들의 가맹은행으로 구성되어 있고, 채권을 발행해 가맹저축 금융기관에 대한 주택용 모기지 대출자금을 지원하는 역할을 했으며 사실상 패니매와 프레디맥처럼 정부보증기관으로 간주한다. 모기지 융자 패키징이란 모기지 금융기관이 2차 모기지 시장에서 판매하기 위해 여러 개의 모기기 융자를 묶는 것을 말한다.

61 정부보증기업(GSE)들은 은행들처럼 면허를 받지도 못하고, 최종대부자(a lender of last resort)에 대한 접근도 하지 못하였으나, 부채는 연방정부에 의해 명백한 보증을 받았다.

62 70년대 말 단자회사나 파이낸스 회사처럼 신용을 중개하는 금융회사들(finance companies)이나 소매 및 기관의 현금 관리를 하는 머니마켓 뮤추얼펀드(Money Market Mutual Fund) 등 전문적 비은행 집단의 대두와 성장으로 은행의 수익이 위협을 받은 결과이다.

기반한, 시장리스크 집약적 사업(fee-based business)으로 바꾸었다.[63]

그런 점에서 그림자금융의 성장은 과잉금융의 결과이기도 하다. 자산관리사, 뮤추얼펀드, 헤지펀드, 증권대부자, 연기금, 글로벌 비금융기업 등 기관들에서 집중적으로 관리하는 대규모의 단기성 현금기금(institutional cash pools)의 규모는 1990년 1천억 달러에서 2007년에는 2.2조 달러를 넘어설 정도로 급증하였다. 금융위기 직전인 2007년 기준 글로벌 비금융기업의 경우 평균 현금기금이 150억 달러, 장기 뮤추얼펀드의 경우 거대 자산관리자당 평균 200억 달러, 증권임대프로그램(securities lending program)과 관련된 현금담보(cash collateral)의 규모는 대부자당 평균 750억 달러에 달하였다. 기관들의 현금기금 규모의 급증 속에 대부분 자금의 투자 선호는 원금의 안전성이 보장되며 유동성이 높은 단기 상품이었다(safety of principal, liquidity, and yield). 한편, 은행의 예금보장 한도는 1980년 이래 변하지 않았고, 은행의 합병 및 대형화[64]로 분산 예치의 어려움은 증가하였다. 보장을 받는 은행 예금의 대안으로 기관들의 현금기금이 선택할 수 있는 것은 정부가 보장한 단기 상품과 '그림자금융시스템'이 발행한 보장상품이나 머니펀드(money fund, 만기 1년 미만의 단기자금이 유통되는 머니마켓에 투자하는 사람들을 대상으로 운용되는 펀드) 등 민간보증상품이었다. 그러나 전자의 경우 수요를 충당할 만큼 공급되지 않았다. 기관들의 현금기금 규모보다 2005년 1.1조 달러, 2006년 1.6조 달러, 2007년 1.6조 달러가 부족하였다. 게다가 2000년 이래 정부가 보증하는 단기 상품에 대한 해외 중앙은행 등 공공보유 규모가 증가하면서 수급불일치 상황이 악화되었다. 이 수급불일치가 〈저위험-고유동성〉의 단기 상품을 만들어낸 그림자금융의 성장 배경이다. 즉 정부 보증의 단기 상품의 구조적 부족과 도매금융 부문의 현금 기금(pool)이 요구하는 안전성과 고유동성을 갖춘 단기 상품

63 종래 은행 수익이 예대마진이나 중개수수료에 기초(commission-based)했다면, 새로운 사업 모델은 서비스 수수료(fee-based)에 기초한 것이었다.

64 연방예금보험공사(FDIC)의 회원 은행이 1980년 15,000개에서 2010년에 8,000개로 축소된 반면, 상위 10개 은행의 자산이 전체에서 차지하는 비중은 같은 기간 동안 20%에서 55%로 거의 세 배가 증가하였다.

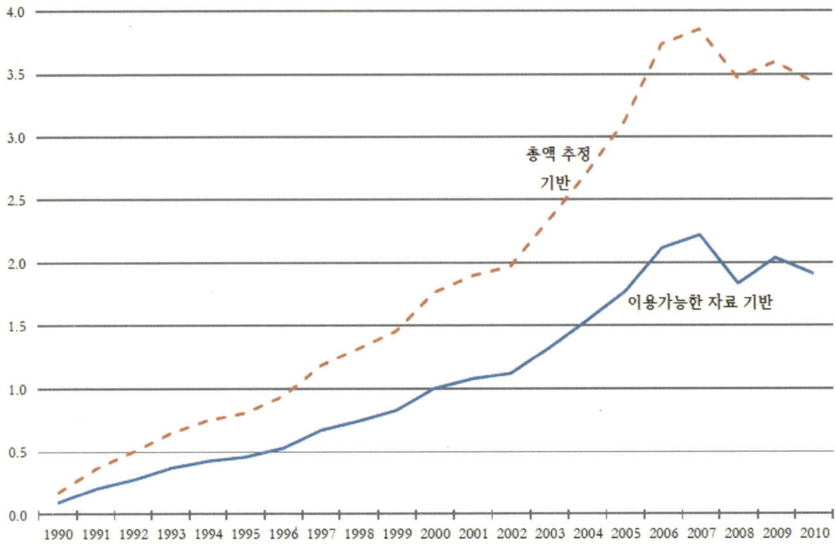

출처: Z. Pozsar, August 2011, "Institutional Cash Pools and the Triffin Dilemma of the U.S. Banking System," IMF Working Paper, Figure 1에서 재인용.

▌그림 2-25. 기관 현금기금(Institutional Cash Pools)의 증가 추세(조 달러)

에 대한 진화적 대응이 그림자금융시스템이라는 점에서 그림자금융은 시장 기반의 은행(market-based banking)인 것이다.[65] 그림자금융시스템을 통한 자금 조달은 2000년대에 급증하여 금융위기 이전에는 전통적인 은행시스템의 자금조달 규모를 추월하였고,[66] 그 결과 그림자금융의 자산 규모는 2007년까지 20조 달러에 달할 정도로 폭발적으로 성장하였다. 이는 전통은행시스템 규모의 95.17%이고 GDP보다 44.20% 큰 규모였는데, 통화지표에 반영되지도 않아 시스템리스크 가능성을 고려할 수 없었다(US Flow of Funds data).

이처럼 그림자금융시스템이 안전하며 유동성이 높은 단기 상품을 제공할 수 있었던 것은 증권화 기술(securitization)로 가능한 것이었다. 즉 증권화에 기초한

65 그 결과, 이들이 총통화량에 포함되지 않고 있는 문제를 제기한다.

66 1998~2006년간 그림자금융의 전체 신용 증가는 11.2조 달러, 전통적인 은행 신용 증가는 4.4조 달러 증가하였다.

금융중개의 한 형태인 구조화금융은 자산의 기금(pool), 자산의 기금(pool)으로 보증된 부채의 트랑셰(tranche), 그리고 부채담보자산 기금(the collateral asset pool)의 신용리스크를 최초 발행자의 신용리스크로부터 독립시키는 것을 주요 특성으로 한다. 발행된 트랑셰 증권들은 각각 고유의 '위험-수익' 명세서(profile)를 갖고, 기본이 되는 부채담보자산의 풀은 대개 초기 발행자 거래장부의 대차대조표로부터 법적으로 분리된다. 트랑셰의 기본목표는 기초 부채담보자산 기금의 평균 신용등급보다 더 높은 등급을 갖는 증권을 만들기 위해서나 신용평가를 받지 못하는 자산 기금을 신용등급을 가진 증권으로 만들기 위한 것이다. 이처럼 단일 증권과 구조화증권의 근본적 차이는 후자의 경우 '시스템 리스크(Systemic Risk: 한 금융기관의 도산 또는 일시적인 유동성 부족으로 인한 결제 불능이 연쇄적으로 다른 참가기관의 결제불능을 유발시켜 결제 시스템 전체의 기능마비를 초래할 수 있는 위험)'에 노출된다는 점이다. 전통적인 회사채의 수익은 우선적으로 기업에 특수한 고려사항들에 의해 결정되는 반면, 구조화증권의 성과는 전체 경제의 성과에 강하게 영향을 받기 때문이다. 이에 대해서는 자산의 증권화나 CDO에서 자세히 살펴볼 것이다.

이상에서 보았듯이, 장외거래와 (장)부외거래 그리고 그림자금융 등은 미국 금융시스템이 만들어낸 '시스템(체제) 밖의 세계'이다. 즉 정보와 투명성이 결여되었다는 점에서 '공공기억의 시스템(public memory system)'에서 벗어난 '비공식의 세계(체제)'인 것이다. 서구 근대 시스템의 확립 과정은 재산 체제의 통합, 즉 하나의 통일된 지식 기반에 부를 통제하는 정보와 규칙을 집결시키는 과정이었다.[67] 그런데 인류사 최대의 성장과 근대문명을 만들어낸 시스템이 자신의 시스템에서 벗어난 세계(체제)를 합법적으로 용인한 결과가 시스템의 해체, 즉 무질서와 혼돈 그리고 통제를 벗어난 세계의 창출이었다. 금융위기 이후 정부나 감독기구 그리고 연준(FRB) 등이 독성자산(toxic assets)의 규모가 어느 정도인지를 파악할 수 없었던 이유이다. 즉 아무도 개별 은행들이 정확히 얼마나 위험에 노출되었는지 알지 못했다. 그 결과 신뢰는 하루 사이에 날아가 버렸고 은행들은 상호간에

67 Businessweek, 2011, "The Destruction of Economic Facts" (Apr. 30).

비즈니스 거래를 중단했다.[68] 이러한 문제는 리먼브러더스가 파산하고 3년이 지난 후에도 지속되었다. 예를 들어, 2011년 초까지 각각 15달러와 50달러에 달했던 뱅크오브아메리카(BoA)와 시티그룹의 주가가 8월 말까지 반 토막이 났는데, 그 이유가 이 은행들이 가진 자산의 질에 대해 투자자들이 신뢰하지 않았기 때문이었다. BoA와 시티은행은 모기지 대출을 충분히 감가상각하지 않았고, 그 결과 시장에서는 양 은행의 자산 가치를 해당 은행들이 주장하는 가치의 약 1/3과 1/2 미만으로 평가한 것이다.[69]

이는 기본적으로 미국의 재산권 기록시스템의 파괴와 관련을 맺고 있다. 즉 전체 모기지의 80%의 대출과 관련된 모기지 전자등록시스템(MERS, Mortgage Electronic Registr System)은 미국 재산권 기록을 돌이킬 수 없을 정도로 파괴시켰다. 원래 주택 대출은 집을 담보로 돈을 빌려주는 행위이다. 돈을 빌려준 금융기관은 해당 주택에 대한 법적 권리(부동산대출 채권 혹은 모기지)를 만기까지 가진다. 주택 소유자가 상환에 실패하면 그 주택을 압류하면 된다. 그런데 금융혁신을 거치며 이런 간단한 관계가 매우 복잡해져 버렸다. 미국의 대출기관들이 대출채권(주택에 대한 법적 권리)을 만기까지 가지고 있기보다 다른 대형 금융기관에 팔게 되었기 때문이다. 이는 '채무자로부터 돈(원금과 이자) 받을 권리'를 넘긴다는 것과 같은 말이다. 다음의 '자산의 증권화' 과정에서 보듯이 대형 금융기관은 이렇게 매입한 부동산 대출 채권(모기지)을 수천 개씩 묶고 자르고 섞은 뒤 이를 담보로 다시 증권을 발행해서 투자자에게 팔았다. 이른바 주택담보부증권(MBS)이다.[70] 여기에서 끝나는 것이 아니라 다시 MBS를 묶어 부채담보부증권(CDO)을

68 금융혁신이 만들어낸 새로운 시스템의 특징을 투명성 결여, 리스크에 대한 과소평가, 금융 스트레스 상황에서 새로운 금융상품들이 어떻게 반응할 지에 대한 이해의 결여 등으로 지적하는 이유이다. J. Lin and V. Treichel, 2012, pp. 57-58.

69 Businessweek, 2011, "Worrying About Big Banks' Afterlives" (Aug. 11).

70 공표된 바젤 II는 모기지론 유동화를 촉진시키는 요인으로 작용하였다. 즉 바젤 I과 비교할 때 바젤 II(표준법 기준)에서는 모기지론에 대한 위험가중치(바젤 I 50% → 바젤 II 35%)가 하락하였고, 내부등급법(위험자산의 측정 요소를 은행이 자체 추정해 사용하는 방식)을 사용하는 경우 위험가중치는 15~20% 수준까지 하락하였다. 요구자본 규모가 축소됨에 따라 ROE의 상승효과가 있다. 2004년부터 주거용 MBS(RMBS) 발행이 급증한 배경이다. 바젤 II 도입, 특히 내부등급법 사용을

만들기도 하고, CDO끼리 묶어 다른 증권을 발행하기도 했다. 문제는 이런 식으로 대출채권이 거래되고 묶이고 쪼개지고 하다 보니 '채무자로부터 돈 받을 권리'의 당사자가 누구인지 모호해져 버렸다는 사실이다. 채무자에게 직접 돈을 빌려준 대출기관인가, 아니면 '돈 받을 권리(대출채권)'를 산 대형 금융기관인가? 혹은 이 대출채권들을 담보로 발행한 MBS나 CDO를 매입한 투자자들인가? 채무자는 하나인데, 그에게 의지해야 하는 금융기관이 엄청나게 늘어난 것이다. 물론 금융기관들에게는 나름의 대책이 있었다. 주택대출 채권을 자신들끼리 간편하게 사고팔기 위해 이른바 'MERS'를 공동 설립했다. BoA · JP모건체이스 · AIG 등 미국 최대 금융기관들이 참여했다. 이 MERS의 구실은 단적으로 말하면 회원 금융사들의 대리인이다. 회원사들이 부동산 대출채권을 거래하는 경우 판매자와 구매자의 법적 역할을 대리한다. 어떻게 보면 채권 거래 때마다 일시적으로 소유권자 노릇을 하는 '가상 소유자'라고도 할 수 있다. 그러나 주택 압류 사태의 경우 채권 소유권자만이 압류 권리를 가지는 미국 법 체계상 MERS의 소유권이 '가상적'이라는 사실 자체가 문제가 된 것이다. 미국의 재산권 체계상 MERS는 대출채권의 소유권자도 대리인도 될 수 없기 때문이다.[71] 이처럼 모기지의 증권화는 자본주의의 핵심인 재산권에 대한 명확성을 부식시켰다.[72]

요약하면 그림자금융시스템에 의한 신용의 폭발적 증대는 유동성 증대와 이자율 하락과 파생상품 자산가치의 증대, 그리고 다시 신용의 증대라는 피드백루

가능하게 한 것은 자산보유자의 차입자 및 유동화자산 선택에 대한 모니터링 유인을 약화시키는 요인으로 작용했다.

71 게다가 은행 담당자가 서류를 제대로 검토하지 않는 등 부적절한 대출심사 이후 적절한 절차 없이 주택압류에 들어가는 이른바 '로보-사이닝(Robo-signing, 로봇처럼 기계적으로 주택압류 문서에 사인하는 사람)'이 문제가 되었다. 즉 은행이 주택을 압류하기 위해서는 법원의 승인을 받아야 하지만 그동안 모기지 상품을 취급한 은행은 수많은 압류 서류를 처리하면서 내용을 제대로 읽어보지도 않고 서명하여 법원에 제출한 것이다. 이는 주택 압류 절차에 필요한 관련 서류들을 은행들이 분실했기 때문이기도 하다. 이 밖에도 금융기관들이 MERS를 통해 주택 대출채권의 소유권을 옮기면서 이와 관련된 수수료나 세금을 주 정부에 내지 않은 사실도 드러났다. 이에 법적 책임을 묻게 되면 수수료와 벌금이 모두 수백억 달러에 달해 대형 금융기관들을 모두 파산시킬 수 있다는 우려도 제기되고 있다.

72 FBI 자료에 따르면 금융기관에 의해 소송이 제기된 부동산 사기가 2003년 6,936건에서 2009년에 67,190건으로 급증했다. F. Gillette, 2011, "Deceiving Las Vegas," Businessweek (Dec. 12-18), p. 70.

프(feedback loop)를 만들어냈다. 즉 그림자금융 신용은 높은 레버리지와 ROE를 만들어냄으로써 신용의 터보차저(turbocharger)였던 것이다. 여기에 연준이 주도한 초저금리 기조는 피드백루프를 증폭시켰다.[73] 즉 초저금리는 자산가치를 인위적으로 상승시켰다. 이것이 파생상품을 거래하는 금융종사자들의 높은 성과와 보너스의 실체였다. 미국의 그림자금융시스템이 해외로 위기를 전파시키는 데 핵심 역할을 수행한 이유이기도 하다. 예를 들어, 위기 이전에 아이슬란드와 아일랜드 은행은 자금조달을 단기부채, 외국인 소유 은행의 예금, 외국인이 보유한 주식 포트폴리오 등의 형태로 미국 금융시스템에 의존했다. 급속한 신용 확대에 의해 가열된 양국의 주택시장은 2000년에 팽창하기 시작하여 자산투자와 건축의 붐을 초래하였다. 붐에 의한 자산효과는 소비 증대와 높은 성장으로 이어졌다. 부동산 붐에 의해 부양된 아일랜드 은행시스템은 GDP의 5배까지 팽창하였고, 대외부채는 2010년 말에 GDP의 10배 이상이나 되었다.

자산의 증권화: 외생적 금융에서 내생적 금융으로 전환

금융의 고수익 추구는 주어진 자본조달 비용으로 매출을 극대화시키면서 리스크를 분산시키는 것이다. 매출극대화와 리스크 분산을 동시에 추구할 수 있는 가장 용이한 방법이 유동성이 낮거나 없는 자산을 유동화시키는 방법이다. 즉 유동성이 없거나 낮은 자산을 증권화(유동화, 화폐화)시키는 것이다. 자산담보증권(ABS, Asset Backed Securities)이 그것이다. 앞에서 언급한 증권화 기술이 이것이다. 자산의 증권화는 주택자산의 증권화(MBS)가 주도하였다. 주택자산의 증권화는 1970년대에 시작됐지만,[74] 특히 2000년 닷컴버블이 붕괴되면서 대체 투자 대상으로 MBS가 부상하였다. 1940년에 44%에 불과했던 주택소유 비중이 66%

73 A. Sheng, 2011, “Central Banking in an Era of Quantitative Easing,” Levy Economics Institute Working Paper No. 684 (Sep.).

74 주택자산의 증권화는 정부가 소유했던 지니매(Ginnie Mae)가 1970년에 시작했지만, 가속화시킨 것은 월가였다. MBS의 본격적인 성장은 민간회사 MBS의 발행이 팽창된 90년대 말과 2000년대 초부터였다. p. Coy, 2011, “The Mortgage of the Future,” Businessweek (Nov. 14-20), p. 83.

까지 상승했던 2000년은 주택차압률도 낮았을 뿐 아니라 주택가격이 상승하고 있었다. 이런 배경 속에 은행은 안전한 돈을 대출 형태로 보유하는 것보다 증권화하기 시작했다.

한편, 앞에서 소개했듯이 자산의 증권화는 은행 비즈니스 모델에도 변화를 가져왔다. 즉 자산의 증권화로 유럽 및 미국의 글로벌 은행들은 높은 수익률을 좇아 전통적인 상업은행 모델인 'L&H 혹은 LTH(Lend-and(to)-Hold) 모델'에서 'OTD (Originate-to-Distribute) 모델'로 전환하였다. OTD 모델은 은행이 대출 자산(Credit Asset)을 만기까지 보유하지 않고 자산유동화를 통하여 신용위험을 다양한 투자자들에게 분배하는 모델(예: 서브프라임 모기지 대출의 유동화)인 것이다. 은행의 비즈니스 모델 변화의 근본 원인은 고수익 추구에 있다. 즉 전통적인 예대마진 중심의 영업으로는 마진 확보에 한계가 있다. 특히 2000년대의 저금리 기조, 풍부한 유동성, 자산 간 수익률 차이 미비 등도 수익률 추구 유인을 강화하였다. 실제로 미국 및 유럽은행들의 경우 모두 2000년대 들어서면서 순이자마진(NIM)은 정체 상태가 지속되었다.은 정체 상태가 지속되었다.

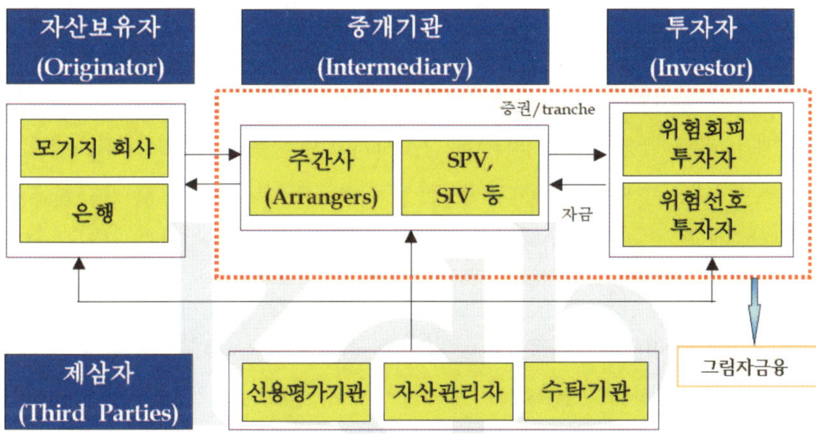

주: OTD 모델을 단순화한 것으로 실제로는 더 복잡할 수 있음.
자료: ECB, 2008, "The Incentive Structure of the 'Originate and Distribute' Model," Chart 17을 수정.

▌그림 2-26. OTD 모델 도시

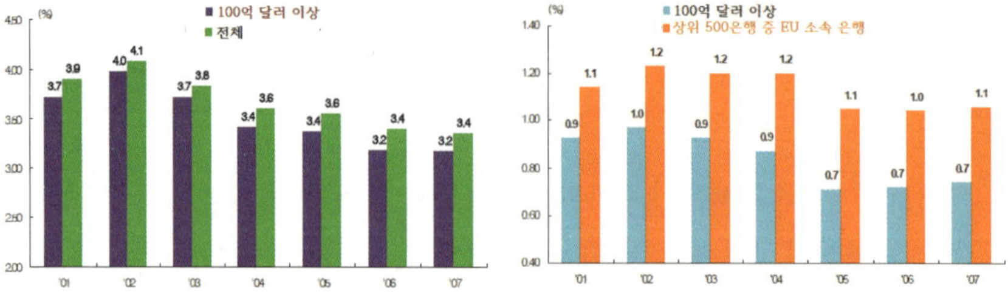

주: 1) 미국은 FDIC 부보 대상 자산규모 100억 달러 이상 및 전체 상업은행 기준.
2) 유럽은 EC(27개 국) 소속 자산규모 100억 달러 이상 및 전 세계 상위 500(자산규모 기준)에 포함된 EU 소속 은행 기준.
출처: FDIC, Bankscope.

▌그림 2-27. 미국 및 EU 소속 상업은행의 순이자마진(NIM) 추이

OTD 모델로의 은행 비즈니스 모델의 변화는 은행과 금융시장 간의 상호작용을 높임으로써 금융안정성에 대한 통화정책의 효과에도 영향을 미쳤다.[75] 즉 증권화 시장에서 보았듯이 은행은 자금조달에서 예금의 비중이 감소하고 수익원에서도 거래수수료나 중개료 등 비이자소득 수입원이 증가하는 등 자금조달에 대한 은행의 시장 의존이 증대하였다. 그 결과 통화정책의 이전 메커니즘이 약화되었다. 예를 들어, 호황기나 정상시기의 경우 은행의 시장의존 증대가 통화 긴축에 대한 완충장치(shock absorber) 역할을 하는 반면, 금융 불안기에는 자금조달의 어려움을 가중시킨다. 반대로 장기간 저금리 기조(대안정기)는 리스크 회피를 축소시키고 은행의 수익 추구를 강화시킨 반면, 자산가격과 담보가치의 증가는 레버리지 배율(≡관리금융자산/자기자본)을 감소시키고 자산보유 리스크가 감소함으로써 리스크 추구 포지션(개별투자자 재산의 현재 형태)을 증가시켰다. 즉 탈규제와 금융혁신 등에 따른 은행의 비즈니스 모델의 변화가 금융위기의 한 요인으로 작용하였던 것이다.

이처럼 금융회사의 고수익 추구 및 매출 확대 노력이 ABS 시장의 폭발적 성장으로 이어진 배경이다. ABS란 금융기관 및 기업 등이 보유하고 있는 특정 자산

75 L. Gambacorta and D. Marques-Ibanez, 2011, “The Bank lending channel: Lessons from the crisis,” BIS Working Papers No. 345 (May).

중 일부를 유동화자산으로 묶어(pooling) 이를 바탕으로 증권을 발행하고, 유동화 자산으로부터 발생하는 현금흐름으로 발행증권의 원리금을 상환하는 증권을 의미한다. 자산유동화증권은 발행기관의 신용도와 관계없이 자산의 특성과 현금흐름 그리고 신용보강 절차에 따라 높은 신용도를 지니는 증권의 발행이 가능하기 때문에 금융기관의 유동성을 제고시키고 조달비용을 낮출 수 있고, 투자자의 입장에서도 높은 수익률로 투자할 수 있다는 장점을 지니고 있다. ABS의 기초자산은 주거용 및 상업용 주택담보대출금, 자동차할부금, 신용카드대출금, 학자금대출, 공장 및 시설 등 모든 자산으로 구성할 수 있다. 금융위기 과정에서 일반인에게 친숙해진 MBS나 CDO 등 모두 ABS의 일종으로 이들은 2000년대 이후 ABS 발행의 급증을 주도하였다(그림 2-28).[76] 특히 신용등급이 낮은 사람들에게 대출된 주택

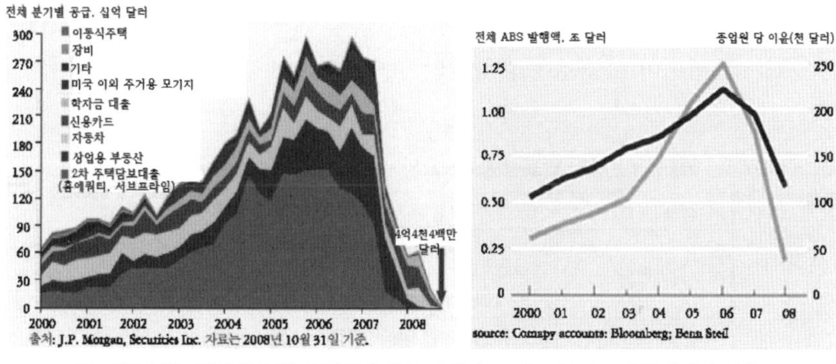

▌그림 2-28. ABS의 종류와 글로벌 ABS 발행액 그리고 무디스의 종사자당 이윤

76 금융위기의 시작에 대해서는 이견이 존재하지만 2006년 2분기 이후 주택가격이 약세로 전환되면서 2006년 12월 중간 규모의 주택담보대출회사인 Ownit Mortgage Solutions이 파산한다. 2007년 2월 8일에는 세계적인 종합금융그룹인 HSBC가 부실채권 규모가 105억 달러에 달하고 그 중 20%가 미국의 서브프라임 모기지 포트폴리오에 따른 것이라고 밝혔다. 그리고 같은 해 2월 말에는 정부의 보증을 받는 모기지 거대 기업인 프레디맥(Freddie Mac)이 더 이상 서브프라임 모기지를 대출할 수 없다고 선언하고, 4월 3일에는 모기지 업계 2위인 뉴 센트리 파이낸셜(New Century Financial)이 파산을 선언한다. 그리고 6월 10~12일에는 무디스가 50억 달러, S&P가 73억 달러에 달하는 서브프라임 MBS에 대한 신용등급을 떨어뜨리고 서브프라임 MBS의 위험에 노출된 CDO에 대해서도 등급 강등을 검토하기 시작하였다. 그리고 7월 말에는 미국의 4위 투자은행인 베어스턴스가 자신이 운영하던 2개의 헤지펀드에 대한 파산을 선언한다.

자금이 MBS와 CDO 발행의 주요 기초자산으로 급증하였다. ABS의 발행액이 급증하면서 신용평가사의 주 수입원도 ABS의 발행액과 비례하였다(그림 2-28).[77]

우리나라의 경우에도 1997년에 발생한 외환위기로 기업 및 금융기관의 유동성이 악화되고 부동산시장이 침체되자 그 해결 방안으로 1998년에 정부가 '자산유동화에 관한 법률'을 제정함으로써 ABS 제도가 도입되었다. 도입 이후 한국자산관리공사(KAMCO)의 부실채권 및 부실자산의 유동화를 비롯하여 각 기업의 구조조정을 목적으로 한 ABS가 급격히 증가하였다. 이러한 경향은 통화지표의 변화에서도 확인된다. 2006년 개편된 통화지표 기준에 자산유동화증권을 중심으로 새로운 유동성 지표(L)가 만들어진 이유이다. 즉 광의유동성은 비금융기업(그림자금융 및 일반 기업)의 자산유동화증권 활용 증가 및 기업 자금조달의 시장의존 증대에 따른 결과이다. 그리고 위험자산에 대한 대체재로서 안전자산(Flight to Quality)인 국채 등 공공채가 포함되었다. 예를 들어, 한국은행의 조사[78]에 따르면 주택가격 상승이 시중 유동성 증가의 주요인으로 지적되었다. 즉 주택가격이

표 2-4. 2006년 6월 한국은행이 발표한 통화지표와 유동성지표의 포괄 범위

통화지표	M1(협의통화)	현금 + 요구불예금 + 수시입출식 저축성예금(MMDA)
	M2(광의통화)	M1 + 정기예 · 적금 및 부금* + 시장형상품 + 실적배당형상품* + 금융채* + 기타(투신증권저축, 종금사 발행어음) * 만기 2년 이상 제외
유동성지표	Lf(금융기관유동성, M3)	M2 + 만기 2년 이상 정기예 · 적금 및 금융채 + 증권금융예수금 + 생명보험회사(우체국보험 포함) 보험계약준비금 및 RP + 농협 · 국민 · 생명 · 공제의 예수금 등
	L(광의유동성)	L_f + 정부 및 기업 등이 발행한 유동성금융상품(증권회사 RP, 여신전문기관의 채권, 예금보험공사채, 자산관리공사채, 자산유동화전문회사의 자산유동화증권, 국채, 지방채, 기업어음, 회사채 등)

77 예를 들어, 뉴욕타임즈(R. Lowenstein, April 27, 2008, "Triple-A Failure," *New York Times Magazine*)에 따르면 무디스(Moody's)의 이윤은 2002~06년간 세 배가 증가하여 2006년에 7억 5천만 달러를 기록했는데 대부분 구조화금융상품의 수수료였다. 즉 2006년 무디스 수입의 44%가 구조화금융상품의 수수료였다. J. Coval, J. Jurek, and E. Staffurd, 2008, "The Economics of Structured Finance. Harvard Business School Working Paper."

78 한국은행, 2007. 8. 22, "최근 통화량의 변동 요인 분석".

상승할 경우 사람들이 은행에서 경쟁적으로 대출을 받아 주택을 구입했고, 그 결과 은행 대출 중심으로 유동성이 늘어 통화량이 증가했다는 지적이다.

자산의 유동화와 파생금융상품의 진화는 구조화금융상품의 하나인 CDO에서 절정을 보인다. CDO는 기본적으로 기존 증권을 재증권화한 증권(re-securitized existing securities)이다. 첫 번째 CDO는 1990년 2월 파산으로 지금은 없어진 월가의 주요 투자은행이었던 드렉셀 번햄 램버트(Drexel Burnham Lambert)에 의해 1987년에 만들어졌다. 그러나 뉴욕에 있는 캐나다 제국 상업은행(Canadian Imperial Bank of Commerce)의 데이비드 리(David Li)에 의해 '가우시안 코퓰라 함수(Gaussian Copula Function)'가 개발된 1997년까지 구조화증권은 광범위하게 도입되지 않았다. 그러던 것이 2004년에는 1,500억 달러, 2006년에는 5천억 달러가 넘어설 정도로 급증했다. 그 결과 누적 CDO의 명목가치 규모도 2000년에는 2,750억 달러에 불과했으나 2002년 6천억 달러, 그리고 2006년 말까지 26조 달러로 증가하였다.

가우시안 코퓰라 함수(Gaussian Copula Function) 데이비드 리는 중국에서 캐나다로 유학 와서 통계학 박사를 취득한 후 은행가로 일하던 중 생명보험회사를 위해 배우자의 사망과 남은 사람의 수명 간의 상관관계를 작업하던 친구의 도움을 받아 파산이 기업의 사망이라는 점에 착안하여 파산율 간의 상관관계를 모델화하였다. 그가 이용한 모델은 상호 의존하는 사건들에서 다양한 경우의 가능성을 예측하게 해주는 코퓰라 함수였다. 채권의 풀에 대한 가장 좋은 코퓰라 함수는 19세기 독일 통계학자 가우스(Gauss)의 이름을 딴 '가우시안 코퓰라 함수'였다. 데이비드 리는 J.P. Morgan Chase로 옮겼고, 2000년에는 자신의 아이디어를 'the Journal of Fixed Income'에 게재하였다. 데이비드 리가 대출 상품 간 상호 연관된 손실에 직면할 수 있는 확률을 계산할 수 있게 해준 '가우시안 코퓰라 함수'의 모형은 다음과 같고 일부에서는 월가를 무너뜨린 '악마의 공식'으로 부른다.[79]

$$\Pr[T_A<1, T_B<1] = \Phi_2(\Phi^{-1}(F_A(1)), \Phi^{-1}(F_B(1)), \gamma)$$

79 WSJ, 2005, "Slices of Risk: How a Formula Ignited Market That Burned Some Big Investors" (Sept. 12).

CDO는 유동성 공급에 크게 기여함으로써 서브프라임 모기지와 MBS에 대한 수요에 불을 붙였다.[80] 당해 발행된 서브프라임 MBS 자산으로 구성된 CDO가 2005년에만 2천억 달러에 달했는데 그 중 70%인 1,400억 달러가 AAA 등급을 받지 못했고, 2007년에는 전체 CDO의 명목가치가 3조 달러에 달했는데 그중 60% 이상이 AAA 등급을 받지 못했다.[81] 이는 주택담보대출의 조건이 매우 느슨해졌음을 의미한다. 소득이 부족하고 선지불(down payment) 능력이 없는 가구에게 담보가치(주택가격) 대비 대출 비율(LTV, loan to value)을 매우 높게 적용하고, 심지어 100%의 모기지를 제공하기도 하였다. 그러나 이런 대출 조건은 높은 이자율과 월 상환금을 특징으로 할 수밖에 없다. 2, 3년간은 이자율과 월 상환금을 낮게 했다가 높은 이자율과 상환액으로 재조정하는 변동금리부 모기지대출(ARMs, adjustable rate mortgages)을 적용하였다. 이른바 '미끼금리(teaser interest rates)' 방식이다. 많은 지역에서 주택가격이 연 10~20%씩 상승하는 상황을 이용하여 차입자에게는 주택가격이 상승하기에 2, 3년 내에 대출금 상환이 가능하다고 유혹했고,[82] 주택가격이 지속적으로 상승한다면 100% LTV는 90~80%로 하락하기 때문에 전통적인 모기지 조건(LTV 80% 이하의 프라임 등급)의 기준이나 프라임 점보 모기지(prime jumbo mortgage: 가장 높은 신용등급의 모기지) 조

80 서브프라임 모기지는 신용도가 떨어지는 개인들을 대상으로 집값의 90% 이상까지 대출해주는 장기 주택담보대출이다. 즉 비우량 주택담보대출로 서브프라임 모기지의 대출 금리는 우량 대출인 프라임 모기지의 대출 금리보다 2~3%가 높고, 대부분이 2년간 고정금리를 내다가 이후 28년 동안 변동금리를 내는 구조이다. 서브프라임 모기지 대출은 2006년 말 잔액기준으로 전체 모기지 대출 잔액의 12%를 차지하였고, 홈에쿼티론(home quity loan, HEL)까지 포함하면 24%에 달했다. HEL이란 주택 구입 가격에서 은행으로부터 집을 담보로 대출받은 돈을 제외한 집의 가치를 담보로 또다시 대출받는 소위 '2차 대출'로 담보물 차압에 있어서도 선순위(first-lien) 모기지에 밀린다.

81 신용평가기관들이 평가하였던 CDO의 풀에서도 서브프라임 MBS의 비중은 2003년 43.3%에서 2006년에 71.3%로 성장하였다. U.S. Securities and Exchange Commission, 2008, "Summary Report of Issues Identified in the Commission Staff's Examinations of Select Credit Rating Agencies" (July) p. 7.

82 2005년 전반기에 만들어진 모든 모기지의 약 1/4이 이자만 납부하는 대출이었다. 같은 해 미국 서브프라임 업계 1위 대출업체인 컨트리와이드(Countrywide)와 미국 최대 저축은행인 워싱턴 뮤추얼(Washington Mutual)이 발행한 ARM 옵션을 가진 모기지 중 68%가 이른바 '닌자론(a loan to someone with no income, no job or assets)'이었다.

▌표 2-5. 미국 MBS 상품별 발행 규모(연간, 10억 달러)

연 도	총MBS	최상등급(Prime)			비 최상등급			
		전 체	일반대출/ 적격대출	최상등급의 하나인 점보대출	전 체	프라임과 서브프라임 중간 Alt-A	서브 프라임	기 타
2001	2,593	2,002	1,481	591	591	64	187	340
2002	3,324	2,624	1,966	658	701	77	230	393
2003	4,445	3,504	2,772	732	941	96	349	496
2004	3,204	1,893	1,328	565	1,311	209	593	510
2005	3,312	1,762	1,157	605	1,550	403	663	483
2006	3,064	1,511	1,019	494	1,552	412	618	526
2007	2.430	1,509	1,162	347	922	275	191	456

출처: Inside Mortgage Finance, 2008, 2008 *Mortgage Market Statistical Annual*.

▌표 2-6. CDO 트랑세 유형별 투자자 분포(10억 달러, %)

CDO 트랑세	보험회사	헤지펀드	상업/투자은행	자산운용사	합계(비중)
AAA	207	363	435	174	1,179(39.3)
AA	36	120	105	120	381(12.7)
A	9	138	42	87	276(9.2)
BBB	18	129	9	120	276(9.2)
BB	0	69	9	9	87(2.9)
Equity[1]	27	573	147	51	798(26.6)
전 체	295	1,396	746	564	3,001
비 중	9.8%	46.5%	24.9%	18.8%	100%

주: 1. Equity는 가장 신용등급이 낮은 CDO로 위험 발생 시 가장 먼저 처분되는 CDO.
OECD, 2007, "Structured Products: Implications for Financial Markets".

건으로 이자율 조정이 가능하다고 유혹하였다.83

이처럼 낮은 신용등급을 갖는 서브프라임 모기지로 구성한 채권이 어떻게 시장에서 거래되고 폭발적으로 성장할 수 있었던 것인가? 이를 알기 위해서는 CDO의 제조 방식을 이해할 필요가 있다. 구조화금융의 핵심 아이디어는 〈고위

83 미국의 모기지 시장은 신용등급에 따라 크게 프라임(prime conforming conventional mortgage), 프라임 점보(prime jumbo), 알트에이(Alt-A), 서브프라임(subprime mortgage) 시장으로 구분된다.

험-고수익〉을 갖는 자산의 신용을 높은 신용의 자산(저위험-고수익)으로 전환시키는 것이다. 금융이론에서 리스크를 낮추는 기본적 방법은 투자의 분산이다. 구조화상품이 기초자산의 풀에 많은 증권을 포함시키는 이유이다. 그러나 풀 자체로 리스크가 분산되지는 않는다. 파산 상관성이 낮은 기초자산들로 풀을 만든 후 은행들은 이 풀을 여러 개의 조각으로 자른다. 이를 트랑세(tranches)라 부른다. 파산 상관성이 낮은 증권들을 많이 포함할수록 기초자산의 평균 신용등급보다 높은 등급을 갖는 트랑세를 많이 만들 수 있다.

이제 CDO를 제조하는 방법을 간단한 예로 살펴보자. 채무불이행(파산, default)의 경우 0달러, 그렇지 않을 경우 1달러를 받을 수 있는, 그리고 일정한 채무불이행 확률(P_D, 예=10%)을 가진 두 개의 동일한 채권을 가정하자. 이제 이 두 개의 채권을 하나의 포트폴리오에 섞게(pool) 되면 기초자산의 총 명목가치는 2달러가 된다. 이를 기초로 두 개로 자른 1달러의 트랑세, 즉 선순위 트랑세(senior tranche)와 후순위 트랑세(junior tranche)를 만든다. 후순위 트랑세는 하나 이상의 채권이 채무를 불이행할 경우에는 보상을 받지 못하고, 그렇지 않을 경우 1달러를 보상받는다. 반면, 선순위 트랑세는 후순위 트랑세의 자본이 고갈된 후 위험을 떠안기에 두 채권 모두가 채무불이행할 경우만 보상을 받지 못하고 그렇지 않은 경우에는 1달러를 보상받는다. 여기서 신용등급을 높이기 위해서 두 개 기초자산 채권의 채무불이행이 서로 관련되어 있지 않다고 가정한다. 즉 두 개 기초자산채권의 수익과 위험은 서로 독립적이라 가정하는 것이다. 이런 가정하에 선순위 트랑세의 채무불이행 확률, 즉 보상받지 못할 확률은 1%(=10%×10%)가 된다. 따라서 기초자산의 평균 채무불이행 확률(10%)보다 낮기에 높은 신용등급을 부여받을 수 있다. 이제 동일한 성격을 갖는 하나의 채권을 추가해 세 개의 채권을 기초자산으로 한 풀(pool)을 활용해 트랑세를 만들어 보자. 같은 논리로 계산을 하면 세 개의 채권 모두가 채무불이행할 경우 손실을 보는, 즉 보상을 받지 못하는 선순위 트랑세의 채무불이행 확률은 0.1%가 되고, 두 개 이상의 채권이 채무불이행할 경우 손실을 보는 중간 혹은 메자닌[84] 트랑세(middle or mezzanine tranche)의 채무불이행 확률은 2.8%(=0.9×0.1×0.1×3+0.1×0.1×0.1=$_3C_2(0.9)(0.1)^2+{_3C_3}\ (0.1)^3$) 가 되며, 한 개 이상의 채권이 채무불이행할 경우 손실을 보는 후순위 트랑세의 채무불이행 확률은 27.1%(=1-0.9× 0.9×0.9=1-$_3C_3(0.9)^3$)가 된다. 이처럼 풀 안에 하나의 기초자산을 추가해 세 개의 CDO를 만듦으로써 자본의 2/3는 기초자산의 평균 리스크보다 낮은 리스크를 갖게 되었다.

게다가 구조화금융상품의 특징은 후순위 트랑세를 증권화 기술을 사용해 우량 등급의 자산으로 전환시킬 수 있다는 점이다. 이른바 '2차 CDO(CDO-squared, CDO^2)'이다. 신용평가사 무디스에 따르면 '2차 CDO'는 모든 증권화 상품의 총 명목가치에서 1998년에는 2.6%에 불과했으나 2006년에는 55%로 증가하였다. 두 개의 채권을 풀로 하여 만든 CDO 중 후순위 트랑세의 채무불이행 확률은 19%(=1-0.9×0.9)였다. 여기에 똑같은 채무불이행 확률(19%)을 가진 또 다른 후순위 트랑세를 섞어 풀을 만들어 새로 발행한 선순위 트랑세는 두 개의 후순위 트랑세가 모두 채무를 불이행할 경우에 손실을 보는 CDO로 이 증권의 채무불이행 확률은 3.6%(=0.19×0.19)가 된다. 이는 본래 후순위 트랑세의 채무불이행 확률 19%보다 훨씬 낮게 된다.

이처럼 구조화금융의 핵심 아이디어는 기초자산의 풀에 많은 증권을 포함시킬수록 기초자산의 평균 신용등급보다 높은 등급을 갖는 트랑세를 많이 만들 수 있다는 것이다. 예를 들어, 앞에서 가정한 파산 확률 10%인 채권(기초자산) 4개로 구조화상품을 만들 경우 0.01%, 0.37%,

표 2-7. 2005~07년 발행된 서브프라임 MBS로 만든 CDO(%)

	3년 파산율 추정치	실제 파산율
AAA	0.001	0.10
AA+	0.01	1.68
AA	0.04	8.16
AA−	0.05	12.03
A+	0.06	20.96
A	0.09	29.21
A−	0.12	36.65
BBB+	0.34	48.73
BBB	0.49	56.10
BBB−	0.88	66.67

출처: Donald Mackenzie, University of Edinburgh.

84 이탈리아어로 건물의 1층과 2층 사이에 있는 라운지 등의 공간을 의미한다.

5.23%, 34.39%의 채권을 생성할 수 있어 2개의 채권은 판매가 가능해진다. 파산 확률이 10%인 채권 5개로 만들 경우에는 0.001%($=0.1^5$), 0.046% ($=0.1^4\times 0.9\times5+0.1^5$), 0.856%($=0.1^3\times0.9^2\times10+0.1^4\times0.9\times5+0.1^5$), 8.146%($=0.1^2\times0.9^3\times 10+0.1^3\times0.9^2\times10+0.1^4\times0.9\times5+0.1^5$), 40.951%($=1-0.9^5$)의 채권을 생성해 3개 채권의 판매가 가능하다. 신용평가사 피치(Fitch)의 2007년 신용평가에 따르면 회사채의 경우 전체의 1% 미만이 최고등급인 AAA를 받은 반면, 전 세계 구조화상품은 약 60%가 AAA를 받았다.

그런데 2007년 메릴린치가 발행한 AAA 등급의 30개 자산담보 CDO 트랑세 중 27개가 금융위기 이후 정크 본드(junk bond)[85] 수준으로 떨어졌다.[86] 무디스(Moody's)도 2000~07년간 발행한 약 4만 5천 개의 모기지 관련 증권이, 특히 2006년 발행한 증권에는 하루 30개가 최고 신용등급(AAA)의 상품들이었는데 이 중 83%가 금융위기 이후 등급이 강등되었다.[87] 그 결과 지난 10년간 10배 이상 증가했던 구조화금융상품이 2008년 첫 2분기 동안은 분기당 50억 달러로 축소되었다. 이는 신용평가사의 수입구조 변화에서도 확인된다. 2006년까지 무디스는 수입의 44%가 구조화상품에서 나왔는데 이는 전통적인 수입 기반인 회사채 신용평가의 32%를 크게 상회하는 것이었다. 그런데 2008년까지 신용평가사의 구조화상품 수입은 사라져버렸고, 신용평가사들의 주가는 50%까지 하락했다. 시장이 신용평가사들의 수입 하락을 일시적인 것이 아니라 지속될 것으로 보았기

85 정크본드(junk bond)란 일반적으로 기업의 신용등급이 아주 낮아 회사채 발행이 불가능한 기업이 발행하는 회사채로 '고수익채권' 또는 '열등채'라고도 부른다. 신용도가 낮은 회사가 발행한 채권으로 원리금 상환에 대한 불이행 위험이 큰 만큼 이자가 높다. 1970년대 미국 정크본드 시장의 대부로 불렸던 마이클 밀켄(Michael R. Milken)이 하위등급 채권을 정크라고 부른 데서 유래되었다. 당시에는 신용도가 높은 우량기업이 발행한 채권 중 발행 기업의 경영이 악화되어 가치가 떨어진 채권을 가리켰으나, 최근에는 성장성은 있으나 신용등급이 낮은 중소기업이 발행한 채권이나 M&A에 필요한 자금을 조달하기 위해 발행한 채권 등을 포함하는 넓은 개념으로 사용되고 있다. 무디스는 신용등급이 Ba 1, S&P는 신용등급이 BB 이하, 피치(Fitch)는 신용등급이 BB 이하인 기업이 발행한 채권이 정크본드로 분류된다.

86 S. Craig, R. Smith, and S. Ng., 2008, "Merril Aims to Raise Billions More: Firm Dumps Mortgage Assets as Crisis Drags Another Big Write-Down," *Wall Street Journal* (July 29).

87 Financial Crisis Inquiry Commission Report, 2011, p. xxv.

때문이다.[88]

그렇다면 신용평가기관들의 등급 산정 실패와 신용평가(등급) 인플레이션의 원인은 무엇일까? CDO 수익률에 대한 과거 자료가 부재하는 상황에서 CDO의 기초자산인 MBS의 과거 파산 확률 계산에 기초한 몬테칼로 모의실험(Monte Carlo simulations) 방식으로 산정한 것이다. 몬테칼로 모의실험이란 불확실한 상황 하에서의 의사결정을 목적으로 확률적 시스템의 모의실험에 이용되는 절차로, 몬테칼로 시뮬레이션의 핵심은 모형에서 가정한 확률분포에 따라 무작위(random) 표본추출에 의해서 우연결과를 발생시켜 주는 데 이용한다.[89] 그런데 파산률이 낮았고 주택가격이 상승했던 1990~2000년 시기를 기준으로 MBS의 파산 확률을 계산하다 보니 확률이 저평가되었던 것이다. 단기간 관찰에 지나치게 의존해 일반화시켜 미래를 예측하는 이른바 '외삽법의 오류(extrapolation bias)'를 범한 것이다. 앞에서도 언급했듯이 이 시기는 80년대 중반 이후 경기사이클의 변동성이 크게 감소한 '대 안정기'에 해당하는 '예외적'인 기간이었다. 그 결과 부동산 시장의 글로벌 대폭락 가능성을 배제함으로써 파산 가능성 간 강한 연관성, 예를 들어 은행간대출(interbank lending)을 통한 금융회사 간 상호의존성을 간과하였다. 즉 CDO는 개별 리스크(idiosyncratic risk)를 억제한 반면, '시스템 리스크(system risk)'[90]와 '꼬리 리스크(tail risk)'[91]의 취약성을 내재한 금융상품이었다. 이는 시장 기반의 금융시스템(market-based financial system)의 기본 특성으로 시가(mark-to-market) 방식의 레버리지 제약과 더불어 그림자금융의 안정성이 손상됐

88 신용평가회사들이 MBS의 신용등급을 부풀린 혐의로 S&P는 13억7천만 달러의 벌금을 내기로 미 법무부와 합의했고, 비슷한 혐의로 무디스도 조사를 받고 있다.

89 몬테칼로 시뮬레이션을 모의적 표본추출법(simulated sampling technique)이라고도 부르는 이유이다.

90 한 금융기관의 도산 또는 일시적인 유동성 부족으로 인한 결제 불능이 연쇄적으로 다른 참가기관의 결제불능을 유발시켜 결제 시스템 전체의 기능마비를 초래할 수 있는 위험으로 금융회사간의 음(-)의 외부성의 존재를 전제로 한다.

91 평균치를 중심으로 대칭을 이루는 종 모양의 정규분포 곡선을 따를 때 바깥쪽으로 갈수록 높이가 낮아지는 꼬리 모양을 이루는데 '꼬리 리스크'란 리스크 발생 확률이 매우 적은 맨 꼬리 부분에 위치한 데서 비롯한다.

을 때 투매(fire-sale) 가격으로 자산 청산을 강제함으로써 시장 전체를 붕괴시켰다.

게다가 신용평가사 역시 상당 부분의 거래가 (장)부외거래였고, 수학모델에 의존한 복잡성으로 평가를 제대로 수행하기 어려웠다. 여기에 평가수수료의 수입 극대화를 추구하는, 즉 신용등급 장사(rating shopping)의 유인을 갖고 있는 신용평가사의 '도덕적 해이'가 신용등급 인플레이션(ratings inflation)에 기여하였다. 즉 CDO의 거래 규모가 폭발적으로 증가한 것은 이를 구매할 투자자가 있었기에 가능했고, 투자자들이 천문학적인 투자를 할 수 있었던 것은 무디스, S&P, 피치 등 3대 국제신용평가사들의 '보증'에 기초한 것이었다. 본질적으로 CDO는 기초자산을 많이 섞을수록 상품의 질이 높아지도록 설계한 '복합파생상품'이었다. 즉 상품의 구성이 매우 복잡할 수밖에 없었기에 투자자가 모든 기초자산의 질을 조사함으로써 CDO의 위험을 제대로 인지하는 것은 불가능하였고, 그 결과 신용평가사들이 부여한 신용등급에 의지할 수밖에 없었다. 즉 증권화는 새로운 정보의 비대칭성 문제를 야기한 것이다.[92] 금융상품에 대한 최종투자자들은 모기지 대부의 질과 원리금의 순조로운 상환이라는 장기적 성과 등에 관심을 갖는 반면, 모기지 대부자나 MBS, CDO 등 자산유동화증권의 발행자들에 대한 신용평가를 맡은 신용평가기관 그리고 자산운용사 등의 경우 이들의 수입원이 기본적으로 증권 거래량에 비례하는 수수료이기에 모기지 및 증권의 발행량과 운용자산의 양에만 관심을 가질 뿐 선별과 감시의 비용을 절약할 유인을 가졌다. 즉 주인(최종투자자)과 대리인(모기지 발행자, 은행, 자산관리자, 신용평가회사 등) 간 정보의 비대칭성에 따른 '대리인문제(agency problems)'가 존재한 것이다. 증권화 기반의 신용 중개

---

92 이러한 문제는 주택담보증권을 기초자산으로 한 유동화증권의 매입과 관련된 손해배상 소송이나 환매 요구 등이 크게 증가한 이유가 된다. 즉 금융상품 판매 시 투자자에게 위험성 고지, 상품 구성, 환매조건, 펀드 가입 시 위험성인지 확인, 투자자의 투자성향에 맞는 위험성 관리 및 상품 권유 등의 절차를 지켜야 하는 데 유동화증권 기초자산이 안고 있었던 위험을 제대로 공시하지 않았다는 '불완전판매'를 이유로 패니매와 프레디맥 등 정부보증 모기지업체, 연방주택금융청(FHFA), 전국신용조합감독청(NCUA), 연방주택대출은행(FHLB), 공적 자금이 투입된 AIG, 일반 투자가 등이 대형은행들을 상대로 손해배상 소송을 제기하였고, 블랙록(BlackRock)이나 핌코(PIMCO) 등 기관투자자 등은 환매를 요구하였다.

(주인-)대리인 문제 어떤 일을 주인이 직접 하기에는 능력이 없거나 시간이 없어 대리인을 선정해 그에게 일 처리를 맡길 때 대리인이 주인을 위해 얼마나 열심히 노력했는지에 관한 정보가 비대칭적으로 분포되어 있는 데서 발생하는 문제이다.

도덕적 해이 '주인-대리인 문제'가 발생하는 비대칭적 정보 하에서 어떤 경제주체(대리인)의 합리적 행동의 결과가 다른 경제주체(주인)의 목표에 반하는 결과로 귀결되는 경우를 말한다. 예를 들어, 기업의 주인인 소유주(주주)가 대리인인 경영자의 행위를 관찰하지 못할 때 대리인의 합리적 행위(이기심)가 초래하는 현상을 '도덕적 해이'라 한다.

방식이 초래한 대리인문제는 신용중개 효율성을 증대시켰지만 전체 시장의 붕괴라는 리스크를 만들어냈다.93

CDO와 더불어 금융위기 이전까지 폭발적으로 증가한 것이 신용파산스왑(CDS)이다. CDS는 채권 파산을 보증하는 보험정책과 같은 것이다. 채권 소유자는 채권을 보호하기 위해 채권에 대한 CDS를 구매할 수 있다. 채권이 파산할 경우 채권의 가치만큼 지급받는다. 파산 가능성이 증가함에 따라 보험 비용이 보다 증가하기 때문에 CDS의 가격은 자연스럽게 변화한다. 따라서 어떤 채권을 소유하지 않아도 CDS를 구매할 수 있다. 예를 들어, 어떤 투자자가 소유한 GM 채권 1천만 달러의 파산에 대한 보호를 원할 경우 투자자는 CDS를 구입하고 매년 50만 달러를 지불할 것이다. 그리고 이를 통해 GM 채권이 파산할 경우 채권의 액면가치에 대한 보상을 받을 것이다. 그런데 GM이 시간이 지남에 따라 파산 가능성이 증가하는 것으로 보일 경우 CDS 가격은 상승(예: 60만 달러)할 것이고 첫 번째 구입자는 10만 달러의 수익을 거둘 것이다. CDS는 CDO와 밀접한 관련을 맺고 있다. CDO 중에서 가장 많은 거래가 이루어진 것이 '합성 CDO(synthetic Collateralized Debt Obligation)'였다. 합성 CDO는 일반 CDO보다 과도한 수익과 리스크를 제공하는 것이 가능하였는데 CDS로 자산 풀의 채권을 뒷받침했기 때문이다.

93 대리인문제는 금융위기 이후 금융산업에 부과된 벌금 규모에 잘 드러난다. 2012-14년간 금융산업이 지불한 벌금은 1,390억 달러에 달했다. L. Zingales, 2015, p. 4.

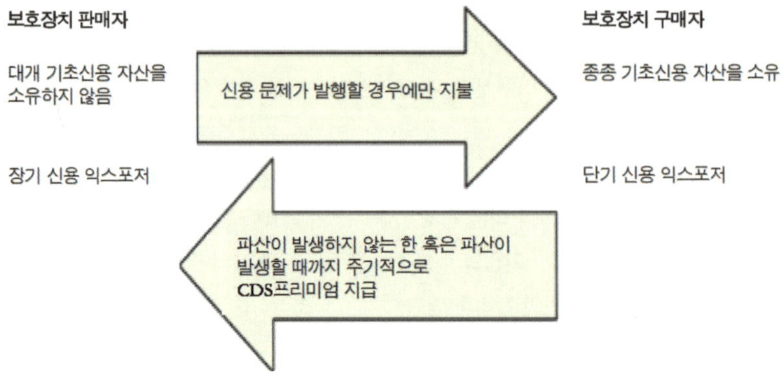

출처: J. Tavakoli, 2001, *Credit Derivatives and Synthetic Structures: A Guide to Instruments and Applications*, 2nd Edition; PIMCO.

그림 2-29. 일반 CDS 거래

즉 이처럼 일반적인 CDO는 이전 대상이 되는 자산의 법적 소유권이 투자자에게 이전되는 것이 보통인 반면, 합성 CDO는 자산의 소유권이 자산 소유자의 장부에 그대로 남고 자산과 관련한 신용위험만이 3자에게 이전될 뿐이다. 이 때문에 채무자와의 관계에 변화가 없으며 자산의 규모에 비해 유동화증권의 규모도 작아 발행이 쉽고 비용도 적게 든다.

금융위기의 중심에 있었던 CDS는 90년대 중반에 처음 도입되었다. (앞에서 소개한) 70년대 초에 등장한 신용보증 모델을 MBIA와 AMBAC 같은 모노라인이나 보험회사 AIG 등이 은행이나 헤지펀드 대상으로 MBS, CDO, 기타 자산에 적용하였다. 거래소나 결제기구 등의 밖에서 쌍방 협정에 의한 거래로 리스크를 각자 스스로 관리하고, 당사자 이외에는 계약 조건을 알지 못한다는 점에서 CDS 거래 역시 장외거래(OTC)이다. 즉 대부분 금융회사들이 거래에 참여했지만 CDO나 CDS에 대한 공공 지식이 존재하지 않았다. CDS가 673조 달러[94]까지 폭발적으로 성장할 수 있었던 것은 2000년 연방 및 주 정부에서 장외파생상품거래에 대한 규제를 금지하는 입법이 이루어지면서였다. 또한, CDS 거래의 경우

94 계약잔액(notioanl amount) 기준. *Financial Crisis Inquiry Commission Report*, 2011, p. xxiv.

CDS 판매자에게 최소 자본이나 자산 확보의 의무도 배제되었다. 그 결과 파산할 경우 CDS 판매자는 지불 약속을 이행하는 데 필요한 충분한 자금을 갖지 않았다.

이와 같이 CDO와 CDS는 탈규제[95]와 혁신, 장외거래(OTC), (장)부외거래(off-B/S), 그림자금융, 금융회사 간 상호연관성, 투명성 결여, 리스크 집중, 투기 등 80년대 이후 금융의 모든 특성이 응축되어 있었다.[96] 즉 CDS는 다음 세 경로를 통해 금융위기에 기여하였다. 첫째, 모기지 증권화를 가열시켰다. 둘째, 합성 CDOs(synthetic CDOs)의 창조에 기여하였다. 예를 들어, 골드만삭스는 2004년 7월 1일부터 2007년 5월 31일 기간 동안 합성 CDO 제조에 3,400개 이상 모기지 증권을 사용했고, 그 중 610개는 두 번 이상 활용해 730억 달러어치를 판매하였다. 그런데 합성 CDO의 판매는 CDS가 있었기에 가능했다. 790억 달러 규모의 CDS를 판매한 AIG에 1,800억 달러 이상의 공적 자금을 투입한 이유도 AIG 파산이 글로벌 금융시스템을 통해 손실을 눈덩이처럼 확산시킬 수밖에 없었기 때문이고, '시스템적으로 중요한 금융회사(SIFI, systemically important financial institutions: 시스템 리스크에 기여도가 높다고 판단되는 금융회사)' 간 수백만 개의 보이지 않고, 알려지지 않은 파생상품 계약들을 구제하지 않으면 불확실성이 금융시장을 뒤덮고 공황을 촉발시킬 수밖에 없었기 때문이다. 2007년 기준 미결제 CDS 규모는 세계 GDP 규모와 맞먹는 60조 달러로 추정되었다(그림 2-30).

이처럼 CDO 및 CDS에 의해 지원을 받은 합성 CDO가 낮은 등급의 서브프라임 MBS에 대한 수요를 가능케 했고 자산가치 인플레와 버블을 야기시킨 것이다. 은행들은 이렇게 모기지 채권을 유동화한 자금으로 다시 주택담보대출을 남발했다. 앞에서 언급했듯이 신용도가 낮은 사람들에게까지 미끼금리를 내걸어 집을 사도록 꼬드겼다. 집값은 계속 올랐고 모두가 행복해 하는 나날이 이어졌다.

---

95 대출의 증권화는 서브프라임모기지 기준 완화의 논리로 작용했다.

96 그린스펀(Greenspan)은 복합금융상품들이 금융시스템의 발전에 기여한 것을 다음과 같이 표현하고 있다. "이러한 점점 복잡해지는 금융상품들이 4반세기 전보다, 특히 지난 2, 3년의 힘들었던 기간에 금융시스템을 보다 유연하고, 효율적이고, 회복에 강하게 발전시키는 데 기여해오고 있다." Greenspan, 2002, "World Finance and Risk Management," Speech at Lancaster House (Sep. 25).

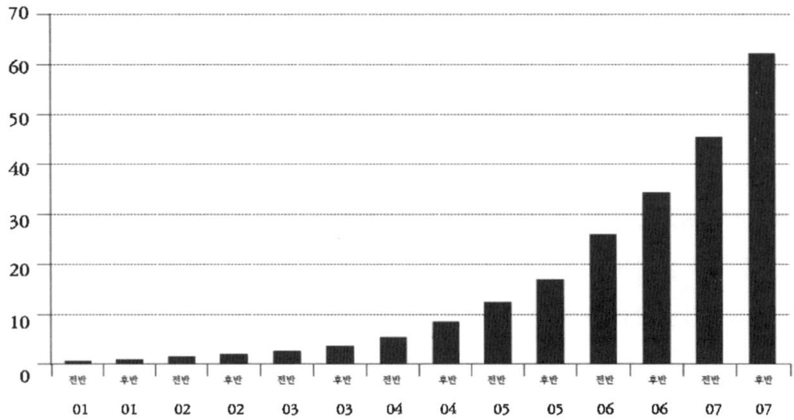

출처: International Securities and Derivatives Association.

▌그림 2-30. 미결제된 CDS의 규모

가계는 집값이 오르자 더 많은 빚을 얻어 소비를 즐겼고, 월가의 대형은행과 투자은행, 헤지펀드, 보험사들도 모기지와 모기지 파생상품으로 목돈을 챙겼다. 그러나 행복은 오래 가지 않았다. 부동산 경기가 거꾸러지자 여기저기 피해자가 속출했다(그림 2-31, 32). 리먼브러더스와 메릴린치 등 기라성 같은 투자은행이 문을 닫았다. 수수료를 받고 채권의 부도위험을 떠안았던 CDS 투자자들도 뒤통수를 맞았다. 세계 최대 보험사 AIG도 이렇게 망가졌다. AIG는 CDS 채무 변제를 위한 구제금융 지원에 대한 정부 압력을 행사하였고, 그 결과 정부는 AIG에 1,820억 달러라는 미국 역사상 최대의 구제금융을 투입하였다.[97] 호황기 때 막대한 레버리지(부채)를 일으켜 모기지 파생상품에 투자했던 금융회사들은 부도를 피하기 위해 서둘러 보유 중이던 주식과 채권 상품 선물을 팔아대기 시작했다. 거대한 디레버리지(Deleverage, 채무 축소)의 물결 앞에 전 세계 금융시장이 일제히 비명을 질러댔다. 디레버리지는 자산가격 하락 → 대출의 담보가치 하락 → 자금회수 및 추가담보 요구 → 부채 상환을 위한 자산 매각 → 자산가격 하락의 악순환을 형성

97 AIG가 발행한 CDS에 미국의 골드만삭스, 메릴린치, 와코비아 등 미국 은행들뿐만 아니라 영국의 바클레이즈(Barclays), 프랑스의 소시에테 제네랄(Société Générale), 독일의 도이체방크(Deutsche Bank), 스위스의 UBS 등 전 세계 주요 은행들이 투자하였기 때문이다.

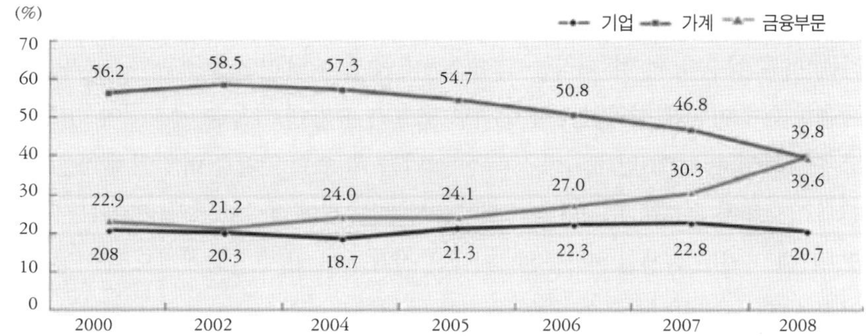

출처: 삼성경제연구소, 2009, "금융패러다임의 변화, 과거 10년과 미래 10년", SERI 경제포커스, 제243호(5월 19일), p. 4에서 재인용.

▌그림 2-31. 영국 은행 여신의 부문별 비중

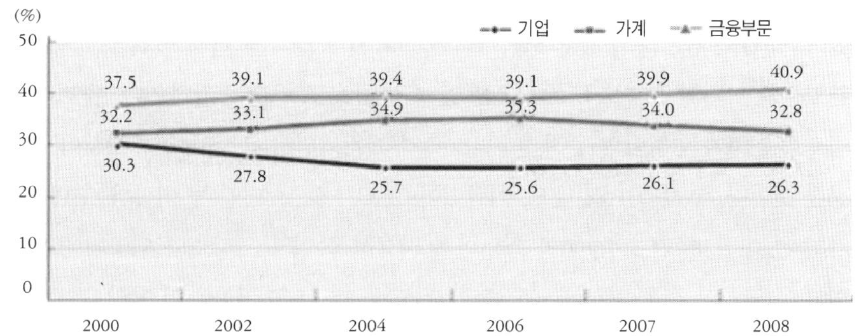

주: 은행 여신뿐 아니라 직접 자본시장에서 조달한 부채까지 포함.
출처: 삼성경제연구소, 2009, p. 5에서 재인용.

▌그림 2-32. 미국 은행 여신의 부문별 비중

한다. 한국도 예외가 될 수 없었다. 우리은행도 2005~07년 CDO와 CDS에 각각 10억 7천만 달러와 4억 8천만 달러를 투자했다가 이 중 12억 5천만 달러의 손실을 봤다. 본연의 임무인 '위험 헤지'에서 벗어나 돈벌이 수단으로 전락했던 파생금융상품이 금융시장의 '대량살상무기'로 되돌아 온 것이다. 리스크를 쪼개 끊임없이 분산하면 '위험 제로'의 상품을 만들 수 있으리라던 월가 금융공학자들의 자만은 비극으로 끝났다.

금융위기 이전에 CDS의 위험에 대한 지적이 없었던 것이 아니다. 2003년 상원 은행위원회(the Senate Banking Committee)에서 "파생금융상품의 계약을 규제하는 것은 실수가 될 것"이라는 그린스펀의 주장과 달리 소로스는 "우리가 파생금융상품이 어떻게 작동하는지 실제로 모르기 때문에 사용을 금지해야 한다"라고 주장하였다. 1970년대 뉴욕시 파산을 막는 데 주요 역할을 하였던 투자은행가 펠릭스 로하튼(Felix Rohatyn)도 파생금융상품을 '잠재적 수소폭탄'으로 묘사하였고, 워렌 버핏도 파생금융상품은 "지금은 잠복되어 있지만 잠재적으로 치명상을 입힐 수 있는 대량살상무기"라는 경고를 보냈다.

상호의존성과 복잡성의 망을 형성한 CDO와 CDS가 리스크 증가와 리스크의 전염을 발생시킨 것도 예고된 것이었다. 은행간대출을 통해 전 세계의 그물망이 형성되었기 때문이다. 미국이나 영국의 경우 은행간대출의 비중은 40%에 달했다. 유럽 은행들의 은행간대출 비중은 미국이나 영국에 비해 훨씬 낮았지만[98] 단일통화 도입의 효과로 EU 내 은행 간 거래 규모도 크게 증가하였다. 유로화 도입으로 통화가치 하락의 우려(환율리스크)가 제거되면서 유로 내 신용시장이 급성장한 것이다. 그리스, 아일랜드, 이탈리아, 포르투갈, 스페인 등 이른바 GIIPs 국가의 총 대외채무(1조 7,990억 달러)의 60.4%를 독일과 프랑스와 영국이 투자하였고, 이탈리아 총 대외부채(1조 966억 달러) 중 35.5%인 3,891억 달러를 프랑스가 차지하고 있을 정도로 그물망 구조가 형성되어 있었다. 그리고 여기에 CDS가 매개되어 있다. 2011년 7월 15일 기준 국가부채에 대한 CDS 규모는 이탈리아가 236억 달러, 프랑스가 208억 달러, 스페인이 186억 달러, 독일이 166억 달러, 영국이 120억 달러, 포르투갈이 60억 달러, 그리스가 46억 달러 등에 달했다.[99] 주택시장의 글로벌 동조화 역시 글로벌 금융의 그물망 구조와 관련 있다. 미국의 주택가격 추이를 대표하는 'S&P 케이스-쉴러(Case-Shiller)'지수를 고안한 칼 케이스(Karl Case) 미국 웰슬리대(Wellesley College) 교수는 주택가격의 글로벌 동조화

98 예를 들어, 프랑스 은행들의 타 은행 여신은 6.5%를 차지할 뿐이다.

99 그 밖에도 오스트리아 59억 달러, 벨기에 71억 달러, 브라질 173억 달러, 중국 75억 달러, 일본 86억 달러, 멕시코 90억 달러, 터키 59억 달러, 미국 48억 달러 등이다. Busnisessweek, 2011, "The Long Shadow of Credit Default Swaps" (July 25-31), p. 39.

원인을 금융시장의 글로벌화에서 찾았다. 미국의 주택가격이 전 세계 주택시장에 미치는 영향이 커진 것도 글로벌 동조화의 한 요인으로 꼽힌다. 국제통화기금(IMF)도 2004년에 내놓은 '세계경제전망—글로벌 주택가격 붐'이라는 보고서에서 미국의 주택가격이 전 세계 주택가격을 선도하고 미국 집값이 내려가면 세계적으로 강한 동조화 현상이 나타날 것이라고 예측했다.

요약하면, 자산의 증권화는 매출극대화 효과뿐만 아니라 리스크 나누기 효과로도 증폭되었다. 예를 들어, 주택담보대출(모기지)의 증권화는 대출 발행자의 일부 리스크가 다른 금융회사로 이전되는 것을 의미한다. 즉 은행 등 중개기관이 증권화를 통해 보다 효율적으로 리스크 나누기를 허용하고 추구할수록 충격(shock)에 따른 개별 금융회사의 비용과 이자율 스프레드(spread)는 하락하지만 시스템 리스크가 증폭하는 이른바 '리스크 나누기와 시스템 리스크 창출'이라는 역설이 발생한다. 앞에서 보았듯이 리스크 나누기는 증권화를 통해서만 이루어지는 것이 아니다. CDS, 상업은행(CB)과 투자은행(IB)의 통합, 중개 체인의 증대(복잡화) 등을 통해서 리스크 나누기는 지속된다. 즉 모기지 회사의 주택자금대출은 증권화를 통해 MBS 발행으로 이어지고, MBS를 인수한 은행 등은 이들을 묶어 CDO를 발행하고, 이 CDO에 대해 신용보증회사는 CDS를 발행했듯이 리스크는 계속 나누어졌다. 여기에 은행간대출이나 머니마켓(money market, 단기금융상품시장) 혹은 자금조달시장(funding market)[100]을 통한 투자은행의 단기자금 조달도 리스크를 나누게 된다.

100 ABCP 이외에 경매방식채권(Auction Rate Securities, ARS: 입찰 방식으로 금리를 결정하는 채권), 조건부채권(Tender Option Bonds, TOB: 단기자금을 끌어 모아 장기 지방채를 사는 '채권 매입용 채권'), 변동금리 요구 채권(Variable Rate Demand Notes, VRDN: 채권 발행 시 만기 시까지 약정 금리를 확정시키지 않고 기간별로 금리를 새로 결정하는 채권) 등이 단기펀딩 상품들로 이용되었고, 특히 그림자금융의 경우 국채나 고신용 ABS를 담보로 1일물 RP(overnight RP)가 많이 활용되었다. 2002~07년간 1일물 RP 규모는 10조 달러 이상으로 성장하였다. E. Perotti and J. Suarez, 2011, "A Pigovian Approach to Liquidity Regulation," DNB Wp. no. 291 (April), p. 2.

▪ 경제의 채무화와 부채에 의존한 성장

주택자산 가치의 과열과 파열(boom and bust)이 가계와 금융회사의 과도한 부채와 관련이 있듯이 금융위기 이전, 특히 90년대 이후 글로벌 경제 성장의 상당 부분은 차입(레버리지)에 의존한 것이었다. 물론, 부채 성장의 정도는 국가 혹은 지역마다 상이하였다. 주로 산업화를 이룬 경제들[101]에서 부채가 크게 증가했다. 브릭스(BRICs, 브라질 · 러시아 · 인도 · 중국) 등 신흥국 경제의 경우(부채/GDP) 비율이 큰 변화가 없었지만 산업화된 국가들의 성장이 신흥국 경제의 성장에 크게 영향을 미칠 수밖에 없었다는 점에서 차입 증가와 레버리지는 글로벌 현상이었다고 할 수 있다. 레버리지의 정도는 경제 부문별로 차이가 존재하였지만, 금융과 가계부문이 주도하였다. 산업화된 국가들을 기준으로 2000~08년간 총부채는 40조 달러가 증가했는데 금융부문에서 약 11조 달러가 증가했다. 나머지 29조 달러는 실물부문에서 증가했다. 예를 들어, 1978~2007년간 금융부문이 보유한 부채는 3조 달러에서 36조 달러로 증가했고, 이는 GDP 대비 비중으로 두 배 이상의 증가였다.[102] 문제는 약 11조 달러를 증가시킨 가계 차입이 부동산 붐과 관련된 것이라는 점이다. 2007년까지 주거용 모기지에 대한 은행 대출은 영국에서 GDP의 81%, 미국에서 73%나 되었다. 반면, 기업에 대한 은행 대출은 영국과 미국에서 각각 46%와 36%에 불과했다.[103] 그 결과 금융 부문에서 미국의 경우 금융위기 이전 30년간 GDP 대비 금융산업의 부채 비중이 20%에서 120%로 6배 증가하였고,[104] 영국의 경우에도 GDP 대비 금융자산의 비중이 150%에서 550%까지 증가하였다. 2008년 로열 뱅크 오브 스코틀랜드(Royal Bank of Scotland, RBS)의 구제를 위해 460억 파운드(850억 달러)라는 엄청난 공적 자금이 투

---

101 한국, 독일, 미국, 스위스, 스페인, 영국, 이탈리아, 일본, 캐나다, 프랑스 등이 포함되었다.

102 예를 들어, 2008년 글로벌 금융위기 당시 미국 5대 투자은행(IB)의 차입비율은 36배에 달했다.

103 물론, 유럽에서는 모기지 대출이 미국이나 영국보다 낮았다. 예를 들어, 독일에서 모기지 대출은 35%에 불과한 반면, 기업에 대한 대출은 51%였다.

104 특히 90년대 후반 이후 빠르게 증가했다. 1978년 20%에서 88년 40%, 98년 70%, 그리고 2008년 120%로 증가하였다. GDP 대비 미국 전체 부채는 대공황 발발 직전인 1929년에 3배였으나 2007년에는 5배까지 증가하였다.

입되었던 이유도 영국 대형은행의 자산이 영국 GDP의 약 4.5배나 될 정도였기 때문이다.105

이른바 선진경제(OECD 18개국의 평균)의 비금융부문의 총부채는 1980년의 168%에서 2010년 314%까지 증가했다(그림 2-33, 표 2-8). 정부부문이 42%, 기업부문이 42%, 그리고 가계부문이 56% 증가했다. 인플레를 조정한 실질 부채로 보더라도 비금융부문의 총부채는 연 4.5%에 가까운 속도로 증가했다. 기업의 실질부채는 연 3.8%의 상승 속도로 증가하여 30년간 약 3배, 정부 부채는 연 5.1%의 상승 속도로 증가하여 4.5배, 특히 가계는 연 6.2%의 상승 속도로 증가하여 6배가 증가했다. 1995년부터 정부 부채는 상대적으로 안정적 수준을 유지한 반면, 가계와 기업, 특히 가계부문의 실질 부채가 1995~2010년간 3배가 급증함으로써 총부채의 성장은 지속되었다. 이러한 부채의 증가는 몇 가지 요인들의 결합의 산물이었다. 첫째, 앞에서 지적했듯이 1970년대 말부터 금융시장의 활동과 대출에 대한 규제가 시스템적으로 제거된 결과 차입의 기회가 증대되었다. 여기에 금융이론 및 정보기술의 발전과 더불어 금융자유화는 금융혁신의 심화로 이어졌다. 즉 CDO에서 보듯이 복잡한 금융상품에 대한 가격 책정과 판매가 가능해졌다. 둘

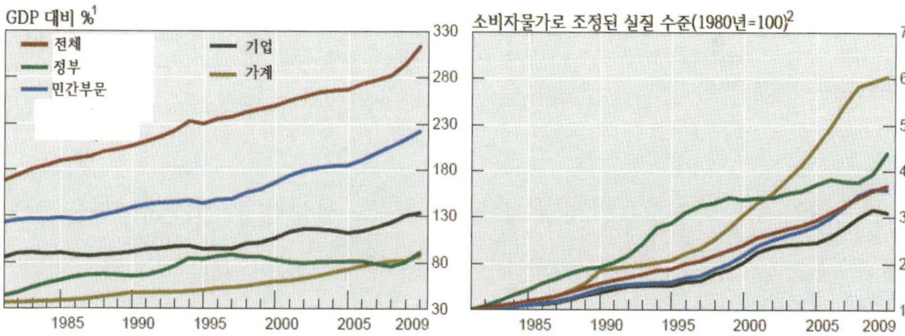

주: 1. 18개 OECD 경제의 단순 평균; 2. 1980년을 100으로 지수화한 것으로 미국을 포함한 16개 OECD 경제의 단순 평균.
출처: S. Cecchetti, M. Mohanty, and F. Zampolli, 2011, "The real effects of debt," BIS Working Paper No. 352 (Sep.).

그림 2-33. OECD의 비금융부문 부채(GDP 대비와 실질 부채 수준)

105 이는 다른 유럽 국가에서도 마찬가지였다. 스위스와 아일랜드의 양대 은행의 자산 역시 각각 GDP의 6배와 3.5배나 되었다. 이러한 이유로 은행들은 파산시킬 수 없었거나, 혹은 역설적으로 너무 커서 국가가 구제할 수 없었다.

표 2-8. 국가별 비금융부문(가계와 기업과 정부)의 총부채(명목 GDP 대비)

	수 준				변 화[2]		
	1980	1990	2000	2010[1]	1980～90	1990～2000	2000～10
미 국	151	200	198	268	49	-2	70
일 본	290	364	410	456	75	46	46
독 일	136	137	226	241	1	89	15
영 국	160	203	223	322	43	20	99
프랑스	160	198	243	321	37	45	78
이탈리아	109	180	252	310	71	72	58
캐나다	236	278	293	313	42	15	20
오스트레일리아	128	174	185	235	46	11	49
오스트리아	162	178	205	238	16	27	32
벨기에	170	264	298	356	94	34	58
덴마크			259	336			77
핀란드	146	173	222	270	26	49	48
그리스	92	139	195	262	47	55	67
네덜란드	205	265	294	327	60	29	33
노르웨이			256	334			78
포르투갈	144	141	251	366	-2	110	115
스페인	172	187	258	355	15	70	97
스웨덴	219	289	320	340	70	31	21
전 체							
중간값	160	192	251	322	45	40	58
가중 평균[3]	172	218	246	306	47	28	61
단순 평균	168	211	255	314	43	44	59
G7	177	223	264	303	45	41	55
기타 선진국	160	201	249	321	41	46	61
표준편차	50	64	54	43			

주: 1. 일부 숫자는 2009년치; 2. GDP의 %포인트; 3. 2005년 GDP와 PPP 환율.
출처: S. Cecchetti, M. Mohanty, and F. Zampolli, 2011.

째, 금융위기 이전까지 '대 안정기'로 불릴 정도로 저실업, 저인플레이션율, 불확실성의 감소 등 거시경제 환경의 안정이 신용 공급을 향상시켰다. 셋째, 1980년대 중반 이후 실질 금리의 하락 역시 높은 부채를 초래했다. 마지막으로, 모기지 금리에 대한 세금 경감 등 조세 정책도 부채 증가에 기여하였다.

가계도 모기지를 중심으로 차입을 크게 증가시켰다(표 2-9). 미국의 가계부채는 1999년 4.6조 달러에서 2007년 초에 11.5조 달러, 2008년 초에는 12.5조 달러까지 상승했다. 그리고 미국 가계부채에서 모기지가 차지하는 비중은 1999년

69%에서 2008년 초 79%로 증가했다. 주택가격의 상승으로 가계의 자산 대비 부채 비율은 안정적으로 유지됐으나, 가처분소득 대비 부채 비율은 현저하게 증가했다. 1965~84년간 미국의 가계부채는 가처분소득 대비 64%에서 안정적으로 유지되었으나 1985~2000년 사이에는 97%까지, 그리고 2007년까지 다시 133%까지 상승했다. 미국 가계의 GDP 대비 부채 비중도 1984년 약 75%에서 금융위기 직전에는 140%에 육박하였다. 특히 미국 가계부채는 중산층이 주도하였다(그림 2-34).

표 2-9. OECD 국가별 가계부채 비중(GDP 대비)

	수 준				변 화[2]		
	1980	1990	2000	2010[1]	1980~90	1990~2000	2000~10
미 국	52	64	74	95	12	10	21
일 본	60	82	87	82	22	5	-5
독 일	59	61	73	64	2	13	-9
영 국	37	73	75	106	36	2	31
프랑스	27	46	47	69	18	2	22
이탈리아	6	21	30	53	15	9	23
캐나다	56	63	67	94	7	4	27
오스트레일리아	42	46	74	113	5	27	39
오스트리아	41	41	47	57	0	6	10
벨기에	35	38	41	56	3	3	15
덴마크			95	152			57
핀란드	29	48	35	67	19	-14	33
그리스	8	9	20	65	1	11	45
네덜란드	43	49	87	130	6	38	43
노르웨이			64	94			31
포르투갈	15	23	75	106	7	52	31
스페인	24	41	54	91	17	13	37
스웨덴	53	61	51	87	8	-10	36
전 체							
중 간	39	47	65	94	8	8	31
가중평균[3]	46	60	69	90	14	9	18
단순 평균	37	48	61	93	11	11	27
G7	43	59	65	87	16	6	16
기타 선진국	32	39	58	97	7	14	34
표준편차	17	20	21	28			

주: 1. 일부 숫자는 2009년; 2. GDP의 %포인트; 3. 2005년 GDP와 PPP 환율.
출처: S. Cecchetti, M. Mohanty, and F. Zampolli, 2011.

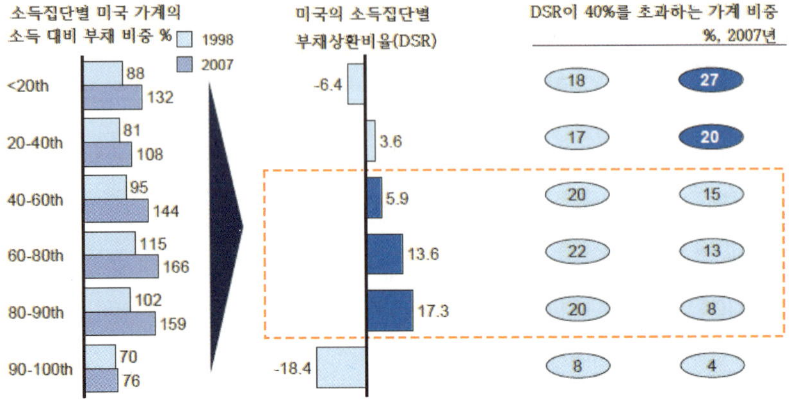

주: 1. DSR은 채무상환비율(debt to service ratio)로 가계의 총소득 대비 채무의 원리금 상환액의 비율.
출처: McKinsey Global Institute, 2010, "Debt and deleveraging," p. 25에서 재인용.

▌그림 2-34. 중산층이 주도한 미국의 가계부채

주택자산 가치의 상승은 소비 증대에 영향을 미쳤다. 이는 이른바 '보유주택을 담보로 창출하는 현금(MEW, mortgage equity withdrawal 혹은 HEW, home equity withdrawal)'이 소비를 주도한 데서도 확인된다. MEW 혹은 HEW 개념은 자산효과와 유사하지만 구분해야 한다. 자산효과가 금융자산의 실질가치의 증대 혹은 실물자산의 실질가치의 증가에 따른 소비의 증대 효과인 반면, MEW 혹은 HEW는 주택소유자들이 보유주택을 담보로 창출하는 현금에 의해 발생한 소비 증대 효과이다. MEW나 HEW는 일명 '현금기계(cash machines)'라 불릴 정도로 소비에 미치는 효과가 매우 크다. 금융자산에 비해 상대적으로 높은 레버리지가 가능한 주택자산의 특성에서 비롯한다. 즉 주택가격의 상승으로 주택가격에서 차입액을 뺀 순자산이 증가하면서 이를 담보로 추가 차입(현금을 인출)하여 주택 개량이나 자동차 구입 등 기타 생활용도에 지출하였다. 예를 들어, 미국을 중심으로 많은 국가들에서 2000년대 이후 주택가격이 급증하면서 소비 증대와 경기에 커다란 영향을 미쳤다. MEW 규모는 2006년 버블이 한참일 때 연간 8천억 달러까지 증가했다. 2001~06년간 미국에서 MEW로 인한 소비증대 효과를 연간

GDP의 2~3%로 추산하고 있다(그림 2-35). 버블이 붕괴하며 미국의 가계부채는 2010년에 11.5조 달러로, 가처분소득 대비 가계부채 비중도 118%로 감소하면서 MEW 역시 가처분소득의 -1%까지 붕괴됐다.[106] 영국에서도 MEW의 규모는 1984년 100억 파운드에서 1988년 230억 파운드로 증가했다가 1992년 경기 침체와 주택가격 하락 이후 125억 파운드까지 하락했다가 2000년까지 300억 파운드로 증가하였다(그림 2-36).[107] MEW 규모가 절정에 달했던 2003년 3분기의 약 90억 파운드는 영국 세후소득의 10%에 해당하는 규모였다. 1998년 7월부터 2008년 3월까지의 MEW 규모는 3,280억 파운드에 달하였고, 이는 영국 경제성장의 지속에 기여하였다.[108]

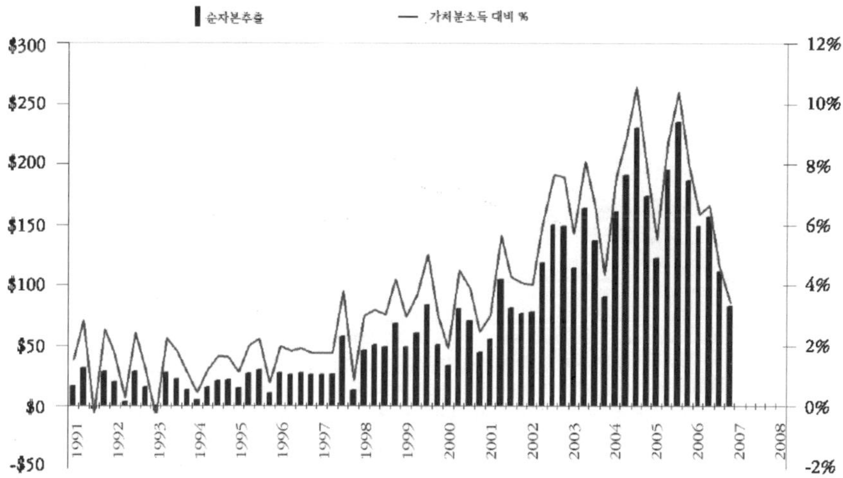

출처: Calculated Risk, 2007, "Kennedy-Greenspan MEW," (May 22).

▌그림 2-35. 미국의 MEW 규모와 가처분소득 대비 비중의 동조화(10억 달러, 분기별, %)

---

106 W. Galston, 2011, "What if the Right and the Left Are Both Wrong About Why the Economic Recovery Is So Slow? A New Theory," Brookings Institute (Aug. 22).

107 A. Holmans, 2001, "Housing and Mortgage Equity Withdrawal and their Component Flows," A Technical Report, Cambridge Centre for Housing and Planning Research (May).

108 Bank of England, "Mortgage Equity Withdrawal," http://www.bankofengland.co.uk/statistics/hew/2011.htm

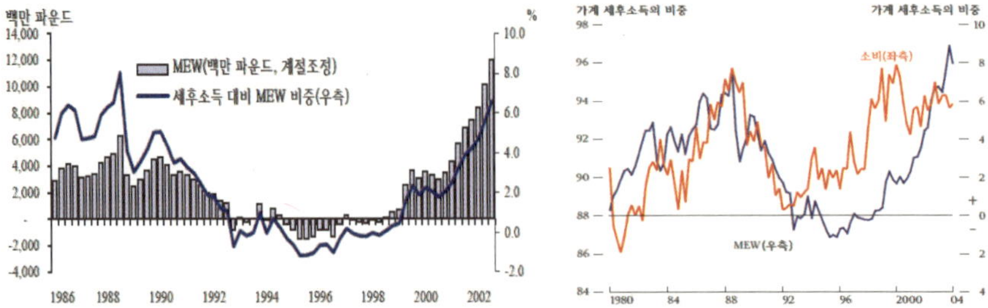

출처: J. Smith, 2003, "Mortgage equity withdrawal: evidence from CML market research," CML Housing Finance (Spring), Chart 1; A. Benito, 2003, "Housing equity and consumption: insights from the Survey of English Housing," Bank of England, Chart 1.

▌그림 2-36. 영국의 MEW와 소비의 동조화

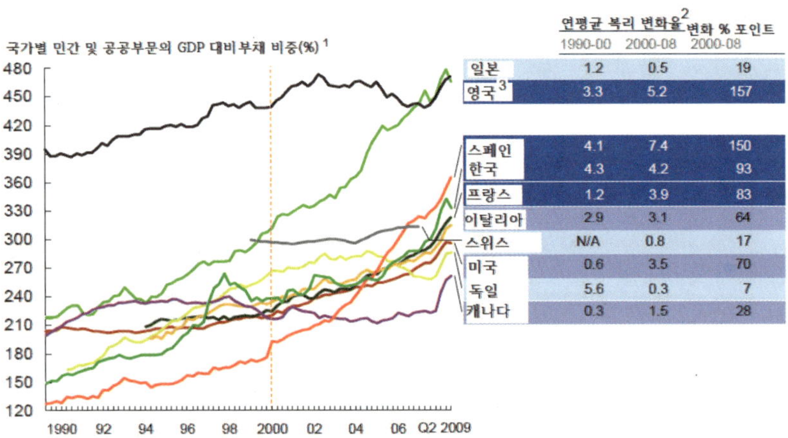

주: 1. 부채는 고정소득 증권을 포함한 신용시장에서의 차입으로 정의; 2. 연평균 복리 증가율; 3. 영국은행의 해외 대출 제거 후에도 영국의 (부채/GDP) 비중은 일본 제외하고 가장 높았음.
출처: McKinsey Global Institute, 2010, "Debt and deleveraging," (Jan.), Exhibit 1에서 재인용.

▌그림 2-37. 주요 국가의 민간 및 공공부문의 GDP 대비 부채 비중과 변화 추이

은행 등 금융회사가 차입(레버리지) 경영을 하는 이유는 매출극대화 및 수익극대화의 관점에서 이해할 수 있다. 조달 자금의 비용보다 자금 운영을 통해 수익이 크다면 레버리지 추구는 금융회사의 자연스러운 행위이다. 대표적 방식이, 앞에서 소개했듯이, 도매금융 시장(은행간대출)이나 단기자금 시장(머니마켓이나 자금조달시장)에서 자금을 조달하여 장기 대출 혹은 장기 금융상품에 투자하는 것이다.

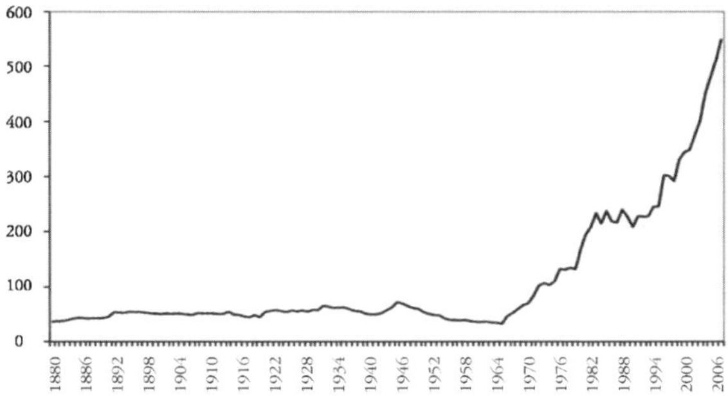

출처: D.K. Sheppard, 1971, *Growth and Role of UK. Financial Institutions, 1880-1962*, Methuen & Co. Ltd.; Bank of England.

▌그림 2-38. 영국 은행부문의 성장(GDP 대비 자산 비중)

▌표 2-10. 정부부채의 변화 추이(단위: %, %포인트)

	1997(A)	2000	2003	2006	2007	2008	2009(B)	(B-A)	연평균 증감률
호 주	37.9	25.4	19.0	16.2	15.3	14.3	15.9	-22.0	-7.0
캐나다	96.3	82.1	76.6	69.5	65.0	69.7	82.8	-13.5	-1.3
덴마크	72.1	57.1	53.6	38.3	31.6	39.8	45.3	-26.8	-3.8
핀란드	64.6	52.3	51.4	45.2	41.5	40.7	43.7	-20.9	-3.2
프랑스	68.8	65.6	71.4	70.9	69.9	75.7	84.5	15.7	1.7
독 일	60.3	60.4	65.3	69.2	65.3	68.8	77.4	17.1	2.1
그리스	100.0	114.9	112.0	107.9	103.9	102.6	114.9	14.9	1.2
아일랜드	-	40.2	34.1	28.8	28.3	48.5	65.8	25.6	0.5
이탈리아	130.3	121.0	116.8	117.1	112.5	114.4	123.6	-6.7	-0.4
일 본	100.5	135.4	158.0	172.1	167.1	172.1	189.3	88.8	5.4
네덜란드	82.2	69.9	61.9	54.9	52.1	65.8	71.4	-10.8	-1.2
뉴질랜드	42.3	37.4	31.4	27.0	26.2	25.3	27.0	-15.2	-3.7
포르투갈	67.4	62.0	68.0	73.1	71.1	75.2	83.8	16.4	1.8
스페인	75.0	66.5	55.3	46.2	42.1	47.0	59.3	-15.7	-1.9
스웨덴	83.2	64.7	60.0	53.6	47.9	47.1	52.7	-30.5	-3.7
스위스	52.1	52.5	57.0	50.3	47.2	44.0	44.4	-7.8	-1.3
영 국	52.0	45.1	41.2	45.9	46.9	56.8	71.0	19.0	2.6
미 국	67.3	54.4	60.1	60.8	61.8	70.0	83.9	16.5	1.8
유로지역	79.4	75.1	75.0	74.4	70.9	73.2	81.8	2.4	0.2
OECD 전체	71.6	68.3	72.6	74.6	73.1	78.4	90.0	18.4	1.9

주: 아일랜드의 경우(B-A)와 증감률은 1998년을 기준으로 작성.
자료: OECD Economic Outlook No. 86 database.

여기서 자금 조달의 범위가 특정 국가에 제한될 필요가 없다. 자본시장의 개방에 따른 국가 간 이자율이나 수익률의 차이를 활용한 자금 조달 방식이 이른바 '캐리 트레이드(carry trade)'이다. 즉 저금리로 조달된 자금으로 다른 국가의 특정 유가증권 혹은 상품에 투자하는 거래를 의미한다. 물론, 캐리 트레이드의 성공은 이자율 차이뿐만 아니라 환율에도 영향을 받기 때문에 조달 통화가치의 안정 혹은 하락을 전제로 한다. 오늘날 '캐리 트레이드'가 만연된 상황에서 주요 선진국들의 제로금리 정책은 더 큰 수익을 찾아 해외로 유출하는 자금의 규모를 증가시킬 수밖에 없다. 게다가 글로벌 인플레 압력이 증대하는 상황에서 금리가 언제 인상될지 모르기 때문에, 이런 투자는 단기성을 띠고 레버리지가 심한 투기성을 동반한다. 게다가 자금이 유입되는 국가의 경우 통화가치 절상 압력을 받게 되기 때문에 이른바 '통화전쟁'을 야기시킨다. 중국이나 브라질 등이 미국의 양적완화(QE, Quantitative Easing: 중앙은행이 제로금리 상황에서 경기부양 효과가 한계에 봉착했을 때 중앙은행이 국채 매입 등을 통해 유동성을 시중에 직접 푸는 정책) 정책을 비난하는 이유이다. 이처럼 제로금리 정책은 '캐리 트레이드'와 결합될수록 정작 필요한 곳에는 자금이 분배되지 않아 정책목표를 거두기 어렵고 국제 갈등만 심화시키고 있다.

레버리지 방식은 광범위하게 도입되었다. 투자자가 계약을 이행하게 하기 위한 수단으로 계약시점에 예치하여야 하는 개시증거금의 성격을 갖는 파생금융상품의 '증거금 제도(margin requirement)'는 기본적으로 '레버리지 효과'를 갖는다. 예를 들어, 선물거래에서 증거금은 미래의 채무이행을 성실히 수행하겠다는 표시로 예탁하는 보증금 성격의 자금이다. 따라서 투자자들은 선물거래에 의한 미래의 채무이행을 위하여 증거금을 예탁하고 모든 채무를 이행한 후에 해당 증거금을 찾아가게 된다. 이러한 증거금은 예탁받는 주체에 따라 거래소 회원이 거래소에 예탁하는 거래증거금과 고객이 회원사에 예탁하는 위탁증거금으로 구분된다. 위탁증거금은 주문증거금, 개시증거금, 유지증거금, 추가증거금 등으로 세분할 수 있다.

또한, 차입을 활용해 수익률 극대화를 추구하는 사모 방식의 펀드들의 경우 레버리지 투자 기법은 일상화되어 있다. 예를 들어, 사모투자펀드(PEF)는 기업의 인수・합병(M&A)에 레버리지 효과를 활용한다. 일반 상장기업의 주식을 증권거래소에서 사들이는 헤지펀드들과 달리, 사모펀드들은 대부분 기업주 또는 기업 경영진과의 협상을 통해 투자기업을 인수한다. 이때 사모펀드들은 투자자 자금뿐 아니라 금융회사로부터 거액의 대출을 받아 기업을 인수하는 차입매수거래(LBO, Leveraged Buyout) 기법을 애용한다. 우리나라의 외환은행에 대주주로 있는 론스타가 사모투자펀드이다. 또한, 외환위기 직후 한미은행을 인수한 뒤 씨티은행에 되팔아 6,600억 원의 차익을 남긴 것으로 유명한 칼라일 캐피털(Carlyle Capital)도 세계 2위의 사모투자펀드이다. 레버리지 투자 기법은 신용위기 과정에서 사모 방식의 펀드들에게 큰 손실을 입히거나 파산을 초래시키기도 한다. 2007년 8월에 골드만삭스는 사신이 운영하던 GEO(Global Equity Opportunities) 펀드의 파산을 막기 위해 30억 달러를 긴급 수혈하는 수모를 감내해야 했고, 2008년 7월에는 미국의 투자은행 베어스턴스가 운영하던 2개의 헤지펀드가 파산을 하면서 자신의 파산뿐만 아니라 금융위기에 불을 지폈으며, 2008년 9월 리먼브러더스 파산 이후에는 헤지펀드가 최악의 손실을 기록하며 수백 개가 파산했다. 사모 방식 펀드들의 파산 이유 역시 레버리지 투자 기법에 있다. 예를 들어, 2008년 3월에 파산했던 칼라일 캐피털[109]은 MBS에 217억 달러를 투자했다. 이 중 고객이 맡긴 금액은 6억 7천만 달러에 불과했고, 나머지는 은행 등에서 차입한 금액이었다. 이른바 레버리지 배율이 32에 달한 것이다. MBS 가격의 하락으로 칼라일 캐피털의 보유 자산가치가 하락하자 시티은행과 도이치은행을 비롯한 채권단 은행들이

109 칼라일 캐피털은 기업 인수합병을 위해서 대형 투자은행으로부터 차입매수(Leveraged Buyout)를 위한 자금을 조달하는 사모투자펀드로 2006년에 칼라일 그룹이 15%를 투자해 만든 투자회사였다. 2007년 8월 유동성 위기에 직면하면서 모회사인 칼라일그룹으로부터 1억 5천만 달러를 차입하여 위기를 벗어났고, 자산의 95% 이상을 패니매(Fannie Mae)와 프레디맥(Freddie Mac) 등 정부보증기업(GSEs)들이 보증한 최고 등급인 AAA 채권을 소유하고 있었음에도 불구하고 파산한 것이다.

요구한 4억 달러에 달하는 '마진콜(margin call; 자산가격과 대출담보자산의 가치 간의 차이가 발생했을 경우 차이에 대한 상환 요구)'에 응하지 못하면서 파산한 것이었다. '레버리지 효과'가 신용위기 과정에서 '디레버리지 효과'로 바뀐 것이다. 펀드들이 마진콜 혹은 헤어컷(haircut, 채권 담보물에 대한 할인)[110]의 압박을 받을 경우 자금 확보가 필요하기 때문에 다른 시장, 특히 현금화가 용이한 시장에 투자한 자금을 회수하게 되기에 펀드들의 투자 범위가 넓을수록 신용위기의 전염효과는 크게 나타난다. 이것이 미국과 유로존의 증시 폭락이 글로벌 증시 폭락으로 이어지는 이유이다. 한국이 다른 주식시장보다 폭락 규모가 큰 이유도 현금화가 상대적으로 용이하기 때문이다.

가계의 레버리지는 (주택)자산에 대한 수요 증가가 (주택)자산 가격을 상승시키고, 자산가치의 상승으로 자산 담보 가치가 증대하기에 추가 대출을 조장한다. 그 결과 주택자산의 수요 증대와 가격 증대라는 '긍정적 피드백루프(a positive

표 2-11. 증권 유형별 마진 요구 수준

	마진(헤어컷)	내재된 레버리지 배율
미국채	0.1-3%	33-100
투자등급 회사채	5-10%	10-20
고수익 채권	10-15%	6.6-10
전환사채	15-20%	5-6.6
주 식	5-50%	2-20
상품선물	10%	10
금융선물	3%	33
외환선물	2%	50
주식옵션	75%	1.3
이자율스왑	1%	100
외환스왑	1%	100
토털리턴스왑	10%	10

출처: A. Ang, S. Gorovyy, G. van Inwegen, 2011, "Hedge Fund Leverage" (Jan. 25)에서 재인용.

110 증권회사나 펀드 등이 소유하는 증권의 평가가 절하되면서 가격이 하락한 증권의 장부가치를 현실화시키는 것을 말한다.

feedback loop)'를 만들어낸다. 이러한 피드백루프가 가계 레버리지 증가, 대출 기준의 완화, 더 높은 레버리지의 사이클을 수반한 것이다. 부의 증가가 가속화되는 가운데 많은 사람들이 '이번은 다르다(This time, it is different!)'며 환호하였고, 이것이 금융위기 이전 15년간 진행된 판타지(fantasy)였다. 그러나 (주택)자산 가격이 하락하면 레버리지는 디레버리지로 바뀌게 되고 '부정적 피드백루프(adverse feedback loop)'가 작동한다. 차입을 이용한 주식투자의 경우도 마찬가지이다. 주가가 오를 경우에는 레버리지를 증대시키고 긍정적 피드백루프를 만들어내지만, 역으로 하락할 경우에는 디레버리지의 악순환과 '부정적 피드백루프'가 형성된다. 투매(fire-sale)의 강요와 손실의 악순환(loss spiral)이 증폭 효과를 만들어내는 것이다. 담보가치 하락이 마진콜 상승으로 이어져 만들어내는 '담보물 가치의 연쇄 하락과 담보물의 대량 처분(collateral runs)'이 그것이다.

이처럼 레버리지와 디레버리지는 '증폭 효과(amplification effect)'를 통해 버블과 붐의 심각성을 만들어낸다. 앞에서 소개한 캐리 트레이드의 경우에도 캐리 트레이드를 하려면 빌린 통화를 매각하여 운영하려는 통화를 매입해야 하는데, 이는 빌린 통화의 평가절상을 억제하고 운영하려는 통화의 평가절하를 막아주는 효과가 있다는 점에서 캐리 트레이드가 캐리 트레이드의 조건을 재생산해내게 된다. 반대로 캐리 트레이드의 청산이 시작될 때는 반대 방향의 '부정적 피드백 루프'가 형성되어 자금 이탈과 통화가치의 폭락이 가속될 수밖에 없다. 캐리 트레이드 자금이 전형적인 핫머니의 속성을 드러내는 이유이기도 하다. 마진콜의 증폭 효과 역시 마찬가지이다. 예를 들어 채권자가 6달러의 가치를 지닌 대출채권에 대해 요구 담보비율 50%로 11달러를 대출했다고 가정해보자. 현재 담보비율은 약 55%로 충분하지만 시장 상황이 악화되어 채권가치가 1달러만 하락해도 0.5달러의 담보가 부족한 상황이 발생하게 된다. 만약 채권자가 추가 증거금(마진)을 요구하면서 담보로 가지고 있는 채권 1달러를 매각하면 대출은 10달러로 줄어들게 된다. 그러나 담보가치는 4달러로 줄어들어 오히려 담보비율은 40%로 하락하게 되고 또다시 마진콜을 요구하는 악순환이 형성되어, 한마디로 눈덩이처럼 마진콜 요구가 불어나는 상황이 발생하게 된다. 일종의 '마진의 악순환(margin spiral)'인 것이다.

이처럼 실물부문의 성장 없는 금융의 레버리지 증가는 버블일 수밖에 없고 결국에는 버블 붕괴를 초래할 수밖에 없다. 즉 에너지 소비 없이 영구히 움직이는 '영구운동기계(the perpetual motion machine)'가 물리학의 근본 법칙을 위반하는 불가능한 것이듯이, '영구화폐기계(the perpetual money machine)' 역시 연 2~3%의 실물경제 성장률로 연 10~15%의 수익을 제공하는 경제를 전제한다는 점에서 지속불가능하다. 즉 부채에 기초한 통화시스템에서 총부채(원금+이자)는 추가적인 통화가 창출되지 않는 한 상환이 불가능하다.[111] 즉 '부채에 기초한 통화시스템(debt-based monetary system, 은행의 신용창출 메커니즘)' 혹은 '부채가 주도하는 경제(debt-driven economy)'는 실물경제의 가치 창조가 수반되지 않으면 '폰지(Ponzi) 게임(채무자가 끊임없이 빚을 굴려 원금과 이자를 갚아나가는 상황)' 혹은 '피라미드 사기(pyramid scheme, 특별한 이윤 창출의 수단 없이 계속해서 신규 회원을 모집하는 방식으로만 이윤을 창출하는 사업 방식)'의 함정에 빠진다. 그리고 부는 은행가의 수중에 집중될 뿐이다. 글로벌 자산의 평가절상이 GDP 성장과 같아야 한다는 사실은 간단한 수학적 항등식이다. 그러나 금융위기 이전 15년간 이 항등식은 금융영역의 과도한 확장에 의해 파괴되었다. 즉 금융위기 이전 30년간 성장의 상당 부분은 부채에 의한 것이었는데, 부채에 기반한 성장은 지속될 수가 없다. 〈그림 2-39〉에서 보듯이 80년대 초 1달러의 부채로 약 0.6달러의 GDP를 만들어냈던 반면, 90년대 후반에는 0.4달러 이하로 하락하였고, 금융위기 발발 당시에는 80년 수준의 절반에도 미치지 못하는 0.3달러 이하까지 하락하였다. 즉 실물부문의 성장이 수반되지 않는 '금융의 독주'였다. 부채에 기초한 통화시스템이나 부채가

111 예를 들어, 신용 100이 창출되고 연 10% 이자로 대출된다고 가정할 경우 연말에 대출을 상환하고 부채를 청산하려면 신용은 110이 필요할 것이다. 그러나 추가 10의 소득이 만들어지지 않을 경우, 즉 공급된 신용이 주택 구입과 소비 증대가 이자를 상환할 만큼 일자리와 소득의 추가 창출로 이어지지 않으면 추가 신용공급에 의존해야만 한다. 주택가격이 상승하는 한 기존의 신용은 새로운 신용으로 대체될 수 있다.

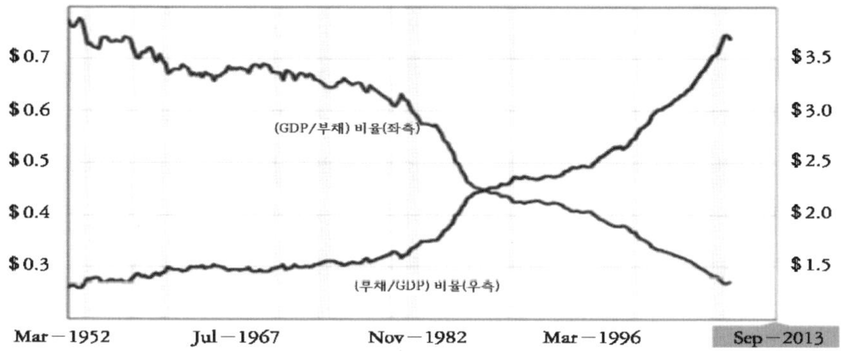

출처: BEA, Federal Reserve. Businessweek 자료실에서 재인용.

▌그림 2-39. 미국의 부채 1달러당 GDP 및 GDP 1달러당 부채, 1952~2010년

주도하는 경제는 지속불가능하다. 갑작스런 통화공급 축소 같은 쇼크는 경제를 붕괴시켜, 비즈니스의 차압과 은행 유동성 문제로 귀결될 수밖에 없다.

이와 관련하여 1980년대 이후 소비의 원천에 변화가 발생했음을 주목할 필요가 있다. 1981년까지 소비는 임금에 의해 충당되었다. 그런데 1984년 이후 소비와 임금 사이의 격차가 극적으로 증가해왔다. 이는 소비가 임금 이외의 다른 소득원으로 충당되어야만 했음을 의미한다. 다른 소득원은 바로 증가하는 투자 수익이었다. 미국, EU, 일본의 가계들은 GDP의 약 64%에서 약 72%까지 소비의 전반적 수준을 증대시켰는데 이는 금융 수익에서 취득한 자산에 의한 것이었다. 여기서 큰 의문은 금융 수익이 실질 생산성 이득으로 이전되고, 지속가능할 수 있냐는 것이다. 금융위기 이후 오늘날 금융혁신과 실물경제의 생산성 이득을 제공하지 않는 금융 수익이 장기 소득원이 될 수 없다는 것은 모두에게 자명해졌다.

이론적으로 실질 생산성 개선 없는 금융 이윤의 지속 증가는 불가능하다. 금융자산은 기본적으로 '생산된 잉여가치의 몫에 대한 권리'로 권리를 행사하기 전까지는 '가상(virtual) 자산'에 불과하고, 권리를 행사하는 순간(생산된 실현가치 이상 배분이 불가능하다는 점에서) '가치법칙'에 종속될 수밖에 없다. 즉 '영구화폐기계'는 작동하지 않는다. 이는 생산된 가치보다 많은 부를 실질적으로 배분할 수 없다는 것을 의미한다. 주택시장의 거품이 꺼진 후 미국 사회는 뒤늦게 '환상에

불과했던 번영(illusory prosperity)'이었음을 알았다. 증발해버린 주택 자산이 미국인에게 경제성장과 생계수준의 향상에 대한 잘못된 기대를 제공했던 것이다. 이처럼 실물경제의 성장 이상으로 증가한 금융자산의 성장은 비즈니스 혹은 금융 사이클 하강 국면에서 금융자산 가치의 손실을 발생시킬 수밖에 없다. 자산가치의 손실을 입은 사람들이 손실을 수용하는 것은 너무 고통스러운 일이다. 예전의 소득이 실제가 아니라 인공적으로 인플레된 가치라는 사실을 수용해야만 하는 고통이기 때문이다.[112] 〈그림 2-40〉은 글로벌 주요 은행들의 자산가치가 금융위기 전후 얼마나 축소되었는가를 잘 보여준다.

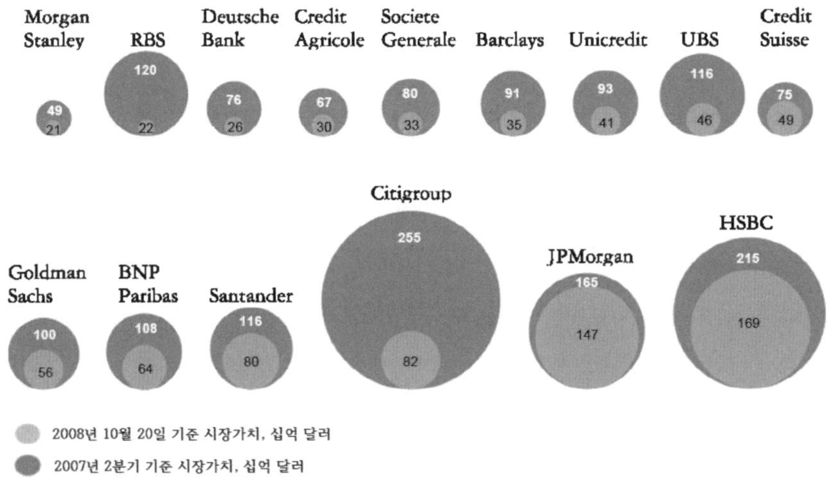

출처: J.P. Morgan, Bloomberg, Oct. 20, 2008.

▌그림 2-40. 금융위기 전후 글로벌 주요 은행들의 시장가치

112 Businessweek, 2011, "The Housing Horror Show Is Worse Than You Think" (July 10). 이와 관련하여 금융위기 이전 10년간의 경제 성과들이 거품 등에 의해 과대평가된 것이라는 주장이 제기된다. 즉 1998~2007년간 실질 GDP 증가율은 연평균 2.7%로 알려져 있지만, 금융과 부동산의 과도한 성장에 의해 만들어진 버블이 GDP를 끌어올린 부분을 조정하면 실질 GDP는 2.3%로 하락한다는 것이다. 즉 이 기간에 금융과 보험과 부동산 부문은 연평균 3.4%로 상승하였는데 이는 다른 부문들의 성장률 2.7%에 비해 과도한 성장률이기에 이를 조정하면 경제 전체 성장률은 하향 조정된다는 것이다. M. Mandel, 2009, "Too Good To Be True?: U.S. statistics may have overstated productivity-and innovation" Businessweek (June 15), p. 39.

제3절 금융시장의 동질화와 시스템 리스크

레버리지 기법에 기초한 금융회사 간 차입은 금융회사들의 유사한 비즈니스 모델과 결합되어 금융시스템 취약성의 원인으로 작용하였다. 투자 위험을 줄이는 가장 좋은 방법은 분산 투자인데 분산 투자는 하였지만 모든 투자기관이 동일한 대상에 분산 투자하다 보니 투자 대상의 관점에서는 오히려 자금이 집중되었다. 금융위기 전 골드만삭스는 헤지펀드를 모방하였고, 리먼 브러더스와 베어스턴스는 골드만 삭스를 모방하였고, 상업은행은 투자은행을 모방하였다. 즉 〈그림 2-41〉에서 보듯이 금융회사들의 수익률이 비슷했다는 사실은 모든 금융회사의 비즈니스모델이 유사하였음을 의미한다. 본래 금융시장에서 투자의 다양성은 수익 추구와 리스크 관리라는 두 가지 이유로 출현하였다. 그런데 금융회사의 수익 추구가 경쟁적이 되어 집단적인 고수익 추구 활동의 결과 전체 금융부문에 비즈니스 전략으로 모방이 확산되었다. 이러한 전략의 결과 리스크 관리도 동질성을 강화시키면서 금융부문의 대차대조표(B/S)는 동질화되었다. 금융회사의 성과가 대개 경쟁 회사나 성공한 기업의 성과(benchmark)와 비교해 판단된 결과 은행들은 리스크 추구에서 서로를 모방하도록 부추겨졌던 것이다. "음악이 연주되는 한 우리 모두 일어나 춤을 추어야만 했다(As long as the music is playing, you've got to get up and dance)"라는 2007년 시티그룹의 CEO였던 척 프린스(Chuck Prince)의 고백은 금융시장의 모방을 잘 표현해주고 있다.

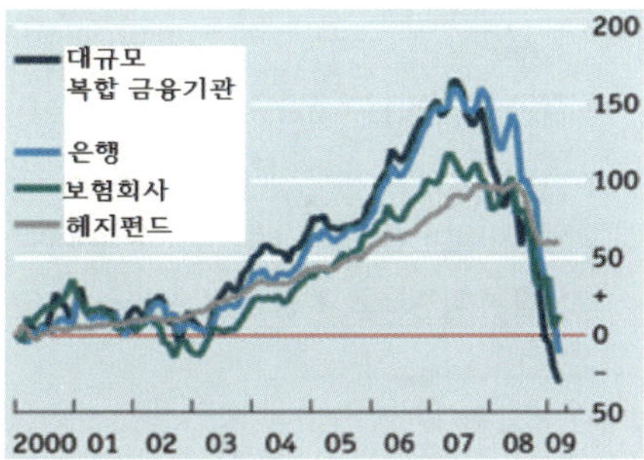

출처: Economist, 2010, "Financial risk: The gods strike back" (Feb. 11).
http://www.economist.com/node/15474137

▌그림 2-41. 금융회사의 총수익(가중평균 누적 기준, %)

어찌 보면 금융의 동질성은 당연하다. 동일한 목표를 추구하고, 같은 이론에 기초하여 투자를 결정한다는 점에서 포트폴리오가 중첩될 수밖에 없기 때문이다. 즉 금융시장의 동질성은 시장이론의 산물이라는 점에서 동일한 목표를 가진 금융회사의 포트폴리오가 겹치는 것은 당연하다. 예를 들어, 표준적인 마코위츠(Mar- kowit)의 포트폴리오선택이론[113] 및 자본자산가격모델(CAPM, Capital Asset Pri- cing Model)[114]에 따르면 모든 투자자는 자본자산의 기대수익률, 분산 등에 대해 동일한 기대를 하기에 정확히 동일한 포트폴리오를 보유한다. 예를 들어, 자본시장이 균형 상태를 이룰 때 자본자산의 기대수익과 위험의 관계를 설명하는 CAPM에 따르면 모든

시장이론에서 투자의 총위험 투자의 총위험은 비체계적 위험과 체계적 위험으로 구성된다. 개별 자산과 관련된 위험의 일부는 포트폴리오를 구성함으로써 제거될 수 있다. 이렇게 여러 자산에 나누어 투자함으로써 위험의 일부를 감소시키는 효과를 '분산 효과(diversification effect)' 또는 '포트폴리오 효과(portfolio effect)'라 하며, 이런 효과(분산투자에 의해 제거될 수 있는 위험의 부분)를 '분산가능 위험' 또는 '비체계적 위험'이라고 한다. 특정 자산이나 소수의 집단에 의해 영향을 미치는 특수한 사건(신제품 개발, 혁신적인 비용 절감, 신시장의 개척 등 좋은 소식이나 예기치 않은 소송, 산업재해, 파업 등 나쁜 소식)에 의해 야기되는 위험이다. 이처럼 '비체계적 위험'은 개별 기업이나 자산에 한정되므로 특수위험(unique risk) 또는 자산고유위험(asset-specific risk)이라고 한다. 이와 달리 포트폴리오의 종목수를 추가할수록 거기서 생기는 위험 감소의 편익은 줄어들고, 궁극적으로 분산투자에 의해서는 더 이상 제거될 수 없는 최소한의 위험이 여전히 남아 있는데 이를 '분산불가능 위험(nondiversifiable risk)' 또는 '체계적 위험(systematic risk)'이라고 부른다. 즉 거의 모든 기업에 영향을 미치는 전반적인 요인(이자율, 인플레이션, GDP 등)에 의해 야기되는 위험인 '체계적 위험'은 시장 전반에 영향을 미치므로 '시장위험(market risk)'이라고 부른다.

113 주어진 위험 하에서 가능한 한 가장 높은 수익률 혹은 주어진 기대수익 하에서 가능한 한 가장 적은 위험을 얻는 최적자산결합조합을 선택하는 이론.

114 CAPM은 증권시장이 경쟁적이라면 예상위험 프리미엄은 시장위험, 즉 베타계수에 따라 비례해서 변화한다고 설명한다. 즉 CAPM은 개별 종목의 총 위험을 시장에 연관되어 나타나는 위험(체계적 위험)과 시장과 상관없이 나타나는 위험(비체계적 위험)으로 분류하고 시장과 상관없이 나타나는 위험은 분산 투자에 의해 제거될 수 있다고 본다. 따라서 체계적 위험에서 보상받을 수 있는 방법은 시장과 관련된 베타계수뿐이다.

투자자들은 정확히 같은 포트폴리오를 보유하기 때문이다. 즉 CAPM은 개별 종목의 총 위험을 시장에 연관되어 나타나는 위험(체계적 위험)과 시장과 상관없이 나타나는 위험(비체계적 위험)으로 분류하고 시장과 상관없이 나타나는 위험은 분산투자에 의해 제거될 수 있다고 본다. 따라서 체계적 위험에서 보상받을 수 있는 방법, 즉 시장과 관련된 예상위험 프리미엄은 시장위험, 이른바 '베타계수(beta coefficient)'[115]뿐이다. 여기서 '베타계수'란 리스크가 조정된 가장 높은 수익을 갖는 포트폴리오를 의미한다. 즉 모든 투자자가 동시에 동일한 내용의 정보를 입수할 수 있다는 효율적 시장가설을 전제로 하고 있는 자본자산가격결정 모형에서는 어떤 분석에 의해서도 증권시장을 상회하는 것보다 저가의 증권을 계속해서 찾아낸다는 것은 어렵다고 본다.

이처럼 금융이 모노컬러가 된 결과 금융시스템의 체질은 질병에 내성이 취약해진 것이다. 즉 금융생태계의 동질성은 금융환경들이 악화될 경우 시스템의 붕괴 확률을 실질적으로 증가시킬 수밖에 없다. 금융회사 개별적으로는 합리적 선택이었지만 금융의 복잡성과 동질성 증가는 '강하면서도 동시에 취약한(robust yet fragile)' 금융 네트워크를 창출한 것이다. 이는 네트워크가 위기에 강고하면서도 리스크 분산과 수익 증대를 추구하려면 네트워크를 연결하는 마디(node)의 다양성이 전제되어야 함을 의미한다. 금융시스템 내 과도한 동질성이 개별 은행에게는 리스크를 최소화시킬 수 있는 합리적 선택이나 전체 시스템의 붕괴 가능성을 극대화시킬 수 있다는 사실은 다음의 예로 이해할 수 있다. N개의 은행이 매우 작은 파산 확률(ε)을 가진 N개의 서로 관련이 없는 자산군(distinct, uncorrelated asset classes)을 가졌다고 가정하자. 이 경우 개별 자산의 파산 확률(ε)은 각 자산만을 보유하는 은행이 파산하는 정도에 따라 가치가 하락하게 된다. 이제 N개의 은행이 각각 N개 자산군 중 하나씩 나누어 가지는, 즉 극단적 비동질성의 경우 개별 은행의 파산 확률(ε)은 시스템 붕괴 확률(ε^N)보다 월등히 크다. 반면, 모든 은행이

115 개별증권 또는 포트폴리오의 수익이 증권시장 전체의 움직임에 대해서 얼마나 민감하게 반응하는가를 나타내는 수치로, 예를 들어 종합지수가 1% 변할 때 개별 주가지수의 변화 정도를 말한다.

N개 자산군 모두를 하나씩 균일하게, 즉 1/N을 보유하는 경우 개별 은행의 파산 확률은 $\{(N^N \times e^N)/N!\}$이 된다. 자산군 N개 중 한 개의 자산이 파산할 확률은 $\{(N \times e/N)\}$, (N-1)개 중 또 한 개 자산이 파산할 확률은 $\{N \times e/(N-1)\}$, …, 마지막 자산이 파산할 확률은 $\{(N \times e)/1\}$이 되고, 이것이 동시에 일어날 확률, 즉 한 개 은행이 파산할 확률은 $\{(N^N \times e^N)/N!\}$이 되기 때문이다. 그리고 이것은 모든 은행 N이 파산할 확률이기도 하다. 이처럼 동질적인 군집행동의 제약은 개별 은행을 확실히 안전하게 만들지만 시스템 리스크는 매우 커진다.

제4절 금융화와 소득불평등 그리고 금융위기

1970년대 이후 변화들—글로벌화와 금융화 그리고 기술진보 등—은 소득분배에도 영향을 미쳤다. 제1장에서 보았듯이 70년대 중반부터 미국의 소득분배가 지속적으로 악화되었고, 특히 자산불평등이 심화되었다. 미국은 2차 대전 이후 30년간은 전 계층에서 임금의 성장을 경험하였다. 1947~79년 사이에 임금 소득자 중 하위 20%의 실질소득은 116% 증가했고, 중간 20%와 상위 20% 역시 각각 111%와 99% 증가했다.[116] 반면, 미국 의회에 제출된 의회예산국(CBO)의 '1979~2007년간 계층별 가계소득 변동 추이' 보고서(2011. 10. 26)에 따르면 최상위 1% 계층은 세후 실질소득이 275%가 증가한 반면, 상위 20%는 65%, 중위 60%는 40%, 하위 20%는 18% 증가에 불과했다.[117] 문제는 생산성 상승에 대한 보상조차 이루어지지 않았다는 점이다. 즉 1973~2007년간 생산성 상승률은

116 C. Collins, 2004, "The Economic Context: Growing Disparities of Income and Wealth," *New England Journal of Public Policy*, Vol. 20 Issue 1, p. 50.

117 2007년 물가 기준으로 상위 1%의 세후 평균 실질소득은 1979년 34만 6,600달러에서 2007년에는 131만 9,700달러로 증가한 반면, 하위 20%는 1만 5,300달러에서 1만 7,700달러로 증가했다. 그 결과, 같은 기간 동안 미국 전체 소득에서 상위 1%의 비중은 7.5%에서 17.1%로 증가한 반면, 하위 80%는 57.9%에서 48.4%로 하락하였다. The Center on Budget and Policy Priorities, http://www.cbpp. org/cms/?fa=view&id=3220

83%였던 반면, 임금의 중앙값과 남성을 기준으로 한 실질임금의 상승률은 5%에 불과했다.[118] 그 결과 1968년에 11%에 불과했던 최상위 1%의 소득의 비중은 1988년에 15% 그리고 2007년에는 23.5%까지 증가했다.[119] 미국의 자산불평등은 소득불평등보다 더 심각하였다. 1976년에 최상위 1%는 전체 개인 자산의 19%를 차지하였으나 2001년까지 33%로 증가하였고, 2009년에는 40%까지 증가하였다. 특히 금융자산만의 경우 42.1%를 차지하였다.

또 한 가지 특징은 불평등이 2000년대 이후 크게 심화되었다는 점이다. 클린턴 집권 시기(1993~2000년)의 경우 최상위 1%가 전체 성장의 45%를 가져간 반면, 부시 집권 시기(2002~07년)의 경우 최상위 1%가 전체 성장의 65%를 가져갔다.[120] 이는 2000년 이후 중산층 실질소득의 절대적 하락에서도 확인된다. 1999년 미국 중간가구의 실질소득은 53,252달러였으나 2010년 49,445달러로 7% 이상이 하락하였다. 자산의 경우도 오늘날 상위 20%의 소득계층은 전체 주식 자산의 80%, 부동산 자산의 절반을 차지하고 있다. 그 결과 사회의 양극화는 심화되고 사회의 동맥은 경화되고 있다. 소득과 부의 과도한 집중은 2011년 가을 미국 자본주의 시스템에 대한 불만을 표출한 월가시위("Occupy Wall Street")로 나타났다. 금융위기 이전 30년(1976~2007년)간 실질소득 증가의 58%를 최상위 1%가 가져갔을 정도로[121] 최상위 1% 계층의 소득 급증이 미국 전 가계소득의 불평등과 부의 편중을 야기한 주요인이었기 때문이다. 이는 〈그림 2-42〉에서도 확인된다. 최상위 1%의 사업소득(business income)을 낳게 한 미국 자본주의 시스템에

---

118 이러한 경향은 OECD의 평균적 추세이기도 하였다. 1953년을 100으로 할 때 70년대 초까지 OECD 회원국 남성 중간층 평균 임금과 평균 GDP는 모두 150까지 상승했으나 2008년까지 전자는 거의 변화가 없었던 반면, 후자는 약 300에 이르렀다.

119 금융위기의 여파로 2008년에 21%로 약간 후퇴했다. Businessweek, Dec. 5-11, 2011.

120 클린턴 집권 시기 평균 소득의 연평균 실질 증가율은 4.0%였는데 최상위 1%의 증가율이 10.3% 그리고 나머지 99%의 증가율이 2.7%였다. 그리고 부시 집권 시기 평균 소득은 연평균 3.0%로 증가했는데 최상위 1%가 10.1%, 나머지 99%는 1.3%만 증가했다.

121 A. Atkinson and T. Piketty (eds.), 2003, "Income Inequality in the United States, 1913-1998," *Quarterly Journal of Economics* Vol. 118 No. 1, pp. 1-39 (Tables and Figures Updated to 2008 in Excel format, July 2010).

대한 나머지 99% 노동소득(labor income) 계층이 느끼는 불만이 월가시위로 나타난 것이다. 이처럼 2차 대전 이후 30년이 '함께 성장(growing together)'이었다면 그 이후 30년은 '소수가 독점하는 성장(pulling apart)'이었다.

금융위기 이전 30년간 소득불평등을 심화시킨 요인은 여러 가지가 지적되고

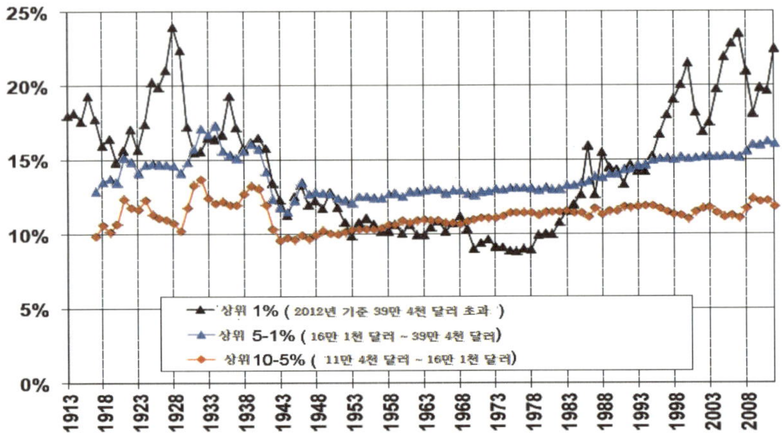

출처: E. Saez, 2013, "Striking it Richer: The Evolution of Top Incomes in the United States" Figure 2 (September 3, 2013 버전).

▌그림 2-42. 미국 상위 10% 내 계층별 소득점유 비중의 추이

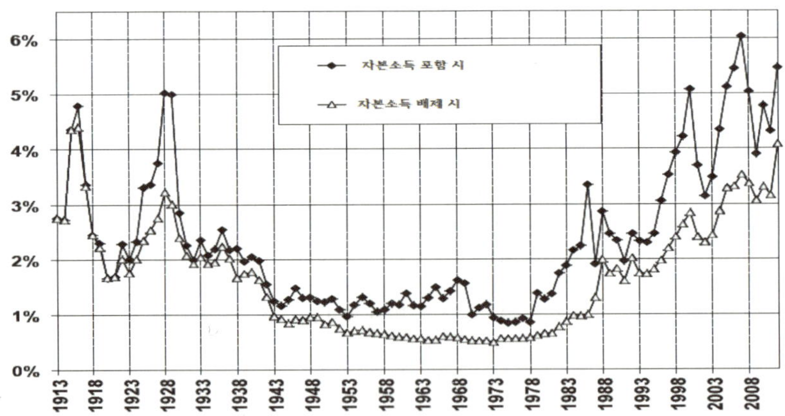

출처: E. Saez, 2013, Figure 3.

▌그림 2-43. 미국 상위 0.01%의 소득점유 비중의 추이

있다. 무엇보다, 소득불평등이 악화된 주요 요인으로(제2장에서 기술했듯이 기술진보와 글로벌화를 비롯해) 금융화를 지적할 수 있다. 최상위층으로의 소득 집중이 주로 금융부문에서 발생한 것이었기 때문이다. 1980년대 이후 금융부문 일자리의 특징은 투자 세계의 복잡성으로 숙련집약적 산업으로 변화했고, 그 결과 고소득 직업이 되었다는 점이다. 또한, 80년대 이후에는 탈규제와 주식공개상장(IPO, initial public offering) 관련 기업 활동과 신용리스크의 중요성 등으로 고숙련 노동력에 대한 수요가 증대하였다. 〈그림 2-44〉에서 보듯이 1980~2006년까지 금융부문의 임금 수준과 교육 수준, 그리고 임금 수준과 탈규제의 정도 사이에는 정확한 상관관계가 존재하였음이 확인된다. 즉 금융부문의 고소득이 소득불평등의

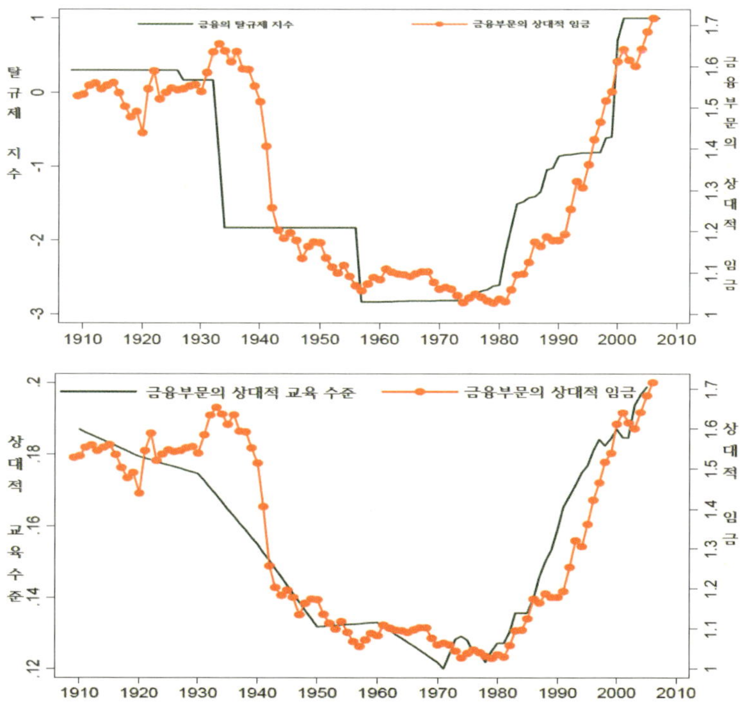

출처: T. Phillippon and A. Reshef, Dec. 2008, "Wages and Human Capital in the U.S. Financial Industry: 1909-2006," NBER Working Paper 4644.

▌그림 2-44. 금융부문의 임금과 교육 수준 그리고 탈규제의 정도

확대를 주도했음을 보여준다. 예를 들어, 중앙은행은 통화정책에서 25년간 이자율을 지속적으로 인하함으로써 은행의 이윤과 자산가격을 부양하였고, 이 보조금의 덕택에 금융부문의 소득이 비금융부문의 숙련노동자의 임금 상승을 앞질렀다. 그리고 이 보조금을 제거하려는 모든 시도는 글로벌 다국적 은행들로부터의 위협에 직면하였다. 그 결과 금융 관련 직업은 1979년 최상위 1% 소득자의 8%에서 2005년에는 13.9%로 증가했고, 특히 슈퍼 최상위 소득자 0.1% 중에서는 같은 기간에 11%에서 18%로 증가했다.[122]

기술진보와 글로벌화 그리고 금융화 이외에도 힘의 이동이 초래한 경제를 지배하는 규칙의 변화가 소득불평등의 주요 요인으로 작용하였다. 1980년대 이후 조세, 무역, 정부지출의 우선순위, 통화정책 그리고 규제 등에서 임금소득자의 희생 속에 자산소유자와 기업에게 유리하게 규칙들이 변화했다. 이는 임금소득자와 지역사회와 소비자 등이 권력을 상실하고 힘이 대기업과 투자가들에게 이동한 힘의 불균형에서 비롯한 것이다. 한 예로 노동조합의 힘이 크게 약화되었다. 1950년대 미국의 노조 가입률은 35%에 달했지만 1983년까지 20.1%로 축소되었고 1998년에는 13.9%, 2007년에는 12.1%로 하락하였다. 민간부문의 노조 가입률만 보면 2007년 기준 7.5%에 불과한 실정이다. 노동조합의 약화로 고소득 블루칼라 일자리의 임금이 하락하였다. 즉 노동시장의 탈규제는 노동자의 교섭력 감소를 제도화시켰다. 한 연구에 따르면 노조 가입률은 미국 남성 임금 편차 증가의 약 14%를 설명하는 것으로 나타났다.[123] 민영화도 노동자의 몫을 약화시켰다. 새로 민영화된 기업의 경영진이 이윤극대화로 전환함에 따라 노동자의 해고가 증대하였기 때문이다. 마찬가지로 기업경영에 대한 금융자본의 영향력 증대로 기업의 구조조정이 상시화 되고 노동자의 복지가 악화되었다.

또한, 규칙의 변화로 저소득층에 대한 사회안전망이 약화되었다. 경제적 불평

---

122 J. Bakija, A. Cole, B. Heim, 2010, Jobs and Income Growth of Top Earners and the Causes of Changing Income Inequality: Evidence from U.S. Tax Return Data (Nov.).

123 D. Card, T. Lemieux, D. Riddell, 2004, "Unions and Wage Inequality," *Journal of Labor Market Research,* Vol. 25 No. 4, pp. 520-62.

등을 좁히기 위해 만들었던 주 정부와 연방 정부의 프로그램이 축소되면서 사회 지출이 축소되었다. 예를 들어, 연방 정부의 대학 보조가 삭제되면서 경제적 기회의 사다리가 없어졌다. 공화당 12년 집권 후 들어선 클린턴 행정부는 전체 재정지출 증가를 억제하면서도 메디케어(Medicare, 고령층), 메디케이드(Medicaid, 저소득층 및 장애인), 사회보장 등이 전체 지출에서 차지하는 비중을 1993년 48.6%에서 2000년까지 52.0%로 증대시켰다. 또한, 클린턴 정부는 1997년 저소득층 대상 공공의료보험 서비스인 메디케이드 수혜 조건에는 부합하지 않으나 민간의료보험에 가입할 여력이 부족한 소득계층인 차상위 계층의 아동에 대한 의료보험서비스인 '국가아동건강보험프로그램(State Children's Health Insurance Program, SCHIP)'을 새로 도입하였다.[124] 그러나 2001년 집권한 부시행정부에서 사회보장 프로그램은 축소되고 부유층을 위한 대규모 감세가 강화된다. 예를 들어, 노동자의 대학 진학을 지원하기 위해 1972년에 창설된 연방 정부의 저소득층 장학금 '펠 그란트(Pell Grants)'는 1975~76년에 4년제 대학 기준으로 최대 84%까지 지원되었으나 2000년대 초까지 39%로 축소시켰다. 또한, 부시행정부는 수백만 명의 빈곤층, 노인층, 장애인 등을 위한 주택 바우처(voucher) 예산을 2005년 예산에서 프로그램 총예산의 5.5%에 해당하는 10억 달러나 축소하였다. 그리고 2001년과 2003년 감세를 통해 부유층에게 2001~10년간 8,241억 달러의 혜택을 주었다. 소득세 및 자본이득세율, 배당소득세율, 상속세 등을 인하하고, 최저한도세의 축소, 부부합산과세 경감, 세액공제의 확대 등이 추진되었다. 그 결과 오늘날 미국은 1930년대 초 이후 정상적인 소득, 배당, 부동산, 증여 등에 대한 최고세율이 역사적으로 가장 낮은 시대이다. 예를 들어, 미국 국세청(IRS)에 따르면 최상위 소

124 1997년 '균형예산 및 납세자보호법(Balanced Budget and Taxpayer Relief Act)' 처리 당시 다수당인 공화당이 감세 및 지출삭감 확대를 요구한 반면 클린턴 대통령과 민주당은 감세폭의 축소 및 일부 복지비 지출 확대를 주장하면서 충돌하였다. 최종 법안은 민주당 요구사항인 자녀수당공제 도입 및 아동건강보험 확대와 공화당 요구사항인 재량적 지출 삭감 및 일부 감세를 수용하는 방식으로 절충하였다. 이로 인해 GDP 대비 재정수입 비율은 2000년 전후 최초로 20%를 상회하였으며 개인소득세 비중도 1997년 9%, 2000년에는 사상 최고치인 10.2%를 기록하였다.

득자 400명의 실효소득세율은 1995년 30%에서 2007년에는 17% 밑으로 하락하였다. 반면, 최상위 1%(140만 명)의 실효소득세율은 29%에서 23%로 하락하였다. 즉 초상류층 400명의 소득세율이 최상위 1%에서 이들을 제외한 나머지 139만 9,600명의 소득세율보다 낮다.[125] 1980년대 이후 공화당 정부에서 국가부채가 크게 증가한 이유도 감세를 추진하면서 국방비는 크게 늘리는 모순적인 정책을 전개하였기 때문이다. 레이건 집권 중에는 미소 냉전과 이란혁명 여파 등으로 국방비 지출이 급증하였고, 이후 부시 시니어 집권 중에는 걸프전으로, 부시 주니어 집권 중에는 테러와의 전쟁(아프가니스탄 및 이라크 전쟁)으로 국방비가 급증하였다. 특히, 부시 주니어 시절의 경우 전쟁 중에는 한시적으로 세율을 인상했던 것[126]과는 달리 2개의 전선(아프가니스탄 및 이라크 전쟁)을 운영하는 가운데서

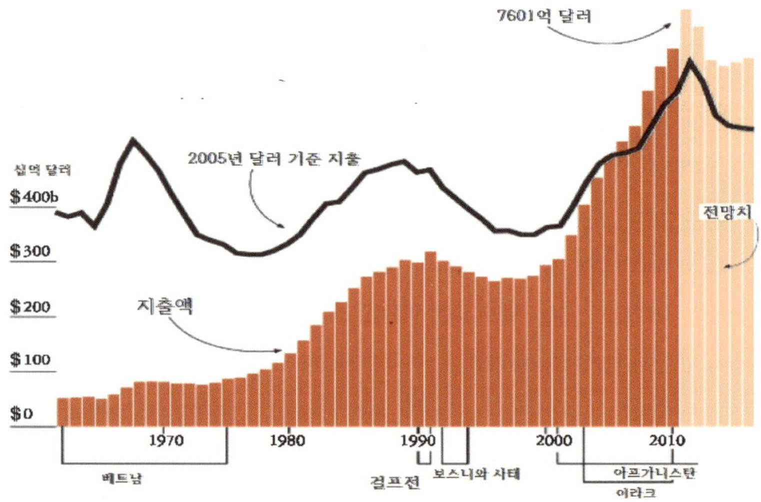

출처: Businessweek, 2011, "The Mother of All Drawdowns" (Sep. 5~11), p. 86.

▌그림 2-45. 미국의 국방비 지출

125 Businessweek, 2011, "How to Pay No Taxes" (April 9).

126 예를 들어, 베트남 전쟁 중인 1968년 '수입과 지출 통제법(Revenue and Expenditure Control Act of 1968)'에 따라 소득세율을 10% 인상하고 자동차세 인하는 연기하였으며, 한국전쟁이나 2차 세계대전 중에도 한시적 세율인상 조치를 단행한 바가 있다.

도 대폭적인 감세를 실시한 결과 국가부채를 크게 증가시켰다.[127]

역으로 소득불평등은 과잉금융 및 금융화와 결합되어 금융위기를 만들어냈다. 즉 실질소득의 정체 속에서 과잉금융과 금융화 그리고 저금리 기조 등은 신용의 급증과 자산 버블을 초래하였고, 이는 은행시스템의 레버리지를 높이는 등 금융부문을 취약하게 만들었다. 앞에서 보았듯이 노동소득 비중의 저하는 소비성향을 하락시키고 투자에 부정적으로 영향을 미쳐 사회 전체적으로 과잉저축을 초래한다. 즉 저소득 계층일수록 소비성향이 높기에 노동소득 비중의 저하는 소비와 투자를 감소시키는 반면 저축을 증대시킨다. 즉 투자와 저축의 불균형이 증대한다. 이는 〈그림 2-46〉에서도 보듯이 소비불평등의 증대가 소득불평등의 증대에

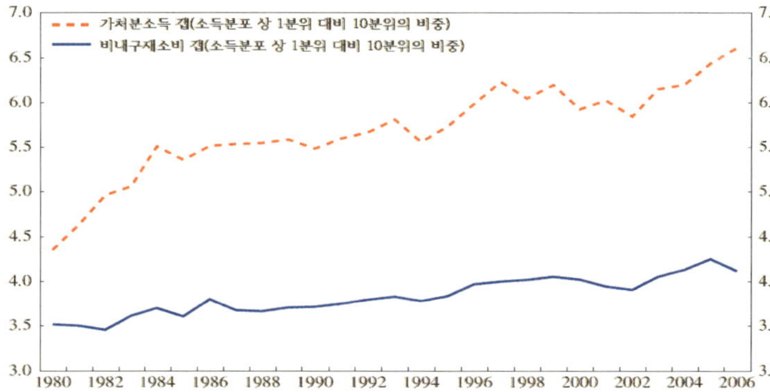

출처: M. Kumhof and R. Rancière, 2010, "Inequality, Leverage and Crises," IMF WP/10/268 (Nov.).

▌그림 2-46. 소득불평등과 소비불평등의 추이

127 뉴욕타임스(2011. 9. 11)에 따르면 미국이 수행한 테러와의 전쟁비용은 지난 10년간 3조 3천억 달러나 됐다. 이 비용은 당시 기준으로 미국 국가부채의 5분의 1을 넘는 수준이다. 미국은 이라크・아프가니스탄・파키스탄 등에서 전쟁비용으로 2조 6천억 달러를 투입했으며, 직접적인 전쟁비용 외에도 국토안보부와 연방 정보기관들의 안보 관련 비용에 6천억 달러 규모 재정을 투입했다. 모두 3조 2,280억 달러에 달하는 직간접적인 비용을 들였다. 베트남 전쟁의 4배가 넘는 수준이다. 한 추정에 의하면 이자비용을 포함할 경우 대테러 비용이 2020년에는 5조 달러에 육박할 것으로 전망했다. 막대한 전쟁비용을 지출한 결과 대규모 재정적자를 초래했다. 여기에 덧붙여 부유층에 대한 감세정책의 결과 세입 손실이 약 1조 2천억 달러에 달하면서 부시 행정부가 집권한 8년 동안 국가부채는 6조 4천억 달러나 늘었다. 더욱이 부시 행정부 집권 말기에 발생한 금융위기를 해결하기 위해 소요된 재정지출만 2조 달러나 된다. 오바마 행정부가 재정적자를 완화하기 위해 철군을 추진하는 주요 이유 중 하나이다.

미치지 못했던 것에서도 확인된다.

그러나 예상과 달리 미국경제는 80년대 중반부터 금융위기 전까지 '대 안정기'를 경험했다. 소비지출의 증가가 유지되었기 때문이다. 가처분소득 대비 개인소비지출의 비중은 70년대 중반부터 80년대 초반까지 약 90%선이 유지됐으나 80년대 중반부터 증가하기 시작하여 금융위기 직전에는 약 100% 수준까지 상승했다. 80년대 초반까지 약 60%선을 유지했던 가처분소득 대비 가계부채의 비율이 80년대 중반부터 증가하기 시작하여 금융위기 전에 약 130%까지 치솟고, 80년대 중반까지 약 8% 이상을 유지하였던 개인저축률이 80년대 후반부터 하락하기 시작하여 금융위기 전에 약 2%까지 떨어진 배경이다. 특히, 실질소득이 정체한 중・저소득층의 가계를 중심으로 차입이 증가했다. 즉 상위 5%의 소득 대비 부채의 비중이 약 10% 가량 상승한 반면 하위 95%의 소득 대비 부채의 비중은 약 70% 가량 증가하였다. 소득불평등과 가계의 레버리지 간 공진화가 진행된 것이다. 이처럼 동전의 앞뒷면을 이루는 금융의 과잉성장과 가계의 채무화를 매개하는 주요인이 소득불평등이다. 고소득층일수록 소득 중 저축이 차지하는 비중인 저축성향이 높기에 고소득층의 저축액을 증가시키는 반면 저소득층은 소비를 뒷받침할 소득의 부족을 차입으로 해결해야 하기 때문이다. 고소득층의 저축을 저소득층의 부채로 연결시키는 매개체가 금융이다.

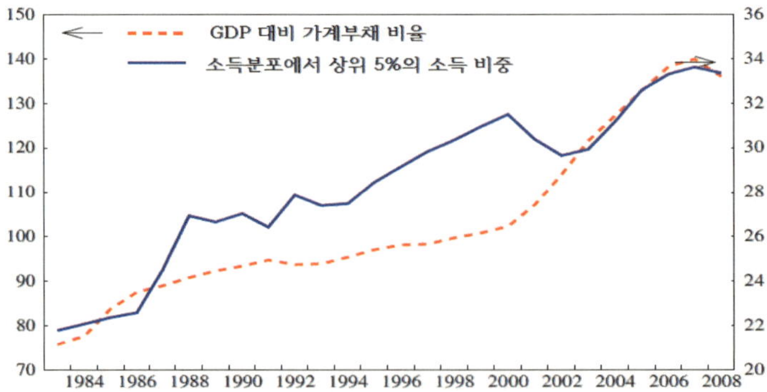

출처: M. Kumhof and R. Rancière, 2010.

▌그림 2-47. 소득불평등과 GDP 대비 가계부채 비중(레버리지)의 공진화

가계소득의 정체와 가계부채의 악순환 구조 이제 가계부채의 악순환 구조를 간단한 모형의 구축을 통해 설명해보자.

저축률 $s(\equiv \frac{S}{Y})$를 로그를 취해 미분하면

$$\frac{ds}{s} = \frac{dS}{S} - \frac{dY}{Y} = \frac{dY - dC}{S} - \frac{dY}{Y} = \frac{dY - dC}{Y}\frac{Y}{S} - \frac{dY}{Y} = \frac{dY - dC}{Y}\frac{1}{s} - \frac{dY}{Y}$$

$$ds = \frac{dY - dC}{Y} - \frac{dY}{Y}s = \frac{dY}{Y}(1-s) - \frac{dC}{C}\frac{C}{Y} = \frac{dY}{Y}(1-s) - \frac{dC}{C}(1-s)$$

$$\therefore ds = (\frac{dY}{Y} - \frac{dC}{C})(1-s)$$

양변을 dt로 나누면

$$\frac{ds}{dt} = [\frac{(dY/Y)}{dt} - \frac{(dC/C)}{dt}](1-s)$$

$$\frac{ds}{dt} = (g_y - g_c)(1-s)$$

여기서 gy는 소득증가율이고 gc는 소비증가율이다.

이처럼 가계의 소비증가율의 감소가 소득 증가율의 감소보다 더 적을 경우 저축률은 감소하고, (소비/소득) 비율은 증가한다.

그런데 소득보다 소비가 증가할 때 가계부채는 증가한다. 즉

$$\frac{dD}{dt} = C - Y = -S$$

가계 대차대조표의 취약성은 가계부채의 레버리지 배율($d \equiv D/Y$)로 이해할 수 있고 레버리지 배율의 변화는 레버리지 배율을 시간에 대해 미분하여 구할 수 있다. 즉

$d \equiv \frac{D}{Y}$를 양변에 로그를 취해 미분하면

$$\frac{dd}{d} = \frac{d(D/Y)}{(D/Y)} = \frac{dD}{D} - \frac{dY}{Y} = \frac{-S}{Y}\frac{Y}{D} - \frac{dY}{Y} \quad (\because dD = -S)$$

$$\therefore d(\frac{D}{Y}) = -s - \frac{dY}{Y}\frac{D}{Y}$$

양변을 dt로 나누면

$$\frac{d(D/Y)}{dt} = -g_s - g_y \frac{D}{Y} \quad (\text{단}, g_s \equiv \frac{ds}{dt})$$

따라서 '가계의 가처분소득 대비 부채 비율'이 증가하는 가계 대차대조표의 취약성 [d(D/Y)/dt]은 다른 조건이 일정할 때 소득 증가율이 하락할 때 증가한다. 즉 소득 증가가 낮은 가계일수록 소비 증가가 하락하지 않는 한 저축률이 하락하기 때문에 대차대조표의 취약성은 빠르게 증가한다. 이처럼 가계집단의 소득 증가가 정체된 상황에서 소비 증가를 유지하려는 선택은 저축률을 낮추고, 가계집단의 대차대조표의 취약성을 증대시킨다.

한편, 상위소득층의 저축(운용자산) 증대와 중・저소득층의 차입에 의한 소비 증가는 모기지를 매개로 하여 금융서비스와 금융중개의 수요를 증대시키고, 과도한 금융자유화와 더불어 금융부문의 과잉 성장을 초래하였다(그림 2-48, 49). 즉 이 기간에 GDP 대비 금융부문의 자산(부채) 규모나 가계의 소득 대비 부채(Debt-to-Income, DTI) 비율이 급증했는데, 가계부채 증대를 주도한 것은 모기지 부채였다.[128] 그리고 일자리와 소득 창출이 뒷받침되지 않는 한 저소득 가구의 차입 증가는 지속 불가능하였고, 결국 자산시장의 붕괴와 은행위기(banking crisis)를 초래하였다.[129] 소득불평등이 은행위기로 발전하는 메커니즘은 대공황 당시와 유사했다. 한편, 많은 외화표시 자산(부채)을 가졌던 국가에서 은행위기는 통화위기(currency crisis)와 국가의 채무상환불능(insolvency) 혹은 부도위험을 의미하는 소버린 위기(sovereign crisis)로 진화하였다.[130]

---

128 B. Cynamon and S. Fazzari, 2008, "Household Debt in the Consumer Age: Source of Growth–Risk of Collapse," *Capitalism and Society*, Volume 3 Issue 2.

129 1980~2006년간 62개국을 대상으로 한 실증분석은 은행위기 이전에 소득불평등이 증가했음을 보여준다. L. Agnello and R. Sousa, 2011, How do Banking Crises Impact on Income Inequality? NIPE WP 30/2011.

130 R. Rajan, 2010, *Fault lines: How hidden fractures still threaten the world economy*. Princeton University Press; R. Reich, 2010, *Aftershock: The next economy and America's future*. Random House; J. Fitoussi and F. Saraceno, 2010. "Europe: How deep is a crisis? Policy responses and structural factors behind diverging performances," *Journal of Globalization and Development*, Vol. 1 No. 1, Article 17; A. Levitin and S. Wachter, 2010, "Explaining the housing bubble,"

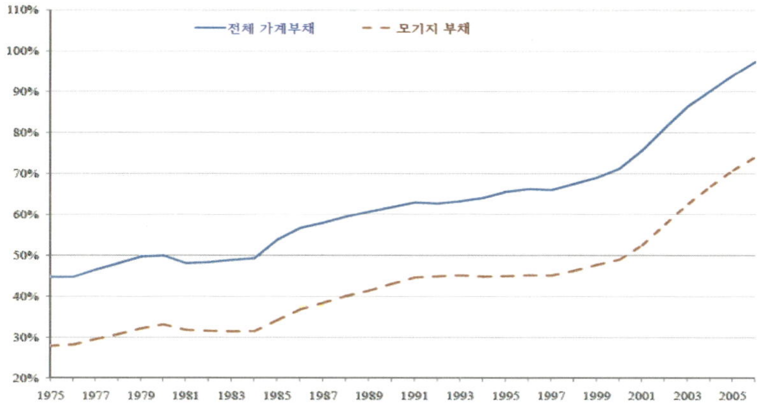

출처: B. Cynamon and S. Fazzari, 2008, "Household Debt in the Consumer Age: Source of Growth–Risk of Collapse," *Capitalism and Society*, Volume 3 Issue 2.

▌그림 2-48. GDP 대비 가계부채와 모기지 부채의 비중

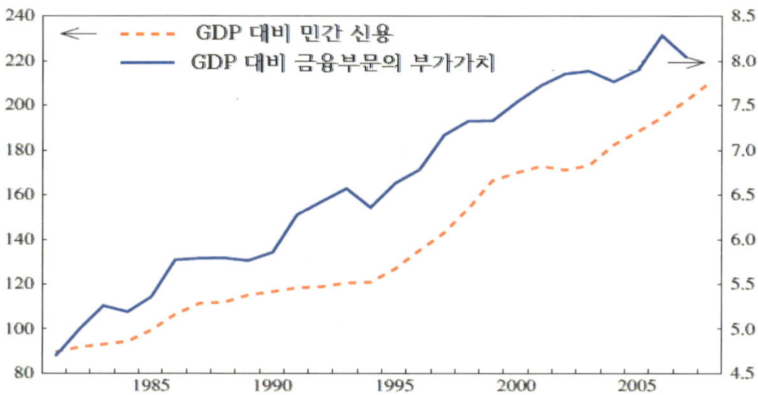

출처: M. Kumhof and R. Rancière, 2010.

▌그림 2-49. GDP 대비 금융부문의 규모

Georgetown University Law Center, *Business, Economics and Regulatory Policy Research Paper,* No. 1669401; M. Blair, 2010, "Financial innovation and the distribution of wealth and income," *Vanderbilt Law and Economics Research Paper,* No. 10; D. Moss, 2009, An ounce of prevention: The power of public risk management in stabilizing the financial system. Harvard Business School, Working Paper, No. 87; G. Kaminsky and C. Reinhart, 1999, "The twin crises: The causes of banking and balance-of-payments problems," *American Economic Review,* Vol. 89 No. 3, pp. 473-500.

제5절 달러본위제와 글로벌 불균형

금융위기는 글로벌 거버넌스의 구조를 변화시켰다. 이는 오늘날 문제가 국제협력 없이 해결하기 어려워졌고, 국민경제의 자율성과 독립성이 크게 약화되었음을 의미한다. 예를 들어, 2000년대 이전까지만 해도 글로벌 불균형 문제는 소수의 선진국 간에서 발생하였기 때문에 G5 등 선진국 합의체를 통해 비교적 용이하게 해결이 가능하였다. 반면, 2000년대 초반 이후 글로벌 불균형은 미국과 G7 선진국뿐만 아니라 상당수의 유럽국가와 일본 · 중국 등 아시아 신흥국과 산유국 등이 포함된 글로벌 차원의 현상으로 변모하였다. 따라서 보다 많은 국가들의 협력이 필요하게 된 것이다.

리먼브러더스 파산 이후 세계 금융시스템이 정지되는 상황에서 미국의 부시 대통령은 G20 정상들을 워싱턴으로 초청하여 정상회담을 가졌다. 2008년 11월 15일 G20 정상회담 개최를 3일 앞두고 부시행정부의 재무장관이었던 폴슨(Paulson)은 기자회견을 통해 G20 정상회담의 개최 배경과 이 회담을 통해 미국이 추구하는 목표를 다음과 같이 밝혔다. "우리가 최근의 과잉을 부채질하였던 글로벌 불균형을 해결하지 않고 현재 중요하게 부상한 (금융) 규제 문제만을 해결하려 한다면 우리는 향후 글로벌 시장과 경제 활력의 기반을 극적으로 개선시킬 기회를 상실하게 될 것이다. 글로벌 불균형으로부터의 압력은 또 다른 출구를 찾을 때까지 다시 누적될 것이다."[131] 즉 미국은 금융위기의 원인 중 하나를 글로벌 불균형으로 파악하고 있는 것이다. 실제로 1, 2차 G20 정상회의에서는 금융위기에 따른 급격한 경기후퇴를 막는 것이 시급했지만, 국제공조로 경기부양의 효과가 나타나기 시작한 2009년 9월 피츠버그 G20 3차 정상회의에서 "지속가능한 균형성장을 위한 협력체계(Framework)의 마련"에 대한 합의를 끌어냄으로써 미국은 글로벌 불균형의 해결을 G20 정상회의의 주요 과제로 관철시켰다.

---

131 Remarks by Secretary Henry M. Paulson, Jr. on Financial Rescue Package and Economic Update, Nov. 12, 2008. http://www.ustreas.gov/press/releases/hp1265.htm

글로벌 불균형의 근본 원인은 미국 중심의 경제질서에서 경제력의 다원화, 즉 다극체제로의 전환에서 비롯한다. 세계 경제는 미국 중심의 경제질서에서 G7 그리고 G20 등으로 경제력이 분산되어 왔다. IMF의 추정에 따르면 2013년 (중국을 비롯한 브릭스(BRICs), 동남아국가연합(ASEAN), 중남미, 중동 등) 신흥국의 명목 GDP는 (미국, 캐나다, 유럽, 일본, 호주, 싱가포르 등) 선진국의 GDP를 추월했다. 1990년 모든 재화 거래의 54%가 선진국 간 이루어졌으나 2012년에는 28%로 축소되었다. 반면, 세계 재화 거래 중 신흥시장국이 차지하는 비중은 40%를 차지하고 있고, 이 중 60%가 신흥시장국 간 거래, 즉 '남-남 거래(South-South trade)'이다. 앞에서 보았듯이 경제질서의 다극화는 미국 중심의 경제질서의 산물인 브레튼우즈 체제, 즉 금환본위제(gold exchange standard system: 금태환에 기초한 달러 본위제)의 필연적 붕괴로 이어질 수밖에 없었다. 게다가 무역수지 적자를 초래시킨 미국 제조업의 경쟁력 약화는 금환본위제(고정환율제)로 심화될 수밖에 없다. 즉 세계경제의 성장을 위해 기축통화인 달러는 과잉 공급되고 달러 가치는 저하될 수밖에 없음에도 불구하고 고정환율제로 달러 가치는 과대평가되고, 그 결과 미국 제조업의 가격경쟁력이 하락할 수밖에 없기 때문이다. 게다가 금융화가 진행된 80년대, 특히 90년대 이후에는 월가 이해에 부합하는 강달러 정책이 지속되면서 제조업의 경쟁력 약화는 심화되었다. 즉 글로벌 불균형 문제는 기본적으로 경제력의 다원화와 미국 중심의 금융질서 간의 비대칭성에서 비롯한 것이다. 고정환율제에서 변동환율제로의 전환도 글로벌 불균형을 해소시킬 수는 없었다. 변동환율제 역시 달러본위제(Dollar-exchange system)에 기초하고 있다는 점에서 미국 중심의 금융질서에는 변화가 없기 때문이다. 즉 경제력의 다원화와 미국 중심의 금융질서 간의 비대칭성은 고정환율제에서 변동환율제로 전환시킨다고 해결될 문제가 아니었다. 오히려 변동환율제와 자본 흐름의 자유화 속에서 미국을 제외한 나머지 국가들은 자본의 급격한 유출입에 따른 외환위기를 방지하기 위해서는 달러를 안정적으로 확보해야 하는 과제를 갖게 되었다. 이를 위한 가장 바람직한 방법은 경상수지 흑자를 통한 것이고, 이는 미국의 경상수지 적자의 심화를 의

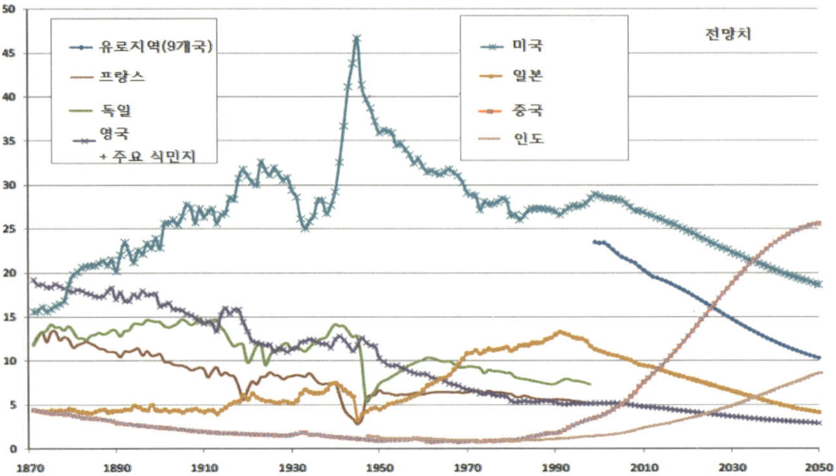

출처: I. Angeloni, 2011 "Policy perspectives on financial integration after the crisis," in *Postcrisis growth and financial integration in Europe,* edited by E. Nowotny, p. Mooslechner, and D. Ritzberger-Grunwald, Edward Elgar.

▌그림 2-50. 주요국이 세계 GDP에서 차지하는 비중, 1870~2050년(2005년 환율 기준)

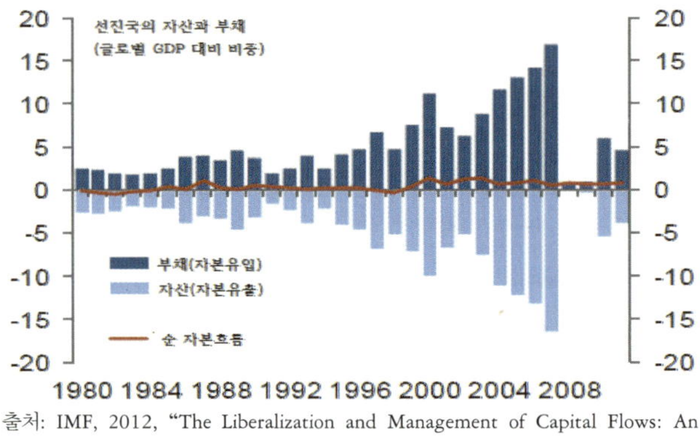

출처: IMF, 2012, "The Liberalization and Management of Capital Flows: An Institutional View," (Nov. 14), p. 9.

▌그림 2-51. 글로벌 GDP 대비 자본흐름의 규모(%)

미한다.

한편, 경상수지 흑자국의 경우 달러의 유입과 중앙은행의 달러 매입이 통화량 증대와 외환보유고의 증대를 가져온다. 그런데 외환보유액을 쌓으려면 경제적 비용이 수반된다. 외환보유액이 많다고 무조건 좋은 것은 아니라는 얘기이다. 즉 외환보유액을 쌓으려면 중앙은행이 통화안정증권의 발행(물가안정)이나 정부가 외국환평형기금채권의 발행(환율 안정) 등을 통해 해외에서 유입된 유동성을 흡수하는 이른바 불태화정책(sterilization policy)을 사용할 수밖에 없다. 예를 들어, 중앙은행이 달러를 매입하면 시중에 통화가 그만큼 풀려 인플레이션이 발생할 수 있기 때문이다. 그리고 채권 발행에 따른 비용을 축소시키기 위해 흑자국은 외환보유고의 상당 부분을 위험성이 없는 수익자산인 미국채 매입에 투자하는데, 그 결과 미국채 가격의 상승 및 수익률(이자율) 하락 요인으로 작용함으로써 신용을 팽창시킨다. 즉 글로벌 불균형이 미국 통화정책의 독립성을 약화시킨다. 주택가격의 과열을 진정시키기 위해 미국의 연준(Fed)이 2004년 6월 말 이후 기준금리(Federal Funds Rate)를 17차례나 지속적으로 인상했음에도 불구하고 시장의 장기금리는 상승하지 않고, 심지어 장기금리가 기준금리(정책금리)보다 낮아지는 '장단기 금리 역전현상'이 발생했는데 바로 해외로 유출된 글로벌 유동성(달러)의 미국 내 재유입이 한 요인이었다. 예를 들어, 2000~07년 사이에 외국인의 미국투자 자금 형태도 해외직접투자(FDI)와 주식 투자는 68%에서 39%로 감소한 반면, 채권 투자는 32%에서 62%로 증가했다. 즉 채권 수요와 가격의 증가 그리고 채권 수익률 하락은 시장이자율 하락 압력으로 작용하여 미국 소비의 증가와 저축

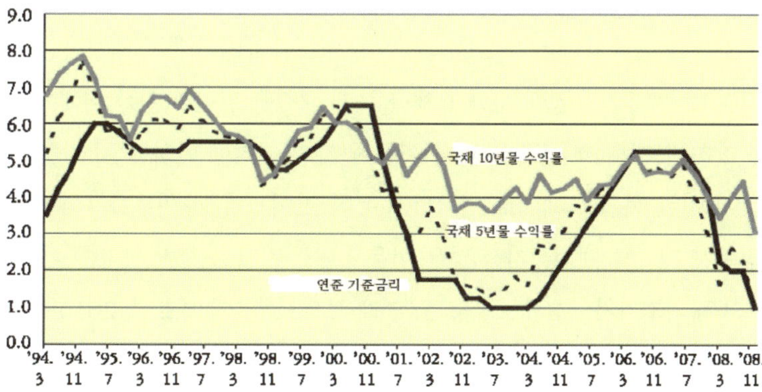

출처: Fed.

▌그림 2-52. 미국의 정책금리와 장기금리의 추이, 2000년 1월~2011년 7월

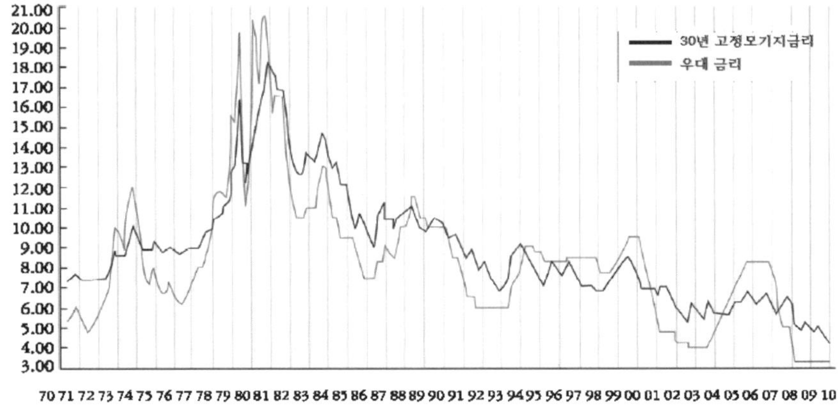

주: 대공황 직후인 1934년에 채택된 프라임레이트는 신용도가 가장 높은 기업에 대한 무담보의 단기사업자금 대부에 적용하는 최우대 대출금리로 정책금리와 동일방향·동일수준으로 움직이고, 다른 모든 은행 대출금리의 표준이 된다.
출처: Fed.

▌그림 2-53. 미국 우대금리(프라임레이트)와 30년 모기지 고정금리의 추이

의 감소 및 주택투자 증가의 요인으로 작용하였다. 그 결과 미국의 경상수지 적자가 확대되고 경상수지 흑자국의 달러가 미국 내 재유입되는 자본흐름을 초래하여 글로벌 불균형을 고착화시키는 경로를 구축하였다.

미국 통화정책의 독립성 약화의 문제는 2008년 미국 대통령선거에서 주요 이슈로 부각되기도 하였다. 예를 들어, 당시 민주당의 유력한 대통령 후보였던 힐러리 클린턴(Hillary Clinton) 당시 상원의원의 경우 외국인이 주식이나 채권 등의 형태로 소유한 미국의 부채가 GDP의 25%에 도달하면 정부가 경보음을 내보내고 달러의 미국 내 재유입에 대한 규제나 부채 해결을 위한 조치를 취해야 한다는 입장을 밝히기도 하였다.[132] 그러나 이는 월가의 이익에 반하는 것일 뿐만 아니라 미국이 처한 현실을 제대로 인식하지 못한 것이었다. 해외투자자의 덕택으로 미국 정부가 대규모 재정적자를 낮은 비용으로 유지할 수 있었기 때문이다. 미국 재무부의 해외투자자 투자포트폴리오 연례 보고서[133]에 따르면, 2010년 6월 말

132 "Clinton sounds the China alarm as '08 issue: Democratic contender warns of debt and 'erosion of economic sovereignty'," msnbc.com updated 3/2/2007. http://www.msnbc.msn.com/id/17403964/
133 http://www.treasury.gov/resource-center/data-chart-center/tic/Documents/shla2010r.pdf

기준(2011년 4월 발표)으로 미국 내 주식과 채권 등 유가증권에 대한 외국인의 투자 규모는 10조 6,910억 달러로 2009년의 9조 6,410억 달러에 비해 약 11% 증가한 규모이고, 2006년(7조 7,780억 달러)과 비교해서는 약 37%가 늘어난 규모에 해당한다(표 2-12). 이는 2010년 미국의 명목 GDP(14조 5,265억 5천만 달러)의 약 74%에 해당하는 규모로 2009년의 68%에 비해 6%가량 증가하였다. 즉 글로벌 경제에 자본시장의 개방을 강요한 미국이 자본 흐름 자유화의 부메랑을 맞고 있는 것이다. 게다가 미국 통화정책의 독립성이 약화되자 이에 대한 해결책을 국제사회에 요구하는 모순적인 행동을 보이는 것이다.

물론, 경상수지 적자가 항상 통화정책의 독립성 약화로 연결된 것은 아니다. 1980년 이후 글로벌 금융위기 이전까지 글로벌 불균형은 대략 1982~87년 기간과 1997~2008년 기간 두 차례에 걸쳐 확대 추이를 보였다. 그런데 앞의 기간 중 미국의 경상수지 적자는 대부분 일본과 독일 등 선진국과의 무역에서 발생한 것이었다. 대선진국 무역적자가 전체의 80%였는데 그중 일본과 독일의 비중이 50%에 육박하였다. 즉 글로벌 불균형 문제가 소수의 선진국 간에서 발생하였기

표 2-12. 미국 증권에 대한 해외 투자의 유형 및 규모의 추이(단위: 10억 달러)

증권 유형	June 2003	June 2004	June 2005	June 2006	June 2007	June 2008	June 2009	June 2010
장기증권	4,503	5,431	6,262	7,162	9,136	9,463	8,492	9,736
주 식	1,564	1,930	2,144	2,430	3,130	2,969	2,252	2,814
부 채	2,939	3,501	4,118	4,733	6,007	6,494	6,240	6,921
미국채	1,116	1,426	1,599	1,727	1,965	2,211	2,604	3,343
미국 정부기관	586	619	791	984	1,304	1,464	1,196	1,086
기 업	1,236	1,455	1,729	2,021	2,738	2,820	2,440	2,493
단기채	475	588	602	615	635	858	1,149	956
미국채	269	317	284	253	229	379	862	743
미국 정부기관	97	124	150	147	109	174	90	61
기 업	110	147	168	215	297	306	197	152
전 체	4,979	6,019	6,864	7,778	9,772	10,322	9,641	10,691

출처: Department of the Treasury, April 2011, "Report on Foreign Portfolio Holdings of U.S. Securities," Table 1.

때문에 G5 등 선진국 합의체를 통해 비교적 쉽게 해결이 가능하였다. 1985년 9월 22일 플라자합의에 따른 환율 조정과 1987년 2월 22일 루브르합의를 통한 수요 조정, 즉 미국의 재정적자 축소나 일본·독일의 내수 진작 등을 추진함으로써 무역불균형이 빠르게 해소되었다. 즉 플라자합의 이후 1년간 엔화 57.1%, 마르크화 43.0%, 프랑화 36.2%, 파운드화 7.2%가 절상되었고, 그 결과 1987년 이후 미국의 경상수지 적자는 급격히 축소되었으며 1991년에는 소폭 흑자로 전환되었다. 결국 세계 전체 GDP 대비 무역불균형(경상수지 적자) 규모도 1986년 1.6%에서 1990년 1.3%로 축소되었다.

이처럼 글로벌 불균형은 1990년대 전반까지 소폭에 머물렀으나 미국이 강달러 입장으로 전환한 90년대 후반 이후 다시 확대되었다. 게다가 일본의 경상수지 흑자 지속과 더불어 아시아가 외환위기를 겪은 1998년 이후 아시아 신흥국 및 산유국의 경상수지 흑자 규모도 급증하였다. 또한, 이 시기에는 미국경제가 IT 부문을 중심으로 높은 성장세를 보이면서 직접투자와 주식투자를 중심으로 미국으로 자본의 재유입이 증가했고 이는 달러화 강세와 경상수지 적자를 부채질하였다(그림 2-54). 2001년 닷컴버블(dot-com bubble) 붕괴[134]와 미국의 경기 둔화로 대미 투자자금 유입이 감소하고 경상수지 불균형이 일시적으로 축소[135]되었지만 그 이후 불균형은 확대 추세가 계속되었다. 1980년대와 달리 2000년대의 글로벌 불균형은 미국과 G7 선진국뿐만 아니라 상당수의 유럽 국가와 중국 등 아시아 신흥국, 산유국이 포함된 글로벌 차원의 현상으로 변모하였다. 즉 세계 GDP 대비 전체 경상수지 적자 비율은 2001년 1.8%에서 2006년 2.7%로 증가하였고, 만성적 경상수지 적자국인 미국의 적자 규모가 커졌을 뿐만 아니라 스페인, 영국 등 일부 유럽선진국과 동유럽의 경상수지 적자 규모도 지속적으로 증가하였다. 경상

134 1994년에 시작된 인터넷의 경제적 중요성으로 1995~2000년 사이 인터넷 관련 분야가 성장하면서 주식시장의 가격이 급속한 상승을 본 거품경제 현상이다. 1994년 1월 31일 800.47에서 2000년 3월 10일 장중 5132.52(마감 5,048.62)까지 올랐던 미국의 나스닥(NASDAQ)은 2002년 10월 9일 1114.11까지 거의 80%가 하락하였다. 시장가치 기준으로 손실은 7조 달러 이상이었다.

135 2000~01년 중 세계 GDP 대비 경상수지 적자는 2.1%에서 1.8%로 축소되었다.

주: 달러지수는 유로화 58.6%, 일본 엔화 12.6%, 영국 파운드 스털링 11.9%, 캐나다 달러 9.1%, 스웨덴 크로나 4.2%, 스위스 프랑화 3.6%의 가중 평균으로 구성.

그림 2-54. 달러지수의 추이, 1971~2015년 1월(1973년 3월=100)

수지 흑자국의 경우에도 일본, 독일 등 선진국의 불균형 규모가 커진 데다 중국을 비롯해 아시아 신흥국과 산유국 등의 흑자 규모가 급증하였다. 개별 국가의 GDP 대비 경상수지 비율을 살펴보면 2001~07년 중 미국이 -3.9%에서 -5.2%, 유럽 선진 적자국이 -2.0%에서 -5.0%, 중・동 유럽국이 -2.0%에서 -7.9%로 적자가 크게 확대되었다. 반면, 흑자국의 경우 중국이 1.3%에서 11.0%로 가장 크게 확대되었고, 선진국 중 일본이 2.1%에서 4.8% 그리고 독일이 0.0%에서 7.6%로 증가하였고, 말레이시아, 홍콩, 싱가포르 등 신흥아시아 국가와 산유국도 각각 4.7%에서 6.6%와 10.6%에서 14.0%로 흑자폭이 확대되었다.

이처럼 2000년 이후 미국의 경상수지 적자 문제는 규모와 해결 가능성에서 1980년대와 달리 새로운 국면을 맞이하였다. 미국과 G7 선진국뿐만 아니라 상당수의 유럽국가, 중국 등 아시아 신흥국, 산유국 등이 포함된 글로벌 차원의 현상으로 변모한 것이다. 그 결과 이해관계의 조정 또한 매우 어려워졌다. 예를 들어, 글로벌 금융위기 이전부터 미 의회와 행정부가 글로벌 불균형의 주요 요인으로, 특히 중국 위안화의 저평가를 지목하고 환율제도 변경 등을 지속적으로 요구해왔다. 그러나 2007년 IMF가 도출한 다자간합의안에는 경상수지 흑자국인 중국 및 일본 등의 통화 절상과 내수 조정뿐만 아니라 적자국인 미국에 대해 저축률

제고와 재정적자 축소 등의 요구가 함께 포함됨으로써 다자간합의의 역효과가 나타났고 미국의 추진력은 약화되었다. 이에 미국은 다자간합의를 통한 추진보다는 양자 협상 방식에 의존하였다. 저축률 제고나 재정적자 축소 등 자신의 문제를 쉽게 해결하기 어려운 상황에서 교역상대국에게 책임을 떠넘기는 방식을 선택한 것이다. 특히, 양자협상 전략의 중심에 중국의 위안화 절상이 놓여 있다. 중국을 제외한 나머지 국가들의 협조를 얻어내는 것은 문제가 없다고 생각하는 반면, 미국이 최대 적자를 보이는 무역 상대국인 중국의 양보를 얻어내지 못하는 한 미국의 경상수지 적자는 해결할 수 없다고 보기 때문이다. 미국의 요구로 중국은 2005년 7월 22일부터 2008년 9월 리먼브러더스 파산 이전까지 관리변동환율제, 이른바 복수통화바스켓 방식을 도입해 시행한 바가 있다. 그 결과 이 기간 동안 1달러에 약 8.28위안에서 약 6.83위안까지 20% 이상이 절상되었다. 그러나 금융위기 이후 글로벌 금융시장이 불안해지면서 다시 미 달러화에 고정시키는 달러 페그제(US Dollar peg system)로 전환하였다가 미국의 압력이 증가되고 금융위기도 진정되면서 2010년 6월 22일부터 다시 관리변동환율제로 복귀하였다. 그러나 중국의 입장은 기본적으로 급속하고, 외부 압력에 의한 평가 절상을 거부하였다.[136]

복수통화바스켓(multiple currency basket) 무역이나 자본거래에서 자국통화와 관계가 깊은 복수의 통화를, 즉 주요 교역 상대국이나 외환시장에서 거래 비중이 높은 국가들의 통화 가치를 가중 평균하여 마치 바구니 속에 담는 것과 같이 하나의 통화단위로 만들어 자국통화의 환율시세가 일정해지도록 함으로써 환율 안정을 도모하는 제도를 말한다. 복수통화 바스켓제도에서는 자국 통화의 가치가 달러화와 같은 특정 외국 통화에 대해 고정돼 있는 것이 아니라, 바스켓에 포함된 다른 통화의 가치 변화에 따라 변동하게 된다.

---

136 예를 들어, 후샤오롄(胡曉煉) 인민은행 부총재는 2010년 9월 1일자 미 월스트리트저널과의 인터뷰에서 "위안화 환율이 중미 무역 불균형을 시정하는 데 결정적인 역할을 하지 않는다", "(위안화 환율에 대한) 과다한 주장과 비판이 문제 해결에 도움이 되지 않는다"라며 미국의 위안화 절상 요구를 거부하였다.

중국이 미국의 요구대로 움직이지 않자 미국 내에서 위안화 절상 압박 수단으로 보복관세의 부과 필요성이 증대하였다. 예를 들어, 크루그만(Krugman)은 중국이 위안화 절상을 거부할 경우 중국에서 수입하는 제품에 대해 임시관세 25%를 부과하라고 주장하였다.[137] 1971년 닉슨독트린 충격(금태환 정지 선언) 이후 미국은 독일을 비롯한 주요 서유럽 국가와 일본의 통화 가치를 절상시키기 위해 수입품에 대해 10% 관세를 부과하여 성공을 거둔 경험이 있다. 즉 미국과 관련 국가들은 미국 달러 가치를 하락시키기로 합의하였고, 관련 국가들의 시장 개입의 결과 교역 비중으로 가중 평균한 미국의 달러 가치는 그해 12월까지 6.5%가 하락하였고, 자신의 요구를 거두자 미국은 수입관세를 제거하였다. 그러나 중국에 대한 보복관세가 성공을 거둘지는 미지수다. 맞대응의 보복관세부터 WTO 제소 가능성까지 단호한 입장을 취하고 있기 때문이다. 사실, 미국의 경상수지 적자 해소나 중국 수출의 감소에 대한 위안화 절상 효과는 미국 내에서도 설득력을 얻지 못하고 있다. 위안화 절상은 석유나 철광석 등 원자재 수입비용을 하락시키는 효과가 있기 때문에 중국 수출제품의 가격 상승을 상쇄시킨다. 설사 위안화 절상으로 중국 제품에 대한 미국 수입이 감소하더라도 여타 아시아 국가들의 제품으로 대체될 가능성이 높아 미국의 무역적자 규모는 축소되지 않고 적자 구성의 비중만 변화시킬 것이기 때문이다. 또한, 중국의 위안화 절상과 더불어 여타 아시아 국가의 통화가치의 동반 절상을 하더라도 이들 국가들이 수출하던 노동집약적 제품이 미국 내에서 생산될 가능성도 높지 않다. 이처럼 "위안화 환율이 중·미 간의 불균형을 시정하는 데 결정적인 역할을 하지 않는다"라는 중국의 주장은 설득력이 있다. 제3차 피츠버그 G20 정상회의의 합의사항 중 하나인 균형을 위한 협력 방안에 미국에게는 민간저축 증대와 재정건전성 확대를, 중국에게는 국내 소비와 투자 진작을 요구했을 뿐 환율 문제를 포함하지 않은 이유이다.

사실, 미국의 경상수지 적자는 여러 요인들이 결합되어 있다.[138] 첫째, 미국

137 P. Krugman, 2010, "Taking On China" New York Times (March 14).

138 M. Chinn, B. Eichengreen, and H. Ito, 2011, "A Forensic Analysis of Global Imbalances,"

은 경상수지 적자와 더불어 재정적자, 이른바 '쌍둥이 적자(twin deficits)'로 몸살을 겪고 있다. 재정적자가 클수록 경상수지 적자가 확대될 가능성 역시 높다. 그러나 레이건 행정부 시기인 80년대 전반부와 부시 주니어 행정부 시기인 2000년대 초에만 재정적자와 경상적자가 상관성을 보였을 뿐이다. 둘째, 미국의 경상수지 적자는 투자에 비교한 저축의 부족, 즉 과잉 소비로 해석할 수 있다. 주지하듯

경상수지 적자의 원인 국제수지(Balance of Payment, BP)란 대외수지, 즉 종합수지가 균형을 이루는 상태를 나타낸다. 대외수지의 균형상태는 국제수지와 국민소득의 결합을 통해서 도출할 수 있다. GDP에 국외순수취요소소득을 더하면 국민총소득(GNI)이다. GNI에 국외순수취경상이전을 더한 것이 국민총처분가능소득(GNDI)이다. 따라서

GNDI = C + I + G + Xn + 국외순수취요소소득 + 국외순수취경상이전, 여기서 Xn=순수출

= C + I + G + 재화 및 서비스수지 + 소득수지 + 경상이전수지

= C + I + G + 경상수지

한편, GNDI는 총소비(C+G)와 총저축(S)로 나누어진다. 따라서

S = GNDI − C − G = I + 경상수지

= (GNDI − T − C) + (T − G)

= {처분가능소득(≡ GNDI − T) − C} + 정부저축(≡T − G),

그런데 민간저축 ≡ Sp = (처분가능소득 − C)이고, 정부저축≡Sg=(T − G)가 된다. 따라서

S = Sp + Sg = I + 경상수지

즉 경상수지 = S − I = (Sp + Sg − I)가 된다.

따라서 한 나라의 총저축이 국내총투자를 상회하면 경상수지는 흑자가 된다. 반대로 한 나라의 총저축보다 국내총투자가 더 많으면 경상수지 적자가 된다. 정부가 재정적자를 시현하면 정부저축이 마이너스가 되어 총저축이 감소하고 결과적으로 경상수지 적자로 귀결되기 쉽다. 이른바 '쌍둥이 적자(twin deficits)'가 나타날 수 있다.

NBER Working Paper 17513 (Oct. 1).

이 저금리 기조의 지속, 은행 대출 기준의 완화, 글로벌 규모로 모기지 상품의 확대, 대출의 증권화 등에 기초해 가계의 차입과 소비가 크게 성장하였다. 실제로 가계의 가처분소득 대비 가계부채의 비율로 정의한 가계 레버리지 비율이 1% 증가할 경우 경상수지가 0.25% 감소하는 것으로 추정된다. 특히 2006~08년의 경상수지에 가계 레버리지가 가장 강한 영향을 미친 것으로 나타났다. 셋째, 개도국 금융시장의 왜곡은 이 국가들로 하여금 과도한 국가 저축을 축적케 함으로써 글로벌 불균형의 주요 원인 중 하나로 작용하였다. 즉 개도국의 과도한 저축은 보다 발달된 금융시장을 가진 국가로 자금이 이동하는 '푸시 요인(push factor)'으로, 그리고 선진국의 금융 왜곡은 비합리적 자산 붐(boom)을 야기할 수 있는 '풀 요인(pull factor)'으로 작용하였다. 이른바 돈이 신흥국에서 선진국으로 흐른다는 '루카스 역설(the Lucas paradox)'[139]이다.

이러한 주장은 '글로벌 저축 과잉 가설(global saving glut hypothesis)'과 관련 있다. 이 가설에 따르면 중국 등 아시아 신흥국의 대미 수출 증가와 산유국의 오일머니로 이 국가들의 소득이 크게 늘었는데, 늘어난 소득을 소비하거나 투자하기보다 저축하는 데 썼기 때문에 경상수지 흑자가 큰 폭으로 지속되었다. 이 경상수지 흑자국들은 대부분 사회안전망이나 복지 등이 미흡하기 때문에 개인의 저축성향이 선진국에 비해 높은 편이었다. 아시아의 이런 저축 증대가 '글로벌 저축 과잉'을 형성하였고, 과잉 저축이 미국의 투자 재원으로 유입됨으로써 글로벌 불균형에 영향을 미쳤다는 것이다. 그러나 이 가설은 그림자금융의 비중 증대와 금융혁신의 요인을 간과한다. 즉 일본과 중국의 해외자산은 1998~2006년간 1.2조 달러 증가한 반면, 경상수지 적자국의 해외부채는 2.6조 달러였다. 반면, 같은 기

139 시장이론에 따르면 자본은 수확체감으로 부자 국가에서 빈곤 국가로 흐른다고 예측한다. 빈곤한 국가는 노동자 일인당 자본이 적다. 즉 자본의 희소성은 자본 유입과 관련된 수익이 부자 국가보다 높다는 것을 의미한다. 따라서 부자 국가의 저축자들은 빈곤 국가를 수익 투자처로 바라본다. 그러나 현실은 시장이론의 예측대로 작동하지 않는다. 로버트 루카스(Robert Lucas)가 1990년 논문("Why doesn't Capital Flow from Rich to Poor Countries?" *American Economic Review,* Vol. 80 No. 2, pp. 92-96)에서 이러한 퍼즐(puzzle)을 다룬 것을 계기로 '루카스 역설'로 언급된다.

간 동안 그림자금융의 전체 신용 증가는 11.2조 달러, 전통적인 은행의 신용 증가는 4.4조 달러로, 총 15.6조 달러가 증가하였다. 이는 통화정책의 통제, 즉 정책금리 인상이 시장금리를 상승시키는 데 실패한 이유가 글로벌 불균형(외부요인)보다 금융시스템(내부요인)에 있음을 보여주는 것이다. 즉 앞에서 지적했듯이 그림자금융 신용에 의한 유동성 증가와 이자율 하락과 파생상품 가치의 증가라는 피드백 루프가 정책실패의 주요인으로 작용한 것이다.[140] 게다가 〈표 2-13〉에서 보듯이 중국 등 아시아 국가들이 투자한 미국 증권은 미국채나 정부(보증)기관 채권 등이었던 반면, 민간 기업들이 발행한 ABS 투자는 유럽 국가들에 의해 이루어졌다. 즉 중국 등 아시아 국가들은 미국의 장기 모기지 금리에 대한 영향이 제한적이었음을 의미한다.

실증연구[141] 역시 경상수지 불균형과 관련된 저축 과잉과 글로벌 이자율 간

표 2-13. 외국의 미국 증권 보유 형태와 규모, 2008년 6월 30일 기준(단위: 10억 달러)

국 가	전 체	주 식	장기 미국채	정부기관 장기채		기업 장기채		단기 부채
				ABS[1]	기 타	ABS[1]	기 타	
일 본	1,250	199	568	121	149	42	107	66
중국, 본토[2]	1,205	100	522	369	158	7	19	30
영 국	864	376	45	16	10	74	320	24
케이먼군도	832	317	25	38	5	193	196	58
룩셈부르크	656	191	58	21	8	60	248	70
벨기에	456	20	14	2	22	72	321	5
캐나다	441	321	17	2	3	15	66	17
아일랜드	400	75	12	17	11	59	90	135
중 동	391	141	78	17	43	14	22	77
석유수출국[1]	314	162	34	5	7	19	65	21
스위스	312	188	17	15	2	30	51	9
네덜란드	185	1	*	*	*	*	182	1
알려지지 않은 국가들	3,016	878	821	150	273	175	373	345
나머지 세계	10,322	2,969	2,211	773	691	760	2,060	858
해외 공공기관 보유액	3,493	363	1,684	435	532	40	65	373

주: 1. 정부기관 ABS는 기본적으로 주택 모기지로 뒷받침되었고, 기업 ABS는 자동차 대출, 신용카드, 주택 및 상업용 모기지, 학자금 대출로 구성되었다; 2. 홍콩과 마카오는 제외; 3. 바레인, 이란, 쿠에이트, 오만, 카타르, 사우디아라비아, 아랍 에미레이트.

출처: Department of the Treasury, April 2009, "Report on Foreign Portfolio Holdings of U.S. Securities", Table 5 http://www.treasury.gov/ticdata/Publish/shla2008r.pdf

140 A. Sheng, 2011, pp. 9-10.

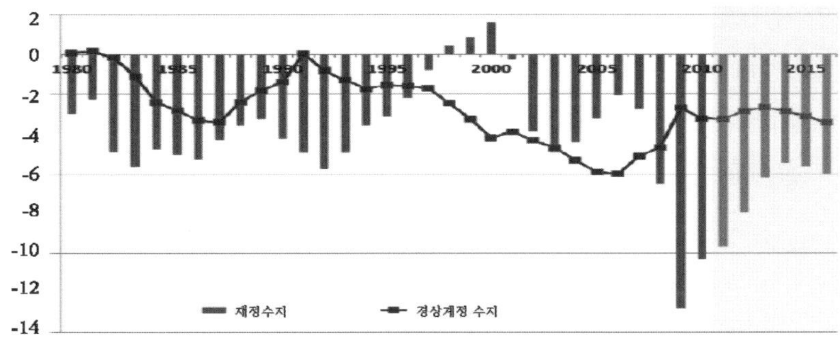

주: 2010~16년은 IMF 예측.
출처: IMF, 2011, *World Economic Outlook* (Sep.).

▌그림 2-55. 미국의 재정 및 경상수지(GDP 대비)

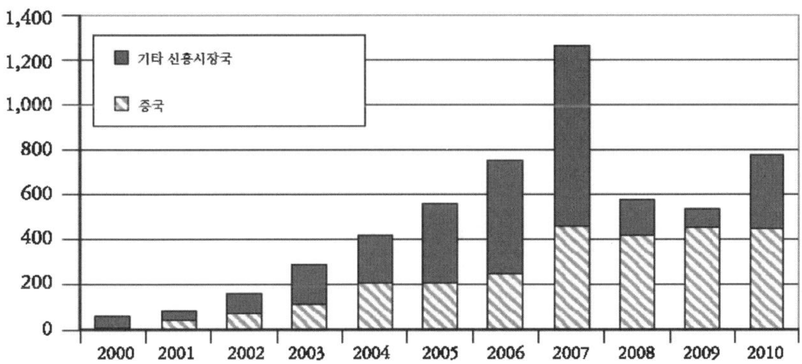

출처: E. Prasad, 2011, "Role Reversal in Global Finance," Brookings Institution (Aug. 2).

▌그림 2-56. 신흥시장의 대외지불준비금 축적(10억 달러)

의 관계는 미약한 것으로 나타났다. 금융 흐름이 글로벌 이자율에 영향을 미친 반면, 경상계정은 자금조달(financing)에 거의 영향을 미치지 못하였다. 다시 말해, 경상수지 불균형은 국제 차입과 대출 그리고 금융 중개에 역할을 수행하지 못하였고, 실물투자는 해외로부터 자금조달을 하였다. 실제로 미국 (달러 자산의) 장기 이자율은 2005~07년간 증가 추세를 보인 반면, 미국의 경상수지 적자는 명백한 감소 경향을 보이지 않았다(그림 2-57). 게다가 미국 경상수지 적자와 글로벌 저축

141 C. Borio and P. Disyatat, 2011, "Global Imbalances and the Financial Crisis: Link or no Link?" *BIS Working Papers* 346, BIS (May).

간의 연관성도 약한 것으로 나타났다. 미국의 경상수지 적자는 90년대 초 악화 추세가 시작된 반면, 글로벌 저축률은 실제로 2003년 말까지 하락 추세를 보였기 때문이다(그림 2-58). 또한, 글로벌 저축률과 실질 이자율 사이에는 명백한 연관성이 존재하지 않았다. '글로벌 저축 과잉'의 주택시장 버블에 대한 영향도 확인되지 않는다.[142] 글로벌 저축률은 버블 확장기에 강력한 상승 추세가 보이지 않았

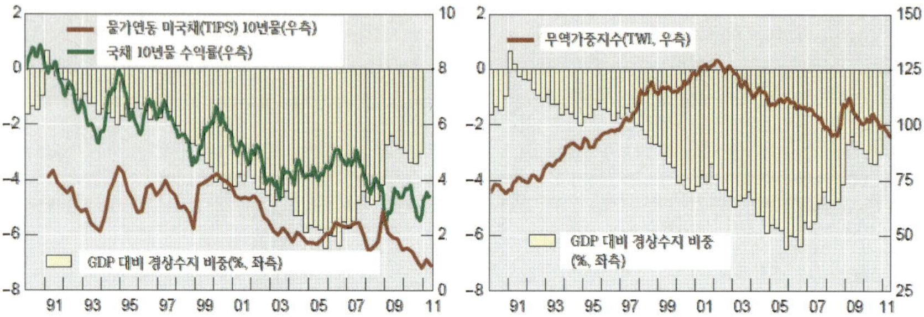

주: 1996년 말까지는 10년물 미국채 명목 수익률-기대인플레이션.
출처: C. Borio and P. Disyatat, 2011; Bloomberg; and International Monetary Fund.

▌그림 2-57. 미국의 경상수지와 이자율 그리고 실질유효환율

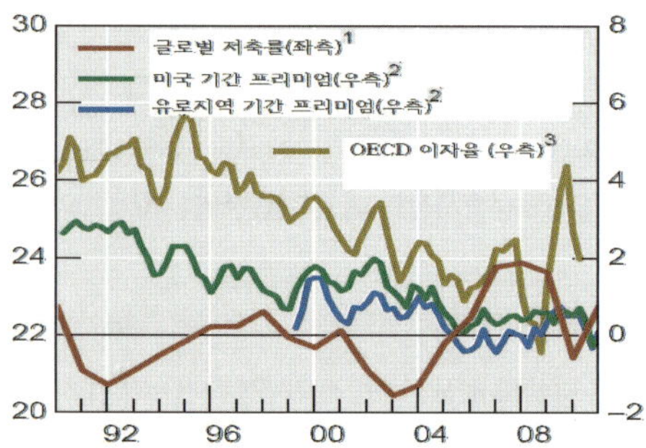

주: 1. GDP의 %; 2. 10년물 명목 수익률; 3. 2005년 PPP GDP로 가중된 실질 장기 이자율(주로 10년물)의 평균(호주, 캐나다, 덴마크, 유로 지역, 일본, 뉴질랜드, 노르웨이, 스위스, 영국, 미국 대상).
출처: C. Borio and P. Disyatat, 2011.

▌그림 2-58. 글로벌 저축률과 이자율

---

142 D. Laibson and J. Mollerstrom, 2010, "Capital Flows, Consumption Booms and Asset Bubbles: A Behavioral Alternative to the Savings Glut Hypothesis," *Economic Journal* Vo. 120, pp. 354-74.

기 때문이다. 더욱이 글로벌 저축 과잉이 있었다면 대규모 투자가 발생했어야 하는데 미국 투자율은 1995~2005년간 상승하지 않았다.

이처럼 경상수지의 재균형은 급격한 정책 변화가 실행되지 않는 한 쉽지 않을 것으로 보인다. 즉 글로벌 금융위기 이후 국제사회는 세계경제가 지속성장을 유지하려면 글로벌 불균형의 조정이 필요하고 이를 위해서는 주요국의 절대적 협조가 필요하다. G20라는 새로운 글로벌 거버넌스 체제가 등장한 배경이다. 문제는 관련 국가들이 자기 역할을 수행할 수 있는가이다. 자기 책임은 방기한 채 상대방에게 책임을 떠넘기면서 자국의 이해만을 추구하고 있기 때문이다. 특히 불균형 문제의 주요 당사자인 미국이 자신의 책임을 수행할 수 있을지가 문제이다. 미국의 경상수지 적자 문제는 기본적으로 달러본위제와 산업경쟁력 약화가 결합된 산물이다. 21세기 들어와 미국의 혁신이 정체된 상황에서 불균형을 축소하려면 미국인의 삶의 수준과 재정지출을 크게 축소시켜야 하기 때문이다. 또한, 불균형의 근본적 해결은 달러본위제에 기초한 국제통화체제의 개혁을 전제로 한다. 국제결제통화를 갖지 못한 국가들에 대한 글로벌 금융안전망 제공 등이 뒷받침되지 않는 한 금융 및 외환위기를 방지하기 위한 신흥시장국의 경상수지 흑자와 대규모 외환보유액 축적 노력을 막을 수가 없다. 개별 신흥시장국 입장에서는 합리적 선택이기 때문이다. 개별 국가의 경상수지 흑자와 외환보유액 축적이 글로벌 자본시장의 구조적 왜곡을 낳는 이른바 '구성의 오류'를 피하기 위해서 경제력의 다원화와 달러 중심체제의 개혁은 불가피한 것이다. 90년대 말 아시아 외환위기 이후 지속되고 있는 신흥시장의 경상수지 흑자 및 대규모 외환보유액 축적은 개별 국가의 입장에서는 합리적 선택일 수 있으나 전 세계적으로는 구조적 왜곡—예를 들어, 자본시장(이자율)의 왜곡—의 요인으로 볼 수 있기 때문이다.

이처럼 '다극체제 시대의 도래'로 글로벌 차원에서 '집단행동의 딜레마' 해결을 위한 새로운 리더십, 즉 협력시스템의 구축이 필요해졌다. '집단행동의 딜레마'는 집단 또는 잠재적 집단이 공통의 이해관계가 걸려 있는 문제를 스스로의 노력으로 해결하지 못하는 상황을 말하기에 집단 전체를 위한 공공재의 생산과 공급을 위해 스스로 시간·노력·비용 등을 투입하지 않으려고 하는 일부 구성원들의 무임승차 성향을 통제하기 위해 정부의 직접적 개입 및 규제가 필요하거나, 사회구성원들이 공동의 문제를 해결하는 데 적극적으로 참여할 수 있게 사회적 조건을 마련해주는, 즉 공동의 목표나 이익을 추구하기 위해 적극적으로 신뢰하고 협력하도록 협력적 네트워크를 구축한다.

문제는 인류 사회가 무임승차, 공동지 비극, 용의자의 딜레마 등에 대해 국민국가 단위에서의 해결책은 축적했으나 초국가 차원에서의 해결책이 부재한 상황이라는 점이다. 다극체제는 금융위기 이후 미국 국가부채의 급증이 국가 신용등급의 강등으로 이어지며 심화되고 있다. 즉 미국의 신용등급 강등은 더 이상 기축통화 지위 유지가 불가능하게 되었음을 의미한다. '초국가 안전자산'의 지위를 상실한 것이다. 달러와 미국경제가 더 이상 기준과 중심이 될 수 없다는 것은 미국이 글로벌 경제의 대주주에서 '최다 소액주주'로 전락했음을 의미하고 이는 '다극체제 시대의 도래'를 의미하기 때문이다. 다시 말해, 글로벌 금융시장에 더 이상 '초국가 안전자산'이 존재하지 않는다는 것은 시장이 불안정해질 때 도피할 안전지대가 없다는 것을 의미한다. 그 경우 시장은 극도의 불확실성에 내몰릴 수밖에 없게 된다. 이는 미국의 신용등급이 강등되자 불확실성이 글로벌 금융시장을 뒤덮은 이유이다. 금융위기 이후 투자자들의 의사결정에서 리스크와 더불어 불확실성에 대한 회피가 크게 증가했다는 점에서 향후 금융시장은 불안정성이 일상화될 수밖에 없다. 이처럼 시장의 안정성 확보를 위한 초국가 협력이 선택이 아닌 필수가 된 반면, 일상화된 다극체제에 필요한 '초국가 협력리더십'은 매우 빈곤하다. 유로존의 위기도 '초국가 협력리더십'의 빈곤에서 비롯한다.

제6절 신자유주의식 포퓰리즘과 금융위기 그리고 모기지 시스템의 파산

2007~09년의 글로벌 금융위기는 외형상으로는 주택가격의 하락 전환과 그에 따른 MBS, CDO, CDS 등의 가치 하락 그리고 이를 보유한 대형 금융회사의 부실화와 파산에 따른 결과였다. 그렇지만 앞에서 보았듯이 근원적으로는 70년대 이후 산업구조의 업그레이드 지연 혹은 실패에 따른 자본의 탈제조업화와 과잉금융, 즉 금융화에 그 뿌리가 있다. 금융의 수익성 경쟁의 격화는 금융에 대한 탈규제뿐만 아니라 금융의 이해에 국가 정책 및 실물경제가 종속되는 결과를 초래시켰다. 그 결과 은행위기가 증대하였고 소득불평등은 심화되었다.

신자유주의식 포퓰리즘과 금융위기

금융화는 90년대 들어 분기점을 맞게 된다. 글로벌 금융위기에서 경험한 부동산 경기와 은행위기는 금융위기 20년 전에 전초전을 치렀다. 앞에서 살펴본 이른바 'S&L 사태'이다. 'S&L 사태'는 90년대 초의 경기침체로 이어졌다. 1990년 4분기 실질 GDP가 0% 증가한 데 이어 91년에는 연속 마이너스(−) 성장률을 기록하였다. 실업률은 5%대에서 벗어나 8% 근처까지 치솟았다. 문제는 91년 하반기부터 경기가 회복되기 시작했음에도 불구하고 높은 실업률이 지속되는, 이른바 '고용 없는 성장'이 출현한 것이다. 미국의 고용시스템이 도전을 맞게 된 것이다. 앞에서 지적했듯이 당시까지 미국은 유럽의 높은 실업률을 '유럽병'이라 비난하며 미국 노동시장의 유연성을 자랑했다. 즉 유럽 노동시장에 비교해 유연성과 효율성은 미국 노동시장의 특성으로 자리매김하고 있었다. 그러나 이는 미숙련 노동력 희생의 대가였다. 글로벌화와 기술발전에 따른 생산성 증대는 미숙련 노동력의 고용 축소와 임금 정체로 연결되었다. 게다가 (앞에서 지적했듯이) 80년대 이후 미국의 일자리 지원 정책은 크게 후퇴하였다. 그런데 '고용 없는 성장' 현상 앞에 유연성을 자랑하던 미국 고용시스템은 위기를 맞게 된 것이다. 장기 실업 상태

고용 없는 성장 일반적으로 '고용 없는 성장'은 좁은 의미로는 경기 순환상의 경기회복 국면에 8분기(24개월) 혹은 그 이상의 기간 동안 지속되는 '일자리 없는 경기회복(jobless recovery)' 현상을 지칭한다. 그러나 넓은 의미로는 경제의 성장 속도에 비해 상대적으로 지체되고 있는 지체된 일자리 성장(sluggish job growth) 현상, 그리고 이 두 현상의 상호작용으로 인해 확대 강화되고 있는 고용 불안정성(job insecurity) 현상을 포괄한다. '고용 없는 성장'은 1990년대 이후 미국 경기순환에서 나타나고 있는 '일자리 없는 경기회복' 현상에서 기원한다. 즉 〈그림 2-59〉에서 보듯이 1991년 3월 저점 이후 경기회복기 18개월 동안 저점 대비 고용 성장률이 (−)값을 보였고, 24개월이 지난 1993년 3월에도 저점 대비 0.8% 성장에 그치고 있어 예전 평균 대비 10분의 1 수준에 머물렀다.[143] 2001년 11월 저점을 지난 경기회복기에 접어든 경기순환의 경우 30개월이 지나서야 '일자리 없는 경기회복' 현상이 해소될 정도로 그 정도가 심해졌다. 경기회복기에 들어간 후 30개월 이상 고용이 저점 대비로 계속해서 (−)를 보인 것은 전례 없는 일이었다. 또한, 1991년 이후 동일한 현상이 반복되었기 때문에 이 문제는 일회적인 경기순환상의 특수현상으로 간주하기도 어렵게 되었다.

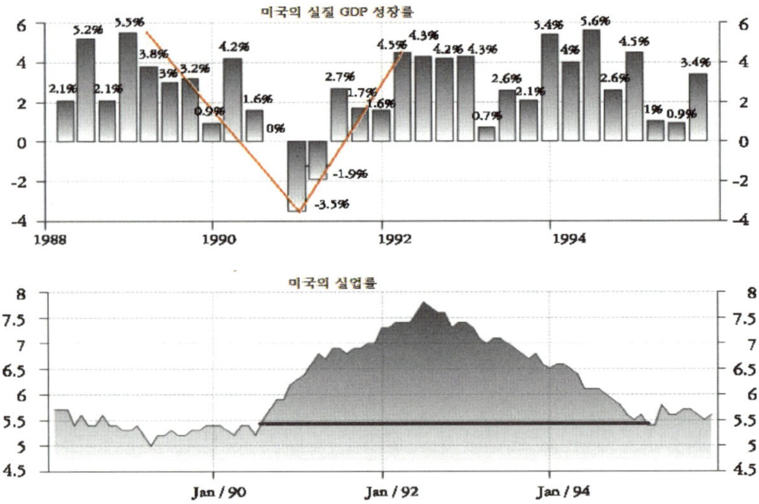

▌그림 2-59. S&L 사태 이후 미국의 실질 성장률과 실업률

143 R.M. Gordon, 1993, "The Jobless recovery: does it signal a new era of productivity let

와 취약한 사회안전망은 노동자와 그 가족의 의료서비스 혜택을 포함해 삶의 기본조건을 위협하였다. 즉 '고용 없는 성장'은 단순한 경제 문제가 아닌 사회 및 정치 문제가 되었다.

이에 대해 미국 정치권이 선택한 핵심 해법은 무주택자 및 저소득자에 대한 주택 신용의 지원이었다. 월가와 시민 그리고 정치권 모두가 환영하였다. 월가는 새로운 비즈니스 수익원에 환호하였고, 시민은 주택가격의 상승과 주택 소유 가능성으로 지지하였고, 월가 및 시민의 지지와 더불어 주택경기의 활성화 및 주택자산 가치의 증가(자산효과)에 기초한 경기 부양과 고용 증대 기대로 정치권 역시 여야 모두 찬성하였다. 1992년 연방주택기업안전 및 건전성법(the Federal Housing Enterprise Safety and Soundness Act of 1992)을 제정하여 저소득층 및 소수자 집단을 위한 서민주택건설 목표를 할당하였다. 경기침체의 덕택으로 정권 교체에 성공한 클린턴 행정부에서 주택경기 부양은 더욱 강화된다. 무엇보다 의회의 협력 속에 주택금융 증대를 추진하였다. 예를 들어, 클린턴 행정부의 '국민주택 보유 증대 전략(National Home Ownership Strategy)' 보고서(1995년)의 서문은 "주택보유율이 늘어나게 되면 미국 가정과 공동체의 힘이 증대될 것이고, 미국경제의 힘도 강화될 것이며, 미국의 중산층도 따라서 증가할 것이다. (중략) (따라서) 주택보유의 걸림돌이 되는 모든 금융 장벽을 제거해야만 할 것이다"라고 주택 소유 확대의 추진을 밝혔다. 첫째, 미국 주택도시개발부(HUD, Department of Housing and Urban Development)는 정부보증기업들이 개발할 중·저소득층을 위한 주택(affordable housing) 목표를 세울 것을 요청받았고 목표의 진전 상황을 모니터하게 하였다. 90년대 중반에 HUD는 생애 첫 구매자에게 이전에는 가능하지 않았던 대출을 받을 수 있도록 모기지 제한을 완화하였다. 1995년에 프레디맥과 패니매는 저소득 차입자에 대한 대출이 포함된 MBS 구입을 위해 중·저소득층을 위한 주택 신용을 획득하기 시작했다. 1996년에 HUD는 지역 중간소득자 미만 소득

growth," *The Brookings Papers on Economic Activity*.

자의 차입자에게 프레디맥과 패니매의 모기지 파이낸싱 중 42% 이상을, 2000년에는 50%까지 그리고 2005년에는 52%를 제공하도록 지시했다. 게다가 두 기관 포트폴리오의 12%를 지역 중간소득자의 60% 미만 소득자에게 특별 대출을 지시했다. 둘째, 소수 계층이 밀집된 저소득계층 주민을 위한 대출을 늘릴 것을 은행에 요구하는 내용을 담고 있는 1977년의 '지역재투자법(CRA, Community Reinvestment Act)'에 클린턴 행정부는 목표치를 부과하고, 이 법을 위반하는 은행에 대해 벌금 부과를 지시하였다. 이러한 변화를 주도한 것은 금융부문의 로비였다. 해외 투자가들이 모기지담보증권들을 미국 국채와 사실상 같은 증권으로 취급한 것도 이러한 정부의 정책으로 가능한 것이었다. 미국 금융기관들이 발행한 증권의 40~50%가 외국인에 의해 매수되었다.[144]

금융계는 주택 붐의 시기가 도래하자 저소득층 대상의 고금리대출(상품)을 수익성 사업으로 인식하였다. 저소득층 대출 비중은 1995년 42%에서 2000년에 50%까지 상승하였다. 또한, 클린턴 행정부의 서브프라임 시장 지원이 발표되자 모기지 대출업체가 경쟁적으로 설립되었다. 2007년 4월 파산 신청을 하여 이른바 '서브프라임 모기지론 사태'의 출발점이 된 뉴 센트리 파이낸셜(New Century Financial) 역시 1995년 벤처자본 300만 달러로 설립되어 1997년에 상장된 후 영업의 상당 부분을 브로커에게 외주(outsourcing)하는 경영방식으로 고속성장을 한 미국 제2의 서브프라임 모기지론 회사였다.[145]

저소득층에 대한 주택신용 지원 정책은 부시 행정부에서 더욱 강화된다. 이른바 부시의 '소유자사회(Ownership Society)'론이다. 예를 들어, 2002년 부시는 "미국 국민의 주택 보유가 더 증대하면, 미국의 활기도 더 증대될 것이고, 더 많은 국민이 우리나라 미래의 중요한 부분을 함께 공유할 수 있게 될 것입니다. (중략) 국민 누군가 내 집을 마련한다면 그들의 아메리칸 드림은 현실이 되는 것이라고

144 C. Reinhart and K. Rogoff, 2009, *This Time is Different: Eight Centuries of Financial Folly*, Princeton University Press, pp.242-45.

145 뉴 센트리 파이낸셜은 2006년 모기지 대출 규모가 600억 달러를 기록함으로써 미국 두 번째 규모의 서브프라임 모기지 대출업체로 등극하였다.

나는 믿고 있습니다." 또한, 2004년 10월 재선을 향한 선거운동에서 "미국의 가족이 내 집 마련의 꿈을 이룰 때마다 미국은 더 강한 나라가 됩니다"라며 '소유자 사회'를 계속해서 추진할 것을 밝힌다. 실제로 2004년에 프레디맥과 패니매 자산의 56%까지 저소득층에 대한 대출을 의무화시켰다. 그런데 버블이 성장하면서 프레디맥과 패니매가 보증한 서브프라임 모기지의 비중은 2003년 44%에서 2005년 22%, 2006년에는 16%로 하락하였다. 이는 양 기관의 대출 감소가 아니라 고수익성과 정부의 암묵적 구제금융에 대한 기대('그린스펀 풋')로 민간대출기업의 대출이 급증한 결과였다. 2006년에 5천 5백만 모기지 중 2천 5백만이 서브프라임 모기지였다. 그 결과 미국의 자가 소유 비율은 1995년 64%에서 2004년에 69%까지 상승한다.[146] 여기에 부시 주니어 행정부가 출범한 2001년 초 6.5%였던 정책금리를 2003년 6월 말까지 1.0%로 인하시킨 결과 유동성의 과잉 공급,[147] 그리고 이에 편승한 모기지론 업체들 간의 과다 경쟁 등이 미국 주택담보대출 시장에서 서브프라임 등급이 차지하는 비중을 2002년 말 3.4%에서 2006년 말 13.7%까지 급증시켰다. 주택 신용의 지원 정책으로 주택가격의 상승률은 1995년부터 높아지기 시작했고, 특히 주택시장의 붐[148]이 시작된 1998년부터 99년까지는 7~8%로 상승했다. 서브프라임 모기지가 증가하기 시작했던 2000년대에는 상승률이 더욱 빨라졌다. 2000~03년에는 9~11%, 2004~05년에는 15~17%로 주택가격의 연 상승률이 두 자리 대를 기록할 정도로 급등하였다.[149]

주택시장의 과열을 우려한 연준(FRB)이 2004년 7월부터 2년간 정책금리를

146 미국의 자가 소유 비율은 2006년부터 하락하기 시작해 2009년 4분기에는 67.3%로 하락하였다.

147 그 결과 30년 모기지 고정 금리가 2001년 7%에서 2003년 4.6%까지 하락하였다. Report from the President, 2011, "Housing: Future Imperfect," Lincoln Institute of Land Policy (April).

148 Robert J. Shiller, 2007. "Understanding Recent Trends in House Prices and Homeownership," in Proceedings of the symposium "Housing, Housing Finance, and Monetary Policy," Kansas City: Federal Reserve Bank of Kansas City, pp. 89-123.

149 2000~05년 사이에 미국의 주택가치(토지+건물)는 14조에서 24조 달러로 증가하였다. 그러나 2002년까지 주택가격 상승은 소득 증가에 따라 진행된 반면, 2002년부터는 대부분의 대도시에서 소득 증가를 크게 앞질렀다. Report from the President, 2011, "Housing: Future Imperfect," Lincoln Institute of Land Policy (April).

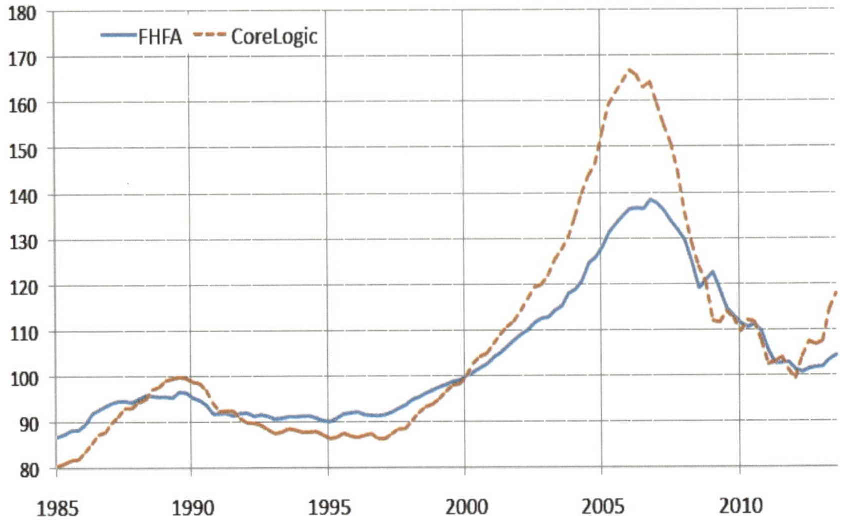

주: 소비자물가지수로 조정된 실질 주택가격지수이고, FHFA는 연방주택금융청(FHFA) 가격지수이고, CoreLogic은 부동산시장정보업체 CoreLogic의 주택가격지수.

출처: A. Jusiniano. et al., 2014, "Credit Supply and the Housing Boom," Federal Reserve Bank of Chicago WP. 2014-21 (June).

그림 2-60. 미국 전체 실질 주택가격 변화율, 1985~2013년(2000년 1분기=100)

17차례에 걸쳐 1.0%에서 5.25%로 대폭 올렸다. 그럼에도 불구하고 앞에서 지적했듯이 시장 금리는 상승하지 않았다. 해외에서 유입된 자금이 국채 및 모기지 담보증권(MBS) 등 장기 금융상품에 유입됨으로써 단기금리의 인상에도 불구하고 장기금리가 2005년 말까지 안정적으로 유지되었던 것이다. 2006년부터 시장 금리는 상승하기 시작했고 이자 부담이 커진 저소득층의 경우 원리금을 제때 갚지 못하게 되며 연체율이 급상승하고, 그 결과 급등하던 집값이 하락세로 돌아서며[150] MBS와 CDO의 가치는 급락하고 이들에 투자한 금융회사들이 파산하게

150 이론적으로 주택에 대한 수요와 가격 상승은 주택자산에 대한 자본비용과 주택의 임대료와의 관계에 의해서 결정된다. 모기지로 주택을 구입할 경우 자본 사용자의 실질 비용(the real user cost of capital)은 모기지 비용(자본비용)에 주택가치 감가상각분과 자산세 및 거래비용을 합한 것에서 주택가격의 상승(하락)에 따른 (예상) 자본 차익(손실)을 공제(합)한 것으로 이해할 수 있다(자본의 실질 사용자 비용 = 모기지 금리 + 자산세율 + 감가상각률 + 거래비용 − 주택가격 상승 기대수익률). 자본 사용자의 비용이 주택 임대료보다 작으면 주택 수요와 가격이 상승할 것이기에 주택가격

된다. 이처럼 2003년 하반기부터 미국인에게 경제성장과 생계수준의 향상에 대한 잘못된 기대를 제공한, 이른바 '환상에 불과했던 번영'은 사회안전망의 약화 속에 미국식 고용시스템이 파산하면서 생존 위기에 직면한 저소득층에게 빚을 내어 주택 구입을 부추기고 집값을 상승시킨 '신자유주의식 포퓰리즘'의 산물이었다. 이는 부채의 급증이 저소득계층 가구에 집중되었고, 저소득층의 주택가격이 더 상승했기에 하락할 때에도 더 크게 하락하여 주택가격 폭락의 충격이 저소득층에게 더 크게 작용했던 데서도 확인된다.

▪ 고용시스템 약화와 모기지 시스템의 파산 그리고 금융위기

미국의 금융위기 중심에는 정부가 보증한 모기지업체인 패니매(Fannie Mae)와 프레디맥(Freddie Mac)이 존재한다. 공공업무 수행을 위해 연방 정부의 암묵적 보증과 보조금 속에 모기지 사업을 한 이들 기업이 모기지 위험에 노출된 규모는 5조 달러에 달했다. 그리고 이들을 구제하기 위해서 금융위기 발발 이후 2010년 3분기까지 1,510억 달러가 투입되었다.[151] 이들이 금융위기의 중심에 있게 된 이유를 이해하기 위해서는 미국 모기지 시스템을 살펴볼 필요가 있다.

미국의 모기지 제도는 1930년대 대공황을 계기로 크게 변화하는 계기를 맞는다. 당시 일반적인 모기지는 최대 5년간 이자만 지불하고 5년 이후 원금을 일시 상환하는 거치식 단기 제공 자금의 성격을 가졌고, 대부분 변동금리였다. 그리고 집값의 50% 미만 범위에서 대출되었다. 그런데 은행의 차압 비율이 10% 수준에 이르자 집값 하락을 막기 위해 정부는 주택보유자대출공사(HOLC, Home Owner's Loan Corporation)와 연방주택청(FHA, Federal Housing Administration) 등을 설립하여 주택시장에 개입하였다. HOLC의 역할은 일반은행과 저축은행으로부터 부

이 상승하면 자본 사용의 비용은 낮아진다. 실제로 자본 사용 비용의 하락과 (주택가격/임대료) 비율 간에는 역의 관계가 존재하였다. J. Duca, J. Muellbauer, and A. Murphy, 2009, "House Prices and Credit Constraints: Making Sense of the U.S. Experience," Federal Reserve Bank of Dallas, Wp. 1103.

151 Financial Crisis Inquiry Commission Report, 2011, p. xxvi.

도 난 모기지를 매입해 20년 만기의 고정모기지 상환방식으로 전환해 재공급하였다. 장기 모기지 상환 방식으로의 전환이 가능했던 것은 중화학공업에 기초한 미국 산업구조 그리고 그 연장선에 있는 장기 고용시스템과 관련을 맺고 있다. 한편, 정부는 주택보유자의 부담을 완화시킨 후 철수할 계획이었다. 그러나 민간대출업자가 장기대출상품의 제공을 기피하자 FHA로 하여금 민간대출업체의 모기지를 보증하는 역할을 맡겼다. 그러나 정부의 위험 감수를 제한하기 위해 보증보험비용을 대출자 부담으로 전환하고 최대 대출한도도 집값의 80% 이내로 제한하였다. 그 결과 민간 금융회사는 단기변동식 금리로 예금받아 장기고정식 대출에 따른 리스크, 즉 금리리스크(비용)만 부담하면 되었다. 1936년 HOLC를 폐쇄하고 대안으로 연방저당금융공사(FNMA, Federal National Mortgage Association)를 설립하였고, 1938년에 패니매(Fannie Mae, Federal National Mortgage Associations)로 개명한다. 패니매는 FHA가 보증 선 모기지를 매입한 후 장기채권으로 전환해 보험회사나 연금펀드에 판매하였다. 이처럼 채권과 증권을 발행해 국민에게 필요한 모기지 자금을 조달하는 역할을 수행하였다. 패니매는 1938년 공기업으로 출범했으나 1968년 상장, 민영화의 길을 가게 된다. 그런데 민영화의 배경은 린든 존슨(Lyndon Johnson) 대통령이 베트남전 수행에 따른 전쟁비용 증가로 패니매가 소유한 부채가 국가부채로 포함되는 부담을 축소하기 위한 것이었다. 오늘날 미국 국가부채에서 누락된 '그림자부채(shadow debt)'의 문제로 지적되는 이유 중 하나이다. 그런데 60년대 말 단기금리가 폭등하며 일반은행과 저축은행에서 자금이 이탈하고 대출자금의 고갈이 발생하자 정부가 직접 자금을 조달해 시장에 공급하였다. 즉 1968년에 패니매를 분할하여 정부저당금고(GNMA, Government National Mortgage Association), 일명 지니매(Ginni Mae)를 설립하여 모기지 대출의 보증, 포장(packaging), 증권화(securitization) 업무를 맡겼다.[152]

---

152 각종 주택 저당 채권에 대한 보증 업무를 수행함으로써 주택금융 시장의 유동화를 촉진하고 궁극적으로 주택 가격 안정을 유도할 목적으로 미국 주택도시개발부 산하의 정부 기관으로 1968년 설립된 정부주택저당공사인 지니매가 발행한 채권이 미국 정부가 100% 보증한 채권이라면 패니매와 프레디맥 등 의회에 의해서 설립되었지만 사적 소유 기관인 정부보증기업이 발행한 채권은 정부에

전통적으로 서민에 대한 주택자금 공급은 S&L이 수행하였다. 즉 S&L은 서민들의 예금을 받아 10~20년 만기의 주택담보대출을 주업으로 하는 서민금융기관이었다. 따라서 S&L의 사업 지원이 필요했고, 이를 위해 1970년 연방주택대출저당공사(Federal Home Loan Mortgage Corporation, 1989년 민영화), 이른바 프레디맥을 출범시켜 저축은행이 발행한 모기지 대출의 증권화를 지원한다. 즉 S&L 사태 이후 저축은행의 공백을 메우기 위해 원래 보증 책임만 다루었던 패니매와 프레디맥에 모기지 관련 사업을 전가하며 이들 기관의 모기지 사업 비중이 크게 증가한 것이다. 기존에는 자산 중 일정 범위 내에서 채권 판매를 통해 모기지 구매 자금을 확보하였으나 모기지의 증권화로 대출의 판매가 가능해진 것이다. 그 결과 2000년까지 전체 MBS의 78%를 발행하였다. 그러나 다른 기관의 MBS 발행 증대로 2006년에는 이들 업체가 발행한 비중이 44%로 감소하였다. 게다가 패니메니 프레디맥은 지기 채권이나 MBS 발행에서 그치지 않고 자기자산의 증대를 위해 리먼브라더스, 베어스턴스, 컨트리와이드, 워싱턴 뮤츄얼, 메릴린치 등 타 금융회사가 발행하는 MBS도 구매하였다. 2008년까지 모기지 자산의 규모가 5.4조 달러에 달할 정도였다.

패니매와 프레디맥은 수익금을 챙기는 민간주주가 존재한다는 점에서 명목상으로는 사기업이다. 그런데 국영기업체도 아니면서 소득세 면제, 이사회에 정부 임명 이사의 포함, 재무부로부터의 대출한도 혜택 등 정부로부터 각종 혜택을 받는 대신 반대급부로 정부가 요구하는 각종 의무를 수행한다는 점에서 내용상 국영기업의 성격을 갖고 있다. 즉 민영화된 뒤에도 주택담보 시장을 활성화하는 국책사업을 한다는 이유로 두 업체는 정부의 암묵적인 보장을 받았다. 이른바 '정부보증기업들(GSEs)'이었다. 예를 들어, 1992년 미국 의회는 '연방주택기업안전 및 건전성법(Federal Enterprise Safety and Soundness Act)'을 통과시켜 패니매 및 프레디맥과 관련된 규제 사항을 개정하고, 저소득 계층과 사회 소수 계층의 내 집

의해서 원리금 지급이 형식상 100% 보증되지는 않지만 사실상 암묵적으로 보증되는 채권이다.

마련 활성화를 목적으로 주택도시개발부(HUD)에 서민용 주택개발의 구체적 목표 설정과 패니매 및 프레디맥에 목표의 전달과 감시를 요구하였다.

주택 붐이 일자 패니매와 프레디맥은 저소득층을 대상으로 한 고금리 대출상품으로 높은 수익성 확보가 가능하다는 인식하에 사업에 적극 진출하였다. 〈고위험-고수익〉 모기지의 구매와 보증을 강화하기 위해 이들 기업들은 수십 년간 정치력을 사용하였다. 예를 들어, 1999~2008년간 로비에 지출한 비용이 1억 6,400만 달러에 달했다.[153] 그 결과 1995년 패니매와 프레디맥의 전체 자본에서 저소득계층 대출이 42%, 2000년에는 50%까지 상승하였다. 특히 부시 행정부는 주택구입자들에게 지속적인 신용공급을 위해 패니매와 프레디맥 그리고 지니매 등에게 일정한 자금 범위에서, 최소로 요구되는 신용 수준을 충족하는 한 모기지를 구입할 수 있게 해주었다. 즉 이들은 모기지를 담보로 한 MBS를 만들어 암묵적인 정부 보증하에 시장에 팔아 모기지 자금을 조달하였던 것이다. 1997~2007년간 패니매와 프레디맥 그리고 연방주택청(FHA)이 제공한 모기지 대출은 전체 모기지 대출시장의 평균 54%를 차지하였고 2007년만 보면 70%를 차지하였다. 특히 패니매와 프레디맥은 정부가 요구하는 쿼터를 만족시키기 위해 엄청난 양의 서브프라임 MBS를 구입했고, 연방주택청(FHA) 같은 정부기관도 모기지 증권 구입에 뛰어들면서 서브프라임 쪽의 수요를 폭증시켰다. 정부가 패니매와 프레디맥의 경영권을 회수했을 때 장부상 서브프라임과 Alt-A론은 무려 1,000만 개에 달했다. 지역재투자법(CRA)에 의거해 은행이 구입한 서브프라임과 Alt-A론도 270만 개에 달했다.[154] 즉 정부가 밀어붙여 제공한 서브프라임 모기지 대출이 전체 정크모기지의 무려 2/3를 차지했고, 이런 정크 모기지의 부도율은 우량대출인 프라임 모기지보다 9~15배까지 높았다.

---

153 Financial Crisis Inquiry Commission Report, 2011, p. xxvi.

154 1977년에 입법된 CRA는 지역사회로부터 예금을 수취함으로써 안전성과 건전성을 확보할 수 있는 은행과 저축대부조합(S&L)에게 지역사회에 대출과 투자와 서비스 제공을 요구하였다. CRA가 서브프라임 모기지 대출에 중요한 역할을 수행했지만 그 비중은 6%에 불과하였다. Financial Crisis Inquiry Commission Report, 2011, p. xxvii.

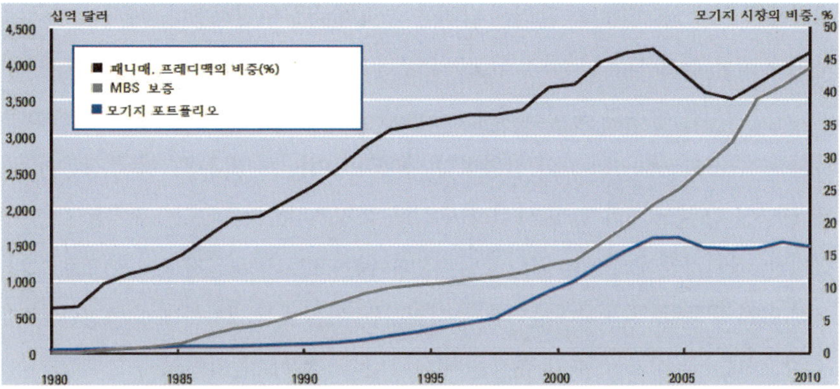

출처: "Federal Housing Finance Agency; Federal Reserve," World Economic Forum, The Financial Development Report 2011에서 재인용.

▌그림 2-61. 정부보증기업(GSEs)의 성장, 1980~2010년

이처럼 패니매와 프레디맥이 정부 사업에 적극 참여한 대신, 이들은 재무부 차입비용을 약간 웃도는 수준의 저금리로 자금 조달이 가능하였다. 즉 연방주택감독청(OFHEO)이 두 기업의 재무안전성과 건전성을 보증하는 방식으로 정부 보증을 받는 이들 업체가 발행하는 채권은 신용 등급에서 미국 국채와 맞먹는 안정성을 누리면서 높은 수익률을 보장받고 자금시장을 싹쓸이하였다. 즉 1차 모기지 금융기관이 발행한 모기지 채권을 매입하고, 은행들은 이 자금으로 추가 모기지 대출을 제공한다. 또한, 이들은 매입한 모기지 대출을 패키지로 묶어 MBS로 발행해 부도난 모기지 보증에 필요한 자금을 확보한다. 이를 월가의 금융기관들이 매입(투자)한다. 이처럼 두 기업은 자신이 발행한 모기지 채권에 대해 정부 보증을 받은 반면, 기업 주식의 가격은 시장에서 결정되는 복합 성격의 기업이다. 즉 정부의 암묵적 보증으로 사업의 안전성과 높은 수익성 확보가 가능한 것이다.

이러한 정부보증기업의 모호성이 금융위기가 발생하면서 미국 정부에 치명적 결과를 초래한 것이다. 금융위기에 따라 2008년 전반에만 패니매와 프레디맥의 경우 55억 달러의 손실을 보자 2008년 9월 국유화를 결정하고 미국 정부는 부실화된 미국의 양대 국책 모기지 보증업체로 불리는 패니매와 프레디맥의 문제를 해결하기 위해 약 1,400억 달러에 달하는 공적자금을 투입하였다. 이처럼 미국에서도 유례를 찾기 힘든 '역사적 규모'의 공적 자금 투입안에 대해 언론과 많은 사람들이 '이익은 주주와 경영진에게, (예상) 손실은 납세자에게'라는 이른바 '정실자본주의(crony capitalism)'의 전형적인 사례라고 비난하였다. 즉 미국 정부가 비록 경영진 전원 교체와 함께 사실상 주식을 휴지조각으로 만드는 조치를 포함시켰지만, 채권자들에게는 비용을 부담시키지 않음으로써 채권자들이 앞으로 보다 책임 있게 행동할 것을 기대하기 힘들어졌다는 이유로 납세자들에게 엄청난 부담을 강요하는 공적 자금 투입 결정을 비난하였다. 정부보증기업의 주요 채권자는 기관투자가와 중국 인민은행 같은 외국투자가 등이었다. 즉 정부보증기업들이 발행한 채권은 한국 기준으로는 공사채 정도의 신용을 가진 채권으로 국채보다는 금리가 조금 더 높으면서도 웬만하면 망할 가능성이 거의 없다는 점에서 주로 중국, 일본 등이 외환보유고의 투자처로 많이 활용하였다. 2011년 2월 17일 로이터통신[155]이 위키리크스로부터 입수해 공개한 베이징 및 홍콩의 미 대사관의 외교전문에 따르면 중국이 글로벌 금융위기 폭발 이후 미국의 최대 채권국이라는 점을 적극 활용, 자국의 이익을 지키기 위해 미국 금융당국에 적지 않은 압력을 행사한 것으로 확인되었다. 전문에 따르면 2008년 9월 미 정부가 재정난에 빠진 국책 모기지기관인 페니매와 프레디맥을 사실상 국유화했을 때 중국 외환당국은 몹시 불안해했으며[156] 페니매와 프레디맥 채권을 집중적으로 투매했다. 이 때문에 미국은 데이비드 맥코믹(David McCormick) 당시 재무차관을 베이징으로 급파해 상황을 진정시켜야 했고,[157] 헨리 폴슨 당시 재무장관은 "더 이상의 구제금융이

155 Reuters, 2011, "SPECIAL REPORT-China flexed its muscles using U.S. Treasuries: FANNIE AND FREDDIE, GUARANTEED OR NOT" (Feb. 17). http://www.reuters.com/article/2011/02/17/wiki-china-treasury-idUSN1610751620110217

156 당시 중국의 언론들은 800억 달러의 손실을 입었다며 중국투자공사(CIC)에 대해 대대적인 비난을 퍼붓고 있었으며 '패니매'와 '프레디맥'이라는 단어가 신문의 헤드라인을 장식하고 있었다.

157 맥코믹 차관은 중국 관리들을 만나 정부가 명시적으로 양대 모기지에 대해 보증을 하지 않지만 지급 불이행을 막기 위해 1,000억 달러를 투입했으며 기관이 존속하는 한 이 같은 정부의 지원은 계속될 것임을 강조했다. 뒤이어 부시 행정부는 그동안 두 기관에 대한 암묵적 보증을 명시적 보증으로 전환한다고 발표한 바 있다. 즉 채권 부도가 난다면 100% 정부가 책임을 지겠다는 것이다.

없다"라는 선언을 뒤집고 7,000억 달러의 구제금융 프로그램을 마련한 것으로 알려지고 있다.

FRB와 재무부가 2009년 매입한 패니매와 프레디맥 발행 MBS 규모는 1조 3천억 달러에 달했고, 이는 전체 발행액의 76%에 해당하는 것이었다.[158] 이처럼 모기지 대출이 급증한 것은 저소득계층에게 내 집 마련 기회를 제공한다는 정책의 산물로 모기지 대출 기준의 완화 및 부식에 따른 결과였다. 그 결과 서브프라임 대출의 경우 '결합 LTV(combined LTV)' 비율[159]이 1999~2006년간 79%에서 86%로 상승하였다. 또한, 서브프라임 모기지 대출 중 변동금리부 모기지(ARMs) 대출도 같은 기간에 51%에서 81%로, 알트-A(Alt-A) 대출에서는 6%에서 70%로 폭등하였다. 반면, 은행이 요구하는 모든 서류(full documentation loan)[160]를 갖춰야 하는 서브프라임 대출 비중은 69%에서 58%로, Alt-A 대출에서는 38%에서 16%로 하락하였다. (이자만 납부하거나, 만기를 40년으로 연장하거나, 최초 납입액이 이자 비용에도 미치지 않게 설계하거나, 초기 단계에서 월 상환액의 규모를 차입자가 결정하게 하는) 비전통적인 변동금리 모기지에서 핵심은 대출자나 차입자 모두 주택가격이 계속 상승할 것이라는 확신 하에 최초 지불액을 최소화하는 것이었다. 즉 차입자의 입장에서는 장기간 모기지 상환이 지속되지 않을 것이라는 전제에서 차입하였고, 대출자의 입장에서는 주택자산 가치가 상승할 경우 재융자(refinancing: 기존 모기지를 상환해 더 낮은 금리의 모기지로 갈아타기 위한 용도)로 이전 모기지 상환이 가능할 것이라는 예상 속에 대출을 제공하였다. 주택가격의 상승이 자기충족의 예언(self-fulfilling prophecy)으로 작용한 것이다. 이러한 비전통적인 변동금리 모기지가 2000년대 초부터 2005~06년까지 급증하면서 주택가격의 버블을 만들어낸 것이다. 그러나 주택가격의 지속적 상승은 불가능한 것인 반면, 규제와 감독의 부재가 비정상적인 모기지의 폭증을 가능케 하였다.

---

158 이와 같은 MBS 구입은 모기지 대출 금리를 0.75% 하락시키는 효과가 있었다.
159 하나의 주택에 관련된 모든 대출금으로 산정한 LTV 비율.
160 최근 2년간 정규직 경력과 충분한 수입, 그리고 세금 내역 등을 증명하는 서류이다.

서브프라임 모기지 대출 규모의 급증에는 모기지 시장의 유인체계도 일정한 역할을 하였다. 첫째, 가계 보호장치로 벌금 없이 모기지 조기상환이 가능함으로써 단기적 모기지 대출을 부추겼다. 즉 투기를 부채질한 것이다. 게다가 미국은 주택담보대출금의 차입자에 대한 소구권(遡求權, non-recourse loan: 대출금에 대한 상환청구권)[161]이 없다. 즉 본인이 대출 원금과 집값을 비교했을 때 손해라고 생각하면 열쇠를 봉투에 넣어 은행에 보낼 수 있다. 그 경우 은행은 집을 처리하면 된다. 즉 법적 비용을 수반하지 않기에 과잉 차입의 남용이 발생한다. 둘째, 대출자의 경우 모기지의 초기 창출자는 대출을 다른 금융회사에 판매하는 것이 가능하다. 즉 증권화는 대출상품의 상태에 대한 무관심을 부채질한다. 이는 증권화 비중이 높은 지역의 높은 주택가격 상승률에서도 확인된다. 이처럼 모기지의 발행자와 배분자 사이에는 '역선택(adverse selection)'의 유인체계가 존재한다. 앞에서 지적했듯이 모기지의 증권화 과정에서 주인(최종투자자)과 대리인(모기지 발행자, 은행, 자산관리자, 신용평가회사 등) 간의 정보비대칭성에 따른 '대리인문제'가 발생하기 때문이다. 게다가 복잡한 증권화 과정은 대출 발행자와 궁극적으로 기초자산의 리스크를 보유하는 투자자 사이에 커다란 갭을 만들어냄으로써 건전한 리스크 분석을 매우 어렵게 만들었다.

그 결과 2004년까지 대출 패턴에는 중요한 변화가 발생하였다. 예를 들어, 2001년 모기지 발행 규모는 2.2조 달러에 달했고 이 중 65%가 전통적 기준에 합치되는 적합대출(conforming loans)[162]과 연방주택청(FHA) 및 재향군인청(Department of Veterans Affairs, VA)의 대출이었다. 나머지 중 20%는 신용등급이 높지만 구입주택이 너무 비싸 대출 기준에 합치되지 못하는 프라임 점보 모기지였다.[163]

---

161 은행이 담보로 하여 융자한 경우 담보물을 회수한 이후에 추가로 상환청구를 하지 못하는 융자금을 말한다. 융자금에 대한 상환청구 불가능이 금융위기 이후 미국이 유럽 국가들에 비해 가계부채가 축소될 수 있었던 이유이기도 하다.

162 신용 상태가 좋지 못한 대출자들은 제1금융권의 큰 은행들보다는 제2금융기관을 이용할 수밖에 없는데 이들 금융기관을 비적합 대출자(non-conforming lender)라 하고 여기서 받는 융자를 '비적합 대출(non-conforming loans)'이라 한다.

163 예를 들어, 패니매가 규정한 점보 모기지 융자 상한선은 2004년 기준 333,500달러, 2008년 기준

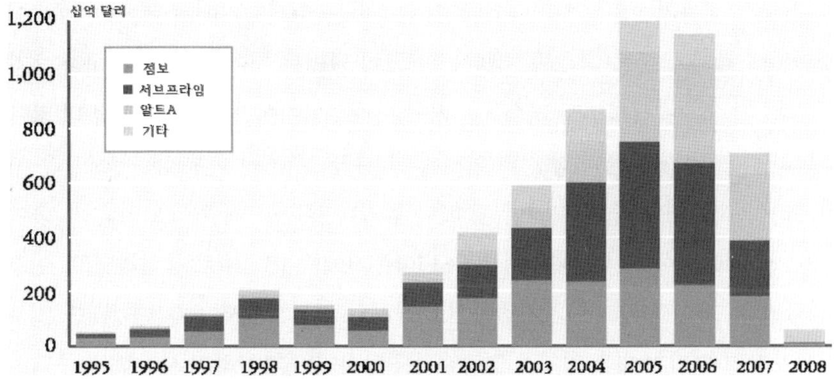

출처: *Inside Mortgage Finance*, available at http://www.insidemortgagefinance.com/.

▌그림 2-62. 민간회사의 모기지 발행 구성, 1995~2008년(10억 달러)

즉 2001년 전체 모기지 대출의 85%가 프라임 등급이었다. 2003년에는 거의 4조 달러의 모기지가 대출되었는데 대출 기준을 충족하는 모기지의 급등으로 프라임 모기지의 비중은 85%선에서 안정적으로 유지되었다. 그런데 2003년 이후 전체 모기지 규모는 하락하여 2004~06년간 연평균 약 3조 달러로 축소되었다. 반면, 서브프라임과 홈에쿼티론(HEL)은 크게 확대되었다. 프라임 모기지는 2004년 64%, 2005년 56%, 2006년 52%로 하락하였다. 즉 2006년 모기지 대출의 거의 절반은 서브프라임이나 알트-A(Alt-A) 혹은 홈에쿼티론(HEL)이었음을 의미한다(그림 2-62). 예를 들어, 서브프라임 모기지의 판매액은 1996년 968억 달러에 불과했으나 2006년에는 6천억 달러로 6배 이상이나 증가했다.

이는 2002~05년간 (소득수준과 신용이 모두 낮아) 서브프라임 대출을 받을 가능성이 큰 저소득층 주민 비율이 높은 지역의 대출 증가 속도가 잘 사는 지역의 대출 증가 속도보다 두 배나 높았던 데서도 확인된다. 그 결과 모기지 대출이 특히 증가한 지역의 집값 상승률이 그렇지 않은 지역보다 더 높게 나타났다. 즉 실질소득이 감소한 지역의 주택가격 상승률이 오히려 더 높았던 것이다. 당시 저소득층

417,000 달러로 이 상한액을 넘어 융자되는 경우 일반 모기지 융자보다 약간 높은 이자율을 적용하였다.

의 소득은 제자리걸음을 하거나 오히려 감소하는 추세였기에 주택 구입 계획이 없었는데 갑자기 돈을 대출해주겠다는 공급이 밀려든 것이다. 그러나 대출 증가로 주택 가격이 폭등하면서 저소득층 가구는 대출받아야 할 액수가 점점 더 많아짐에 따라 모기지 상환이 점점 더 어려워졌다.[164] 2006년 이후 상환부도율은 서브프라임 대출이 집중된 지역이 세 배나 높았다.[165] 즉 대출 규모의 증가 속에 2004년 10%선이었던 연체율이 2006년 4분기에는 13.3%로 증가하였고, 여기에 금리가 크게 오르고 주택 가격마저 하락세로 돌아서면서 2007년부터는 일부 서브프라임 모기지 대출 업체가 영업정지를 당하거나 파산하기 시작했다. 주택시장의 침체는 주택건설투자의 하락으로 이어지며 경기침체의 한 요인으로 작용하였다. 미국의 전미경제조사국(NBER)은 2007년 12월부터 미국의 경기침체가 시작됐다고 선언했다. 참고로 미국의 경우 금융위기 이전 30년간 GDP 대비 주택건설투자의 비중은 5.5%였으나 2005년에는 6%가 넘어섰다가 금융위기 이후 3% 밑으로 하락하였다.

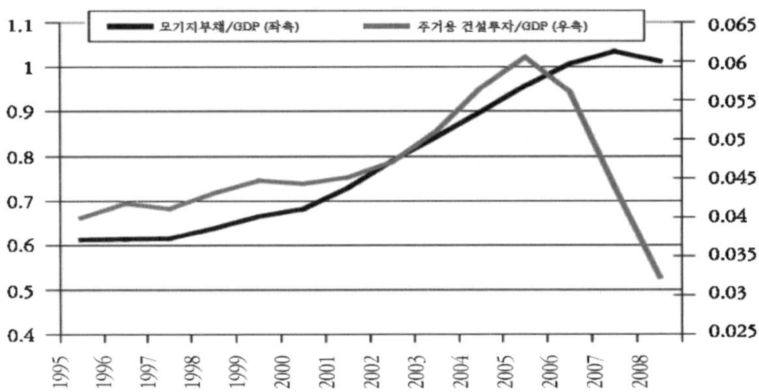

출처: Board of Governors of the Federal Reserve System and U.S. Department of Commerce.

▌그림 2-63. GDP 대비 모기지 부채와 주택건설투자의 비중

164 게다가 주택자산 가치의 증가로 추가 차입이 가능하며 대출 수요가 공급을 초과하자 저소득층은 모기지 대출이 아닌 다른 종류의 대출을 사용하였다. 신용카드 연체율이 큰 폭으로 상승한 이유이다.

165 A. Mian and A. Sufi, 2009, "The Consequences of Mortgage Credit Expansion Evidence from the U.S. Mortgage Default Crisis," *Quarterly Journal of Economics*, Vol. 124, No. 4.

제3장

부채로 덮은 부채 위기

지금까지 보았듯이 금융위기는 탈공업화에 따른 금융화의 결과였다. 즉 주요 선진국들은 탈공업화에 따른 출구를 금융화에서 찾았다. 이른바 부채에 의존한 성장 방식이 금융위기 이전 한 세대를 지배한 것이다(그림 3-1). 금융화는 GDP 대비 신용 비율의 급증으로 쉽게 이해된다.[1] 19세기 말부터 (대공황 시기와 2차 대전을 제외하고는) 1970년대까지 GDP 대비 신용의 비율은 17개 선진국에서 평균 약 50~ 60%에 머물렀다. 그러나 1980년부터 2010년간 62%에서 118%로 약 두 배가 증가했다. 특히 1995~2007년간 79%에서 112%로 급증했다.[2] 신용 증가를 주도한 것은 부동산 대출(모기지)이었다. 1870년 이래 GDP 대비 비모기지 대출의 비중은 약 3배가 증가한 반면 70년대 이후 모기지 대출이 급증하며 GDP 대비 모기지 대출의 비중은 8배 증가하였다. 1970년 이전까지 은행 대출은 비모기지 대출에 집중되었다. 예를 들어, 1928~70년간 17개 선진국의 평균 비모기

1 Ò. Jordà, M. Schularick, and A. Taylor, 2014, "The Great Mortgaging: Housing Finance, Crises, and Business Cycles," NBER Working Paper No. 20501.

2 이 비율에는 그림자금융시스템에 의해 만들어진 신용은 제외되었다.

지 대출은 전체의 73~65%를 차지하였다. 그런데 1970년 이후 비모기지 대출은 급감하며 2007년까지 전체 은행 대출의 40% 미만으로 하락하였다. 탈공업화의 결과 은행 신용 사업에서 기업 신용의 비중이 감소함에 따라 은행 신용은 그 출구를 가계의 부동산 담보대출로 찾은 것이다. 그 결과 1960년 이래 은행 신용의 증가 중 약 2/3를 가계 차입이 차지하였다.[3] 흔히 경제학 교과서에서 가계 저축의

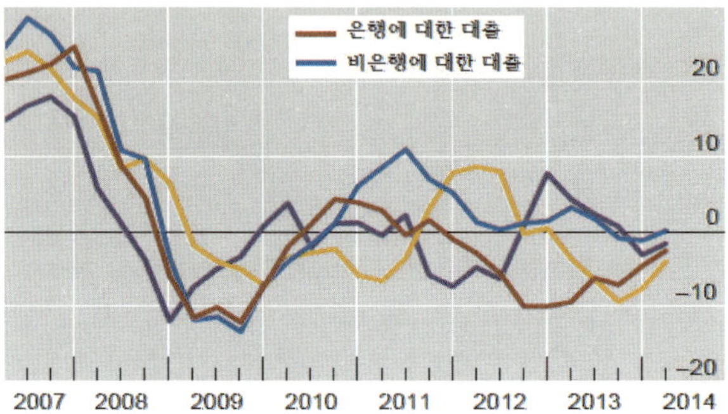

출처: "International banking and financial market developments," *BIS Quarterly Review* Sep. 2014, p. 14.

▌그림 3-1. 해외 대출의 연평균 증가율(%)

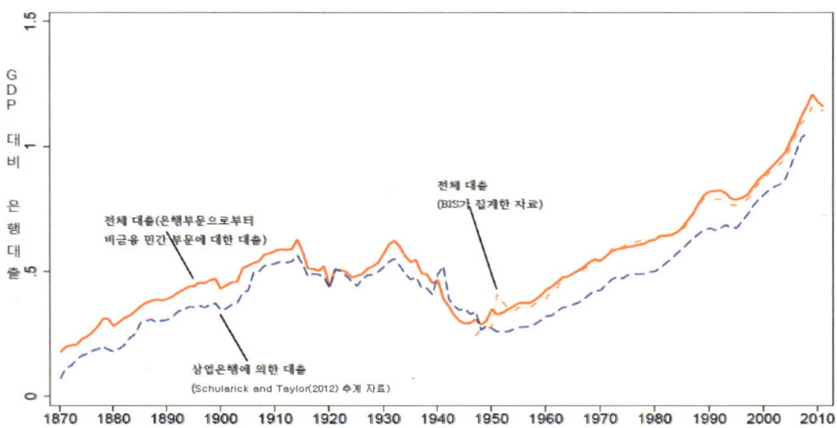

출처: Ò. Jordà, M. Schularick, and A. Taylor, 2014.

▌그림 3-2. GDP 대비 은행 신용의 비중, 17개 선진국 평균

3 물론, 국가별로 큰 차이를 보이는데 독일과 일본과 벨기에 가계의 차입은 상대적으로 낮았다.

기업부문의 생산적 투자로의 중개로 정의하는 금융부문의 역할은 오늘날 은행 사업에서 작은 몫을 차지하게 되었다. 또한, 금융위기 직전 레버리지 비율이 역사상 최고를 기록할 정도로 모기지 부채가 자산 가치보다 빠르게 증가한 결과 가계의 대차대조표와 금융시스템의 취약성을 증대시켰고, 그 결과가 금융위기였다.

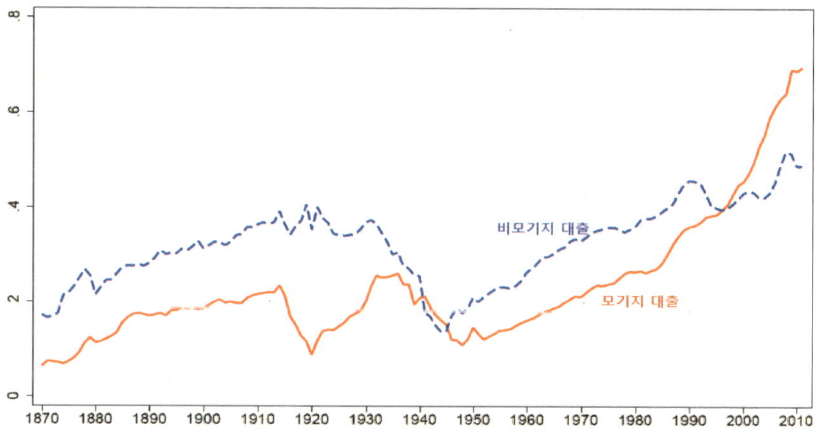

출처: Ò. Jordà, M. Schularick, and A. Taylor, 2014.

그림 3-3. GDP 대비 모기지 대출과 비모기지 대출의 비중

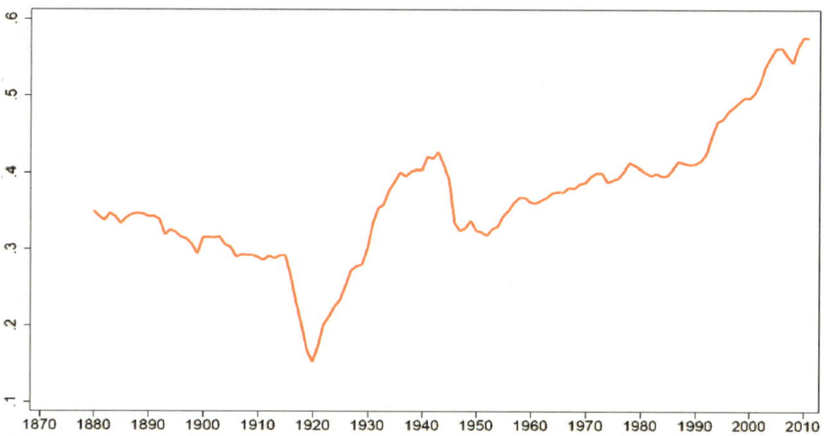

출처: Ò. Jordà, M. Schularick, and A. Taylor, 2014.

그림 3-4. 은행 대출 중 부동산 대출 비중

일반적으로 금융위기가 초래한 경기침체는 일반 경기침체보다 장기적이고 보다 큰 고통을 수반한다. 그리고 경기 호황기 때 확장된 신용의 규모가 클수록 침체 이후 회복도 취약할 수밖에 없다. 실제로 〈그림 3-5〉에서 보듯이 글로벌 금융위기 이후 경제 성장세는 갈수록 약화되고 있다. 예를 들어, IMF는 금융위기 이후 향후 세계경제, 선진국경제, 신흥시장경제 등의 잠재성장률 전망을 매 2년마다 계속 하향 조정해오고 있다. 금융위기 이후의 침체가 예상보다 심각하고 '정상적'인 침체의 경로와 상이함을 보여주는 것이다. 이는 주요 선진국 중앙은행들이 유례없이 통화 공급을 했음에도 불구하고 인플레율이 예상보다 낮게 진행되는

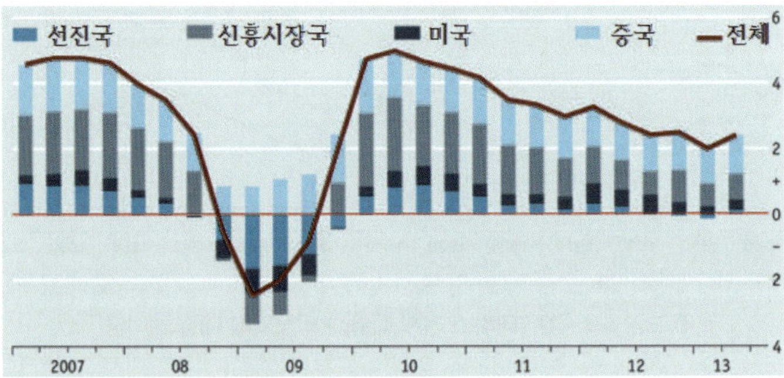

주: 세계 GDP의 90%를 차지하는 52개국의 PPP GDP로 가중한 추정치.
출처: Economist, 2013, "World GDP," (Sep 21st).
http://www.economist.com/news/economic-and-financial-indicators/21586611-world-gdp

▌그림 3-5. 세계 GDP의 추이

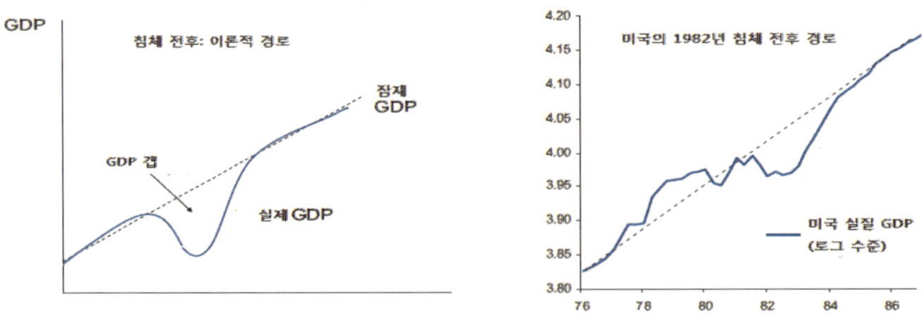

출처: L. Buttiglione, P. Lane, L. Reichlin, and V. Reinhart, 2014, "Deleveraging? What Deleveraging?" Geneva Reports on the World Economy 16, International Center For Monetary and Banking Studies, Figure 3A.4.

▌그림 3-6. 이론적 침체의 경로와 1982년 미국 경기침체 전후 경로

데서도 확인된다. 신용 규모의 급감(금융부문의 디레버리지)에 따른 결과이다.[4]

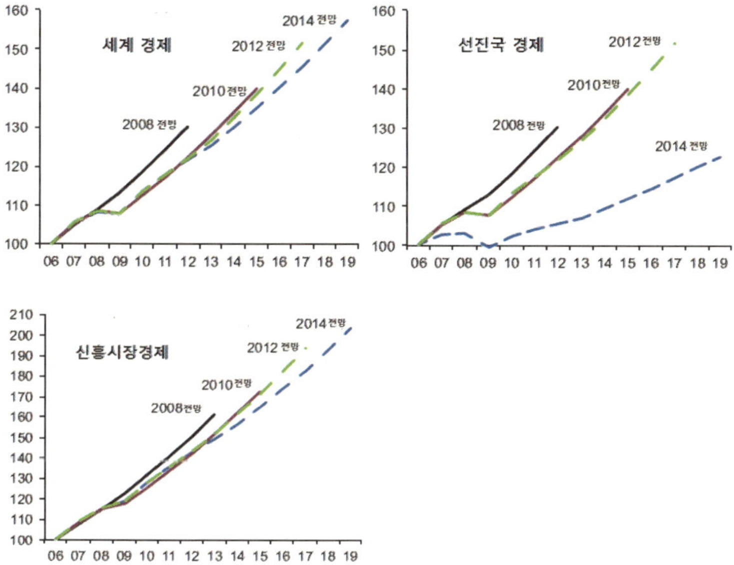

출처: L. Buttiglione, P. Lane, L. Reichlin, and V. Reinhart, 2014, Figure 3.2.

▌그림 3-7. 향후 경제성장에 대한 IMF 전망의 계속적인 하향 조정(2006년=100)

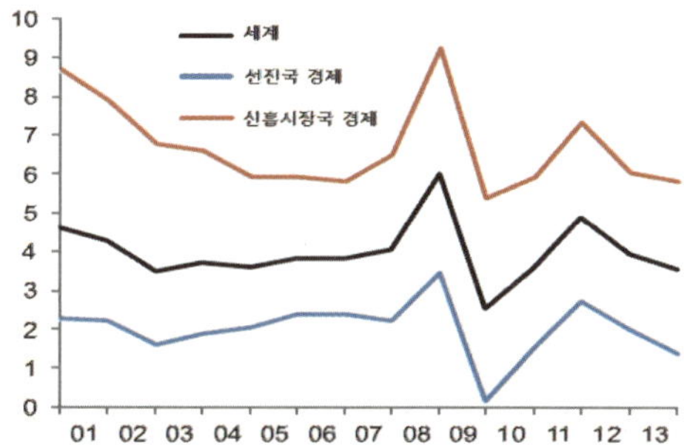

출처: L. Buttiglione, P. Lane, L. Reichlin, and V. Reinhart, 2014, Figure 3.4.

▌그림 3-8. 인플레이션율의 하락과 동조화(소비자물가 상승률)

4 국제결제은행(BIS)의 자료에 따르면 해외 청구액(claim)의 규모는 2008년 6월 30조 달러에서 그해 12월 25조 달러로 축소된 후 회복이 되지 않고 있다. Caroline Van Rijckeghem and Beatrice di Mauro, 2013, "Financial Deregulation: Is The World Getting Smaller?" (Sep.), p. 2.

문제는 금융위기 이후 부채 규모가 축소되지 않았다는 점이다. 즉 금융위기 이후 미약한 회복조차 레버리지에 의존하고 있다는 것이다.[5] 전 세계 GDP 대비 부채의 비중은 2008년 이래 38%나 증가하여 2013년 현재 212%에 달하고 있다. 금융위기 이후 25%가 상승한 선진국의 경우 GDP 대비 부채 비율이 385%로 2010년 이후 안정세를 유지하고 있으나 금융부문을 제외하면 부채 비율은 계속 증가하고 있다. 일본의 총부채 비율과 금융부문을 제외한 부채 비율이 각각 562%와 411%, 유로존과 영국과 미국이 금융부문 부채를 제외할 경우 250~280%로 비슷한 수준을 보이고 있다. 미국과 영국의 경우 민간부채의 부채 비율이 각각 -13%와 -16%로 디레버리지가 진행되었음에도 불구하고 이는 정부 대차대조표의 팽창의 대가의 결과였다. 선진국에서 GDP 대비 공공부채의 비율은 35%가 증가하여 100%를 넘어섰다. 특히 미국이 46%, 영국이 40%로 유로존의 26%보다 크게 증가하였다. 문제는 유로존의 경우 국가부채 위기를 겪었던 GIIPS 국가들(그리스, 아일랜드, 이탈리아, 포르투갈, 스페인)조차 GDP 대비 정부부채의 비중이 위기 이전보다 크게 증가하였다는 점이다. 게다가 신흥시장국의 경우 2008년 이후 GDP 대비 부채 비율이 선진국보다 높은 38%의 상승을 보였는

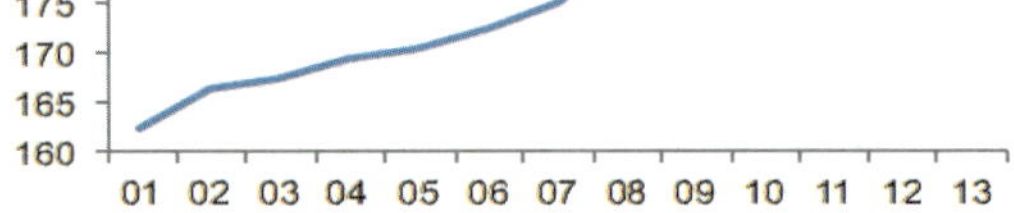

출처: L. Buttiglione, P. Lane, L. Reichlin, and V. Reinhart, 2014, Figure 1.1.

▌그림 3-9. 세계경제의 GDP 대비 부채(비금융부문)

5 L. Buttiglione, P. Lane, L. Reichlin and V. Reinhart, 2014, "Dele- veraging? What Deleveraging?" Geneva Reports on the World Economy 16, International Center For Monetary and Banking Studies.

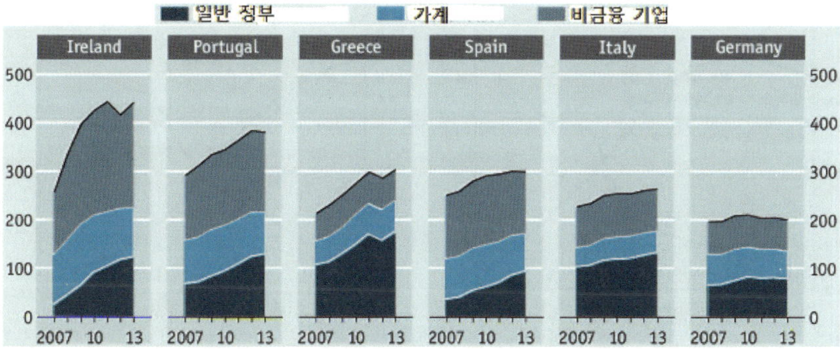

출처: Economist, 2014, "the euro crisis: Back to reality" (Oct. 25).

▌그림 3-10. GIIPS와 독일의 부채 추이(GDP 대비)

데, 특히 부채 비율이 72%가 증가한 중국이 주도하였다.

이처럼 리먼브러더스 파산 이후 세계는 대공황 이후 최악의 금융위기에 빠졌고, 금융위기에서 벗어나기 위해 주요 선진국 중앙은행들의 비전통적인 통화정책부터 G20 정상회의라는 새로운 글로벌 거버넌스의 구축을 통한 국제 공조와 협력까지 추진했음에도 불구하고 경제는 활력을 찾지 못하고 있다. 금융위기의 원인인 부채에 의존한 성장 방식은 해결되지 않았을 뿐 아니라 오히려 심화된 상황이다. 부채에 의존한 성장이 지속가능하기 위해서는 소득 창출이 뒷받침되어야만 한다. 가계부채의 경우 가계의 임금소득이 확보되어야만 하고, 정부부채의 경우 정부의 부채를 상환할 수 있는 미래 수입이 확보되어야만 지속가능하다. 즉 탈공업화 속에 축소되고 있는 괜찮은 일자리와 새로운 성장 동력의 창출 없이는 부채 주도의 성장은 지속이 불가능함을 의미한다. 〈그림 3-11〉에서 보듯이 GDP 대비 부채 비율의 증가 속에 잠재성장률이 계속 하락하고 있다는 사실은 부채의 증가와 성장률 하락이라는 '좋지 않은' 결합이 지속 불가능함을 의미한다.

이처럼 금융위기의 현상적 원인은 금융의 탈규제, 통화완화 정책, 소득불평등 심화, 저소득층의 차입에 의한 주택소유지원정책, 금융혁신에 의한 리스크와 레버리지 추구, 글로벌 불균형 등의 상호작용이었으나 보다 근원적인 요인은 탈공업화 이후 산업구조 전환의 지체에 따른 과잉금융의 결과였던 것이다. 실물부문

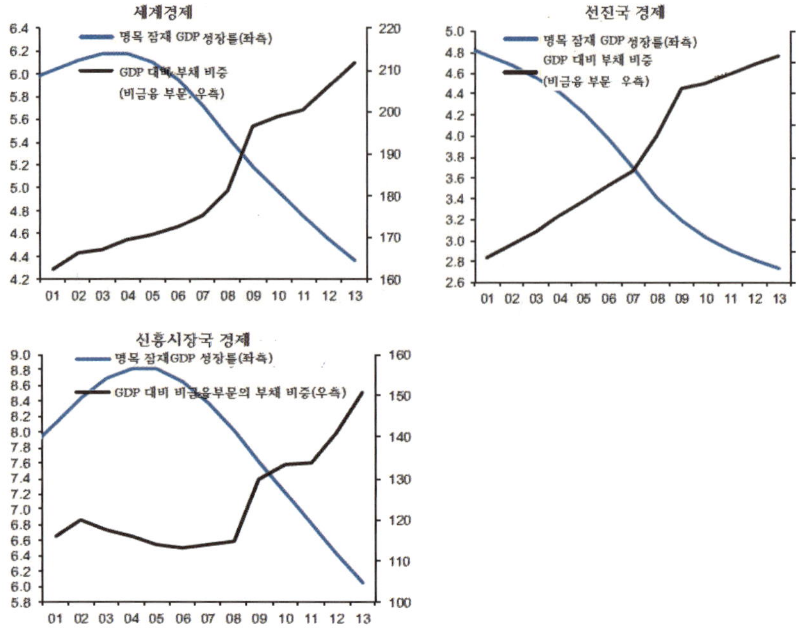

출처: L. Buttiglione, P. Lane, L. Reichlin, and V. Reinhart, 2014, Figure 3.6.

▌그림 3-11. 레버리지와 잠재 성장률의 관계, 세계와 선진국 그리고 신흥시장국 경제

의 상대적 취약성은 고용시스템과 주거시스템 그리고 사회보장시스템을 약화시켰고, 과잉금융은 금융시스템의 영역을 벗어난 그림자금융이라는 비공식 세계를 만들어냈다. 따라서 금융위기로부터 벗어나기 위해서는 금융이나 주거나 사회보장 등 개별 시스템을 새롭게 업그레이드시키는 노력도 필요하지만, 근본적으로는 소득불평등의 해소와 과잉금융의 문제를 해결, 즉 탈공업화의 출구를 찾아야만 한다. 실제로 선진국의 경제성장률은 80년대 이후, 그리고 신흥시장국은 2005년 이후 지속적으로 하락해오고 있다. 따라서 근본문제가 해결되지 않은 채 지엽적 문제에 대한 단기적 처방은 위기의 형태를 바꿀 뿐 저성장의 지속과 위기의 재발을 막을 수 없다. 리먼브러더스가 파산한 지 6년이 지났음에도 불구하고 주요 선진국 경제 및 세계경제가 방향을 잃고 혼돈과 불확실성에서 헤어나지 못하고 있는 배경이다.

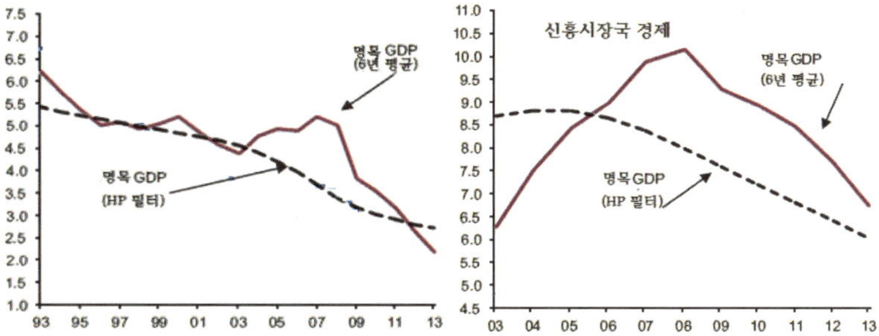

주: 일명 Hodrick-Prescott 분해로 알려진 HP 필터는 단기 변동보다 장기변동에 민감한 시계열의 원자료로부터 경기순환적 요인을 분리하여 얻은 매끄러운 시계열 곡선.

출처: L. Buttiglione, P. Lane, L. Reichlin, and V. Reinhart, 2014, Figure 3.1.

▌그림 3-12. 선진국과 신흥시장국 경제의 잠재성장률 추이

제4장

미국 경기회복의 환상
- 새로운 위기로 진화 -

미국경제는 두 가지 모습을 보여주고 있다. 하나는 금융위기 이전 수준을 크게 상회하고 있는 주식시장, 거의 자연실업률 수준으로 하락한 실업률, 금융위기 이전 수준까지 회복된 소비자신뢰지수, 한 때 140 아래로 떨어졌던 주택가격 지수(케이스-실러 지수, 2001년 1월=100)는 200을 넘어섰던 2006년 말 수준까지는 회복되지 않았지만 180 근처까지 회복된 주택시장 등이다. 또 하나는 장기 저성장의 가능성이다. 80년대 이후 미국의 성장이 부채에 의존한 성장이었고, 이러한 성장 방식이 금융위기에 의해 파산했음을 고려할 때 금융위기 이전 미국의 장기 성장률은 과대평가된 것이었다. 예를 들어, 1891~2007년간 미국의 연평균 일인당 실질 GDP 성장률은 2.0%였고, 이 추세가 유지되었다면 2013년 3분기 기준 미국의 일인당 실질 국민소득은 56,243달러가 되었을 것이다. 그러나 실제 실질 국민소득은 50,022달러에 불과했다. 차이는 11.7%나 달했고, 이 차이는 디레버리지에서 비롯된 것이었다. 이는 과거의 장기 성장률이 차입 소비로 과대평가된 것임을 의미한다. 따라서 금융위기 이후 저성장은 일시적 현상이 아니라 장기적 추세가 될 가능성이 높다. 실제로 위기 이후 미국경제성장의 장기 전망은 비관적이다. 예를 들어, 한 추정에 따르면 금융위기 이후 25~40년간 하위 99%의 1인당 가처분실질소득 증가율은 0.2%에 불과할 것으로 추정되고 있다.[1] 게다가 앞에서 지적했듯이 금융위기 이후 미국과 유로존의 GDP 대비 부채 비율은 증가했다. 즉 디레버리지가 제대로 진행되지 않았을 뿐 아니라 금융위기 이후 미국의 경기회복은 여전히 부채 주도에 의한 것이었음을 의미한다. 가계 및 금융부문의 부채가 하락했음에도 불구하고 정부와 정부기관 그리고 무엇보다 연준(Fed) 부채의 급증을 상쇄할 만큼은 아니었다. 금융위기 이후 저성장도 가계부문의 디레버리지에 따른 결과였다. 즉 금융위기 이후 하위 95% 소득계층의 차입 위축과 그에 따른 소비지출의 축소는 대침체(the Great Recession)의 핵심요인으로 지적되고 있다.[2]

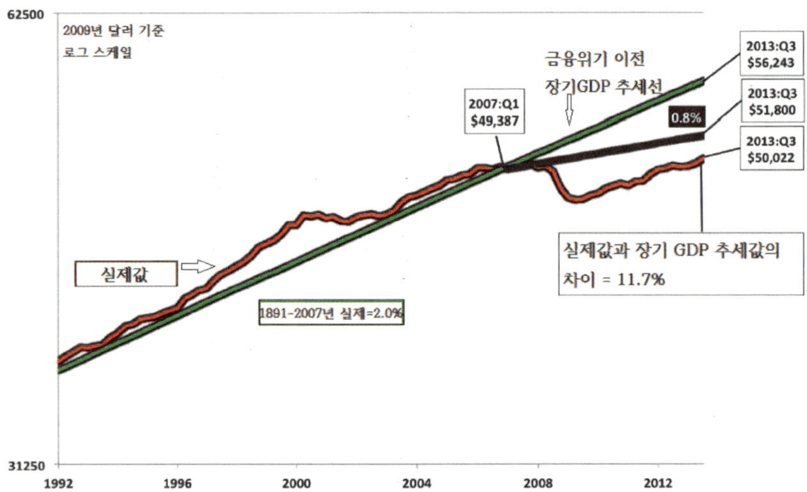

출처: R. Gordon, 2014, "The Demise of U.S. Economic Growth: Restatement, Rebuttal, and Reflections," NBER Working Paper 19895, p. 18, Figure 4.

▌그림 4-1. 금융위기 전후 미국의 일인당 실질 GDP, 실제와 추세

1 Robert J. Gordon, 2014, The Demise of U.S. Economic Growth: Restatement, Rebuttal, and Reflections, NBER Working Paper 19895.

2 예를 들어, 위기 이전과 비교해 2008~12년간 소비 축소 규모는 하위 95%의 경우 1.1조 달러, 상위 5%의 경우 0.9조 달러에 달했다. B. Cynamon and S. Fazzari, 2013, Inequality, "the Great Recession, and Slow Recovery". 그 결과 미국 가계의 가처분소득 대비 부채는 2007년 4분기 약 130%에서 2013년 3분기 104%로 축소되었다.

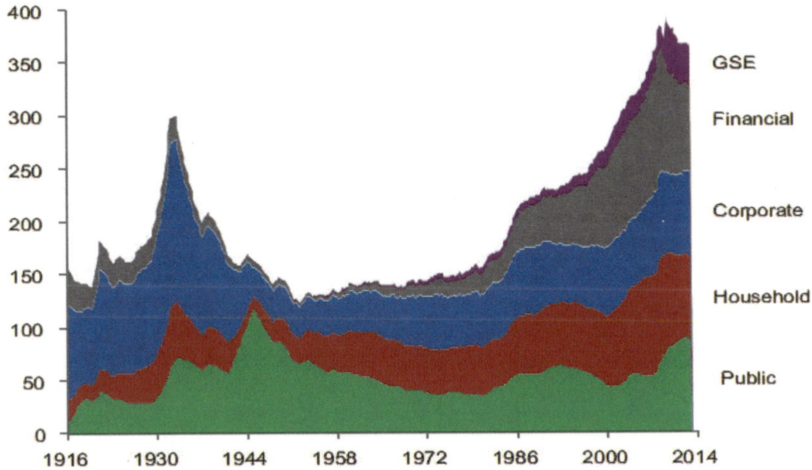

출처: L. Buttiglione, P. Lane, L. Reichlin and V. Reinhart, 2014, Figure 4.1.

▌그림 4-2. 미국의 부문별 GDP 대비 부채

어느 모습이 참된 모습인지 판단하기 위해서는 앞에서 살펴본 금융위기의 원인을 포함해 금융위기의 전개 과정에서 미국의 통화 당국 및 정부 등의 대응을 구체적으로 살펴보고, 그 결과를 평가할 필요가 있다. 결론부터 말하면 금융위기가 발발했을 때 통화 당국은 금융위기에 대한 이해의 부족을 드러냈고, 금융위기에 대한 정부의 처방도 근본적이기보다는 임기응변식이었다. 그 결과 위기의 대부분 원인들은 해소되지 않았고 '새로운' 위기로 진화하고 있다.

제1절 금융위기와 중앙은행 실패

주택가격의 상승률[3]이 2006년부터 꺾이기 시작하며 서브프라임 모기지의 문제가 표면화되었다. 기존 주택가격은 2006년 8월 이후, 신축 주택가격도 2007년

3 주택시장 과열로 연준(Fed)은 2004년 7월부터 긴축정책으로 전환하여 1%에 있던 연준금리를 2년간 4.25%나 인상하여 5.25%까지 높였다.

4월부터, 그리고 20개 대도시를 대상으로 한 S&P/케이스-실러(Case-Shiller) 주택 가격지수도 2007년 들어 하락세로 반전하였다. 서브프라임 대출의 연체율 및 주택압류율 역시 2005년 3분기 이후 상승세를 지속하였다. 서브프라임 모기지 부실화의 여파가 상대적으로 신용도가 높은 Alt-A 대출 시장, MBS 및 CDO 시장, 기업의 차입매수거래(LBO) 시장, 유럽 등 세계 금융시장으로 확산되며 2007년 2월 9일에는 HSBC가 2003년에 인수한 미국계 소매은행 하우스홀드 인터내셔널(Household International, HI)[4]이 서브프라임 대출로 인한 전년도 손실이 전체 부실의 20%(105억 6천만 달러)에 달했다고 발표했다. 4월 2일에는 미국 내 서브프라임 모기지 대출 2위 업체였던 뉴센트리 파이낸셜(New Century Financial)이 대출 부실로 파산보호를 신청했다. 5월 3일에는 스위스 대형은행 UBS에 소속된 딜런리드 캐피털매니지먼트(Dillon Read Capital Management, DRCM)가 운용하는 헤지펀드가 서브프라임 모기지 대출과 관련해 대규모 손실을 입었다고 발표했다. 이러한 상황에서도 연준의 벤 버냉키 의장은 미국 하원 공동경제위원회 증언에서 경제 전망과 관련하여 "서브프라임 시장의 문제가 보다 광범위한 경제와 금융시장에 대한 영향은 억제될 것"이라고 확신하였다.[5] 그러나 사태는 갈수록 악화되었다. 6월 25일 미국 5위 투자은행인 베어스턴스가 운용하는 헤지펀드가 서브프라임 모기지로 인해 대규모 손실을 입고 보유 자산을 강매하였다. 그 결과 이곳에 자금을 대출한 메릴린치, JP모건, 시티그룹, 골드만 삭스 등이 타격을 입었다. 8월 6일에는 미국 10위권 아메리칸 홈 모기지 인베스트먼트(AHM)가 파산보

연준의 금리 인상 추이(%)

2003.6~2004.6	2004(5회)	2005(8회)	2006.1.31	2006.3.28	2006.5.10	2006.6.29
1.0	1.25 → 2.25	2.50 → 4.25	4.50	4.75	5.0	5.25

4 HSBC는 저소득층에 대한 고금리 대출을 주 업무로 하는 하우스홀드 인터내셔널을 142억 2천만 달러에 인수하여 모기지 사업에 뛰어들었다.

5 Ben S. Bernanke, March 28, 2007, "The economic outlook: Testimony Before the Joint Economic Committee," U.S. Congress. http://www.federalreserve.gov/newsevents/testimony/bernanke 20070328a.htm

호를 신청하였고, 8월 9일에는 자산 규모에서 세계 최대 은행 중 하나인 프랑스의 BNP 파리바(BNP Paribas)가 미국의 모기지에 특화한 자신의 세 개 헤지펀드(16억 유로 규모)의 환매를 중단한다는 발표를 한다.

이처럼 2007년 여름까지 금융위기는 그 실체를 본격적으로 드러냈다. 그럼에도 불구하고 연준은 금융위기의 심각성을 이해하지 못했다. 2007년 8월 연준의 잭슨홀 연례 경제정책 심포지엄에서 당시 연준의 이사이자 통화정책과 은행 및 금융 등의 전문가인 프레드릭 미시킨(Frederic Mishkin)[6]은 미국 연준이 사용하는 기준모델에 따르면 향후 2년 내 주택가격이 1/5까지 하락하더라도 GDP를 0.25% 하락시키고, 실업률을 0.1% 상승시키는 데 불과할 것으로 추정된다며, 이 정도 충격은 연준 금리를 1%만 인하해도 관리할 수 있다고 주장했다.[7] 그의 발표 이후 연준은 금리를 5%나 인하했지만 금융위기는 악화일로로 치달았다.

서브프라임 모기지 대출 문제를 중심으로 2007년 여름부터 신용 경색이 본격화하였다. 기초 대출이 파산하면서 기초 대출로 만든 증권들(예: MBS, CDO 등)의 가치가 하락하기 시작했고 금융기관들은 부채 축소(디레버리지)를 시작했다. 독성증권(MBS, CDO 등) 시장에서 이탈하는 금융기관들이 증가함에 따라 증권가격의 하락은 가속화되었고 증권을 구입하려는 사람들은 실종되었다. 이 독성자산들을 많이 보유하거나 독성증권 시장으로부터 탈출하지 못했던 금융기관들은 점점 유동성 부족에 시달렸다. 독성 자산에 대한 가격은 형성될 수 없었고 독성자산을 가진 금융기관들에 대한 대출은 중단되었다.

연준의 일탈

은행간대출 시장이 얼어붙자 신용경색을 차단하기 위해 연준은 금리의 공격

6 국내 많은 대학에서 교재로 사용하는 「화폐와 금융」(*The Economics of Money, Banking, and Financial Markets*)의 저자이다.

7 F. Mishkin, 2007, "Housing and the Monetary Transmission Mechanism," Prepared for Federal Reserve Bank of Kansas City's 2007 Jackson Hole Symposium (August), Jackson Hole, Wyoming.

적 인하[8]와 더불어 시중은행에 유동성을 공급하였다. 즉 서브프라임 모기지 사태에 따른 금융회사와 금융시장의 고통과 불안정에 대한 중앙은행의 초기 대응은 교과서적이었다. 부채가 야기한 자산버블의 마지막 국면, 즉 차압이 확산되고 파산이 진행되는 신용압박(credit squeeze) 과정에서는 신용 등급이 높지 않은 한 신용 접근의 어려움에 직면한다. 이에 연준은 2007년 8월 10일 환매조건부채권(RP) 입찰을 통해 380억 달러의 유동성을 공급하고, 8월 17일에는 재할인율 0.5% 인하와 재할인 창구를 통한 대출을 익일 기준에서 30일 기준으로 변경하였다.[9] 하지만 은행들은 재할인 창구를 이용하면 유동성에 문제가 있다는 식으로 비쳐질 수 있다는 우려로 유동성 부족에도 불구하고 재할인 창구를 이용하는 것을 꺼려했다. 이에 연준은 2007년 12월 12일 유럽중앙은행(ECB)과 공동으로 새로운 유동성 공급을 위해 '기관입찰대출창구(TAF, Term Auction Facility)'를 만들어냈다.[10] 당시 연준은 은행간자금 거래가 불안해졌을 때 효과적인 유동성 공급을 위한 것이었다고 밝혔다. TAF는 만기가 30일 안팎인 일종의 담보대출로 RP보다 대출 기간이 길고 담보 대상과 대상 금융기관이 광범위했다. TAF를 통한 대출 금리는 경매를 통해 확정됐다.

그럼에도 불구하고 서브프라임 모기지 문제는 걷잡을 수 없이 번지며 은행간 대출 시장은 얼어붙었다. 신용경색 여파로 파산 위기에 처한 모기지 은행 노던록(Northern Rock)에 대해 2008년 2월 영국 정부는 부분적 국유화를 발표했다.[11]

---

8 2008년 1월 21일 기습적으로 정책금리를 0.75% 인하하였다.

9 자금 대출을 위해 은행들은 당시 연방기금 금리보다 0.25~0.50%포인트의 금리를 더 주어야 했다. 게다가 은행들은 국채부터 투자 등급의 회사채 등의 담보까지 약속했다. 재할인 창구를 통해 2,100여 개 금융회사가 혜택을 보았다. Bernanke, 2011, "Correction of Recent Press Reports Regarding Federal Reserve Emergency Lending During the Financial Crisis" (Dec. 6).

10 200억 달러로 시작한 TAF를 통한 대출 규모는 2009년 2월 26일 기준 4,930억 달러로 늘어난다. 재할인 창구를 통한 대출 규모가 사상 최고를 기록했을 때보다 4배 이상 많았다. 400여 개 금융회사가 혜택을 입었다. B. Bernanke, 2011, "Correction of Recent Press Reports Regarding Federal Reserve Emergency Lending During the Financial Crisis" (Dec. 6).

11 노던록은 이미 2007년 9월 영국 중앙은행으로부터 250억 파운드의 긴급 자금을 받았고, 정부도 대출금과 보증금을 지원하느라 550억 파운드에 달하는 국민 세금을 사용하였으며, 매각에 차질을 빚으면서 끝내 국유화가 되었다.

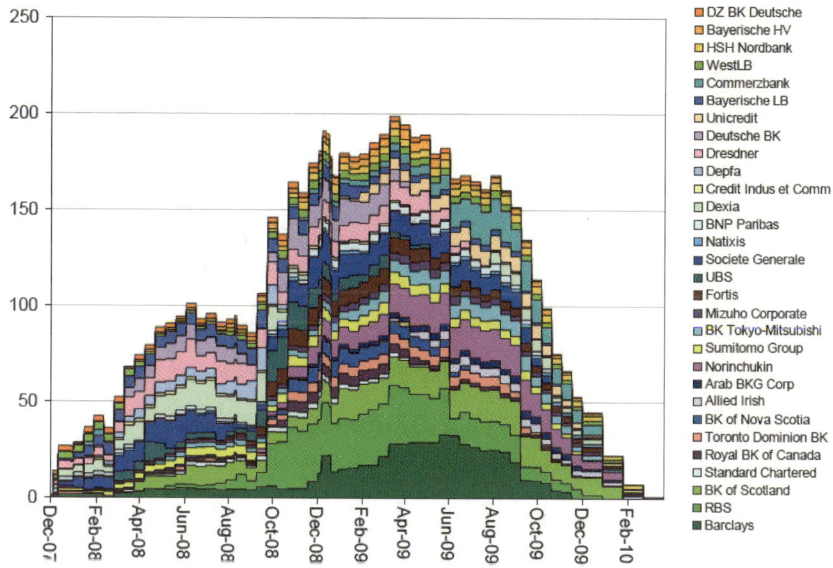

출처: H. Shin, 2011, "Mapping Global Liquidity," Brazil/IMF Conference on "Managing Capital Flows in Emerging Markets" Rio de Janeiro, May 26-27 2011.

그림 4-3. 연준 TAF 프로그램의 수혜 은행들(10억 달러)

연준 역시 TAF에 의한 유동성 공급이 충분치 않자 시중은행 이외의 금융회사들에 직접 대출을 시작하고 담보 대상을 확대하였다. 첫째, 베어스턴스 붕괴 5일 전인 3월 11일에 MBS 등을 담보물로 인정하는 '기간부국채임대대출(TSLF, Term Securities Lending Facility)'을 도입해 2천억 달러를 공급했다. 정부가 공인 채권 딜러(프라이머리 딜러)에게 AAA/Aaa 등급의 민간 MBS나 기타 채권을 28일짜리 미국채와 교환해주는 입찰방식이다.[12] MBS를 담보로 활용했던 레포(repo) 시장의 작동이 멈추었기 때문이다. 이를 통해 은행들은 연준으로부터 교환한 국채를 담보로 맡기고 자금을 빌릴 수 있게 되었다. 연준의 의도는 주택경기 침체와 경기악화를 가속화시키고 있는 모기지 증권을 우량한 채권으로 바꾸어 시장에 유동성을

12 주간 단위의 입찰 방식(일주일에 한 번)으로 진행되었으며 새로운 투자자가 담보를 제공하면 연준이 보유하고 있는 미국채를 빌려주는 방식으로 대출 수수료는 매주 경매를 통해 결정했다. 수수료는 초기 0.3%에 불과했지만 리먼브러더스가 붕괴된 후였던 2008년 10월에는 3.2%까지 상승했다.

공급하겠다는 것이었다. 그러나 모기지 증권 등의 부실 자산을 미국채로 바꿔주는 것을 허용한 TSLF는 전통적인 중앙은행의 역할을 벗어난 것이었다. 둘째, 3월 14일 연준은 베어스턴스에게 130억 달러를 대출해주며 자금 지원을 조건으로 JP모건에게 베어스턴스 인수를 요청하였고, 3월 16일 연준이 베어스턴스의 위험자산만을 따로 관리하기 위해 만든 특수목적법인(SPV) Maiden Lane, LLC로부터 290억 달러 자금을 지원받은 JP모건은 베어스턴스를 인수하였다.[13] 상업은행에만 자금을 지원할 수 있는 연준이 대공황 이후 처음으로 2007년 3월에 세계 5위 투자은행 베어스턴스에 구제금융을 투입한 것이다. 셋째, 그 연장선에서 당일 연준은 프라이머리 딜러 대출(PDCF, Primary Dealer Credit Facitlity)의 도입을 발표했다. 일명 '재할인 제도의 사촌'이라고도 불리는 PDCF는 서브프라임 모기지 부실에 따른 어려움을 가장 직접적으로 겪고 있는 투자은행과 증권사들 가운데 연방 공개시장 활동에 참여하고 있는 프라이머리 딜러들에게 최종 대부자인 중앙은행에서 재할인창구를 통해 자금을 융통할 수 있는 길을 열어준 제도이다. 즉 PDCF 덕분에 골드만삭스, 모건스탠리 등 투자은행들도 연준으로부터 유동성을 공급받게 됐다. 이전까지 연준은 은행 규제법에 따라 골드만삭스와 모건스탠리 등 투자은행들에 대한 긴급 대출을 제한했다. PDCF를 통해 정크 등급의 주식과 채권도 담보로 인정받게 된 것이다.[14]

TSLF와 더불어 PDCF는 일종의 재할인창구로 보일 수 있지만, 기존의 재할인창구 역할과는 내용이 분명히 다른 것이었다. 중앙은행은 기존의 최종대부자(the lender of last resort) 역할에서 한걸음 더 나아가 독성자산을 인수하는, 즉 중앙은행의 대차대조표에 금융회사의 부실자산을 포함시킴으로써 증권업자(bank-loss underwriter of last resort)[15]로 연준의 역할을 확대시킨 것이었다. 즉 아무리 높

---

13 Maiden Lane은 뉴욕의 월스트리트에서 동쪽 방향에 있는 길 이름으로 몇 개의 대형 금융회사가 있다. 베어스턴스 처리를 위해 만든 Maiden Lane, LLC 이후에도 크레디트 라인(credit line)으로 Maiden Lane II LLC, Maiden Lane III LLC 등이 뉴욕 연준(Federal Reserve Bank of New York)에 의해 계속 만들어졌다.

14 2008년 9월 29일에만 PDCF를 통한 자금 대출 규모는 1,560억 달러였다.

은 이자율로도 새로운 신용 창출이 어려워지면서 은행시스템이 지급 불능 상태에 빠지는 신용경색(credit crunch) 국면으로 발전하자 중앙은행은 가치가 하락한 부실자산을 경화(hard currency)[16]로 교환해준 것이다. 2010년까지 PDCF와 TSLF 등을 통해 연준은 약 9조 달러를 대출하였다. 사실, 투자은행의 손실을 인수한, 즉 위험성 자산에 투자를 한 연준[17]의 조치는 일반 증권업자도 하지 않는 것이다.

연준은 투자은행들의 상황이 '유동성 위기'라고 간주하며 이러한 조치를 정당화했다. 그러나 금융시스템은 사실상 '지급불능 위기'의 상태였다. 자산들을 묶어 만든 증권들의 가격은 산정될 수 없었고, 신용시장은 어느 금융기업이 지급능력을 보유하고 어느 기업이 지급불능 상태인지 결정할 능력이 없었다. 대출자들은 차입자들의 신용을 확신할 수 없을 때 대출 확장을 꺼리기 때문이다. 보다 근본적인 문제는 유동성이 필요했던 시장과 기업에 직접 신용을 제공함으로써 연준은 신용 수혜자 선택 시 정치적으로 판단하는 유혹을 가질 수밖에 없고, 연준의 이러한 행동은 스스로의 독립성을 침해하는 재정정책이라는 점이다.[18] 본래 연준은 1923년 연례보고서를 통해 통화정책의 목표가 인플레이션과 (위기로 이끄는) 투기적 대출의 방지에 있음을 명확히 하였다.[19] 특히 연준법은 "주식, 채권 혹은 기타 투자 증권의 거래 목적으로 어음이나 수표 등을 할인해주지 않는다"라고 기술하였다. 그러나 2002년에 연준은 통화정책은 거시경제 목표에만 한정되어야만 하고 금융안정은 규제 수단에 의해 보장되어야만 한다고 입장을 바꾸었다.[20]

---

15 인수업자(underwriter)란 공모증권 발행 시 매입 보증을 제공하며 발행회사에 대해 소요자금의 조달을 보증하는 기관을 의미하는 것으로 미국의 투자은행, 영국의 머천트뱅크, 일본의 증권업자, 유럽의 시중은행 등이 인수업자의 역할을 수행한다.

16 금 또는 통화로 바꿀 수 있는 화폐.

17 N. Michel, 2014, "Repairing Dodd-Frank and Ending 'Too Big to Fail'," The Heritage Foundation, p. 3.

18 M. Bordo, 2014, "Lessons for monetary policy from the recent crisis," mBank-Case Seminar Proceedings No. 130, pp. 26 & 28.

19 연준법에 기초한 1923년 보고서는 "연준의 지불준비금 시스템이 생산적 신용의 시스템이지 투자 혹은 투기적 목적의 신용 시스템이 아니다"라고 기술하고 있다. J. Rotemberg, 2014, "The Federal Reserve's Abandonment of Its 1923 Principles," NBER Working Paper 20507.

20 B. Bernanke, 2002, "Asset-Price 'Bubbles' and Monetary Policy," Remarks before the New

그런데 금융위기 이후 다시 금융안정은 통화정책의 목표로 회복되었다.[21]

그러나 금융회사들의 파산은 계속되었다. 3월 18일에는 세계 최대 규모의 모기지 대출업체 손버그모기지(Thonburg Mortgage)가 1차 부도를 내고, 7월 11일에는 미국의 대형 서브프라임 모기지 업체인 인디맥 방코프가 파산하자 연방예금보험공사(FDIC)가 인수했다. 7월 13일에 당시 재무장관 헨리 폴슨은 미국 정부가 정부보증기관(GSE)에 대한 후방방어벽 역할을 하겠다고 선언했다. 9월 들어 상황이 급박하게 돌아가자 9월 7일 연방주택금융청(FHFA, Federal Housing Finance Agency)이 패니매와 프레디맥을 인수, 즉 국유화시켰다. 그런데 9월 15일 뱅크오브아메리카(BoA)가 메릴린치를 500억 달러에 인수하기로 합의한 반면, 리먼 브러더스는 잠재적 인수자들과의 협상이 결렬되며 파산보호를 신청한다.

리먼브러더스의 파산은 새로운 충격을 던졌다. 그때까지 은행이 심각한 문제에 봉착하면 정부가 구제 조치를 취하는 것으로 가정해왔기 때문이다. 앞에서 기술했듯이, 미국 정부는 베어스턴스에 대해 새로운 인수자를 찾아주었고, 영국 정부도 영국 5위의 모기지은행이었던 노던록(Northern Rock)이 예금인출사태(bank-run)에 처하자 공적 자금을 투입하여 국유화하였다.[22] 이처럼 위기 과정에서 미국 정부는 비일관성을 보여주었다. 베어스턴스는 구제하고, 패니매와 프레디맥은 정부의 경영관리(Conservatorship)하에 두기로 결정한 반면, 리먼브러더스는 파산시키고 다시 AIG는 구제하였다.[23] 그 결과 리먼브러더스가 파산했을 때 시장에는 대마불사(too big to fail, TBTF)는 더 이상 성립하지 않고, 모든 은행이 위험해

York Chapter of the National Association for Business Economics, New York (Oct. 15).

21 예를 들어, 버냉키는 금융 리스크의 위험한 형성을 막기 위해 통화정책을 사용하는 것을 지지했다. B. Bernanke, 2010, "Monetary Policy and the Housing Bubble," Remarks at the Annual Meeting of the American Economic Association, Atlanta, Georgia (Jan. 3).

22 영국 정부는 노던록에 14억 파운드를 투입하여 국유화한 지 4년 후인 2011년 11월 노던록을 버진머니(Virgin Money, a unit of Richard Branson's Virgin Group Ltd.)에게 매각하기로 선언함으로써 영국 납세자는 4억 파운드의 손실을 보게 되었다. WSJ, 2011, "U.K. Loss on Northern Rock: Sale Suggests Eagerness to Unload Stakes in Rescued Banks" Nov. 18. http://online.wsj.com/article/SB10001424052970203611404577043502796219694.html

23 Financial Crisis Inquiry Commission Report, 2011, p. xxi.

질 수 있다는 사고가 부상하였다. 이에 미국 정부는 방향을 선회하여 금융회사들을 한꺼번에 구제할 포괄적인 프로그램을 구상하였고, 2008년 9월 28일에 부실자산구제프로그램(TARP, Troubled Asset Relief Program)을 발표하였다. 동 계획의 골자는 MBS, CDO 등 모기지 대출과 관련한 부실자산을 정부가 금융회사로부터 매수하는 것이며 이를 뒷받침하기 위해 미국 의회는 7천억 달러 규모의 구제금융 법안을 2008년 10월 3일에 통과시켰다. 이를 토대로 파산 직전의 상황에 내몰렸던 AIG에 단일 금융업체로는 최대 규모인 1,825억 달러의 구제금융 자금(전체 지분의 92%)을 지원하였고, 시티그룹에는 250억 달러 자금을 투입(전체 지분의 36%)하여 사실상 국유화하였다. 그리고 2009년 6월에는 미국 최대 자동차업체인 GM이 파산보호를 신청했고, 미국 정부는 총 500억 달러의 구제금융(전체 지분의 60%)을 투입하였다.[24]

연준의 '일탈' 또한 확대되었다. 세계에서 가장 오래된 머니마켓 뮤추얼 펀드인 '리저브 프라이머리 펀드'가 손실을 입었다. 이에 투자자들이 다른 머니마켓 펀드(MMF)에서 자금을 뺀다면 금융시장 전체에 혼란을 불러올 위험이 있었다. 이에 연준은 2008년 9월 19일 MMF들로부터 자산담보기업어음(ABCP)을 매입해 환매 요구에 직면한 MMF에 유동성을 공급하기 위해 '자산담보상업어음화폐시장뮤추얼펀드유동성기금(AMLF, Asset-Backed Commercial Paper Money Market Fund Liquidity Facility)'을 만들어냈다. 즉 은행들이 MMF로부터 ABCP를 살 수 있도록 연준은 AMLF를 통해 은행들에 유동성을 공급한 것이다. 심지어 연준은 은행들이 인수한 적격 ABCP에서 발생하는 어떠한 손실도 보상해주겠다고 약속했다. 2008년 10월 1일 AMLF의 대출 규모는 1,521억 달러로 역대 최대를 기록했다. JP모건은 AMLF에 가장 적극적으로 참여해 1,110억 달러어치의 ABCP를 사들였다. 또한, 리먼브러더스 붕괴 3주 후 기업들은 기업어음(CP)을 통해 자금을 조달하는 것이 불가능해졌다. 이에 연준은 2008년 10월 일반 기업들이 단기 운

24 GM이 파산보호로 신청한 챕터 11은 즉시 자산매각 후 청산에 들어가는 챕터 7과 달리 법원 감독 아래 일시적으로 채무 상환을 연기하고 구조조정을 통해 기업회생을 유도하는 절차이다.

전자금을 조달하고자 발행하는 CP를 매입해 이들의 자금줄을 터주고자 'CP 매입용 자금지원제도(CPFF, Commercial Paper Funding Facility)'를 설립했다. 10월 말 문을 연 CPFF는 시티그룹, 뱅크오브아메리카(BoA), UBS 등 금융회사 그리고 캐터필라와 GE 등 비금융권 기업을 포함해 120여 개의 미국 기업에게 자금을 지원했다. 원래 비금융권 기업은 연준으로부터 자금을 대출받을 수 없다. 하지만 연준은 "예외적이고 위급한 상황"에서는 대출을 허용한다는 연준법 13조 3항을 근거로 내세우며 GE와 캐터필라에 자금을 대출해줬다.[25] 2009년 1월까지 연준은 3,480억 달러의 CP를 매입했다. 10개 금융기관이 발행한 CD와 CP를 매입하기 위해 설립한 '머니마켓투자펀드기금(MMIFF, Money Market Investor Funding Facility)' 역시 만기 90일 이내의 CP와 양도성예금증서(CD)를 매입하기 위해 연준이 설립한 기금이었다. 이처럼 AMLF, CPFF, MMIFF 등을 통해 금융권은 물론이고 기업들의 단기자금 경색을 완화하고자 특수목적회사(SPC)를 설립하여 연준은 직접 시장에 자금을 투입하였다. 또한, 연준이 2008년 11월 도입한 '자산담보부증권 대출창구(TALF, Term Asset-Backed Securities Loan Facility)'는 학자금 및 신용카드 대출 등을 기초자산으로 발행한 ABS 시장 활성화 및 시중 유동성 개선을 목적으로 ABS를 매입하는 기관투자가들에게 저금리 자금을 대출하기 위한 것이었다. 2009년 3월부터는 ABS의 기초자산 적용 범위를 농기계 리스, 자동차 대출까지 확대했고, 자금 지원 대상도 은행에서 헤지펀드 등의 기관투자가들까지 확대했다. TALF는 약 3백만 개 이상의 자동차 대출, 1백만 개 이상의 학자금 대출, 90여만 개의 중소기업 대출, 15만 개의 기타 사업대출, 수백만 개의 신용카드 대출 등을 지원했다.[26]

---

25 12개 이상의 특수대출프로그램을 만드는 데 근거를 제공했던 연준법 13조(Powers of Federal Reserve Banks) 3항(Discounts for individuals, partnerships, and corporations)의 긴급대출권한은 금융위기 이후 Dodd-Frank법에 의해 수정되어 실패한 개별 금융회사는 더 이상 지원받지 못하게 되었다. http://www.federalreserve.gov/newsevents/press/bcreg/20131223a.htm

26 B. Bernanke, 2011, "Correction of Recent Press Reports Regarding Federal Reserve Emergency Lending During the Financial Crisis" (Dec. 6).

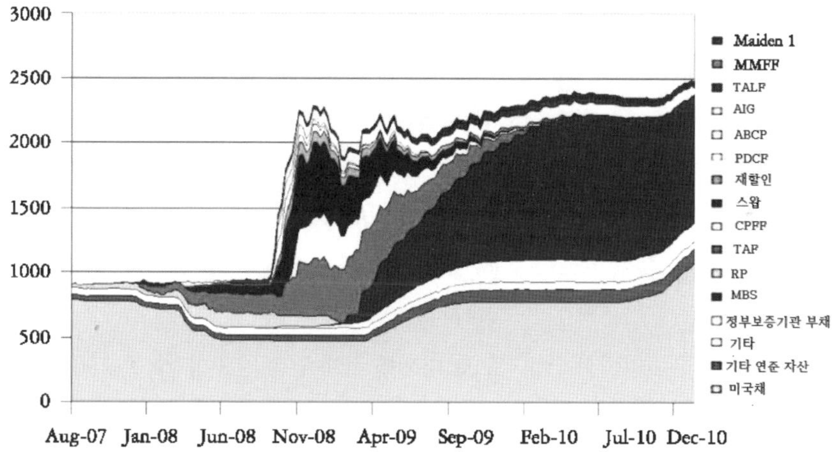

출처: Fed.

▌그림 4-4. 신용 지원과 연준의 자산(10억 달러)

미국 정부회계국(GAO, U.S. Government Accountability Office)의 추정에 따르면 2007년 12월 1일부터 2010년 7월 21일까지 광범위한 긴급 프로그램을 통해 연준이 금융회사들에게 대출해준 규모는 16조 달러 이상에 달했다.[27] 연준의 지원과 더불어 연방예금보험공사(FDIC)도 금융회사의 1순위 무보증 채권(senior unsecured debt)과 기업 거래 계좌를 위해 '임시유동성보장프로그램(TLGP, Temporary Liquidity Guarantee Program)'을 작동했고, 미국 재무부도 MMF에 대한 임시보장프로그램을 운영했다. 일종의 '현대판 예금보장제'였다.[28]

▚ 제로금리 정책의 함정

그러나 중앙은행의 증권(독성자산) 인수와 직접 자금 지원 그리고 FDIC와 재무성 등의 지원으로 새로운 신용 창출과 통화공급 문제, 즉 금융중개기능이 해결

---

27 U.S. Government Accountability Office, "Federal Reserve System: Opportunities Exist to Strengthen Policies and Processes for Managing Emergency Assistance," GAO-11-696, July 2011, p. 131, http://www.gao.gov/new.items/d11696.pdf (accessed July 3, 2014).

28 Z. Pozsar, T. Adrian, A. Asheraft, and H. Boesky, 2010, p. 2.

될 수 있는 것은 아니었다. 2007년 9월 18일부터 인하하기 시작한 연준 기준금리는 2008년 12월 16일에는 제로금리에 도달하였다.[29] 미국 연준의 금리 인하는 전 세계로 파급되었다. 유럽은 은행을 보호하기 위해 정부가 은행이 발행한 것들에 대한 보증을 하고 자본을 주입하고 금리는 1%까지 인하하였다. 영국도 2007년 7월 5.75%에서 2009년 3월 0.5%까지 인하하고, 2009년 2월과 3월에는 4대 은행 중 스코틀랜드왕립은행(RBS, Royal Bank of Scotland)과 로이즈뱅킹그룹(Lloyds Banking Group)을 부분적으로 국유화시켰다.[30]

미국발 금융위기에서 상대적으로 피해를 적게 입은 신흥시장들은 2008년 상반기 약달러가 초래한 글로벌 인플레이션에 대응해 금리를 인상했지만 리먼브러더스 파산 이후 세계경제가 급격히 가라앉으면서 금리 인하에 동참하였던 것이다. 선진국 시장에 의존하던 신흥시장(EMEs, emerging market economies)의 수출이 타격을 입으면서 신흥국의 금리는 빠르게 인하하기 시작했고, 2009년 하반기부터 2010년 상반기 사이에는 선진국의 금리 인하보다 더 많이 하락하였다. 그러나 제로금리정책(ZIRP, zero, or near, interest rate policy)은 선진국 중앙은행(국제결제통화국)의 선택수단이지 신흥시장의 경우 인플레, 자산 버블, 외화 유출 등을 수반하기에 선택이 불가능하다. 즉 국제결제통화를 가지지 못한 국가의 경우 ZIRP를 선택할 경우 환율위기, 즉 통화가치 급락의 문제에 직면한다. 특히 순 해외부채와 결합될 경우 파산에 직면할 수도 있다. 그러나 국제결제통화 국가의 경우 대부분 해외부채를 자신의 통화로 보유하기에 환율위기가 발생할 위험은 거의 없다.[31]

---

29 연준의 기준금리는 5.25%(2006.6.29) → 4.75%(07.9.18) → … → 4.25%(07.12.11) → 3.5%(08.1.22) → 3.0%(08.1.30) → 2.25%(3.18) → … → 1%(10.29) → 0.00~0.25%(12.16)로 진행되었다. 연방공개시장위원회(FOMC)는 제로금리와 함께 주택담보대출과 주택시장을 떠받치기 위해 연준이 1조 2천 5백억 달러 규모의 기관담보유가증권과 약 2천억 달러 규모의 주택기관채권 매입을 결정했다.

30 전자의 경우 영국 정부는 3천억 파운드의 부실자산에 지급보증을 하고 지분 교환을 통해 255억 파운드의 자금을 지원하였다. 후자의 경우 영국 정부는 로이즈가 보유한 약 2,600억 파운드(3,670억 달러)의 위험자산을 보증하는 한편 우선주를 보통주로 전환하는 방식으로 로이즈의 지분 75%를 확보하였다.

그러나 제로금리정책에도 불구하고 신용경색은 해소되지 않았다. 경제가 '유동성 함정(liquidity trap)'에 빠졌기 때문이다.[32] 제로금리 하에서 화폐와 채권은 본질적으로 완전 대체재가 된다. 즉 명목금리가 제로 수준에 이르게 되면 소비자와 은행은 본원통화(monetary base)와 채권의 보유 사이에 무차별하게 되고, 본원통화나 채권과 은행 예금 사이에도 무차별하게 된다. 이런 상황에서 본원통화를 증가시키더라도 포트폴리오에서 채권이나 은행 예금을 현금으로 대체시키는 소비자에 의해 흡수되거나 추가 본원통화는 초과 지불준비금을 보유할 은행에 의해 흡수된다. 채권을 현금으로 대체시킬 경우 (현금+예금)으로 측정되는 통화공급에 영향을 미치지 못한다. 즉 은행 예금을 현금으로 대체하거나 본원통화를 지불준비금(reserves)에 추가할 경우 은행의 신용은 축소되고 총통화량은 변화가 발생하지 않는다. 어떤 경우에도 물가수준에 효과를 미치지 못하거나 물가가 경직적인 경우에는 산출량에 어떤 효과도 가지지 못한다. 게다가 2008년 10월부터 연준은 지불준비금에 대해 이자(0.25%)를 지급하기 시작했다. 지불준비금에 지급하는 이자는 은행간대출에 적용되는 이자율의 하한선을 결정한다. 즉 제로금리와 지불준비금에 대한 이자 지급은 연준에 은행의 지불준비금을 대규모로 증가시켰지만, 은행간대출에 부정적으로 작용할 수밖에 없었다. 이처럼 유동성 함정하에서 본원통화의 증가는 약간의 총통화량을 확장시키고, 은행 예금을 사실상 축소시키고, 심지어 은행 신용을 축소시킨다. 총통화량 확장의 실패는 확장적 통화정책의 실패를 의미하기에 중앙은행은 본원통화의 확장으로 통화공급 확장을 획득할 수 없다. 총통화량 확장을 위한 중앙은행의 무능력은 본질적 문제가 은행시스템에 있지 않음을 의미한다. 즉 은행이 완벽하게 좋은 상태에 있어도 통화확장은 기대할 수 없다. 요약하면 '유동성 함정'하에서 본원통화의 증가는 총통화량에 거의 효과를 미치지 못할 뿐 아니라 심지어 은행 예금의 감소와 은행 신용의 급감으로 이어질 것이

31 A. Sheng, 2011, Central Banking in an Era of Quantitative Easing, Levy Economics Institute Working Paper No. 684 (Sep.).

32 J. Kregel, 2014, "Liquidity Preference and the Entry and Exit to ZIRP and QE," Levy Economics Institute Policy Note.

다.[33] 30년대 미국경제가 이러한 유동성 함정에 놓여 있었고 90년대에 일본경제가 이러한 유동성 함정에 빠졌다. '유동성 함정' 상태에서 물가 하락이 지속될 경우 명목이자율에서 인플레율을 조정한 실질이자율은 상승하게 된다. 실질이자율이 상승하면 투자가 줄어들고 경제가 위축되게 된다. 미국 대공황 때 그랬다. 예를 들어, 대공황기 미국의 민간투자는 1929년 162억 달러 수준에서 1932년 10억 달러 수준으로 급감했다. 일본 역시 1990년대 초 이래 GDP 대비 총투자 및 순투자가 차지하는 비중이 계속 하락했다.[34] 제로금리정책의 한계는 '이자율 준칙'에 대한 사망선고를 의미한다.

▪ 양적완화 정책의 이익과 비용

제로금리에도 불구하고 디플레이션 우려마저 고조되자 연준(Fed)은 '비상유동성 지원 프로그램'인 양적완화(QE)를 개시하였다. 양적완화란 중앙은행의 정책으로 금리 인하를 통한 경기부양 효과가 한계에 봉착했을 때 중앙은행이 국채 매입 등을 통해 유동성을 시중에 직접 푸는 이른바 '대규모 자산 매입(LSAP, Large-Scale Asset Purchase)'을 통한 '비상유동성 지원 프로그램'이다. 양적완화의 이론적 정당성은 '제로금리제약(Zero Lower Bound)' 문제이다. 실질금리가 제로 수준 밑으로 하락하면 통화공급 확장을 유도하는 통화정책이 어려운데 이를 '제로금리제약'이라 한다.[35] 명목금리를 제로 수준 밑으로 인하할 수 없기에 단기금리와 장기금리 간의 격차가 확대된다. 따라서 이 격차를 축소하려면 장기금리를 인하할 수밖에 없고, 이를 위한 조치가 양적완화 정책이다.

제로금리정책으로부터 양적완화 정책으로의 이동은 통화정책이 '통화량 준

33 P. Krugman, 1998, "It's Baaack: Japan's Slump and the Return of the Liquidity Trap," *Brookings Papers on Economic Activity* 2.

34 M. Kawai and P. Morgan, 2014, "Banking Crises and 'Japanization': Origins and Implications," ADBI Working Paper Series.

35 J. Kregel, 2014, "Why Raising Rates May Speed the Recovery," Levy Economics Institute, Policy Note 2014/6.

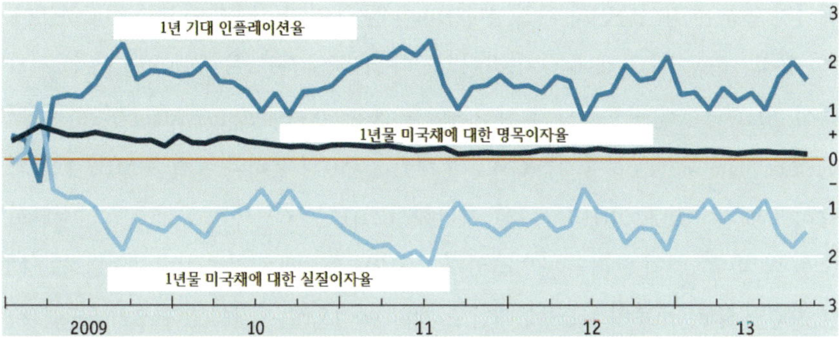

출처: FRB of Cleveland and Thomson Reuters. Economist, 2013, "Renouncing stable prices" (Nov. 9)에서 재인용. http://www.economist.com/news/finance-and-economics/21589425-promise-higher-inflation-central-banks-might-spur-recoveryif-it

▌그림 4-5. 금융위기 이후 미국의 실질이자율 추이

칙'으로 복귀했음을 의미한다. 전통적 통화정책과의 차이는 장기 이자율을 통해 운영한다는 점이다. 즉 장기 국채나 모기지담보증권(MBS) 등 장기 증권을 매입함으로써 장기 이자율을 인하시키는 효과가 있다. 본래 장기금리에 영향을 미치는 조치는 전통적 통화정책에서 보통 배제되었다. 시장의 장기투자 배분을 왜곡시키기 때문이다. 이밖에도 양적완화는 은행이 가진 유동성이 낮은 혹은 없는 자산을 매입해줌으로써 은행시스템의 (유동성, 신용, 시장) 리스크 완화, 인플레이션 기대심리 자극을 통해 자산시장의 부양[36], 캐리 트레이드(carry trade)를 통한 양적완화 시행국(중심국) 금융기관의 자본이득 실현, 그리고 양적완화 시행국의 통화가치를 절하시키는 환율효과 등을 추가로 기대한다. 먼저, 양적완화는 1961년에 있었던 '오퍼레이션 트위스트' 이래 장기 국채의 상대적 공급을 변화시킨 첫 번째 사건이었다. 2007년 이후 연준은 경제성장을 부양하기 위해 공개시장조작을 통해 단기 국채를 매입하였다. 국채 매입은 상업은행 시스템에 지불준비금을 추가하기 때문에 은행이 대출을 보다 증가시키는 것을 허용한다. 경제성장 부양에 실

36 다른 조건이 일정할 경우 인플레이션의 예상은 제품 수요와 가격의 상승과 이에 따른 기업 수익성 향상이 예상돼 기업가치인 주가 상승을 유인하고, 또한 금리 하락으로 채권의 수익률도 하락하게 되기에 채권 가격은 상승한다. 게다가 현금이 풍부한 기업의 미래 수익의 할인된 가치를 증가시키기 때문에 주가를 상승시킨다.

패하자 연준은 장기증권의 매입(양적완화)을 통해 장기금리의 인하를 시도하였다.

양적완화는 세 차례에 걸쳐 진행되었다. 1차 양적완화는 2008년 11월 시작해서 2010년 3월 종료한 1차 양적완화를 통해 패니매(Fannie Mae)와 프레디맥(Freddie Mac) 두 정부보증기관(GSEs)의 채권 1,750억 달러와 국채 및 MBS 1.25조 달러를 매입하였다. 2010년 11월 시작해서 2011년 6월에 종료한 2차 양적완화를 통해 국채 6천억 달러를 매입하였다. 2012년 9월에 시작한 3차 양적완화는 매달 400억 달러 규모의 MBS에 대한 무제한 매입으로 시작하였다. 3차 양적완화는 제약을 두지 않아 '무제한 양적완화(QE-Infinity)'라는 별칭을 얻었다. 2012년 12월 연준은 매달 국채 450억 달러와 MBS 400억 달러로 자산매입 규모를 확대하였다. 이를 일각에서는 4차 양적완화라 부르지만 대부분이 3차 양적완화에 포함시키는 이유도 3차 양적완화의 무제한 성격에서 비롯한다. 세 차례의 양적완화의 결과 연준의 자산 규모는 위기 전 8,700억 달러에서 양적완화를 종료한 2014년 10월에는 4조 4,816억 달러에 이르렀다. 3차 양적완화에 따른 새로운 통화 프린트 규모만 하더라도 1조 6,303억 달러에 달하였다. GDP 대비 연준 자산의 비율은 16%가 채 안되었던 대공황과 14% 정도에 불과했던 2차 대전 당시보다 훨씬 높은 24%의 규모에 달하였다. 그리고 연준이 보유한 장기 국채 2.3조 달러와 정부보증기관의 채권 1.7조 달러는 유통되는 MBS와 국채의 각각 30% 이상과 약 25%를 차지하는 수준이었다.[37] 그 덕택에 금융회사, 특히 거대 금융회사의 유동성 부족과 신용경색은 해결되었다.

이러한 천문학적 금융 투입은 통화량 감소가 대공황을 불러온 직접 원인이었다는 프리드먼의 주장에 기초한 것이었다. 통화주의의 이론적 뿌리를 제공한 「미국화폐사, 1867～1960」[38]에서 밀턴 프리드먼과 안나 슈워츠(Milton Friedman

37 R. Fisher, "Forward Guidance," remarks before the Asia Society Hong Kong Center, Federal Reserve Bank of Dallas, April 4, 2014, http://www.dallasfed.org/news/speeches/fisher/2014/fs140404.cfm (accessed June 30, 2014).

38 M. Friedman and A. Schwartz, 1963, *A Monetary History of the United States, 1867–1960*, Princeton University Press.

and Anna Schwartz)는 1930년대 대공황은 중앙은행의 무지와 실책, 리더십의 실종 때문에 더욱 커지고 장기화되었다고 주장했다. 즉 국민순생산(NNP)과 명목소득은 절반으로 떨어지고 국민의 1/4이 실업자가 되고, 미국에서만 9천 개 이상의 은행이 도산하고 걷잡을 수 없는 뱅크런 사태로 은행시스템 전체가 문을 닫는 날도 있었는데, 이는 통화 공급이 건전한 경제적 거래가 아닌 투기에 악용되는 것을 우려한 연준이 긴축정책을 펼쳐 통화 공급이 1/3 이상 줄어든 결과였다는 주장이다. 경기 침체에 빠지고 통화량이 급격히 감소할 때 전격적인 통화 공급이 필요하다는 사실을 연준이 간과했다는 것이다. 대공황 전문가[39]인 벤 버냉키(Ben Bernanke)는 연준 이사로서 2002년 11월 8일 "밀턴 프리드먼을 찬양하기 위한 컨퍼런스(the Conference to Honor Milton Friedman)"에 참석해 "밀턴 프리드먼의 90회 생일을 맞아(On Milton Friedman's Ninetieth Birthday)"라는 논평을 통해 대공황 당시 연준이 저지른 실수를 다시는 되풀이하지 않을 것이라고 약속했다. 연준 의장으로서 버냉키는 약속대로 금융위기가 실물위기로 전이되자 제로금리와

출처: N. Michel and S. Moore, 2014, "Quantitative Easing, The Fed's Balance Sheet, and Central Bank Insolvency," The Heritage Foundation, Backgrounder #2938, Chart 1.

▌그림 4-6. 연준의 자산 규모와 구성 그리고 주요 사건들

39 B. Bernanke, 1983, "Nonmonetary Effects of the Financial Crisis in the Propagation of the Great Depression," MIT Ph. Dissertation.

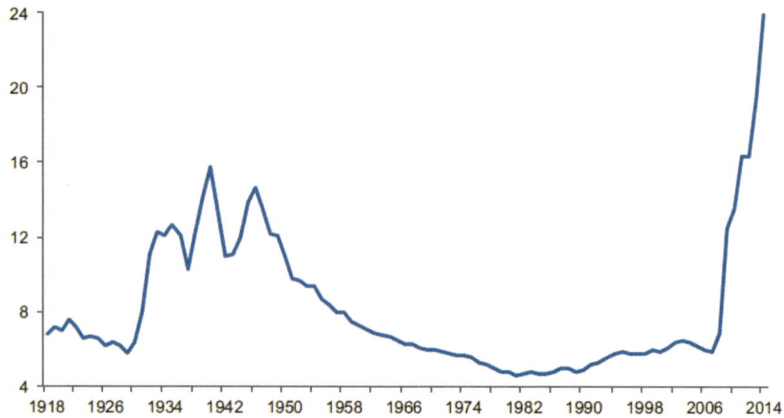

출처: L. Buttiglione, P. Lane, L. Reichlin and V. Reinhart, 2014, Figure 4.4.

▌그림 4-7. 연준의 GDP 대비 자산 비율

양적완화 정책 등 과감하고 파격적인 통화정책을 시행했던 것이다. 즉 그는 통화주의에 충실하게 대출을 유인하기 위해 통화 공급을 늘린 것이다.

이제 비전통적 통화정책을 단계별로 평가해 보자. 1차 양적완화 프로그램은 신용시장의 조건을 완화시킨 반면, 장기 금리(예: 10년물 국채 수익률)를 인하시키는 데에는 실패하였다. 즉 2010년 5월 이후 장기 금리가 하락하기 시작했지만 그해 10월 말부터 다시 오르기 시작하자 장기 금리를 진정시키기 위해 2차 양적완화를 시도하였다. 2011년 4월부터 2차 양적완화가 효과를 보기 시작했지만 6월에 2차 양적완화 프로그램이 종료된 후 다시 불안정해질 것을 우려한 연준은 '선제적 안내(forward guidance)'[40]와 '오퍼레이션 트위스트'[41]를 도입하였다. 연준

40 포워드 가이던스(Forward Guidance)란 중앙은행이 정책금리 또는 기준금리의 향방에 대한 시그널을 전달하기 위한 커뮤니케이션 방법을 일컫는데, 사실상 제로금리 정책하에서 중앙은행이 사용할 수 있는 비전통적 통화정책수단의 하나로 분류되기도 한다.

41 2011년 9월 21일에 연준공개시장위원회(FOMC)는 통화 공급량을 변화시키지 않으면서 장기 이자율을 인하하기 위해 2012년 6월 말까지 단기 채권인 만기 3년 미만 국채를 4천억 달러어치 내다 팔면서 그 자금으로 만기 6~30년물인 장기국채를 매입하는, 즉 공개시장조작의 한 가지 방법인 '오퍼레이션 트위스트'의 시행을 발표하였다. 4천억 달러 중 6~8년물에 32%, 8~10년물에 32%, 10~20년물에 4%, 20~30년물에 29%가 배정되었다. 연준의 보유채권 만기를 연장하는 성격을 갖는다고 하여 만기연장프로그램(MEP, maturity extension program)이라 불리기도 한다.

의 목표는 단기금리가 최저 상태에 있기에 장기 금리를 낮춰 가계의 모기지 재융자(refinancing) 수요의 확대나 기업과 가계의 자금수요 확대 등 경기를 진작하겠다는 것이다. 그렇지만 버냉키의 양적완화 정책은 통화 공급을 증대시키는 대신 은행자산과 중앙은행 부채의 스왑(swap)을 만들어냈을 뿐이다. 즉 〈그림 4-10〉에서 보듯이 연준의 통화공급이 은행시스템의 초과지불준비금(excess reserves)의 확장으로 이어지다 보니 장기 금리는 인하되었지만 투자지출을 위한 차입은 현저하게 증가하지 않았다. 단지, 모기지 금리를 내림으로써 모기지 재융자의 붐을 만들었고, 현금이 풍부한 기업들의 미래 수익의 할인가치를 증가시킴으로써 주식시장 붐을 만들어냈을 뿐이다. 그러나 (다시 언급하겠지만) 이 모든 것은 통화공급과 기업투자, 고용 등에서 주목할 만한 증가 없이 일어났을 뿐이다. 오히려 자산가격에 대한 양적완화의 효과로 불평등을 증대시켰다.[42] 〈그림 4-9〉에서 보듯이 상위 10%가 약 50%의 주식을 보유하는 등 미국 금융자산의 85%(2010년 기준)를 상위 10%가 소유하고 있기 때문이다.[43] 게다가 '오퍼레이션 트위스트'는 장단기 국채의 대체성을 전제로 하는데 대외부채가 지속적으로 증가하는 상황에서는 효과를 기대하기 어렵다.[44] 대외부채의 지속적 증가는 장기국채에 대한 신뢰를 저하시키고 보유를 감소시켜 달러가치 하락(통화위기)에 대한 우려를 증가시킴으로써 장단기 국채 대체성을 약화시키기 때문이다.

결론적으로 연준의 양적완화는 성공하지 못했다. 전통적인 공개시장조작이 작동하였더라면 1차 양적완화 프로그램은 시행되지 않았을 것이고, 1차 양적완화가 성공했더라면 2, 3차 양적완화 프로그램이 시행되지 않았을 것이기 때문이다. 사실, 세 차례의 양적완화 간에는 차이가 존재한다. 양적완화는 제대로 작동

42 D. Gros, 2014, "Quantitative Easing and Deflation in a Creditor Economy," Think Tank 20, CEPS, p. 95.

43 W. Domhoff, 2013, "Wealth, Income, and Power" (Feb.). http://www2.ucsc.edu/whorulesamerica/power/wealth.html

44 실제로 2011년 9월 22일 미국채 10년물과 30년물 수익률은 각각 1.72%와 2.8%였다. 그러나 한 달 후인 10월 24일에는 각각 2.24%와 3.27%를 기록하였다.

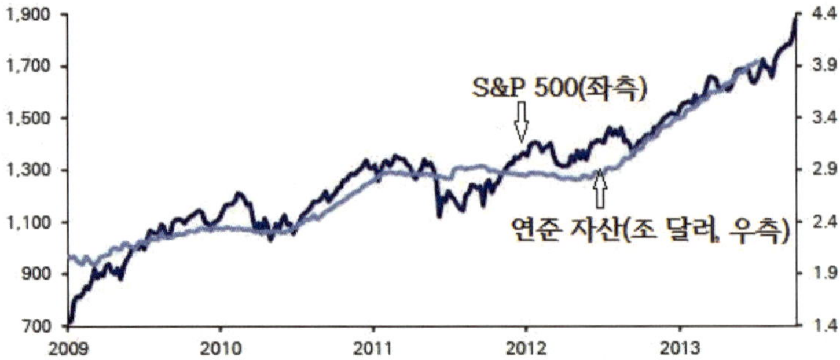

출처: The Short Side of Long, 2013, "Central Banks vs Asset Prices" (Dec. 23).
http://shortsideoflong.com/2013/12/central-banks-vs-asset-prices/

▌그림 4-8. 연준 자산 규모와 미국 주가지수의 상관성

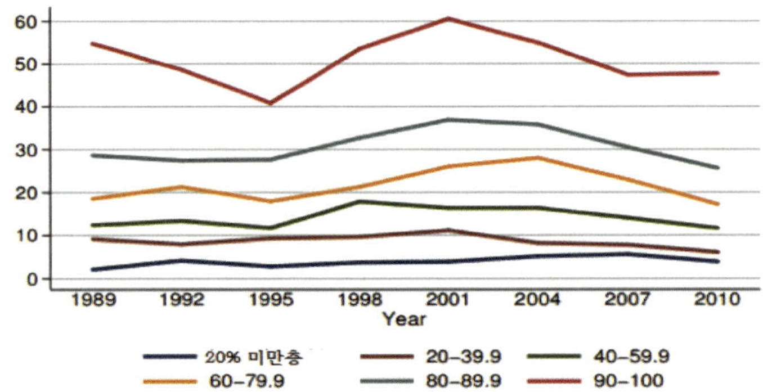

출처: Fed. N. Irwin, 2013, "The Fed's been keeping the economy afloat. That's the problem," The Washington Post (May 29)에서 재인용.

▌그림 4-9. 소득계층별 주식보유 비중(%)

하지 않는 금융시장의 안정성에 목표를 둔 신용완화(CE, credit easing)[45]의 측면과 대차대조표의 조정을 통해 (앞에서 언급한 장기 이자율 인하, 환율 절하, 자산가격 상승,[46] 기대인플레이션의 상승 효과 등을 기대할 수 있는) 좁은 의미의 양적완화 측면

45 버냉키는 2009년 런던정경대학(LSE)의 연설에서 연준이 다양한 기구들(facilities)을 동원해 민간 증권들을 매입한 것은 2001~06년간 일본은행에 사용된 정책적 접근, 즉 양적완화(QE)와 개념적으로 구분되는 신용 완화 접근이라고 기술하였다. B. Bernanke, 2009, "The Crisis and the Policy Response," A Speech, London School of Economics (Jan. 13).

46 예를 들어, 장기 이자율의 하락과 불확실성의 해소(일종의 보험채널)를 통해 가계와 기업의 리스크 추구 증대가 자산 가격을 상승시키는 효과를 기대할 수 있다. D. Lachman, 2013, "Global Effects

으로 구분47할 수 있는데 신용완화는 효과를 거둔 반면, 좁은 의미의 양적완화 효과는 실망스러웠다. 무엇보다 (앞에서도 언급했듯이) 양적완화를 통해 공급된 대부분의 통화가 은행의 지불준비금으로 잠겼기 때문에 통화공급이나 은행 신용을 의미 있게 증가시키지 못했다는 점이다. 천문학적인 규모의 새로운 화폐를 찍어냈음에도 불구하고 인플레이션이 수반되지 않은 배경이다.

양적완화가 은행 대출로 연결되지 않은 이유는 경제조건이 개선되지 않고 규제의 불확실성48이 증가한 데서 비롯한 것이었다. 게다가 이전에는 없었던 초과 지불준비금에 대한 (0.25%의) 이자 지급을 2008년 10월부터 시행함으로써 은행의 새로운 통화 창출, 즉 은행 업무의 수행 과정에서 창조되는 신용인 예금통화의 창조에 대한 인센티브를 낮추었다. 그 결과 2008년 8월 18억 7천 5백만 달러에

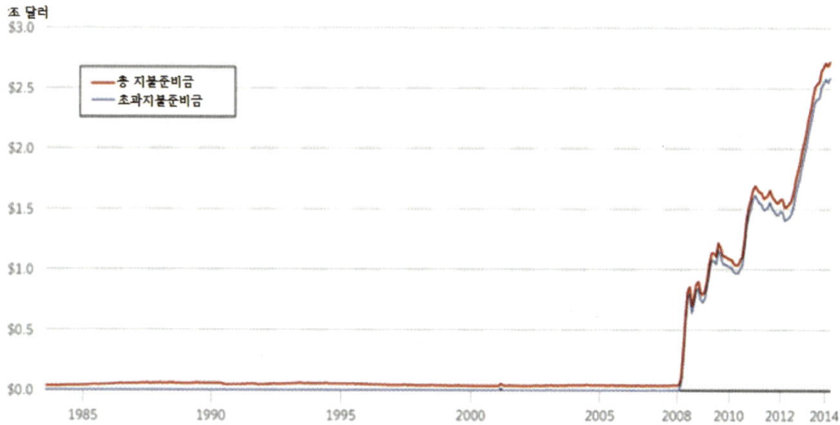

출처: N. Michel and S. Moore, 2014, Chart 2.

▌그림 4-10. 총 지불준비금과 초과 지불준비금 규모의 추이

---

of Unorthodox Monetary Policies," AEI; BIS Quarterly Review (Dec.).

47 이 구분에 따를 때 1차 양적완화와 오퍼레이션 트위스트는 신용완화, 2차는 양적완화, 3차는 양적완화와 신용완화로 분류할 수 있다. T. Ito, 2014, "We Are All QE-sians Now," Institute for Monetary and Economic Studies, Discussion Paper No. 2014-E-5, Bank of Japan, pp. 16~ 17.

48 2010년 도드-프랭크 법(the 2010 Dodd-Frank Wall Street Reform and Consumer Protection Act)의 제정으로 은행의 대출이 신중해진 것은 의심의 여지가 없다. N. Michel and S. Moore, 2014, "Quantitative Easing, The Fed's Balance Sheet, and Central Bank Insolvency," The Heritage Foundation, Backgrounder #2938, p. 4.

불과했던 미국 은행시스템 전체의 초과지불준비금은 2014년 9월에는 2조 6,774억 달러까지 증가했다(그림 4-10). 같은 기간 동안 연준이 새로 찍어낸 화폐 중 75% 이상이 다시 연준으로 재예치된 것이다. 즉 프리드먼의 소원대로 천문학적 규모로 통화 공급을 증대시킨 연준의 양적완화로 은행의 유동성 위기는 가라앉혔지만 은행의 자금중개기능을 회복시켜 경제를 확장시키는 데는 실패하였다.[49] 중앙은행이 경기를 살리기 위해 통화를 공급해도 은행은 자금조달 능력이 취약한 소기업이나 금융위기와 경기침체로 타격을 받은 가계에 대한 대출을 포기하였던 것이다. 이는 은행간대출의 축소에서도 확인된다. 〈그림 4-11〉에서 보듯이 은행간대출은 2008년 2월 4,682억 달러에서 2009년 10월 2,800억 달러, 2010년 10월 1,900억 달러, 2011년 10월 1,200억 달러, 2012년 10월 1,231억 달러, 2013년 10월 1,143억 달러, 2014년 1,002억 달러로 계속 축소되었다. 천문학적 규모의 양적완화가 금융중개를 정상화시키지 못한 것은 화폐유통속도(그림 4-12) 및 통화승수(그림 4-13)에서도 확인된다. 금융위기 이전(2006년 2분기)에 2가 넘었던 화폐유

출처: Federal Reserve Bank of St. Louis. http://research.stlouisfed.org/fred2/series/IBLACBM027NBOG

▌그림 4-11. 은행간대출 규모의 추이(10억 달러)

49 M. Bordo, 2014, "Lessons for monetary policy from the recent crisis," mBank-Case Seminar Proceedings No. 130, p. 28.

출처: Federal Reserve Bank of St. Louis.

▌그림 4-12. 화폐유통속도(M2 기준)

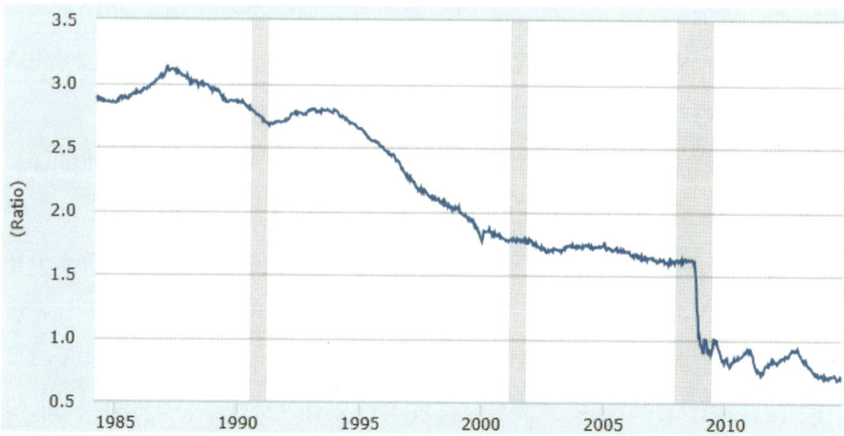

출처: Federal Reserve Bank of St. Louis.

▌그림 4-13. 통화승수(M1 기준)

통속도(M2 기준)는 2014년 3분기에는 1.5까지 지속적으로 하락했다. 통화승수(M1 기준) 역시 2008년 8월 1.62에서 2014년 11월 0.72로 절반 이하로 떨어졌다. 자본의 한계생산을 끌어올리는 정책이 없는 한 통화 공급이 기업 투자지출로 이어질 가능성은 없는 것이다. GDP 대비 국내 총투자의 비중(그림 4-14)이 2009

출처: Federal Reserve Bank of St. Louis.

▍그림 4-14. GDP 대비 국내 총투자의 비중, 1980~2014년 3분기

년 3분기 말에 12.4%로 2차 대전 이후 최저 수준으로 하락한 이후 2014년 3분기 말 기준 16.5%까지 회복되었지만, 2001년 경기침체 시 기록했던 17.2%에도 미치지 못하는 배경이다.

더 커다란 문제는 장기 저금리의 지속이 미국경제를 '이자율 함정(Interest Rate Trap)'에 빠트릴 가능성이 있다는 점이다. 예를 들어, 닷컴버블 붕괴 이후 연준은 상당 기간 동안 저금리를 지속할 수밖에 없었다. 매우 높은 레버리지를 사용하는 금융회사의 관점에서 볼 때 높은 금리가 금융시스템의 안정성을 위태롭게 할 수 있다는 우려 때문이었다. 따라서 연준의 저금리 지속에 대한 확고한 의지 표명은 금융회사들이 허약한 활동에 투자 유인을 증가시키게 함으로써 중앙은행의 손을 묶어버린다. 즉 금융시스템이 매우 취약해진 상황에서 금리 인상은 또 다른 금융 붕괴와 경기 둔화를 촉발시킬 수 있기 때문에 금융부문에서 취해진 행동들은 중앙은행으로 하여금 저금리를 지속시키게 할 것이다. 중앙은행이 금융산업의 인질이 되는 것으로, 이른바 경제가 장기간 저금리의 균형에 빠지는 '이자율 함정'에 놓이게 된다.[50]

50 J. Cao and G. Illing, 2011, "'Interest rate trap', or: Why does the central bank keep the policy

게다가 양적완화 프로그램은 결코 공짜가 아니라 연준과 미국의 잠재적 위험요인이 될 가능성이 높다는 점이다. 첫째, 제로금리 정책과 더불어 연준의 양적완화가 시행된 기간은 사실상 시장이 존재하지 않는 기간이었다. 시장의 가장 중요한 가격인 금리가 사실상 시장 플레이어가 아닌 중앙은행에 의해 결정된 기간이기 때문이다. 즉 금융위기로 무너진 시장은 금융위기 이후에도 무력감을 드러냈다. 둘째, 미국 상업은행의 예금 대비 지불준비금의 비율이 10% 정도인 것을 가정하면 전체 은행시스템이 새롭게 창조할 수 있는 통화량이 초과 지불준비금의 10배 규모인 26조 달러라는 것을 의미하고, 이는 미국의 총통화량(M2) 11.3조 달러의 두 배 이상에 해당한다. 이는 경제가 정상화될 경우 통화량을 빠르게 회수하지 않는 한 인플레이션이 폭발할 수 있고, 그에 대응해 금리를 빠르게 인상시킬 경우 미국경제는 물론이고 세계경제의 불안정성을 크게 증대시킬 수 있음을 의미한다. 예를 들어, 달러 혹은 달러 표시 자산의 가치가 하락할 경우 달러 혹은 달러 표시 자산을 보유한 미국 이외의 세계의 손실은 불가피하다. 2000년대 달러가치 하락[51]으로 2001~07년 사이에 달러자산 보유에 따른 실질 수익률이 많게는 러시아가 60% 이상, 브라질이 31%, 인도가 27%, 중국이 28%의 손실을 입었다.[52]

셋째, 연준의 양적완화는 상업은행의 대차대조표로부터 가장 위험한 자산 중 일부를 제거해줌으로써 일부로부터 양적완화 프로그램이 은행들의 구제를 위해 디자인되었다는 비난을 받는다.[53] 연준의 진정한 의도와 관계없이 양적완화 프로그램은 가치가 급락했던 은행 자산을 현금으로 교환해주었다. 은행들이 양적완화 프로그램을 성공적으로 평가하는 배경이다. 문제는 은행으로부터 매입해준 '독성자산들(toxic assets)'이라 불리던 MBS가 제거되지 않았다는 점이다. 연준 자

rate too low for too long time?" (Sep. 30).

51 무역액을 가중한 주요 통화 대비 달러 가치(1973년=100)는 2001년 1월 103.7에서 2007년 12월 73.8까지 하락했다. FRB of St. Louis, Trade Weighted U.S. Dollar Index: Major Currencies. http://research.stlouisfed.org/fred2/graph/?id=TWEXMMTH,

52 O. Jeanne, 2012, "The Dollar and Its Discontents," PIIE WP. 12-10 (May).

53 그밖에도 기업의 금융비용을 낮춤으로써 이윤을 증대시켰고, 좀비기업들(zombie companies)을 연명시켰다.

산의 구성을 보여주는 〈그림 4-6〉에서 보듯이 독성자산들은 연준의 대차대조표로 옮겨졌을 뿐이다. 다시 말해, 연준은 2008년 금융위기를 야기했을 뿐만 아니라 두 개의 정부보증기관들(GSEs; 프레디맥과 패니매)을 지급불능 상태로 만들었던 두 기업의 부채 수조 달러를 보유하게 되었다. 이런 점에서 연준의 정책들은 최종대부자로서 연준 기능의 정당성뿐만 아니라 연준의 금융건전성에 대한 의구심을 만들어냈다.

흔히 민간 기업은 더 이상 부채 의무를 해결하지 못하거나 자본의 가치가 소멸되었을 경우 지급불능 상태에 놓이게 된다. 예를 들어, 상업은행은 고객의 예금을 보유하고 그것을 상환할 의무를 갖는다. 이러한 부채를 은행이 더 이상 책임질 수 없을 때 지급불능 상태로 여겨질 것이다. 또한, 기업의 자본가치, 즉 순자산이 제로 혹은 그 이하로 떨어질 경우 지급불능 상태라 여겨진다. 그리고 은행의 순자산은 많은 대출이 파산에 놓일 경우 마이너스(−)가 된다. 상업은행들은 이러한 상황이 발생하지 않도록 하기 위해 규제를 받는다. 연준은 본원통화(Federal Reserve Notes 혹은 dollars)를 부채로 보유하는 반면, 자산은 증권과 금융기관에 대한 대출 등이다. 역사적으로 연준이 보유하는 대부분의 증권은 단기 미국채로 구성하였다. 이러한 자산에서 획득하는 소득, 즉 대부분이 무위험 국채의 이자액에서 발생하는 소득으로 운영비용을 충당한다. 연준의 부채인 연준 노트(Notes), 즉 달러나 지불준비금에 대해서는 이자를 지불하지 않기에 비용이 발생하지 않는 반면, 운영비용을 제외하고 남는 연준의 소득은 미국 재무부로 이전된다. 그러나 2008년부터 연준은 사실상 모든 단기 국채를 팔고, 대신 장기 국채와 정부보증기관의 부채와 MBS를 매입하였다. 그런데 연준이 새롭게 취득한 증권들은 보통 보유했던 증권(국채)들에 비해 상대적으로 위험한 자산이다. 장기 채권의 가치는 이자율 변화에 민감하기에 연준이 장기 채권을 매입할 당시의 낮은 수준의 금리는 올라갈 가능성이 높고, 금리가 상승할 경우 장기 증권의 가치는 하락할 것이기 때문이다. 사실 MBS의 가치 하락이 금융위기의 주요인이었고, 이들의 가치는 여전히 의문시된다. 따라서 연준이 통화량을 회수할 때 보유한 증권들의 가치 폭락이 예상되고 이는 연준이 파산 위험에 직면할 수 있음을 의미한다. 물론, 연준은 통화를 발행할 수 있기에 사실상 파산 가능성은 없다. 그러나 연준이 통화 발행을 통해 이 문제를 해결하려 할 경우 무엇보다 미국민은 달러를 기피할 가능성이 높다. 또 다른 방법은 재무부에 의한 연준의 구제(bail-out)이다. 재무부가 채권을 발행하고 연준이 이를 인수하며, 재무부가 연준에 자본을 투입하는 방법이다. 문제는 미국 정부의 높은 부채로 인해 의회의 협조가 필요한데, 이는 연준의 독립성을 위협할 것이다. 게다가 연준이 새롭게 매입한 증권들은 정치적 위험을 갖는다. 연방정부가 이 증권들에 대한 이자를 연준에 지급하면 연준은 그 이자(소득)를 연방정부에게 다시 돌려주고, 그 결과 연방정부가 보다 많은 돈을 빌리는 것을 허용하기 때문이다. 이러한 방식은 국내뿐만 아니라 국제적으로 달러에 대한 안전통화로서의 신뢰를 약화시킬 것이다.

일본과 유럽과 영국의 양적완화

사실 양적완화의 원조는 일본이다. 1997~98년 일본의 은행위기에 뒤이어 98년에 생산이 급격히 축소되고 물가가 하락하자 일본은행은 선진국 최초로 99년 2월에 정책금리를 제로 수준까지 인하하였다. 2000년 8월 정책금리를 0.25%로 인상했지만 뒤이은 미국의 IT 거품 붕괴로 글로벌 경기가 후퇴하며 일본경제 역시 악화되자 일본은행은 2001년 3월에 양적완화를 도입하였다. 일본은행은 연준과 달리 초과 지불준비금에 대해 이자를 지급하지 않았고, 그 결과 은행간대출 이자율도 제로가 되었다. 그럼에도 불구하고 디플레이션에서 빠져나오지 못함에 따라 일본은행의 장기 국채 매입액은 증가했고 양적완화 프로그램은 2006년 3월까지 지속되었다. 그 후 수개월 만에 일본은행은 총 지불준비금 규모를 35조 엔에서 6조 엔으로 축소하면서 출구를 준비하였고, 그해 7월에는 정책금리를 0.25%까지 인상하였다. 일본의 제로금리 정책과 양적완화 프로그램은 수익률을 낮추는 효과를 보았지만 은행 대출을 증가시키는 데는 실패했다.[54] 2008년 리먼 파산 후

54 H. Ugai, 2007, "Effects of the Quantitative Easing Policy: A Survey of Empirical Analysis,"

일본은행은 연준과 달리 대차대조표를 확대하지 않고, 0.5%였던 정책금리를 10월에 0.3%로 인하하고 다시 12월에 0.1%로 인하하였다. 일본은행이 또 다시 '포괄적 금융완화(Comprehensive Financial Easing)' 프로그램을 도입한 것은 2010년 10월부터였고, 2013년 정권 교체로 등장한 아베에 의해 일본은행 총재로 임명된 구로다는 기존의 양적완화 프로그램을 공격적으로 확대하여 2014년 4월부터 양적·질적 통화완화(QQE, Quantitative and Qualitative Monetary Easing) 프로그램을 시행하였다. 참고로 양적 측면의 경우 본원통화량을 2012년 말 138조 엔에서 연간 60~70조 엔(약 615~718조 원)으로 늘려 2014년 말까지 270조 엔, 즉 명목 GDP의 50% 수준으로 증가시키는 것을 의미하고, 질적 측면의 경우 다양한 만기(40년 포함)의 국채 매입으로 국채 평균 만기를 약 7년까지 두 배 이상으로 증가시킬 뿐 아니라 위험자산의 가격에 영향을 미치기 위해 상장지수펀드(ETFs, exchange-traded funds: 특정지수의 수익률을 얻을 수 있도록 설계된 지수연동형 펀드(Index Fund)로 인덱스펀드와는 달리 거래소에 상장돼 일반 주식처럼 자유로운 매매가 가능한 상품)와 일본 부동산투자신탁(J-REITs)의 매입을 증대시키는 것을 의미한다. 리먼 파산 이후 일본은행의 양적완화 프로그램의 평가에 대해서는 뒤에서 다룰 것이다.

유럽중앙은행(ECB) 역시 글로벌 금융위기 발발 이후 2008년 3월 6개월짜리 장기대출프로그램(LTRO, Long Term Refinancing Operation)의 도입을 시작으로 2009년 5월에는 유로화 표시 커버드본드(covered bonds: 은행 등 금융기관이 보유하고 있는 주택담보대출 등 우량 자산에서 발생하는 현금흐름을 유동화한 증권) 600억 유로 매입(CBPP, covered bond purchase programme, 2010년 6월 종료)과 12개월짜리 LTRO를 도입하였다. 유로존 위기의 분수령이 되었던 GIIPS(Greece, Ireland, Italy, Portugal, Spain)의 국가재정 위기를 계기로 2010년 5월에 남유럽 국채매입

Bank of Japan, *Monetary and Economic Studies*, Vol. 25, No. 1, pp. 1~47; C. Borio and P. Disyatat, 2009, "Unconventional Monetary Policies: An Appraisal," BIS working papers, no 292 (Nov.).

프로그램(SMP, Single Market Programme)[55] 도입, 2011년 10월에 400억 유로의 2차 CBPP 선언, 2011년 12월에 LTRO를 36개월로 기간 확장과 담보 대상의 확대, 그리고 2012년 8월에는 무제한 국채 매입(OMT, Outright Monetary Transaction) 선언으로 이어졌다. 이처럼 연준이나 일본은행의 통화정책들과 달리 2014년까지의 ECB 정책들은 모두 순수한 양적완화가 아니라 신용완화였다. 그러나 2014년 12월 디플레이션에 빠지자 ECB는 마침내 양적완화를 도입하였다. 유로존의 통화완화에 대해서는 뒤에서 다룰 것이다.

영란은행(BOE)도 2009년 1월 민간자산매입기구(APF, Asset Purchase Facility)를 설립한 후 3월에 선언한 750억 파운드의 1차 양적완화는 그해 11월까지 2천억 파운드로 확대하였다. 2011년 10월에 750억 파운드의 2차 양적완화를 선언함으로써 총 자산매입 규모는 2,750억 파운드로 확대되었고, 2012년 7월에 1천억 파운드의 3차 양적완화를 선언함으로써 총 자산매입 규모를 3,750억 파운드까지 확대하였다. 영란은행의 통화정책은 순수한 양적완화 프로그램으로 연준, 일본은행, ECB의 신용완화 프로그램과 차이를 갖는다. 이밖에도 스위스 중앙은행(SNB, Swiss National Bank)은 외국 채권들을 매입하는 무제한 양적완화를 구사하였다. 스위스 중앙은행의 양적완화도 미국 연준, 일본은행, 영란은행처럼 불태화시키지 않았다. 게다가 스위스 국립 중앙은행은 스위스프랑의 절상과 디플레이션 회피 등을 위해 금융기관이 중앙은행에 갖고 있는 지불용 예금의 일정액을 초과한 분에 대해 2015년 1월부터 0.25%의 수수료를 부과하기로 결정했다. SNB는 마이너스(−) 금리를 도입한 지 보름 만인 2015년 1월 15일 '최저 환율제'[56]의 폐지와 더불어 다시 -0.75%로 낮추었다. 유로존이 디플레이션에 빠졌기 때문이다.

55 SMP를 통해 매입된 국채들은 불태화되었다.
56 SNB는 2011년 9월 최저 환율을 1유로 당 1.2스위스프랑(CHF)에 설정했다.

제2절 통화정책 실패의 원인

나쁜 고용 회복

비전통적 통화정책이 실물경기에 미친 성과를 평가하는 데 가장 핵심적인 부문은 고용과 주택시장에 대한 효과라고 할 수 있다. 먼저 고용시장을 살펴보자. 공식적인 실업률은 2009년 10월 10%를 기록한 후 2014년 12월에는 자연실업률 수준에 근접한 5.6%까지 하락했다(그림 4-15). 그러나 경제활동참가율(labor-force participation rate)은 2014년 12월 62.7%를 기록하였는데 이는 금융위기 이전 최고 수준이었던 2007년 1월의 66.4%보다 3.6% 하락한 것이고, 전후 최고 수준이었던 2000년 4월 67.3%보다는 4.5% 감소한 것이다. 〈그림 4-16〉에서 보듯이 실업률과 경제활동참가율 간의 역의 관계가 실종된 것이다. 2014년 12월 기준 고용률(employment-to-population ratio)도 59.2%로 금융위기 이전 최고 수준인 2006년 12월 63.4%보다 4.2%나 감소하였다. 즉 많은 노동력이 취업활동을 포기하고 비경제활동인구로 전락한 것을 의미한다.[57] 실업률 수치가 자연실업률

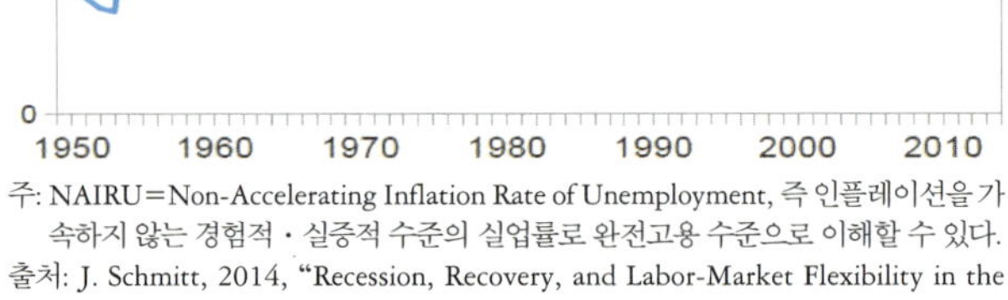

주: NAIRU=Non-Accelerating Inflation Rate of Unemployment, 즉 인플레이션을 가속하지 않는 경험적·실증적 수준의 실업률로 완전고용 수준으로 이해할 수 있다.
출처: J. Schmitt, 2014, "Recession, Recovery, and Labor-Market Flexibility in the United States, 2007-2013" International Conference organized by DARES and CEPREMAP (Nov.).

그림 4-15. 미국의 완전고용 갭, 1949~2014년

57 실업률 4%와 임금 증가율 3.5%, 비경제활동인구 6,730만 명을 기록했던 2000년 1월 경제활동참가율 67.3%를 기준으로 할 경우 (비경제활동인구 9,200만 명과 경제활동참가율 62.8%를 포함

수준임에도 불구하고 금리를 정상화 시키지 못하는 이유이다.

게다가 증가된 일자리 중 상당 규모가 임시직 일자리이다. 경기회복이 본격화한 2010년 이후 2013년까지 임시직은 290만 개, 즉 28%가 증가했다. 반면, 2013년 11월 기준 풀타임 일자리는 2007년 11월보다 390만 개나 감소했다.[58] 문제는 경기회복(?) 속에 임시직 채용에 대한 기업들의 선호가 지속적으로 증가하고 있다는 점이다.[59] 금융위기 이후 심화된 '고용 없는 성장'이 '임금 없는 성장'을 수반한 배경이다. 즉 2009~12년간 미국의 모든 실업 중 중간임금 일자리의 시간당 실질임금은 2.8% 하락하였다. 특히 상대적으로 임금 수준[60]이 높은 제조업의 일자리가 크게 축소되었다. 2010년 3월 1,145만 8천 명까지 하락했던 제조업 종사자는 2014년 12월 1,223만 9천 명으로 78만 1천 명이 증가했으나 금융위기 발발 직전인 2007년 7월의 1,388.9만 명보다는 165만 명 하락한 규모이다. 2000년 전후[61]에 비해 제조업의 일자리는 550만 개 이상이 축소되었다. 제조업의 일자리가 약 800만 개 증가했던 대공황 당시보다 금융위기 이후의 미국경제 상황이 부

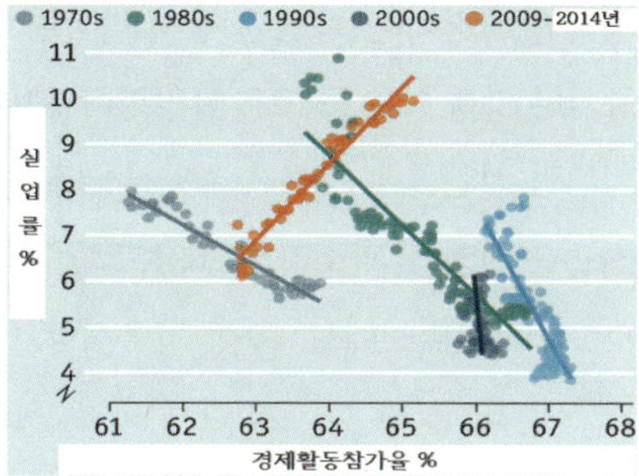

출처: Economist, 2014, "The woes of the average Joe" (Sep. 27)에서 재인용.

▌그림 4-16. 실업률과 경제활동참가율의 관계

해) 실업률 6.3%를 기록했던 2014년 5월의 '사실상' 실업률은 12.5% 수준이다. WSJ, 2014, Everything You Need to Know About the Jobs Report (July 3). http://blogs.wsj.com/moneybeat/2014/07/03/live-blog-everything-you-need-to-know-about-the-jobs-report/

58 http://www.floatingpath.com/2014/04/22/trends-part-time-america/

59 예를 들어, CareerBuilder.com과 Harris Poll에 따르면 임시직 고용에 대한 계획을 갖고 있는 기업들의 비중은 2013년 40%에서 2014년에는 42%로 증가하였다. Forbes, March 27, 2014, The Fastest-Growing Temp Jobs. http://www.forbes.com/sites/kathryndill/2014/03/27/the-fastest-growing-temp-jobs/

60 http://www.bls.gov/news.release/union2.t04.htm

61 2000년 전후 제조업 종사자의 최대 규모는 1998년 3월 1,763.7만 명이었다. http://research.stlouisfed.org/fred2/series/MANEMP

정적인 배경이다. 대공황 당시 미국경제는 중화학 공업화의 혜택으로 일자리의 증가나 평생 고용 등 고용 안정성이 뒷받침된 결과 경제는 활력을 찾을 수 있었다. 이처럼 실업률에 가려진 노동시장의 취약성 문제를 해결하기 위해서 미국 연준(Fed)은 실업 및 과소고용, 고용, 노동시간, 임금, 구인, 해고, 이직, 소비자 및 기업가 조사의 범주에서 19개 고용시장 관련 통계를 하나로 묶은 '고용시장지수

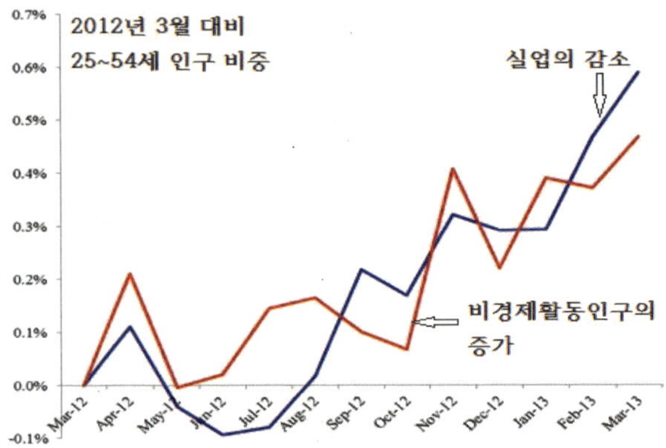

출처: Casey B. Mulligan, 2013, Varieties of Not Working, New York Times (April 10). http://economix.blogs.nytimes.com/2013/04/10/varieties-of-not-working/?ref=economy

▌그림 4-17. 실업률 감소와 비경제활동인구의 증가

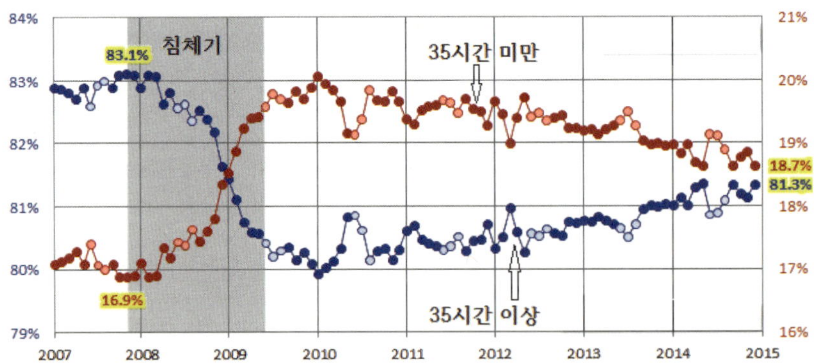

출처: Doug Short, 2014, 'The Part-Time Employment Ratio: A Curious Anomaly in June' (July 8). http://www.advisorperspectives.com/dshort/commentaries/Full-Time-vs-Part-Time-Employment.php

▌그림 4-18. 풀타임과 파트타임 고용 비중

(LMCI, Labor Market Conditions Index)'를 개발하여 2014년 10월부터 발표하고 있다.[62]

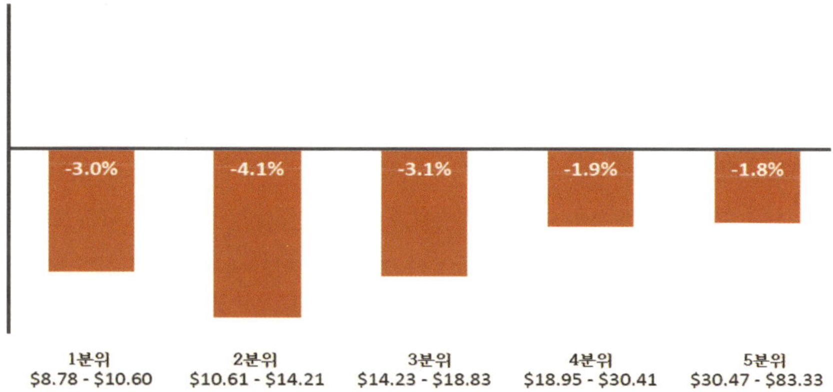

주: 2012년 중간임금 기준.
출처: National Employment Law Project, 2013, "The Inequality of Declining Wages During the Recovery," Figure 1.

▌그림 4-19. 직업별 실질임금의 변화율, 2009~12년

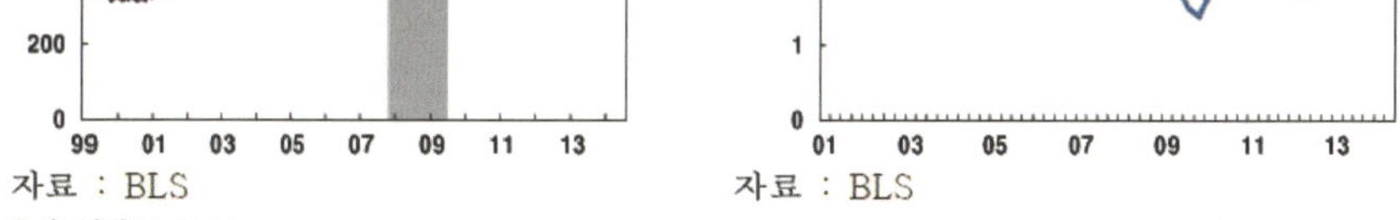

출처: 권상준, 2014.

▌그림 4-20. 비자발적 파트타임 근로자 수의 규모와 연간 임금변화율

62 LMCI는 0을 기준으로 전월대비 (+)는 호전, (−)는 악화를 나타낸다. H. Chung, B. Fallick, C. Nekarda, D. Ratner, 2014, "Assessing the Change in Labor Market Conditions," Feds Note (May 22). http://www.federalreserve.gov/econresdata/notes/feds-notes/2014/assessing-the-change-in-labor-market-conditions-20140522.html

게다가 일자리 양극화가 금융위기 이후 더욱 심화되고 있다(그림 4-21). 임금 수준에서 중위직 취업자 수가 금융위기 이후 급격히 감소함에 따라 전체 취업자에서 중위직이 차지하는 비중은 2007년 62.8%에서 2013년 59.5%로 큰 폭 하락하였다. 또 한 가지 주목할 사실은 미국 기업들이 성장에 부합하는 숙련을 가진 대학졸업자를 확보하는 것이 어렵다고 불평하듯이, 2000년대 이후 정형화되지 않은 인지노동력의 증가가 정체하고 있다는 점이다(그림 4-22). 즉 고용된 대졸자의 평균 인지량(cognitive content)이 2000년 이후 빠르게 하락하고 있다(그림 4-23).[63] 고용된 대졸자의 업무에서 수학과 과학 기술의 중요성이 하락하고 사회적 기술(skills)이 보다 중요해지고 있다.[64] 흔히 시장이론에서 높은 실업의 원인으로 교육의 부족을 얘기하고는 한다. 그러나 실제로 숙련 불일치(skill mismatch) 요인은 금융위기 이후 미국 실업률의 0.5%에 불과할 정도로 고실업의 원인은 숙련의 부족이 아니다.[65] 고용시장에서의 이러한 탈숙련화(de-skilling)는 높은 기술을 가진 노동자를 낮은 기술을 가진 노동자로 밀어내리는 직업 사다리의 하향 이동

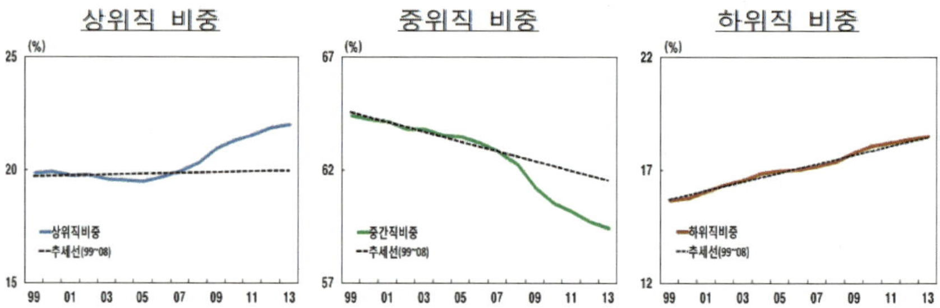

자료 : BLS

출처: 권상준, 2014.

▌그림 4-21. 미국의 일자리 양극화 추세

63 M. Cortes, N. Jaimovich, C. Nekarda, and H. Siu, 2014, "The Micro and Macro of Disappearing Routine Jobs: A Flows Approach," NBER Working Paper 20307.

64 P. Beaudry, D. Greeny, and B. Sand, 2013, "The great reversal in the demand for skill and cognitive tasks," NBER Working Paper No. 18901.

65 M. Estevão and E. Tsounta, 2011, "Has the Great Recession Raised U.S. Structural Unemployment?" IMF Working Paper WP/11/105 (May).

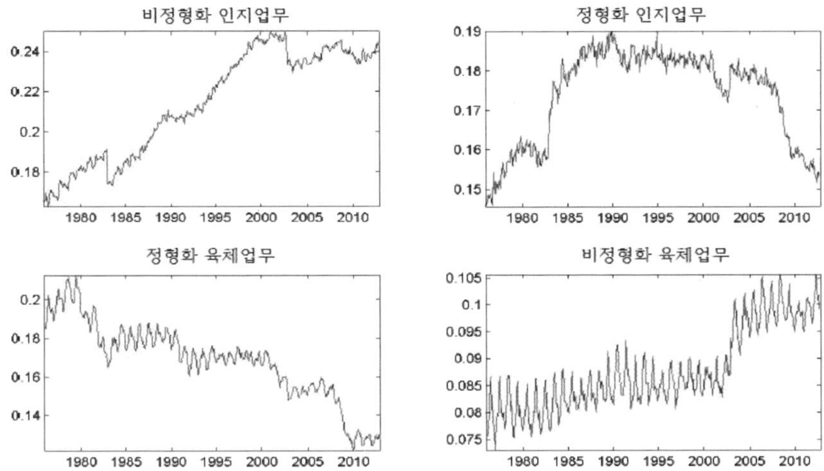

출처: M. Cortes, N. Jaimovich, C. Nekarda, and H. Siu, 2014.

▌그림 4-22. 미국에서 정형화된 업무의 감소와 일자리 양극화: 일인당 고용량, 1976~2012년

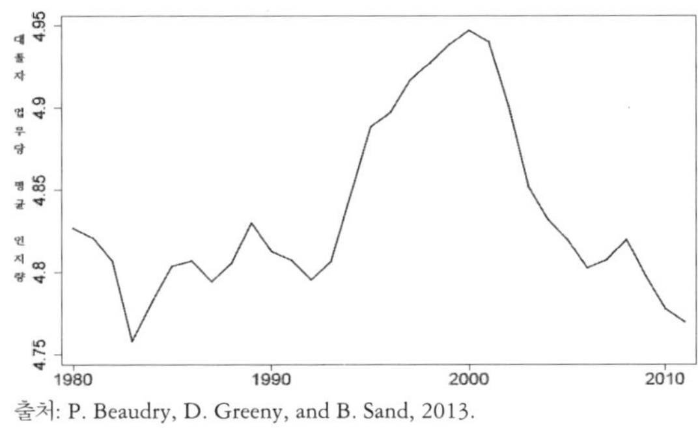

출처: P. Beaudry, D. Greeny, and B. Sand, 2013.

▌그림 4-23. 인지력을 요구하는 대졸자의 평균 업무와 인지량

을 강화시키고 있다. 인지량의 역할이 저하되는 반면, 사회적 기술이 중요해지고 있다는 사실은 '경제활동의 아이디어화' 및 문제해결 시 다른 사람들과의 협력을 끌어내는 능력의 중요성과 관련이 있다. 인지내용의 습득 정도는 자본 및 숙련집약적인 산업사회의 경제활동에서 필요한 반면, 아이디어집약적인 무형재 경제에서는 풍부한 아이디어와 다른 사람들과의 협력을 만들어내는 역량이 중요하다. 산업화 시대 교육방식의 문제를 보여주는 것이다.

▪ 주택시장 회복의 환상

다음으로 주택시장 회복에 대해 살펴보자. 미국의 주택가격은 추정기관에 따라 차이는 있지만 2011년 2분기에서 4분기 사이에 최저를 기록한 후 회복되고 있다. 예를 들어, 연방주택기업감독청에서 산출하는 (계절조정) 주택가격을 보면 1991년 1분기를 100으로 할 때 2007년 1분기 225로 정점을 기록한 이후 2011년 2분기 179까지 하락한 이후 회복되기 시작해 2014년 3분기에 211까지 회복되었다.[66] 주택시장 회복의 일등공신은 연준의 MBS 매입이었다. 2008년 말까지 연준 자산 중 MBS는 하나도 없었다. 그런데 2014년 12월 중순 기준 연준이 보유한 MBS 규모는 1조 7,420억 달러에 달하였다. 특히 2012년 9월 연준이 매달

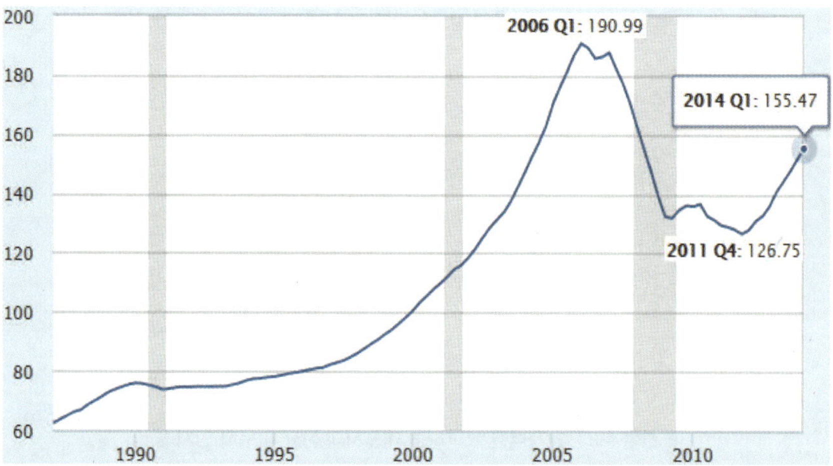

주: S&P/케이스-실러(Case-Shiller) 기준 주택가격 지수.
출처: FRB of st. Louis. http://research.stlouisfed.org/fred2/graph/?id=USCSCOMHPISA,

▍그림 4-24. 전국 주택가격 지수(2000Q1=100)

---

66 Federal Housing Finance Agency, "House Price Index Datasets." http://www.fhfa.gov/DataTools/Downloads/Pages/House-Price-Index-Datasets.aspx#qpo S&P/Case-Shiller 전국주택가격지수는 2000년 1분기를 100으로 할 때 2006년 1분기 191로 정점을 기록한 후 하락하기 시작했고, 2011년 4분기에 127로 최저 수준을 기록한 후 상승하기 시작해 2014년 1분기 155를 기록했다. 또한, 주별 주택가격을 보더라도 2014년 10월 기준 53개 중에서 19개 주만 금융위기 이전 수준을 회복했을 뿐이다. CoreLogic, 2014, Home Price Index Report (Oct.).

400억 달러 규모의 MBS를 무기한으로 매입하는 개방형(open-ended) 3차 양적완화(QE3)를 실시하겠다고 밝힌 이후 주택가격은 빠르게 상승하였다.

한편, 6.2조 달러의 가계 자산을 파괴시킨 2000년 닷컴버블 붕괴나 6조 달러의 가계 자산을 파괴시킨 2007~09년의 주택시장 거품 붕괴 둘 다 비슷한 규모의 자산 손실을 발생시켰음에도 불구하고, 2000~02년에는 소매 판매가 5% 증가했던 반면 2007~09년에는 8%나 하락하였다. 자산 쇼크에 따른 손실의 분배가 상이했기 때문이다. 시장이론(거시경제이론)은 전통적으로 모든 가계를 하나의 대표인(representative agent)으로 집단화시킴으로써 분배적 문제를 무시한다. 즉 자산 쇼크에 따른 가계 지출의 차이를 고려하지 않는다. 가장 빈곤한 주택소유자의 순자산은 2007년에 3만 달러였으나 대침체(the Great Recession)를 겪으며 2010년에는 거의 소멸되었다. 그러나 주택가격의 붕괴로 가장 부유한 주택소유자의 자산 손실액은 컸음에도 불구하고 기본적으로 2005년 수준으로 돌아갔을 뿐이다. 이는 동일한 크기의 순자산이 감소할 경우 소비지출의 감소가 빈곤층에서 클 수밖에 없음을 의미한다.[67]

앞에서 소개했듯이 주택가격의 상승은 단순한 자산효과를 넘어 홈에퀴티인

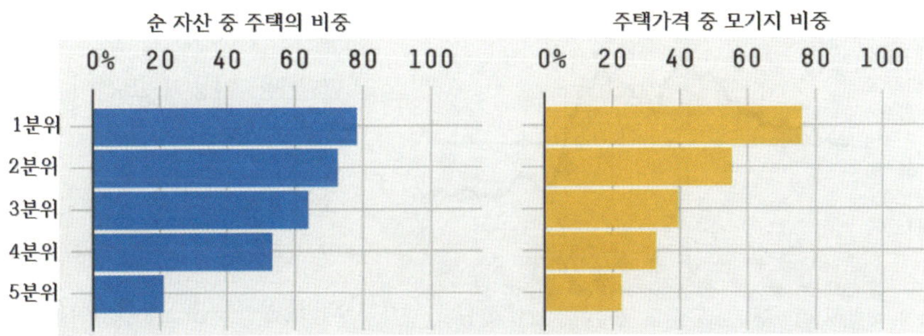

출처: A. Sufi and A. Mian, 2014, Why the Housing Bubble Tanked the Economy And the Tech Bubble Didn't (May 12). http://fivethirtyeight.com/features/why-the-housing-bubble-tanked-the-economy-and-the-tech-bubble-didnt/

▌그림 4-25. 2007년의 5분위별 순자산 중 주택 비중과 주택가격 중 모기지 비중

67 주택자산은 다른 금융자산과 달리 비유동적(illiquid)이고, 나눌 수가 없고(indivisible), 담보 자본의 주요 원천이고, 특정 노동시장에 결합되어 있다.

출(Home Equity Withdrawl, HEW) 혹은 모기지에퀴티인출(Mortgage Equity Withdrawl, MEW) 효과가 작용한다. 예를 들어 주택소유자들은 2002~06년간 주택을 기초로 1.25조 달러를 차입하였다. 따라서 금융위기 이후 주택가격의 하락에 따른 MEW 효과 또한 클 수밖에 없다. 예를 들어, MEW 규모는 2006년 3,210억 달러에서 2012년 290억 달러(위기 이전의 9% 수준)로 축소되었다. 즉 주택가치 1달러 상승 당 MEW는 위기 이전 3~5센트에서 1센트로 하락한 것이다.[68] 그 결과 주택가격 상승에 따른 소비지출은 침체 이전 20년 동안은 평균 연 3.2%로 증가했던 반면, 대침체 이후에는 2.1%로 하락했다. 그 이유는 주택소유자 간 MEW의 차이에서 비롯한다. 주택가격 상승에 따른 차입 규모는 신용도에 따라 차이가 존재한다. 신용점수가 가장 낮은 주택소유자가 주택가격 1달러 증가에 대해 0.4달러로 가장 공격적인 차입을 주도하였다. 따라서 이들은 주택담보가 없을 경우 소비지출에 가장 제약을 받을 수밖에 없다. 반면, 신용도가 가장 높은 주택소유자는 차입을 기피하는 경향이 높다. 이처럼 주택자산으로부터의 한계소비성향은 주택담보가 없을 경우 소비지출에 제약을 받는 가계가 제약을 받지 않는 가계보다 3~4배 높다. 금융위기 이후 주택을 상실한 계층의 대다수가 서브프라임 등급의 계층이었고, 또한 신용 이용의 조건이 강화된 금융위기 이후 대출은 저신용자에게 불리하게 변화하였다. 반면, 금융위기 이후 주택소유자의 경우 차입(신용 의존)은 축소하고 보다 많은 원금을 투입하였다.[69]

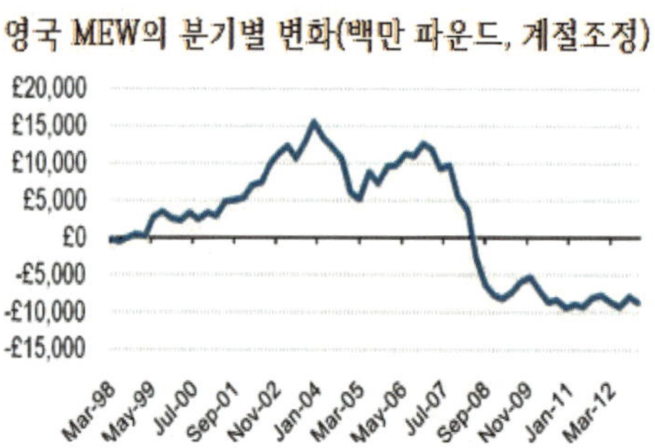

출처: WSJ, 2013, "Mortgage Equity Withdrawal Dries Up in U.K." (April 3). http://blogs.wsj.com/economics/2013/04/03/motgage-equity-withdrawal-dries-up-in-u-k/

▌그림 4-26. 금융위기 전후 영국의 MEW 규모 변화

68 R. Miller, 2013, "As Home Prices Rise, Consumer 'Wealth Effect' May Be Smaller," Businessweek (May 9).

또 한 가지 주목할 점은 주택시장의 회복에도 불구하고 주택소유율이 금융위기 이후 계속 하락하고 있다는 사실이다. 2006년 3분기 69.0%로 정점을 기록한 이후 주택소유율은 계속 하락하여 2014년 3분기에 64.4%를 기록하였다. 이러한 주택시장 회복과 주택소유율 하락 사이의 역설은 월스트리트저널(WSJ, 2013. 4. 2)의 '주택시장 회복의 세 가지 환상(Three Myths About Housing Market Rebound)'이라는 기사에 잘 드러난다. 즉 "지난 몇 년 간 패니매와 프레디맥에 의해 매각된 차압 주택의 약 1/3이 투기적 투자자들이 매입한 것"이고, "가장 규모가 큰 사모투자펀드인 블랙스톤그룹(Blackstone Group)이 2월까지 2만 채 매입을 포함해 지난해 5백만 채 중 약 1백만 채가 투기적 투자자들에 의해 매입되었다." 즉 연준의 천문학적 규모의 MBS 매입으로 뒷받침된 주택시장의 회복은 일반 시민과는 무관한 것이었다. 오히려 주택가격 상승은 임대료 상승으로 이어졌다. 예를 들어, 2013년 4분기 기준 가계소득 대비 임대료(공공료 포함) 비중은 역사적 평균(1975~2013년) 수준인 24%보다 5%나 높은 수준이었다.[70] 그리고 임대료 상승은 무주택자의 소비지출 감소로 작용하였다.

이처럼 '건강하지 못한' 주택시장의 회복은 양적완화 종료 이후 주택시장 회복세의 둔화에서도 확인된다. 미국 가계의 모기지 부채 규모가 2008년 3분기 말 9.99조 달러에서 2014년 3분기 말 8.64조 달러[71]로 줄어들었지만, 이 감소의 대부분은 부채 상환보다는 신규 차입의 감소에서 비롯한 것이었다.[72] 주택건설시장의 회복이 부진한 이유이다. 주택건설투자액(2009년 달러 기준)은 금융위기 이전(2005년 3분기 말)에는 거의 8,820억 달러에 달했으나 2014년 3분기 말까지

69 A. Sufi, 2013, "Will Housing Save the U.S. Economy?" (April).

70 특히, 뉴욕(24%→40%), LA(35%→47%), 마이애미(27%→43%), 샌프란시스코(28%→41%) 등 대도시에서 임대료가 폭등하였다. http://www.zillow.com/research/rent-affordability-2013q4-6681/

71 FRB of New York, Household Debt and Credit Report.

72 N. Bhutta, 2012, "Mortgage Debt and Household Deleveraging: Accounting for the Decline in Mortgage Debt Using Consumer Credit Record Data," FRB Staff working papers 2012-14 (March).

5천억 달러에도 미치지 못하고 있다.[73] 〈그림 4-27〉에서 보듯이 GDP 대비 민간 주거용고정투자의 비중도 2014년 3분기 말 기준 3.2%로, 이는 금융위기 직전 중 가장 높았던 2006년 1분기의 6.6%의 절반에도 미치지 못할 뿐 아니라 2차 대전 이후 가장 낮은 수준이다.[74] 참고로 1975~2013년간 역사적 평균은 4.5%였다. 이는 최근 주택판매의 부진에서도 확인된다.[75] 주택판매가 부진한 이유는 무엇보다 생애첫주택구입(first-time homeownership)이 크게 하락했기 때문이다. 첫주택구입 비율은 1987년 이후 가장 낮은 수준으로 떨어진 상태이다. 첫주택구입의 가장 큰 장벽은 모기지 대출에 필요한 계약금(down payment) 마련에 어려움을 겪기 때문이다. 현재 첫주택구입 연령층은 높은 임대료와 학자금 융자상환으로 주택 구입에 필요한 계약금 마련에 어려움을 겪고 있다. 2015년 1월 말 기준 학자금 대출 규모는 1조 3천 4백억 달러를 넘어섰다. 2,310억 달러[76]의 학자금 대출을 가졌던

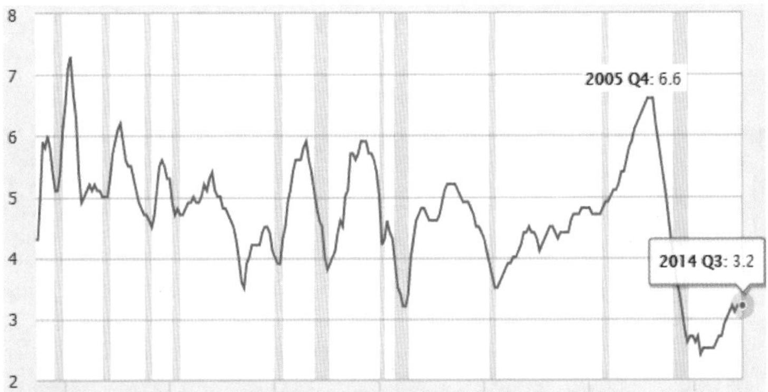

출처: FRB of St. Louis.

▌그림 4-27. GDP 대비 주거용건설투자의 비중(%)

73 FRB of St. Louis, "Real Private Residential Fixed Investment."

74 FRB of St. Louis, "Shares of gross domestic product: Gross private domestic investment: Fixed investment: Residential."

75 예를 들어, 2014년 11월 기존주택판매는 5월 이래 최저를 기록하며 이상 기후와는 관계없이 전국적으로 감소하였다.

76 C. Herbert, 2013, "Will Student Loan Debt Keep Young People from Buying Homes?" Joint Center for Housing Studies, Harvard University (Feb. 6).

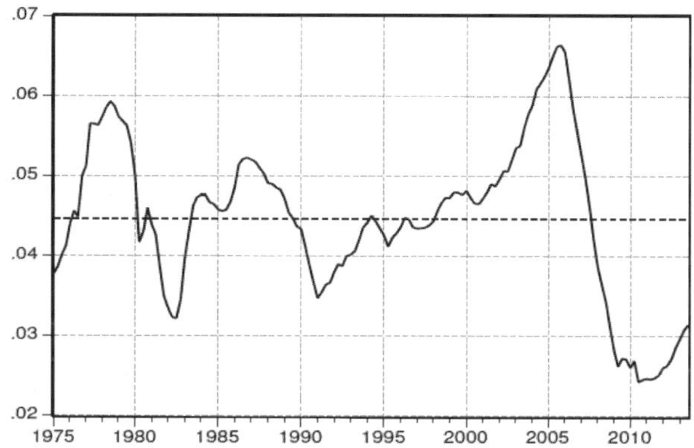

출처: M. Davis and S. Nieuwerburgh, 2014, "Housing, Finance And The Macro-economy," NBER Working Paper 20287.

▌그림 4-28. GDP 대비 주택투자 비율, 1975년Q1-2013년Q3

2003년에 비해 거의 6배가 증가할 정도로 빠른 속도로 증가하고 있다. 게다가 대학 졸업 후 일자리를 찾아도 임금 인상이 임대료 증가 속도를 따라잡지 못하는 실정이다. 반면 고령층의 주택 부채는 크게 증가하고 있다. 2000~11년 사이에 65~69세 주택소유자 중 부채를 가진 비중은 약 33%나 증가했고, 70~74세에서는 거의 65%가 증가했다. 소득이 하락하고 있는 고령층의 부채 증가는 고령층의 은퇴 연기, 식품비 및 의료비 등 필수소비의 감소로 이어지고 있다.[77]

이처럼 공격적인 통화완화에도 불구하고 은행 대출이나 생산능력 개선을 위한 투자로 이어지지 않은 이유는 기본적으로 가계소득의 취약성 때문이다. 여전히 높은 레버리지를 가진 가계의 경우 부채 축소를 위해 저축을 증대시키며 수요 정체가 지속되고 있기 때문이다.[78] 따라서 가계부채를 근본적으로 감축시키는 조치가 없는 한 통화완화 정책은 주식 등 자산가치 버블로 연결될 뿐이다. 통화정

---

77 G. Masnick, 2014, "Why Does Mortgage Debt Continue to Rise Among Older Homeowners?" Joint Center for Housing Studies, Harvard University (Nov. 4).

78 〈그림 4-30〉에서 보듯이 개인 저축률은 금융위기 이전 1.9%(2005년 7월)까지 하락했으나 금융위기 이후(2012년 11월) 최대 8.2%까지 상승했다. 개인 저축률은 금융위기 이전 평균 3% 안팎에서 금융위기 이후에는 평균 5% 수준으로 상승하였다.

책이 효과를 보지 못하는 더 근본적인 이유는 뿌리가 깊다. 80년대 이후 30년간 심화된 경제체질의 취약성에서 비롯하기 때문이다. 앞에서 지적했듯이 기본적으로 미국경제는 산업체계의 다양화나 산업구조의 업그레이드보다 부채에 기초한 과잉금융에 의존해왔다. 그리고 과잉금융이 만든 버블이 파국으로 이어질 경우 공격적인 통화완화로 대응하였다. 예를 들어, 1987년 주식시장 붕괴와 80년대 말 S&L 사태 등에 대해 연준은 89년 10%에 근접하던 금리를 93년에는 3%까지 인하할 정도로 공격적인 통화완화로 대응하였다(그림 4-29). 그러나 통화완화는 달러가치 하락으로 이어졌고, 또 다른 버블(아시아 외환위기)을 만들어냈다. 이는 (앞에서 보았듯이) 1997년 외환위기 이후 아시아 국가들의 통화절상 거부로 이어졌고, 통화정책의 이전 메커니즘을 변화(예: 장단기 금리 역전)시킨 불균형을 초래하였다. 아시아 외환위기에 이어 90년대 말 롱텀캐피털매니지먼트(LTCM, Long-Term Capital Management)의 파산과 닷컴버블의 붕괴에 연준은 금리를 6.5%에서 1%로 인하할 정도로 또 다시 공격적인 통화완화로 대응하였고, 이는 주택시장의 붐으로 이어졌다. 문제는 이러한 통화완화의 반복 속에서 저축률의 하락과 부채의 증가 등 가계의 대차대조표(B/S)가 부실해진 것이다. 그 결과 버블 붕괴 후 자산가치 하락과 신용 축소는 소비 침체, 물가 및 임금 하락 압력 그리고 다시 소

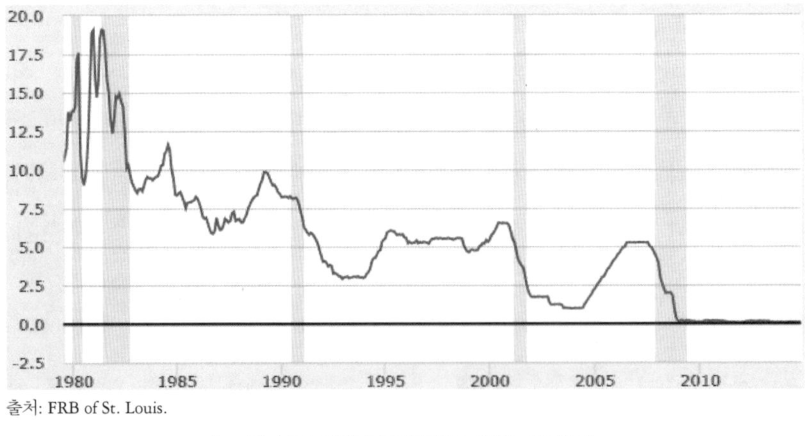

출처: FRB of St. Louis.

▌그림 4-29. 연준 금리의 추이, 1971~2014년

비 침체라는 악순환 구조를 만들어냈다. 예를 들어, GDP에서 개인소비지출이 차지하는 비중은 1983년 62.8%에서 2013년 68.5%로 증가한 반면, 실질 GDP의 변화에서 개인소비지출의 기여는 1983년 2분기 5.06%에서 2014년 3분기에는 2.21%까지 하락했다.[79]

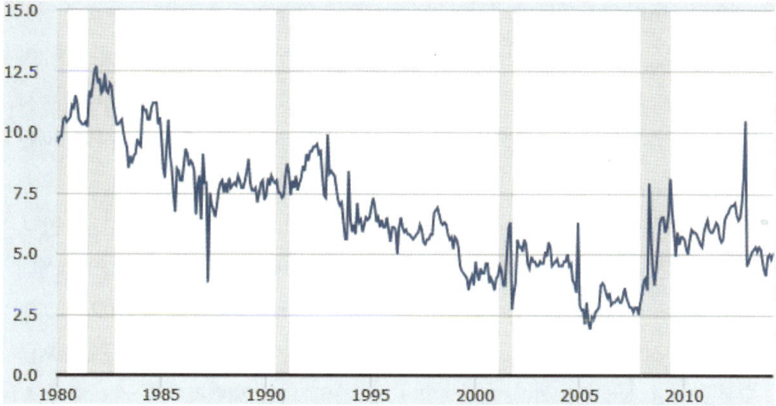

출처: FRB of St. Louis.

▌그림 4-30. 미국 개인 저축률의 장기 추이

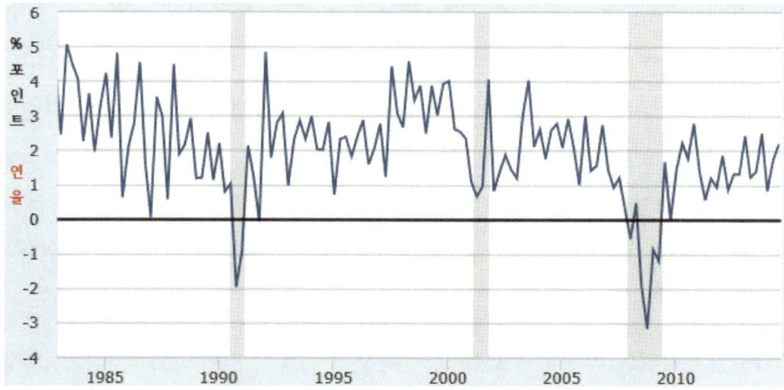

출처: FRB of St. Louis.

▌그림 4-31. 실질GDP의 % 변화에서 개인소비지출의 기여, 1983~2014년

79 FRB of St. Louis, Contributions to percent change in real gross domestic product: Personal consumption expenditures.

롱텀캐피털매니지먼트(LTCM, Long-Term Capital Management) 파산사태 1994년 투자은행 살로먼 브라더스(Salomon Brothers)의 부사장이자 채권거래팀장이었던 존 메리웨더(John Meriwether)가 설립한 미국의 헤지펀드로 자산은 12.5억 달러로 시작하였으나 출범부터 1997년까지 연 28~59%의 고수익 및 1997년 동아시아 외환위기 때 고수익을 내서 단일 펀드로는 유례없는 25억 달러까지 불어나게 된다. 그러나 1998년 러시아의 모라토리엄 선언으로 펀드는 붕괴 위기로 치달았다. 1998년 러시아가 빚 갚을 능력이 없어 지급불능(Moratorium)을 선언하자 피해가 가장 큰 곳이 미국이었는데, LTCM이 자기자본의 25배에 달하는 엄청난 차입을 통해 고금리의 러시아 국채에 투자했었기 때문이다. LTCM 탓에 미국 금융기관들은 줄줄이 돈이 떼일 처지에 몰리고, 당시만 해도 지금보다는 재정상황이 나았던 미국 정부가 재정을 투입해 사태는 봉합된다. 사실 이때부터 미국의 재정이 악화일로를 걷기 시작한다. LTCM이 전 세계의 은행들과 거래하던 파생상품 규모는 1998년 9월 23일의 추산에 따르면 1조 2,500억 달러 이상에 이르렀다. 이것이 전 세계적 대형 경제위기로 이어질 것을 우려한 연준의 주도하에 다른 대형 은행과 투자기관으로부터 대규모 구제금융을 받았고, 살로먼 브라더스는 1998년 시티그룹에 합병되었다.

부채에 기초한 과잉금융은 기본적으로 부채를 유발하는 통화시스템(debt-induced monetary system), 즉 법정화폐(Fiat Money) 통화시스템의 산물이다. 경성예산제약을 갖는 상품화폐(예: 금본위제)와 달리 연성예산제약을 갖는 법정화폐 시스템은 본질적으로 부채에 기초한 버블을 만들어낼 가능성이 높다. 70년대 이후, 특히 금융부문에 대한 규제가 해체되기 시작한 80년대 이후 은행위기를 비롯해 금융시장에 버블이 빈번하게 형성된 이유이다. 국제통화시스템에서 연성예산제약의 문제는 금태환 정지에서 비롯한다. 금태환 정지에도 불구하고 미국 달러의 헤게모니 지위의 지속과 통화정책의 팽창적 입장이 결합되어 국제유동성과 신용을 폭증시켰고 그 결과가 반복적인 은행위기와 금융의 혼란이었던 것이다.

경성예산제약 대 연성예산제약 현실의 모든 경제행위는 예산의 제약 아래에서 이루어지고, 예산제약은 경제행위자의 외적 환경이 허용하는 양상에 따라 경성예산제약(hard-budget constraints)과 연성 예산제약(soft-budget constraints)으로 구분한다. 주어진 예산을 초과하면 차입 등 외부로부터 자금을 조달해야 하고, 차입에 대해서 상환 의무를 진다. 상환 의무를 이행하지 않을 경우 그 경제주체는 더 이상 경제활동을 할 수 없게 된다. 예산제약이 엄격한 지출 제약으로 작용할 경우를 경성예산제약이라 하고, 그렇지 않을 경우를 연성예산제약이라 한다. 주어진 예산 이상으로 지출했는데 파산할 가능성이 낮을 경우, 즉 외부로부터 지원을 받을 수 있다면 처음의 예산제약은 제약으로서의 엄격성을 상실하게 된다. 이처럼 연성예산제약은 경제적 효율성을 떨어뜨리고 합리성을 왜곡시킨다.

통화정책과 공정성 위기

금융시스템의 붕괴에 따른 신용시장, 특히 은행간대출 시장의 작동 중단으로 1차 양적완화의 불가피성은 국내 및 국외에서 대체로 인정되었다. 그러나 2010년 11월 시작해서 2011년 6월에 종료한 2차 양적완화는 통화정책의 무용성[80]과 '부채의 화폐화(monetization of debt)' 등의 이유로 거센 공격을 받았다. 무엇보다, 통화에 의한 부양이 침체된 경제를 깨우지 못했기 때문이다. (장기)금리 변화는 기업투자에 실질적 효과를 미치지 못하였다.[81] 비금융기업은 2011년 3분기 말 기준 2조 142억 달러의 현금을 보유하고 있을 정도였다. 즉 연준의 자금흐름에 따르면 해외에 예금으로 842억 달러, 미국 내 보통예금(checking accounts)에 5,018억 달러, 정기예금과 저축 계정에 5,745억 달러, 머니마켓펀드(MMF)에 4,797억 달러, 기업어음(CP)에 770억 달러, 국채에 461억 달러, 기타 연방정부 증권에 154억 달러, 뮤추얼펀드의 주식에 2,355억 달러 등으로 보유하였다.[82]

80 전미경제연구소(NBER)가 2009년 6월에 경기침체 종료를 선언한 이후에도 1차 양적완화는 2010년 3월까지 지속되었다.

81 금융위기 이전 매년 60만 개 이상이었던 비즈니스 창업은 2010년에는 50만 5천 개로 23% 감소하였다. MGI, 2011, "An economy that works: Job creation and America's future" (June).

은행 역시 2011년 11월 초 기준 연준에 1.5조 달러라는 과도한 시불준비금을 보유하였다.[83]

둘째, 국내적으로 2차 양적완화는 미국 사회의 균열을 심화시켰다. 연준은 정치화되고 통화정책은 이데올로기 문제로 비화되었다. 예를 들어, 2010년 11월 선거에서 하원의 다수당이 된 공화당은 2차 양적완화가 자산시장의 버블과 인플레이션의 원인이 된다며 연준을 공격하였다. 심지어 공화당 일부 의원들은 연준 목표 중 완전고용 달성의 제거까지 추진하였다. 역설적인 것은 연준 의장 버냉키는 부시가 임명했을 뿐만 아니라, 개인적으로는 공화당원이라는 사실이다. 특히, 공화당 지도자들은 버냉키의 양적완화가 국가부채를 화폐화시킴으로써 재정적자를 더욱 심화시키고 있다고 비난하였다. 사실, 국가부채의 화폐화는 금융안정의 명분, 즉 공익의 명분으로 중앙은행이 준재정 의무(quasi-fiscal obligations)를 수행하는 것이다. 중앙은행이 비선출 재정기관으로 진화한 것이다. 그런데 이는 조세법정주의(no taxation without representation, 과세의 요건과 조세 행정 절차를 엄격하게 법률로 규정하도록 하는 원칙, 한국의 경우 헌법 59조)를 위반하는 것이다. 연준이 정치화(the politicisation of the Fed)된 이유이다. 연준의 양적완화에 대한 정치적 압력의 증대는 연준 내부의 분열로 발전했다.[84]

---

82 Federal Reserve Board of Governors, 2011, "Flow of Funds Accounts of the United States: Flows and Outstandings, Second Quarter 2011," Z1 Release. Washington, D.C., September 16 www.federalreserve.gov/releases/z1/Current/z1r-5.pdf

83 Federal Reserve Board of Governors, 2011, "Aggregate Reserves of Depository Institutions and the Monetary Base," H3 Release. Washington, D.C., November 3. www.federalreserve.gov/releases/h3/current/h3.htm

84 캔사스시티 연방준비은행의 톰 호니그(Tom Hoenig) 총재는 양적완화를 '악마와의 협상'이라며 비난하였다. 연준 이사 중 또 다른 한 명이자 그동안 버냉키의 충성스런 협력자였던 케빈 워시(Kevin Warsh)도 양적완화의 효과에 의문을 제기하는 칼럼을 2차 양적완화를 발표한 5일 후인 2011년 11월 8일에 〈월스트리트저널〉에 실었다. 전임 의장인 그린스펀조차 2차 양적완화 종료 하루 전 CNBC와의 인터뷰에서 "지난 2년 가까이 양적완화 조치로 투입한 2조 달러의 유동성이 신용경색을 완화하거나 경기를 부양하는 데 별로 효과를 발휘하지 못했다"라고 혹평하며 3차 양적완화에 대해 달러화 가치만 계속 떨어질 것이라며 반대 입장을 표명하였다. CNBC, 2011, "Fed's Massive Stimulus Had Little Impact: Greenspan" (June 30). http://www.cnbc.com/id/43598606/Fed_s_Massive_Stimulus_Had_ Little_Impact_Greenspan

정부 B/S	
조세권	국채

중앙은행 B/S	
국채	통화

연결 B/S	
조세권	통화

▌그림 4-32. 국가부채의 화폐화 메커니즘

셋째, 양적완화는 미래 재원의 무차별적 투입에 따른 대가(비용)의 장기지속성을 고려조차 하고 있지 않다. 즉 국가 채권과 통화가치의 위기 그리고 언젠가 유발 가능성이 있는 하이퍼인플레이션을 고려하지 않고 있다. 즉 양적완화로 중앙은행의 대차대조표 규모가 급증하기 때문에 실물경제가 회복될 경우 긴축이 필요한데, 회복에 대한 자신감을 약화시키지 않을 뿐 아니라 금융시장이 다시 불안정으로 발전하지 않으면서 동시에 인플레 기대심리가 상승하지 않도록 신속하게 수행해야 하는 출구(exit) 문제는 간단치 않다. 더구나 대외부채가 증가하는 상황에서는 금리 인상의 어려움으로 출구 시점을 놓치기 쉽다. 이것이 케인스가 통화정책보다 재정정책을 선호한 이유이다.85 연준이 신용경색의 문제를 해결하고자 금리를 인하시켰으나 정작 신용경색의 문제가 해결되기는커녕 심지어 악화되었기 때문이다. 하이에크(Hayek)조차 과도한 통화와 신용이 경제 문제의 원천일 경우 추가적인 통화와 신용 공급이 해결책이 될 수 있는지는 불명확하다고 주장했는데, 그 이유 역시 위기 이후 통화정책의 어려움 때문이다.86

넷째, 국가부채의 화폐화가 재정적자를 심화시킬 경우 이는 기본적으로 인플레이션을 통해 국가부채를 해결하겠다는 것을 의미한다. 인플레이션은 기존 화폐의 가치 하락을 의미한다. 즉 중앙은행의 국가부채 구입은 채무의 재정화에서 부채의 화폐화로 전환을 의미하기에 궁극적으로 인플레이션 비용을 수반할 수밖에

85 케인스는 연준의 대폭적인 금리 인하 조치나 양적완화 등은 전형적인 "Pushing on a String(어떤 물체에 끈이 매달려 있을 경우 물체를 움직이기 위해서는 끈을 당겨야지 밀려고 하면 물체가 움직이지 않는다는 의미로 전혀 이루어질 수 없는 것을 이루려고 하는 행위를 의미)"의 사례에 비유하였다.

86 W. White, 2009, "Should Monetary Policy Lean or Clean?" Federal Reserve Bank of Dallas Globalization and Monetary Policy Institute, Working Paper No. 34 (Aug.), p. 14.

없다. 중간선거에서 공화당의 승리에 크게 기여했던 '풀뿌리 보수운동'인 '티파티 운동(Tea Party Movement)'에 참여한 사람들은 양적완화를 납세자의 돈을 빼앗아 가려는 연준과 골드만삭스 간의 음모라고 주장하며 연준을 폐지하고 금본위제로의 복귀를 주장했을 정도이다.[87] 문제는 인플레이션을 통한 부채 부식도 쉽게 달성되기 어렵다는 점이다. 무엇보다 인플레이션을 통해 효과를 보려면 장기부채가 많아야 한다. 그런데 정부부채의 53%가 2012년까지 상환되어야 했다. 따라서 투자자가 인플레이션율이 상승할 것으로 예상하면 장기부채에 대해서는 보다 높은 수익을 요구할 것이고 채무 조달비용은 증가하게 되기 때문에 효과를 보기 어렵다. 또한, 자산가치 하락에 대한 해외채권자의 우려 증대는 달러표시 자산과 달러 처분 압력의 증대로 이어질 수 있고, 그로 인한 달러가치 하락과 이자율 상승은 부채 해소를 어렵게 한다. 오히려 달러가치 하락은 수입 비용을 상승시킴으로써 인플레이션과 임금 상승 압력으로 이어져 스태그플레이션을 초래할 가능성도 배제하기 어렵다.

다섯째, 양적완화는 공정성을 훼손시켰다. 무엇보다 금융위기 이후 납세자의 부담으로 은행과 자산가들은 지원을 받고, 부채를 진 소비자나 중소기업 그리고 지역의 소규모 은행 등의 경우 주택을 차압당하고 파산했다. 게다가 구제금융의 지원에 대한 명확한 기준도 부재한 상황에서 대형 금융회사에 대한 구제는 은행의 대형화를 유도함으로써 대마불사(TB(I)TF, too big(important) to fail)의 문제, 즉 '도덕적 해이'의 문제를 악화시켰다. 예를 들어, 금융위기의 전개 과정에서 미국은 뱅크오브아메리카(BoA)로 하여금 컨드리와이드 파이낸셜과 메릴린치를, JP Morgan은 베어스턴스와 워싱턴뮤추얼을 인수하게 해줌으로써 두 금융그룹의 자산 규모는 7.7조 달러로 증가하였다. 이는 미국 전체 금융 자산의 56.8%에 해당하는 것으로 위기 이전의 45.2%보다 11.6% 증가한 규모였다. 게다가 소비자와 상업은행 업무로부터 투자은행을 분리시키는 데 실패함으로써 불확실성 문제

87 Economist, 2010, "The politics of the Fed: The Fed's latest foray into quantitative easing prompts a Republican backlash" (Nov. 25).

가 해소되지 않았다.[88] 이처럼 양적완화는 약에 의존하는 중독자에게 부도덕한 약장사의 반복적인 아편 공급에 해당한다는 점에서 통화정책 실패의 위장된 표현이다. 또한, 장기간 저금리의 지속은 자산가치를 높게 유지할 수 있게 해줌으로써 금융자산가에게 사실상의 특혜를 제공했다.[89]

사실, 금융위기는 고액 자산가에게도 큰 타격을 입혔다.[90] 예를 들어, 미국의 고액 투자자산을 가진 가구는 2007년 중반부터 2009년 중반까지 시장 혼란으로부터 자산이 크게 축소되었다.[91] 문제는 그렇다고 자산불평등이 완화된 것이 아니라는 점이다.[92] 2007년부터 2009년 중반까지 자산 지니계수는 0.834에서 0.865로 증가했다. 즉 상위층보다 하위층의 타격이 심했음을 의미한다. 예를 들어, 최상위 1%의 자산 비중은 34.6%에서 37.1%로 오히려 증가했다. 그 이유는 상이한 자산구조에서 비롯한다. 구체적으로 금융위기 직전인 2007년 현재 최상위 1% 가구는 저축의 3/4 이상을 부동산, 기업 주식, 증권 등에 투자하였다. 최상위 1%는 유통 주식 및 신탁 주식 등 기업 주식의 약 절반과 비주거용 주택의 28%

88 Businessweek, 2011, "Can Brian Moynihan Save Bank of America? The CEO holds the fate of the U.S.'s largest bank—and the entire financial system—in his unproven hands" (Sep. 8).

89 리처드 피셔(Richard Fisher) 댈러스 연준 총재가 2011년 9월 21일 '오퍼레이션 트위스트' 결정에 대해서 일자리 창출에는 도움이 되지 않는 대신 채권 트레이더들과 부유한 금융인들에게만 혜택을 주고 있다고 비판한 이유이다. Bloomberg, 2011, "Fisher Says Operation Twist Benefiting 'Monied' Interests" (Oct. 22).

90 경영컨설팅 전문업체인 올리버와이만(Oliver Wyman)은 그 피해 규모를 10조 달러로 추정하였다. WSJ, 2009, "World's Rich Have Lost $10 Trillion in Global Financial Crisis" (April 3). 또한, 포브스(Forbes)에 따르면 2008년 전 세계 빌리어네어(billionaires)는 1,125명에서 793명으로 축소되었고, 미국의 밀리어네어(millionaires)는 2007년과 2008년 사이에 920만 명에서 670만 명으로 감소하였다. Forbes, 2009, "The World's Billionaires" (March 11).

91 2007년에 80년 만에 23.5%라는 정점을 기록했던 최상위 1% 소득자의 소득 점유 비중은 금융자산의 디플레이션으로 2009년에 17.6%로 하락하였고, 0.1%에 해당하는 슈퍼 최상위 소득자의 비중은 12.3%에서 8.1%로 하락했다. New York Times, 2011, Top Earners Not So Lofty in the Days of Recession (Dec. 12).

92 미국 국세청(IRS)의 2009년 소득신고서 분석에 따르면 조정 후 총소득이 1천만 달러 이상인 납세자의 수는 2007~09년 사이에 약 8,200명에 달하는 55%가 감소했다. 그들의 총소득은 2007년 5,620억 달러에서 2,400억 달러로 하락했다. 그러나 2002~09년간 실질 자본이득의 변화를 보면 1천만 달러 이상 소득자의 경우 181%가 상승한 반면, 4만~5만 달러 소득자의 경우에는 오히려 13%가 감소하였다. Businessweek, Dec. 5-11, 2011.

를 보유하였다. (앞에서 보았듯이) 상위 10%가 85~90%를 보유하였다. 반대로 5분위배율에서 중간 3분위에 속하는 가구 자산의 약 2/3는 자신이 거주하는 주택이 차지하였다. 그런데 2007년부터 2009년 7월 1일까지 주택의 실질가격은 23.5% 하락한 반면, S&P 실질지수는 40.9% 하락했다. 그럼에도 불구하고 왜 자산불평등이 해소되지 않았는가? 주택이 중산층(소득 5분위 중 3분위)의 자산에서 차지하는 비중이 주식이 상위층의 자산에서 차지하는 비중보다 컸기 때문이다. 2007년에 중산층 총자산 중 주택의 비중은 65.1%를 차지한 반면, 최상위 1%와 다음 19%의 총자산에서 주식이 차지하는 비중은 각각 21.4%와 18.6%에 불과했다.[93] 게다가 중산층 총자산의 35%만이 자기 자산이었고 대부분이 모기지 부채였다. 예를 들어, 순자산 대비 부채는 2001년 46%에서 2007년에 61%, 소득 대비 부채(DTI, debt-to-income)는 100%에서 157%로 상승했다. 게다가 〈그림 4-33〉부터 〈그림 4-36〉까지 보듯이 양적완화의 혜택은 주식과 증권 중심의 자

출처: D. Papadimitrou, G. Hannsgen, G. Zezza, 2011, "Is the recovery sustainable?" Strategic Analysis, Levy Economics Institute of Bard College (Dec.), Figure 8.

그림 4-33. 실질 주가와 기존 주택가격 지수의 추이(2000년 1월=100)

93 E. Wolff, 2010, "Recent Trends in Household Wealth in the United States: Rising Debt and the Middle-Class Squeeze-an Update to 2007," Levy Economics Institute of Bard College, Working Paper No. 589 (March).

산을 가진 고액자산가들에게 집중되었고, 그 결과 이들의 부는 2010년 중반까지 빠르게 반등하였다. 즉 미국 전체 소득의 약 1/4과 자산의 40%를 차지하는 상위 1% 부유층의 부는 경제성장보다 금융시장에 의존하기에 통화완화 정책으로 금융시장이 안정되면서 자산이 빠르게 회복된 것이다.[94] 그 결과 (앞에서 지적했듯이) 금융위기의 주요 요인이었던 불평등은 금융위기 이후 악화되었다. 연준은 침체와 수축 시기에 성장을 회복시키기 위해서는 자금에 대한 용이한 접근 이상의 무엇이 필요하다며 노골적으로 주가 등 자산가격의 부양을 시도하였다. 연준은 본래 기업친화적(business-oriented central bank)[95]이었다는 점에서 당연한 결과였다.

출처: E. Saez, 2014, "Income and Wealth Inequality: Evidence and Policy Implications," Neubauer Collegium Lecture University of Chicago (Oct.).

▌그림 4-34. 상위 1%의 자산 비중, 1913~2012년

94 예를 들어, 투자 자산이 1백만 달러 이상인 가구는 금융위기로 순자산의 14%가 감소, 5백만 달러 이상인 가구(pentamillionaires)는 23%가 감소, 1천만 달러 이상인 가구(decamillionaires)는 25%가 감소하였다. 그런데 2009년 7월부터 2010년 6월 사이에는 다시 투자 자산이 1백만 달러 이상인 미국 가계는 8%가 증가, 5백만 달러 이상의 가계는 16%가 증가, 1천만 달러 이상의 가계는 17%가 증가하였다. WSJ, 2010, "Millionaire Population Soars-Again" (Sep. 16). 뉴욕타임즈(New York Times)의 조사에 따르면 2010년 200대 기업 총수의 평균 임금은 거의 1,100만 달러에 달했고, 이는 2009년보다 23%나 상승한 것이었다. Economist, 2011, "Fat cats and corporate jets: Why is it so unrewarding for politicians to bash the rich in America?" (July 7).

95 K. McQuaid, 1994, *Uneasy Partners: Big Business in American Politics*, 1945-1990, Baltimore: The Johns Hopkins University Press.

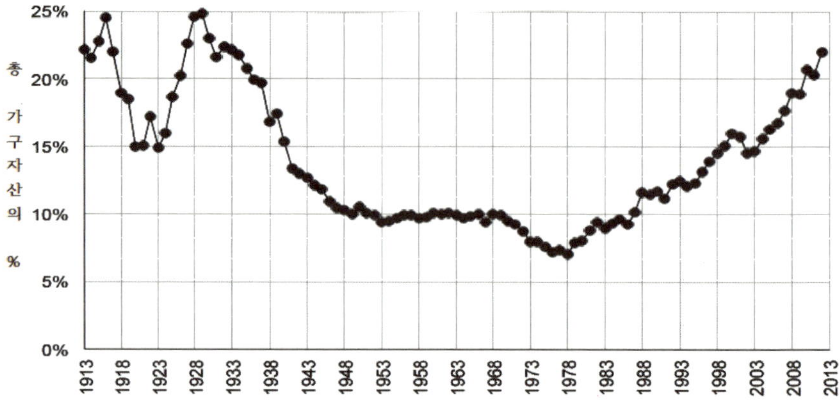

출처: E. Saez and G. Zucman, 2014, "WEALTH INEQUALITY IN THE UNITED STATES SINCE 1913: EVIDENCE FROM CAPITALIZED INCOME TAX DATA" NBER Working Paper 20625.

▌그림 4-35. 상위 0.1%의 자산 비중, 1913~2012년

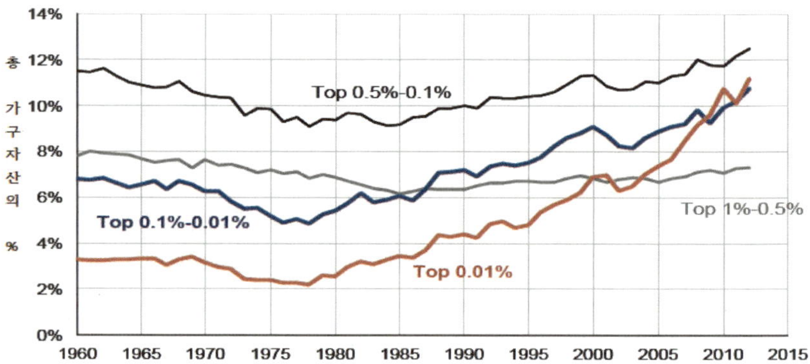

출처: E. Saez and G. Zucman, 2014.

▌그림 4-36. 상위 0.01%의 자산 비중, 1913~2012년

참고로 연준이 최종대부자(a lender of last resort)의 역할을 통해 금융회사에 특혜를 어떻게 제공했는가를 예를 통해 살펴보자. 〈그림 4-37〉은 금융위기 과정 중 모건스탠리가 연준으로부터 받은 특혜에 대한 로이터통신의 보도이다. 미국의 대표 투자은행인 모건스탠리의 시가총액(market capitalization)은 2008년 9월에 98억 달러까지 하락하였다. 그리고 2008년 10월 어느 날 연준에 대한 모건스탠리의 부채 비율은 750%까지 치솟았다. 2008년 9월 16일까지 연준에 215억 달

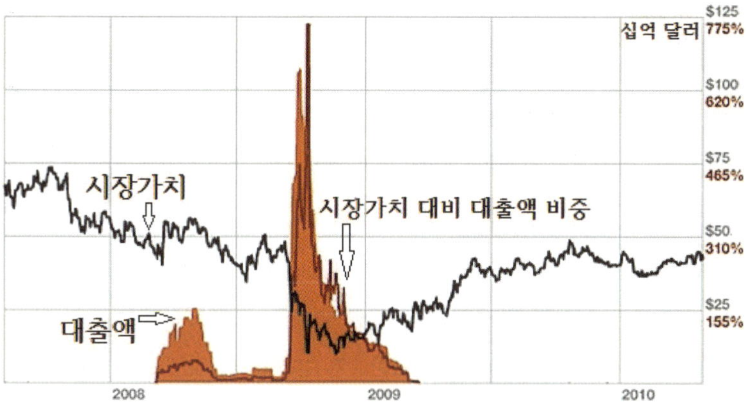

출처: Reuters, 2011, "Chart of the day", Morgan Stanley bailout edition (Nov 27).
http://blogs.reuters.com/felix-salmon/2011/11/28/chart-of-the-day-morgan-stanley-bailout-edition/

▌그림 4-37. 모건스탠리의 시가총액과 연준에 대한 부채 규모 그리고 부채 비율

러의 채무를 가졌던 모건스탠리의 채무는 다음 날인 9월 17일 두 배에 가까운 405억 달러가 되었고, 8 근무일 후인 9월 29일에는 1,070억 달러까지 치솟았다. 연준은 돈을 필요로 하는 은행들에게 주저함 없이 할 수 있는 한 대출을 지속했다. 위기 상황에서 그것이 자신의 임무라는 미명하에 진행된 것이다. 연준은 어떤 신용리스크가 존재했다면 이루어지지 않았다고 말하고 싶을 것이다. 모든 대출은 완전히 담보가 설정되었다고 말하고 싶을 것이다. 그러나 붉은색 선을 볼 때 연준이 돈을 언제나 다시 회수할 수 있다는 확신을 가지기 어렵다. 연준은 이것을 '최종대부자의 역할'이라 주장할 것이다.

그런데 문제는 이것은 유럽중앙은행(ECB)이 단호하게 거부한 것이라는 점이다. 즉 ECB의 경우 유동성 흐름을 유지할 수 있도록 무작위로 유럽 투자은행에게 1,000억 유로를 대출하는 것은 상상하기 어렵다. 이러한 이유로 연준은 위기의 정점에 무엇이 진행되었는지에 대한 자료를 공개하는 것을 반대해왔던 것이다. 오명을 만들어낼 것을 우려했던 것이다. 연준이 오늘날 미국에서 가장 필수적인 기관(제도)이면서도 가장 신뢰가 낮은 기관(제도)이 된 배경이다.[96] 연준과 재무부의 지

96 텍사스주 출신의 공화당 소속의원 론 폴(Ron Paul) 의원의 책(End The Fed)이 2009년 12월 베스

원(TARP)이 없었을 경우 미국 내 금융센터은행(money-center bank)[97]과 그림자금융의 모든 주주들은 파산했을 것이다. 연준과 재무부를 함께 고려할 때 2008년 가을에 모건스탠리 자본의 90%는 미국 정부의 돈이었다. 솔직히 그 돈들은 위험에 놓여 있었고, 그 부담은 고스란히 납세자의 몫이었다. 게다가 자본에 기여했을 경우 상황이 개선되면 자본 수익을 가질 자격이 있다. 그런데 연준은 리스크만 가져가고 수익을 취하지 않음으로써 주인(납세자)을 위한 대리인(agent)으로서 행동하지 않았다.[98] 패닉 상황에서 자금 공급을 충분히 늘려 자금 경색을 막는 대신 징벌금리(a penalty rate)를 부과해야 한다는 '베젓 처방(Bagehot's rule)'[99]조차 관철되지 않은 것이다. 이에 대해 버냉키는 2011년 12월 6일 상원은행·주택·도시문제 위원회에 출석해서 긴급대출프로그램의 운용을 통해 재무부는 이자소득으로 200억 달러를, 연준은 2009년과 2010년에 1,250억 달러를 확보했고, 시장이자율을 부과했기에 차입자들이 시장 조건이 정상화되자마자 대출기금을 상환했다고 주장했다.[100] 그러나 금융회사의 구제로 납세자로부터 예금자와 주주 그리고

트셀러로 히트 친 뒤 2년 넘게 아마존에서 가장 많이 팔리는 책이 되는 배경이다.

97 금융센터은행은 주로 뉴욕시에 위치하면서 도매와 국제금융에 초점을 둔 대형은행을 지칭하는데 J.P.모건체이스, 시티은행, 뉴욕은행 등이 이에 해당한다. BoA는 미국 국내를 초점으로 한 유일한 금융센터은행이라 할 수 있다. 규모는 금융센터은행처럼 대형이지만 소매금융 및 국내 영업에 중점을 두고 있는 은행은 초지역은행(superregional bank)으로 구분한다. BoA는 금융센터은행으로 분류되면서도 초지역은행의 성격을 갖는다고 할 수 있다.

98 http://delong.typepad.com/sdj/2011/11/yes-the-us-government-ought-to-own-the-banks-now.html

99 배젓의 처방(Bagehot's rule)은 패닉 상황에서 중앙은행들은 지급능력이 있는 은행들에 대해 조기에 무제한 대출을 하되, 좋은 담보에 대해서 그리고 높은 금리를 부과하는 조건이다(central banks should lend early and freely (i.e. without limit), to solvent firms, against good collateral, and at a penalty rate(i.e. 'high rates')). 즉 금리 인상과 자금공급 확대를 통해 폰지게임(채무자가 끊임없이 빚을 굴려 원금과 이자를 갚아나가는 상황)의 폐해에 대처하자는 것이다. 대형은행들은 파산하도록 내버려둘 수 없는 반면, 배젓의 원칙은 바로 이에 대한 해법을 제시한 것으로 충분한 담보와 높은 이자를 조건으로 파산에 몰리는 은행에게 중앙은행이 무제한 자금을 공급하게 하는 것이다. 19세기 영국에서 이코노미스트 편집장을 지낸 베젓(Walter Bagehot, 1826. 2. 3~1877. 3. 24)이 영국의 경제위기 때 바로 이 같은 대책을 제시했다는 데서 유래한다. 그러나 인위적 금리 인상과 물가상승이라는 부작용 발생 가능성이 존재한다.

100 B. Bernanke, 2011, "Correction of Recent Press Reports Regarding Federal Reserve Emergency Lending During the Financial Crisis" (Dec. 6).

은행의 채권자에게 부의 거대한 이전이 있었음은 명백하다. 금융회사에 대한 무제한적인 구제 방식은 은행의 채무자에 대한 지원이나 정부 지원을 받은 금융회사에 대한 부분적 국유화 혹은 무분별한 대출을 한 금융회사들이 손실 부담을 철저하게 떠안게 하는 해법보다 바람직하지 못하기 때문이다.[101]

반면, 미국 중산층의 몰락은 금융위기 이후 더욱 속도가 빨라지고 있다. 예를 들어, 미국 가계의 평균소득은 금융위기 전후인 2007~09년간에는 소득감소율이 2.4%였던 반면, 경기가 회복 국면에 들어선 2010~11년간에는 소득감소율이 6.8%로 확대되었다.[102] 그 결과 미국 중간 가구층의 실질소득은 금융위기 이전인 2007년 55,627달러에 비해 2013년에는 51,319달러로 크게 줄어들었다.[103] 특히, 부의 불평등이 금융위기 이후 인종과 세대 사이에 심화되었다. 자산 갭은 백인과 흑인과 히스패닉 사이에 새로운 기록을 세울 정도로 증가했다.[104] 또한, 65세 이상의 가장이 있는 가구의 자산이 35세 미만 젊은 가장이 이끌고 있는 가구의 자산보다 약 47배나 많았다.[105] 전자의 2009년 순자산 중간값은 17만 494달러로 1984년의 12만 457달러보다 42% 증가한 반면, 후자의 2009년 순자산 중간값은 3,662달러로 1984년의 1만 1,521달러보다 오히려 68% 감소하였다. 이런 격차는 인구조사국이 연령별 자산을 조사하기 시작한 1984년 이후 가장 큰 것이다. 이처럼 부채의 화폐화는 국가부채의 공유로 보이지만, 실제로는 저소

---

101 D. Nuti, 2011, "After the Global Crisis," TIGER WP. No. 126, Warsaw (Oct.).
102 한겨레신문, 2011. 12. 8.
103 US Census. New York Times, June 14, 2014.
http://www.census.gov/content/dam/Census/library/publications/2014/demo/p60-249.pdf
http://www.nytimes.com/interactive/2014/06/14/business/this-side-of-the-recession.html?ref=economy&_r=1
104 Pew Research Center, 2011, "Wealth Gaps Rise to Record Highs Between Whites, Blacks and Hispanics" (July 26).
http://pewresearch.org/pubs/2069/housing-bubble-subprime-mortgages-hispanics-blacks-household-wealth-disparity
105 여기서 순자산은 보유한 주택, 저축, 증권, 부채 등이 모두 포함된다. Pew Research Center, 2011, "The Rising Age Gap in Economic Well-Being: The Old Prosper Relative to the Young" (Nov. 7).
http://www.pewsocialtrends.org/2011/11/07/the-rising-age-gap-in-economic-well-being/

득자에게 보다 타격을 입혔다는 점에서 불평등을 심화시켰다. 미국이 부자에게는 사회주의 사회이고 서민에게는 철저하게 시장원리가 적용되는 자본주의 사회라고 조롱을 받는 이유이다.

대개 미국인들은 결과의 평등보다 기회의 평등을 선호해왔다. 지금까지 사회과학자들은 계급 없는 미국이 계급에 발목이 잡힌 서유럽보다 사다리타고 올라가기가 용이하다고 믿었다. 그런데 오늘날 미국 사회를 상징하던 기회의 평등과 계층 이동의 사다리는 실종되었다. 오늘날 미국의 하위 20% 계층의 아이들의 삶의 지위가 죽을 때까지 변화하지 않을 가능성은 상위 20%의 가능성보다 5배나 높다.[106] 역사·문화적 배경의 차이로 미국은 유럽보다 불평등에 대해 관대한 사회이다. 결과의 평등보다 기회의 평등을 선호한다. 그런데 기회의 평등이 더 이상 작동하지 않게 되고 있는 것이다. 금융위기 이후 미국인의 2/3는 자신의 자녀들이 자신들의 삶보다 악화될 것이라고 믿고 있다. 좋은 일자리의 축소로 상위소득자와 중산층 간의 소득격차 확대와 자녀 세대는 지금보다 삶이 향상될 거라는 미국인의 꿈이 환상으로 변한 것이다. 미국 사회가 파편화되면서 '미국식 사회계약'이 근본부터 위협받고 있는 것이다. 중산층이 없는 미국은 더 이상 선진국이라 할 수 없다.[107] 미국의 소득분배 양극화와 정치적 프로세스의 양극화가 같이 진행[108]되는 것은 우연의 일치가 아니다. 최상위계층은 돈으로 정치과정, 정치인, 변호사를 구입하고 규제의 노력을 좌절시키기 위해 돈을 사용하고 있다. 정부가 모든 사람의 이익에 반하는 하나의 클럽이 되고 있다. 그런 점에서 '월가를 점령하라(Occupy Wall Street!)'는 분노는 미국의 경제뿐만 아니라 민주주의 안정성을 위협하는 것에 대한 분노의 폭발인 것이다. 그러나 미국의 정치권은 공정성의 복

106 Economist, Jul. 7th, 2011, http://www.economist.com/node/18928384

107 Businessweek, 2010, "Income inequality and its impact on the American middle - and the elections: What happened to the middle class? What happened to the American Dream?" (Oct. 28).

108 J. Duca and J. Saving, 2014, "Income Inequality and Political Polarization: Time Series Evidence Over Nine Decades," Federal Reserve Bank of Dallas Research Department Working Paper 1408.

구보다는 악마와 희생양 만들기로 상대방에게 책임을 전가하고 있다.

▪ 통화전쟁

규모와 지속성에서 사상 유례없을 정도로 주요국 중앙은행의 대차대조표를 확장시킨 양적완화(와 뒤이은 양적완화 규모의 축소 〈Tapering〉)는 신흥시장국들의 거시경제와 금융시장 그리고 자산시장의 불안정을 초래함으로써 해외로부터도 강한 비난을 받았다. 예를 들어, 2010년 8월 잭슨홀 미팅(Jackson Hole Meeting)에서 버냉키가 2차 양적완화 구상을 공개하자, 금융위기 이후 미국의 급박한 상황에서 시행한 1차 양적완화의 불가피성을 이해하였던 신흥시장국은 금융위기가 진정되고 2009년 6월에는 미국이 경기회복을 선언했음에도 불구하고 양적완화를 재시도하자 불만을 공개적으로 표시하기 시작했다. 즉 양적완화에 따른 신흥시장으로의 자본유입 급증은 신흥시장국 통화가치의 절상과 수출 감소 우려 증대, 포트폴리오투자에 다른 자산가격의 인플레이션[109]과 신용의 증대[110] 그리고 자산효과에 따른 소비지출 증대와 소비재가격의 상승[111] 등 경제 불안정을 증대시켰기 때문이다. 실증연구도 양적완화 선언이 신흥시장국의 채권 수익률을 낮추고 주가를 부양하고 달러에 대한 신흥시장국 통화가치의 절상 압력으로 작용했음을 보여준다.[112] 그 결과 2010년 9월 기도 만테가(Guido Mantega) 브라질 재무장관은 "국제 통화전쟁이 발발했다"라고 선언하고 "필요할 경우 헤알화 상승을 억

---

109 예를 들어, 시중은행들이 중앙은행에 자신들의 채권을 판매할 때 시중은행들은 중앙은행에 예금, 즉 지불준비금을 확보하게 된다. 그 결과 시중은행들은 저수익의 지불준비금을 주식이나 회사채 등 보다 수익이 높은 상품으로 바꿀 동기를 갖게 되고 자산가치를 상승시킨다.

110 J. Caruana, 2011, "Global Liquidity: a view from Basel," Speech at International Capital Markets Association Annual General Meeting and Annual Conference, Paris (May).

111 A. Belke and D. Gros, Feb. 2010, "Global Liquidity, World Savings Glut and Global Policy Coordination," DIW Berlin, German Institute for Economic Research Discussion Paper 973, Berlin.

112 Q. Chen, A. Filardo, and F. Zhu, 2014, "Financial Crisis, Unconventional Monetary Policy and International Spillovers," Hong Kong Institute for Monetary Research Working Paper No. 23/2014 (Sep.).

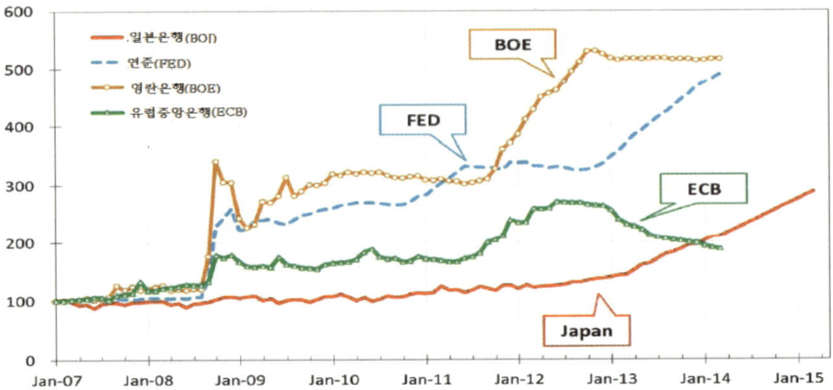

출처: T. Ito, 2014, "We Are All QE-sians Now," IMES Discussion Paper No. 2014-E-5.

▌그림 4-38. 주요 4개국 중앙은행의 자산 규모 추이

제하기 위한 조치에 나설 것"이라며 환율전쟁에 동참할 것임을 밝혔다. 여기서 '통화전쟁'이란 유동성 확대에 따라 각국이 수출 경쟁력을 유지하기 위해 경쟁적으로 자국 통화 가치를 낮추는 일련의 현상을 일컫는다.

신흥시장국의 반발이 증대하자 2013년 3월 버냉키는 "연준의 양적완화 정책은 달러화를 평가절하시켜 주변국들에게 피해를 주는 '근린궁핍화(beggar-thy-neighbor)' 정책이 아닌 선진국 경기부양을 통해 주변국들에 이익을 주는 '근린부유화(enrich-thy-neighbor)' 정책"이라며 미국의 양적완화 정책을 정당화하였다. 그러나 미국의 통화완화가 신흥시장국에 미치는 효과는 미국 GDP 증가를 통한 효과보다 환율 변화를 통한 효과가 더 큰 것으로 나타났다.[113] 즉 통화완화가 유도한 미국 GDP 1% 증가는 중남미 국가(브라질, 칠레, 콜롬비아, 멕시코, 페루 6개국 평균)의 GDP를 0.25%, 아시아 신흥국(중국, 인도, 한국, 인도네시아, 대만, 태국, 말레이시아, 홍콩, 필리핀, 싱가포르 10개국 평균) GDP의 0.13%를 하락시켰다.[114] 즉

113 I. Carabenciov, C. Freedman, R. Garcia-Saltos, D. Laxton, O. Kamenik, P. Manchev, 2013, "GPM6: The Global Projection Model with 6 Regions," IMF Working Paper, WP/13/87.

114 J. Taylor, 2014, "The Federal Reserve in a Globalized World Economy," Federal Reserve Bank of Dallas Globalization and Monetary Policy Institute, Working Paper No. 200 (Oct.).

버냉키는 양적완화가 환율정책이 아니라 미국의 통화정책이라 주장했지만 국제 자본시장이 통합된 상황에서 비전통적 통화정책인 양적완화가 환율정책과 분리될 수 없다는 것은 자명하다. 연준의 비전통적 통화정책 충격은 신흥시장에 자본유입, 채권가격, 주가 그리고 통화가치를 증가시킴으로써 신흥시장의 금융조건에 강한 영향을 미친다.

사실, 전통적 통화정책의 충격, 예를 들어 연준의 금리 인하 충격도 신흥시장의 채권가격을 증가시킨다.[115] 실제로 2013년부터 미국이 양적완화를 종료하기 위한 테이퍼링(Tapering: 양적완화 규모의 점진적 축소)을 시작하자 신흥시장국의 외환시장은 극도로 불안정해졌다. 미국이 양적완화 종료 후 금리 인상에 나서면 신흥시장국에서 자금 이탈이 가속화될 수밖에 없고 그 결과 신흥시장국 기업들이 대거 부도 위기에 몰릴 수 있기 때문이다. 즉 신흥시장국의 금융시장 상황에 영향을 미치는 자본흐름의 사이클은 글로벌 리스크 회피뿐만 아니라 미국의 장기금리와 밀접한 연관성을 가진다. 미국의 장기금리가 높을수록 신흥시장국으로의 총자본흐름은 줄어들고 자본흐름의 급격한 역전 가능성이 높아진다.[116] 자본흐름이 신흥시장국에 미치는 영향은 자본흐름의 갑작스런 중단의 유형에 따라 상이하다. 예를 들어, 자본의 총유입(gross inflows) 감소가 자본 순흐름(net flows)의 갑작스런 중단과 관련될 경우 가장 큰 지장을 일으킨다. 또한, 자본 순흐름이 갑작스레 수축하지 않는다 하더라도, 그 결과 경상계정의 급격한 조정이 필요하지 않더라도, 은행간자금 흐름(banking flows)을 포함한 자본의 총유입(gross inflows)의 갑작스런 중단 역시 파괴적 영향을 미칠 수밖에 없다.[117]

이에 라구람 라잔(Raghuram Rajan) 인도 중앙은행 총재가 "선진국은 다른 나

115 P. Tillmann, 2014, "Unconventional Monetary Policy Shocks and the Spillovers to Emerging Markets," Hong Kong Institute for Monetary Research.

116 E. Olaberria, 2014,"US Long Term Interest Rates and Capital Flows to Emerging Economies," OECD Working Papers No. 1155.

117 E. Cavallo, A. Powell, M. Pedemonte, and P. Tavella, 2013, "A New Taxonomy of Sudden Stops: Which Sudden Stops Should Countries Be Most Concerned About?" IDB Working Paper No. 430.

라들에 삭자가 필요한 통화정책을 시행하라고 말하면 곤란하다"라며 미국 등 선진국의 통화정책을 비난하였다.[118] 이에 대해 리차드 피셔(Richard Fisher) 댈러스 연방준비은행 총재는 "일부 사람들이 연준이 세계은행의 역할을 감당해야 한다고 주장하나 다른 나라들에 중앙은행이 있는 것처럼 연준도 미국의 중앙은행일 뿐"이라며 연준이 미국의 중앙은행인 만큼 자국 경제에 이득이 되는 쪽으로 움직이는 것이 당연하다고 반박하였다. 그러나 이러한 주장은 대외결제통화를 가진 국가의 통화정책 변화가 전 세계에 불가피하게 파장을 일으키고, 국제통화시스템에 새로운 접근이 필요한 현실[119]을 외면하는 것이다.

무엇보다 미국이 자국만을 생각하는 통화정책은 (1930년대 무역전쟁이 비극적 결과를 초래했듯이) 파국으로 이어질 수밖에 없다. 즉 금융위기 이전(1992~2007년)에 세계 GDP 증가율과 무역증가율이 연평균 각각 3.7%와 7.1%였던 반면, 금융위기 이후(2008~13년)에는 각각 2.9%와 2.8%로 무역증가율이 크게 하락하였다.[120] 한 국가의 이자율 정책이 '준칙'의 수준에서 과도하게 벗어날 경우 다른 국가들의 금리정책 역시 '준칙'으로부터 이탈될 수밖에 없다.[121] 연준의 QE가 일본의 QQE로 이어지고,[122] 일본의 추가 양적완화가 ECB의 양적완화 압력과 아시아 신흥시장국의 통화완화 압력을 증대시키는 배경이다. '통화전쟁'이 '금리전쟁(interest rate war)', 심지어 '비전통적 통화정책 전쟁(unconventional monetary policy war)'이 되고 있는 것이다.[123]

---

118 R. Rajan, 2014, "Competitive Monetary Easing: Is It Yesterday Once More?", Remarks at the Brookings Institution, Washington DC. http://rbi.org.in/scripts/BS_SpeechesView.aspx?Id=886

119 J. Taylor, 2014, "The Federal Reserve in a Globalized World Economy," FRB of Dallas Globalization and Monetary Policy Institute (Oct.), p. 3.

120 금융위기가 발발한 2008년을 제외한 2009~14년간 세계 무역증가율은 연평균 3.7%였다. M. Roberts, World economy still crawling. http://thenextrecession.wordpress.com/2014/05/12/world-economy-still-crawling/

121 J. Taylor, 2014, "The Federal Reserve in a Globalized World Economy," p. 19.

122 한국은행이 2014년 두 차례 금리를 인하한 것도 일본은행의 양적완화에 대한 대응 성격이 강하다.

123 J. Taylor, 2014, "The Federal Reserve in a Globalized World Economy," p. 20.

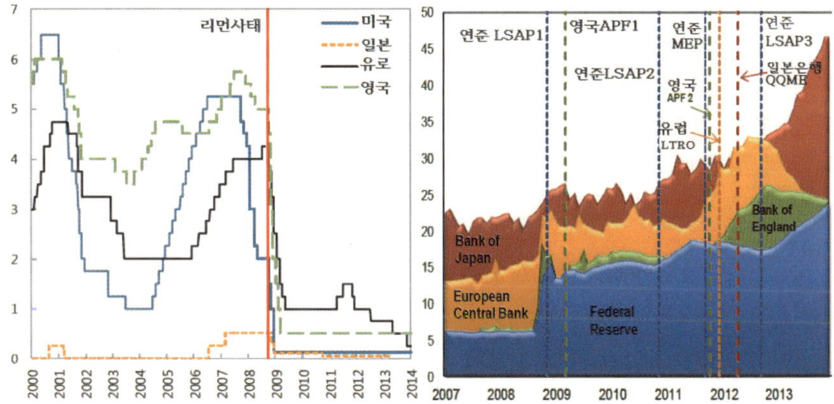

출처: J. Chen, T. Mancini-Griffoli, and R. Sahay, 2014, "Spillovers from United States Monetary Policy on Emerging Markets: Different This Time?," IMF WP/14/240.

▌그림 4-39. 주요국의 정책금리와 중앙은행 대차대조표, 2000~14년 3월

게다가 선진국처럼 양적완화를 선택할 수 없는 신흥시장국의 경우 (라구람 라잔의 지적처럼) 성장을 지원하고 급작스런 자본흐름 정지의 악영향 등을 방지하기 위해 환율을 경쟁력 있는 수준에서 유지하고 거대한 외환보유고를 축적하는 '대외적 양적완화(QEE, Quantitative External Easing)'를 선택할 수밖에 없다. 이러한 선택은 신흥시장국의 (선거에 의해 국민들로부터 정부나 다른 조직에게 위임된) 권한(mandate)이다. 즉 중심국 통화정책이 신흥국에 미치는 파괴적인 효과에 대한 신흥시장국의 대응은 외환보유고의 축적으로 귀결될 수밖에 없고, 이를 위해 신흥시장국은 경쟁력 있는 환율 유지를 위해 외환시장에 지속적으로 개입할 수밖에 없다. 문제는 자기보험 차원에서 신흥시장국의 외환보유고 축적(경상수지 흑자의 지속)이 글로벌 수요를 취약하게 만든다는 점이다. 즉 미국이 우려하는 '글로벌 과잉 저축'의 폐해가 재출현할 가능성이 높아진다.

글로벌 금융위기 이후 경상수지를 기준으로 한 글로벌 불균형은 (글로벌 수요의 약화로) 상당히 조정되었다. 예를 들어, 2006~13년(2007~13년)간 미국의 적자 규모는 세계 GDP 대비 1% 이상(0.7%) 축소되었고, 유럽 적자국의 경상수지 적자 규모도 2007~13년간 세계 GDP 대비 약 0.7% 축소되었다. 반면, 나머지 세계[124]의 적자 규모는 세계 GDP 대비 약 0.3%가 증가했다. 글로벌 불균형의 조정은 특히 2007~13년간 세계 GDP 대비 0.8%나 축소된 아시아 국가들의 흑자 축소에서 비롯한 것이었다(그림 4-40).[125] 그러나 글로벌 불균형의 조정은 조심스럽게 해석되어야 한다. 글로벌 채권자와 채무자의 포지션(positions, 투자자 현재의 재산 상태)은 축소되지 않았기 때문이다(그림 4-41). 2007~12년간 4개의 주요 채권자인 석유 수출국, 일본, 중국을 포함한 동아시아 경제, 유럽 흑자국의 순 해외자산은 3조 달러이고 3개의 주요 채무자인 미국과 유럽 적자국 및 나머지 세계의 순 해외자산은 4조 달러로 큰 변화가 없기 때문이다.[126] 글로벌 불균형의 주요 요인으로 '글로벌 저축 과잉'보다 '글로벌 유동성 과잉(global liquidity glut)'을 지적하는 이유이다.[127]

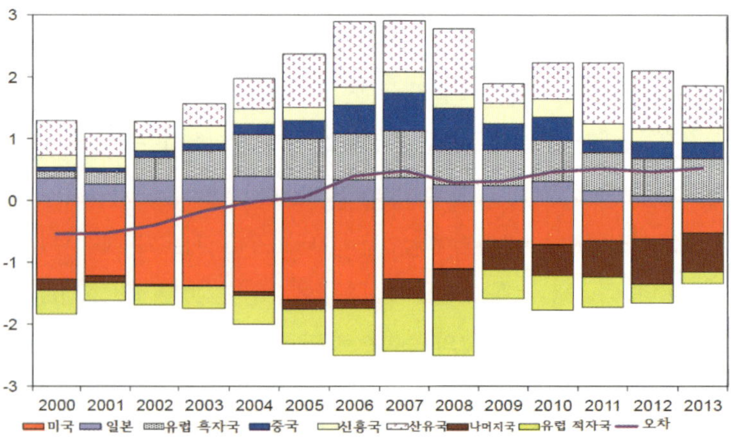

출처: P. Lane and G. Milesi-Ferretti, 2014, "Global Imbalances and External Adjustment after the Crisis," IMF Working Paper.

▌그림 4-40. 글로벌 불균형(세계 GDP 대비 %)

124 여기에는 호주, 브라질, 캐나다, 프랑스, 인도, 멕시코 등이 주요 적자국을 구성한다.

125 반면 석유 수출국들의 흑자는 크게 하락하지 않았고, 유럽 흑자국들의 흑자 규모는 크게 변화가 없었다.

126 P. Lane and G. Milesi-Ferretti, 2014, Global Imbalances and External Adjustment after the Crisis, IMF Working Paper, pp. 5~6.

127 T. Bracke and M. Fidora, 2008, "Global Liquidity Glut or Global Savings Glut? A Structural VAR Approach," ECB Working Paper No. 911.

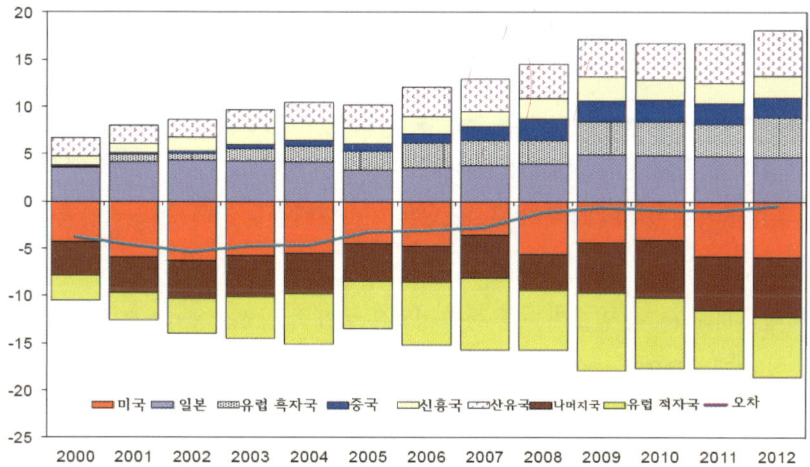

출처: 앞의 논문 참고.

▌그림 4-41. 순해외자산 포지션(GDP 대비, %)

이처럼 글로벌 불균형이 중심국-주변국 관계에 기초한 불완전한 국제금융시스템의 산물인 반면, 금리의 글로벌 동조화 등 금융의 글로벌화(네트워크화)를 고려할 때 국제협력 없는 국가별 통화정책은 파국을 초래할 수밖에 없음을 의미한다. 예를 들어, 주요국 통화정책은 글로벌 관점에서 환율, 자산가격, 자본흐름 총량의 파급채널을 갖는다.128 무엇보다 주요국의 정책금리 인하나, 얼마 혹은 상당 기간 동안 금리를 낮은 상태로 유지하겠다는 선언은 통화가치(환율)의 하락 압력으로 작용한다. 둘째, 주요국의 대차대조표 정책은 자산가격을 상승시키고 자산의 수익률을 하락시키는 효과를 갖는다. 주요국 국채 수익률의 하락은 글로벌 채권시장이 완전히 통합된 상황에서 다른 선진국의 국채 수익률은 물론이고 동아시아와 중남미 같은 신흥시장국의 국채 수익률에도 영향을 미친다. 셋째, 주요국의 통화정책은 국채뿐만 아니라 다른 자산, 특히 글로벌 시장 통합의 정도가 높은

128 J. Caruana, 2012, "International monetary policy interactions: challenges and prospects," a speech To the CEMLA-SEACEN conference on "The role of central banks in macroeconomic and financial stability: the challenges in an uncertain and volatile world" Punta del Este, Uruguay (Nov.16).

주가에 영향을 미친다. 넷째, 주요국 통화정책은 자본흐름의 총량 채널을 통해 다른 국가들의 외화 표시 자산과 부채에 영향을 미친다. 즉 자본흐름의 총량은(환율에 대한 영향과 더불어) 포트폴리오 투자를 통해 캐리 트레이드와 자산가격에 영향을 미친다. 신용의 붐을 일으키는 것이다.

주요국 통화정책의 국제적 확산효과는 일방통행으로 끝나지 않는다. 주요국 통화정책은 신흥시장국에 영향을 미치고, 다시 신흥시장국은 선진국으로 '역확산효과(spillbacks)'를 일으키는 등 통화정책은 국제적 상호작용을 일으킨다. 주지하듯이 세계 GDP의 40%를 차지하는 신흥시장국의 강한 성장은 선진국을 비롯한 세계 경제성장에 크게 기여하고 있다.[129] IMF 역시 국제적인 정책 협력이 국경을 초월한 부정적인 정책의 확산효과(policy spillovers)와 뒤이은 신흥시장경제로부터 중심 국가를 향한 '역확산효과'의 리스크를 축소시키는 것을 포함해 강하고, 보다 균형 잡히고, 지속가능한 성장을 만들어낼 수 있다며 중심국에서 신흥시장국으로의 '확산효과'뿐만 아니라 신흥시장국에서 중심국가로의 '역확산효과'를 공식적으로 인정하였다.[130] 선진국 성장의 신흥시장국에 대한 확산효과는 약 53%, 그리고 신흥시장국에 대한 확산효과의 약 1/3(17%)이 선진국으로의 역확산효과로 작용한다. (신흥시장국으로부터 역확산효과/신흥시장국으로의 확산효과) 비

표 4-1. 선진국의 1% 성장에 따른 확산효과와 역확산효과의 추정(%)

	미 국	유로지역	일 본	영 국	평 균
신흥시장 확산효과	58.3*	59.2*	25.4*	56.3*	52.8
신흥시장 역확산효과	12.4	29.8*	12.7*	7.2*	17.4
신흥시장 (역확산효과/확산효과)	21.3	50.4*	50.1	12.8	34.4

주: * 10% 수준에서 통계적으로 유의미.
출처: IMF, 2014, "2014 Spillover Report," IMF Multilateral Policy Issues Report, pp. 61~81 (July).

129 신흥시장국의 성장률이 2% 둔화될 경우 고소득국 성장률이 평균 약 2/3% 하락하는데 그 중 약 1/2%는 무역에 의해 설명된다. P. Ollivaud, E. Rusticelli and C. Schwellnus, 2014, "Would a Growth Slowdown in Emerging Markets Spill Over to Highincome Countries?: A Quantitative Assessment," OECD Economics Department Working Papers, No. 1110.

130 IMF, 2014, The Managing Director's Global Policy Agenda: Interconnections, Spillovers, and

율이 일본과 유로존 경제에 큰 이유는 신흥시장경제와의 무역 연관성이 높기 때문이다.

참고로 확산효과는 여러 채널을 통해 작동한다.[131] 첫째, 무역 채널을 통한 확산효과이다. 글로벌 공급사슬에서 특화와 수직적 통합의 증가로 글로벌 무역 통합이 심화되면서 세계 수출에서 신흥시장국의 비중은 1995년 약 20%에서 2011년 35%까지 상승하였다. 신흥시장국 수입의 65%는 선진국에서 공급되고, 선진국 수입의 40%는 신흥시장국에서 공급된다. 따라서 신흥시장국발 충격은 글로벌 공급사슬에 지장을 줄 수밖에 없다. 예를 들어, 중국 성장률의 1% 감소는 선진국 성장률을 0.15% 감소시킨다. 두 번째는 상품가격 채널을 통한 확산효과이다. 신흥시장국은 에너지의 45%, 금속 70% 등 세계 1차상품 소비에서 커다란 비중을 차지한다. 즉 선진국 성장의 1% 감소는 상품가격을 4%로 하락시키는 반면, 신흥시장국의 경우 약 6% 하락시킨다. 세 번째는 글로벌 금융시스템 채널을 통한 확산효과이다. 선진국과 신흥시장국 간 금융 연관성이 급성장함에 따라 '쌍방향 확산효과'를 초래하고 있다. 예를 들어, 신흥시장국의 성장 둔화는 은행의 손실을 증가시켜 선진국 경제의 리스크를 증가시킨다. 마지막으로 이웃효과(neighborhood effect) 채널을 통한 확산효과이다. 즉 신흥시장국의 경기 둔화는 지역경제의 강한 통합으로 이웃국가들에 영향을 미친다. 예를 들어, 90년대 아시아의 지역통합이 급성장함에 따라 역내 투입물 수입의 약 50%를 차지할 정도로 중국은 지역 공급사슬에서 '조립 허브(assembly hub)'가 되었다. 그 결과 중국 성장의 1% 하락은 아시아 경제의 성장을 0.3% 하락시킨다. 반면, 비아시아 경제의 성장은 약 0.1% 하락시킨다.

이처럼 (대외결제통화를 가진) 개별 중앙은행의 통화정책은 글로벌 효과를 만들어내기에 글로벌 관점에서 정책 도입에 대한 평가를 전제로 해야 한다. 그러나 현실은 개별 국가의 경제적 이해에 기초한 국가별 중앙은행과 독립된 통화정책을 갖

Spillbacks.

131 IMF, 2014, "2014 Spillover Report," IMF Multilateral Policy Issues Report, pp. 61~81 (July).

고 있다. 즉 금융의 네트워크화로 국가별 통화정책이 '구성의 오류'를 만들어낼 수 있는 것이다. 따라서 환율의 움직임에서 발생하는 상호연결성, 채권시장의 글로벌화, 정책의 집합적 영향 등 확산의 이슈를 다루기 위해서는 글로벌 관점이 요구된다. 즉 개별 국가의 질서 있는 관리가 가능하다는 시장이론은 더 이상 유효하지 않다.[132] 앞에서 소개했듯이, 일찍이 존 힉스(John Hicks)는 이러한 문제 해결을 위해 '글로벌 중앙은행'이 필요하다고 제안했지만 이는 비현실적이다. 국가별 중앙은행은 개별 국가의 통치권(mandate)에 해당하기 때문이다. 상호의존의 심화와 금융시장의 글로벌화에 따른 통화정책의 국제적 협력의 필요성이 반드시 글로벌 수준에서 통화정책의 조정을 의미하는 것은 아니다. 그러나 최소한 개별 중앙은행으로 하여금 개별적 통화정책에서 발생하는 부작용(예: 금융 통합에 따른 리스크)을 평가하고, 내부화하고, 공유하는 노력이 필요하다. 즉 다른 국가의 반응을 포함해 다양한 채널을 통해 국가정책들이 전 세계에 쉽게 확산될 수 있는 통합된 세계에서는 개별 국가정책의 글로벌 영향을 고려해야만 하기 때문이다. 이를 위해 접근 방식을 집단행동과 상호작용 그리고 피드백 효과를 고려하고, 보다 향상된 국제협력의 틀 마련을 도와줄 수 있는 글로벌 분석으로 이동해야 한다.[133]

그럼에도 불구하고 국제협력 및 국제조정은 매우 빈곤하다. 예를 들어, 미국은 통화정책의 확산효과를 외면하며 제한된 국가들을 대상으로 운영하였던 '달러 유동성 스왑 창구(Liquidity Swap Facilities)'를 신흥시장국들로 확대시키는 것을 거부하고 있다.[134] 즉 금융위기 이후 미국 달러에 대한 은행간 자금조달 시장

132 J. Caruana, 2012, Policymaking in an interconnected world, Luncheon speech, The FRB of Kansas City's 36th Economic Policy Symposium on "The changing policy landscape," Jackson Hole, 31 August.

133 그러나 금융위기 이후 대외결제통화를 공급하는 선진국들의 모습은 매우 실망스럽다. 대외결제통화 공급자로서 글로벌 경제에 대한 책임보다는 자국의 이해를 중심으로 통화완화 정책을 수행함으로써 '통화전쟁'을 야기하고 있기 때문이다. 특히, 미국의 3차 양적완화는 미국 내부에서조차 정책의 효과 및 정당성조차 의심을 받았다. 이처럼 현실의 초국가협력은 매우 빈곤한 상황이다.

134 R. Mohan and M. Kapur, 2014, "Monetary Policy coordination and the Role of Central Banks," IMF Working Paper WP/14/70 (April). 반면, 중국이 통화스왑을 활용해 경제위기에 빠진 국가의 '최종대부자' 역할을 함으로써 국제사회에 대한 영향력을 확대하고 있다. 또한, 이를 통

이 얼어붙자 연준은 달러 자금 경색을 겪는 일부 국가들의 중앙은행과 세 차례에 걸쳐 통화스왑(두 거래 당사자가 계약일에 약정된 환율에 따라 해당통화를 일정시점에서 상호 교환하는 외환거래) 계약을 맺었다. 2007년 12월 유럽중앙은행(ECB) 및 스위스 중앙은행과 처음으로 670억 달러 규모의 통화스왑을 체결한 이후 리먼 브러더스 사태로 금융위기에 빠지자 통화스왑 대상국을 영국, 일본 등 총 9개 국가로 확대했다. 스왑 지원 규모를 6,200억 달러로 확장하여 2008년 10월에는 한국을 비롯해 뉴질랜드, 싱가포르, 브라질, 멕시코 등 신흥국과도 통화스왑 계약을 체결했다. 이를 통해 2007년 12월부터 2010년 2월까지 14개 중앙은행 가운데 10개 은행에 최대 5,831억 달러를 공급하면서 글로벌 자금경색 완화에 기여했다. 두 번째 통화스왑은 2010년 5월 그리스 등 유럽 재정위기 확대로 자금시장이 다시 경색되자 ECB, 영국, 스위스, 캐나다, 일본 중앙은행을 대상으로 진행했다. 2011년 3월까지 ECB와 일본은행에 최대 92억 달러를 공급했다. 2011년 8월에 스위스와 ECB에 통화스왑을 재개해 스위스중앙은행은 8월 중 2억 달러를 차입했고, ECB 역시 5억 달러를 인출했다. 세 번째는 2011년 11월 30일 미국 연준과 유럽중앙은행을 비롯한 선진 6개국 중앙은행들이 달러와 다른 통화를 교환하는 스왑 금리를 1%포인트에서 0.5%포인트 내려 유동성 공급에 공조하기로 공동성명을 발표했다. 이러한 통화스왑은 유동성 위기 등 달러 자금 경색을 겪은 국가들의 외환시장 불안 등을 완화시키는 데 상당히 효과적이었다. 예를 들어, 통화스왑을 이용하지 않을 경우 미국 이외의 중앙은행은 직접 달러화를 공급해야 한다. 이는 외환보유액을 감소시키고, 외환시장을 통해 달러를 확보할 경우에는 민간 은행권의 구축효과를 불러일으키는 등 부작용이 있기에 통화스왑이 달러조달 시장의 경색을 줄일 수 있다. 그러나 미국과의 통화스왑을 요구한다고 해서 수용하지는 않는다. 기본적으로 미국의 이해에 바탕을 두고 있다. 예를 들어, 유로존의 위기는 미국경제에도 큰 타격을 입힌다. 유로존의 경기침체에 따른 미국 수출의 타격도 있

해 미국이 주도하는 IMF의 위상을 약화시킬 수 있기 때문이다. Bloomberg, 2014, "China Offers Russia Help With Currency Swap Suggestion" (Dec. 22).

지만,[135] 무엇보다 유로존 내 미국 자산이 피해를 입을 수밖에 없다. IMF에 따르면 2009년 말 기준 유로존 내 미국 자산은 4,970억 달러(전체 해외 자산의 25%)에 달한다.

이런 상황에서 신흥시장국은 자신에 대한 확산효과를 관리할 수밖에 없다. 금융위기 이후 IMF가 기존의 자본자유화 입장을 수정한 배경이다.[136] 즉 IMF는 자유로운 자본흐름이 전반적으로 경제와 금융에 혜택을 주지만 금융시스템이 불완전한 국가에는 해가 될 수 있다는 입장으로 선회하였다. 물론, IMF는 여전히 자본통제가 마지막 수단이 되어야 한다는 입장이다.[137] 즉 자본통제 이전에 환율과 외환보유고 조정 그리고 통화 및 재정 정책의 조합 등 거시경제 고려를 우선시할 것을 주장한다. 예를 들어, 해외자본이 급격히 유입될 경우 통화가치가 저평가되어 있으면 통화가치를 절상시켜야 한다. 환율에 문제가 없고 외환보유고 축적이 바람직할 경우는 외환보유고를 축적하고, 그에 따른 인플레 우려는 불태화로 대응한다. 단, 불태화에 따른 비용이 과도할 경우 재정긴축으로 대응한다. 반면, 외환보유고 축적이 바람직하지 않을 경우에는 외환보유고 축적을 하지 않는 대신 인플레 우려는 재정 긴축으로 대응한다. 즉 재정 긴축은 금리를 인하시켜 금융계정을 축소시킬 뿐만 아니라 총수요의 하락으로 인플레 압력도 완화시킬 것이기 때문이다. 그리고 재정긴축이 어려울 경우에는 거시건전성 규제를 사용할 것을 제안한다. 즉 해외로부터 과도한 직접 차입이나 외환시장에서 신용 붐의 리스크

---

135 미국의 유럽에 대한 수출은 70년대에는 24% 이상을 차지했지만 16%로 축소되었다.

136 2010년부터 자본흐름에 대한 통제의 필요성이 제기되기 시작했고 2012년 12월 이사회에서 자본통제 반대 견해를 철회했다. IMF, 2012, IMF Adopts Institutional View on Capital Flows, Dec. 3.

137 11개국을 대표해 브라질이 IMF 결정을 환영하면서도 막대한 투기자본이 들어가는 나라에 어떤 피해가 발생하는지가 아직 충분히 인식되지 않았다며 비판한 배경이다. 즉 브라질은 IMF가 이전보다는 일부 진전을 보였지만, 여전히 자유로운 자본흐름을 지지하는 쪽에 기울어 있고 자본흐름 통제에 관한 확실한 결과를 내는 데에는 이르지 못했다는 입장이다. 반면, 파이낸셜타임즈(FT)는 IMF가 자본 통제로 방침을 바꾼 것을 환영할 만하다면서도 자본통제가 '만병통치약'이 아닐 뿐만 아니라 어디까지나 일시적 조치여야 하고, 궁극적으로는 은행을 비롯한 금융시장 체질을 강화하는 개혁을 주장했다. 이처럼 자본 통제를 둘러싼 갈등은 여전히 진행형이다. FT, 2012, IMF drops opposition to capital controls (Dec. 4).

가 우려될 경우 거시건전성 규제를 강화할 필요가 있다. 예를 들어, 외화 차입과 관련하여 은행의 단기 외화부채에 대해 과세나 지불준비금을 요구할 수 있고, 헤지하지 않은 차입자의 외화 대출에 대해 보다 높은 자본 확보를 요구할 수 있을 것이다. 그밖에도 은행의 LTV 제한이나 경기순응적 자본의 설정을 검토할 수 있다.[138] 마지막 단계로 거시건전성 규제로도 충분하지 않을 경우에는 법적 및 행정적 수단 등의 사용, 즉 자본통제도 필요하다고 주장한다.[139]

한국의 경우에도 금융위기 이전에는 금융위원회/금융감독원 등 감독기구가 미시건전성 감독을 수행하다가 금융위기 이후 '시스템 리스크'의 중요성을 인식하면서 한국은행에 금융안정 기능을 '명시적 목적(mandate)'으로 추가하였다. 그리고 '거시건전성 규제'들로 '외환건전성부담금(일명 은행세)', '선물환포지션 한도', '외국인 채권투자 과세' 등을 도입하였다.[140] 예를 들어, 외환건전성부담금의 경우 자금조달 수단으로써 은행의 단기 외화 차입이 야기하는 환율변동성의 증대나 외화유동성의 문제 등 외환시장의 불안정을 완화시키기 위한 조치로 부담금 부과는 은행이 경제 전체에 야기하는 '부정적 외부효과'에 대한 피구세(Pigouvian tax)의 성격을 갖는다. 은행의 단기 외화 차입은 1997~98년 외환위기

138 한편, 2000~10년간 48개국의 2천 8백여 개 은행을 대상으로 금융시스템 변동성의 완화와 관련한 거시건전성 정책의 효과에 관한 연구에서 차입자에 대한 총부채상환비율(Debt-to-income ratio)과 담보인정비율(Loan To Value ratio), 금융기관에 대한 신용 증가와 외화 대출에 대한 제약은 자산 성장의 감소에 효과적이었던 반면 경기역행적 완충장치(countercyclical buffers)는 별로 효과가 없었음이 발견되었다. S. Claessens, S. Ghosh, R. Mihet, 2014, "Macro-Prudential Policies to Mitigate Financial System Vulnerabilities," IMF Working Paper (August).

139 J. Ostry, et al., 2010, "Capital Inflows: The Role of Controls," *IMF Staff Position Note* (Feb.).

140 자본유출입변동성을 완화하기 위해 56개 금융기관 등을 대상으로 과도한 외화부채 증가를 억제하기 위해 2011년 8월부터 도입한 외환건전성부담금의 부과요율은 만기별로 단기(1년 이하) 20bp (0.2%), 중기(1~3년) 10bp, 장기(3~5년) 5bp, 초장기(5년 이상) 2bp이다. '선물환포지션 한도' 규제는 외환의 과도한 단기차입과 환율변동성을 줄이기 위한 조치로, 은행의 자기자본 대비 선물환 보유액의 비율로 2011년 7월부터 외국은행지점 한도는 200%, 국내은행 한도는 40%였다. 환율 하락의 지속에 대한 우려로 정부와 한국은행은 2013년 1월부터 국내은행 및 외국은행지점의 한도를 25.0%씩 축소하여 국내은행은 현행 40%에서 30%로, 외은지점은 현행 200%에서 150%로 축소하기로 결정하였다. 그리고 '외국인 채권투자 과세'는 2011년 1월 이후 외국인(비거주자 및 외국법인)이 국채와 통화안정증권에 투자해 얻은 소득 중 이자소득(14%)과 양도차익(20%)에 대한 법인 소득세를 말한다. 2009년 5월부터 비과세했던 것을 폐지한 것이다.

때나 글로벌 금융위기 발발 이후 2008~09년 외환시장 불안정의 주요 원인으로 작용하였다. 은행의 선물환포지션 역시 환율 하락 시 은행의 단기외화 차입의 증가로 작용한다. 즉 수출업자의 선물환 매도와 은행의 선물환 매수는 은행의 단기외화 차입으로 연결되기 때문이다. 은행의 선물환포지션 증가는 환율 하락을 강화시킴으로써 선물환 거래와 은행의 선물환포지션 증가를 증폭시킨다.

제3절 재정부양의 실패와 보틀넥 프로젝트

금융위기가 실물위기로 전이·확산되면서 세계 각국은 대규모 재정을 투입하였다. 세계 주요 20개국 정상들은 2009년 4월 영국 런던에서 경기부양을 위해 2010년 말까지 5조 달러를 투입하기로 합의했다. 경기부양 공조와 보호무역주의 배격 등 각국의 정책 공조를 통해 세계 경제성장률을 4%로 끌어올리고 1,900만 개의 일자리를 창출하기 위해 노력하기로 합의한 것이다. 당시의 국제공조는 미국발 금융위기가 실물위기로 발전하면서 세계 각국 모두 경기부양의 필요성을 가졌기 때문에 가능한 것이었다. G20 정상회의 합의에 앞서 미국 의회는 2009년 2월 17일 GDP의 약 5% 수준인 7,870억 달러 규모의 재정지출을 골자로 하는 '미국 회복 및 재투자 법(American Recovery and Reinvestment Act)'을 통과시켰다.[141] 재정투입은 경기부양 효과를 발휘했다. 〈그림 4-43〉에서 보듯이 재정투입이 없었더라면 미국 경기침체는 지속될 수 없었을 것이다. 재정투입의 덕택으로 미국경제는 2009년 6월 저점(trough)을 찍고 그해 하반기부터 경제성장률이 반등하면서 많은 사람들은 출구전략(exit strategy)을 논하기 시작했다.[142]

---

141 동 법안에는 감세와 가계 및 실직자에 대한 지원으로 2,500억 달러, 주 정부와 지역 정부에 대한 지원 1,500억 달러, 기업에 대한 감세 1,000억 달러, 인프라스트럭처 프로젝트 지출에 2,000억 달러 등이 포함되어 있다.

142 경기침체기에 경기를 부양하기 위하여 취하였던 각종 완화정책을 경제에 부작용을 남기지 않게 하면서 서서히 거두어들이는 전략을 의미한다. 예를 들어, 제로 수준까지 인하했던 기준금리와 양적

▌표 4-2. 금융위기 이후 미국의 경기대책

발표 시기	경기대책명	내 용	규모(억 달러)
2008	· 경기부양법 · 공공건설사업법 · 실업수당 연장	· 개인소득세, 법인세 감면 등	1,245 286 696
2009	· 미국경제회복 및 재투자법(ARRA) · 고용촉진법 등	· 교육 및 직업훈련, 학자금대출지원 등	7,872 229
2010	· 교직원 및 메디케이드 지원법 · 중소기업 고용촉진법 등 · 신재정정책	· 부시 감세법 시한 2012년 말까지 연장, 근로자 부담 사회보장세 인하 등	261 358 7,971[1]
2011	· 일자리 창출법안[2]	· 근로자와 고용주에 대한 세금감면, 공무원 해고 중단을 위한 지방정부 지원 등	4,470

주: 1. 감세 효과 등의 추정치; 2. 2011년 11월 현재 상원에서 부결된 상태.
출처: 미 의회, CBO, 백악관.

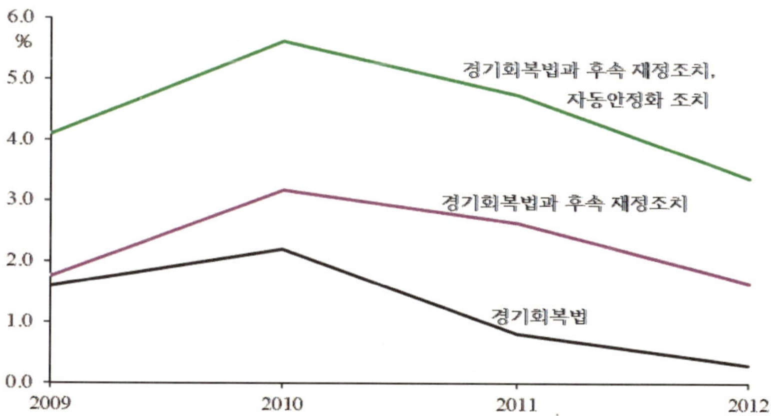

출처: ECONOMIC REPORT OF THE PRESIDENT 2014, Figure 3-4, p.103.

▌그림 4-42. GDP 대비 재정확장 규모

완화, 재정지출의 확대 등으로 과도하게 공급된 유동성이 경기가 회복되면서 인플레이션을 만들 우려가 있기에 통화 환수를 해야 하는데 적절한 시기를 결정하는 것이 중요하다. 이스라엘 중앙은행이 2009년 8월에 금리 인상을 단행하여 전 세계 중앙은행 중에서는 처음으로 본격적인 출구전략에 시동을 걸었다. 경기회복세가 가시화되는 가운데 인플레 우려가 커졌기 때문이다. G20 가운데는 호주가 2009년 10월 6일에 가장 먼저 출구전략 실시에 나섰다. 호주는 49년 만에 최저수준인 연 3.0%로 낮아진 기준금리를 0.25% 인상하였다. 뒤를 이어 인도 중앙은행이 2010년 3월 19일 재할인금리를 4.75%에서 5%로 0.25% 인상하였다. 중국 역시 2010년 4분기 이후 9차례에 걸쳐 지불준비율을 총 4.5% 인상 조정하고, 5차례에 걸쳐 대출 기준금리를 총 1.25% 인상하였다.

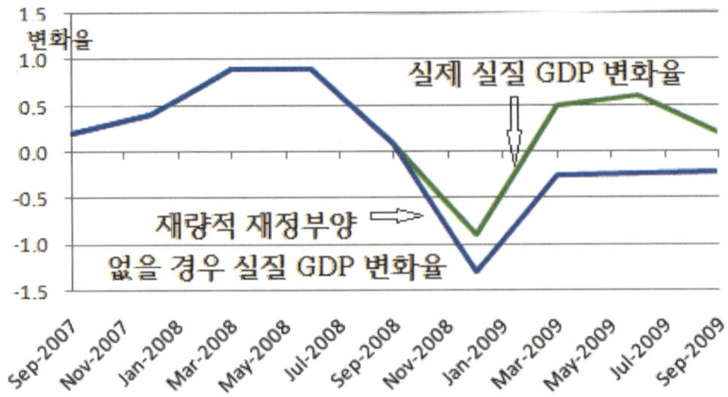

출처: B. Mitchell, 2009, Lesson for today: the public sector saved us (December 21). http://bilbo.economicoutlook.net/blog/?p=6796

▌그림 4-43. 재정부양 유무 시 실질 GDP 변화율

그러나 '고용 없는 성장' 현상은 이번에도 예외가 아니었다. 저점을 찍은 2009년 6월 실업률은 9.5%였으나 그해 10월에는 10.1%를 기록했고, 2010년에도 대부분 기간 동안 9.5% 이상을 기록하였다. 실제로 경기에 대한 낙관적 전망은 1년간 지속되었을 뿐이다. 재정투입의 효과는 2010년 하반기부터 소멸되었다(그림 4-44).

이는 가처분소득과 임금 그리고 소비의 추이에서도 확인된다. 재정부양의 효과는 닷컴버블 붕괴 이후의 2001~02년 침체와 금융위기 이후의 침체 시기 모두

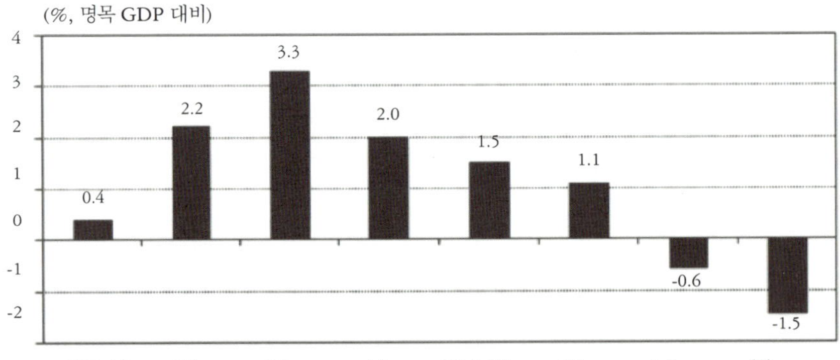

출처: Goldman Sachs; Mark Zandi, 2009, "U.S. Fiscal Stimulus Revisited, Moody's Analytics" (June 22).

▌그림 4-44. 경기부양의 실질 GDP에 대한 기여도(%포인트)

에서 확인된다. 즉 실질 가처분소득이 실질 임금보다 빠르게 증가했는데 이는 공공부문으로부터 소득의 순이전(net transfer)에 의해 유지된 것이었다. 그런데 부양효과가 2011년 1분기를 계기로 소멸되었음을 보여준다. 특이한 점은 소비 증가율이 가처분소득의 증가율을 앞서고 있다는 것이다(그림 4-45).[143] 2011년 말 일시적 소비 개선의 현상[144]이 차입 증가에 의한 것이었음을 의미한다. 그러나 차입에 의한 소비는 일시적으로만 가능할 뿐이다. 이는 여전히 취약했던 소비자신뢰지수에서 확인된다. 2011년 10월 블룸버그 소비자안심지수(Consumer Comfort Index)가 가장 많이 하락했고, 컨퍼런스 보드 소비자태도지수도 2009년 3월 이래 가장 낮았다.[145]

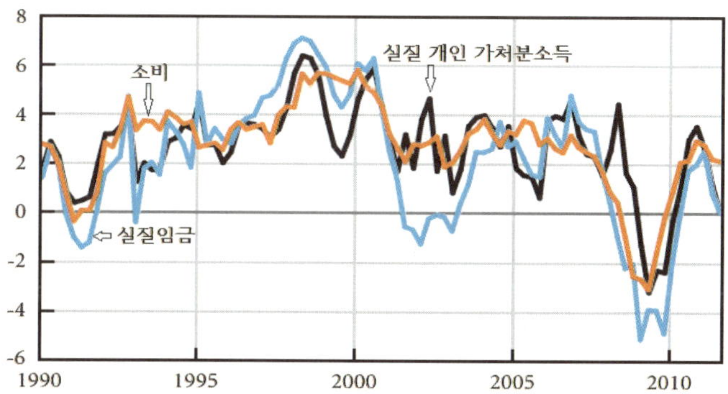

출처: D. Papadimitrou, and G. Hannsgen, and G. Zezza, 2011, "Is the recovery sustainable? Strategic Analysis," Levy Economics Institute of Bard College (Dec.), Figure 4.

그림 4-45. 실질 가처분소득과 임금 그리고 소비(연간 증가율)

143 2011년 3분기 소비자 지출은 2.4% 증가했고, 소매 판매는 9월에 1.1%, 자동차 판매는 2010년 3월 이래 가장 많이 상승한 3.6% 올랐다. Businessweek, 2011, "Consumers are anxious-but shopping" (Nov. 3). 그러나 미국 상무부가 발표한 11월 소매판매는 10월에 비해 0.2% 증가하는 데 그쳤다. 5개월 만에 가장 낮은 증가율이었다. 소득이 뒷받침되지 않기 때문이다. 11월 미국 가계의 평균 수입은 3개월 만에 감소세로 돌아섰다. 소득 감소로 대출에 대한 의존도는 높아지고 저축률이 낮아진 것이다. 10월 가계 저축률은 3.5%로 2010년 10월에 비해 2%포인트 가까이 하락했다.

144 경기선행지수의 하나로 컨퍼런스보드(Conference Board)가 매월 발표하는 소비자신뢰지수(Consumer Confidence Index, 1985년 평균치=100)가 2011년 10월 40.0에서 11월 56으로 증가했다. 참고로 지수가 100을 넘으면 소비자가 경기를 낙관한다는 뜻이다.

145 물론, 소비자 조사는 자산의 집중을 과소평가하고 있다. 즉 미국 소득자 중에서 연 10만 달러 이상을 버는 상위 20%가 가구 지출의 절반 이상을 차지하고 있다. Businessweek, Nov. 3, 2011.

이에 오바마 미국 대통령은 대규모 추가 부양책은 더 이상 없을 것이라는 기존 입장을 바꾸어 2010년 9월 6일 향후 6년간 도로 재건과 철도 그리고 공항 활주로 건설 등 500억 달러의 인프라 건설투자를 핵심내용으로 하는 추가 경기부양책을 발표했다. 또한, 향후 2년간 기업들이 컴퓨터나 각종 설비를 새로 구입하기 위해 지출한 비용 전액(총 2천억 달러 규모)에 대해 세액공제 혜택을 제공하고, 기업의 연구개발(R&D) 투자에 대한 영구적 세액공제(향후 10년간 1천억 달러의 세수 감소 효과) 방안 등을 발표하였다. 그러나 고용 효과에 대한 의구심과 재정적자에 대한 부담 등으로 공화당은 물론이고 민주당 내에서도 반대 목소리가 높았다. '삽질 인프라 프로젝트(shovel-ready infrastructure projects)'로 괜찮은 일자리[146] 창출은 불가능했기 때문이다. 90년대 일본의 '삽질 프로젝트'와 닮은꼴이었던 것이다.

게다가 2010년 봄부터 재정위기가 부상함에 따라 유로존을 중심으로 긴축으로 선회하였다.[147] 미국 역시 금융권 구제와 경기부양 등으로 2009회계연도(2008. 10~2009. 9)의 재정적자는 GDP 대비 10%가 넘는 1조 4,200억 달러, 2010회계연도에는 1조 2,940억 달러(GDP의 9.0%), 그리고 2011회계연도에는 1조 2,990억 달러(GDP의 8.7%)를 기록하였다(표 4-3).[148] 그 결과 미국 역시 2007~10년간 GDP 대비 정부부채가 40%나 증가했다. 미국 공화당은 국가채무의 법정한도(14.3조 달러)의 인상 거부를 무기로 오바마 행정부를 압박한 결과 연방정부의 부채 상한을 2조 1천억 달러로 늘리는 대신 10년간 정부지출 1조 2천억 달러 감축에 대한 합의를 끌어냈다.[149] 즉 향후 미국경제는 매우 엄격한 긴

---

146 2010년 미국의 일인당 GDP는 47,249달러였다.

147 유로존의 재정부양 규모는 미국보다 작았다. 미국의 재정부양 규모가 GDP의 5% 이상이었던 반면, 유로존의 경우 2009년에 GDP의 약 1% 그리고 2010년에 1% 미만에 불과하였다. 유럽중앙은행(ECB)은 2011년 4월과 7월 기준금리를 각각 0.25%포인트 인상한 이후 10월까지 1.50%를 유지하였다. 그러나 유로존 위기가 실물침체로 발전하면서 11월 3일과 12월 8일 두 차례 25bp를 인하하여 다시 최저금리 1%로 회귀하였다, 12월 8일 금리 인하 시에는 3년물 장기대출까지 도입하였다.

148 재정적자는 2012년 1조 1천억 달러, 2013년 6,800억 달러, 2014년 4,920억 달러로 줄어들었지만 여전히 금융위기 이전(2002~07년)의 연평균 재정적자 수준인 2,314억 달러의 두 배 이상이 지속되고 있다.

149 오바마 행정부는 재정지출 삭감도 필요하지만 세금 인상의 필요성을 주장했으나 공화당은 어떠한

축이 예정되고 있는 것이다. 문제는 미국의 국가채무가 이미 지속불가능한 수준이라는 점이다. 2011년 6월 미국 의회예산국(CBO)이 분석한 자료에 따르면 GDP 대비 부채 비율을 2085년까지 현 수준으로 유지하려면 향후 75년간 매년 GDP의 8.3%(약 1.2조 달러)에 달하는 재정지출 감축이나 그만큼의 세금 인상 혹은 둘의 조합이 필요하다고 주장하였다.150

표 4-3. 미국의 재정수지와 국가 순부채[1](억 달러, %)

	2007	2008	2009	2010	2011[2]
재정적자	-1,607(-1.2)	-4,586(-3.2)	-14,127(-10.0)	-12,935(-8.9)	-14,800(-9.8)
정부부채	50,351(36.2)	58,031(40.3)	75,447(53.5)	90,189(62.2)	104,300(69.4)

주: 1. 회계연도 기준. ( )은 GDP 대비 비율; 2. 2011년은 전망치.
출처: 미 백악관 예산관리실 및 의회예산국.

2011년 8월 5일 국가채무의 축소에 대한 정치권의 갈등151을 이유로 신용평가기관 S&P가 미국 신용등급을 강등시킨 것도 근본적 이유는 미국경제의 구조적 취약성과 국가채무의 지속불가능성 등에서 비롯한 것이었다. 미국 국가 신용등급의 강등은 다극체제의 현실화를 의미한다. 40여 년 전 금태환 정지로 시작된 다극체제가 일상의 영역으로 부상한 것이다. 앞에서 지적했듯이 국가 신용등급 강등은 미국 달러가 '초국가 안전자산' 지위를 상실했음을 의미한다. 미국이 주식회사 글로벌 경제의 대주주에서 최다 소액주주로 전락한 것이다. 그리고 글로벌 금

세금 인상도 거부하였다.

150 또한, 보스턴 대학의 코틀리코프(Kotlikoff) 교수가 정부의 미래 지출과 수입을 현재가치로 평가한 재정 갭(fiscal gap)의 규모는 211조 달러에 달한다. Businessweek, 2011, "Why the Debt Crisis Is Even Worse Than You Think" (July 27). 이러한 개념으로 추정한 '재정 갭'은 미국 의회가 양당 합의로 구성한 '재정 책임과 개혁에 관한 국가위원회(National Commission on Fiscal Responsibility and Reform)', 일명 '보울스-심슨 위원회 적자 감축 계획(the Bowles-Simpson commission deficit-reduction plan)'의 약 200조 달러와도 크게 차이가 나지 않는다. Businessweek, 2010, "Debt and Taxes: Will Washington Ever Grow Up?" (Nov. 17).

151 공화당은 고령자 의료보험(medicaid)의 민간 이양, 저소득층에 대한 의료혜택(medicare)의 상한 설치 등을 통해 지출 삭감을 주장한 반면, 민주당은 방위비를 포함한 임의적 지출과 농업보조금 등 의무적 지출을 대폭 삭감하고 의료혜택 제도 개혁을 통해 부담을 축소하는 한편 세제 개혁을 통한 세수 증대를 주장했다.

융시장에서 '초국가 안전자산'의 실종은 불확실성이 일상화된 시대의 도래를 의미한다. 금융위기 이후 리스크뿐만 아니라 불확실성 회피가 투자자 의사결정의 주요 기준으로 대두한 배경이다.

감세와 건설 지출이 핵심내용으로 구성된 2011년 9월 오바마가 발표한 미국 일자리법안(American Jobs Act)의 효과[152]에 대해서도 정치권이나 시장 모두 회의적이었다. 즉 감세의 경우 기존 감세안을 연장하는 수준이기에 경기 전망이 불확실한 상황에서 세금 감면이 고용을 주저하는 고용주들의 심리를 바꾸지는 못할 것이고, 여기에 공화당은 가뜩이나 취약한 연방정부의 재정 상황을 더 악화시킬 수 있다는 이유로 기본적으로 반대하였다.[153]

그렇다면 '유동성 함정'에 빠져 있음에도 불구하고 미국의 재정부양은 왜 효과적이지 못했을까? 경제학에서 재정부양의 효과는 크게 두 가지로 설명된다. 첫째, IS-LM 분석에 따르면 재정부양은 현재의 가처분소득을 증가시켜 소비를 증대시키는 승수효과와 이자율 상승 및 투자 하락으로 인한 구축효과로 구성한다. 그런데 구축효과는 통화 공급을 수반하거나 실업이 높고 설비가동률(capacity utilization)이 매우 낮은 경우에는 나타나기 어렵다. 따라서 금융위기 이후 제로금리와 고실업률 상황에 있던 미국경제의 경우 재정부양은 일정한 효과를 기대할 수 있다. 그러나 실물경기순환(Real Business Cycle, RBC) 이론[154]에 따르면 자본

152 감세의 핵심은 봉급에 부과되어 고용주가 지불하는 세금인 급여세(payroll tax)의 경우 6.2%를 4.2%로 인하한 것이 2011년 말 종료 예정인데 감면 기간을 1년 연장하면서 세율도 3.1%로 더 낮추겠다는 것이다. 백악관은 근로자들에게 근로자 1인당 1천 달러의 소득이 증가하는 효과를 갖기에 소비 진작 효과를 가져올 수 있고, 이를 통해 약 2,400억 달러 규모의 경기부양 효과가 있을 것으로 주장하고 있다. 또 6개월 이상 실업 상태에 있던 실업자를 고용하는 업체에게는 4천 달러의 세금 신용이 제공된다. 이 밖에 프리웨이 확충 및 교통시스템 개선, 학교시설 현대화 등을 위해 1,050억 달러 지출 계획을 포함했다.

153 경제성장의 둔화에 대한 우려가 제기되자 미 의회는 2011년 연말까지로 시한이 정해져 있던 급여소득세 감면과 실업자에 대한 긴급 지원을 크리스마스 휴가를 앞두고 '2개월 연장'의 임시처방으로 대응했다가, 다시 시한에 쫓겨 2012년 연말까지 연장할 정도로 미국 정치력은 빈곤함을 보였다.

154 실질경기순환이론에서 경기순환은 실질변수의 쇼크로 설명한다. 따라서 침체나 성장을 실물경제 환경의 외생적 변화에 대한 효율적 대응으로 간주한다. 즉 GDP 수준은 필연적으로 기대효용을 극대화하기에 정부정책은 장기 구조 변화에 집중하고 단기 경기변동을 완화시키기 위해 재량적인 재

의 기대수익 및 투자가 증대할 정도로 고용을 증가시키려면 재정부양은 충분히 지속되어야 한다. 그런데 재정부양은 미래 가처분소득의 현재가치를 하락시켜 부(−)의 자산효과를 통해 소비를 감소시킨다.[155] 이른바 '리카도 등가성(Ricardian Equivalence) 가설'이다. 이 가설은 일반적으로 적용하기 어렵지만 고질적인 정부부채로 인해 정부지출의 증대를 통해 더 이상 경기를 부양할 수 없는 '케인지언 종착역(Keynesian Endpoint: 경기부양을 위해 정부가 더 이상 차입할 수 없는 상황)'의 상황에서 리카도 효과는 강제 실현될 수 있다. 즉 은행 구제와 재정부양 등으로 정부부채가 이미 우려할 정도의 위험 수위에 도달한 상황이기에 추가 경기부양은 효과를 기대하기 어렵다.[156] 재정부양에 따른 납세자의 순부담이 증가할 가능성뿐만 아니라 달러가치 하락에 따른 인플레이션의 부정적 피드백 우려도 존재한다. 이처럼 오바마 행정부의 재정부양이 실패한 이유는 무엇보다 고용 증대, 즉 괜찮은 일자리 창출에 실패했기 때문이다. 정부 투자의 대부분은 괜찮은 일자리 창출이나 기업투자의 병목을 제거하는 프로젝트(bottleneck project)와는 거리가 먼 삽질 토목사업(shovel ready projects)에 집중되었다.[157] 국민의 생활경제와 직접 관련 있는 주 정부 지원이 부족하였고, 그 결과 재정 압박을 받는 주 정부들은 재정 규모를 축소하고 사람들을 해고하였다. 수년을 끄는 길고 깊은 경제 침체에는 보다 높은 수익률을 낼 수 있는 장기적 프로젝트 설계가 필요한 반면, 장기 프로젝트 마련에 필요한 비전을 제시하지 못하였다. 게다가 재정부양 자금의 1/3이

정 및 통화정책을 사용하지 말아야 한다. 이처럼 RBC 개념은 경기순환을 시장실패로 보는 케인즈주의와 통화주의와 달리 경제는 가장 효율적으로 운영된다고 본다. 신고전파에 기초한 시카고학파의 주장이다.

155 '리카도 등가성'이라고도 하는 리카도 효과에 따르면 정부지출이 크게 증가하면 나중에 세금이 증대하고 이에 따라 미래 가처분소득이 감소할 것으로 예상해서 사람들이 현재의 지출을 감소시키게 된다.

156 미국의 장기 실질 GDP 증가율이 약 2%인 반면, 미국의 국가채무가 GDP의 100% 수준에 도달했고, 연준의 장기국채 매입에도 불구하고 10년물과 30년물 국채 수익률이 각각 2%와 3% 수준을 유지하는 상황이기 때문이다.

157 1억 3천만 개 일자리 중 단 20%(2,600만 개)만이 연 6만 달러 이상의 소득을 실현하고 있고, 나머지 80%의 연봉은 평균 3만 3천 달러 수준이다. Businessweek, 2009, "How Science Can Create Millions of New Jobs" (Aug. 27). 참고로 미국의 2013년도 일인당 GDP는 52,839달러이다.

투입된 세금 감면은 디레버리지 상황에서 경기를 자극하는 데 효과를 기대하기 어렵다. 은행에 대한 (자금) 지원 역시 기업 혁신과 일자리 마련으로 연결될 수 있는가를 확인하지 못하였다.

재정투입에 의한 경기부양이 효과를 보지 못하면서 재정적자에 대한 부담은 크게 증대하였다. 3년 이상 고용 추세를 변화시키려는 정부의 노력은 부질없는 것이었다. 실업을 감소시키려는 정부 영향력이 점점 쇠퇴한 또 하나의 원인은 경제의 글로벌화에 따른 영향이다. 자본통제의 종언이 글로벌 채권시장의 성장과 자신의 통화 가치를 결정할 수 있는 개별 정부 능력의 부식을 가속화시켰듯이 개도국으로 저비용 제조업의 재배치와 광범위한 공급 체인의 분산 같은 글로벌 고용의 새로운 추세는 정책 당국들이 일자리를 창출할 수 있는 여지를 소멸시키고 있기 때문이다. 개도국의 산업화 진전에 따른 이른바 기업 단위의 생산과정 분산화와 산업 단위의 복합체 구성이 그것이다.[158] 즉 재정투입이 고용 창출과 투자 및 성장 증대 그리고 세수 증대로 이어질 경우 국가채무 문제가 발생하지 않지만 재정투입이 민간부문 주도의 회복으로 이어지지 않았기에 국가채무 증가로 이어질 수밖에 없다. 게다가 이미 시작된 베이비붐 세대(1945~63년생)의 은퇴나 건강보험 개혁 등으로 사회보장연금이나 의료보장 지출 등 법정지출(entitlement spending)이 급격히 늘어날 것이다. 금융위기 이전 GDP 대비 약 60%에 불과했던 미국의 정부부채는 2014년 말 104%를 넘어섰다. 미국 국가부채의 증가는 단순히 미국경제에 부담으로 작용하는 것이 아니라 세계경제에도 부정적으로 작용할 수밖에 없다.[159]

---

158 동아시아에서 기계산업의 생산 네트워크가 한 예에 해당한다. 종래 선진국 간 상품의 질의 차이에 기초한 산업내무역에서 기업 단위에서 생산과정의 분산화에 기초한 산업내무역이 형성되었다. F. Kimura and A. Kimura, 2011, "Production network in East Asia: What we know so far," ADBI WP no. 320 (Nov.).

159 GDP 대비 미국 부채가 영구적으로 10% 증가할 경우 장기적으로 미국의 조세 부담과 세계경제의 실질 이자율을 0.3~0.6% 증가시키고, 미국과 나머지 세계의 실질 GDP를 0.2~0.3% 감소시키는 것으로 추정된다. C. Freedmana, M. Kumhofb, D. Laxtonb, D. Muirb, S. Mursula, 2010, "Global Effects of Fiscal Stimulus During the Crisis" (Feb. 25), http://www. stanford.edu/~johntayl/carnegie1march.pdf

재정건전화에 대한 우려는 미국채에 대한 외국 투자자의 수요 감소(보유 자산 다양화)와 그에 따른 달러가치 하락 압력으로 작용하였다. 금값의 고공 행진이나 1차 상품 가격의 상승도 이와 무관하지 않았다. 2010년 하반기부터 경기가 다시 위축되면서 일부에서 추가적인 경기부양의 필요성이 제기되는 상황임에도 불구하고, EU가 적극적으로 요구하는 재정건전화 주장을 미국이 G20 정상회담에서 수용한 이유이기도 하다. 즉 2010년 6월 말 캐나다 토론토에서 개최된 제4차 G20 정상회담에서 각국은 2013년까지 재정적자를 절반으로 줄이고, 정부부채 비율도 2016년까지 안정화 또는 하향 추세로 전환하기로 합의하였다. 무엇보다 미국인들에게는 재정지출에 따른 이득이 향후 자신들이 부담해야 할 세금보다 크지 않다는 생각이 확산되고 있기 때문이다. 그러나 긴축은 경기회복은 물론이고 재정건전화에 도움이 되지 않는다.

경기침체가 지속된 가운데 정부부채가 증가(표 4-4)하면서 긴축과 재정건전화의 관련에 대한 논쟁이 대두하였다. 사실, 지난 30년간 신자유주의 경제학이 득세하면서 재정부양은 부정적으로 평가받아 왔기에 재정부양에 대한 반대 목소리의 증가는 예상된 결과였다. 즉 국가부채가 증가하면서 재정건전화의 중요성이 부각되었고, 재정건전화가 경제 회복에 기여한다는 주장이 경제학자와 정부 그리고 국제금융기관 등에서 제기되었다. 재정부양에 대한 공격은 금융위기가 제대로 수습되지 않은 2009년 여름부터 제기되었다. 1970~2007년간 OECD 국가들을 대상으로 한 연구를 통해 감세에 기초한 재정부양이 지출 증대에 기초한 재정부양보다 성장을 증대시킬 가능성이 높고, 세금 인상이 아닌 정부지출 축소를 통한 재정긴축으로 경기부양이 가능하다는 주장이 제기되었다.[160] 이러한 주장은 2010년 하반기 전후에 더욱 고조되었다. 대표적으로 장 클로드 트리셰(Jean-Claude Trichet) 전 유럽중앙은행(ECB) 총재는 2010년 6월 재정 긴축이 적어도 단기적으로 경기를 위축시킨다는 주장에 대해 "긴축 조치가 침체를 촉발시킬 수 있

160 A. Alesina and S. Ardagna, 2009, "Large changes in fiscal policy: taxes versus spending," NBER Working Paper No. 15438.

▌표 4-4. 금융위기 전후 정부 총부채(GDP 대비 %)

선진국경제	2006	2007	2008	2009	2010	2011	2012	2013	2014	2015	2016
호 주	9.9	9.6	11.7	16.9	20.5	22.8	23.8	23.0	21.6	20.0	18.2
오스트리아	62.8	60.7	63.8	69.6	72.2	72.3	73.9	74.1	73.8	73.4	72.9
벨기에	88.0	84.2	89.8	96.3	96.7	94.6	94.3	93.9	93.6	93.2	93.0
캐나다	70.3	66.5	71.1	83.3	84.0	84.1	84.2	82.3	79.7	76.4	73.0
체코공화국	29.4	29.0	30.0	35.4	38.5	41.1	43.2	44.6	45.7	46.7	47.6
덴마크	41.0	34.1	42.2	41.8	43.7	44.3	45.8	47.0	48.1	48.8	49.2
에스토니아	4.4	3.7	4.6	7.2	6.6	6.0	5.6	5.3	5.1	4.8	4.6
핀란드	39.6	35.2	33.9	43.3	48.4	50.2	50.3	51.0	51.6	52.0	52.3
프랑스	63.9	64.2	68.3	79.0	82.4	86.9	89.4	90.8	90.8	89.7	87.7
독 일	67.9	65.0	66.4	74.1	84.0	82.6	81.9	81.0	79.1	77.1	75.0
그리스	106.1	105.4	110.7	127.1	142.8	165.6	189.1	187.9	178.5	165.1	162.8
홍 콩	31.9	30.8	30.4	34.0	33.2	31.6	30.5	29.7	29.1	28.6	28.0
아이슬란드	30.1	29.1	70.3	88.2	92.4	101.2	96.8	95.0	91.7	88.2	82.5
아일랜드	24.7	24.9	44.4	65.2	94.9	109.3	115.4	118.3	117.7	116.1	114.3
이스라엘	85.0	78.1	77.1	80.7	77.4	71.1	68.9	66.8	64.4	62.0	59.7
이탈리아	106.6	103.6	106.3	116.1	119.0	121.1	121.4	120.1	118.4	116.3	114.1
일 본	191.3	187.7	195.0	216.3	220.0	233.1	238.4	242.9	245.9	249.9	253.4
한 국	31.1	30.7	30.1	33.8	33.4	32.0	30.0	28.0	26.0	24.0	22.2
네덜란드	47.4	45.3	58.2	60.8	63.7	65.5	66.5	66.9	66.7	65.8	64.4
뉴질랜드	19.4	17.4	20.3	26.1	32.0	35.3	34.6	34.1	33.3	31.3	29.7
노르웨이	60.5	58.6	56.8	55.4	55.4	55.4	55.4	55.4	55.4	55.4	55.4
포르투갈	63.9	68.3	71.6	83.0	92.9	106.0	111.8	114.9	114.6	112.5	110.5
싱가포르	86.8	85.9	97.2	105.0	96.3	93.5	90.1	87.8	85.3	83.1	81.7
슬로바키아공화국	30.5	29.6	27.8	35.4	41.8	44.9	46.9	47.1	46.9	46.1	45.4
슬로베니아	26.7	23.4	22.5	35.5	37.3	43.6	47.2	49.2	50.8	52.1	53.5
스페인	39.6	36.1	39.8	53.3	60.1	67.4	70.2	72.8	74.9	76.1	77.4
스웨덴	45.3	40.2	38.8	42.8	39.7	36.0	32.6	29.2	25.7	22.4	19.3
스위스	64.4	57.2	54.8	54.8	54.5	52.4	51.2	50.0	49.1	47.7	46.4
영 국	43.1	43.9	52.0	68.3	75.5	80.8	84.8	85.9	85.1	83.1	80.4
미 국	61.1	62.3	71.6	85.2	94.4	100.0	105.0	108.9	111.4	113.2	115.4

출처: J. Harding, 2011, "Core Meltdown In Europe?" The Daily Capitalist (Nov. 15).
http://dailycapitalist.com/2011/11/15/core-meltdown-in-europe/

다는 생각은 부정확"하고 신뢰할 수 있는 재정건전화 계획이 자신감을 회복시킨다고 주장하였다.[161] 이에 대해 IMF는 GDP의 1%에 달하는 재정건전화는 2년 후에 GDP의 0.5% 감소와 실업률 0.3%포인트 증가시킨다고 반박하였다.[162] 2011년에도 미국 정부부채 계기로 논쟁은 재점화되었다.[163] 긴축이 성장을 촉진시킬 수 있다는 이른바 '확장적 긴축론(the expansionary fiscal consolidation hypothesis)'은 파산가능성 하락에 따른 이자율 하락이 투자와 자산 가격을 지지할 것이고, 미래 예상 세금의 감소와 평생소득의 증대가 투자와 지출을 증가시킬 것이라고 주장하였다. 이를 뒷받침하기 위한 유럽중앙은행(ECB)의 한 연구는 확장적 긴축론이 주장하는 기대채널(expectation channel)이 충분히 강할 경우 재정 긴축은 경기확장으로 나타날 수 있다고 주장하였다. 그러나 현실은 기대채널이 작동하지 않는 것으로 확인되었다. 1978~2009년간 선진국에서 173번의 재정정책 변화를 분석한 IMF는 GDP 1%에 해당하는 예산 삭감이 실질 GDP를 2/3%포인트 감소시키고 실업률은 1/3%포인트 증가시키는 것을 확인하였다.[164] 게다가 재정건전화는 소득불평등을 심화시킨다.[165]

사실, '확장적 긴축론'은 역사적 경험으로도 입증되지 않았다. 재정 긴축에도

---

161 Reuters, 2010, "Budget austerity plans will not drag the euro zone economy into stagnation" (June 24).

162 Economist, 2010, "Cutting edge: Does fiscal austerity boost short-term growth? A new IMF paper thinks not" (Sep. 30); IMF, 2010, "World Economic Outlook (WEO), Recovery, Risk, and Rebalancing," Ch. 3, Will It Hurt? Macroeconomic Effects of Fiscal Consolidation.

163 Economist, 2011, "Cut or loose, Again? History suggests that austerity and growth just do not mix" (July 16).

164 J. Guajardo, D. Leigh, A. Pescatori, 2011, "Expansionary Austerity: New International Evidence," WP/11/158, IMF Working Paper (July); J. Cimadomo, S. Hauptmeier, S. Sola, 2011, "Identifying the effects of government spending shocks with and without expected reversal an approach based on U.S. real-time data," ECB WP. no 1361 (July); R. Perotti, 2011, "The 'austerity myth': Gain without pain?" presented at BIS conference (June).

165 1970~2010년 사이에 18개 산업국가에서 재정건전화, 즉 지출 삭감은 소득불평등을 증대시킨 것으로 확인되었다. 특히 지출 삭감의 방식이 증세 방식보다 소득불평등을 약 세 배나 증대시키는 것으로 나타났다. L. Agnello and R. Sousa, 2011, "Fiscal Consolidation and Income Inequality," NIPE WP. 34.

불구하고 성장을 달성한 경우는 이자율 인하의 여력이 있거나, 세계경제가 나쁘지 않을 경우 수출의존도가 높은 경제에 국한되었다. 첫째, 이자율 인하의 여력이 있을 경우 재정지출의 삭감은 재정건전성에 대한 약속을 보여주는 강한 신호로 작동하기에 지출 삭감의 충격을 완화시킬 통화부양(예: 이자율 인하)을 할 수 있다. 둘째, 지출 삭감과 통화완화는 통화가치 하락을 통해 순수출을 증대시킬 수 있다. 그러나 현재의 상황은 금리 인하의 여력도 존재하지 않고, 글로벌 경기침체로 수출을 증대시키기도 어렵다.

사실, 미국의 경우 재정건전화를 위해서는 감세의 철회가 불가피하다. 앞에서 살펴보았듯이, 미국 국가채무의 급증은 2000년대 주니어 부시행정부에서 발생한 것이다. 현재 미국 국가채무의 상당 부분이 두 개의 전쟁을 수행하면서 두 차례의 감세를 추진한 결과라는 점에서 부시행정부의 한시적 감세 인하를 종료한다면 재정적자는 크게 축소시킬 수 있다. 사실, 증세가 '성장을 저해하고 일자리를 죽이는 악마'라는 공화당의 주장은 지나치게 이념적이다. 미국의 연방세는 1950년 이래 가장 낮고, 의회예산국(CBO)에 따르면 연방세 수입은 2011년 GDP의 14.8%에 해당한다.[166] 이는 전후 평균인 18.5%나 레이건 대통령 시절의 18.2%보다 낮은 것이다. 경기침체 상황에서 증세는 성장을 저해한다고 주장하지만 1982년 레이건 대통령 시절 증세는 미국 역사상 평화 시기 중 가장 커다란 증세였고 레이건 재선을 가능케 하였던 1983년과 84년의 경기회복으로 이어졌다. 그리고 1993년 민주당 클린턴 행정부가 세금을 인상하였을 때 공화당 하원 원내대표였던 딕 아미(Dick Armey)는 경제를 침체로 밀어 넣는 '일자리 죽이기(job-killer)'라고 비난하였지만, 2,300만 개의 일자리가 만들어졌고 2,360억 달러의 재정흑자를 만들어냈다. 대조적으로 부시의 두 차례 감세는 단지 3백만 개의 일자리를 만들었고 흑자의 유산은 1조 2천억 달러의 적자로 바뀌었다.

이런 점에서 증세와 보틀넥 프로젝트의 결합이 절대적으로 요구된다. 경기 침

166 이는 2011년 한 해만 그런 것이 아니었다. 2009년과 2010년에도 14.9%를 차지하였다.

체는 고용 감소와 임금 하락 압력으로 작용한다. 그런데 임금 비중의 감소는 이윤 증대와 무역수지 개선을 통해 기업 투자를 증대시키는 측면(이윤주도체제, profit-led regime)과 총수요 감소를 통해 설비가동률(capacity utilization)을 감소시켜 기업 투자를 감소시키는 측면(임금소득주도체제, wage-led regime)이 존재한다. 즉 임금 비중의 감소는 이윤에 대한 정(+)의 투자탄력성과 설비가동률에 대한 부(−)의 투자탄력성의 크기에 따라서 기업 투자에 영향을 미친다. 1980~2008년간 미국에 대한 실증분석은 임금소득주도체제(wage-led regime) 가설을 지지한다.[167] 이는 소득 증대가 일자리 창출로만 연결될 수 있다면 증세를 통한 재정부양책이 침체에서 벗어날 수 있고 실업을 해결할 수 있음을 의미한다.[168]

제4절 혁신의 실종

미국은 IT 혁명을 경험하였던 90년대 후반만 하더라도 21세기에 대해 장밋빛 전망으로 가득했다. IT를 이어 생명공학(BT) 등에 대한 새로운 기술혁명을 크게 기대하였다. 그러나 예상과 달리 혁신에 대한 약속은 실패로 끝났다.[169] 예를

167 J. López-Gallardo and L. Reyes-Ortiz, 2011, Effective Demand in the Recent Evolution of the US Economy, Levy Economics Institute Working Paper No. 673 (June).

168 분석 모델은 다음과 같다.

$Y = C + I + J + G \quad \cdots (1)$

$Y = C(w, Y, C, R) + I(w, Y, C, R) + J(Y, Y^*, w) + H + O \cdots (2)$

여기서 H와 O는 각각 기업이윤에 대한 세금과 기타 정부수입, Y^*는 OECD GDP이다.

그리고 무역수지(J)는 국내 GDP와 해외 GDP 그리고 임금 비중에 의존한다고 가정한다.

따라서 $Y = Y(w, Y^*, C, R, H, O) \quad \cdots (3)$

그리고 회귀분석의 결과는 다음과 같다.

$Y = 0.83Y^* + 2.17w + 0.14C + 0.15O + 0.11H - 0.012R \cdots (4)$

첫째, 임금 비중의 증대는 단기 및 장기에서 수요와 GDP를 증대시킨다.

둘째, 이윤에 대한 증세든 다른 정부 수입에 의한 것이든 정부지출의 증대는 수요와 소득을 증대시킨다.

셋째, 통화완화는 단기 및 장기에서 수요와 소득에 영향을 미친다.

G. Corsetti and G. Müller, 2011, Multilateral economic cooperation and the international transmission of fiscal policy, CEPR DP8748 (Dec. 20).

들어, IT 붐이 절정이었던 1998년 말부터 금융위기 직전인 2007년 말 사이에 제약, 바이오테크, 생명과학 관련 기업의 S&P 500 주가 지수는 32%, 그리고 IT 지수는 29%나 하락하였다.[170] 혁신의 원천인 벤처자본의 투자액이 닷컴버블의 붕괴 이후 거의 1/6 수준으로 하락했다. 문제는 닷컴버블 이후의 공격적 통화완화 정책과 경기회복 이후에도 불구하고 벤처자본 투자액이 회복되지 않았다는 점이다. 이에는 두 가지 원인을 생각할 수 있다. 첫 번째 원인은 주택시장의 붐이 벤처자본의 공급 감소에 미친 영향을 생각할 수 있다. 두 번째 원인은 벤처자본의 효과성 약화를 생각할 수 있다. 예를 들어, IT 혁신의 동력이었던 벤처자본 모델은 클린테크(CT) 분야에서 작동하지 않았다.[171] IT에 비해 투자 규모와 리스크가 너무 크기 때문이다.[172] 즉 구글(Google)이나 아마존(Amazon)의 경우 약 2,500만 달러의 규모로 만들어낼 수 있었으나, 차세대 태양광 전지나 디지털 조명(digital lighting)이나 전기차 배터리 등은 수십 억 달러가 소요된다. 실제로 닷컴버블의

출처: Businessweek, 2009, Super Angels' Shake Up Venture Capital (May 21).
http://www.businessweek.com/magazine/content/09_22/b4133044588106.htm

▌그림 4-46. 최근의 미국 벤처자본 투자액의 추이(10억 달러)

---

169 Businessweek, 2009, "The Failed Promise of Innovation in the U.S. During the past decade: Innovation has stumbled. And that may help explain America's economic woes" (June 15).

170 Businessweek, 2009, "The Failed Promise of Innovation in the U.S." (June 15).

171 Businessweek, 2009, "Rebuilding America's Job Machine" (Jan. 29).

172 바이오테크 분야도 마찬가지이다. 일반적으로 신약개발은 장기간(10년), 많은 비용(평균 1조 원)이 소요되며, 이 비용 가운데 60%는 임상시험에 투자되지만 성공률은 단 8%에 불과한 실정이다. 즉 합성신약 개발의 경우 약 1만 개의 화합물 중 50개 내외만이 후보물질이 되고, 이 중 1~2개만 신약으로 개발된다. 이는 1만분의 1의 확률을 의미한다.

붕괴 이후인 21세기에도 페이스북(Facebook)이나 유튜브(YouTube) 등 새로운 IT 기업은 등장했으나 바이오연료 등 클린테크 분야는 만족스러운 성과를 만들어내지 못했다.

오바마 행정부는 에너지 자원의 위기와 에너지 사용으로 인한 기후변화 위기 등을 해결할 뿐만 아니라 무엇보다 금융위기 이후 새로운 성장 동력의 확보를 위해 '그린 뉴딜(Green New Deal)'을 내세웠다. 예를 들어, 오바마는 취임 2달가량 후인 2009년 3월 19일 출연한 NBC방송의 심야 토크 프로그램(Talk Program)인 'Tonight Show'에서 "지난 15~20년간 미국은 금융시장에서 많은 이익을 냈으며, 이는 미국 전체 경제의 40%에 달하는 것으로 추정된다", "그러나 알고 보니 성장의 실체는 없었다"라며 금융에 의한 성장은 신기루였음을 고백하였다. 이처럼 금융과 실물의 불균형 그리고 무역적자(글로벌 불균형)를 해소할 뿐만 아니라 약화된 금융의 역할을 세우고 미국경제의 체질을 강화하는 것이 시급하였다. 이러한 배경에서 미국 의회는 2009년에 2022년까지 1년에 210억 갤런의 바이오연료를 사용해야만 한다고 결정했다. 이러한 목표를 달성하기 위해 세금 우대와 대출 보증, 그리고 지원금 등을 지원하기로 하였다. 그러나 바이오연료의 개발은 초기부터 거품 가능성이 지적되었다.[173] 실제로 2011년 글로벌 바이오연료 생산

173 목표 완수를 위해서는 하나당 5억 달러 이상이 드는 공장을 수백 개 건립하고, 섬유소를 액체 연료로 전환시키는 기술개발을 위해 대규모 인내자본이 요구된다. 예를 들어, 300억 갤런의 바이오연료를 생산하기 위해서는 현재 기술로는 3억 톤 이상의 식물재료를 소비해야 하는데, 이는 지난 10년 이상 동안 미국에서 판매된 승용차와 경트럭의 무게보다 많은 양으로 최소 3천만 에이커(약 367억 2,570만 평으로 한국 경지의 약 6.7배에 해당하는 규모)의 경지가 필요하다. 게다가 생산량 증대에 따라 바이오연료의 원료에 대한 수요와 가격 증대는 불가피하다. 반면, 바이오연료의 수요 증대에 따라 석유 수요의 감소와 석유가격의 급격한 하락은 불가피하다. 2008년 하반기 석유에 대한 5% 수요 감소로 석유가격이 갤런당 4.14달러에서 1.74달러로 하락하였다. 화석연료와의 가격경쟁이 쉽지 않음을 보여준다. 80년대 초 많은 재생에너지 개발 노력이 실패한 이유이다. 거대 자본의 이해관계 역시 바이오연료의 기술진보에 장애로 작용하고 있다. 정유사들은 연방정부의 규정에 따라 10% 정도의 에탄올을 승용차와 트럭이 사용하는 휘발유에 혼합하는데 그 이상을 사용하면 엔진에 무리가 되기에 1년에 소비하는 1,370억 갤런의 휘발유를 고려하면 130억 갤런 정도의 에타놀 사용이 최대치가 되고, 그 이상의 에탄올을 사용하려면 연료라인이나 펌프 등 전체 인프라를 새로 구축해야 하는 문제가 발생한다. Businessweek, 2009, "The Biofuel Bubble" (April 16).

량이 하루 평균 181만 9천 배럴을 기록, 182만 2천 배럴을 생산했던 2010년보다 규모가 줄었다. 시장점유율 50%로 절반을 독점[174]하고 있는 미국이 지난 30년간 바이오연료 산업에 재정적 지원을 해오던 것을 종료했기 때문이다.[175] 국제에너지기구(IEA) 역시 2006~10년 기간 동안 바이오연료 생산량 증가분은 하루 100만 배럴 수준이었지만 2011년부터 오는 2015년까지는 그 양이 40만 배럴로 줄 것으로 전망하였다. 이처럼 경제 논리와 기술에서 취약하고, 정치적 자극에 의존하던 바이오연료 개발은 더 이상 이슈가 되지 않고 있다.

정의상 재생에너지 원천은 대부분 높은 선행투자 비용(up-front costs)과 낮은 운영비용(running costs)을 특징으로 한다. 즉 장기적인 내장 수입 흐름(long-term pre-defined revenue streams)을 갖는 규제된 자산이기 때문에 특히 부채 방식의 자금조달(debt finance)이 적합하고 80-20의 높은 부채비율(debt-to-equity ratios) 경향성을 갖는다. 따라서 자본의 부족과 비용이 아니라 신용이 청정에너지의 문제다. 반면, 화석연료는 오염 비용을 부담하지 않는 한 에너지 저장의 측면에서 땅 밖으로 추출해 판매하는 비용이 매력적일 정도로 저렴하다. 따라서 소비자나 정부로부터 명백한 신호를 얻지 않는 한 기업은 이익을 포기할 수 없을 것이다. 이처럼 미래의 성장 동력으로 추진하는 그린 산업의 창출은 '고수익-고위험'의 문제를 해결해야 하고, 이는 새로운 금융 인프라의 필요성을 의미한다. 즉 금융화 속에서 금융의 성장에도 불구하고 금융시스템이 금융중개기능을 제대로 수행하고 있지 못함을 의미한다. 오바마 행정부가 그린 뉴딜을 추진하자마자 '그린 슬럼프(Green Slump)'가 회자된 이유이다.

클린테크 시장이 정치적으로 만들어지고 있다는 것은 전기차에서도 확인된다. 즉 전기차는 경제적 효율성과 유용성이 낮을 뿐만 아니라 녹색적이지도 않다.

174 미국에 이어 브라질(22.2%), 유럽(11.1%), 기타 지역(16.7%)이 차지하고 있다.

175 IEA, 2011, "Oil Market Report" (Dec. 13). 미국은 2011년부터 갤런당 45센트의 바이오연료 산업 보조금 혜택을 종료하고, 자국 바이오연료 산업을 보호하기 위해 값싼 외국산 에탄올에 부과했던 갤런당 54센트의 관세 제도도 폐지했다. 미국은 지난 30년간 보조금으로 450억 달러를 지원했다. Food Safety News, Jan. 8, 2012.

주요 국가들은 전기차 개발을 위해 지원을 하고 있다. 예를 들어, 2010년 기준 영국 정부는 무공해 자동차라는 논리로 전기차를 구입하는 경우 5천 파운드(약 8천 달러), 미국은 7,500달러를 지원하였다. 따라서 영국의 모든 승용차가 전기차로 대체될 경우 납세자의 부담은 1,500억 파운드가 소요된다. 반면, 석유엔진을 가진 자동차에 비해 CO_2 방출을 20% 축소시키는 전기차 사용으로 줄어드는 CO_2 방출량은 2%에 불과하다. 그런데 1,500억 파운드로는 영국 전체 발전량을 태양광 전지로 교체 가능하고, 이를 통해 전체 CO_2 방출량의 1/3 수준까지 축소가 가능하다. 게다가 현재 전기차의 기술 수준은 단거리 운행, 정상적인 기후 상태, 최소의 승객과 수하물 등의 조건에서 석유연료 자동차와 경쟁이 가능하다.[176] 이처럼 녹색산업 만들기는 납세자의 희생 위에 전개될 정치적 파티로 끝날 가능성이 높다.

이처럼 혁신은 난관에 봉착해 있다. 혁신시스템이 제대로 작동하지 않는 것이다.[177] 새로운 혁신을 만들어내는 데 벤처자본 모델의 한계가 드러난 것이다. 생명과학, 바이오테크, 신소재, 우주과학 등 10대 하이테크 분야에서의 미국의 무역수지가 1998년에 300억 달러의 흑자를 실현하였으나 2007년까지 530억 달러의 적자로 전환된 이유이다.[178] 이와 관련하여 혁신 방식의 변화를 주목할 필요가 있다. 즉 과거 혁신을 주도했던 것은 연구개발(R&D)이었다. 역사적으로 혁신을 위한 미국의 인프라스트럭처는 느슨한 민관 파트너십에 의한 것이었다. 20세기 미국이 세계의 혁신을 주도하는 데 주도적 역할을 수행한 벨연구소(Bell Labs), RCA연구소, 제록스의 팍(PARC, Palo Alto Research Center), IBM연구소, 나사(NASA), 미국 국방통신국(Defense Advanced Research Projects Agency, DARPA) 등

176 Economist, 2010, "Electric cars: Electric cars, though a welcome development, are neither as useful nor as green as their proponents claim" (Oct. 7).

177 예를 들어, 비즈니스위크(Sept. 19, 2011)는 "미국이 작동하지 않는다(America isn't working)"라고, 영국의 일간지 가디언(Dec. 28, 2011)은 "새로운 아이디어의 본산(generator of the next big idea)이라는 위상을 점차 잃어가고 있다"라고 표현하고 있다.

178 Businessweek, 2009, "The Failed Promise of Innovation in the U.S." (June 15).

이 그렇다. 이 연구소들의 기초 연구들을 상업화하기 위한 풍부한 기업 펀드와 벤처 자본이 있었기에 수백만 명의 고소득 일자리 창출을 포함해, 과학과 기술과 경제 등에 거대한 기여를 할 수 있었다. 그런데 1990년대 이래 이들 연구소들의 기초 연구 기금들이 서서히 하락하고 있다. 벨연구소는 2001년까지 3만 명을 고용하고 있었지만, 오늘날 1천 명 수준에 불과하다.[179] 금융위기 이후 나사(NASA)의 대규모 인원 감축 및 규모 축소 등도 이러한 배경과 관련이 있다.[180] 종래 혁신 방식이 성과를 만들어내지 못하기 때문이다. 죽어 버린 미국 혁신 모델의 현주소를 보여주는 상징이다.

이는 연구개발(R&D) 투자가 혁신으로 이어지지 않고 있기 때문이다. 실제로 R&D 지출과 기업성과 사이의 관계는 크게 약화되었다. 예를 들어, 컨설팅회사인 부즈 앤 컴퍼니(Booz & Company)가 2005년부터 매년 전 세계에서 R&D 투자가 가장 많은 1,000개 상장회사를 조사[181]한 결과 R&D 지출이나 특허 보유 건수는 기업 재무성과와 유의미한 상관관계를 갖지 못했다. R&D 지출이 많다거나 특허 보유 건수가 많다고 해서 기업 재무성과가 획기적으로 좋아지지는 않았다는 뜻이다. 예를 들어, 애플(Apple)은 전체 매출액의 3.1%를 투자했는데 이는 컴퓨터와 전자산업 평균의 절반에도 미치지 못하는 수준이다.[182] 그런데 애플의 재무성과는 5년간 주주 총수익률(Total Shareholder Return, TSR)이 63%로 업계 최고였다.

기업의 혁신 방식의 변화는 모바일 업종에서 잘 확인된다. 〈그림 4-47〉에서 보듯이 애플의 경우 2005년부터 매출액 대비 R&D 지출 비중은 하락, 특히 모바일 폰 시장에 진출하기 시작한 2007년 이후에는 4% 이하로 하락했음에도 불구하고 수익 구조가 크게 개선되었다. 즉 애플은 혁신을 만들어내기 위해서 연구개

179 Businessweek, 2009, "How Science Can Create Millions of New Jobs: Reigniting basic research can repair the broken U.S. business model and put Americans back to work" (Aug. 27).

180 Businessweek, 2010, "NASA: Lost in Space" (Oct. 28).

181 B. Jaruzelski and K. Dehoff, 2010, "THE GLOBAL INNOVATION 1000: How the Top Innovators Keep Winning," ISSUE 61 (winter). http://www.booz.com/media/file/sb61_10408-R. pdf

182 참고로 삼성전자의 2010년 매출 대비 연구개발비 비중은 애플의 약 두 배 수준인 6.09%였다.

발비에 많이 지출할 필요가 없음을 보여주었다. R&D 지출과 수익성 간 상관성의 약화는 애플의 기간별 수익률을 비교해도 확인된다. 애플의 매출액 대비 영업이익률과 매출액 대비 R&D 지출액의 비중을 보면 2011년에는 각각 31.2%와 2.24%(24.3억 달러), 2012년에는 각각 35.3%와 2.16%, 2013년에는 각각 28.7%와 2.62%, 2014년에는 각각 28.7%와 3.33%를 기록했다. 수익률과 R&D 지출

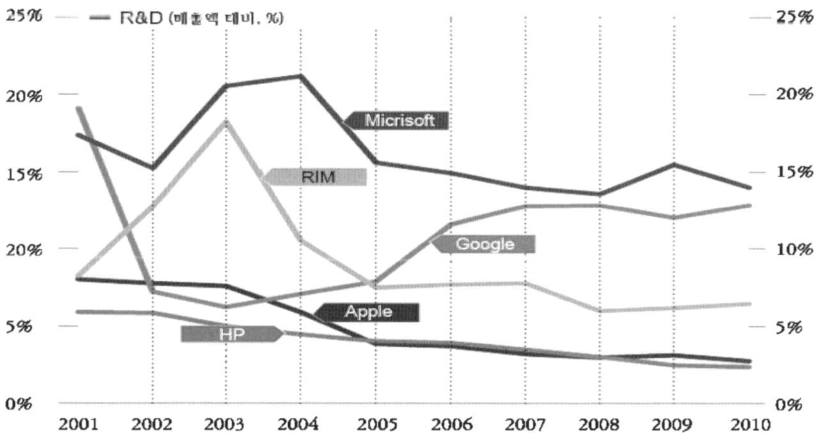

출처: Businessweek, 2011, "Mobile Wars!" (Feb. 16).

▌그림 4-47. 미국 모바일 업종의 매출액 대비 R&D 비중 추이

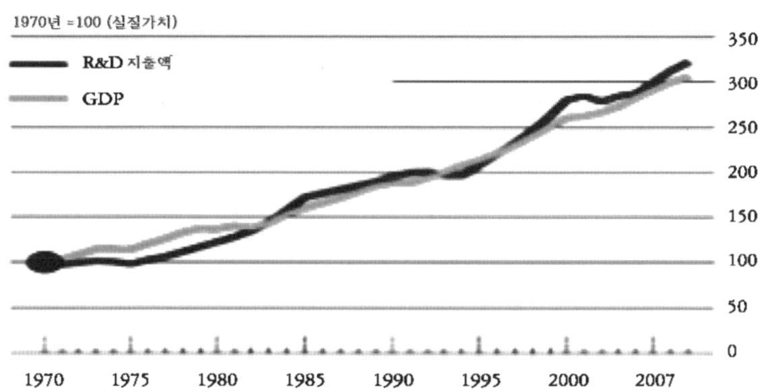

출처: Bureau of Economic Analysis; National Science Foundation.

▌그림 4-48. 미국의 GDP와 R&D 지출의 증가율(1970년=100)

액의 비중 간에 상관관계가 보이지 않을 뿐 아니라 오히려 역(−)의 관계까지 확인된다. 이는 2014년 분기별 실적에서도 확인된다. 1분기(2013년 12월 말 기준) 영업이익률과 R&D 지출액의 비중은 각각 30.3%와 2.31%, 2분기에는 각각 29.8%와 3.12%, 3분기에는 각각 27.5%와 4.28%, 4분기에는 각각 26.5%와 4.0%를 기록했다. 특히 애플의 수익률이 가장 높았던 2012년의 매출 대비 R&D 지출의 비중은 흔히 경쟁상대로 알려진 삼성전자의 1/3 수준에 불과했다. 참고로 삼성전자의 매출 대비 R&D 비중은 2010년 6.1%, 2011년 6.2%, 2012년 5.9%, 2013년 6.5%였다. 미국경제 전체를 보더라도 지난 1970년 이래 금융위기 이전까지 R&D 지출과 GDP의 증가율은 거의 같은 속도로 증가하였다. 오히려 혁신이 중단된 2000년대에 R&D 지출이 GDP 증가율을 약간 상회했을 정도다. 하지만 R&D 비용에 대한 지출이 많다고 하여 기업의 혁신 성과가 높은 것은 아니었다.

애플의 수익에 가장 크게 기여를 하였던 스마트폰, 특히 앱스토어(App Store) 수익 모델은 기업의 과거 수익 방식과 커다란 차이를 보여주었다. 2012년 기준 애플의 고용 규모는 72,800명이었으나 애플의 앱스토어에 등록된 적극적 앱 개발자는 19만 2천 명에 달하였다.[183] 기업의 내부 자원을 개방함으로써 외부 자원과의 결합 및 협력을 통해 기업생태계를 구축한 결과물이었다. 이른바 '개방형 협력 혁신(open collaborative innovation)' 방식인 것이다.[184] 이처럼 애플이나 IBM 등이 시도하는 새로운 혁신과 가치 창출의 공통점은 '협력'과 '공유' 그리고 '호

183 OECD, 2013, OECD Economic Outlook, Vol. 2013/1.
http://dx.doi.org/10.1787/eco_outlook-v2013-1-en

184 예를 들어, IBM은 기존의 폐쇄형 혁신을 탈피하여 '협력적 혁신' 개념에 기초해 외국 정부, 대학, 기업들(사우디아라비아, 중국, 스위스, 아일랜드, 타이완, 인도, 브라질 등)과 자신이 보유한 지적 자산과 자금을 결합시켜 혁신능력 향상을 추구한다. 이에 대해 미국 내 일부에서는 IBM의 시도가 "미국 기업들에게 좋은 것은 미국에게도 좋은 것"이라는 인식과 부합하지 않는 것으로 하이테크 원천기술을 소유하고 있는 미국의 글로벌 기업들이 해외에서 외국과 협력을 통해 혁신을 추구함으로써 미국의 경쟁력을 손상시킬 수 있기에 정부가 이를 막을 것을 주장하기도 한다. 그러나 IBM은 협력에 의한 혁신 전략을 더욱 강화할 계획이고, 협력을 통해 만들어낸 지적 재산의 공동소유를 추진 중이다. Businesswee, 2009, "Big Blue's Global Lab" (Aug. 27).

혜성'이다. 기업의 협력 대상의 범위가 확산되면서 '호혜성', 즉 협력과 공유가 가치 창출의 키워드로 부상하고 있는 것이다. 문제는 개인주의 문화에 기초한 미국 사회에서 호혜성 원리가 확산되고 제도적으로 정착하기는 쉽지 않다는 점이다. 이와 관련하여 1990년대 후반 클린턴 행정부 시절 소프트웨어 공급의 지체 현상, 이른바 '소프트웨어 갭(software gap: 소프트웨어에 대한 수요 불충족의 정도)'의 문제를 해결하기 위해서 미국의 컴퓨터 관련업계와 학계 전문가들로 구성된 '대통령의 정보기술자문위원회'의 결과물이 사장된 사실은 시사하는 바가 크다. 즉 당시 위원회는 미국이 직면하고 있는 저작권 보호환경으로는 다양한 수요를 따라잡을 수 없기 때문에 '소프트웨어 갭'을 좁힐 수 있는 유일한 대안으로 소프트웨어의 개발과 사용 체제를 소스공개형으로 전면 전환할 것을 주장하였다. 그러나 대부분의 위원회 보고서가 실현되는 데 어려움이 없었던 반면, 이 보고서는 부시 행정부에 의해 묵살되었다. 소스공개의 법제화가 미국의 개인주의 문화에서 받아들이기 어려운 일이었기 때문이다. 경쟁의 원리와 사유재산권 체계 위에 건설된 미국식 시장경제가 지식의 공유를 받아들인다는 것은 미국식 가치체계와 문화의 부정인 것이다.

이처럼 새로운 혁신은 무형자산, 예를 들어 아이디어와 지식 등의 중요성이 증대하면서 새로운 문화와 인재 육성 방식, 재산권 체계 등을 요구하고 있다. 세계 최고의 대학을 보유하고 있음에도 불구하고, 미국의 글로벌 대기업들은 인재 부족을 불평하며 글로벌 인재 활용에 기초한 글로벌 랩(실험실) 운영을 통해 혁신을 만들어내려고 한다. 이는 (일자리 양극화에서 지적했듯이) 현재의 교육 방식과 프로그램이 문제 해결 능력을 가진 인재를 공급하고 있지 못함을 의미한다. 19~20세기 '혁신의 강국'이었던 미국이 혁신을 부활시키기 위해서는 기존의 사회 문화나 교육 방식, 제도나 시스템 등의 장애물을 넘어 새로운 가치 체계와 문화, 소프트 인프라스트럭처를 창출해야 한다. 이 과정에서 사회 구성원 간 이해의 갈등을 조정하는 정치 리더십이 필요하다. 그런데 미국 사회는 경제적 불평등의 심화 못지않게 정치적 양극화가 심화되며 정치 자체가 실망의 대상이 되고 있다.

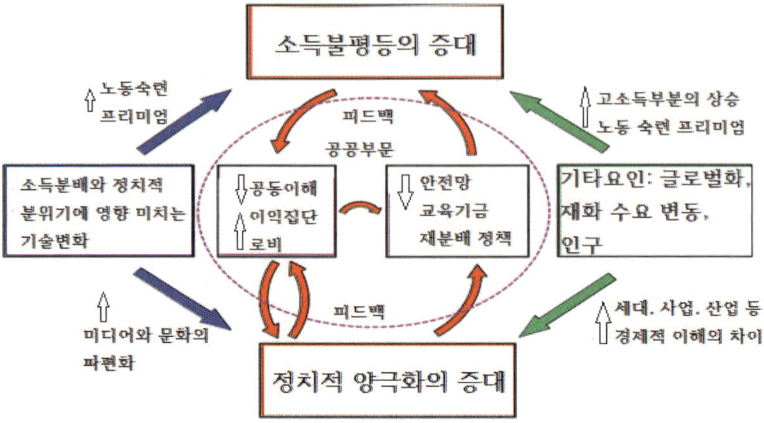

출처: J. Duca and J. Saving, 2014. "Income Inequality and Political Polarization: Time Series Evidence Over Nine Decades," FRB of Dallas WP. 1408.

▌그림 4-49. 소득불평등과 정치 양극화의 피드백

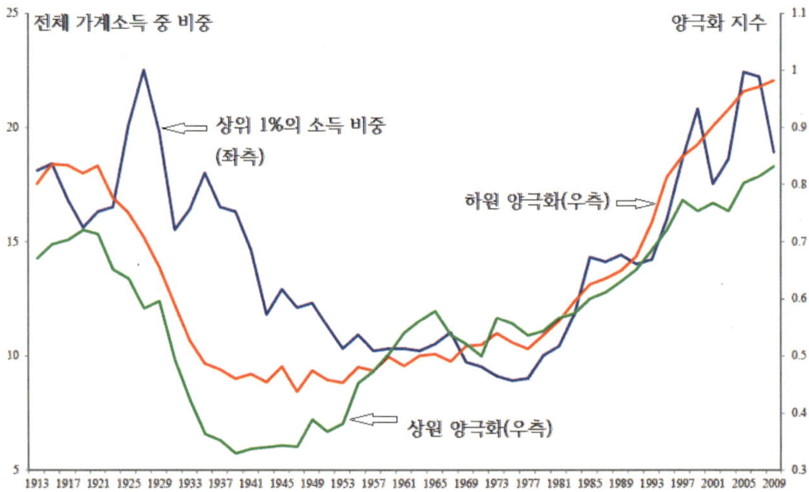

출처: J. Duca and J. Saving, 2014.

▌그림 4-50. 소득불평등과 정치 양극화의 상관성 추이

제5절 길을 잃은 금융개혁

혁신의 실종은 금융개혁에도 영향을 미쳤다. 금융위기 이전에 금융 패러다임은 공정성과 안정성보다는 효율성을 중시했다. 그 결과 금융은 실물산업과 경제성장을 제약하고, 99%와 1% 간 '상쟁하는 복지(zero-sum welfare)' 구도를 심화시켰다. 따라서 금융위기 이후 금융개혁은 공정성과 안정성이라는 기반 위에서 효율성을, 즉 '상생하는 복지(positive-sum welfare)'를 추구하는 금융 패러다임의 재구축에 초점을 맞출 수밖에 없다.[185] 그런데 금융개혁에 대해 오바마 행정부는 취임 전에 확고한 입장을 보였던 것과 달리 취임 이후 미국 제조업의 회복 가능성이 낮아지고 '그린 뉴딜'의 효과를 단기간에 기대하기 어려워지며, 금융 규제 강화에 따른 금융시장 및 경제성장의 위축 등이 우려되면서 금융개혁에 대한 후퇴의 움직임을 보였다. 예를 들어, 오바마는 2008년 11월 4일 당선 소감을 통해 "100년 만에 찾아온 금융위기가 가르쳐준 교훈이 있다면 메인스트리트(실물경제)가 고통을 겪는 동안 월스트리트가 번창하게 해서는 안 된다는 것"이라 했고, 취임 직전인 12월 7일 NBC방송의 대담프로그램인 '언론과의 만남'에 출연해서도 "은행, 신용평가사, 모기지(주택담보대출)업체 등이 보다 책임 있게 행동"할 수 있도록 "강력한 새 금융권 규제를 보게 될 것"이라며 월가에 대한 강력한 규제를 천명하였다. 취임 전 금융개혁에 대한 오바마 행정부의 강한 의지는 오바마 행정부의 경제정책에 지대한 영향을 미치며, 오바마 행정부의 경제회복자문위원회(ERAB) 위원장과 재무장관과 국가경제위원회(NEC) 의장에 각각 내정된 폴 볼커(Paul Volker)와 티모시 가이트너(Timothy F. Geithner)와 로렌스 서머스(Lawrence Summers), 그리고 폴 크루그먼(Paul Krugman) 등으로 구성된 30인위원회(G30, Group of Thirty, 세계경제 문제를 논의하는 씽크탱크)가 2009년 1월에 발표한 후속 보고서에도 유지되었다. 즉 2008년 10월 발표된 보고서의 후속보고서에서 G30

185 김동환, 2011. 12. 31, "금융 패러다임 재구축의 필요성과 과제", 한국금융연구원, 「주간금융브리프」 21권 1호.

은 "글로벌 경제성장을 지속하기 위해서는 금융시장을 강력하고 혁신적으로 만들 필요가 있으며 이를 위해 정부와 감독기구는 금융부문에 대한 규제를 강화할 필요가 있다"라며, 특히 CDO나 CDS와 같이 감독권에서 상당 부분 벗어나 있는 파생상품에 대한 규제 강화를 촉구했다. 또한 연준을 비롯한 각국 중앙은행들은 금융위기가 끝난 후에도 재무적인 안정성을 강화해야 하며, 비은행권을 전담하는 감독기구를 설립할 필요가 있다고 지적했다. 이와는 별도로, 메리 샤피로(Mary Schapiro) 미 증권거래위원회(SEC) 위원장 내정자도 2009년 1월 상원 인준청문회에 참석한 자리에서 헤지펀드와 신용평가사에 대한 감독을 강화하겠다고 밝혔다.

그러나 오바마 행정부에서 이루어진 금융개혁은 금융위기의 근원적 문제 해결에 접근하지 못했다. 2010년 7월 21일 오바마 대통령이 서명한 '도드-프랭크 월가개혁 및 소비자보호법(The Dodd-Frank Wall Street Reform and Consumer Protection Act, H.R. 4173)'은 금융감독체계의 개편, 금융시스템의 안정성 제고, 금융소비자 보호 등 미국의 금융시장 전반에 대한 개선방안을 제시하고 있다. 848쪽(+하위법령 1만 4,000쪽)에 이르는 방대한 분량에서 짐작할 수 있는 것처럼 도드-프랭크법은 일부에서 1930년대 대공황 당시 상업은행과 투자은행의 업무를 분리한 글래스-스티걸법 이래 미국의 금융규제 및 금융환경에 영향을 미치는 중요한 인식체계의 전환으로 평가받고 있다. 기본적으로 도드-프랭크법은 미국의 복잡한 금융감독체계의 정비를 통해 금융시장에 대한 연방 차원의 거시건전성 및 통합적인 감독을 강화하였다. 즉 볼커룰(Volker rule)[186]을 통해 은행 등의 자기자본거래(트레이딩계정거래)를 금지하고 헤지펀드나 사모투자펀드에 대한 투자 한도를 규제했고, 투자자 보호를 강화하기 위해 금융소비자보호청을 설립하였고,

186 은행의 건전성 강화를 위해 은행 등의 트레이딩계정거래를 금지하고 헤지펀드나 사모투자펀드에 대한 투자 한도를 규제한다. 그 결과 트레이딩계정거래나 헤지펀드, 사모투자펀드의 비중이 높은 대형금융기관들의 경우 사업구조조정이나 자산매각, 비즈니스 모델 등의 재구축 등이 이루어질 가능성이 높다. 도드-프랭크법(http://www.sec.gov/about/laws/wallstreetreform-cpa.pdf)과 김홍기, 2010, "미국 도드-프랭크법의 주요 내용 및 우리나라에서의 시사점", 한국금융법학회 2010년 하계(제19회) 학술발표회 논문 등을 참고.

파생상품을 장외에서 장내로 끌어들였다.

그러나 위기의 근원이 됐던 문제들에 대한 규제가 충분히 이뤄지지 않았다. 즉 금융위기 발생을 억제하지 못한 규제의 허점들을 보완하지 못했다. 예를 들어, 모기지 보증기관이었던 패니매(Fannie Mae)와 프레디맥(Freddie Mac)에 대한 개혁이 포함되지 않았다. 모기지 보증기관의 개혁은 미국 모기지금융 시스템의 파산과 관련이 있다. 미국의 모기지금융 시스템은 뉴딜(New Deal)의 산물로 일부 수정하면서 약 70년간 사용해왔다. 그런데 금융위기로 미국 납세자는 패니매와 프레디맥을 구제하기 위해 1,500억 달러 이상을 투입하였다. 금융위기 이후에도 양 기관의 통제하에 있는 리스크 규모가 2014년까지 1,210억~1,930억 달러에 달하였다. 금융위기 이후 보다 안전한 모기지시스템의 구축을 고민하였지만 현재까지 모기지시스템의 근본적인 개혁은 성과를 거두지 못하고 있다.[187]

도드-프랭크 법의 더 중요한 한계는 국가의 구제금융을 당연한 것으로 여기고 리스크를 정부에 떠넘기는 대형의 다국적 은행들의 도덕적 해이, 즉 대마불사(TBTF) 문제를 해결하지 못했다는 점이다. 예를 들어, 지주회사 형태의 상업은행 업무와 투자은행 업무의 겸업 구조를 여전히 허용하였다. 그 결과 대형은행의 자산 규모가 전체 금융산업에서 차지하는 비중은 금융위기 이후에도 축소되지 않고 있다. 그럼에도 불구하고 월가는 미국의 금융개혁에 대해 불평을 하거나 경기 회복을 돕기 위해 그 집행을 늦추어야 한다고 주장하고 있다.[188] 이는 도드-프랭크 법안의 시행령을 마련하는 과정에서 도드-프랭크 법안을 좌절시키려는 월가의 속셈을 보여주는 것이다. 실제로 2013년 12월 최종 승인된 볼커룰은 초안보다 규제가 완화[189]됐을 뿐 아니라 규정 문구가 지나치게 방대하고 모호해 감독당국

---

187 이에 대해서는 P. Coy, 2011, "The Mortgage of the Future," Businessweek (Nov. 14-20), pp. 81-84를 참고.

188 예를 들어, 제이미 다이먼(Jamie Dimon) JP모건 회장 겸 최고경영자(CEO)는 2011년 6월 7일 미국 애틀랜타에서 열린 국제은행가 컨퍼런스에서 "정부의 금융개혁이 금융산업 활력을 떨어뜨리고 경제성장마저 가로막고 있다"라며 버냉키 연준 의장을 공격하였다. CNNMoney, 2011, "Jamie Dimon gripes to Bernanke" (June 7).

189 예를 들어, 신용도가 낮은 기업들의 대출채권을 묶어 이를 담보로 발행하는 대출채권담보부증권

이 해석할 여지가 많아졌다.

금융개혁의 또 다른 축은 바젤위원회가 전 세계 주요 은행들의 행동을 규제하는 기본 협약인 바젤Ⅲ이다. 바젤I과 바젤Ⅱ가 개별 금융기관의 부실화 또는 도산을 방지하는 데 목적을 둔 '미시건전성 규제(micro-prudential regulation)'였다면 바젤Ⅲ는 '시스템 리스크'의 중요성을 인식하기 시작하였다.

예를 들어, 바젤Ⅲ가 기존의 자기자본비율의 강화와 더불어 유동성 확충, 레버리지 상한의 도입, '시스템적으로 중요한 금융기관(SIFI)'의 자본 강화, 경기역행적(counter-cyclical) 자본요구 등에 대한 규제를 강화한 이유이다. 첫째, 바젤Ⅰ, Ⅱ와 달리 바젤Ⅲ는 자기자본비율 산출식에서 분모에 해당하는 '위험가중자산'보다는 분자인 '규제자기자본'에 초점을 맞추었다. 은행(금융회사)의 마지막 보루인 자기자본의 질을 높이지 않을 경우 글로벌 금융위기가 언제든지 재발할 수 있다는 두려움에 뿌리를 두고 있다. "한 달 기준의 국채 등 유동성이 매우 높은 자산을 순현금유출로 나눈 비율"로 정의하는 '단기유동성비율(LCR, liquidity coverage ratio)'의 도입이 그것이다. 즉 LCR은 시장 위기가 닥쳤을 때 당국 지원 없이 30일간 자체적으로 견딜 수 있도록 하자는 취지에서 마련된 것으로 LCR 비율이 높으면 유동성 위기가 발생했을 때 그만큼 오래 견딜 수 있음을 의미한다. 즉 유동성 확충을 통해 은행의 무분별한 레버리지를 규제해 파산위험을 적정 수준에서 관리하겠다는 것이다. 그런데 은행권의 로비로 당초 2015년 도입에서 2019년으로 4년 연기하기로 합의했다.[190] 게다가 고유동성 자산 인정 범위도 확대하고,[191] 위

(CLO)을 볼커룰의 자기매매와 자산보유 제한 규정에서 예외로 지정하였다. 3천억 달러에 달하는 이 시장을 지키기 위해 월가는 중소기업 대출이 줄어든다며 로비를 했다.

190 지난 2010년 합의 때는 2015년까지 유동화 자산을 위기 발생 시의 예상 손실 규모까지 100% 충족시켜야 했다. 그런데 도입 시기를 연기했을 뿐 아니라 은행들은 일단 60%만 채우고 그 뒤 4년 동안 매년 10%씩 비율을 높일 수 있게 되었다. 게다가 바젤은행감독위원회(BCBS)는 LCR의 도입 완료 시점을 개별 회원국의 상황을 보아서 규제를 좀 더 완화할 수 있는 여지까지 남겼다.

191 원래 현금화가 가능한 유동성 자산의 범주에 중앙은행 지불준비금(현금)과 국채, 우량 회사채만 포함했지만, 이 기준을 완화하여 전통적으로 안전한 유동화자산으로 분류됐던 우량 주택저당채권유동화증권(RMBS)과 BBB- 등급 이상의 투자등급 회사채 등도 25% 할인한 금액으로 15%까지 포함하였다. 이러한 유동화증권은 미국 은행을 비롯한 선진국 금융회사들이 많이 보유하는 증권들로

바젤 체제 바젤 체제는 바젤은행감독위원회(BCBS, Basel Commite on Banking Supervision)를 의미하고, 위원회의 사무국이 바젤에 소재하므로 국제은행감독기준을 '바젤 은행감독기준'으로 이름을 붙였다. BCBS는 1974년 G10국가(미국, 영국, 독일, 벨기에, 프랑스, 네덜란드, 일본, 이탈리아, 캐나다, 스웨덴) 중앙은행 총재로 구성됐다. 우리나라는 2009년에 가입했고 현재는 28개국 국가가 회원국이다. 바젤I부터 바젤III까지 진화해온 바젤체제는 위험가중자산을 넓혀왔다. 바젤I은 BIS자기자본비율(≡자기자본/위험가중자산)을 8% 이상으로 하도록 의무화했다. 즉 은행의 자산을 차주의 신용도, 담보 및 보증 유무 등을 기준으로 분류한 후 위험이 높을수록 자본을 더 많이 적립토록 하는 규제방식을 채택함으로써 은행이 과도하게 고위험-고수익을 추구하는 것을 억제하였다. 위험가중자산과 관련하여 바젤I은 1988년 7월 시행됐는데 신용리스크와 시장리스크를 강조했다. 신용리스크(credit risk)는 거래상대방의 경영상태 악화, 신용도 하락 또는 채무 불이행 등으로 인해 손실이 발생할 위험이다. 금융회사 입장에서는 보유하고 있는 대출자산이나 유가증권 등으로부터 발생하는 현금흐름이 계약대로 회수되지 않을 가능성을 의미한다. 수학적으로 리스크는 어떤 사건의 결과가 확률적 기대치에서 벗어나는 정도로 해석되며 주로 분산이나 표준편차에 의해 측정된다. 반면, 시장리스크(market risk)란 환율, 금리, 채권 등의 시장가격과 예상변화율이 기대했던 방향과 반대로 움직이는 경우 금융기관이나 투자자들이 손실을 입을 리스크를 말한다. 바젤Ⅱ는 2007년 1월 시행됐는데 운영리스크를 추가했다. 운영리스크(Operational Risk)는 부적절하거나 잘못된 내부의 절차, 인력, 시스템 및 외부사건으로 인해 발생하는 손실리스크를 의미하며 측정이 가능한 법률리스크는 운영리스크에 포함되나 측정이 곤란한 전략리스크와 평판리스크는 제외된다. 금융거래량의 증가, 복잡한 금융상품 등장, IT의존도 심화, 소송사건 증가 등에 따라 운영리스크 관리의 중요성이 새롭게 인식되면서 추가되었다.

기 시 손실 위험 가정들도 완화[192]하는 등 전체적으로 은행권에 매우 유리하게

(앞에서 보았듯이) 금융위기 발생에서 중심 역할을 했다.

192 은행들이 직면하게 될 금융위기의 심각성에 대한 가정을 변경하였다. 예를 들어 원래 규제는 30일간 전개되는 금융위기 초반에 은행의 개인 예금이 5% 빠져나가는 것을 가정했는데, 이것이 비현실적이라면서 3%로 완화했다. 또 기업고객들이 위기 발생 시에 여신한도를 100% 빼내갈 것이라는 당초 가정을 30% 수준으로 낮췄다. 이런 가정 변화에 따라 은행들이 보유해야 하는 유동성 자산의 규모도 크게 줄어들게 되었다.

규제 수위가 변화됐다.[193]

둘째, 유동성 강화는 일명 '중장기 유동성비율'로 불리는 '순안정자금조달비율(NSFR, net stable funding ratio)'의 도입에 의해서도 보완되었다. "자산 및 자금 성격별로 다른 가중치를 적용해 필요안정자금조달액(분모) 대비 가용안정자금조달액(분자)의 비율"로 정의하는 NSFR은 1년 이상 필요한 자금을 단기도매자금에 의존하지 않고 안정적인 자금조달원을 통해 지속적으로 확보하게 하는 규제로 100% 이상으로 유지해야 하고 2018년부터 시행된다.[194] 그런데 LCR 규제가 완화된 상황에서 NSFR도 변화가 불가피할 것으로 보고, 은행권에서는 일단 보류될 가능성을 전망하고 있다. 유동성 확충이 바젤Ⅲ의 핵심을 구성하는 이유는 '유동성 리스크(liquidity risk)'의 중요성 때문이다. '유동성 리스크'는 거래 일방이 일시적인 자금부족으로 인해 정해진 결제시점에서 결제의무를 이행하지 못함으로써 거래상대방의 자금조달계획 등에 미치는 손실가능성을 말한다. 일반적으로 자금의 운용 및 조달 기간의 불일치 또는 예기치 않은 자금유출 등의 지급불능 상태나 자금의 과부족 해소를 위한 고금리 조달 및 보유자산의 불리한 매각 등으로 인해 발생한다. 거래상대방이 지급 기일이 지난 이후 어느 시점에 가서 채무를 결제할 수 있다는 점에서 거래상대방이 파산해 채권의 회수가 영구 불가능한 신용리스크와 차이가 있다. 그런 점에서 유동성 규제의 완화는 사실상 바젤Ⅲ를 무력화시키는 것이다. 셋째, 시스템적으로 중요한 27개 은행들(SIBs, systemically important banks)에 대해 총손실흡수력(TLAC, Total Loss-Absorbing Capacity)을 도입했다. 은행들이 파산했을 때 공적 자금으로 구제하는 것을 피하기 위해 손실을 흡수할 수 있는 충분한 책임을 갖도록 하자는 취지이다. 그밖에도 (앞에서 소개했

---

193 바젤위원회는 2011년 말 현재 세계 200대 은행들 중에서 유동성 커버리지 비율을 충족하는 곳은 절반에 불과하며, 2015년까지 100% 기준을 충족하려면 약 1조 8000억 유로의 고유동화 자산이 필요할 것으로 추정했다.

194 예를 들어, 초안에는 6개월 미만 단기대출(분모) 가중치가 은행의 경우 0%, 비은행은 50%로 제시됐으나 확정안은 가중치를 금융기관별로 구분하지 않고 모두 15%(고유동성 자산담보부대출은 10%)로 적용키로 했다. 또한, 파생상품 부채의 20%와 개시증거금의 85%를 안정자금으로 보유토록 유도키로 했다.

듯이) 은행의 경기순응성 완화를 위해 호경기에 자본을 추가로 쌓도록 하는 경기역행적 자본규제가 바젤Ⅲ에서 도입되었다.

이처럼 금융위기의 재발을 방지하기 위해 도입된 규제들이 후퇴한 이유는 은행의 금융 제공 능력을 훼손시킨다는 논리에 근거한 것이었다. 본래 '규제'의 기준은 은행의 취약성을 사전에 예방하는 것과 필요한 금융을 제공하는 능력을 훼손하지 않는 것 사이에서 균형을 이루는 것이다. 그런데 규제의 정도가 적합한가에 대한 논란에서 중요한 점이 누락되어 있다. (앞에서 보았듯이) 80년대 이후 과잉금융은 실물부문에 대한 금융 공급과는 기본적으로 무관했다. 즉 산업화 시대의 금융시스템 자체의 문제점을 제대로 보지 못하고 있다.

게다가 바젤위원회의 건전성 규제는 금융위기 발생의 핵심원인인 '거시건전성 규제(macro-prudential regulation)'를 여전히 소홀히 취급하고 있다.[195] 미시건전성 규제와 달리 '거시건전성 규제'는 전체 경제에 중대한 손실이 초래되지 않도록 금융시스템 전반의 장애를 예방하거나 또는 조기 해소하는 것을 목적으로 하는 금융 규제를 일컫는다. 즉 '거시건전성 규제'는 금융시스템의 각각의 구성요인들을 지키는 것이 시스템의 보호에 충분조건이 아닌, 즉 금융시스템의 리스크가 개별 리스크의 단순한 집합이 아니라는, 이른바 '구성의 오류'를 전제로 한다. 그런데 바젤Ⅲ를 포함해 위기 이후 도입한 규제의 내용들이 대부분 거시건전성보다는 개별 은행들의 지불능력(solvency)인 미시건전성에 초점을 맞추고 있다. 그러나 은행 자본의 손실 흡수 능력(loss absorbency) 향상으로는 붐(booms) 기간에 과도한 자산의 증대를 직접 해결하지 못한다. 은행의 상호연관성으로부터 '시스템 리스크'의 증가가 과도한 자산 증대의 핵심이다. 예를 들어, 금융위기로 공적자금이 투입돼 국유화[196]된 아일랜드의 앵글로아이리시은행(AIB)은 기초(자기)자본(Tier 1) 비율이 7% 이상, 특히 금융위기 직전인 2006년에는 8%가 넘었음에

---

195 세계 200대 주요 은행들 중 절대 다수가 완화된 바젤Ⅲ의 기준을 충족할 수 있게 된 이유는 위기 이후 중앙은행의 비정상적인 유동성 공급 때문에 가능했던 것이다.

196 정부 지분이 92%.

도 불구하고 파산하였다(표 4-5). AIB의 대출은 2005년 43% 그리고 2006년에 30%까지 증가했던 반면, 글로벌 금융위기로 대출 증가는 갑작스레 멈추었다. 손실 충당금(provisions)은 대출 붐 기간 동안 낮은 수준이었을 뿐만 아니라 하락하였다(그림 4-51). 그런데 대출의 기본적 취약성이 침체로 드러났고, 충당금은 총 대출의 4% 이상으로 뛰어올랐다. 과도한 자산 성장은 은행 자금조달 구성에서 부채 측면에 반영된다. 은행 자금조달의 핵심원천(core funding)인 소매예금은 가계부문의 총자산에 제약을 받기에 신용이 급증하는 대출 붐 시기에 소매예금의 풀(pool)은 은행 대출 증대에 필요한 자금조달원으로 충분치 않다(그림 4-52). 신용증대에 필요한 다른 자금조달원은 대차대조표의 부채에 반영된다. 앞에서 지적했듯이 RP나 CP의 발행, 그리고 심지어 외화부채 등 비핵심부채(non-core liabilities)의 급증이 그것이다(그림 4-53). 이처럼 은행의 과도한 자산 성장과 비핵심 부채에 대한 의존 증대는 '시스템 리스크'와 은행 간 상호연관성에 밀접히 연결되어 있다. 즉 은행의 자산 성장은 은행 간 교차 위험노출(cross-exposure)의 증가를 반영한다. 특히 만기가 단기인 부채가 확산되었는데 이는 자금 중개 체인이 확장된 결과로 금융중개기관들 간에 교차 위험노출의 증가를 의미하는 것이다. 그리고 앞에서 살펴보았듯이 증권화가 중개 체인 확장의 중심에 있었다. 따라서 금융부문의 취약성을 해결하기 위해서는 그림자금융에 대한 '경성예산제약(hard budget constraint)'의 부과를 비롯해 과도한 자산 성장에 대한 거시건전성을 위한 수단들이 필요하다.[197]

▌표 4-5. AIB의 자본 비율

	2004	2005	2006	2007	2008	2009
기초 자기자본 비율(%)	7.9	7.2	8.2	7.5	7.4	7.2
전체 자본 비율(%)	10.7	10.7	11.1	10.1	10.5	10.2

출처: H. Shin, 2011, "Macroprudential policies beyond Basel III", BIS No. 60 (Dec.).

197 예를 들어, (총신용/GDP) 비율이나 은행의 (비핵심부채/핵심부채) 비율이나 (자산/자본) 비율 등에 관심을 갖고 LTV와 DTI의 상한 설정이나 비핵심 부채에 대한 부담금 부과 등이 필요하다.

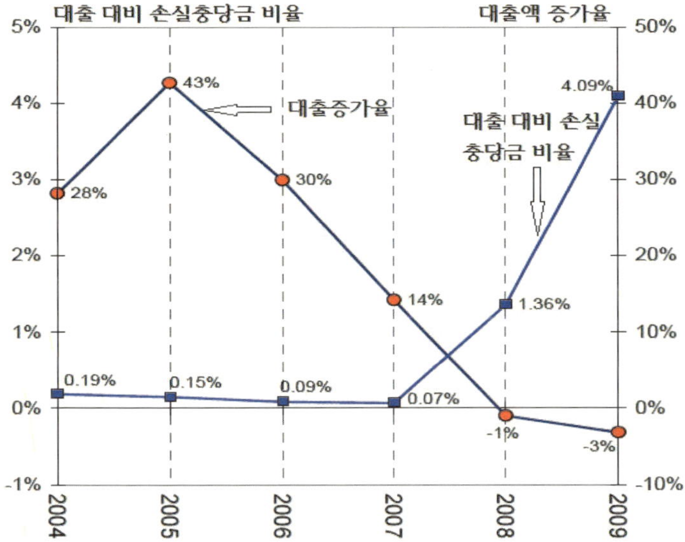

출처: H. Shin, Dec. 2011.

▌그림 4-51. AIB의 대출 성장과 대출 손실 충당금

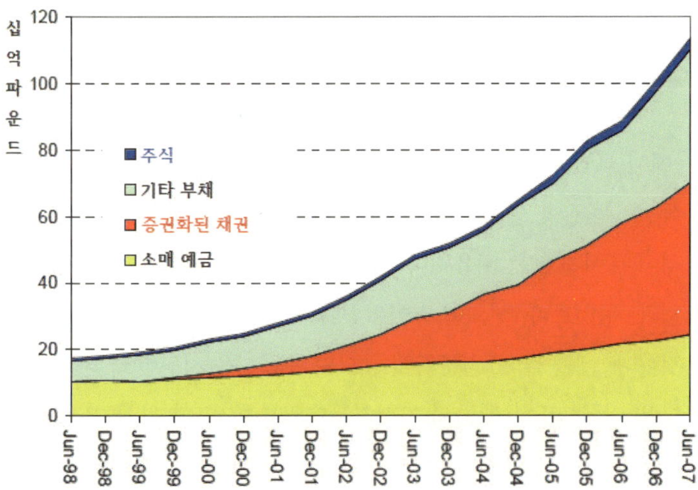

출처: H. Shin, Dec. 2011.

▌그림 4-52. 노던록 부채의 구성

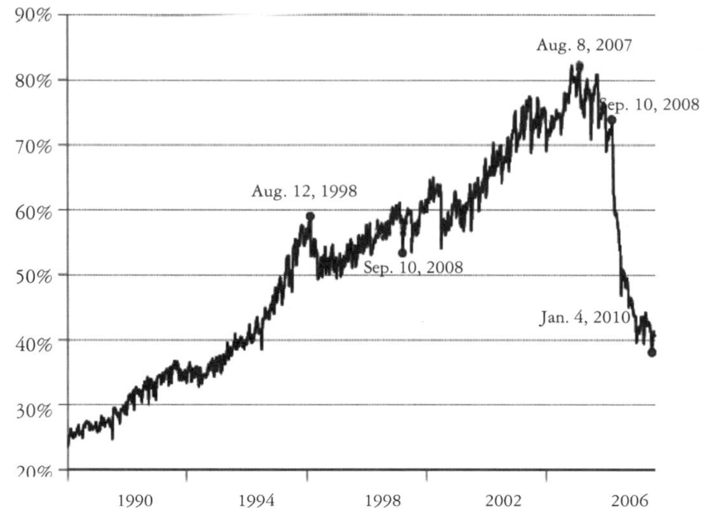

출처: H. Shin, Dec. 2011.

▌그림 4-53. M2 대비 레포(Ropos)와 금융 CP 비중

제6절 장기 저성장과 미국 헤게모니의 쇠퇴

이상에서 보았듯이 금융위기 이후의 미국경제는 비관적이다. 미국경제의 경쟁력을 상징하는 금융 및 혁신 시스템이 더 이상 작동하지 않기 때문이다. 재도약의 가능성이 보이지 않는 이유이다. 즉 과거처럼 금융(부채)에 의한 성장은 약화될 수밖에 없다. 무엇보다, 신뢰를 잃어버렸다는 점에서 금융의 복구는 상당 시간이 소요될 것이다. 예를 들어, 천문학적 규모의 유동성을 지원받고 자산 매입 등으로 특혜를 받은 미국 상업은행들의 자기자본수익률(ROE)이 위기 이전 수준을 회복하지 못하고 있다. 〈그림 4-54〉에서 보듯이 90년대 초 침체 이후부터 2005년경까지 15%에 달했던 ROE는 지난 수년간 9%선을 벗어나지 못하고 있다.

게다가 금융위기 이후 과잉금융에 대한 부정적 인식이 확산되고 있다. 예를 들어, 50개 선진국을 대상으로 1980~2009년 기간을 분석한 국제결제은행[198]

에 따르면 선진국과 신흥시장국 관계없이 금융발전은 어느 지점까지는 성장에 도움이 되지만, 특정 지점을 넘어서면 오히려 성장을 지체시킨다(그림 4-55). 둘째, 선진국 경제에서 빠르게 성장한 금융부문은 생산성 성장에 해악으로 작용하였다

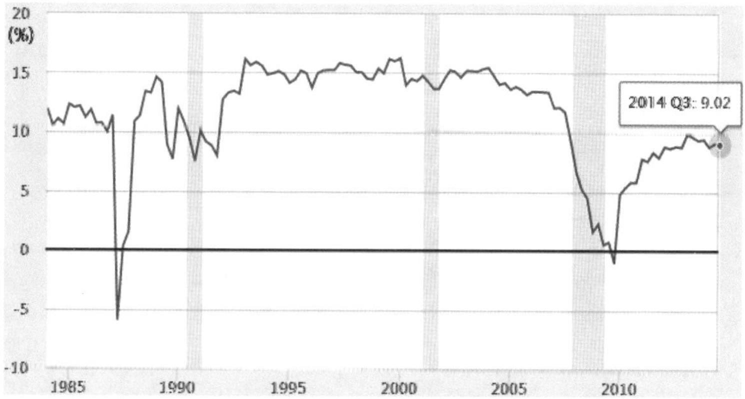

출처: FRB of St. Louis. http://research.stlouisfed.org/fred2/series/USROE

▌그림 4-54. 미국 전체 은행의 평균 자기자본수익률(ROE)

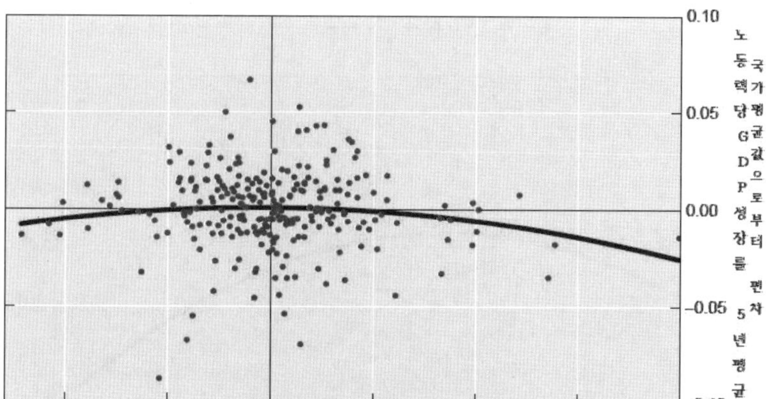

▌그림 4-55. (민간신용/GDP) 비율과 성장

198 S. Cecchetti and E. Kharroubi, 2012, "Reassessing the impact of finance on growth," BIS Working Papers No 381 (July).

(그림 4-56). 셋째, 금융부문의 고용 규모가 3.5% 이상으로 증가할 때 성장에 해악으로 작용하였다(그림 4-57). 결론적으로 금융부문의 지나친 규모와 빠른 성장은 필수 자원을 금융부문이 가져감으로써 나머지 경제부문에 많은 비용을 유발시킨다.

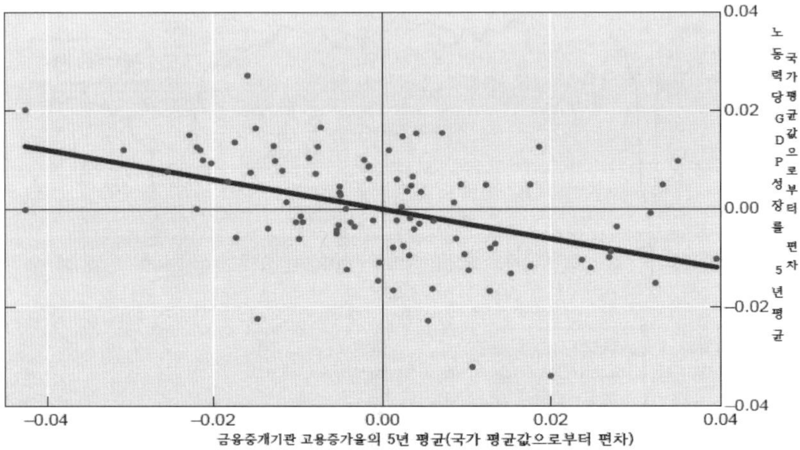

▌그림 4-56. 금융부문 성장과 생산성 성장

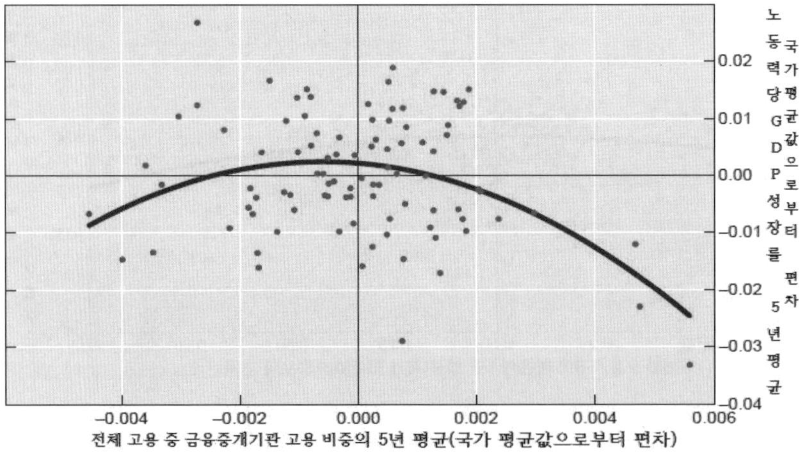

출처: S. Cecchetti and E. Kharroubi, 2012.

▌그림 4-57. 고용 중 금융부문 비중과 성장

게다가 향후 주식에 대한 수요 감소가 예상되고,[199] 위기 이후 '재무적 보수주의(financial conservatism)'의 대두로 기업은 자본시장 이용을 기피한다.[200] 이런 상황에서 신기술 개발에 필요한 자금조달이 어려워지기 때문에[201] 새로운 혁신을 만들어 내는 것이 구조적으로 어려워 보인다. 그러다 보니 일자리 창출은 경기부양 같은 단기적 처방에 매달리게 되고, 효과도 신통치 않다. 오바마 정부가 수출에 사활을 걸고 제조업의 부활을 외치는 이유도 지푸라기라도 잡을 수밖에 없는 미국의 경제 상황을 단적으로 보여준다. 예를 들어, 오바마 정부는 1970년대 초에 경상수지 적자 문제가 불거짐에 따라 수출 증진을 위해 1973년에 가동했던 '수출진흥각료회의(Export Promotion Cabinet, EPC)'라는 조직을 부활시키고, 5년간 수출을 2배로 확대하여 일자리 200만 개를 창출하겠다고 다짐하였다. 그러나 미국의 수출은 2008년 1.84조 달러에서 2013년 2.3조 달러로 증가했을 뿐이다.[202] 특히 새로 만들어질 일자리 5개 중 1개를 수출과 관련된 제조업에서 만들 것이라고 강조하였다. 이를 위해 오바마 정부는 '미국에서 만들기(Make it in America)' 프로젝트를 추진하였다. 그러나 앞에서 보았듯이 미국 제조업의 일자리는 2007년 6월 약 1,391만 개에서 2014년 12월에 1,224만 개로 약 167만 개가 줄어들었다.[203]

미국은 1890년대부터 110년간 유지해 온 세계 제조업 1위 자리를 2011년에

---

199 예를 들어, 맥킨지글로벌연구소(MGI)는 2020년까지 12.3조 달러에 달하는 주식 갭(equity gap)이 발생할 것으로 전망한다. 신흥국의 경우 금융자산은 증가하는데 주식 투자에 대한 선호가 매우 낮다. 반면, 선진국의 경우 전 세계 금융자산에서 차지하는 비중은 감소하는데 고령화로 자산 포트폴리오의 변화, 즉 주식 비중의 축소가 불가피하다. C. Roxburgh, et al., 2011, "The emerging equity gap: Growth and stability in the new investor landscape" (Dec.).

200 A. Schoar and L. Zuo, 2011, "Shaped by Booms and Busts: How the Economy Impacts CEO Careers and Management Style" (Nov.).

201 R. Nanda and M. Rhodes-Kropf, 2011, "Investment Cycles and Startup Innovation," *Harvard Business School Entrepreneurial Management*, Working Paper No. 12-032 (Oct.).

202 게다가 미국의 국내수요 부족에 따른 순수출 증가에 대한 의존은 미국의 교역 상대국들의 디플레이션 압력을 증대시킬 것이다. D. Papadimitriou, G. Hannsgen, and M. Nikiforos, 2013, "Is the Link between Output and Job Broken?" Levy Economics Institute, Strategic Analysis (March).

203 최저 수준으로 하락했던 2010년 2월의 1,145만 3천 개와 비교하더라도 78만 6천 개가 증가했을 뿐이다. FRB of St. Louis. http://research.stlouisfed.org/fred2/series/MANEMP

중국에 내주었다. 미국 사회는 제조업이 여타 경제 부문에 연료를 공급하는 역할을 하는 경제의 기초여서, 제조업 1위 자리를 잃는다는 것은 심각한 문제라는 인식이 확산되고 있다. 제조업 강화를 통한 일자리 창출을 주장하는 미국 재계의 목소리 중에는 GE의 CEO 제프리 이멜트(Jeffrey Immelt)와 인텔의 전 CEO 앤디 그로브(Andy Grove) 등을 예로 들 수 있다. 이멜트는 2009년 6월 디트로이트 경제클럽의 연설에서 제조업이 적어도 지금보다 약 두 배 많은, 전체 고용의 20%를 차지해야 하고, 이것은 '국가 명령'으로, 이를 위해 R&D와 투자에 대한 조세 지원이나 임금의 잠정 동결 등을 주장하였다. 이멜트의 주장은 공감은 얻을 수 있으나, 목표가 너무 비현실적이라는 평가를 받았다. 이멜트와 달리 제조업의 강화를 위해 무역전쟁조차 배제할 필요가 없다는 그로브의 주장은 충격적이다. 그로브는 아이맥스, 아이팟, 아이폰을 출시한 애플은 미국에서 약 2만 5천 명을 고용하고 있지만, 애플 제품들을 생산하는 중국의 팍스콘(Foxconn)은 그 열 배에 해당하는 약 25만 명의 일자리를 만들어 내고 있다며, 실리콘밸리의 혁신이 더 이상 일자리 창출로 연결되지 못하고 있고, 이는 제조업의 가치를 과소평가한 결과라고 주장했다. 그는 경쟁국들처럼 미국도 제조업의 해외 유출을 막아야 한다며, 해외 노동력으로 만들어진 생산물에 세금을 부과함으로써 미국 내 제조업에 금융 인센티브를 제공할 것을 주장했다. 이러한 조치가 무역전쟁과 보호주의를 의미한다면 기꺼이 전쟁을 수행하고, 또한 승리를 거두어야 한다며 전의를 불태웠다.

많은 사람들은 그로브의 방식이 일자리 만들기의 해법이 될 수 없다고 주장한다. 1930년대 대공황에서 경험했듯이 무역전쟁은 글로벌 경제를 다시 침체로 빠트릴 것이다. 무엇보다 인텔 수입의 72%가 해외에서 나오는 점을 감안하면 무역전쟁의 최대 피해자는 미국 기업들이 될 것이고, 당연히 일자리 상실로 이어진다. 더구나 현재 미국에 필요한 일자리는 중국 팍스콘의 일자리가 아니다. 2008년 미국 가구의 중위 소득은 연간 50,303달러에 달했다. 즉 일자리 만들기는 고소득 일자리와 관련된 새로운 산업 만들기로 접근해야 한다는 것이다. 수백만 개의 고소득 일자리 만들기만이 건강한 중산층 사회의 복원과 지속가능한 성장을 가능케 한다. 실제로 오늘날 미국에서 만들어지는 새로운 일자리는 인텔 같은 곳에서 나오지 않고 신생 기업들에서 나온다. 기존 산업들에서는 일자리가 빠르게 축소되고 있다. 낡은 산업의 파괴와 새로운 산업의 창조야말로 미국의 글로벌 경쟁력을 가져다준다. 실업을 축소하기 위해 낡은 산업을 보호하는 것은 축소경제의 길일 수밖에 없기 때문이다. 따라서 산업구조의 업그레이드 및 산업체계의 다양화를 위해서는 미국이 새로운 시스템으로 전환하는 길밖에 없다. 즉 새로운 시스템으로의 전환까지 미국경제가 저성장하는 것은 불가피하다. 한 연구에 따르면 미국경제가 건국 이래 일인당 GDP와 생계 수준에서 향후 20년간 가장 느린 속도로 증가할 것이라고 주장한다.[204]

저성장의 첫 번째 요인은 베이비붐 세대의 은퇴에 따라 인구에서 임금노동자가 차지하는 비율이 감소하기 때문이다. 임금노동자의 감소를 상쇄할 만큼 나머지 임금노동자의 생산성이 급증해야 하는데, 미국 노동자의 교육 수준의 증가가 멈추고 있어 불가능하다. 금융위기 이후의 높은 노동생산성 증가는 고용 축소에 따른 결과일 뿐 지속될 수는 없다. 이는 노동생산성 증가율이 2010년 2분기부터 1.8%로 급감하는 이유이다. 게다가 미국 역시 (노동가능인구/비노동인구) 비율, 즉 역부양비율(inverse dependency ratio)이 2007년을 정점으로 하락하기 시작했다.[205] 주택자산과 역부양비율 간에는 상관성이 존재하는데 미국의 주택시장 붕괴와 역부양비율의 정점이 시기적으로 일치하고 있다는 점이다. 두 번째 이유는, 앞에서 지적했듯이, 인터넷 붐과 같은 새로운 기술혁명을 기대하기 어렵기 때문이다. 실제로 침체 이후 기업은 재정자원을 엄격히 통제하기 위해 자본집약적 프로젝트나 R&D에 대한 투자지출을 축소하는 경향이 있다.[206] '재무적 보수주의'

---

204 R. Gordon, 2010, "Revisiting U.S. Productivity Growth over the Past Century with a View of the Future," NBER Working Paper 15834.

205 K. Nishimura, 2011, "Population Ageing, Macroeconomic Crisis and Policy Challenges," Bank of Japan (June 20); K. Nishimura, 2011, "This time may truly be different-balance sheet adjustment under population ageing" prepared for the panel "The Future of Monetary Policy" at the 2011 American Economic Association Annual Meeting, Denver, Colorado (Jan. 7).

206 A. Schoar and L. Zuo, 2011, "Shaped by Booms and Busts: How the Economy Impacts CEO

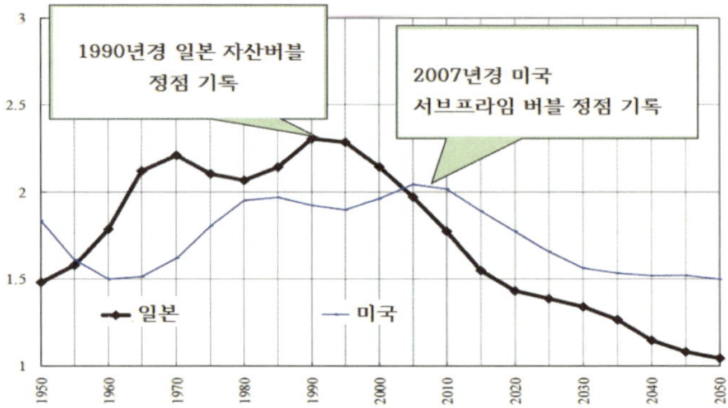

주: 역부양비율은 생산가능인구를 나머지 인구로 나눈 비율.
출처: K. Nishimura, 2011, "Population Ageing, Macroeconomic Crisis and Policy Challenges," Bank of Japan (June 20).

▌그림 4-58. 역부양비율과 자산시장의 관계: 일본 자산버블과 미국 서브프라임모기지 버블

라는 압박은 혁신적 기술의 상업화를 추구하는 창업에도 부정적으로 영향을 미칠 수밖에 없다.[207] 그런 점에서 중화학공업의 붐이 지속되었던 대공황의 상황보다 유리하지 않다.[208] 세 번째 이유는 금융위기 이후 더욱 악화된 소득불평등이 성장의 지속을 둔화시킬 수밖에 없다는 점이다.[209] 그리고 노동소득 비중의 저하는 소비성향과 투자 저하를 초래할 수밖에 없다. 금융위기 이전에 비해 대출조건이 강화될 수밖에 없다는 점에서 신용 팽창도 기대하기 어렵다.

그 결과 일부에서는 미국경제성장의 종언을 얘기한다. 예를 들어, 고든(Gordon)은 2007년 이후 25～40년간 인구-교육-불평등-정부부채 등의 역풍으로 경제 전체의 노동생산성은 연 1.3%, 일인당 산출량은 연 0.9%, 하위 99%의 일인당 실질소득과 실질 가처분소득은 각각 0.4%와 0.2% 성장에 불과할 것으로 추

Careers and Management Style," NBER Working Paper.

207 R. Nanda and M. Rhodes-Krop, 2011, "Investment Cycles and Startup Innovation," *Harvard Business School Entrepreneurial Management*, Working Paper No. 12-032.

208 대공황 발발 당시만 해도 미국 노동력의 1/5 이상이 농업에 종사하고 있었다. Economist, 2011, "Business cycles: Lessons of the 1930s" (Dec. 13).

209 A. Berg and J. Ostry, 2011, "Inequality and Unsustainable Growth: Two Sides of the Same Coin?" IMF Staff Discussion Note.

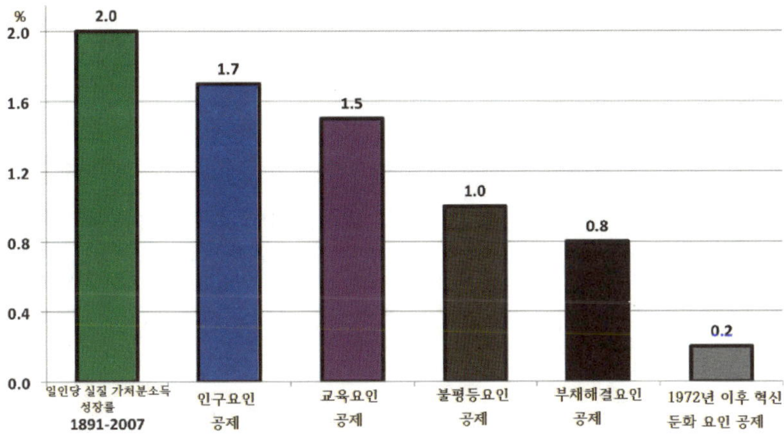

출처: R. Gordon, 2014, Figure 7.

▌그림 4-59. 하위 99%의 일인당 실질 가처분소득의 증가율

정한다.[210] (앞에서 보았듯이) 실제로 금융위기 이후 미국의 잠재 성장률과 잠재 GDP는 위기 이전의 예상치보다 절반 수준으로 하락하였다. 잠재 GDP를 결정하는 두 가지 핵심 요인은 노동력 공급과 노동생산성이다. 80년대 이후 노동력 공급은 감소해온 반면 노동생산성은 증가해왔다. 그런데 금융위기 이후 노동력 공급의 감소가 지속되고 있을 뿐만 아니라 노동생산성이 크게 감소하였다(그림 4-60). 노동력 공급의 감소는 구직 포기자의 증가와 베이비 붐 세대의 은퇴 그리고 이민제도의 고장 등에 따른 것인 반면, 노동생산성의 급감은 혁신의 지체와 혁신에 대한 기업 적응의 지체 등에 따른 것이다. 잠재 GDP의 장기적인 하락은 생계수준의

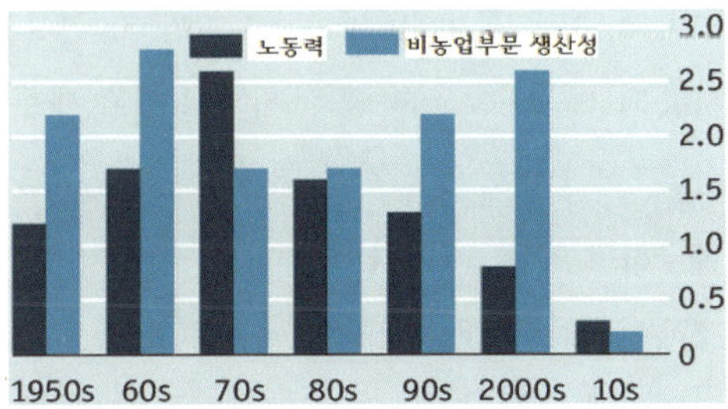

출처: 미국 노동통계국. Economist, 2014, "America's economy: Jobs are not enough" (Jul 19)에서 재인용.

▌그림 4-60. 미국 노동력과 생산성의 연평균 증가율

210 Robert J. Gordon, 2014, "The Demise of U.S. Economic Growth: Restatement, Rebuttal, and Reflections," NBER Working Paper 19895.

향상 속도를 저하시키는 것을 의미하고, 이는 조세 수입을 하락시킴으로써 부채 상환의 부담을 증가시킬 수밖에 없다.

이처럼 향후 20년간 생계 수준이 매우 더디게 증가하게 될 경우, 적지 않은 비용이 들어가는 탄소배출 문제부터 빈곤 문제까지 미국 사회가 직면한 주요 문제들을 해결하기는 더 어려워질 것이다. 이처럼 미국의 국가신용등급 강등은 단순한 국가부채 문제의 결과는 아니다. 시스템의 파산은 '미국 시스템=신뢰'라는 브랜드 파워의 타격을 의미하고,[211] 70년간 지속된 '슈퍼파워' 위상의 추락이며, 달러 기축통화 패권의 위상이 위협에 직면한 것이다. 2차 대전 이후 창출된 세계 질서에 대해 미국이 경제적 및 정치적 리더십의 제공을 지속할 수 있는가는 미국 경제의 장기적 성공에 달려 있다는 점에서 미국경제의 장기 저성장 가능성은 미래의 불확실성을 의미한다. 또한 이는 세계 나머지 국가들에게 많은 영향을 미칠 수밖에 없다. 물론, 미국은 5% 미만의 인구를 가졌지만, 2008년 기준 세계에서 사용되는 특허의 28%를 차지하고 있고 세계 최고 대학의 약 40%를 보유하고 있다. 그러나 미국은 심각한 취약성이 점증하고 있다. 생산성과 경쟁력의 우위에도 불구하고 지난 30년간 미국의 누적 경상수지는 8.5조 달러에 달한다. 이는 미국 조세시스템 및 군대기구 등과 관련 있다.[212] 게다가 의료서비스 비용이 지나치게 비싸고 효율성이 떨어진다. 미국의 의료부문은 1960~2012년간 GDP 대비 5%에서 18%로 성장하였다. 미국의 의료 지출이 영국(9%), 스웨덴(10%), 캐나다(11%), 독일(11%)의 거의 두 배 수준인 반면, 미국인의 기대수명은 포르투갈과 그리스보다 낮은 32번째이고, 유아사망률은 천 명당 6.7명으로 터키와 멕시코를 제외하고 가장 높을 정도로 의료산업의 성장이 미국민의 의료혜택과 비례하고 있지

---

211 예를 들어, 금융산업에서 미국의 국채가 '트리플 A'라는 전제는 변수가 아니라 상수(a constant at the core, and not a variable)였다. 그런데 국가신용등급의 강등으로 금융시장의 투자 판단의 핵심 이론인 자본자산가격모델(CAPM)이 뿌리째 흔들리게 됐다. 무위험자산이 실종됐기 때문이다. Mohamed El-ErianAugust, 6, 2011, "Downgrade of US debt rating heralds a new era," FT. 문제는 미국채를 대체할 새로운 안전자산이 충분치 않다는 점이다. 참고로 2010년 말 기준 미국채 시장의 발행잔액은 약 9.3조 달러로 미국에서 발행된 채권의 95%를 차지하였다.

212 미국은 세계 20개 항공모함 중 11개를 소유하는 등 세계 군사비 지출의 40%를 차지하고 있다.

않다. 의료부문 성장의 상당 부분이 지난해만 해도 3억 7천만 달러에 달하는 로비 자금의 투입으로 만들어낸, 정부의 대규모 개입에 의한 것이었기 때문이다. 게다가 고령화되면서 현재 GDP 대비 약 17%에 달하는 의료서비스 비용이 증가하고 있다. 그리고 중등교육은 매우 취약성을 보이고 있다. 또한, 미국은 사회간접자본 시설(infrastructure)에서 다른 국가들에 비해 상대적으로 매우 취약하다.

무엇보다, 앞에서 보았듯이, 미국 소득분배는 선진국 중 가장 불평등할 뿐만 아니라 악화하고 있고, 많은 사람들에게 '미국인의 꿈(the American Dream)'은 환상이 되어 사회유동성은 하락하고, 상대적 빈곤율은 선진국 중 가장 높다. 미국의 빈곤율은 금융위기 이전 12.5%에서 2013년 14.5%로 상승했다.[213] 그 결과 저소득층 식비 지원 제도인 푸드스탬프(food stamp) 수혜자도 2007년 2,631만 6천 명에서 2014년에는 4,653만 6천 명으로 크게 증가하였다.[214] 그 결과 정치시스템은 점점 극단화되고, 심지어 제대로 작동하지 않으면서 '엉망이 된 재정(fiscal mess)'에 기여하고 있다. 지난해 부채 상한선을 둘러싼 벼랑끝 전술이나 의회 슈퍼위원회(supercommittee)의 실패는 우연이 아니다. '정치의 정지'는 국제 주요 이슈들, 예를 들어 기후변화와 무역협상 그리고 IMF 기금확충 등에서도 지도력을 발휘하지 못하게 하고 있다. 오늘날 미국은 다른 선진국들과 비교해, 경제력에 비해 해외원조도 뒤처지고 있다. 이처럼 기술의 우위에도 불구하고 미국경제의 미래의 불확실성과 중국 등 신흥경제의 부상은 국제 사회에 새로운 문제를 제기하고 있다. 즉 글로벌 사회는 새로운 시대의 전개에 적응해야 할 필요성이 증대하고 있다. 산업체계의 다양화나 산업구조의 업그레이드 그리고 이를 위한 새로운 시스템의 필요 등은 농업사회에서 산업사회로의 이행기 과정에서 성공적으로 전환을 이룩한 영국의 경험, 그리고 19세기 말~20세기 초 산업화의 심화 과정에서 성공적인 전환에 실패한 영국과 20세기를 주도한 미국의 사례 등을 참고할 수 있다.

---

213 이는 4,530만 명 규모로서 금융위기 이후 최고를 기록했던 2012년 15.0%보다는 하락한 규모이다. United States Census Bureau. https://www.census.gov/hhes/www/poverty/about/overview/

214 금융위기 이후 최고 규모였던 2013년의 4,763만 6천 명보다는 줄어든 규모이다. USDA. http:// www.fns.usda.gov/pd/supplemental-nutrition-assistance-program-snap

제5장

유로존의 실험, '일본화'와 '새로운 길'의 갈림길

글로벌 금융위기가 터지기 전만 해도 유로존은 세계경제의 새로운 희망이었다. 무엇보다 유럽통합의 중요한 이유 중 하나가 달러에 대한 의존도를 축소하는 것이었기에 유로의 도입으로 유로 사용국들은 유럽 내 개별 국가 간 환율 변동의 위험을 완전히 제거할 수 있게 되었고, 인플레이션도 낮게 유지할 수 있었다. 무엇보다 단일 통화인 유로화의 사용으로 유로존 회원국들의 채권은 사실상 동일한 취급을 받았다. 예를 들어, 유로화 도입 이후 유로 회원국이 발행한 채권 수익률은 급속히 수렴되었다(〈그림 5-12〉 참조). 게다가 시장은 회원국의 채권을 사실상 무위험자산(totally risk-free illusion)으로 받아들였다. 유럽중앙은행(ECB) 역시 모든 회원국의 채권을 똑같이 무위험자산으로 취급하고 매입하였다.[1]

1 참고로 미국의 경우 주 정부가 발행한 채권들은 위험자산으로 취급되고 파산 위험을 반영한 이자율 프리미엄을 내포한다. 따라서 연준(FRB)의 통화정책에 주 정부의 채권은 포함되지 않는다. 연준은 거의 무위험자산인 연방정부 채권만을 매매한다. 게다가 ECB가 2011년 12월부터 3년 만기의 장기 대출을 확대하면서 담보 증권으로 국채뿐 아니라 지방채, 은행 선순위채 및 커버드 본드(covered bond, 은행이 신용으로 발행한 일반 채권이지만 담보자산에서 우선적으로 변제받을 수 있는 권리가 부여된 채권), 기타 무보증 금융채, 회사채, 자산유동화증권 등으로 확대하면서 ECB의 자산건전성

또한, 유로 도입 이후 유로의 국제 위상도 빠르게 발전하였다. 국제채권의 발행 규모를 보면 1999년만 하더라도 달러 표시 채권 발행액의 약 절반 수준에 불과했지만 2004년부터는 유로 표시 채권 발행액이 달러 표시 채권 발행액을 앞지르기 시작했다. 각국 중앙은행의 통화별 보유자산 규모도 1999년 17.9%에서 2009년에는 27.6%로 증가했다. 그리고 유로존 재정위기가 부각되면서 2010년에는 25.9%로 하락했고, 2011년 2분기까지 26.7%로 회복되었다. 물론, 유로가 과거 달러의 지위를 대체할 수는 없었다. 유로 가치는 미국과 세계경제의 흐름으로부터 자유로울 수 없었기 때문이다. 경제력의 다원화 추세를 심화시켰을 뿐이다. 1999년 1월 1일 유로화 도입 당시 1유로는 1.183달러였다. 유로화 안착에 대한 의구심으로 2000년 10월 26일에는 0.8285달러까지 하락한 적도 있다. 2002년 5월 이후부터 유로 가치는 상승하기 시작하여, 2008년 7월 14일에는 1.6달러 근처까지 육박하였다. 다시 금융위기가 본격화되고 안전자산에 대한 선호가 증대하고 유로존 재정위기가 부상하면서 유로 가치는 하락세로 전환하였다.

글로벌 금융위기를 계기로 유로존의 어두운 측면이 드러나기 시작했다. 구조적 요인, 기업과 은행 중심의 높은 초기 부채 비율, 잘못 설계된 유로존 시스템 등으로 인해 유로존은 금융위기의 충격이 세계에서 가장 심각하게 진행되었다. 즉 유로존의 GDP와 잠재 GDP 모두 미국에 비해 더 위축되었다(그림 5-1). 유로존 경제는 유로존 위기가 진정되며 2013년 2분기부터 침체에서 벗어났지만 회복세는 매우 취약한 상태이다. 일인당 GDP 기준으로 2007년 수준을 크게 밑도는 상태가 지속되고 있다. '잃어버린 10년'의 가능성이 높아지며 많은 사람들이 장기불황을 의미하는 '일본화(Japanization 혹은 Japanification)'를 우려하고 있다.특히 재정위기를 경험한 집시(GIPSI: 그리스, 아일랜드, 포르투갈, 스페인, 이탈리아) 국가들의 경우 이미 '일본화'가 진행되고 있다. 인플레율도 2012년경부터 계속 하락하며 디플레이션 우려가 높아지는 가운데 실업률은 여전히 11%대의 고공행진을

도 악화되고 있다. 담보가 가능한 최저 신용등급은 'BBB-'이지만 그리스, 포르투갈, 아일랜드 국채의 경우 신용등급에 관계없이 담보로 인정해 주었기 때문이다.

하고 있다. 그 결과 긴축에서 확장으로의 전환이 필요하다는 압력이 증대하고 있다. 문제는 유로존의 디레버리지가 제대로 이루어지지 않은 상태에서 다시 경기가 심각하게 후퇴를 하고 있다는 점이다. 미국과 달리 유로존의 GDP 대비 총부채는 금융위기 이전보다 여전히 높은 상태이다. 특히 부채 조정이 필요한 집시국가들의 경우 부채 비율의 조정이 거의 이루어지지 않고 있다. 가처분소득 대비 가계부채의 비율 역시 미국은 금융위기 이후 지속적으로 축소되고 있지만, 유로존은 오히려 증가했다. 무엇보다 GDP 대비 정부부채의 비율이 대부분 국가들에서 계속 증가하고 있다. 확장 정책으로의 여력도 충분치 않다는 것을 의미한다.

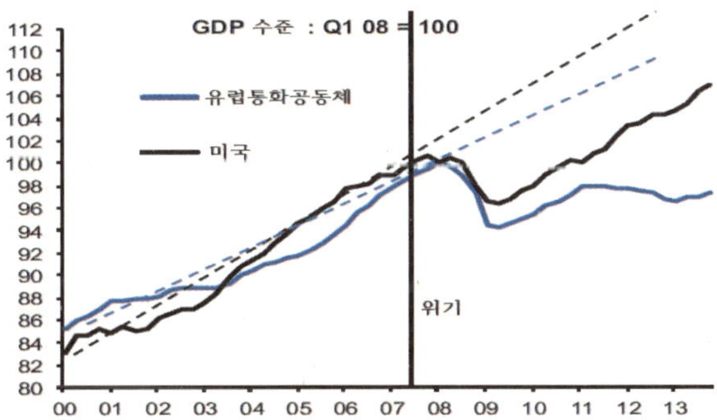

출처: L. Buttiglione, P. Lane, L. Reichlin, and V. Reinhart, 2014, Figure 4.15.

▌그림 5-1. 금융위기 이후 미국과 유로존의 GDP 충격

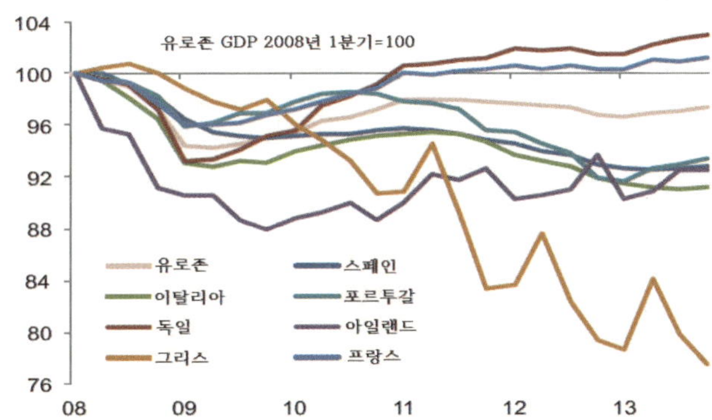

출처: L. Buttiglione, P. Lane, L. Reichlin, and V. Reinhart, 2014, Figure 4.17.

▌그림 5-2. 금융위기 이후 핵심국가 대 남유럽 집시국가의 GDP 추이

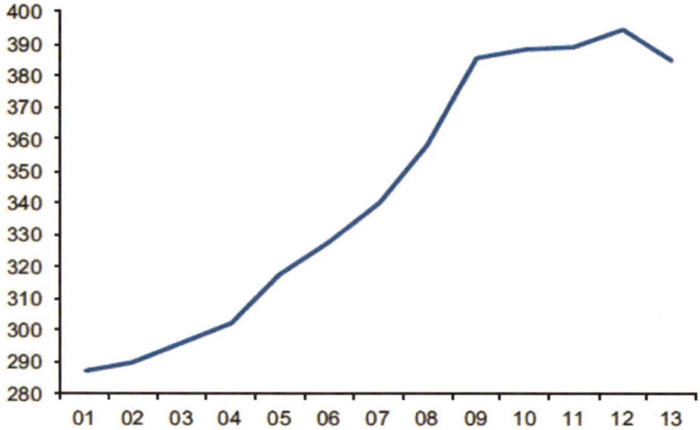

출처: L. Buttiglione, P. Lane, L. Reichlin, and V. Reinhart, 2014, Figure 4.7.

▌그림 5-3. 유로존의 GDP 대비 총부채 비율

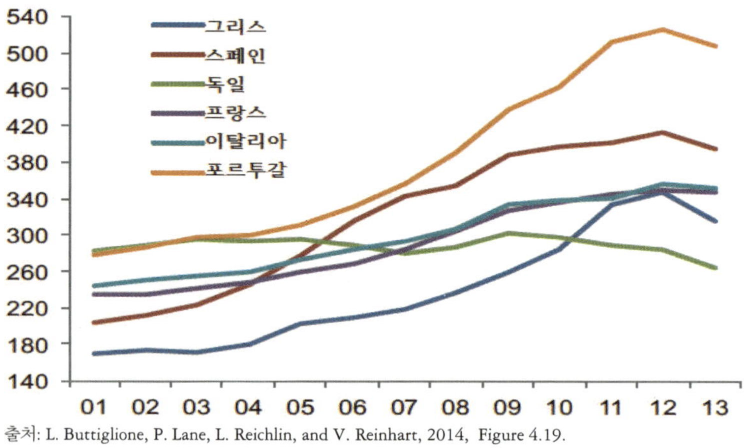

출처: L. Buttiglione, P. Lane, L. Reichlin, and V. Reinhart, 2014, Figure 4.19.

▌그림 5-4. 금융위기 이후 핵심국가 대 남유럽 집시(GIPS)국가의 GDP 대비 총부채 추이

유로존의 위기는 '북대서양 금융위기'에 의해 매개된 측면도 있지만 자체 문제에서 비롯한 측면도 존재한다. 이른바 집시국가들의 재정위기가 그것이다. 그리스 재정위기를 시작으로 주변부 국가들로 확산된 집시국가들의 재정위기는 유로존의 시스템 문제를 드러냈다. 그 문제는 유로화라는 단일통화를 도입한 유로

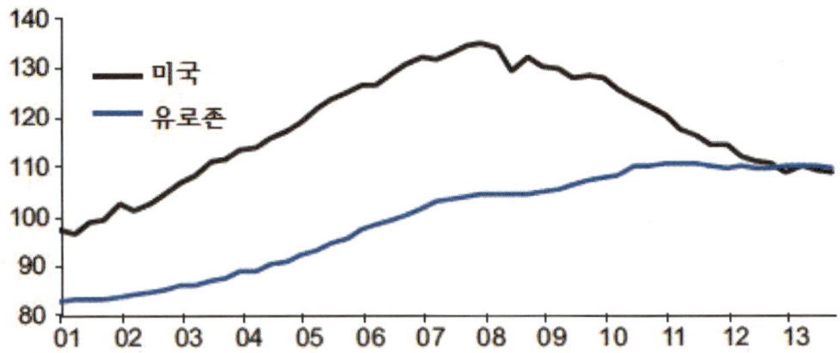

출처: L. Buttiglione, P. Lane, L. Reichlin, and V. Reinhart, 2014, Figure 4.8.

▌그림 5-5. 미국과 유로존의 가처분소득 대비 가계부채 비율

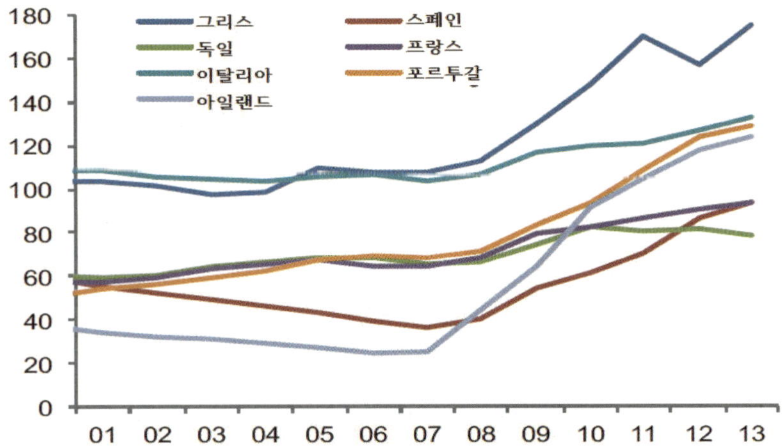

출처: L. Buttiglione, P. Lane, L. Reichlin, and V. Reinhart, 2014, Figure 4.22.

▌그림 5-6. 핵심국가 대 남유럽 집시국가(GIIPS)의 GDP 대비 정부 부채

존 시스템이 보다 크고 보다 많은 통합을 전제로 한 미완의 시스템이라는 점에서 비롯한 것이다. 따라서 제5장은 유로존 위기의 출발점이 된 재정위기의 원인과 책임, 유로존 위기에 대한 대응 방법과 평가, 그리고 유로존의 과제 등을 중심으로 살펴볼 것이다.

제1절 유로존 재정위기의 원인과 책임

▪ 유로존의 역사적 배경

1952년 독일과 프랑스, 이탈리아, 베네룩스 3국 등이 만든 '유럽석탄철강공동체(European Coal and Steel Community, ECSC)'로 출발한 유럽 통합의 노력은 1992년 단일통화 창출을 합의한 '마스트리히트(Maastricht) 조약'을 계기로 1993년에 유럽연합을 탄생시킴으로써 결실을 맺게 된다.[2] 이후 1998년 마지막 날에 11개국[3]의 통화와 유로화의 교환 비율이 최종 확정되고, 1999년 1월 1일 유로화가 탄

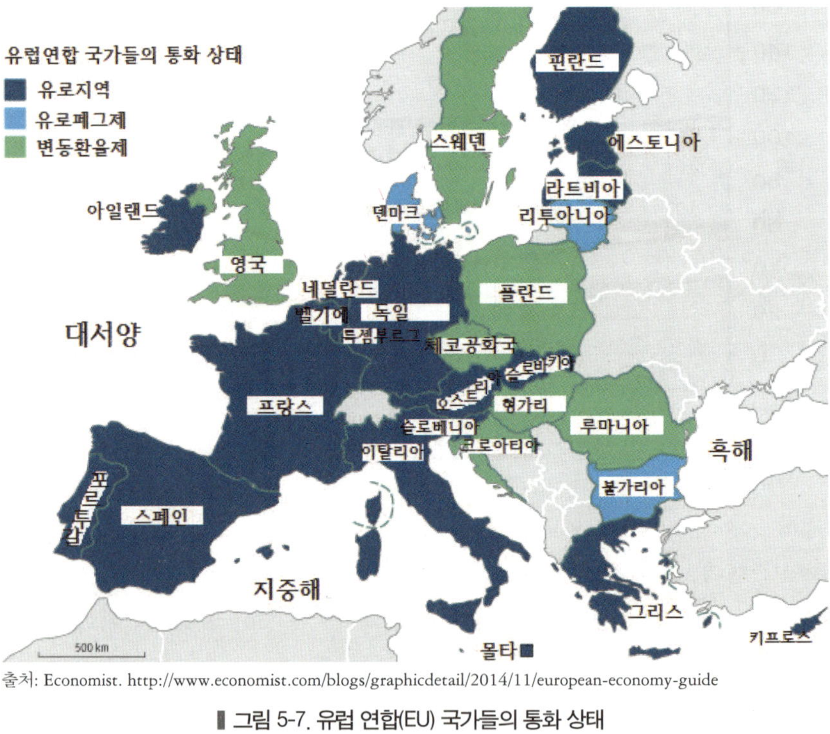

출처: Economist. http://www.economist.com/blogs/graphicdetail/2014/11/european-economy-guide

▌그림 5-7. 유럽 연합(EU) 국가들의 통화 상태

---

2 1957년 독일, 이탈리아, 프랑스 등 6개국이 참여하여 유럽경제공동체(EEC)의 창설로 발전하고, 1967년에는 유럽공동체(EC)로 확대 개편된 후 영국, 스페인, 포르투갈 등이 추가 가입하여 12개국

생하면서 유로 경제는 실체를 드러내기 시작했다. 유로화의 유통은 2001년부터 시작되었으며, 그리스가 참여하여 2002년 1월 1일부터는 12개 국가의 법정통화가 되었고, 슬로베니아(2007년), 키프로스와 몰타(2008년), 슬로바키아(2009년), 에스토니아(2011년), 라트비아(2014년)가 새로 가입함에 따라 유로를 법정통화로 쓰는 나라는 18개 국가로 증가했다. 그 밖에 덴마크, 리투아니아, 불가리아 등이 자국의 통화 가치를 유로화에 연동시키는 '유로 페그제'를 도입하고 있다.

유로존 위기의 원인과 책임

그런데 금융위기 이전까지 문제가 나타나지 않았던 재정위기가 금융위기 이후 왜 발생했을까? 유로존의 재정위기는 금융위기와 결합된 유로존의 구조적 문제의 산물이다. 구체적으로는 이른바 GIPSI[4]라 불리는 채무국의 책임과 더불어 불완전한 유럽통합과 자본흐름 자유화의 결합이라는 제도적 결함 등 복합적 요인들이 지적되고 있다. 그런데 (〈표 5-4〉에서 보듯이) 금융위기 이전(2007년)에 GDP 대비 국가부채의 비중이 100%를 넘었던 그리스와 이탈리아를 제외하면 아일랜드(24.9%), 스페인(36.1%), 포르투갈(68.3%) 등은 국가부채의 문제를 갖고 있지 않았다. 이들 국가들의 경우 독일(65.0%)이나 프랑스(64.2%) 등에 비해 양호하거나 비슷한 수준이었기 때문이다. 사실 유로존은 출범부터 경제(단일 통화정책)와 정치(국가별 재정정책)의 비대칭성을 구조적 문제로 갖고 있었다. 즉 유로 회원국은 산업구조와 산업경쟁력에서 차이를 갖고 있고, 경쟁력이 취약한 국가의 경우 경상수지 적자가 발생할 가능성이 높다. 이 경우 통화가치(환율)나 임금의 조정이 필요한 반면, 통화 및 외환 정책의 단일화로 환율 조정은 불가능하다. 게다가 경직성과 낮은 역동성[5]이라는 유럽 노동시장의 특성으로 임금 조정 역시 쉽지 않다.

으로 확대되었고, 1998년에 유럽연합 15개국 정상들이 모여 특별정상회담을 갖고 유럽통화동맹 참가국을 11개국으로 확정하며 통화 단일화에 대한 규범을 마련하였다.

3 독일, 프랑스, 이탈리아, 스페인, 네덜란드, 벨기에, 오스트리아, 핀란드, 포르투갈, 아일랜드, 룩셈부르크.

4 피그스(PIIGS) 혹은 깁스(GIPS, 석고붕대: 아일랜드 제외) 등으로 불리기도 한다.

특히, 유럽 노동시장의 경직성은 남유럽 국가들에서 유명한데, 흔히 경쟁력 약화(경상수지 적자)의 원인으로 지적되고 있다.[6]

무엇보다, 재정과 사회경제정책의 독립적 관리로 정부부채와 적자의 증가를 억제할 수 없었다. 사실, 마스트리히트 조약은 단일 통화의 창설을 위해 국가별 경제수렴기준(convergence criteria)으로 재정과 관련하여 재정적자를 명목 GDP의 3% 이내로 축소하고 정부부채는 명목 GDP의 60% 이내이거나 개선 중이어야 하고, 물가와 관련하여 최근 1년간 소비자물가상승률이 가장 낮은 3개 회원국의 ±1.5% 이내여야 하며, 금리와 관련하여 최근 1년간 소비자물가상승률이 가장 낮은 3개 회원국의 평균 명목금리의 ±2% 이내여야 하고, 환율과 관련하여 최근 2년 동안 자국 통화의 환율을 평가 절하한 사례가 없어야 하며, 유럽환율메커

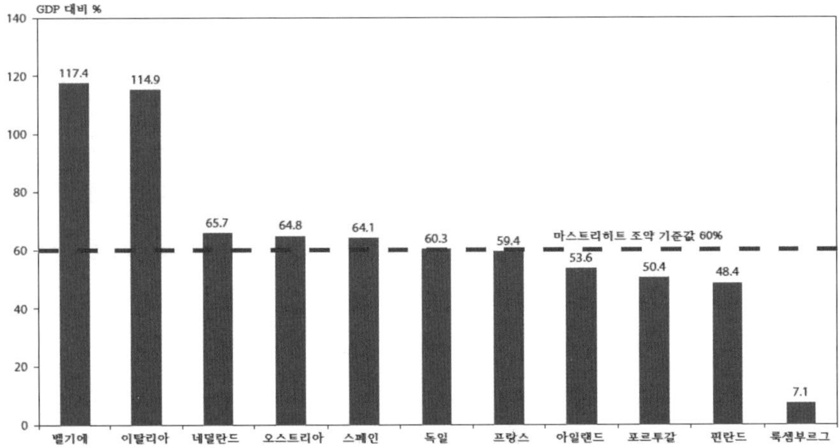

출처: C. Bergsten and J. Kirkegaard, Jan. 2012, The Coming Resolution of the European Crisis, PIIE.

▌그림 5-8. 유로존 초기 11개 회원국의 일반 정부부채(1998년, GDP 대비 %)

5 한 달 기준으로 실업에서의 이탈률을 보면 2010년 미국은 24%로 프랑스의 8%, 독일의 6%, 이탈리아의 4% 등에 비해 월등히 높다.

6 예를 들어, 스페인 노동시장의 특성으로 정규직 노동력에 대한 높은 해고 비용, 복잡한 산별 임금 협상 시스템, 관대한 실직 수당 등이 지적된다. 모두 스페인 경제의 낮은 생산성 원인으로 지적되는 요인들이다.

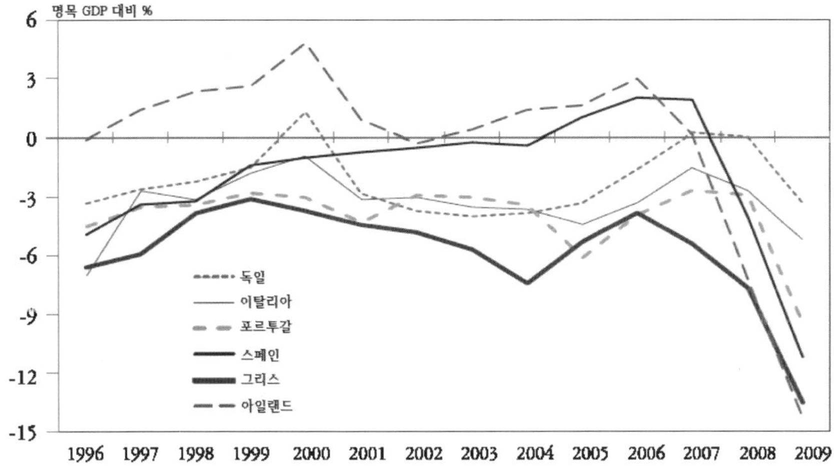

출처: Eurostat.

▌그림 5-9. 유로존 재정적자

니즘(European Exchange Rate Mechanism, ERM)2[7]에 가입하여 자국통화와 유로화 간 환율을 변동허용폭 대비 ±15% 이내에서 유지해야 하는 등의 조건을 명시하였다. 또한 조약은 재정 문제에 봉착하는 국가에 대한 구제가 허용되지 않을 것(no bail-out)이라고 규정하였다.[8] 그러나 기준들은 엄격하게 적용되지 않았다. 예를 들어, 벨기에와 이탈리아는 출발 당시 국가부채가 하락하고 있다는 이유로 기준을 초과했음에도 불구하고 가입이 허용되었다.

이처럼 산업구조 및 산업경쟁력의 차이에 따른 경상수지의 불균형, 단일통화 사용에 따른 실질실효환율의 격차 그리고 국가별 독립적 재정관리 등을 재정위기의 원인으로 보는 입장에서는 재정위기를 겪고 있는 국가들의 정부부채 삭감과

7 1979년 3월 유럽공동체가 유럽통화시스템(European Monetary System, EMS)의 일부분으로 환율변동성을 축소하고 통화안정성을 확보함으로써 경제와 통화의 통합, 단일통화의 도입을 준비하기 위한 목적으로 도입한 시스템이다. 유로 도입 이후에는 통화안정성을 향상시키고 잠재적 유로존 회원국에 대한 평가 메커니즘을 확보하기 위해 유로와 유로존 밖의 통화를 연관시키는 방향으로 정책을 전환시켰는데 이를 ERM2라 부른다.

8 이 밖에도 법적 수렴기준으로 회원국 국내법이 EU 조약과 상충되지 않아야 하며, 특히 회원국 중앙은행의 독립성을 보장하고 중앙은행이 유럽중앙은행(ECB) 제도의 일부분이 되도록 허용해야 한다.

▌표 5-1. EU-12개 국가의 재정과 경상 수지(GDP 대비 %)

재정수지		경상계정수지	
국 가	2000~07 평균	국 가	2000~07 평균
그리스	-5.4%	포루투갈	-9.4%
포르투갈	-3.7%	그리스	-8.4%
이탈리아	-2.9%	스페인	-5.8%
프랑스	-2.7%	아일랜드	-1.8%
독 일	-2.2%	이탈리아	-1.3%
오스트리아	-1.6%	핀란드	0.4%
네덜란드	-0.6%	오스트리아	1.6%
벨기에	-0.4%	벨기에	3.0%
스페인	0.3%	독 일	3.2%
아일랜드	1.5%	네덜란드	5.4%
룩셈부르그	2.3%	핀란드	5.9%
핀란드	4.1%	룩셈부르그	10.6%

출처: Kevin Drum, 2011, "Who's Responsible For the Euromess?" (Dec. 6).

▌표 5-2. EU-12개 국가의 GDP 대비 경상계정수지, 1999~2005년

국 가	1999	2000	2001	2002	2003	2004	2005	2006
오스트리아	-3.2	-2.5	-1.9	0.3	-0.2	0.2	1.1	0.5
벨기에	5.1	3.9	3.9	4.8	4.2	3.4	2.5	4.0
핀란드	6.3	7.5	7.1	7.5	4.0	5.1	4.9	6.1
프랑스	2.9	1.4	1.6	1.0	0.4	-0.4	-1.6	1.0
독 일	-1.2	-1.6	0.2	2.2	2.1	3.8	4.0	2.5
그리스	-4.2	-8.8	-8.1	-7.5	-7.2	-6.4	-6.3	-6.3
아일랜드	0.3	-0.4	-0.7	-0.9	0	-0.8	-2.7	-0.8
이탈리아	0.7	-0.5	-0.1	-0.8	-1.3	-0.9	-1.6	-0.4
룩셈부르그	8.9	13.7	9.0	11.6	6.8	11.1	11.8	10.4
네덜란드	3.9	2.0	2.5	2.6	5.7	9.4	7.7	4.8
포르투갈	-8.5	-10.7	-9.5	-6.8	-5.5	-7.8	-9.2	-9.2
스페인	-2.9	-4.0	-3.9	-3.3	-3.6	-5.3	-7.4	-7.4

출처: S. Rossi, 2007, "International Capital Flows Within the European Monetary Union: Increasing Economic Divergence Between the Centre and the Periphery," *Intervention: European Journal of Economics and Economic Policies*, Vol. 4, No. 2, pp. 309-29.

실질환율 외국 통화에 대한 자국 통화의 상대적인 구매력을 반영한 환율이 실질환율(real exchange rate, RER)이다. 즉 실질환율은 자국재화(예: 한국 햄버거 한 개 가격은 3,300원) 한 단위로 교환해 얻을 수 있는 외국 재화(예: 미국 햄버거 한 개 가격은 4.5 달러)의 양을 의미한다. 예로 원/달러 명목환율이 1,100원/1달러이라 할 경우 실질환율은 1.5, 즉 미국 햄버거 1개로 한국 햄버거 1.5개를 구입할 수 있음을 의미한다. 실질환율이 상승했다면 미국 재화(햄버거)의 가격이 상대적으로 상승한 것을 뜻하고 이는 한국 재화(햄버거)의 가격은 상대적으로 하락한 것으로 이를 실질절하라고 하고, 반대로 실질환율이 하락할 때 한국 재화의 가격은 상대적으로 상승하는데 이는 실질절상을 의미한다. 따라서 자국 물가가 외국 물가보다 상승하면 실질환율은 하락한 것이고 이는 자국 통화가치가 고평가되었음을 의미하고, 이 경우 외국 제품보다 국내 제품 가격이 비싸져 무역수지는 악화되고 통화가치는 약세, 즉 명목환율 상승의 압력이 확대된다. 그런데 지금까지 실질환율은 각국이 한 재화만을 생산한다고 가정했다. 그러나 현실적으로 각국은 수많은 재화를 생산하기 때문에 실질환율에 사용되는 물가는 소비자물가지수와 같은 물가지수를 의미한다. 이 경우 실질환율은 자국의 상품묶음과 상대국가의 상품묶음 간의 교환비율을 표시한다. 즉 특정시점을 기준으로 한 지수의 형태로 표시되는데 통상 앞의 식에 100을 곱하여 100을 기준으로 평가한다. 이때 기준시점에 비해 비교시점의 실질환율이 100보다 작은 경우 자국통화가 외국통화에 비해 상대적으로 고평가되어 있음을, 100보다 큰 경우 자국통화가 외국통화에 비해 상대적으로 저평가되어 있음을 의미한다.

실효환율 변동환율제에서 일국 통화의 명목환율 변화에 대해 주요 교역상대국의 교역량 등으로 가중 평균한 환율이 명목실효환율(nominal effective exchange rate, NEER)이다. 특정시점을 기준으로 지수의 형태로 나타내는 실효환율은 각 교역상대국의 교역가중치를 감안하여 계산하므로 무역가중환율이라 부르기도 한다. 주의할 점은 '달러를 기준'으로 작성하는 명목환율과 달리 실효환율은 '원화를 기준'으로 작성하기 때문에 개별 환율과 반대로 실효환율이 상승하면 원화 강세를, 하락하면 원화 약세를 의미한다.

실질실효환율 명목실효환율은 자국통화의 외국통화에 대한 대외가치를 나타낸다는 점에서 대외경쟁력을 평가하는 중요한 척도가 되나 주요 교역상대국 간의 상대적인 물가변동을 고려하지 않는다는 한계가 존재한다. 이 문제를 해결하기 위해 물가를 감안한 실효환율 개념이 실질실효환율(real effective exchange rate, REER)이다. 이처럼 실질실효환율은 교역상대국과의 명목환율뿐만 아니라 물가수준을 종합적으로 반영하기 때문에 환율의 장기균형수준으로부터의 이탈 정도를 판단하는 지표로 활용된다. 실효환율과 마찬가지로 실질실효환율이 상승하면 자국 통화의 강세를, 하락하면 자국 통화의 약세를 의미한다.

노동행위의 개혁 그리고 유로존의 재정통합 등을 위기 해결책으로 제시한다. 그러나 이러한 주장은 기본적으로 수렴기준을 지키지 않은 채무국의 책임에 초점을 맞추고 있다. 이러한 주장의 약점은 재정위기를 겪는 국가들이 재정수지보다 경상수지의 문제를 갖고 있었고,[9] 자본 흐름의 갑작스런 중단이 유로존 위기의 출발점이었다는 점을 간과한다.

즉 유로 도입 이전에는 중심국-주변국 간 (통화, 금융, 정치 리스크 등에 의한) 스프레드(spread)[10]와 경상수지의 불균형이 존재하였다. 그러나 불균형의 규모는 크지 않았다(그림 5-11). 환율 조정에 의해 불균형이 개선될 수 있었기 때문이다. 그런데 유로화 도입 이후 중심국으로부터의 해외자금 조달과 캐리 트레이드 증가 그리고 스프레드의 축소 등으로 주변국으로의 자본유입(금융계정 증대)이 급증하였다. 즉 단일통화의 도입으로 환율리스크가 제거되면서 유럽의 신용시장은 급성장했다. 캐리 트레이드, 즉 국가 간 자본 이동(cross-border capital flows)은 수익률과 환율에 의존하는데 통화가치 하락의 우려가 제거되었기 때문에 초국가 대출기준이 크게 완화된 것이다. 그 결과 은행간대출(interbank loans)을 중심으로 유로존의 금융 네트워크화가 형성되었다(그림 5-15). 특히 재정위기를 겪는 국가들로 독일과 프랑스 등 핵심국 자본의 유입이 크게 증가하였다. 즉 유로화의 도입은 핵심국의 투자자들로 하여금 주변국들의 자산 매입을 매력적으로 만들었다. 예를

9 특히, 스페인과 아일랜드 등은 유로 채택 이후 재정을 긴축하는 경향을 보였다.
10 국제금융거래의 기준금리와 실제금리의 차이, 즉 채권 발행 시 금리나 대출금리를 정할 때 신용도에 따라 기준금리에 덧붙이는 가산금리이다.

들어, 주변국으로의 자본유입 급증은 이자율 하락(그림 5-11)과 가계의 해외차입 증가로 소비 붐을 유발했고, 특히 교역재의 소비(수입)가 크게 증가하면서 경상수지 적자를 증가시켰다(그림 5-10, 11). 다른 한편, 소비 붐은 건설부문 같은 비교역재의 소비도 증가시키면서 비교역부문의 생산 증가를 포함해 비교역부문의 붐을 창출했다. 교역재부문의 생산성이 낮은 국가(주변국)에서 비교역재부문의 가격이 중심국보다 낮게 형성되고, 그 결과 주변국의 비교역재부문에 대한 수요가 증가하기 때문이다(발라사-사무엘슨 효과[11]). 이에 따라 부동산부문을 중심으로 비교역부문에 중심국 자본의 유입이 크게 증가하였다. 자본 유입은 통화량 증가와 인플레 상승 압력의 증가로 한편으로는 실질환율의 하락(그림 5-12)으로 경상수지를

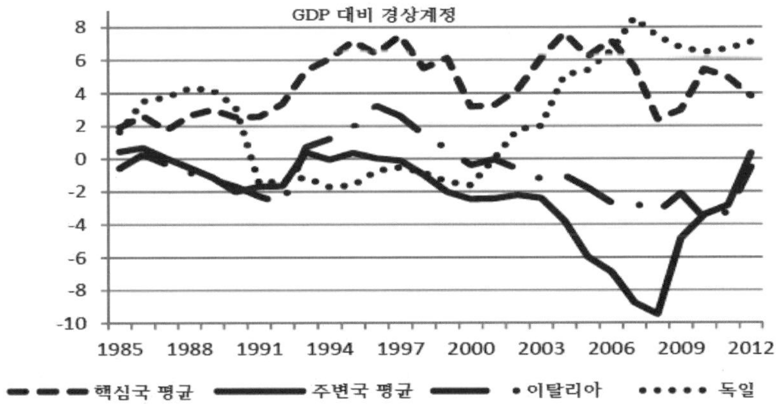

출처: T. Cesaroni and R. De Santis, 2014, “Current account “core-periphery dualism” in the EMU,” Bank of Italy WP. 996 (Nov.).

▌그림 5-10. 이탈리아와 독일 그리고 주변국과 중심국의 경상수지(%)

11 발라사-사무엘슨 효과(Balassa Samuelson effect)는 무역이 자유로워지더라도 상품가격의 차이가 존재하는 이유를 비교역재의 가격 차이와 교역재의 생산성 차이에 의해 발생한다고 보았다. 비교역재의 가격 차이는 탄력적인 교역재에 비해 비탄력적인 가격탄력성에서 비롯한다. 게다가 잘 사는 국가가 못 사는 국가보다 교역재의 생산성이 크다. 즉 완전교역재는 어느 장소에서 구입하든 국가와 관계없이 가격이 같은 반면, 운송비가 많이 드는 재화나 운송이 불가능한 재화(예: 이발 등 서비스)와 같은 경우에는 장소에 따라 가격 차이가 존재한다. 즉 높은 생산성은 높은 임금으로 이어져 잘 사는 국가의 비교역재의 가격이 높게 낮게 형성되고, 이는 못 사는 국가가 잘 사는 국가에 비해 물가가 낮은 이유이다.

악화시키고, 다른 한편으로는 이자율 상승으로 자본의 추가 유입을 초래한다. 이는 90년대 초 나프타(NAFTA) 체결 이후 미국에서 멕시코로 자본 유입이 급증한

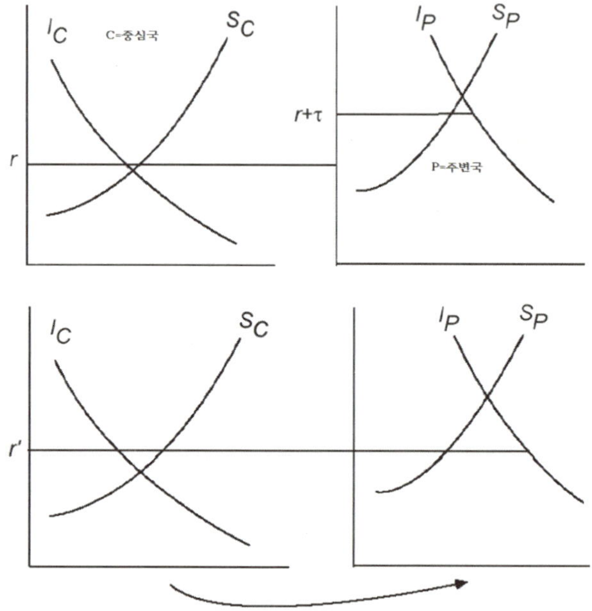

▌그림 5-11. 유로화 도입 전후 유럽의 불균형

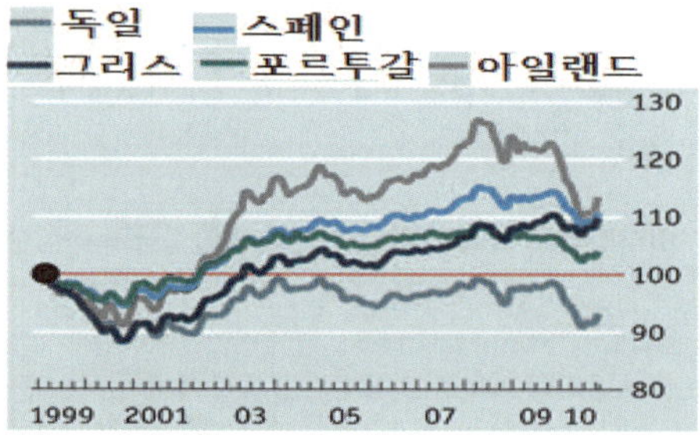

주: * 소비자물가에 기초.

출처: European Central Bank, Economist, 2010, "Breaking up the euro area: How to resign from the club" (Dec. 2)에서 재인용.

▌그림 5-12. 실질실효환율(1999년 1분기 GDP 디플레이터=100)

것과 유사하다. 이는 일종의 경제수렴 과정으로 이해할 수도 있지만, 이러한 자본 유입의 '노다지(bonanzas)'는 투자자 태도의 변화에 민감하기에 자본흐름의 갑작스런 중단은 금융위기를 촉발시킬 수도 있다. 요약하면 단일통화 도입은 주변국

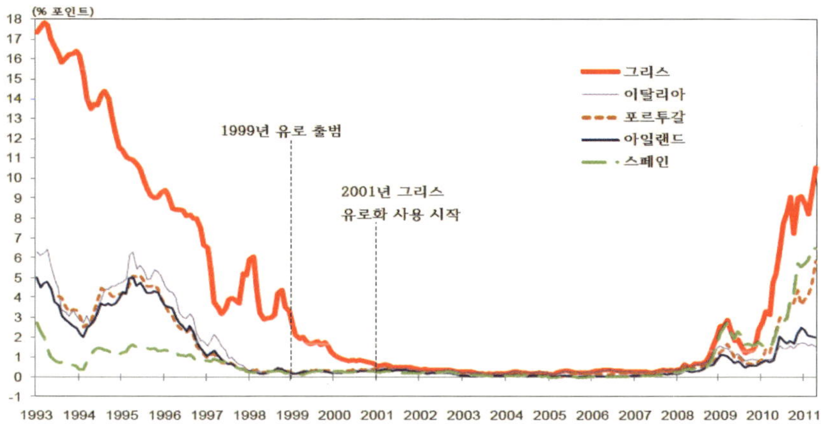

출처: R. Koo, 2011, "Learning wrong lessons from the crisis in Greece," Nomura Research Institute (May 20).

▌그림 5-13. 유럽 내 금리의 수렴: 국채 10년물 수익률 스프레드, 독일 대 집시국가들

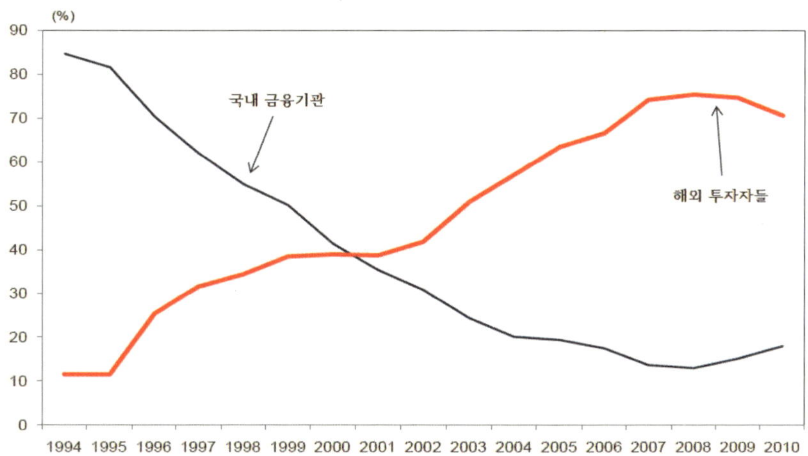

출처: Bank of Greece; R. Koo, 2011에서 재인용.

▌그림 5-14. 그리스 정부부채의 보유자: 국내 금융기관 대 해외 투자자

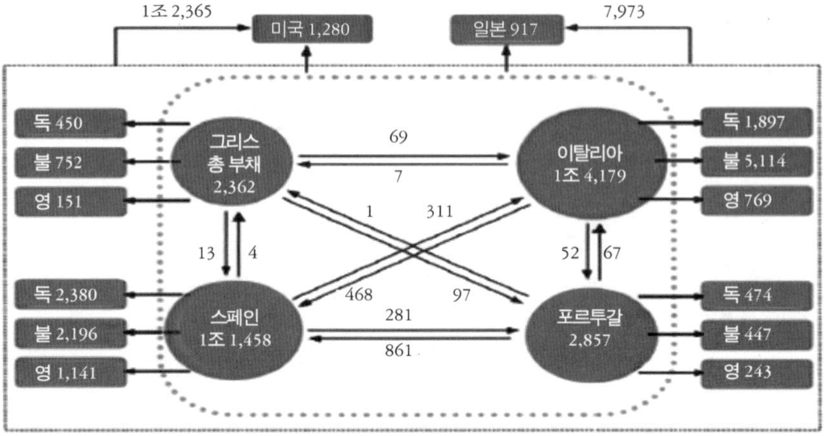

주: 화살표는 채무의 방향, 숫자는 채무규모(단위: 1억 달러)를 나타냄.
자료: BIS, 2009년 말.

▌그림 5-15. 유럽의 금융 네트워크: 유럽의 역내 부채 연결망(2009년 말 기준, 억 달러)

에 신용 붐을 일으켰고, 그 결과 자산가격의 붐과 경상계정(CA) 적자의 확대를 초래했던 반면, 금융위기 같은 외부 충격의 발발은 갑작스런 자본 유출(금융계정 감소)로 자본흐름을 역전시켰고, 이는 자산거품 붕괴와 은행위기 그리고 국가부채위기 발발로 이어졌던 것이다.

이제 자본흐름에 영향을 미친 요인을 자세히 살펴볼 필요가 있다. 즉 유로존의 재정위기가 금융화의 산물이라는 점에서 유로존 내 자본흐름의 급증은 이론적으로 풀(Pull) 요인과 푸시(Push) 요인으로 나누어 생각할 수 있다. 전자의 경우 정부를 방만하게 운영한 채무국들의 차입 증대에서 찾는다면, 후자의 경우 투자자의 고수익 추구를 자본 흐름의 결정요인으로 보는 것이다. 두 가지 요인이 상호 강화됐을 가능성이 높지만, 풀 요인이 주원인이라면 주변국의 명목 이자율의 증가를 예상할 수 있을 것이다. 그러나 〈표 5-3〉에서 보듯이 이는 확인되지 않는다. 오히려 핵심국의 투자자들이 투자에 대한 위험을 고려하지 않고 주변국으로 자금을 투입한 것이 주원인으로 작용한 것이 확인된다. 〈그림 5-16〉에서 보듯이 핵심국에서 주변국으로의 자본 유입이 인플레이션을 유발했음에도 불구하고 유로존은 긴

▌표 5-3. EU-12개 국가의 장기 명목이자율, 1999~2006년

국 가	1999	2000	2001	2002	2003	2004	2005	2006
오스트리아	4.68	5.56	5.07	4.97	4.15	4.15	3.39	3.80
벨기에	4.75	5.59	5.13	4.99	4.18	4.15	3.43	3.81
핀란드	4.72	5.48	5.04	4.98	4.13	4.11	3.35	3.78
프랑스	4.61	5.39	4.94	4.86	4.13	4.10	3.41	3.80
독 일	4.49	5.26	4.80	4.78	4.07	4.04	3.35	3.76
그리스	6.30	6.10	5.30	5.12	4.27	4.25	3.58	4.07
아일랜드	4.71	5.51	5.01	5.01	4.13	4.08	3.33	3.74
이탈리아	4.73	5.58	5.19	5.03	4.25	4.26	3.56	4.05
룩셈부르크	n.a.	n.a.	n.a.	n.a.	n.a.	n.a.	n.a.	n.a.
네덜란드	4.63	5.40	4.96	4.89	4.12	4.09	3.37	3.78
포르투갈	4.78	5.59	5.16	5.01	4.18	4.14	3.44	3.91
스페인	4.73	5.53	5.12	4.96	4.12	4.10	3.39	3.78

출처: S. Rossi, 2007.

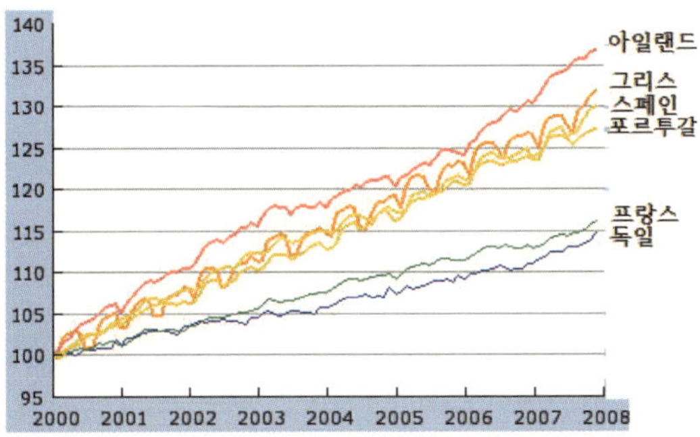

출처: K. Drum, 2011.

▌그림 5-16. 소비자물가지수, 핵심국 대 주변국(2000년=100)

축 통화정책을 사용하지 않았다. 오히려 독일 경제를 우려해 통화완화 정책이 전개되었다(그림 5-18). 2000년 IT 버블이 붕괴되면서 미국의 나스닥에 해당하는 독일 닥스(DAX30) 지수가 정점 대비 98% 하락하였다. 〈그림 5-17〉에서 보듯이 독일의 가계와 기업은 2000~05년간 저축의 증대(GDP 대비 2.8%)와 디레버리지(GDP 대비 10.0%)로 대응하면서 '대차대조표 침체'[12]가 촉발되었다. 그런데 재

12 '대차대조표 침체(Balance-sheet Recession)'는 버블 붕괴로 인한 자산가치의 하락으로 경제주체가

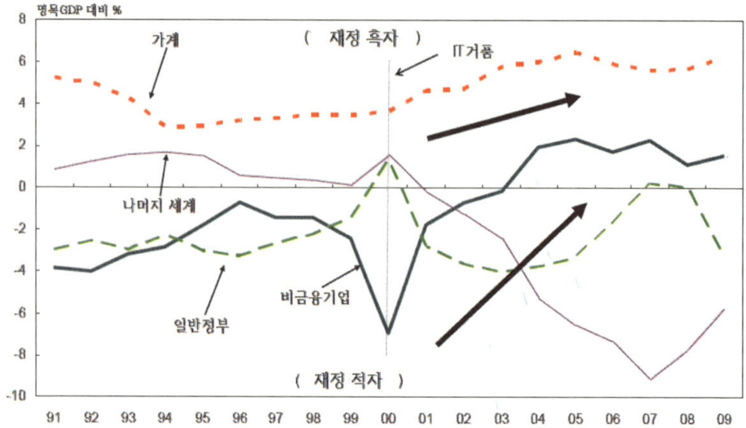

출처: Deutsche Bundesbank, Federal Statistical Office of Germany; R. Koo, 2011, Exhibit 4에서 재인용.

▌그림 5-17. 독일의 자금 흐름(부문별 금융 수지)

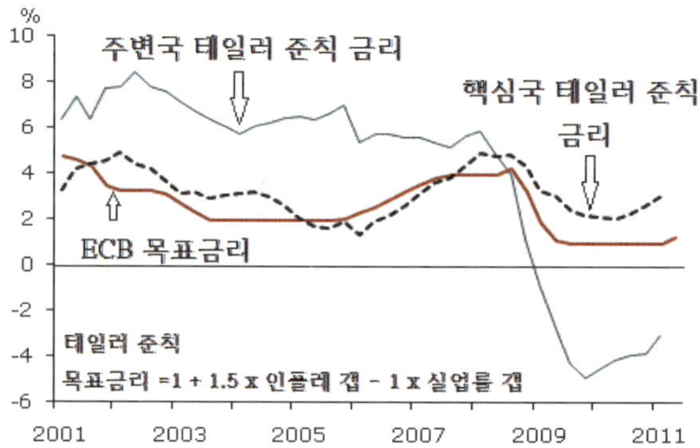

주: 분기별 자료.
출처: OECD, Eurostat; F. Nechio, 2011, "Monetary Policy When One Size Does Not Fit All," Economic Letter 2011-18 (June)에서 재인용.

▌그림 5-18. 테일러 준칙 금리: 중심부와 주변부 그리고 ECB 목표금리

빚을 내어 투자한 자산을 지키기 위해 투자나 소비를 줄이고 빚을 갚는 것을 최우선으로 하여 시장에 유동성이 공급되지 않아 발생하게 되는 경기침체를 의미한다. 즉 자산이 감소하는 가운데 부채가 증가하면서 부채를 줄여야 하는 압박을 받는 경제주체의 재산 상태의 조정은 경제주체의 총재산을 자산 장부(차변)와 부채 및 자본 장부(대변)로 나누어 기재한 대차대조표의 순환적 조정으로 이해할 수 있기에 '대차대조표 침체'라 부른 것이다. 노무라증권의 리처드 쿠(Richard C. Koo)가 만든 개념이다.

정투입은 '마스트리트 조약'으로 제약되어 있었다.

이에 유럽중앙은행(ECB)은 금리를 2%로 인하하였다. 그러나 민간부문이 부채 축소에 집중하는 상황에서 독일경제를 자극하는 데에는 실패하였다. 독일의 경기부양을 위한 통화완화 정책은 집시국가들, 특히 아일랜드와 스페인 등의 주택시장의 버블을 촉발시키고 독일 수출을 회생시킴으로써 독일 경제는 대차대조표 침체에서 탈출할 수 있었다(그림 5-20, 21). 반면, ECB의 통화완화 정책으로 주변

▌표 5-4. EU-12개 국가의 장기 실질이자율, 1999~2006년

국 가	장기 평균 명목이자율	평균 인플레율 (HICP)	장기 평균 실질금리	차입비용 순위
오스트리아	4.47	1.70	2.77	9
벨기에	4.50	2.00	2.50	7
핀란드	4.45	1.50	2.95	11
프랑스	4.41	1.80	2.61	8
독 일	4.32	1.50	2.84	10
그리스	4.87	3.20	1.65	4
아일랜드	4.44	3.50	0.98	1
이탈리아	4.58	2.30	2.24	6
룩셈부르크	n.a.	2.70	n.a.	n.a.
네덜란드	4.41	2.50	1.89	5
포르투갈	4.53	3.00	1.53	3
스페인	4.47	3.10	1.40	2

주: n.a.=이용불가능; HICP=월별 소비자물가 지수(harmonized index of consumer prices).
출처: S. Rossi, 2007.

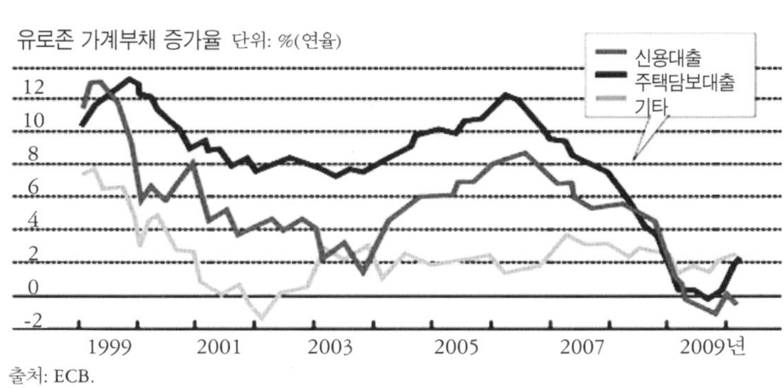

출처: ECB.

▌그림 5-19. 유로존의 가계부채 증가율(연율, %)

국의 인플레이션은 임금 상승과 수출 감소와 경상수지 적자 증대 등을 초래하였다. 예를 들어, 2000년부터 2009년 3분기까지 단위 (산출량당) 노동비용을 보면 독일이 5.8% 상승한 반면, 그리스가 32.8%, 이탈리아가 31.4%, 스페인이 30.1%, 아일랜드가 27.3% 상승했다(그림 5-22).[13] 특히, 수출 비중이 낮은 그리

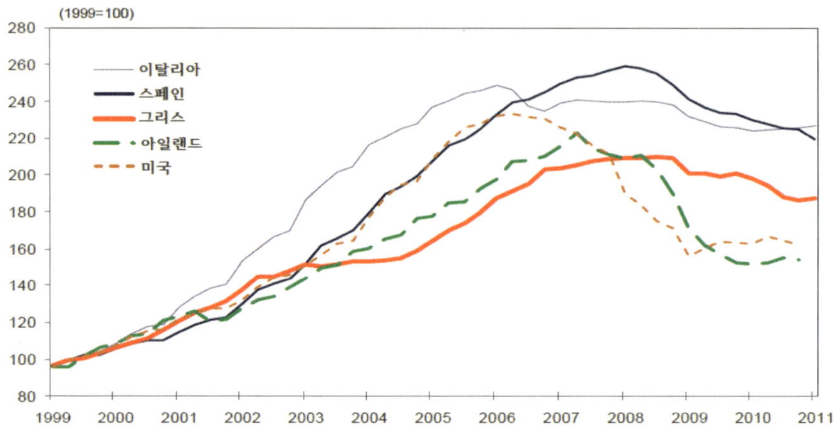

출처: R. Koo, 2011에서 재인용.

▌그림 5-20. 유로 도입 이후 집시국가들의 주택가격 추이

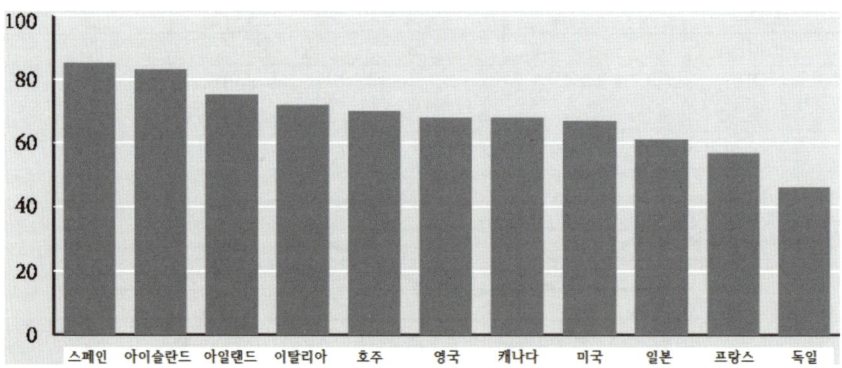

출처: A. Pollock, 2010, "Testimony before the Subcommittee on Security and International Trade and Finance, Committee on Banking, Housing and Urban Affairs," US Senate (Sep. 29).

▌그림 5-21. 전 세계 주택소유율

13 P. Coy, 2010, "Germany's Merkel: She's Got the Whole Euro in Her Hands," Businessweek (March 1)에서 재인용.

스의 경우 수입과 경상수지 적자가 급증했다.

마지막으로 자본의 자유로운 이동을 지지하는 이들은 자본 이동(금융통합)에 따른, 이른바 저소득 국가의 '따라잡기(catch-up) 효과' 등 유익한 효과를 강조한다. 실제로 집시국가들은 유로화 도입 이후 소비재보다는 투자재에 더 많이 지출했다(표 5-5). 이런 관점에서 금융위기 이전에는 경상수지 불균형도 문제될 것이 없다는 인식이 존재하였다. 그런데 유로존 위기는 거시경제 관점에서 책임 있게 행동해도 자본 흐름의 갑작스런 중단에 따른 위기의 충격은 막기 어렵다는 것을 보여주었다. 유로존 부채위기에 대한 일부 책임이 해당 국가의 몫인 것이 명확하지만, 책임의 초점은 유로의 도입이 금융위기를 가능케 했던, 즉 피하기 어려운 강력한 힘으로 작동했다는 사실에 맞추어야 할 것이다. 유로 도입 이후 경상수지 적자국에서 은행시스템은 높은 예대비율(loan-to-deposit), 즉 높은 레버리지를 드러냈는데 이는 주변국 은행들이 소매예금 대신 도매자금조달(wholesale funding, 은행간대출)에 의존한 결과였다. 그런데 자유로운 자본 이동으로 투자자가 자본 유입을 중단할 때 도매자금조달은 고갈되고 은행시스템은 심장을 멈추게 된다. 이는 악순환을 형성한다. 결국 금융위기는 침체를 만들어내고 주변국 재정과 은행시스템에 큰 구멍을 만들어냈다. 즉 금융권 부실을 해결하기 위해 공적 자금을 투입한 결과 주변국의 재정적자는 폭발하고, 부채 수준은 지속불가능하게 되었다. 동시에 투자자들은 자금 인출을 하고 은행시스템은 파산에 직면하게 되었다. 여기에 시가평가(mark-to-market) 회계 방식에 의해 확장되는 금융 불안(예: 급매처분, fire-sale)은 은행위기의 악화와 상호작용을 한다. 국가부채 위기와 은행위기

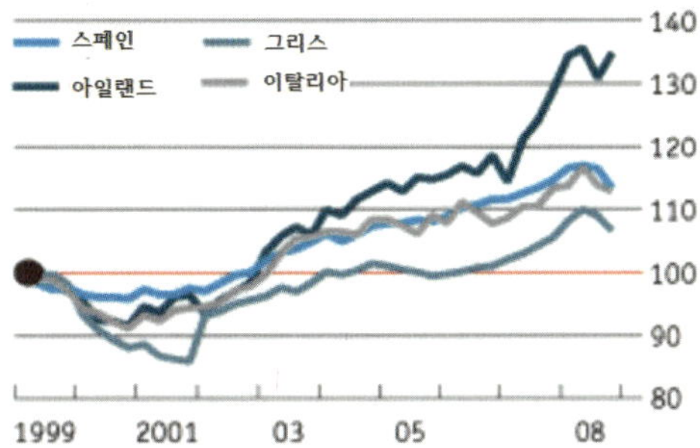

출처: ECB; Economist, Jun. 11th, 2009에서 재인용.
http://www.economist.com/node/13767363?zid=307&ah7&ah=5e80419d1bc9821ebe173f4f0f060a07

▌그림 5-22. 집시국가들의 단위노동비용 디플레이터(1999년 1월=100)

▌표 5-5. 국내 지출 중 소비와 투자 지출의 비중, 독일 대 집시국가들

	독 일	그리스	아일랜드	포르투갈	스페인
국내 지출 중 소비의 비중(%)					
1992~99 평균	65.2%	73.2%	67.0%	66.4%	66.1%
2000~07 평균	67.4%	69.7%	61.3%	65.5%	62.4%
차 이	2.2%	-3.5%	-5.7%	-0.9%	-3.7%
국내 지출 중 자본형성의 비중(%)					
1992~99 평균	18.4%	14.9%	18.0%	19.6%	18.7%
2000~07 평균	16.2%	16.8%	23.9%	19.0%	23.0%
차 이	-2.2%	1.9%	5.9%	-0.6%	4.4%

출처: K. Drum, 2011.

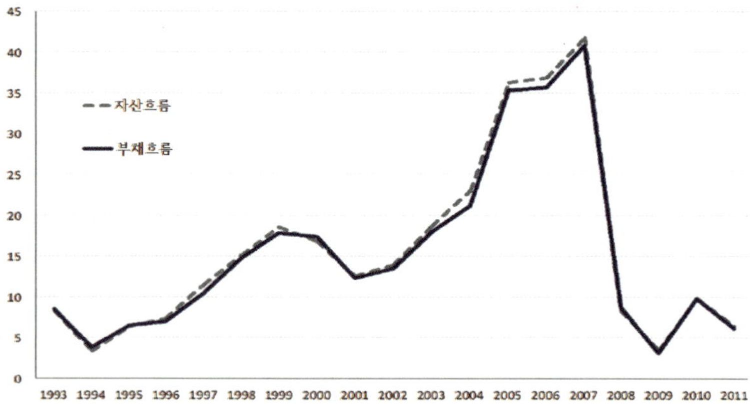

출처: Philip R. Lane, 2013, Capital Flows in the Euro Area, EUROPEAN ECONOMY, Economic Papers 497 (April).

▌그림 5-23. 유로 지역의 자본흐름(GDP 대비 자본 유출 및 유입의 비중, %)

가 결합되는 이른바 '쌍둥이 위기(twin crisis)'가 발생하는 이유이다. '쌍둥이 위기'는 실물경기 침체를 매개로 위기의 악순환을 형성한다. 즉 은행 위기는 실물경기 침체와 재정적자를, 다시 실물경기 위기는 은행 자산의 부실화와 재정적자 심화를, 또 국가재정 위기는 실물경기 침체와 은행 자산의 부실화를 유발시킨다.

이처럼 금융통합에 따른 신용 팽창은 금융위기의 리스크를 고조시킨다.[14] 즉

14 금융통합의 정도는 (외부자산+부채)/GDP 같은 지표로 측정할 수 있다.

금융통합은 대외 총자산과 부채의 증가로 나타난다. 앞에서 보았듯이 90년대 말과 비교해 미국과 유로존의 대외 총자산 및 부채는 거의 두 배 증가하였다. 특히, 유로 도입에 따라 유로존의 규모가 크게 증가하였다. 즉 유로존 금융회사의 대차대조표에서 미국의 ABS와 회사채가 크게 증가하고, 유로존에서 국채 발행이 크게 증가하고, 은행간대출(interbank loans)에 의한 자금 조달이 급증했다. 예를 들어, 유로존 은행의 경우 2004~07년간 달러예금 기반(소매 자금조달)의 부족으로 단기 달러를 차입(도매 자금조달)하여 달러 표시 ABS를 매입하였다. 이러한 특성이 2007~09년간 달러 자금조달 시장의 소동이 발생한 배경이다.

유로존 재정위기를 겪는 국가들을 중심으로 신용 팽창을 간단히 살펴보면 다음과 같다. 그리스의 경우(그림 5-24) 자본유입과 국가부채 문제가 연결된 경우이다. 유로존 접근이 가능해지면서 금융 심화(financial deepening)와 순 대외부채가 급증하였다. 대규모 경상수지 적자의 발생은 GDP 대비 순 대외부채와 정부부채의 급증을 반영한 것이다. 과거 신흥경제와의 공통점은 부채 급증이 해외차입 급증에 의한 것이라는 점이고, 차이점은 인플레이션이나 통화가치 절하의 불가능으로 부채의 실질가치 축소가 불가능했다는 점이다. 오히려 재정위기가 부상한 후

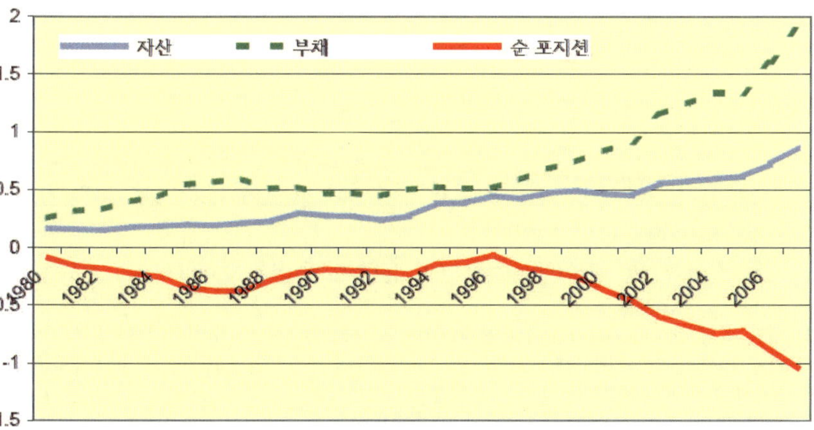

출처: M. Obstfeld, 2011, International Liquidity: The Fiscal Dimension, NBER WP 17379 (Sep.).

▌그림 5-24. 그리스의 위기: 부채 주도의 거품(GDP 대비 비중)

긴축(부채 감축)으로 대내적 디플레와 부채의 실질가치 증가에 직면하게 되었다. 위기 폭발은 당연한 수순이었고, 긴축에 따른 부채 디플레이션 가능성이 고조되며 상황이 악화된 배경이다.

아일랜드의 경우(그림 5-25) 유로 도입 이후 금융위기 이전까지 재정수지 흑자를 유지했음에도 불구하고 해외자본에 대한 의존[15]과 과잉금융에 의한 성장이 국가를 파산시킨 사례이다. 은행부문을 국제적으로 노출시킨 결과 은행 자산이 경제 규모에 비교해 과도하게 팽창하였다. 2007년 GDP 대비 은행부문의 대외자산 비중은 13배에 달하였다. 그러나 자산의 성장은 부채 증가를 수반하는 것이었다. 즉 글로벌 은행이 대규모 차입을 주도한 반면, 대부분 은행 차입은 아일랜드 경제와 무관하였다. 순 대외부채가 낮았음에도 불구하고 은행 부채는 아일랜드의 시스템에 영향을 미칠 수밖에 없기에 국가부채 위기로 발전하였다. 즉 금융위기에 따른 해외자본의 유출로 2007년 GDP 25% 수준의 재정적자가 2011년

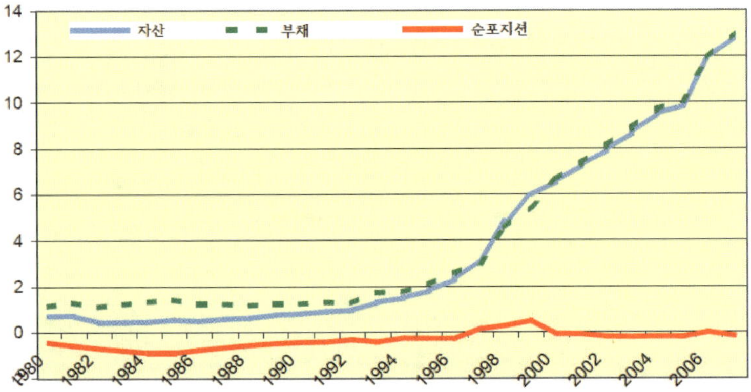

출처: M. Obstfeld, 2011.

▌그림 5-25. 아일랜드의 위기: 자산 주도의 거품(GDP 대비 비중)

15 한때 '켈틱 타이거(Celtic Tiger)'로 불리던 아일랜드는 2003년부터 법인세율을 독일(30%)의 절반 수준보다 낮은 12.5%를 적용함으로써 해외 자본의 유입과 저금리의 혜택을 누리는 대신 은행을 붕괴시키고, 가계와 정부를 부채의 늪에 빠트린 자산 가치의 버블을 일으켰다. 집시국가들의 지원에 대해 독일의 많은 국민들이 분노하는 이유도 자신들은 높은 법인세율 속에서 경쟁력을 확보하기 위해 임금 인상의 억제, 복지와 노동시장의 개혁 등을 감내했는데, 자신들이 허리띠를 졸라매고 사는 동안 흥청거리며 살아온 집시국가들을 지원하기 위해 다시 긴축을 해야 하기 때문이다.

112%로 증가하였고, 이 중 은행 부채가 42%나 되었다. 아일랜드의 교훈은 총부채, 특히 단기부채의 중요성을 보여주었다. 즉 장부상 상쇄 가능한 자산을 보유하고 있더라도 그 자산이 비유동적일 경우 유동성 위기에 직면할 수밖에 없는 것이다. 포르투갈의 경우(그림 5-26)는 그리스와 아일랜드의 특성이 결합된 사례였다. GDP 대비 높은 총자산은 부채와 관련된 것이었는데 순 대외부채 규모가 2007년에 거의 GDP 수준일 정도로 부채가 자산을 능가했다. 그 결과 유동성 리스크가 매우 높은 경제구조였다.

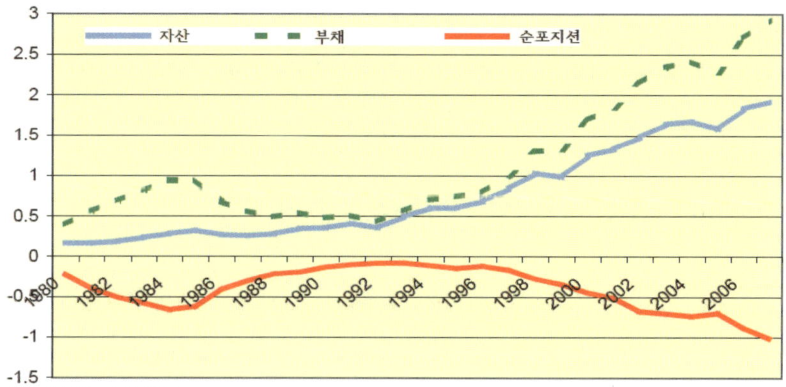

출처: M. Obstfeld, 2011.

▌그림 5-26. 포르투갈의 위기: (자산+부채)가 주도한 거품(GDP 대비 비중)

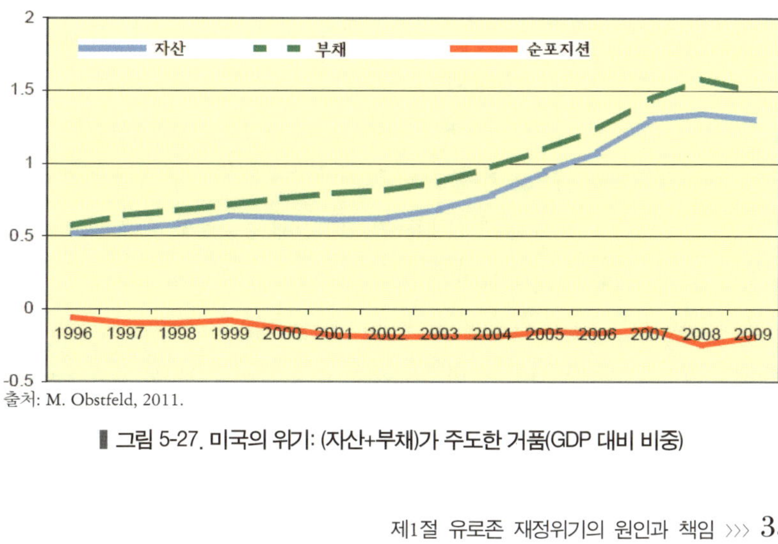

출처: M. Obstfeld, 2011.

▌그림 5-27. 미국의 위기: (자산+부채)가 주도한 거품(GDP 대비 비중)

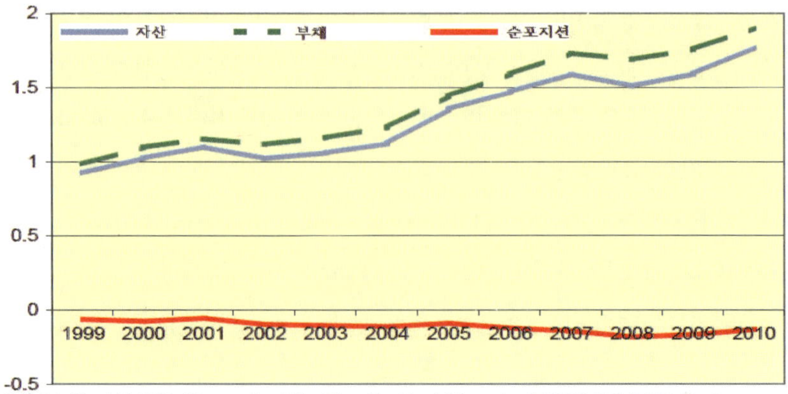

출처: M. Obstfeld, 2011. "International Liquidity: The Fiscal Dimension," NBER WP 17379 (Sep.).

▌그림 5-28. 유로(17)의 위기: (자산+부채)가 주도한 거품(GDP 대비 비중)

제2절 유로존 위기에 대한 유로존의 대응

유로화 사용으로 유로존은 하나의 네트워크가 되었다. 네트워크는 연결성을 증대시켜 안정성을 높이는 장점이 있다. 구체적으로 환율 변동성 비용의 제거, 가격 투명성의 증대와 물가 안정, 국가신용도 개선, 자본시장의 통합과 금융자원의 효율적 배분, 일자리 창출, '하나의 유럽'이라는 동질성(정치적 통합의 가능성)의 확보 등이 이점들이다. 반면, 위험의 '전염효과(contagion effect)'라는 단점도 있다. 2010년 봄의 그리스 사태가 아일랜드, 포르투갈, 스페인 등의 국채수익률을 끌어올렸고, 그해 말에는 아일랜드 사태가 그리스, 포르투갈, 스페인, 이탈리아, 벨기에 등의 국채수익률을 끌어올렸다. 그리고 이탈리아 위기는 은행을 매개로 유로존 전체뿐만 아니라 글로벌 경제 전체로 위기의 전염(성장 둔화 ⇒ 국가부채 우려 ⇒ 은행 부실 ⇒ 성장 둔화 …)을 만들어냈다.

이처럼 위기가 발발하자 통합된 시장은 파편화되었고, 국가 간 가치 평가의 차이(예: 레포 시장의 가격 차이)가 발생하였다. 즉 유로존 단일성(integrity)이 상실되고, 통합이 약화되며 개별 회원국의 부도 가능성이 증가하였다. 부도 가능성이 높은 국가의 국채 금리 상승은 재정위기로 발전하였다. 앞에서 지적했듯이 은행위기와 국가위기의 순환이 반복되며 실물경기의 침체는 자유낙하하였다. 주택가격이 하락했고, 실질임금이 하락했으며, 실업률이 급등했고, 은행의 대출 규모가 급감하였다. 경기 침체를 겪는 집시국가들의 경우 재정확장이나 수출 증대 혹은 둘 모두를 추구하는 것밖에는 선택의 여지가 없다. 그런데 단일통화 사용으로 통

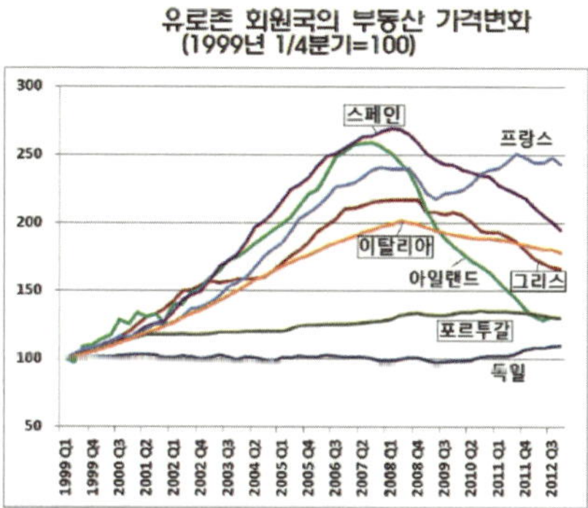

주: 1999년 1/4분기~2012년 3/4분기까지의 자료.
자료: Oxford Economics, Housing price index.

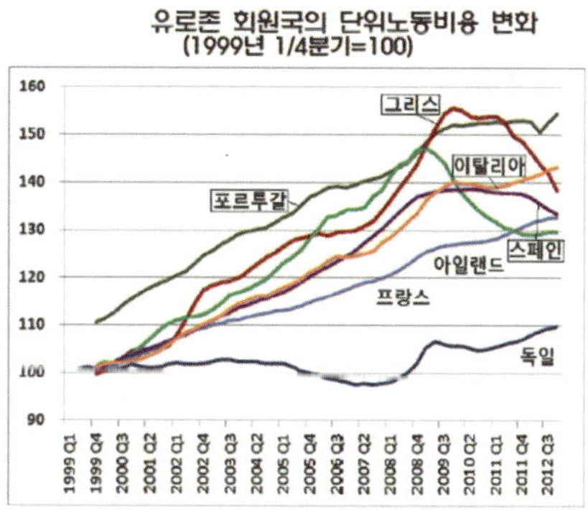

주: 1999년 1/4분기~2012년 3/4분기까지의 자료이며, 4분기 이동평균으로 표시.
자료: Oxford Economics, Unit wage costs, whole economy, nominal.

▌그림 5-29. 위기 후 유로존의 주택시장과 노동시장의 조정

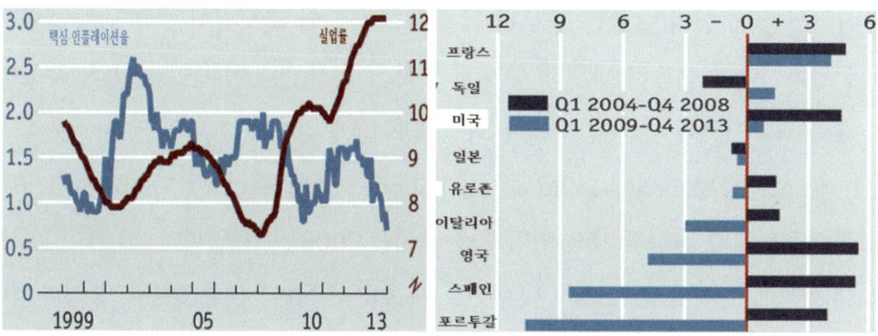

출처: Eurostat, Economist, 2014, “In the danger zone” (Jan. 11)에서 재인용.
OECD, Economist, 2014, “Wage stagnation: The big freeze” (Sep. 6)에서 재인용.
http://www.economist.com/news/finance-and-economics/21593497-euro-area-getting-perilously-close-deflation-danger-zone
http://www.economist.com/news/finance-and-economics/21615589-throughout-rich-world-wages-are-stuck-big-freeze

▌그림 5-30. 유로 지역의 실업률과 실질임금 변화율(%)

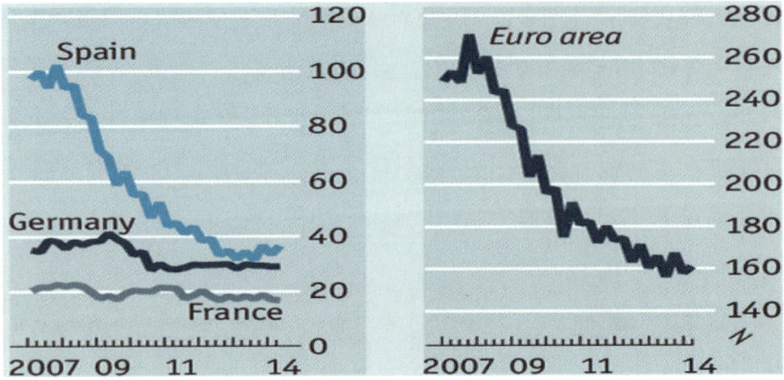

출처: ECB, Economist, 2014, In the danger zone (Jan. 9)에서 재인용.
http://www.economist.com/news/finance-and-economics/21593497-euro-area-getting-perilously-close-deflation-danger-zone

▌그림 5-31. 비금융기업에 대한 은행의 신규 대출(10억 유로)

화가치 절하라는 외적 절하가 불가능한 상황에서 고실업에 따른 노동비용 인하와 물가 상승률 하락을 통해 실질실효환율을 상승시켜 수출 증대를 추구하였다. 그러나 고실업과 임금 인하는 긴축과 더불어 노동자에게 매우 고통스러운 과정일 뿐 아니라 내수 침체의 희생을 수반하는 것이기에 효과는 제한적일 수밖에 없다.

유로존 위기와 유럽의 경기침체에 대한 대응은 ECB와 유럽연합의 두 차원에서 이루어졌다. 먼저 ECB는 글로벌 금융위기와 유럽 재정위기 이후 금융시장 불안과 경기침체에 대응하기 위해 확장적 통화정책 기조를 이어오고 있다. 즉 ECB는 기준금리 인하와 같은 전통적 통화정책과 함께 장기대출과 같은 비전통적 통화정책(UMP, Unconventional Monetary Policy)도 함께 추진해왔다. 첫째, ECB는 글로벌 금융위기 직전 4.25%였던 기준금리를 2008년 10월부터 2014년 9월까지 14차례에 걸쳐 0.05%까지 낮추었으며, 이와 더불어 시중은행이 중앙은행에 자금을 예치할 때 적용받는 1일물 예금금리(Deposit Facility)를 -0.20%(2014년 9월)까지 인하하였다. ECB는 지난 6월 시중은행들이 ECB에 맡기는 하루짜리 예금금리를 사상 처음으로 마이너스(−)로 내리기까지 했다. 디플레이션 공포에 사로잡혀 있는 ECB의 승부수였다.

ECB의 기준금리 변동 시점

(단위: 연율, percent per annum)

변동 시점	2008년			2009년	
	10월	11월	12월	1월	3월
기준 금리	3.75	3.25	2.50	2.00	1.50

변동 시점	2009년		2011년			
	4월	5월	4월	7월	11월	12월
기준 금리	1.25	1.00	1.25	1.50	1.25	1.00

변동 시점	2012년	2013년		2014년	
	7월	5월	11월	6월	9월
기준 금리	0.75	0.50	0.25	0.15	0.05

주: 기준금리 변동 시점 및 당시의 조정된 금리를 나타냄.
자료: 유럽중앙은행(European Central Bank, ECB).

ECB 기준금리 변동 추이

(단위: 연율, percent per annum)

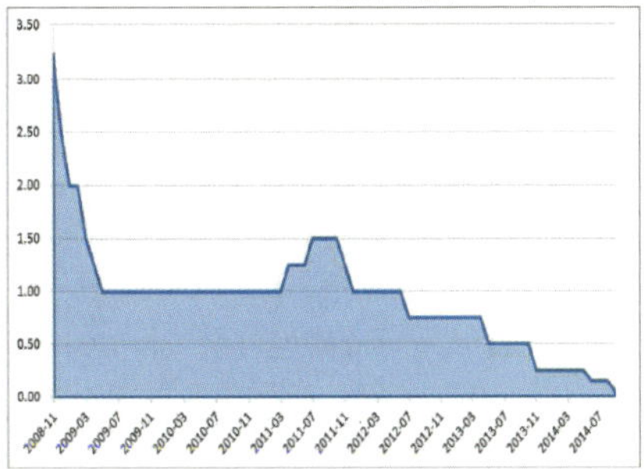

자료: 유럽중앙은행(European Central Bank, ECB).

▌그림 5-32. ECB 금리 정책

둘째, 커버드본드 매입 프로그램(CBPP1, Covered Bond Purchase Programme)을 도입하였다. 1차 프로그램은 2009년 6월 4일부터 2010년 6월까지 도입했는데 600억 유로 내에서 유로화표시 커버드본드(Covered Bonds)를 발행 및 유통시장에서 매입하였다. 대상증권은 적어도 1개의 신용평가사로부터 AA등급 이상을 받아야 하며 4대 신용평가사 모두로부터 BBB/Baa3 이상 등급을 받아야 하였다. 2차 프로그램(CBPP2)은 2011년 11월 3일부터 2012년 10월까지 도입했고, 400억 유로 내에서 적어도 1개의 신용평가사로부터 BBB- 이상 등급을 받은 것으로 만기 10.5년 이내이어야 하며 기초자산에는 민간이나 공공기업에 대한 채권도 포함하였다. 3차 프로그램(CBPP3)이 2014년 9월 4일 도입된 상태이다. 같은 시기에 비금융 민간부문의 대출 등을 기초자산으로 한 단순하고 투명한 ABS를 매입하는 자산유동화증권 매입 프로그램(ABSPP, ABS Purchase Programme)도 도입되었다.

셋째, ECB는 채권시장 안정을 위해 유통시장에서 회원국 국채매입 프로그램(SMP, Securities Markets Programmes)을 운용하였다. 즉 2010년 5월 10일 도입하여 2012년 2월 종료한 SMP에 따라 유로지역 금융기관을 대상으로 회원국 중앙은행이 직접 발행시장 또는 유통시장에서 국공채 및 회사채를 매입하였고, 매입

조작실시 다음 주에 해당 금액만큼 불태화 조치를 실시함으로써 ECB 통화정책에 영향을 미치지 않았다.

넷째, 고정금리·전액할당 방식을 2010년 8월에 도입했다. 주로 시중의 RP를 매입(매각)하는 공개시장조작 시 기존의 변동금리입찰·고정할당 방식을 고정금리입찰·전액할당 방식으로 전환시킴으로써 금융기관들이 상대적으로 낮은 금리로 자금을 공급받을 수 있게 하였다. 참고로 변동입찰금리·고정할당 방식은 입찰에 참여하는 거래적격금융기관이 거래 희망 금액과 금리를 제시했을 때 ECB가 기 설정해 놓은 유동성 공급규모와 최저입찰금리(Minimum Bid Rate)를 기준으로 이를 배정하는 방식이나, 고정입찰금리·전액할당 방식은 고정된 금리로 거래적격금융기관이 원하는 만큼의 유동성을 공급받는 방식으로 2014년 6월 ECB 통화정책회의에서는 이 조치를 2016년 12월까지 연장하기로 결정하였다.

다섯째, 장기자금공급조작(LTRO, Long-term Refinancing Operations)의 만기를 연장하였다. 시장유동성 조절을 위해 ECB가 활용해온 LTRO는 통상 만기가 3개월이었으나, ECB는 LTRO의 만기를 글로벌 금융위기 이후에는 6개월과 12개월까지 연장하였으며, 3년 만기 LTRO의 경우 2011년 말을 전후하여 1조 유로 규모로 실시하였다.[16] 앞에서 소개했듯이 2014년 6월 ECB의 통화정책회의에서는 민간대출 활성화를 위해 가계대출(주택구매용 가계대출은 제외) 및 기업 대출을 대상으로 하는 T-LTRO(Targeted LTRO)를 8회(2014년 9, 12월, 2015년 3, 6, 9, 12월, 2016년 3월)에 걸쳐 시행하기로 결정하였고 만기는 2018년 9월까지로 하였다. 그리고 2012년 6월부

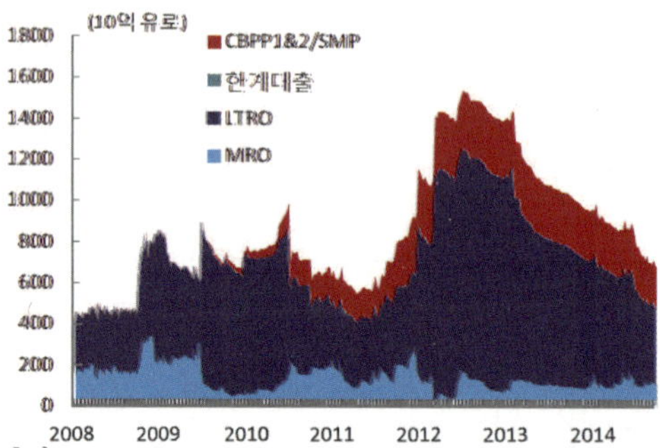

출처: ECB.

| 그림 5-33. 통화정책 변동에 따른 ECB의 자산구성 변동

16 1차 LTRO(2011년 12월)는 5,295억 유로, 2차 LTRO(2012년 2월)는 4,892억 유로의 규모였다.

터는 담보요건도 완화하였다. 금융기관들이 ECB로부터 대출을 받기 위해 필요한 담보물의 신용등급 기준을 완화하는 한편 담보 인정범위도 대폭 확대하였다.

여섯째, 국채금리의 급등 시 해당 국채의 대량매입을 골자로 하는 무제한 국채매입(OMT, Outright Monetary Transaction)을 2012년 9월 발표하였다. OMT 발표를 계기로 유로존 위기는 진정되기 시작하였다. 참고로 OMT 조치는 그 이전에 실시한 바 있는 채권매입 프로그램(SMP, Securities Market Programme)을 대체하는 것으로 (뒤에서 언급할) 유럽안정기구(ESM, European Stability Mechanism)에 구제금융을 신청한 회원국이 긴축과 구조조정 프로그램 이행조건을 충족시켰을 경우[17] ECB가 해당 국가의 국채를 무제한 매입하는 것을 골자로 하는데, 현재까지 OMT가 실제로 시행된 적은 없다.

유로존 위기에 대해서 유럽중앙은행(ECB)도 미국 연준처럼 금리 인하와 대차대조표 정책으로 대응했음에도 불구하고 연준과 ECB의 통화완화 정책의 중요한 차이점은 연준의 경우 앞에서 소개했듯이 대차대조표 확장을 지속한 반면, ECB의 경우 유로존 위기가 진정되기 시작한 2012년 3분기 경부터 ECB의 자산 규모가 축소되기 시작했다는 사실이다. ECB가 연준(Fed)이나 영란은행(BOE), 일본은행(BOJ) 등처럼 양적완화 정책을 도입하지 못했기 때문이다. ECB가 양적완화를 도입한다면 그 목표는 디플레이션을 피하고, 장기 금리를 인하하는 것이 될 것이다. 문제는 양적완화에 대한 시장의 끊임없는 기대에도 불구하고 ECB가 양적완화 도입에 소극적이었다는 점이다. 그 이유는 독일을 비롯한 채권국들의 경우 양적완화가 회원국에 대한 ECB의 직접적인 재정 지원, 즉 국가부채의 화폐화를 의미하기에 EU 조약의 위반이라고 주장하였다. 즉 채권국과 채무국 간의 이해관계의 차이가 양적완화의 도입을 가로막았다. 예를 들어, 장기 금리 인하는 채권국에 손실을

17 이런 점에서 유로존의 구제금융의 기본 목적 역시 문제 국가들로부터 유럽은행시스템에 전염을 차단시킬 방어벽을 설정하려는, 즉 유럽은행들과 유로화를 보호하려는 채권국의 입장을 반영하였다고 비판을 받기도 하였다. 이런 점에서 긴축 이행, 정부재정 축소, 예산 감축 등 일반적인 구제금융 지원 조건을 배제하고 부실은행의 자본정상화에 사용한다는 조건으로 승인받은 스페인 구제금융은 아일랜드, 그리스, 포르투갈과 차이를 보였다.

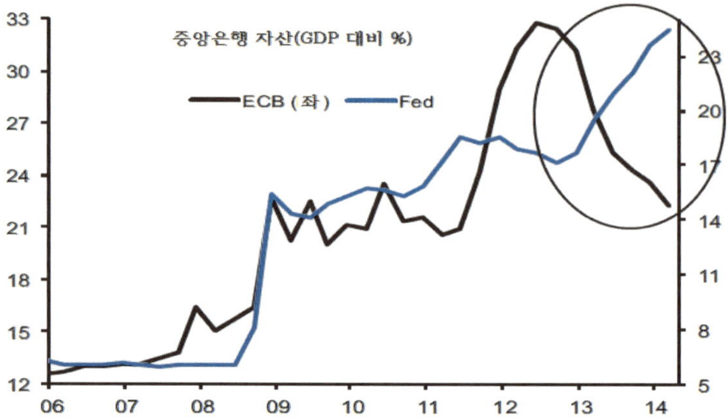

출처: L. Buttiglione, P. Lane, L. Reichlin, V. Reinhart, 2014, Figure 4.12.

▌그림 5-34. 미국 연준과 유럽중앙은행의 GDP 대비 자산 비율

입히고 채무국에 이익을 제공한다. 게다가 디플레이션은 채무국에게는 부담을 증가시키는 반면 채권국은 투자의 실질가치를 증가시키기 때문에 채권국이 디플레이션으로 빠져들지 않는 한 유로존의 디플레이션을 반대하지 않을 것이다.[18]

ECB의 양적완화 도입은 2015년 1월 분기점을 맞이하였다. 2014년 2월 독일 헌법재판소는 EU 조약에 회원국의 재정적자를 ECB가 메워줄 수 없다고 규정돼 있다는 이유로 OMT에 반대한다는 의견을 유럽사법재판소(ECJ)에 전달했다. ECB가 2012년 그리스와 스페인 등 재정위기국을 구제하기 위해 OMT를 일찌감치 내놨지만 행동에 옮기지 못한 이유이다. 그런데 ECJ는 2015년 1월 중간판결을 통해 ECB의 국채 매입은 EU 회원국들이 취약해질 위험을 줄이기 위해 필요하고 적절한 조치로 ECB는 통화정책에서 광범위한 재량권을 갖는다며 OMT가 EU 조약에 위배되지 않으며 공존 가능하다고 밝혔다. 양적완화의 효과와 관계없이 ECB가 국채 매입을 통한 전면적 양적완화로 가는 길의 마지막 걸림돌이

18 독일은 유로존 전체의 물가상승률보다 높은 수준이 유지되고 있다. 독일 중앙은행인 분데스방크와 볼프강 쇼이블레 재무장관 등이 ECB의 자산유동화증권(ABS)과 커버드본드 매입은 물론이고 양적완화에 대해 강경하게 반대하는 이유이다.

제거된 것이다. 게다가 유로존은 2014년 12월 디플레이션에 진입하였다. 그 결과 ECB는 2015년 1월 22일 마침내 양적완화 도입을 결정하였다. 2015년 3월부터 2016년 9월까지 19개월간 매월 600억 유로(총 1.14조 유로) 규모의 양적완화 프로그램을 시행키로 결정한 것이다. 450억 유로는 국채매입에, 50억 유로는 유럽기구(EU institution/agency), 100억 유로는 이미 운영중인 ABS 및 커버드본드 매입조치의 확대에 활용할 것이라 밝혔다. 참고로 구제금융 성격을 갖는 OMT와 달리 양적완화는 경기부양을 위한 통화정책 성격을 갖는 차이가 존재한다. 문제는 ECB 양적완화가 (다른 국가들에서와 마찬가지로) 시간벌기에 불과하다는 점이다. 즉 유로존 시스템이 갖는 구조적 문제가 해결되지 않는 한 결코 해법이 될 수 없기 때문이다.[19] 오히려 (미국 등의 경우에서 보았듯이) 자산가격 거품과 불평등 확대 등의 문제를 야기할 수 있다.

양적완화가 통화정책으로서 효과가 없을 것이라는 주장은 다음 이유들에 근거하고 있다.[20] 무엇보다, 앞에서 소개했듯이 양적완화는 중앙은행이 단기 및 중기 정책금리를 제로 수준까지 끌어내린 상황에서 장기 금리를 낮추기를 원할 때 사용하는 특별한 수단이다. 따라서 양적완화 정책은 장기 금리의 변화가 민간부문에 중요한 역할을 수행하는 경제에서만 효과적이다. 이런 점에서 양적완화는 유럽에서 적합하지 않다. 유럽은 대부분의 투자가 은행 대출을 통해 자금이 조달되고, 은행은 장기로 자금을 확보하지 않기 때문에 은행 대출의 만기구조는 일반적으로 장기가 아니라 5년 미만이다. 게다가 은행의 차환 비용(refinancing cost)은 사실상 이미 제로 수준에 있다. 즉 유로존에서 정부채권의 장기금리를 낮추더라도 기업부문의 자금조달 조건 개선과 투자수요의 부양은 어렵다. 반대로 미국에

19 양적완화를 결정한 다음날 ECB 통화정책의 결정권을 가진 정책위원회의 당연직 위원인 독일 중앙은행(분데스방크)의 옌스 바이트만 총재가 불량 채권국 위험이 우량국으로 전이되고, 재정위기를 겪는 국가들이 개혁을 지체할 수 있다며 ECB의 전면적 양적완화 정책 효과에 회의감을 표시한 것은 유로존 시스템의 문제를 극명하게 보여주고 있다.

20 D. Gros, 2014, “Fighting Deflation: Would QE work in the euro area?” CEPS Commentary (Oct. 9).

서는 대부분 기업투자는 은행대출보다 만기구조가 장기인 채권 발행으로 자금이 조달된다. 그리고 회사채 가격은 미국채 수익률 간 스프레드로 결정된다. 따라서 장기 미국채를 매입하는 양적완화는 기업의 자금조달 비용에 즉각적으로 영향을 미친다.

한편, 가계의 경우 저금리의 주요 영향은 모기지를 통해 반영된다. 그런데 대부분 남유럽 국가들의 경우 모기지 금리는 "유로화를 사용하는 유럽연합 내 12개국의 시중은행간 1개월과 3개월물 금리"인 유리보(Euribor, Euro Interbank Offered Rate)에 연계되어 있고 변동금리이다. 즉 모기지 금리가 이미 제로 수준인 단기 금리에 영향 받기 때문에 스페인 가계에 양적완화는 영향을 미치지 못한다. 게다가 65% 수준에 달하는 미국과 달리 주택소유율이 단 40%가 조금 넘는 독일에서 주택가격의 상승은 임대료 상승과 가처분소득의 감소를 통해 오히려 소비지출에 부정적으로 작용한다. 특히 주택소유율이 낮은 대도시에서 주택가격이 상승한 반면, 주택소유율이 높은 농촌 지역에서는 주택가격이 오히려 하락하였기에 주택가격 상승은 상대적으로 여유가 없는 계층으로부터 부유한 계층으로 부를 이동시켰다.[21]

반면, 미국 가계의 경우 금리가 하락할 경우 모기지에 대한 선납(prepayment) 옵션을 갖고 있다. 게다가 모기지는 대개 증권화되기 때문에 모기지 묶음이 시장에서 판매될 수 있는 금리가 하락할 경우 장기 금리 인하는 일반적으로 모기지 차환으로 이끎으로써 월 상환액을 낮추어 가처분소득을 높이기에 가계 지출에 커다란 영향을 미칠 수밖에 없다. 게다가 중앙은행이 대규모 채권을 매입할 때 주택을 포함해 모든 자산가격이 증대하는 경향이 있기에 (특히 주택자산의 경우 미국이나 영국에서는 MEW 혹은 HEW를 통해) 가계 소비지출을 자극한다. 그러나 이러한 효과를 대부분의 유럽 국가에서는 기대하기 어렵다. 특히 LTV가 보수적인 독일의 경우 차환은 매우 비용이 높고, 대부분 은행은 MEW에 난색을 보인다. 게다가 주택

21 D. Gros, 2014, "Quantitative Easing and Deflation in a Creditor Economy," CEPS, p. 95.

가격과 임대료의 상승, 특히 임대료 상승은 보다 빈곤층인 가계로부터 부유층으로 소득을 배분하는 반면, 빈곤층은 부유층보다 소비성향이 더 높다. 즉 임대 가구가 많은 국가의 경우 주택가격 상승은 오히려 총 소비지출을 축소시킬 것이다.

다음으로 유로존 위기에 대한 유럽연합의 대응이다. 기본적으로 금융애로를 겪는 회원국에게 자금 지원(대출 제공)이 필요하고, 회원국 대출을 통해 금융기관의 자본 확충 지원 등이 필요하다. 그리스의 재정위기 사태에 대응하기 위해 2010년 5월 9일 EU 27개 회원국 재무장관들이 브뤼셀에 모여 결성한 유럽안정기금(EFSF, European Financial Stabiltiy Facility)이 그것이다.[22] EFSF는 EU 회원국에 대한 직접적 구제 금융을 금지(no bailout clause)한 리스본 조약 때문에 특수한 상황에 특정 조건하에서만 활동하는 것을 목적으로 한 한시적 특별기구였기 때문에 IMF와 같은 상설적인 금융 지원 기구의 설립이 필요하였다. 2012년 7월부터 출범한 5천억 유로 규모의 ESM이 그것이다.[23]

한편, 자금 지원을 받는 국가들의 경우 긴축 이행을 배제하고 구제금융 자금을 부실은행 자본정상화에 투입하기로 하였던 스페인을 제외하고 금융지원 대가로 강도 높은 재정긴축을 요구받았다. 재정건전화를 위해서는 증세 또는 재정긴축이 필요하나 경제이론은 증세보다는 재정긴축이 효과적이라고 주장한다. 그러나 경기침체에 대한 우려로 인해 단기간에 재정건전성을 회복하는 것은 사실상 어렵다. 특히 마이너스(−) 성장을 겪고 있는 구제금융 수혜국의 경우, 대규모의 재정 감축을 단기간에 시도할 경우 정치·사회적 저항에 직면하게 되어 개혁 시도가 좌초될 가능성이 지적되었다. 실제로 재정건전화 계획에 따른 재정긴축 이행은 과다채무국의 성장률을 떨어뜨리는 요인으로 작용하였다(그림 5-35).

---

22 유럽연합(EU)은 재정위기에 처한 회원국들을 지원하고 그 여파가 다른 유럽국가들로 확산되는 것을 방지하기 위해 임시 구제금융 기구로 2010년 유럽안정기금(EFSF, European Financial Stability Facility)을 설립하였다. 경제규모에 비례해 독일과 프랑스가 절반을 부담해 4,400억 유로로 만들었지만, 실제로 대출해 줄 수 있는 규모는 AAA 신용등급을 보유한 국가들의 보증 규모인 1,534억 유로였다. ESM은 이를 대체한 상설기구이다.

23 EFSF의 존속 시한인 2013년 중반까지는 EFSF와 ESM이 병행 운영되었다.

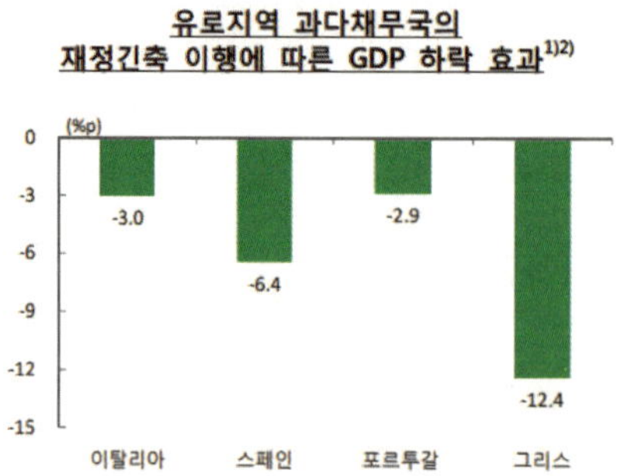

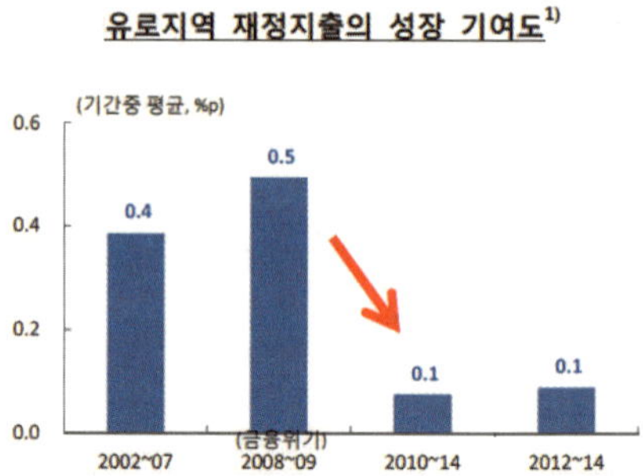

주 : 1) GDP 하락률 = 재정승수 × 재정적자 감축목표
2) 2012~14년 3년간의 누적 GDP 하락률
자료 : 금융안정보고서, EU집행위원회

주 : 1) 연 평균 기여도 (2014년의 경우 2/4분기 기준 연율)
자료 : Eurostat

출처: 한국은행, 2014, "유로경제 부진의 원인과 전망", 프랑크푸르트사무소(10월 1일).

▌그림 5-35. 유로지역의 재정긴축과 성장 둔화

긴축을 둘러싼 논쟁은 대공황 당시와 비교함으로써도 교훈을 얻을 수 있다.24 1차 대전의 패전국인 독일에 대한 전쟁의 배상책임을 부과했던 베르사유 조약이 1924년 미국 주도로 수정25됨으로써 독일 경제가 급속히 성장하자 프랑스와 미국의 채권자들이 독일로 쇄도하였다. 대규모 자본 유입은 독일 국가의 약속에 필요한 자금조달을 도왔을 뿐만 아니라 임금 급등으로 이어졌다. 신용이 주도한 붐은 마치 2000년대 중반의 유럽 주변국의 상황과 유사했다. 그러나 1928년과 29년에 파티는 끝났고 자본 흐름은 역전되었다. 투자자들이 폭등시장을 연출하던 미국으로 떠나자, 금 준비금을 방어하기 위해 독일의 제국은행(Reichsbank)은 이자율을 상승시킬 수밖에 없었다. 초기 붐이 지속 불가능한 임금 상승을 야기함에 따라 성장을 위해 수출에 의존할 수 없게 되자 독일은 자신의 약속을 이해하기 위해 긴축으로 전환했다. 이는 금융위기 시 아일랜드와 스위스 그리고 포르투갈의 상황과 같았다. 당시 독일의 환율은 금본위제에 의해 고정되었다. 경쟁력은 임금의 점진적 하락으로만 회복할 수 있었다. 긴축이 강화되면서 은행은 압력을 받았다.

---

24 Economist, 2011, "Lessons of the 1930s," pp. 68-70 (Dec. 10).

25 미국 주도하의 도스안(案, Dawes Plan; 당시 미국 재무장관)은 미국 자본으로 독일 경제를 재건하고 독일이 지불하는 배상금으로 영국・프랑스는 미국에게 전쟁 채무를 갚는다는 내용이었다.

오스트리아 경제는 독일 경제와 같은 고통에 직면하였고, 1931년 오스트리아 최대 은행 크레딧 안스탈트(Credit Anstalt)가 파산하였다. 그리고 은행들의 자신감 손실은 급속히 확산되었다. 독일에 대한 압력이 증대하자 주요 경제들은 취약국들에 대한 지원을 검토했으나, 프랑스가 독일 부채와 배상 지급금의 감축을 수용하지 않았다. 최종대부자의 부재가 패닉을 가열시키고 있다는 사실을 인식한 영란은행의 총재 몬레 노먼(Montagu Norman)은 2억 5천만 달러의 자본금을 출자하여 7억 5천만 달러까지 레버리지를 만들 수 있는 국제대부자(an international lender)를 창출하여 자본 부족에 처해 있는 정부와 은행에게 대출할 것을 제안했다. 그러나 자본금 출자와 레버리지에 필요했던 금 소유자인 프랑스와 미국이 반대했다. 그 결과 도미노가 발생했다. 크레딧 안스탈트가 파산한 지 두 달 만에 독일의 대형은행인 다나트방크(Danatbank)가 파산하자 독일 정부는 자본통제를 도입할 수밖에 없었고 금 지불을 유예했다. 독일경제는 붕괴됐고 1930년대의 공포는 시작됐다.

이처럼 현재의 상황은 대공황 이전의 상황과 끔찍할 정도로 (유럽 국가들이 또 다른 히틀러를 선출하지 않더라도) 유사하다. 대공황 당시의 금본위제 고수처럼 유로존의 멤버십은 경쟁력이 없는 국가가 무역적자를 줄이기 위해 통화가치를 절하할 수 없다는 것을 의미한다. 그리고 긴축은 국내 수요의 압박과 실업 증대, 세수 손상의 악순환을 가져옴으로써 대규모 적자와 은행의 자신감 고갈 그리고 국가부채를 지속시켰다. 유럽 주변국 거주자들이 자신들의 돈을 핵심국에 있는 보다 안전한 은행으로 이동시킴에 따라 통화 공급은 1930년대처럼 하락했다. 채권국의 고위급 미팅은 계속되지만 최종대부자는 존재하지 않는다. 유럽재정안정기구(EFSF)가 노먼 계획보다 순조롭게 출범했지만 양자는 소름끼칠 정도로 유사하다. 유로존 지도자들도 4,400억 유로로 2조 유로의 레버리지를 만들려는 방법을 찾았기 때문이다. 문제는 그것이 성공해도 규모가 너무 작기 때문에 패닉을 끝낼 수 없었다는 점이다. 이탈리아 시장이 혼란에 빠지자 투자자들은 유로존 도처로 은행과 국가 채권에 대한 위험노출(exposure)을 선제적으로 축소시키고, 상대적으로 재정이 건전한 프랑스와 네덜란드조차 위협을 받았다. 아무리 재정이 안전해도 패닉이 주도한 단기 유동성 경색은 지급불능으로 몰아넣을 수 있다는 것을 보여주었다. 크리스틴 라가르드(Christine Lagarde) IMF 총재가 "전 세계 모든 국가가 유로존 위기 해결에 동참하지 않는다면 세계가 대공황이 강타했던 1930년대식 불황에 빠질 수 있다"라고 경고했던 이유이다.[26]

제3절 장기침체와 새로운 도약의 갈림길: 새로운 실험의 성공 조건

무제한 국채매입(OMT) 프로그램의 발표와 더불어 은행들에 대한 유동성 공급으로 2012년 하반기부터 금융 불안은 진정되기 시작했다. 한때 40% 이상까지 치솟던 그리스 10년물 국채 수익률은 10% 아래로까지 하락했고, 이탈리아와 스페인 등은 2% 이하까지 하락했다. 그럼에도 불구하고 (앞에서 소개했듯이) 유로존 경제는 구조적 취약성의 함정에 빠져 있다. 유로존의 경제 상황이 이렇게 취약한 이유는 무엇보다 돈이 돌지 않고 있다는 점을 지적할 수 있다. 2011년 하반기부터 가계와 기업에 대한 대출 규모가 축소되기 시작하였다. 이에 (앞에서 소개했듯이) 2012년 이후에는 가계 대출은 더 이상 증가하지 않았고, 기업 대출 규모는 오히려 축소되기 시작했다. 민간 대출 확대를 위해 유럽중앙은행이 마이너스 예금금리를 도입하고, T-LTRO(Targeted Long- Term Refinancing Operation) 등을 도입했음에도 불구하고 은행들의 부실에 대한 우려로 대출 감소세가 지속되는 상황이다. 명목가치 기준으로도 2014년 2분기의 유로존의 전체 신용은 2008년 4분기의 98% 수준에 불과한 실정이다. 문제는 가계와 기업에 대한 대출의 축소가 부실을 확대시키는 악순환을 만들어내고 있다는 점이다(그림 5-36, 표 5-6).

26 the guardian, 2011, "Eurozone crisis live: IMF's Lagarde warns of return to Great Depression" (Dec. 15).

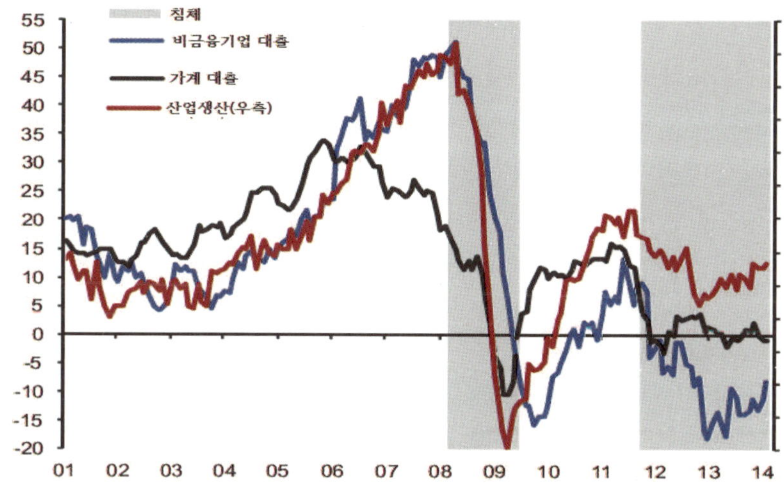

출처: L. Buttiglione, P. Lane, L. Reichlin, and V. Reinhart, 2014, Figure 4.14.

▌그림 5-36. 유로존의 대출 흐름(6개월 이동평균, 100만 유로)과 산업생산 수준

▌표 5-6. 위기 전후 유로존 회원국의 가계 및 기업 대출 증가율 추이

	유로존 회원국의 가계대출 증가율 추이(%)					
	유로존	독 일	프랑스	네덜란드	이탈리아	스페인
2005	9.9	0.2	11.1	7.7	11.7	28.7
2006	8.2	0.0	11.4	3.6	9.8	20.7
2007	6.0	-1.3	10.7	1.5	7.8	12.5
2008	1.9	-0.7	5.7	-0.9	0.9	4.7
2009	1.4	0.2	2.9	0.3	5.9	-0.8
2010	4.2	0.6	6.0	-2.7	19.4	0.3
2011	1.5	0.8	5.8	1.8	4.4	-2.2
2012	0.2	1.2	2.1	3.1	-1.4	-4.2
2013	-0.4	1.0	2.4	-0.8	-1.3	-5.5
	유로존 회원국의 기업대출 증가율 추이(%)					
2005	8.0	-1.6	7.8	6.4	5.2	27.5
2006	12.8	3.4	9.7	7.3	12.5	31.2
2007	14.3	7.4	14.1	16.7	13.1	19.4
2008	10.0	10.2	10.6	9.2	6.9	6.8
2009	-2.8	-4.8	-2.1	5.0	-2.2	-3.7
2010	-0.5	-0.9	1.4	2.2	2.1	-2.0
2011	1.1	1.5	4.7	4.5	2.9	-5.9
2012	-3.9	0.2	-0.2	2.4	-3.3	-15.3
2013	-4.2	-1.0	-1.1	1.4	-6.1	-14.2

경제성장률이 뒷걸음질을 치고 높은 실업률, 디플레이션 진입, 국가부채의 악화 등이 계속되며 유로존의 위기가 지속되는 이유이다. 특히 재정위기를 겪고 있는 국가들의 경기 침체는 심각한 상황이다. 그리스의 경제 규모는 2000년 수준까지 후퇴하였고, 심지어 이탈리아는 2000년 수준 밑으로 후퇴하였다. 게다가 유로경제의 성장을 견인하던 독일경제조차 약화[27] 되고 있는 이유가 유로경제의 약화에서 비롯한다는 점에서 부정적 피드백루프(feedback loop)가 작동하고 있다. 게다

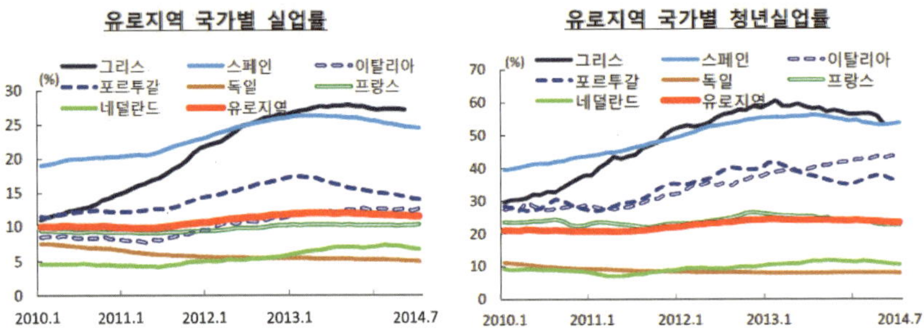

자료 : Eurostat

▌그림 5-37. 유로지역의 국가별 전체 실업률과 청년실업률

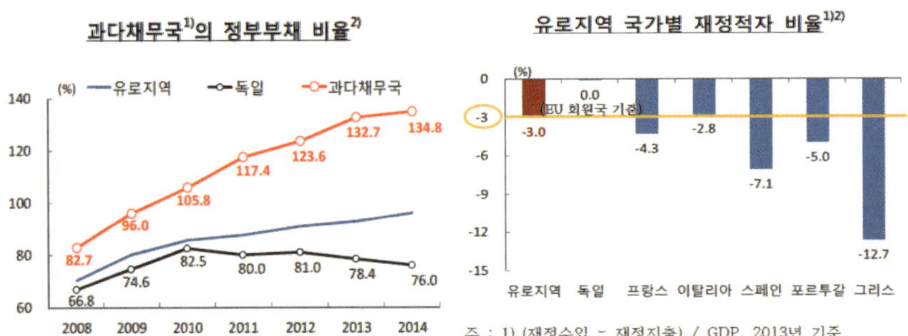

주 : 1) 과다채무국(GIIPS)중 아일랜드는 제외
2) 정부부채 / GDP. 2014년은 전망치 기준
자료 : Eurostat, EU집행위원회 (2014년 5월)

주 : 1) (재정수입 - 재정지출) / GDP. 2013년 기준
2) 재정적자 비율이 3%를 초과한 회원국은 "과다 재정적자 조정절차"에 의한 연도별 권고 수준(프랑스: 2013년 3.9%, 2014년 3.6%, 스페인: 2013년 6.5%, 2014년 5.8% 등)을 달성해야 함
자료 : Eurostat, EU집행위원회

▌그림 5-38. 위기 이후 유로지역의 정부부채 비율과 국가별 재정적자 비율(2013년 기준)

27 예를 들어, 유로지역 경제규모의 29%와 유로지역 경제성장의 60%를 차지하는 독일의 국채금리(10년 만기)가 2014년 8월 이후 한때 사상 최초로 1%를 하회하는 등 매우 낮은 수준을 기록했는데 이는 안전자산 선호 현상과 더불어 2014년 2분기 GDP 성장률 하락 및 디플레이션 우려에 따른 ECB의 추가 양적완화 기대에서 비롯한 것이었다.

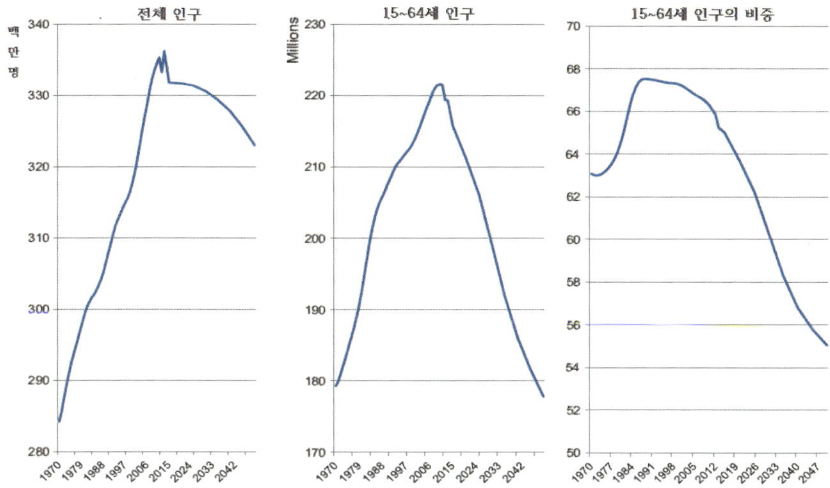

출처: L. Buttiglione, P. Lane, L. Reichlin, and V. Reinhart, 2014, Figure 4.16.

▌그림 5-39. 유로존의 인구구조 변화

가 인구구조도 악화되기 시작하면서 장기 전망도 어둡다. 즉 유로지역의 경우 인구증가율 둔화로 생산가능인구 증가율이 빠르게 둔화되면서 2012년부터는 마이너스로 전환하여 일본에 이어 생산가능인구가 감소하기 시작하였다(그림 5-39).

유로존의 구조적 취약성은 통합의 불완전성에서 비롯한다. 유로존 위기를 겪으면서 유럽의 대부분 지도자들은 유로존 위기의 근본적 해법이 '보다 많고 보다 깊은 통합'이라는 점에 대해 합의하고 있다. 예를 들어, 유로존 위기가 심화되는 가운데 2011년 10월 23일 유럽 정상회담을 앞두고 프랑스 전 대통령 사르코지(Sarkozy)는 "유로의 파괴를 용납하는 것은 유럽 파괴의 위험을 감수하는 것이고, 유럽과 유로를 파괴시키는 국가들은 갈등의 부활과 우리 대륙의 분할에 대한 책임을 감수해야 할 것"이라며 유로존 해체가 검토 대상이 될 수 없음을 단호히 표명하였다. 그로부터 한 달 후인 11월 14일 독일 총리 메르켈(Merkel)도 기독교민주당(CDU) 연례 전당대회에서 "유럽은 제2차 세계대전 이후 가장 힘든 시기를 맞고 있다"라며 이에 대한 해법으로 "보다 많은(커다란) 유럽(more Europe and not less Europe)"을 제시했다. 그리고 개별 국가의 주권 일부를 포기할 준비도 되어 있다고 언급했다.[28] 유로존의 경우 중앙집중화된 통화정책과 분산된 재정정책 간 비대칭성이라는 문제도 존재하지만, 회원국이 되면 이탈하는 비용이 너무 크기 때문에 사실상 한쪽 방향으로만 이동이 가능하다는 또 다른 비대칭성을 갖고 있다. 즉 유로는 일종의 '너구리 덫(Raccoon Trap)'의 상황에 놓여 있다. 유로를 처음 디자인할 때 의도적으로 출구 과정은 남겨놓지 않고 가입만 할 수 있게 했기 때문이다. 국가부채 위기를 겪는 국가(예: 그리스)가 유로를 탈퇴하는 것은 상상할 수 없다. 예를 들어, 정부의 경우 은행시스템의 자본 확충에 필요한 자금 조달이 너무 어려울 것이고, 기업 역시 신용 라인을 만드는 것이 거의 불가능할 것이기 때문이다. 즉 유로화 사용 및 경제통합의 이득 포기뿐만 아니라 유로존 해체에 따른 비용을 고려할 때 유로존 해체는 유럽인에게 고려사항이 될 수 없다. 게다가 유럽통합은 유럽인에게 경제와 정치뿐만 아니라 '평화'를 의미하기 때문이다. 즉 유럽통합이 기본적으로 두 차례의 세계대전 위기에 뿌리를 둔 정치과정이기 때문이다.[29] 유럽통계국(European Statistical Office)에 따르면 유럽인의 약 90%가 위기의 해법으로 보다 강한 조정을 선호하고 있다. 심지어 그리스를 비롯해 집시국가들에 대한 지원에 소극적인 독일인조차 독일 마르크로의 복귀를 찬성하는 비중이 하락하고 있다. 독일경제의 높은 유로존 의존이나 높은 (순)수출의 비중에서 보듯이 유로존 해체는 독일경제에 커다란 타격이 될 수밖에 없기 때문이다.[30] 사실, 유로화 도입으로 가장 혜택을 보는 국가가 독일이다. 독일 경제가 세계경제의 변동에 가장 큰 영향을 받는 이유도 독일 경제의 높은 수출의존도와 관련이 있다. 2012년 이래 세계경제가 취약해면서 독일경제의 성장률이 둔화되는 배경이다.[31]

28 p. Coy, 2011, "As Good (and Bad) as Gold," Businessweek, p. 13 (Nov. 21-27).

29 L. Coene, 2014, "Introduction," in Ivo Maes and Frank Moss (eds.) Progress through Crisis? Proceedings of the Conference for the 20th Anniversary of the Establishment of the European Monetary Institute, ECB, p. 13.

30 독일의 경제성장률은 1950년대 연평균 7.9%에서 60년대 4.5%, 70년대 2.7%, 80년대 2.6%, 90년대 1.4%로 계속 하강하였다.

31 독일 경제는 2012년 2, 3분기 연속 0.1% 성장에 이어 4분기와 2013년 1분기에 마이너스(−) 성장을 기록하며 침체에 빠졌고, 그 후 회복되기 시작했지만 2014년 2분기 성장률이 다시 마이너스(−)로 전환되었고 3분기에 회복세로 전환되었지만 성장률이 0.1%에 불과할 정도로 취약세가 지속되고 있다.

▌표 5-7. 독일 수출의 유로존 의존도(%)

	EU 국가	유로지역	기타 EU	미 국	동남아	중 국	OPEC	러시아	일 본
2002년	54.7	42.6	12.1	10.3	3.9	2.2	2.2	–	1.9
2004년	64.1	43.6	20.5	8.9	3.7	2.9	2.3	2.0	1.7
2005년	63.4	43.2	20.2	8.8	3.5	2.7	2.5	2.2	1.7
2006년	62.3	42.0	20.3	8.7	3.5	3.1	2.4	2.6	1.5
2007년	64.7	42.8	21.9	7.6	3.3	3.1	2.4	2.9	1.3
2008년	63.6	42.0	21.6	7.2	3.3	3.4	2.8	3.3	1.3
2009년	63.0	43.1	19.9	6.7	3.5	4.5	2.8	2.5	1.3

자료: 독일연방은행, Monthly Report.

▌표 5-8. 독일 수입의 유로존 의존도(%)

	EU 국가	유로지역	기타 EU	미 국	동남아	중 국	OPEC	러시아	일 본
2002년	51.5	41.6	9.9	7.7	5.1	4.0	1.3	–	3.6
2004년	60.3	40.8	19.5	7.0	5.2	5.7	1.5	2.8	3.7
2005년	58.9	39.8	19.1	6.6	4.9	6.4	1.8	3.5	3.4
2006년	57.6	38.8	18.8	6.6	4.6	6.7	1.8	4.1	3.2
2007년	59.5	39.5	20.0	5.9	4.3	7.1	1.6	3.7	3.1
2008년	58.4	38.9	19.5	5.6	4.0	7.3	2.1	4.4	2.8
2009년	58.4	39.8	18.5	5.9	4.1	8.2	1.2	3.7	2.7

자료: 독일연방은행, Monthly Report.

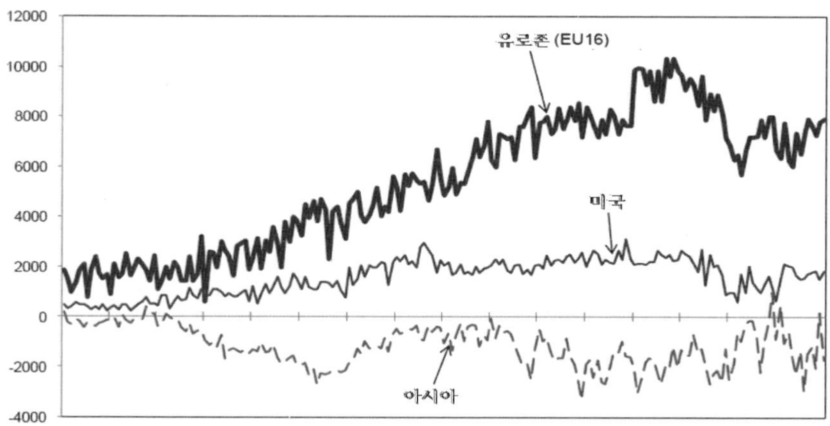

출처: Deutsche Bundesbank.

▌그림 5-40. 독일의 무역수지 구성(100만 유로)

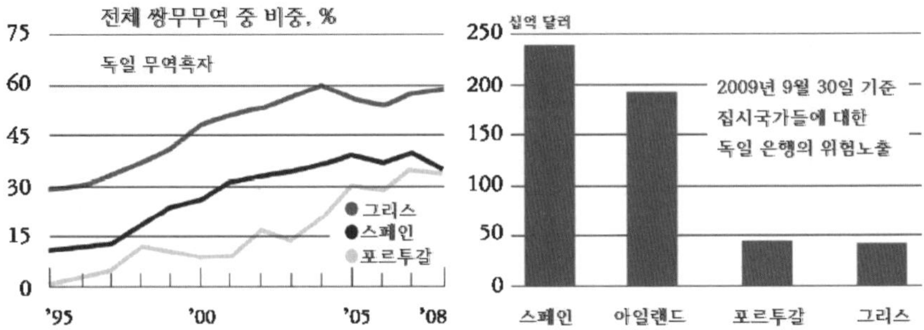

출처: P. Coy, March 1, 2010, Businessweek에서 재인용.

▌그림 5-41. PIIGS에 대한 독일의 무역흑자 비중과 은행의 유로존 투자(%, 10억 달러)

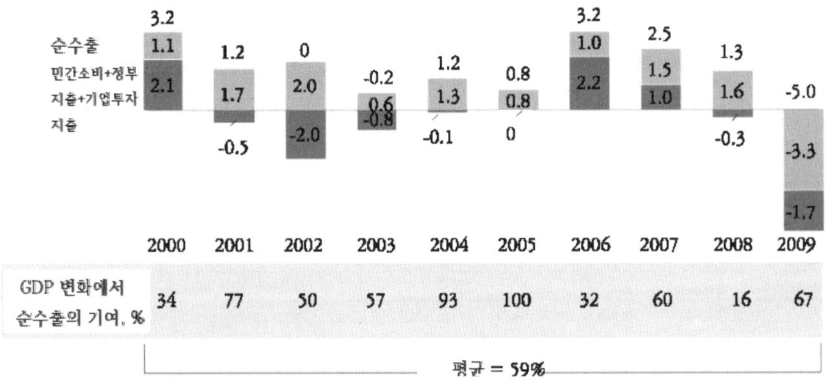

출처: P. Koch, F. Mattern, and S. Niemeier, 2010, "After the crisis: Refining Germany's economic model," McKinsey Quarterly" (May).

▌그림 5-42. 독일 경제성장에서 내수와 순수출의 기여도

앞에서 지적했듯이 유로존 위기는 과다 채무국의 책임으로만 돌릴 수는 없다. 과다 채무국들 역시 통화통합에 따른 금융화의 희생물이기도 하다. 물론, 채무국의 경우 재정, 금융, 노동, 연금, 산업 분야의 다각적인 구조개혁을 통한 공공부채 감축 및 경쟁력 확보 등의 노력이 필요하다. 문제는 이러한 구조개혁이 중장기적으로 추진될 수밖에 없다는 점이다. 게다가 공동운명체인 유로존이 개별 회원국을 위한 '마지막 의지처(the last resort)'의 역할을 수행하는 것은 선택의 여지가 없다. 그러기 위해서는 초국가 협력은 불가피하다. 그러나 유로존 내 초국가 협력은

매우 빈곤한 상황이다. 보다 깊은 통합이 진전되지 않는 기본적인 이유는 EU가 기본적으로 조약에 기반한 제도(a treat-based institution)이기 때문이다. 유로는 초국가적(supernational)이면서 동시에 일련의 정부간(intergovernmental) 규칙에 기반하고 있다. 예를 들어, 공동 수준에서 어떠한 조세도 없고 재정정책에 대한 책임은 개별 정부에 의존한다는 점에서 정부간 수준이다. 은행에 대한 규제도 재정정책과 같은 이유로 국가별 감독의 통제하에 두었는데 미국과 달리 은행들이 유럽 경제에서 매우 특별한 역할을 하는 정치적 이해 때문이다. 그런데 규칙에 기반한 시스템은 정상 시기에는 잘 작동하는 반면, 어려운 시기에는 매우 취약해진다. 철학적 · 역사적으로 EU의 조직 원리는 의사결정에서 분권화된 가톨릭 전통, 즉 분권화된 수준에서 동등한 효과를 만들어낼 수 있는 경우 분권화시키고 그럴 수 없는 경우에만 집중화시키는 '제한된 책임을 갖는 자회사(subsidiary)'의 성격을 갖는다. 이는 유럽의 역사적 전통과 맥을 같이한다. 결국 유로 회원국들은 본질적으로 '모두에 대한 동일한 적용(one-size-fits-all)' 대 '국가별 다른 결과'라는 유로존의 구조적 문제를 협력적으로 해결해야 하는 운명을 갖고 있다. 즉 EU가 직면한 문제는 회원국의 입장 차이에 따른 '집단행동의 딜레마' 문제로, 이른바 '용의자의 딜레마(prisoner's dilemma)'나 '무임승차(free rider)'의 문제에 빠져 있다. 회원국이 협력하면 모두에게 바람직한 결과를 낳지만, 자신의 이해만 추구하면 모두에게 불행한 결과를 낳기 때문이다.

사실, 회원 국가들이 유사하거나 혹은 하나의 통일체로 다룰 수 있도록 긴밀하게 통합될 경우에만 통화통합이 제대로 작동한다는, 즉 유로존의 본질적 문제는 당대에 충분히 인식되고 있었다.[32] 그런데 '정치'가 시작부터 긴밀한 통합에 장애물이었다. 그런 점에서 유로존 위기의 해법의 핵심은 효과적인 '교차 보증(cross-guarantees)'이다. 예를 들어, 유로존 전체 자원이 그리스, 이탈리아, 스페인 뒤에 있다는 것을 보증하는 것이다. 유로본드나 ECB의 대규모 개입 등의 대두가

32 The Brookings Institution, 2011, "Decoding the Euro Crisis: Its Past and Future" (Oct. 19).

그것이다. 먼저 집시국가들의 구조개혁이 중장기적으로 추진될 수밖에 없다는 인식하에 유로본드 발행의 필요성이 제기되었다. 즉 유로본드 발행은 회원국에 대한 제한 없는 구제금융의 제공에 필요한 자금조달을 용이하게 하여 개혁 추진에 필요한 시간을 확보해줄 수 있기 때문이다. 사실 유로본드 발행은 1999년 유로화 도입을 전후하여 EU 채권시장의 통합을 위해 유로화 사용국 간 공동 국채 발행이 논의된 바 있었다. 공동 국채를 발행함으로써 세계 최대 규모의 국채시장을 형성할 수 있으며, 경제규모가 작은 국가의 경우 국채시장의 유동성을 강화시켜 국채금리를 인하시킬 수 있다는 것이 논의의 주된 배경이었다. 그러나 각국 간의 국채금리가 수렴현상을 보임에 따라 논의의 필요성이 감소하였다. 유로화 도입 이후 신용도가 개선되어 각국의 국채금리가 독일 국채(Bund) 금리에 대해 빠른 수렴현상을 보인 후 상호 간 동조화 현상을 보이자 공동 국채 발행의 필요성이 낮아진 것이다. 현재 유로화 사용국의 국채시장은 분절되어 있으며, 이탈리아, 독일, 프랑스 등 거대 경제국을 제외하고는 국채시장이 협소하여 유동성 문제가 빚어질 수 있는 가능성을 갖고 있다. 경제규모가 작은 국가(핀란드, 네덜란드 등)의 재정지표 및 경제 펀더멘털을 고려할 때 재정건전성이 양호함에도 불구하고 유동성에 대한 우려로 거대 경제국에 비해 국채금리가 높게 형성되는 현상이 발생하는 이유이다. 집시국가들의 재정위기 발생 이후 국가 간 국채금리 차이가 현저하게 확대되고, 구제금융 및 유럽중앙은행(ECB)의 채권시장 개입이 미봉책에 불과하다는 인식이 확산되면서 2010년 12월 EU 정상회의에서 룩셈부르크의 융커(Jean Claude Junker) 총리가 유로본드 발행을 공식적으로 제안하였다. 구제금융을 받는 국가의 경우 재정조달 비용이 높기에 '유로존 전체가 함께 보증하는 유로본드(a jointly-guaranteed euro-bond)'를 발행하면 적용금리가 개별 국가별로 발행하는 경우보다 국채금리를 크게 낮출 수 있다. 또한, 유로존 은행들의 상호 교차 채무관계 때문에 일부 국가 국채에 대해 큰 규모의 상각이 이루어지거나 국채에 대한 지급불이행이 나타날 경우 은행위기가 확산될 수 있다. 따라서 유로본드를 발행할 경우 채무불이행 가능성이 불식되므로 금융위기에 직면한 회원국의 신용 리스크를 감소시켜 일종의 보험적 기능을 발휘하게 된다. 이 밖에도 유로본드가 등장할 경우 각국이 유로본드를 안전 외환자산으로 확보할 것으로 보여 외환보유고로서 유로화의 위상 제고도 기대할 수 있다.

그러나 도덕적 해이로 인한 재정규율 준수의지 약화와 독일 등 재정이 건전한 회원국의 경우 채권 발행 비용(재정부담)의 증가 등을 이유로 유로본드 도입에 강력하게 반대하여 무산되었다. 즉 재정위기의 원인 중 하나로 '안정·성장협약(Stability and Growth Pact)'의 실효성 부족이 지적되는 상황에서 유로본드 도입은 채무 증가를 통해 제2의 재정위기를 불러오는 원인이 될 수 있을 뿐만 아니라 독일 등 신용도가 높은 국가에서는 재정 부담이 증가할 가능성이 높기 때문이었다. 게다가 현재의 EU 기능조약(Treaty on the Functioning of the EU) 125조는 유로화 사용국의 공공채무에 대해 EU 공동체 차원에서 재정지원을 금지하고 있다. 이른바 '지급불능조항(no bailout clause)'으로, 이 조항은 재정정책은 결국 개별 회원국의 주권분야로 EU 공동체 소관이 아니고, 회원국의 도덕적 해이를 방지하기 위한 것이다. 사실, 유로본드 발행은 재정취약국의 채무를 독일 등 경제대국이 보증해주는 것을 의미하므로 재정통합으로 획기적인 진전을 의미하며, 이 경우 원칙적으로는 EU 조약 자체의 개정이 불가피하다. 따라서 유로본드를 발행할 경우 선결조건으로 EU 조약 자체의 개정이 불가피할 것으로 보이나 조약 개정을 위해서는 회원국의 동의가 필요하며, 각국에서 국민투표 시행 시 난항이 예상된다. 따라서 공동 유로본드의 발행을 위해서는 회원국의 재정 규율의 강화를 포함해 경제구조와 관련된 정책 조정이나 경제 거버넌스(governance)[33] 제도 등이 필요하

33 국제기구들은 거버넌스를 "국가 문제를 관리하기 위한 정치적, 경제적, 행정적 권한의 행사(UNDP)", "발전을 위해 권력이 국가의 사회경제 자원의 관리에 행사되는 방식(아시아개발은행)", "한 나라에서 권한이 공공재를 위해 행사되는 전통과 제도들(세계은행)"로 정의하곤 하였다. 즉 거버넌스는 해당 분야의 여러 업무를 관리하기 위해 정치·경제 및 행정적 권한을 행사하는 국정관리 체계를 의미했다. 그러나 최근에는 회사에 관련된 이해관계자들의 이해를 조정하고 회사의 의사를 결정하는 기업 거버넌스, 조직의 정보기술(IT)이 조직의 전략과 목표를 유지하고 사용·통제하는 업무 프로세스나 조직 구조를 나타내는 정보기술 거버넌스(IT governance), 이행을 강제할 권력이 존재하지 않을 때 한 국가 혹은 지역을 초과해 영향을 미치는 문제를 해결하기 위한 범국가 행위자들의 정치적 상호작용을 의미하는 글로벌 거버넌스(global governance) 등으로 확대 사용하고 있다.

다. 그 결과 유로존은 2011년 12월 18~19일 EU 정상회의를 통해 새로운 재정협약, 구제금융 규모 확대 및 수단 강화, 민간투자자들의 손실 분담에 대한 표준적 규정 도입 등 크게 세 가지 합의가 있었다. 먼저 체코와 영국을 제외한 EU 정상들은 유럽 내 재정통합을 강화하는 '신재정협약'에 참여하기로 결정했다.[34] 이른바 '재정동맹(fiscal union)'이다. 이 협약에 참여하는 회원국은 경제수렴기준의 재정 관련 사항을 위반할 경우 자동적으로 EU 집행위로부터 제재를 받게 되고, 이러한 사항을 각국의 헌법과 법률에 반영하여야 한다. 더불어 회원국들은 국채 발행 계획도 사전에 EU 집행위에 보고해야 한다. '신재정협약'은 EU가 재정통합을 강화하는 방향으로 가는 데 중요한 단계이지만, 영국의 반대로 인해 EU 조약의 변경이 아닌 국가들 간의 합의 형태로 도출되었다는 점에서 이를 설치하고 시행하는 데 법률적 한계를 가진다.[35] 이와는 별도로 '신재정협약'이 각국의 주권을 제한한다는 점에서 위기를 겪고 있지 않는 국가들의 비준을 확보하는 데 어려움이 따를 수밖에 없다.

두 번째는 은행자본 확충의 문제이다. 네트워크화된 유로존의 경우 (앞에서도 지적했듯이) 재정위기와 은행 부실은 동전의 앞뒷면을 구성한다. 유럽연합은 은행자본 확충을 위해 필요 시 각국 정부가 지원하기로 하였다. 그러나 주변국은 재정

34 2012년 1월 30일 유럽연합(EU) 정상회담에서 영국과 체코를 제외한 25개국이 '신재정협약'에 참여하기로 합의했다. 개별 회원국이 주요 경제정책을 변경할 때는 그 사실을 미리 알려 회원국들의 정책 협력을 강화하도록 했다. 회원국의 재정적자가 GDP의 3%를 넘으면 유럽사법재판소(ECJ)가 해당국 GDP의 0.1%까지 벌금을 부과할 수 있도록 하는 조항도 협약에 담았다. 의회의 반대를 이유로 체코는 당초의 입장을 번복하고 협약을 거부했다. '신재정협약'은 유럽이 화폐통합을 넘어 재정통합으로 가는 첫 걸음을 내디뎠다는 의미가 부여되는 반면, 느슨한 협약 수준에 불과해 위반하는 국가에 대한 자동 징계의 실효성이 떨어지는 측면도 존재한다.

35 독일이 EU 조약 변경을 통해 유럽 국가들이 재정규율을 준수하고, 이를 통해 유럽 국가들이 재정통합으로 나아가고자 하는 강력한 의지를 시장에 보여주길 원하며, EU 국가들 대부분이 금융거래세 도입을 통해 재정수입 기반을 확보하려는 움직임을 보이자 금융거래세가 자국의 금융산업에 타격을 줄 것을 우려한 영국이 자국에 대한 금융거래세의 면제가 받아들여지지 않자 EU 차원에서 추진하는 재정규율에도 참여하지 않겠다고 선언하였다. 이로써 새로 제시된 재정규율은 조약 변경이 아닌 국가 간의 협약 형태로 존재하게 되었다. 국가 간의 협약은 조약보다 법적인 권한을 부여할 수 있는 근거가 미약하다는 단점이 있다. 이러한 근본적인 결함으로 인해 유로본드도 발행하기 어렵게 될 수 있다.

여력을 이미 소진한 상태이다. 즉 정부나 EFSF가 은행자본 확충을 지원한 결과 해당국의 정부부채 비율이 크게 상승하였다. 반면, 자본 확충을 위한 은행의 자구 노력에만 의존할 경우 디레버리징이 발생하여 실물경제에 악영향을 준다. 실제로 유로존 위기가 전개되었을 때 신용경색 조짐으로 발전하자 은행의 자본조달 비용이 높아지고 은행들이 자본 확충보다 위험자산 매각에 치중하면서 경제성장 둔화로 작용하였다.[36] 이러한 이유로 재정위기와 은행자본 확충을 동시에 해결하기 위해 유럽중앙은행(ECB)의 역할 확대가 제기되었다. 금융을 안정시키기 위해서는 ECB가 유로지역의 최종대부자로서의 역할을 할 수밖에 없기 때문이다. 유동성 위기 발생 시 중앙은행은 공개시장조작을 통해 단기금융시장 안정을 도모할 수 있듯이 EU 조약(127조) 역시 "유로시스템이 금융시스템 안정에 기여"하도록 규정하고 있다.

그러나 금융시장 안정을 위한 ECB의 적극적 역할 수행은 국채 매입 확대에 따른 신용위험 부담, 재정정책과 통화정책의 구분 모호성, 회원국의 도덕적 해이, 비전통적 통화정책이 장기대책으로 변질될 가능성 등의 문제들이 수반된다. 첫째, 전통적 최종대부자이론에 의하면 중앙은행은 차입자가 지급능력문제(solvency problem)가 아닌 유동성문제(liquidity problem)에 처해 있고 대출적격담보를 확보할 수 있는 경우에 한해 최종대부자 기능을 수행하는 것이 바람직하다. 그러나 재정위기를 겪고 있는 국가들의 파산 가능성이 제기되는 상황에서 ECB가 회원국 국채 매입 시 신용위험 부담을 가질 수밖에 없고, 신용위험이 현실화되어 중앙은행의 손실이 발생할 경우 중앙은행의 신뢰성 및 통화정책의 중립성이 손상될 우려가 발생한다.[37] 둘째, SMP에 의한 ECB의 국채 매입은 재정정책 수단(예:

36 예를 들어, 유로지역 신용 증가율이 평균 대비 5%포인트 감소하는 경우 유로지역 실질 GDP 성장률은 단기적으로는 평균 대비 0.4%포인트, 장기적으로는 평균대비 1.6%포인트 축소하는 것으로 추정된다. L. Cappiello, A. Kadareja, C. Sørensen, and M. Protopapa, 2010, "Do Banks and Credit Standards Have an Effect on Output? A Panel Approach for the Euro Area", ECB Working Paper Series, No. 1150.

37 O. Vergote, W. Studener, L. Efthymiadis, and N. Merriman, 2010, "Main Drivers of the ECB Financial Accounts and ECB Financial Strength over the First 11 years," ECB Occasional Paper

EFSF)으로 해결해야 할 문제를 통화정책수단으로 해결하는 것이므로 재정정책과 통화정책의 역할구분 및 책임소재가 모호해진다.[38] 마리오 드라기(Mario Draghi) ECB 총재가 초기(Nov. 3, 2011)에 ECB의 최종대부자로서 책임은 은행시스템에 대한 것이지 정부에 대한 것은 아니기 때문에 국채 매입은 일시적이고 제한적으로 행해질 수밖에 없다고 밝힌 이유였다. 게다가 ECB가 SMP에 의해 국채 매입을 하는 동시에 불태화 조치를 실시한 이유도 ECB 통화정책에 영향을 미치지 않기 위한 것이었다. 연준의 양적완화와 차이점이다.

셋째, 국가 채무 축소를 위해서는 강도 높은 재정건전화 및 국민의 전폭적인 지지가 필요한데 ECB가 대규모 국채 매입 등에 나설 경우 (유로본드 발행의 경우처럼) 회원국의 재정건전화 유인을 크게 약화시킬, 즉 회원국의 도덕적 해이가 우려된다. 넷째, 일시적 대책인 비전통적 통화정책수단이 국가채무위기 해결에 동원되는 과정에서 상시대책으로 변질되어 전통적 통화정책(물가안정을 위한 정책금리 조정)이 왜곡될 가능성이 존재한다. 즉 비전통적 통화정책이 장기간 시행되면 낮은 수준인 인플레이션 기대가 점차 높아질 수밖에 없다. 사실, 일부에서는 ECB가 비전통적 통화정책 수단을 활용하거나 유통시장에서 국채 매입을 대폭 확대하는 데는 법률적 제한이 없다고 주장한다. 즉 ECB는 EU 조약[39]에 의거하여 독자적인 자산매입 의사결정이 가능하고, 또한 ECB가 유통시장에서 재정취약국 국채를 매입하는 것은 유로 회원국 간 재정이전을 금지하는 EU 조약에 위배되지 않으며 대부분의 회원국 역시 반대하지 않는다. EU 조약 123조는 ECB가 회원국 국채 직접인수를 금지하고 있으나 유통시장에서의 매입은 금지하고 있지 않다. 그러나 1920~24년 중 하이퍼인플레이션(hyperinflation) 경험을 갖고 있는 독일은

Series (May).

38 J. Weidmann, 2011, "The crisis as a challenge for the euro area," President of the Deutsche Bundesbank Speech at the Verband der Familienunternehmer (Association of Family Enterprises) in Cologne (Sep. 13).

39 EU 조약 130조에 의해 ECB 또는 회원국 중앙은행들(NCBs, national central banks)은 권한・직무・의무 수행 시 EU 기관 또는 회원국 정부로부터 지시를 받지 않아도 된다. 정책위원회 의사결정은 위원 1인 1표의 단순다수결 방식으로 이루어지므로 특정국(예: 독일)의 영향력은 제한된다.

국채 매입은 사실상 '재정적자의 화폐화(monetisation of deficit)'이고, 하이퍼인플레이션의 원인으로 본다. 독일은 발행 및 유통시장에서 ECB의 국채 매입을 모두 금하는 것이 EU 조약의 정신이라고 주장한다.40 (앞에서 지적했듯이) ECB가 연준처럼 양적완화를 도입하고 있지 못하는 배경이다.

이처럼 유로본드 발행이나 ECB에 의한 은행자본 확충 모두 어려움을 겪는 이유는 유럽의 경우 국가와 은행부문 간에 존재하는 강한 연관성 때문이다. 예를 들어, 유로존의 정부부채 구성은 미국과 다르다. 미국 정부부채에서 민간투자자의 비중은 14%에 불과한 반면, 유로존의 경우 이탈리아가 48%, 프랑스가 66.2% 등 46~67%를 차지한다. 국제신용평가사가 집시국가들의 신용등급을 강등시켰을 때 전체 유로존이 흔들거렸던 반면, 미국의 신용등급을 강등했을 때는 유사한 현상이 전혀 발생하지 않았던 이유이다. 유로존의 민간 투자자들은 통화 가치의 변동에 따른 비용이나 리스크 없이 유로존 내에서 다른 국가로 신속하게 이동할 수 있기에 우려가 제기되는 국가는 유동성 공급에 문제가 발생한다. 그런데 국가별로 중앙은행이 존재하지 않기 때문에 유동성 부족이 빠르게 지불능력(solvency) 문제로 전환된다. 단일 통화와 단일 중앙은행(ECB)을 도입함으로써 동질적인 은행간시장의 확립에 성공했지만, 문제는 이렇게 설립된 동질적 은행간시장이 여전히 개별 국가 통제하에 있는 은행시스템과 병존하고 있다는 점이다. 이처럼 은행과 개별 국가 간 불가분성은 재정위기를 겪으면서 EU가 통화동맹을 넘어 은행동맹과 재정동맹으로 진화하고 있는 배경이다.

첫째, 은행과 국가 간 악순환 관계를 보여준 유럽 금융시장의 파편화는 유럽의 금융통합, 즉 은행동맹에 대한 추가적 진보의 필요성을 명확히 하였다. 은행동맹은 금융위기 재발 방지와 은행 파산이 국가 시스템 리스크로 전이되는 것을 막기 위한 것이다. 그런데 은행동맹 없이는 ESM의 경우 역내 은행에 직접 자본투입을 할 수 없었다. 즉 ESM의 지원금은 해당 정부의 공적자금 형태로 은행에 간접

---

40 박진호 · 김아현, 2011, "유로지역 국가채무위기에 대한 ECB의 정책대응", 한국은행, 「국제경제정보」, 제2011-56호.

적으로 자본을 투입할 수밖에 없었다. 은행동맹은 단일은행감독기구(a single supervisory mechanism, SSM), 단일은행정리기구(a single resolution mechanism, SRM), 공동예금보장제도(s single deposit insurance mechanism), 단일정리기금(a single resolution fund, SRF)의 확보를 전제조건으로 한다. 1단계로 2014년 11월 4일 단일은행감독기구(SSM)가 출범했다. SSM은 유로존 내 모든 은행들이 개별 국가가 아닌 유럽중앙은행(ECB)의 감독을 받는 것이다. 거시건전성, 자기자본, 유동성조달 등 전반적 은행감독권이 주어진다. 즉 단일은행감독기구는 유럽은행감독청(EBA, European Banking Authority)과의 협력 속에 은행의 대차대조표에 대한 포괄적 평가, 즉 자산건전성평가(AQR, Asset Quality Review)를 주요 과제로 추진한다. 위기 상황에서 파급효과가 큰 130개 대형 은행들이 우선적으로 ECB의 통합감독을 받게 되며 나머지 6000여 개 은행들은 상황에 따라 감독권한이 이관된다. 은행동맹의 2단계는 2015년 1월 출범한 단일은행정리기구(SRM)이다. SRM은 부실은행이 발생할 경우 구제금융 집행 여부와 은행 회생 혹은 청산 여부를 결정하고, '뱅크런(은행 예금 대량인출사태)'을 방지한다. SRM 출범과 동시에 유로존 예금자는 1인당 10만 유로까지 예금자보호를 받게 되었다. 3단계는 구제금융을 지원하기 위한 단일정리기금(SRF)으로 2016년부터 적용하는 것이 목표다. 유로존 내 은행들은 부실은행 정리에 필요한 자금의 조성을 위해 유럽의회는 2015년부터 8년간 550억 유로 규모의 기금을 조성하되 그 40%를 2016년까지 마련하여 구제금융 지원 기금으로 활용할 계획이며 유로존 회원국들은 자국 은행들에게 일정한 세금을 부과할 전망이다.

두 번째는 (앞에서 소개했듯이) 2012년 1월 영국과 체코를 제외한 26개국 EU 지도자들은 재정적자 감축에 협약을 맺었다. 재정동맹에 따라 2013년부터 연간 재정적자를 GDP의 3% 이내로 낮추고, 공공부채를 GDP의 60% 이하로 줄여야 한다. 3년 이내에 이를 달성하지 못하면 자동적으로 추가 긴축에 들어가도록 하였다. 그러나 은행동맹과 달리 재정동맹은 순조롭게 진행될 것 같지 않다. 긴축 및 엄격한 예산 제한을 둘러싸고 국가들 간 의견 충돌이 노출되고 있기 때문이다.

사실 이러한 갈등은 예상된 것이었다. 경기가 회복되지 않은 상황에서 긴축은 유럽의 많은 국가들에게 경기 침체를 악화시킬 뿐만 아니라 사회갈등을 심화시킴으로써 정치 위기를 초래할 수 있기 때문이다. 즉 재정동맹은 단순한 예산 규모의 조정에서 그치는 것이 아니라 전통적으로 개별 국가의 사회경제시스템 내에서 수행되고 조정되던 정책과 재분배기구의 운영을 초국가적으로 실행해야 하는 것을 의미한다.

이처럼 현재까지 유럽이 선택한 '보다 큰 유럽'은 유럽합중국 창설 같은 '정치통합의 길(정치동맹)'이 아니라 국민국가의 자율성을 전제로 한 '정책협력의 길'이라 할 수 있다. 그러나 현재까지 '보다 큰 유럽' 프로젝트에는 회원국의 책임을 강화하는 방향으로 진행되고 있다. '보다 큰 유럽' 프로젝트에는 공동운명체(네트워크)가 짊어져야 할 리스크 공유(연대)가 부족하다. 그리스 정치위기가 재발되며 '그렉시트(Grexit: 그리스 유로존 탈퇴)' 우려가 나시 세기된 배경이다. 2014년 말 재발된 그리스의 정치위기는 채권자(국)들의 무리한 긴축 요구로 그리스 국민의 고통[41]이 지속되면서 이에 대한 반발의 결과였다. 즉 지금까지의 '보다 큰 유럽' 프로젝트에는 리스크 공유가 부족하고, 이는 재정동맹을 위협할 수밖에 없다. 일부 그리스 식자층들은 '제국주의' 독일이 주도하는 재정동맹은 그리스의 공공보건과 공공교육 시스템을 붕괴시키고 착취와 불평등을 심화시키는 '악명 높은 재정동맹'이라고 비난하고 있다.[42] 즉 독일 등이 추진하는 '보다 큰 유럽'은 리스크 공유라는 연대가 결여된 통합인 것이다.

이처럼 공동운명체인 유럽에게 요구되는 초국가 협력 리더십의 성공은 유로 멤버십에 대한 연대책임(collective responsibility)과 유로를 사용하는 회원국 상호

41 2013년 그리스의 일인당 국민소득은 2007년 수준의 77%에 불과하고, 2013년부터 디플레이션이 지속되고 있으며, 국가부채도 계속 증가하고 있고 2014년 기준 GDP 대비 175%에 달하고 있다. 또한 국민 4명 중 1명 이상이 실업자 상태, 특히 청년층은 2명 중 1명이 실업자 상태이다. 일부 그리스 식자층들은 그리스가 '긴축의 함정(an austerity trap)'에 빠졌으며 국가 주권을 빼앗긴 '식민지 주변국(a colonial periphery)' 혹은 '종속적 주변국(a dependent periphery)'으로 전락했다고 푸념한다.

42 C. Polychroniou, 2014, "The Myth of the Greek Economic 'Success Story'," Levy Economics Institute, Policy Note 2014/3.

간 리스크 공유의 강화 그리고 동시에 개별 국가가 유럽 전체에 충격을 미칠 수 있는 실수(예: 단기적 이득 대 장기적 손실의 비대칭성)에 대한 자율적 통제 등에 달려 있다. 즉 자율과 협력만이 유로존 유지의 충분조건이다. 이는 민주주의를 자유민주주의에서 자율민주주의로 업그레이드시키는 문제이다. 예를 들어, 주체성을 회복하고 공공이성(public reason)을 갖춘 '공민(公民)' 혹은 '세계시민'에 기초한 '숙의민주주의(deliberative democracy)'를 요구한다. 이처럼 유럽은 '아무도 가보지 않은 길'이지만 '가야 할 길'을 실험하고 있는 것이다. 그래서 '새로운 길'에 성공적으로 진입할 때 유럽은 새로운 모습으로 탄생할 것이다. 그러나 유럽의 새로운 프로젝트가 실패할 경우 유로존의 문제는 유럽이 공통적으로 직면한 탈공업화 함정과 더불어 유럽을 장기침체의 늪으로 이끌 것이다. 일부에서 유럽이 2020년까지 2007년의 경제 수준을 회복하기 어려울 것으로 전망하는 이유이다.

제6장

탈공업화와 일본 네트워크 시장시스템의 파산

일본경제는 전후 처음 5년(1945~50년)간 연평균 GNP 성장률 9.4%를 기록한 후 1970년까지 매 5년마다 연평균 10.9, 8.7, 9.7, 12.2%를 기록하였다. 일본경제가 전후 30여 년간 기록한 성장률은 서방세계가 이전에 경험한 것과 비교하면 전례 없이 높은 것이었다.[1] 이러한 경험에 기초해 '일본 모델'의 독자성이 강조되었다.[2] 그 독자성은 '네트워크 자본주의(network capitalism)'[3]부터 심지어 '비자본제적 시장경제(a non-capitalistic market economy)'까지 다양하게 표현되었다.[4] 예를 들어, 미국 시장시스템에서 경제성장의 주요 엔진으로 '소비'에 초점을

1 Y. Kosai, 1986, *The Era of High-Speed Growth: Notes on the Postwar Japanese Economy,* translated by J. Kaminski, University of Tokyo Press, pp. 5, 7.

2 p. Choate, 1990, *Agents of Influence: How Japan's Lobbyists in the United States Manipulate America's Political and Economic System*, Knopf; J. Fallows, 1989, "Containing Japan," *The Atlantic* (May); K. van Wolferen, 1989; C. Prestowitz, 1988, *Trading Places: How We Allowed Japan to Take the Lead*, Basic Books; C. Johnson, 1982, "Japan in Search of a 'Normal' Role," *Daedalu* (Fall).

3 C. Johnson, 1992, p. 8에서 재인용.

4 E. Sakakibara, 1993, *Beyond Capitalism: The Japanese Model of Market Economics*, University Press of America, Inc.

맞추고 소비자 복지의 극대화를 추구한 반면, 일본 시장시스템의 독자성을 주장하는 이들은 일본의 고속성장은 '생산'에 의해 보증되었음을 지적한다. 실제로 미국은 많은 소비에 보조금이 지급되거나 낮은 세금이 부과되는 반면, 일본에서는 소비에 많은 세금이 부과되고 생산활동이 우호적으로 취급된다. 그리고 경제목표의 차이는 상이한 경제철학을 반영하고 있다. 미국 시장시스템이 경제구조에 대해 기본적으로 자유방임적 태도를 채택하고 있는 반면, 일본은 1868년 메이지(명치)유신 이래 경제비전의 개발과 그것들을 이룩하기 위한 행정 지도의 사용이 정책입안자들의 주요 활동이었다. 생산과 소비구조의 중요성에 대한 상이한 태도는 금융환경 및 이와 관련된 기업구조에서 주요한 차이를 만들어냈다.[5] 관계형 금융과 게이레츠(기업집단)가 그것이다.

일본 네트워크 시장시스템의 독자성이 만들어낸 성과는 70년대 이후 위기를 맞이하기 시작한다. 무엇보다 성장이 크게 후퇴하고 90년대 이후에 성장은 사실상 멈추었다. 실질 GDP 증가율은 70년대(1972~81년) 4.3%, 80년대(1982~91년) 4.0%, 90년대(1992~2001년) 0.6%, 2000년대(2002~11년) 0.1%로 지속적으로 하락하였다.[6] 90년대 초 수준인 2012년 명목 GDP는 90년대 초 자산가격의 거품이 붕괴된 이후 최고 수준이었던 1997년보다 9%나 하락한 수준이다. 그럼에도 불구하고 실질 GDP가 상승할 수 있었던 것은 1994년, 특히 1998년부터 급락한 GDP 디플레이터 덕택이었다. 자산가격 붕괴의 후유증은 일본경제에 치명상을 입혔다. '잃어버린 20년'으로 불리는 장기불황은 자산가격 붕괴 이후의 부채축소(디레버지)의 결과이다. 일본은 디레버리지에 대해 통화완화와 재정확장 정책 등으로 대응하였다. 즉 장기불황에 대응하여 금리를 인하하여 99년 이후부터 제로금리를 시행하고 2001년 3월부터 2006년까지 양적완화(QE) 정책을 채택하였다. 그러나 90년대 초부터 20년간 총통화량은 300조 엔이나 증가한 반면 은행의

5 C. Prestowitz, Jr., 1993, "Introduction," in E. Sakakibara (1993), pp. viii-ix 참조.

6 M. Kawai and P. Morgan, 2013, Banking Crises and "Japanization": Origins and Implications, ADBI Working Paper 430 (July).

게이레츠(기업집단) 2차 대전 후 일본의 기업집단을 일컫는 말로 패전과 함께 해체된 일본의 재벌이 상호주식보유를 기반으로 하는 재편성 과정과 은행의 융자 계열을 중심으로 다시 부활하게 된다. 즉 2차 대전 이후 미・소 갈등의 출현, 중국에서의 내란과 혁명, 한국전쟁의 발발이라는 냉전 상황 속에서 일본과 아시아에 대한 전후의 미국 정책은 민주화정책의 내용을 제한하였고, 그 결과가 재벌해체의 불완전성이다. 즉 대기업과 상호 결합되는 지주회사를 허용하는 등 재벌이 관계하는 금융제도는 손을 대지 않았다. 금융 공급에 기초해 '기업집단'이 재창출, 즉 독점자본이 부활한 배경이다. 게다가 '한국전쟁'이라는 군특수(軍特需)기에 일본의 경제가 되살아나고 1951년 미・일 강화조약을 계기로 차츰 기업 간의 재결합이 시도되었고, 이후 상호 사용금지가 해금됨에 따라 3대 자이바쯔가 자신의 상호를 다시 사용하기 시작하였다. 전쟁 전의 재벌과 소유 및 경영구조에서 뚜렷한 차이가 있기 때문에 '기업집단' 혹은 '그룹'으로 부른다. 과거 자이바쯔 산하에 있던 계열회사가 경영자에 의한 '사장회'의 결성으로 진전되어 미쓰이 계열의 '이목회(二木會, 1961)', 미쓰비시 계열의 '금요회(金曜會, 1954)', 스미토모 계열의 '백수회(白水會, 1951)'가 결성되었다. 이들과 함께 전후 1960년대 고도성장기에 기업집단화를 추구하면서 등장한 후요(芙容), 다이치강교(第一勸銀), 산와(三和) 같은 은행계열의 기업집단도 있다. '자이바쯔'와 '게이레츠'를 구분 짓는 가장 중요한 특징은 소유-지배 구조로 전자의 경우 재벌가가 실질적 대주주이면서 계열회사에 대한 독점적 지배를 하는 반면, 후자는 사장회를 중심으로 상호주식보유제도를 통해 연결되어 있고 실질적 대주주는 없다는 점이다.

자이바쯔(재벌) 메이지 초기인 1860년대 말과 1870년대 사이에 정상(政商, 정부나 정치가와 특별한 관계를 가지고 이권을 얻고 있는 상인)에서 출발하여 2차 대전 전까지 금융・공업・상업・농업의 주요 부문에서 커다란 지배력을 가졌으며 1900년 전후부터 자이바쯔로 불리기 시작했다. 대표적인 자이바쯔로는 미쓰비시(三菱), 미쓰이(三井), 스미토모(住友)를 들 수 있다. 이들은 2차 대전 기간 중 일본 군국주의의 경제적 기반이 되었기에 종전과 함께 연합군 최고사령부는 재벌을 해체하기로 결정하였다. 당시 해체된 자이바쯔는 미쓰이, 미쓰비시, 스미토모, 야스다(安田), 닛산(日産), 노무라(野村) 등 83개에 달했다. 또한 3대 자이바쯔의 계열회사 711개에 대해서는 자신의 상표와 상호의 사용도 중지시켰다.

(할인액 포함) 대출액의 규모는 90년대 초 수준에 비해 100조 엔이나 오히려 감소하였다. 재정확장 정책의 결과 정부부채 역시 1990년대는 59%에서 131%로 72%가, 2000년대는 131%에서 197%로 66%나 증가하였다. 즉 90년대 이후 2009년 2분기까지 정부부채가 138%나 증가함으로써 민간부문 부채 감소분 49%를 크게 상회하였다. 그럼에도 불구하고 일본의 장기불황은 여전히 진행 중이다. 마지막 수단처럼 보이는 아베노믹스가 실패할 경우 '아베겟돈(아베노믹스+아마겟돈)'[7]의 상황에 대한 우려가 일부에서 제기되고 있을 정도이다. 이처럼 2차 대전 이후 가장 성공적인 경제발전 모델 중 하나였던 일본의 네트워크 시장시스템은 작동이 멈추었다. 일부에서는 파산의 불가피성을 전망하기도 한다. 제6장의 기본목표는 전후 가장 성공적인 모델이 작동을 멈춘 이유를 밝히는 것이다.

제1절 일본 모델의 역사적 배경

일본경제의 초기 발전은 1880년대부터 구미 선진기술과 생산방법의 활용 그리고 철도나 해운 등 SOC 투자 등을 추진함으로써 본격적으로 시작되었다. 1900년까지 경공업의 국내대체가 완료되었고, 본격적 수출화도 가능하였다. 그렇지만 공식적으로 일본이 서구국가들에 비교해 높은 경제성장률을 기록하기 시작한 것은 1910년대에 선진형 경제구조인 '원-세트(one-set)형' 경제구조가 형성되면서였다. 기계류, 철강 및 수출활동에 불가결한 선박 중심의 중화학공업의 국내대체화가 추진되었고, 1차 대전은 중화학공업의 대외의존도를 낮추는 계기로 작용하였다. 흔히 일본형 고용구조의 특징으로 말하는 종신고용 및 연공서열 등이 출현하였다. 그러나 종신고용과 연공서열은 (국가마다 정도의 차이가 있을 수 있지만) 중화학 공업화 시대의 일반적 고용구조이다. 중화학공업은 기업특수적인 숙련기술

7 예를 들어, A. Harjani, 2013, "UBS Warns of 'Abegeddon' Risk in Japan," CNBC (June 5) 참고.

노동력의 안정적 확보가 매우 중요하기 때문이다. 이러한 고용구조가 기업 차원에서 기술 축적의 토대로 작용하였던 배경이기도 하다. 1930년대는 중화학공업의 2차 국내대체화 과정이었다. 즉 구미제국의 제국주의적 시장 확대 경쟁에 대응하여 군사력 증강과 군수물자 중심의 중화학공업을 육성하였다. 그 결과 중화학공업화에 필요한 숙련 및 기술 인력이 대량 양성되었고, 이는 2차 대전 이후 일본경제 고도성장의 밑거름이 되었다.

이러한 공업화 과정에서 정치적 리더십은 중요한 역할을 수행하였다. 일본의 발전 방식은 자본축적을 위해 동원된 모든 자원을 가지고 '위로부터' 발전을 이룩한 전형적인 후발경제로 간주된다. 예를 들어, 20세기 일본이 상대적으로 고성장 경로를 밟을 수 있었던 선행조건은 19세기 말과 20세기 초의 급속한 인적자본의 축적이었고, 이는 정부정책에 의해 추구되었다. 이미 메이지 기간에 선진적인 공교육 체계를 가졌던 일본은 급속하게 팽창하던 교육부문과 정부부문에 양질의 인적 자원들을 교육자들과 행정가들로 흡수할 수 있었다. 또한, 1차 대전까지 과학과 공학부문에서 선진적인 공식교육을 받은 일본인들이 제조업에 대규모로 고용되어 생산성의 증대에 중요한 영향을 미쳤다.[8] 실제로 일본이 총요소생산성에서 상대적으로 급속한 성장을 경험하였던 것은 상당한 수준의 인적자본이 축적된 이후였다.[9]

1920년대 중반 일본 금융시스템의 규제 증가도 일본의 산업구조를 결정짓는 데 중요한 작용을 하였는데, 이것 역시 정부의 적극적 개입의 증대와 병행된 것이었다.[10] 일본 금융시스템은 1868년 메이지유신 이후 미국 관행을 따른 국가은행시스템(national bank system), 즉 분권화된 은행시스템으로 출발하였다. 은행권 발

8 G. Saxonhouse, 1977, "Productivity Change and Labor Absorption in Japanese Cotton Spinning, 1891-1935," *Quarterly Journal of Economics,* Vol. 91, No. 2, pp. 195-219.

9 1890~1913년간 일본은 1966~90년간의 싱가포르처럼 총요소생산성(TFP)에서 상당한 후퇴를 경험하였다. G. Saxonhouse, 1998, p. 409.

10 G. Saxonhouse, 1998, "Structural Change and Japanese Economic History: Will the 21st Century Be Different?" *AEA Papers and Proceedings*, Vol. 88, No. 2, p. 409.

행을 위해 은행의 지불준비금 완화가 이루어졌고, 그 결과 인플레이션이 문제로 부상하였다. 인플레이션의 억제를 위해 1882년에 중앙은행(일본은행)을 설립하여 통화 발행을 독점하였다. 1930년대 말과 40년대 초에는 전시경제의 준비를 위해 기업 통합(합병)이 이루어졌고, 그에 따라 대규모 제조업, 특히 군수산업에 자금을 지원하기 위해 은행부문의 합병도 진행되었다.[11] 그 결과 등장한 것이 '주거래은행(main banks)[12] 시스템'이었다. 은행이 정부 통제하에 놓임으로써 '호송선단 시스템(the convoy system)'[13]이 확립되고 정부 보호하에 놓이게 된 것이다. 이처럼 정부의 적극적이고 지시적인 산업정책과 은행 주도의 금융통제가 상호 지지하면서 발전한 것이 전후 일본경제제도의 특징을 형성한 것이다.

또한, 불완전한 부르주아혁명으로 일본에서 노동자계급의 시민권들은 항상 제약되어 왔다. 다시 말해, 일본의 자본축적은 생산단위당 낮은 임금비용, 장시간 노동, 취약한 사회안전망과 공공복지서비스 등과 관련이 있다. 생활수준의 진전이 제약됨으로써 국내시장의 팽창은 억제되었고, 그 결과 해외시장으로 눈을 돌릴 수밖에 없었다. 이것은 일본경제의 성격을 공격적이며 전투적으로 만들었고,[14] 정부정책이 이러한 성격을 다시 강화시켰다. 게다가, 일본의 경제적·군사적 침략은 주요 강대국들과의 협조, 의존, 종속—예를 들어 메이지 기간의 영일동맹이나 2차 대전 중 〈일본-독일-이탈리아〉 간의 추축(樞軸)이나 전후 미일동맹—에 의해 수반된 것이었다.[15]

---

11 은행의 수는 1920년대 말에 1,200개 이상에서 30년대 초 은행위기로 절반이 감소하였고, 다시 1941~45년 전시에는 186개에서 61개로 1/3이 축소되었다. 반면, 전후부터 1980년대 말까지는 변화가 없었다.

12 주거래은행이란 금융기관으로부터 거액여신을 수혜 받고 있는 업체로서 여신관리대상으로 정한 계열기업군의 거래은행 중 주된 거래은행이며 종합적인 여신관리업무를 담당하고 있는 은행을 말한다.

13 전쟁 시 선박의 단독 항해에 따르는 위험을 방지하기 위하여 선단을 편성하고 가장 느린 선박에 속도를 맞추면서 다 같이 안전하게 목적지까지 호송하는 것을 의미한다.

14 일본경제가 공격적이라는 것은 2차 대전까지의 이웃국가들에 대한 군사적 침략만 의미하는 것이 아니라 일본 상품과 자본에 의한 해외경제의 침투까지 의미한다.

15 예를 들어, 2차 대전 이후 일본자본의 경제적 해외침투는 미국의 '핵우산(nuclear umbrella)' 아래에서 진행된 것이었고, 그러한 침투는 일본의 미국에 대한 종속적 관계, 구체적으로 '미일안보조약(the U.S.-Japan Security Treaty)'을 언급하지 않고는 설명될 수 없다. 이와 관련하여 고성장 기간 이래

▚ 한국전쟁 특수와 중공업화 그리고 동태적 국제분업주의 채택

2차 대전 후부터 1952년까지 일본경제는 미 점령사령부(GHQ, general headquarters) 하에 있었다.16 전쟁 종료에 따른 산업 전반에 걸친 생산수준의 하락17으로 패전 직후 1인당 GNP는 전쟁 이전의 절반 수준으로 하락하였다. 이런 상황에서 인플레이션 해소와 수출 확장을 통한 경제자립의 재구축을 시도하였던 '닷지구상(the Dodge Line)'18은 효과를 거두지 못하고 심각한 경기침체만을 야기하였다. 즉 전후 일본경제의 기초를 형성하고 있던 중공업은 국제경쟁력을 위해 새로운 시설과 기술의 필요를 외면한 채 임금 삭감과 노동조건의 후퇴에만 매달렸

일본의 낮은 군사비 부담이 경제발전의 속도와 경제 팽창에서 한 요인이 된 것은 주지의 사실이다. 예를 들어, 1985년 현재 일본의 군사비 지출은 전체 정부지출 중 0.94%로 미국의 6.57%, 영국의 5.12%, 프랑스의 3.49%, 그리고 심지어 독일의 2.79%보다 훨씬 낮다. E. Sakakibara, 1993, *Beyond Capitalism: The Japanese Model of Market Economics*, University Press of America, Inc., p. 30, Table 5.

16 미군정의 기본적인 목표는 일본경제 및 사회의 민주화와 탈군사화였다. 예를 들어, 1946년 '신헌법'의 제정을 통해 천황을 단순히 상징적인 존재로 끌어내렸고, '노동조합법(1946년)', '근로관계조정법(1946년)', '근로기준법(1947년)'의 제정을 통한 노동 분야의 개혁은 노동자계급의 기본권을 보호하는 장치를 마련한 반면, 경제적으로는 토지개혁과 재벌해체를 통해 부재지주 시스템과 재벌가족에 의한 기업의 사적 소유 시스템을 해체함으로써 절대주의 천황시스템이 파괴되고 지배계급으로부터 부재지주들이 제거되었다. 즉 토지개혁이 철저히 진행될 수 있었던 것도 소규모 독립자영농층의 확립을 통해 천황제도 및 자이바쯔와 더불어 일본 제국주의 세력의 한 축을 형성했던 지주세력을 제거할 수 있을 뿐만 아니라 농촌사회에 보수블록을 형성할 수 있었기 때문이다.

17 일본은 중일전쟁과 태평양전쟁으로 약 2백만 명에 달하는 군인이 사상 혹은 실종되었고, 30여만 명이 중상을 입었다. 일반 시민의 경우에도 32만여 명이 사상 혹은 실종되었고 34만여 명이 부상되었다. 경지, 광산, 기계의 대량 파괴는 생산능력의 급격한 하락을 가져왔다. 또한, 전쟁에서 귀환한 군속이나 해외 이주했던 사람들의 유입은 생활수준에 즉각적으로 영향을 미쳤다. 예를 들어, 1945년 말에 실업자의 수는 약 1,300만 명으로 추정되고, 이는 1935년의 7,300만 명의 인구와 3,200만 명의 취업자에 비교할 때 엄청난 규모였다.

18 전후 생산 회복은 어느 정도 이루어졌으나 무리한 부흥정책으로 인하여 인플레이션이 가속화되는 등 일본경제는 또 다른 어려움을 겪게 되었다. 이에 1949년 2월에는 디트로이트 은행장인 닷지(Dodge)가 방일하여 일본 국가예산을 편성하고 재정・경제의 전 부문에 걸쳐 일본 정부의 모든 정책을 지도하게 되는데 이것이 이른바 '닷지구상'(Dodge Line)이다. 닷지는 일본 정부에 대하여 경제력을 복구하기 위해서는 인플레이션을 억제할 수 있는 긴축정책, 즉 보다 보수적인 제 정책을 채택해야 한다고 권고하였다. 그 결과 채택된 것이 경제안정 9원칙이었다. 균형 예산, 징세 강화, 신용 확장의 엄격한 제한, 임금안정 계획의 입안, 물가 통제, 무역과 외환 통제의 강화, 수출용 자재배급의 효율화, 주요 국산원자재와 제품의 증산, 식량 공출의 효율화 등을 강조하는 경제안정 9원칙은 경제의 안정과 긴축을 최우선 과제로 삼으면서 안정 속의 성장을 꾀하려는 것이었다.

다. 그럼에도 불구하고 인적 자원이 상대적으로 유지되고 있었고, 패전 이후 미국 경제권에 편입됨으로써 '상대적 후발성 이익'의 활용을 극대화시켰다. 예를 들어, 환율을 1달러=360엔으로 크게 평가절하함으로써 가격경쟁력 확보와 수출 증가를 달성할 수 있게 되었다. 또한, 농지개혁은 부와 소득의 분배구조를 평준화시켜 국내 생산업자들에게 내수 확대를 제공하였고 기업 성장의 토대로 작용하였다.

결정적인 것은 한국전쟁의 특수였다. 즉 한국전쟁은 '닷지침체(the Dodge Recession)'와 통화긴축에 직면했던 일본경제가 낡은 자본스톡을 처리할 수 있는 기회를 마련해줌으로써 경제적 붐(boom)을 가져다주었다. 1951년 6월까지 제조업 생산지수(실질가치)는 한국전쟁 발발 1년 전에 비해 50%, 제조업 생산성은 30%, 그리고 도매상품가격지수는 52%나 증가하였다. 1950~57년간 총 15억 7천만 달러에 달했던 한국전쟁 특수의 가치는 1949년 5억 1천만 달러, 그리고 1950년 9억 6천만 달러를 기록했던 수출액과 비교하면 쉽게 짐작이 될 수 있다. 이러한 경제환경에서 기술현대화가 진행될 수 있었다. 기술현대화정책은 모든 산업의 합리화를 표방했으나 실제로는 기존 중공업 분야의 대규모 독점기업에 초점이 맞춰진 장기계획, 그리고 기존의 시설과 장비들이 서방의 기준으로 볼 때 특히 뒤처진 분야에 대한 자본투자와 기술의 격상이 강조되었다.

기술현대화정책에 기초한 중공업화정책은 일본의 재무장화[19]로 날개를 단다. 한국전쟁 중 일본은 군사장비를 생산할 수 있는 권리를 승인받았다. 기본적으로 재무장화는 한국전쟁 종료와 더불어 구조적 침체를 겪을 일본 대기업들의 입장[20]을 반영한 것이었다. 한국전쟁 특수의 덕택으로 1953~55년간 일본 중공업

19 한국전쟁 중 7만 5천 명의 경찰예비군이 확립되고 8천 명의 해군안보대가 강화되었으며, 1952년 3월에는 공군의 설립이 공식 승인되었다. 정치적 독립 후 일본 군대는 1952년 10월에는 '안보군'으로 그리고 1954년 7월에는 '자위대'로 개명되었다.

20 예를 들어, 1952년 정부의 군사비 지출은 1,820억 엔으로 정부 전체 지출의 20% 이상을 차지하였고, 1953년 5월에 일본 대기업집단의 로비단체인 '경단련(經團聯)'의 방산(防産)위원회는 '방위비 지출에 대한 8개년 계획'에서 재무장화의 가속화를 요구하면서 계획 기간 중 2조 9천억 엔의 군사비 지출을 제안하였다. 일본 정부도 1954년의 '미일상호안보협의'하에서 미국의 군사적 지원에 대한 대가로 일본의 무장능력을 강화하기로 약속하였다. 물론, 재무장화를 촉진시키려는 조치들은 노동계급으로부터 심한 저항에 부딪쳤고, 일반대중들의 평화운동은 군비지출이 정부지출의 10%, 그리

의 생산은 2차 대전 중의 가장 높았던 수준을 회복하였다. 이렇게 회복된 일본의 중공업은 이후 고성장의 추진력으로 작용하였고, 대략 1970년까지 세계에서 가장 경쟁적인 중공업부문을 건설하는 데 성공하였다. 즉 1955년부터 1차 석유파동 직전인 1973년까지 철강생산은 12.7배, 자동차생산은 102배, 전력생산은 7.2배가 증가하였다.

고도성장 기간 동안 정부정책은 중요한 역할을 수행하였다. 정부는 중공업화 육성을 위해 저이자율 금융정책, 낮은 조세율의 조세정책으로 가격경쟁력을 제고시켰고, SOC 정비로 기업의 비용 절감에 기여하였다. 1950년대 후반의 경제적 붐을 가져왔던 민간 투자의 폭발적 성장[21]은 경제정책에 의해 지지된 것이었다. 구체적으로 구미로부터 철강, 자동차, 조선 등에서 신기술 및 신자본재의 도입, 그리고 새로운 분야였던 전자, 합성섬유류 기술 및 자본재류를 왕성하게 도입하였다. 그러나 자본투자에 의한 붐은 50년대 말에 접어들면서 궁극적으로 내수 제약에 부딪쳤고, 이에 일본 독점자본은 해외시장의 확장으로 눈을 돌렸으며, 정부도 경제자유화정책으로 지원하였다. 즉 해외시장을 확장하기 위해서는 기본적으로 신기술에의 투자와 생산성의 증가를 통한 일본산업의 국제경쟁력을 강화시켜야 할 뿐만 아니라 일본 시장의 개방[22]을 추진하였다. 이처럼 일본 중화학공업의 부족한 경쟁력을 정책적으로 지원하면서 국제분업구조에 참여하였다. 즉 비교우위가 크게 존재하는 상황에서의 개방전략인 '동태적 국제분업주의'를 채택한 것이다.

▪ 네트워크 시장시스템의 구축과 고도성장

고도성장의 추진에 따라 중공업을 중심으로 초과설비의 문제가 야기됨에 따라 주요 기업들 간 대규모 합병을 통해 수직적으로 통합된 기업집단을 창출하는

고 국민총생산의 1%를 넘지 못하게 하는 가이드라인(guidelines)을 이끌어냈다.

21 1955~61년간 광업과 제조업의 산출량은 2.5배 증가하였는데, 특히 기계생산 분야를 중심으로 중공업의 산출량이 급속히 증가하였다. 전기 장비는 7.8배, 운송기계는 3.9배, 제철은 2.9배, 화학은 2.3배 증가하였다.

22 무역자유화율은 1963년 4월까지 89% 그리고 1964년 4월까지 92%로 증가하였다.

한편, 대기업과 중소기업 간의 하청관계를 조정하였다. 60년대 전반의 경제구조 재조정으로 일본 중공업의 경쟁력이 증가[23]함에 따라 60년대 후반(1965~70년)에 일본경제는 연평균 12.1%라는 전후 가장 높은 성장률을 기록하게 된다. 수출경쟁력이 빠르게 개선됨에 따라 수출은 성장의 주요 원천이 되었고, 성장의 제약 요인은 소멸되었다. 즉 이전까지는 경기팽창의 지속이 경기과열을 가져왔고, 수입의 증가와 경상수지 적자의 증가를 수반하였기 때문에 정부는 성장을 억제하는 조치들을 취하지 않을 수 없었다. 그러나 1965년부터 미국과의 무역수지에서 흑자로 전환될 정도로 수출경쟁력이 증대됨에 따라 이러한 위기의 위협은 중단되었다. 60년대 후반의 고성장에 힘입어 일본의 GNP는 1968년 서독의 그것을 능가하게 되었고, 세계 2위의 경제력을 갖게 되었다.[24]

이처럼 1960년대까지 일본은 구미와 유사한 산업구조를 만들어낼 수 있게 되었다. 이러한 성과가 가능했던 이유는 '네트워크 시장시스템'에 있었다. 정부-은행-기업-노동-도시-지방 간 관계의 안정성 확립을 통해 네트워크가 구축되었다. 즉 정부의 리더십과 경제주체 간 협력적 관계의 결합물이었다. 첫째, 정부의 리더십(MITI, Ministry of International Trade and Industry)이다. 전후 일본의 국가목표는 제조업 중심의 고성장이었다. 이를 위해 법적 규제, 행정 지도, 인・허가 등부터 보조금 배분, 저리 융자, 세제 지원 등을 통해 통상산업성(MITI)이 선정한 전략 산업에 은행 자금을 집중적으로 공급하였다. 즉 정부 지도-주거래은행제-기업집단(게이레츠) 시스템-평생고용-기업형 노동조합-도시와 지방 간 재정 재분배를 통한 소득재분배, 이 모든 것이 네트워크화되었다. 둘째, 정부의 리더십은 대장성(MoF)이 주도한 은행 중심 금융시스템에 집약되어 있다. 고성장과 위험 추구를 위한 대장성 주도의 호송선단식 금융행정이 그것이다. 이를 위해 (앞에서 소개

23 일본은 미국에 주로 제조업 제품 특히 중공업 제품을 수출한 반면, 미국으로부터 원료와 식량을 수입하였다.

24 세계 중공업 제조 지역으로서 일본 중공업의 역할은 일인당 산출량에서 1970년까지 인쇄, 플라스틱, 시멘트, 철강, 트럭, 조선, TV, 종합섬유 등 대부분의 전통적인 중공업 분야에서 서독과 미국을 이미 추월하고 있었던 점에서도 확인된다.

했듯이) 주거래은행제를 도입하여 은행별로 대규모 제조업 기업의 금융 지원을 담당케 하였다. 주거래은행제는 점차적으로 대기업에서 중·소기업으로 확산되었다. 은행의 활동은 모니터링과 스크리닝 같은 전통적 활동에 더해 기업에게 필요한 조언 제공과 비즈니스 조직 등 투자은행 업무를 수행했다. 기업에게는 은행 대출원을 제한하는 이른바 '총부채관리제(기업 여신 규모와 유가증권 발행 규모를 설정하는, 즉 한도 내에서 부채를 관리하는 제도)'를 도입하였다. 또한, 장·단기 신용을 구분하여 도시 은행과 지방 은행의 영업 범위를 통제하였다. 즉 은행채 발행이 허용된 장기신용 은행과 이들이 발행한 채권을 지방은행이 보유케 하였다. 은행 산업에 신규 진입을 제한하고, 신 금융상품 도입을 정부 허가 사항으로 하는 등 정부는 '금융억압(financial repression)'[25]을 통해 수익과 이자율을 낮게 설정하였다.[26] 실질금리는 종종 마이너스(−) 상태였다(그림 6-1). 그 결과 장기신용 은행은 낮은 금리로 자금을 조달할 수 있게 되었다. 반면, 재량적 신용 할당 및 저금리 대출에 힘입어 자본 투입을 증대시킨 기업은 지속적인 혁신과 성장을 만들어낼 수 있었고 그 결과 높은 수익을 달성할 수 있었다. 이처럼 채권시장과 주식시장이 발달되지 않은 상황에서 은행 대출은 기업금융의 효과적 루트가 되었다.[27] 기업들의 고수익으로 은행들이 예금 금리보다 상대적으로 높은 수익을 획득하는 것은 어려움이 없었다. 이처럼 은행의 수익(대출과 예금 이자율 간 마진)은 정부에 의해 보증된 것이었다. 그리고 이는 결국 가계부문에 대한 '과세'를 통해 제조업 투자에 보조금을 지원한 것을 의미한다. 이러한 시스템에서 은행은 대출 리스크 통제

25 1970년대에 McKinnon(1973)과 Shaw(1973)가 처음 사용한 개념이다. 즉 많은 저개발국 정부는 1960년대와 70년대에 신용흐름을 직접 지도하기 위해 명목금리 상한을 설정하고, 은행에 높은 지불준비금을 요구하는 등 개입을 하였다. 이러한 개입은 투자자금 조달의 공급을 억압했고, 예금자는 마이너스(−) 실질금리의 손실을 보았고, 그 결과 은행시스템의 성장이 위축되었다. R. McKinnon. 1973. *Money and Capital in Economic Development. Washington DC,* US: Brookings Institution; E. Shaw. 1973. *Financial Deepening in Economic Development. Oxford, UK: Oxford* University Press.

26 예를 들어, 1년 만기 저축금리는 1951~70년 20년간 5% 혹은 6%로 고정되었다.

27 주식시장은 채권시장에 비해 상대적으로 잘 발달된 편이었으나 주식의 교차보유가 60년대부터 이용되었기에 주식의 상당 부분은 은행과 보험회사 같은 금융회사에 묶여 있었다. 은행 또한 회사채 인수와 매입을 수행했다.

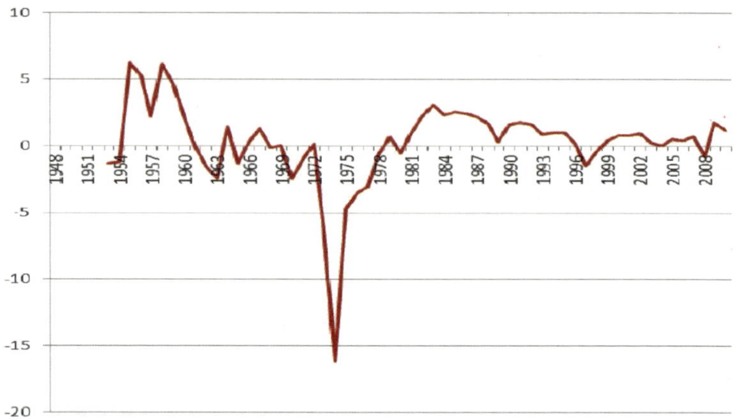

출처: W. Takahashi, 2011, The Japanese Sector's Transition from High Growth to the 'Lost Decades': A Market Economy Perspective, RIEB, Kobe University.

▌그림 6-1. 실질 예금금리(=연 이자율－소비자물가상승률)

를 고려할 필요가 없었다. 기본적으로 이자율이 규제된 시장에서 시장리스크가 존재하지 않았을 뿐 아니라 신용이 분리된 대출시장에서 만기불일치의 가능성은 없었다. 그 결과 은행들은 리스크에 대한 고려 없이 증가하는 예금으로 은행의 규모 증가만 추구할 수 있었다. 기업의 활기찬 투자 욕구로 은행 대출에 대한 수요도 풍부하였기 때문에 양질의 대출처를 선택할 수 있었고 신용리스크의 통제를 위해 노력할 필요가 없었다. 그 결과 후에 금융자유화 환경에서 은행들은 특히 소기업에 대한 대출이 증가했을 때 리스크 관리 능력이 부족하였다.

셋째, 기업부문에서도 상호의존 시스템이 작동하였다. 일본 기업의 경쟁력은 기존의 사업 유대에 기초한 기업집단(게이레츠)과 기업형 노조와 깊은 관련을 맺고 있다. 예를 들어, 재량적 신용 할당 및 저금리 대출과 더불어 주식의 상호보유 및 관련 기업 간 기술개발 활동의 제휴 등을 통해 일본 기업들은 R&D 활동을 강화[28]함으로써 60년대 후기부터 경상수지의 안정적 흑자구조를 정착시킬 정도로 수출경쟁력을 확보하였다. 일본 기업집단의 장점은 기업 간 주식의 상호 보유를

28 예를 들어, 야하다제철소와 후지제철소의 합병으로 신니데츠(新日鐵)가 탄생함으로써 규모의 경제에서 세계 최대가 되었고, 기술력 통합을 통해 기술개발력 시너지효과가 발생하였다.

통해 리스크를 공유하는 점에 있다. 게다가 대규모 조립 제조업자(대기업)와 소규모 부품 제조업자(중소기업) 간에, 그리고 도매업자와 소매업자 간에 강한 유대가 점차적으로 구축되었다. 여기에 완전고용과 기업형 노조를 통해 고용 보장과 보너스 시스템을 활용하는 유연 임금체계 그리고 기업특수적인 숙련(company-specific skills)을 확보할 수 있었다. 고용을 보장하고 성장의 성과를 배분함으로써 가계의 희생을 보상하였던 것이다. 이런 조건 속에서 노동조합은 기업경영에서 주요 협력자가 되었다.

넷째, 고성장 기간 동안 일본의 산업화는 중앙의 해안 지역을 중심으로 이루어졌기 때문에 지방 지역으로부터 중앙 허브로의 노동력 이동이 있었고, 이는 농촌지역의 성장잠재력을 축소시켰다. 도시 중심의 성장 방식은 지방 소외의 문제를 초래할 수밖에 없고 이 문제를 해결하지 않는 한 네트워크의 안정성 확보는 어렵다. 네트워크의 안정성을 위해 소득재분배 시스템은 주요 구성요소였다. 따라서 중앙과 지방간의 소득재분배는 고성장 기간 동안 급속한 변화가 야기하는 충격을 완화시키는 데 중요한 역할을 하였다. 마찬가지로, 소득재분배 시스템에서도 정부정책은 재정의 재분배를 통해 중요한 역할을 수행하였다. 즉 지방 할당 조세시스템에 의해 중앙정부 조세 수입의 상당 부분이 지방정부에 배분되었다. 전체적으로 보면 정부의 지도하에 은행-가계-지방-중소기업 등의 지원을 받은 대기업의 경쟁력이 해외 기업들과 싸울 수 있었던 원천이었다. 그리고 대기업이 획득한 수익(성장)을 경제부문 및 경제주체 간에 재분배하는 구조였던 것이다. 즉 한편으로는 가계(은행 예금) → 은행(지역과 도시 은행 간 은행간대출) → (수출부문과 대규모 제조업체 간 협력에 기초한) 기업으로의 자금 흐름이 진행되었고, 다른 한편으로는 대기업 수익의 일부가 도시의 대규모 은행부문을 매개로 소규모 지역은행으로 이전되는 메커니즘이 작동하였던 것이다. 즉 도시의 대규모 은행은 지방의 소규모 은행으로부터 지속적으로 자금을 차입함으로써 소득재분배에 (재정 할당보다는 작지만) 기여하였다. 수출 대기업의 고이윤 중 일부가 도시은행과 지방은행 그리고 지방은행과 지역주민 간 연관채널을 통해 소득재분배에 기여한 것이었다.

제2절 금융화와 네트워크의 균열 그리고 버블경제

금융화와 네트워크의 균열

1970년대 초 전 세계적인 스태그플레이션(stagflation)은 50년대와 60년대에 지속됐던 고성장의 종언을 예고하였다. 1969~70년의 미국 경기침체에서 시작된 세계 경제침체로 일본도 1970년 8월부터 침체에 빠졌고, 여기에 (앞에서 보았듯이) 1971년 8월 닉슨의 '금태환 정지'와 미국의 수입품에 대한 10% 부가세의 부과 등으로 일본경제는 커다란 타격을 입었다. 즉 1971년과 73년 두 차례에 걸쳐 달러가 평가절하 됨에 따라 '변동환율제'가 확산되며 엔화도 1971년 12월까지 1달러에 360엔에서 330엔으로 절상되었다. 그리고 1973년 3월에 '스미소니언 협정(The Smithsonian Agreement)'이 붕괴되면서 엔화 가치는 그해 10월까지 260엔 수준까지 절상되었다. 여기에 1973년의 1차 석유파동은 세계경제에 충격을 추가했다. 석유 및 원자재 가격의 상승은 인플레이션을 악화시킴으로써 저개발국가로부터 일본 등 고성장정책을 추구하던 국가들까지 모두 어렵게 하였다. 특히 (중동으로부터의) 수입된 에너지 자원에 기초해 높은 성장을 구가하였던 일본에서 심각하게 나타났다.[29] 이에 대해 일본정부는 한편으로는 재할인율의 인하와 적자예산의 증대를 통해 경기부양을 꾀하고, 다른 한편으로는 임금 인상의 억제와 고용축소 등 감량경영(slim-line management)으로 대응하였다. 그 결과 엔화 가치의 상승에도 불구하고 일본의 국제경쟁력은 기본적으로 손상되지 않았다.[30]

또한, 엔화 가치의 절상과 UNCTAD(유엔무역개발회의)에서 결정된 특혜관세제도[31]의 창설을 계기로 비교열위산업을 발전도상국, 특히 동남아로 옮기는 한

---

29 1973년 4분기와 1975년 1분기 사이에 일본 광공업의 산출량은 21.1%가 하락했다. 1973년의 수치는 1978년의 4분기까지 회복하지 못하였다. 이에 비해 미국은 산업생산이 14.4%, 영국은 8.2%, 서독은 11.3%, 프랑스는 13.2% 하락하였다.

30 1973년 9월에서 1974년까지 일본의 수출액은 35% 상승했고, 무역수지도 1974년 전반기 27억 달러의 적자에서 그해 후반기에는 43억 달러의 흑자로 돌아섰다.

31 이 제도의 창설로 발전도상국의 대선진국 공산품 수출에 대해 일정 한도까지 관세를 제로 내지는 50% 절하하도록 함으로써 발전도상국의 대선진국 수출을 촉진시키도록 하였다.

편, 석유위기를 계기로 에너지와 노동력을 절감하는 시설투자를 촉진시킴으로써 산업구조를 고도화시켰다.[32] 그 결과 잉여노동력의 해고가 광범위하게 진행됐다. 탈공업화가 진행되기 시작한 배경이다. 1977년 총고용에서 차지하는 제조업의 비중은 1973년 수준에서 5~10% 감소하였다.[33] 이를 통해 구미에 비해 일본 제품의 가격경쟁력은 증대되었다. 즉 산업구조의 고도화와 감량경영을 통해 일본 산업의 생산성은 크게 증가하였다. 일본경제의 생산성이 회복되고 팽창됨에 따라 수출 또한 증가하였다.[34] 게다가 미국 레이건 행정부의 강달러 정책에 따른 엔화의 저평가는 미국에 대한 일본 수출의 급성장을 초래하였고, 동시에 수입 팽창에 대한 브레이크를 설치해주었다. 게다가 1979년 2차 오일쇼크와 주요 원자재 가격 급등은 선진국들로 하여금 하이테크라고 불리는 자원 및 에너지 절약적이고 노동대체적인 기술개발 경쟁으로 돌입하게 하였고, 그 결과 산업구조가 중후장대형 산업에서 경박단소형 산업(반도체, 로봇 등)으로 전환하였다. 하이테크 경쟁에서 일본은 유럽제국 수준을 능가하였고 미국과 경쟁관계를 형성하였다. 그러나 고성장-저실업-물가안정-대규모 경상수지 흑자 등 경제의 충실도에서는 미국을 추월하였다. 게다가 자원 및 에너지 절약형 기술개발로 자원과 에너지 수입이 감소하였고 대량 로봇 투입으로 엔고에 따른 인건비 부담을 절약하여 조선 및 섬유산업 등 노동집약적 산업도 활성화시켰다. 반면 미국 레이건 행정부는 '강한 미국의 재건'에 따라 군수산업의 육성과 고달러-고금리의 유지, 제조업의 대규모 해

32 예를 들어, 1977년 말까지 4백만 노동자를 고용한 섬유, 화학비료, 비금속, 조선 등 12개 산업은 구조적 침체 상태에 있다는 것을 공식적으로 선언하였다. 이에 대해 정부는 석유화학과 철강 등 소재산업 비중을 축소하고 자원 및 에너지 절약형 기술개발을 통해 상대적으로 가공도가 높으면서 자원과 에너지 절약형 산업인 자동차와 전자산업의 비중을 높이는 방식으로 산업구조를 전환시켰다.

33 예를 들어, 1973~77년간 정밀도구의 산출량은 68.8%나 증가했던 반면, 이 산업에서 고용은 6.8% 감소하였다. 전기기계산업에서도 생산량은 11.2% 증가했던 반면, 고용은 6.8% 감소하였다. 특히, 대규모의 노동력 감소가 경쟁력이 있는 것으로 알려진 주요 기업들에서 이루어졌다는 사실이 중요하다. 예를 들어, 마쓰시다 전기가 27.7%, 히타치가 16.37%, 다이니폰인쇄가 25.8%를 줄였다.

34 S. Takurō, 1989, "A Radical Interpretation of Postwar Economic Policies," in T. Morris- Suzuki and T. Seiyama (eds.), *Japanese Capitalism Since 1945: Critical Perspectives*, pp. 28-73, 54, Table 2.2.

외 이동과 범용성 제조업의 공동화 그리고 일본 제품으로의 대체 등에 따라 재정수지 및 경상수지 적자가 급증하였다.

이처럼 현상적으로 1980년대 일본경제는 욱일승천(旭日昇天)하며 미국을 조만간 추월할 기세였다. 그 결과 도요타로 상징되는 '일본 배우기' 열풍이 불기도 하였다. 그러나 일본의 네트워크 시장시스템은 균열되기 시작했다. 금융화의 결과였다. 그리고 그 후유증은 자산의 붐-버스트(boom-bust)와 탈공업화의 가속화였다. 규제와 통제를 특성으로 하는 일본 네트워크 시장시스템의 필요조건 중 하나는 자본통제였다. 일본 국내에 유입되는 해외직접투자(FDI)는 외국인의 주식소유에 대한 통제와 기업주식에 대한 교차 보유를 통해 제약되었다. 경상계정을 위한 외환거래만 허용되었는데 외환거래가 허용된 외환은행에서만 가능했다. 그러나 외환은행은 외한포지션[35] 지도에 의해 통제되었다. 예를 들어, 외환포지션, 현물 및 선물 비중의 합이 매일매일 정리되어야만 했다. 자본시장의 저발달도 외국인에게 폐쇄된 시장이 유지되는 것을 도왔다. 이처럼 일본 정부는 외환거래를 실질적으로 통제하고 국경을 넘는 자본투자의 통제를 통해 국제시장에서 국내 금융을 분리하였다. 다시 말해, 일본의 네트워크 시장시스템은 정부의 '금융억압'에 기초한 것이었다.

그러나 탈규제와 금융시장의 개방(금융자유화)에 따라 영미의 원자형 금융시스템과 일본의 관계형 금융시스템이 충돌하였고, 그 결과 일본의 네트워크 시장시스템은 균열되기 시작한 것이다. 예를 들어, 세계 경제가 변동환율제로 이동한 1973년 이후에도 일본 정부가 엔화의 급속한 절상에 저항했음에도 불구하고 엔화의 변동성은 증대하였다. 여기에 해외 투자자의 일본 기업에 대한 관심 증대, 특히 자기자본이익률(ROE) 같은 수익률 개선에 대한 압력이 증대하였다. 일본 기업들도 글로벌 금융시장에 적응하기 위해 과거의 금융 기준을 지속할 수 없었다. 이른바 '나카소네(1982~87) 개혁'으로 알려진 1980년대부터 수행된 금융자유화는 일본경

35 환율변동 위험에 노출되어 있는 외화의 위험노출, 즉 외화 매입액과 매도액의 차액 또는 외화자산과 외화부채의 차액을 지칭한다.

제의 어려움을 증대시켰다. 이자율 규제와 금융 사업의 분리가 완화되었고, 은행들의 증권 업무가 허용되었다. 80년대 말에 금융자유화는 가속화되었다.[36]

금융자유화에는 몇 가지 요인이 작동하였다. 무엇보다 1973년 변동환율시스템의 도입을 지적할 수 있다. 변동환율제의 도입은 금융자유화를 촉발시켰다. 현물과 선물 환율의 차익으로 인해 외환선물시장은 이자율에 비해 규제를 피할 수 있는 시장이었다. 이는 투자자에게 좋은 투자 기회를 제공했다. 금융기업뿐만 아니라 종합상사(綜合商社, 소고 쇼샤) 같은 비금융기업들이 적극적으 역할을 수행하였다. 이처럼 변동환율제 도입 후에 금융자유화는 불가피하게 되었다. 즉 유로-엔 시장의 출현으로 국내 금융시장은 공동화(hollowing-out)되었다. 대기업들은 유로-엔 시장에서 회사채 발행을 시작했듯이 변동환율의 도입은 기업으로 하여금 해외자본에 대한 접근 기회를 증대시켰고, 생명보험사 같은 기관투자자들은 70년대부터 그것들에 투자하기 시작했다. 80년대 이 시장은 붐을 형성했다.[37] 이는 국내 채권시장에 대한 추가 규제 완화를 초래했다. 결과적으로 은행의 주거래 대상인 대기업들은 은행 차입을 축소했고 은행은 대출 업무에서 주요 고객을 상실했던 것이다.

게다가 자금흐름에 구조적 변화가 발생하였다. 경제성장이 둔화되면서 자본지출이 감소했고, 기업이윤이 기업저축으로 축적됐다. 즉 기업부문이 순저축자로 전환된 것이다. 기업의 순저축은 정부의 순채무 증대를 상쇄할 정도였다. 순차입자에서 순저축자로 기업금융 포지션의 변화로 기업은 은행의 예금자가 되고 은행은 주요 대출 고객을 상실했다. 이것이 은행 사업의 변화를 자극했다. 기업금융이

---

36 물론, 이자율 자유화가 15년에 걸쳐 이루어지고, 자본통제의 제거에 34년이 걸릴 정도로 점진적 자유화였다. 은행과 증권회사 그리고 보험회사로 분리되어 있던 금융산업들 간 기득권의 이해 조정이 지연의 주요 이유였다. 재무성 내 분리되어 있던 감독국의 이해 갈등 또한 지연의 요인이었다. 게다가 농업금융 회사들은 농업성에 의해 감독되고 있었다. W. Takahashi and S. Kobayakawa, 2003, "Globalization: Role of Institution Building in the Japanese Financial Sector," Bank of Japan, WP. 03-E-7.

37 발행자 입장에서 유로채 발행 과정이 국내 채권시장보다 간편했고, 투자자 입장에서는 수익이 국내 시장의 같은 기업이 발행한 채권보다 높았다.

축소되면서 주택담보대출을 중심으로 가계금융이 증가하였다. 세 번째는 민간부문 소득과 금융자산의 축적을 지적할 수 있다. 먼저 소득이 증대함에 따라 비교역재, 자산, 서비스에 대한 수요가 폭발했다. 여기에 리스크 추구의 증대는 자연스럽게 보다 높은 수익과 다양한 금융상품을 요구했다. 그 결과 주식과 부동산 가격이 급상승했다.[38] 특히 주택가격이 급증하며 건설투자는 붐을 형성했고, 금융은 이러한 움직임에 부응하였다. 투자 증가에 따른 국내 수요의 증가율은 GDP 증가율을 앞질렀다. 네 번째는 채권시장의 발전이다. 이는 첫 번째 원인과 관련된 것으로 정부 재정적자의 증가에 따라 국채 발행이 증가하였다. 기업 또한 회사채 발행을 증대시켰다. 채권시장의 변화에 따라 투자자는 이자율 자유화를 요구하였다. 마지막으로 해외 압력을 지적할 수 있다. 외국 금융기업에 대한 일본 시장 개방의 압력이 미국 정부에 의해 증대되었다. 80년대 설립된 '엔-달러 위원회'가 한 예다.[39] 미국에 대해 무역흑자를 누렸던 일본은 소극적으로 대응했지만 미국은 양자협상과 WTO를 통한 다자협상을 통해 일본 시장 개방을 밀어붙였다.

글로벌 불균형과 플라자합의 그리고 버블경제

2000년대 글로벌 불균형과 마찬가지로 1980년대판 글로벌 불균형도 국제갈등을 야기했다. 즉 1980년 중반까지 미 달러화는 미국의 대규모 적자에도 불구하고 고금리 정책과 미국의 정치적, 경제적 위상 때문에 강세를 지속하고 있었다. 미국은 국제경쟁력이 약화됨에 따라 자국 화폐가치의 하락을 막기 위해 외환시장에 개입할 필요가 있었고 다른 선진국들은 미 달러화에 대한 자국 화폐가치의 하락을 막기 위해 과도한 긴축통화정책을 실시해야 했으며 그 결과 경제가 침체되는 상황을 맞게 되었다. 이에 미국, 영국, 프랑스, 독일, 일본의 재무장관은 1985

38 1980년 6,700대에 있던 니케이지수는 1989년 38,916까지 치솟았다. 전국 평균 도시지가(2000년=100)는 1980년 70.7에서 1991년에는 147.8까지 급등했다. 일본 통계국, Japan Statistical Yearbook.

39 엔-달러 위원회는 1989년 '구조장애 이니셔티브(Structural Impediments Initiatives, SII)'로 발전했고, 이는 90년대 대규모 탈규제를 촉발시켰다. 시장 개발에 대한 대외 압력은 80년대 후반에 심화되었지만 80년대 초에 이미 미국채 매입을 요구받았다.

년 9월 뉴욕의 플라자 호텔에서 미 달러화 가치 하락을 유도하기 위하여 공동으로 외환시장에 개입하기로 합의했다. 이른바 '플라자합의(Plaza Accord)'이다.

'플라자 합의'로 1985년 초까지 260엔에 있던 엔화 가치는 86년 9월까지 1년 안에 155엔으로 올랐고 1987년 5월까지 125엔으로 급등하며 85년 여름부터 하이테크 산업들이 침체의 상태로 빠져들었다.[40] 엔화의 평가절상으로 대외경쟁력이 약화되면서 기업들은 비용 절감을 추진하고, 생산시설이 해외로 이전[41]하고, 하이테크 분야에는 시설투자가 이루어졌다. 이처럼 80년대의 대응도 70년대와 다를 바가 없었을 뿐 아니라 합리화정책은 한계점까지 추진되었다. 그 결과 일본 제조업은 상품의 질과 기술 그리고 노동비용에서 오히려 경쟁력이 강화되었다.[42] 엔화 강세에 대해 통화 당국은 기준할인율을 1985년 1월 5.0%에서 1987년 2월에는 2.5%까지 0.5%씩 다섯 차례나 인하하며 통화완화정책을 추진하였다. 정부도 수출경쟁력의 약화에 따른 경기침체로 1985년부터 1987년까지 총 13조 5천

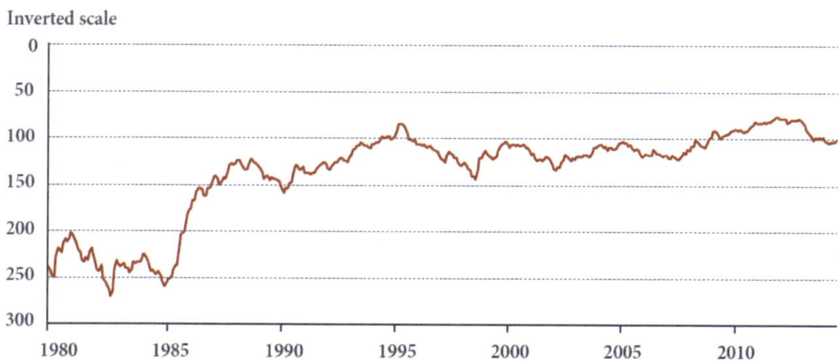

출처: Ross DeVol, Donald Markwardt, and Nan Zhang, 2014, "The Yen Sets, but Does the Sun Rise? Abenomics and the Future of Japan," Milken Institute (Aug), Figure 1.

그림 6-2. 엔화 가치의 추이(달러 대비)

40 '플라자 합의' 이후 2년간 엔화와 마르크화는 달러화에 대해 각각 65.7%와 57% 절상됐다.

41 중급기술의 부품류 생산은 한국과 대만 등으로, 저급기술의 부품류는 타이와 인도네시아 등 동남아로 이전하였다.

42 즉 미 달러화의 가치 하락에도 불구하고 미국의 경상수지 적자는 개선되지 못했고 독일과 일본 등이 국제 경쟁력 상실을 우려하여 자국 화폐의 절상에 주저함으로써 플라자 합의는 더 이상 이행되지 않았다.

억 엔에 이르는 내수부양책을 실시하였다. 글로벌 불균형 해소에 대한 국제적 압력의 증대에 따라 무역흑자를 축소시키기 위해서도 정부는 내수 주도의 성장을 추진할 수밖에 없었다. 즉 경상수지 흑자 규모를 축소시켜야 하는 압력을 받고 있는 상황에서 경상수지 흑자가 지속되는 한 정부의 부양 정책이 지속될 것이라는 믿음이 시장을 지배하였다.[43]

이처럼 초저금리와 경기부양 그리고 수입원자재 가격의 하락 등이 결합되면서 1987~90년간 국내 경기는 급속히 과열되었다. 여기에 달러표시 해외자산 가치가 급락하며 흑자 부분의 해외 이동이 축소되고, 일본 내 통화량 증가와 이자율 하락은 주식 및 부동산 구매를 위한 대출 경쟁을 야기하여 주식 및 부동산 가격이 급등하였다. 게다가 은행 간 경쟁이 심화되어 마이너스(−) 예대금리 스프레드가 출현했을 정도였다. 자금흐름의 구조적 변화를 고려할 때 비대해진 은행부문의 축소가 필요했지만 지속적인 규모 확장을 추구했다. 미래 사업을 위해 고객 기반의 확장이 중요하다고 믿었기 때문이다. 그 결과 은행들은 부동산 부문으로 신용을 확장시키거나, 부동산 관련 사업의 투자를 진행한 기업들에 대한 대출을 증대시켰다. 부동산은 새로운 기반의 고급(high quality) 차입자로 간주하였기 때문이다. 새로운 고객과 은행의 관계가 깊지 않아도 부동산 담보에 의존해 대출을 확대하였던 것이다. 고성장 기간에는 90년대 이후와 같은 부동산 가격의 지속적인 하락을 경험한 적이 없기 때문에 부동산은 가장 신뢰할 수 있던 담보였다.

이같이 자산가격 버블의 창출에 은행들은 주요한 역할을 수행한 것이다. 즉 (앞에서도 소개했듯이) 은행 사업의 변화가 자산가격 버블 이후의 악순환을 자극했던 것이다. 사실 금융자유화 이전에 부동산 담보 대출은 일반적인 사업이 아니었다. 이런 점에서 자산가격 버블은 '관계'의 변화로 야기된 금융마찰[44]의 징후였

---

43 M. Hattori, H.S. Shin, and W. Takahashi, 2009, "A Financial System Perspective on Japan's Experience in the Late 1980's," IMES Discussion Paper No. 2009-E-19, Institute for Monetary and Economic Studies, Bank of Japan.

44 '금융마찰(financial frictions)'은 '정보의 비대칭성'에 따른 역선택(adverse selection)이나 도덕적 해이(moral hazard) 등 합리적 선택을 방해하는 모든 요인들을 일컫는다. 즉 '마찰'이 없는 시장이란 물

다. 즉 '증권화'로 특징 지어지는 원자화된 금융시스템(시장 중심의 금융시스템)으로 경제가 이동했음에도 불구하고 은행들은 전통적인 '관계은행시스템'을 보존하려고 하였다. 단지, 은행은 장기간 유지해온 신뢰 대신에 관계의 신뢰성을 입증할 담보를 원한 것이다. 일본의 관계은행시스템과 영미형의 원자화된 금융시스템 간의 시스템 충돌의 결과였던 것이다. 다른 한편으로는 자본시장 활용이 가능한 대기업과 은행이 분리되면서 리스크 공유 메커니즘의 효과성이 축소되었던 것이다. 반복되지만, 금융자유화로 제조업 부문의 대기업이 은행 금융에 대한 의존을 중단하고 자본시장에 대한 의존을 증대시켰다. 반면, 이자율 자유화에 따라 다양한 자금조달 수단이 확대되며 대출 마진이 급속히 축소되는 등 은행 지대가 감소하며 은행의 수익구조는 위기를 맞게 되었다. 은행의 전통적 고객 기반이 축소되며 고수익 추구를 위해 자산 관련 (담보)대출이나 중소기업의 대출을 가속화시켰던 것이다.

경기과열을 우려한 일본은행이 1989년 5월부터 90년 8월까지 5회에 걸쳐 공정할인율을 연 2.5%에서 6%로 다시 인상(그림 6-3)함으로써 1991년 2월부터 자산가격의 버블 붕괴가 시작되었다. 1990년경 경상수지 흑자 규모는 플라자합의 이전에 비해 두 배 증가했음에도 불구하고 내수 부족으로 '장기불황'의 시대에 돌입하였다. 이른바 '대차대조표 침체'의 늪에 빠진 것이다. 즉 신용에 의한 붐과 관련된 자산가격 버블의 결과는 은행들이 해결하기에 오랜 시간이 필요한 금융부문의 천문학적 무수익여신(NPLs, Non-Performing Loans)이었다. 은행의 부실화는 은행의 신용리스크 관리 능력의 부족과 취약한 건전성 규제 등에서 비롯한 것이었다. 그 결과 금융부문의 활동은 규모의 확장이나 혁신 사업의 창출 모두 위축되었다. 그 결과 최근까지 은행 및 나머지 금융부문은 낮은 수익성으로 고통을 겪고 있다.[45] 그리고 금융과 기업부문의 디레버리지는 경제성장을 위축시켰다.

리적 세계에서 마찰이 존재하지 않는 '실험실의 세계'를 생각하면 된다.

45 Bank of Japan, 2010, *The Financial System Report* (March). http://www.boj.or.jp/en/research/brp/fsr10a.htm

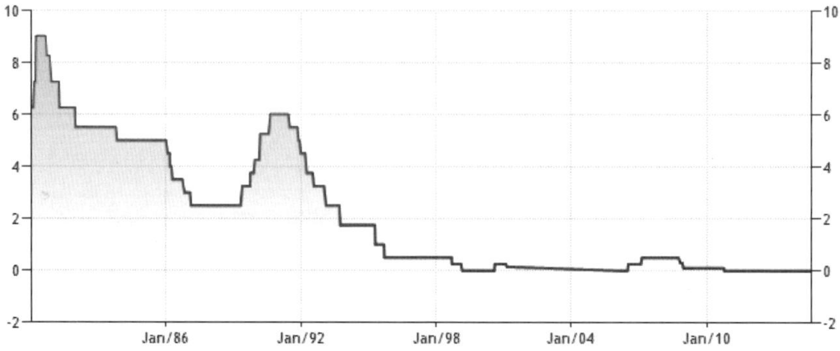

▌그림 6-3. 일본 정책금리 추이, 1980~2014년

제3절 장기불황과 파산 가능성

이처럼 80년대 말에 촉발되기 시작했던 자산버블의 현상적 요인들은 1985년 플라자 합의가 수반한 통화완화와 일본경제의 전망에 대한 과도한 자신감 등으로 보이지만 본질적 요인은 앞에서 소개한 금융자유화와 더불어 제조업의 과잉이었다. 성공적인 공업화가 탈공업화라는 함정에 빠트린 것이다. 역설적이지만 일본경제는 제조업 경쟁력에서 우위를 추구한 결과 탈공업화라는 모순을 경험하였다. 일본 제조업은 80년대 절정을 맞이하였다. 일본의 세계 시장 점유율은 80년대 8.6%에서 2013년 3.8%까지 하락하였다. 제조업의 고용 비중은 1979년부터 92년까지 약 25% 수준을 유지했으나 2013년까지 약 절반 수준으로 하락하였다. 1992년 1,565만 명에서 2010년에 960만 명으로 6백만 명이 감소하였다. 산업구조의 업그레이드나 산업체계의 다양화에 실패한 것이다. 즉 경제가 성숙하면서 사람들의 선호는 다양화되고 생산물의 차별화가 진행된다. 그 결과 기존의 대량생산시스템은 무용지물이 된다. 소비자 선호의 변화에 대응하여 생산물 차별화가 필요하고, 이와 양립할 수 있는 생산방식과 생산과정이 필요하다. 즉 자본집약적 대량생산 방식보다 아이디어집약적인 생산방식과 소규모 생산과정이 필요하다.

그러나 일본경제에서 새로운 생산시스템을 향한 이행은 지나칠 정도로 점진적이었다. 장기고용 계약에 배태된 인간 숙련이 일본 시스템의 조정을 지연시켰다. 즉 기존 생산시스템의 우월성이 새로운 변화에 장애물로 작용한 것이다. 둘째, 금융부문에 불일치가 나타났다.

▚ 자산가격 버블 붕괴의 후유증

일본경제는 1992년 이후 작동이 멈추었다. 무엇보다 주택가격과 주가 등 자산가치가 폭락하였다. 전국 도시 평균 땅값(2000년=100)은 1991년 147.8에서 거의 1/3 수준인 51.9로 하락했고(표 6-1), 1989년 12월 초 38,916을 기록했던 니케이 지수는 2009년 2월 초 7,568까지 추락한 후 2014년 12월 초에는 17,730까지 회복되었지만 여전히 1992년 1월 초 수준(22,023)을 크게 밑돌고 있다(그림 6-4). 그 결과 일본의 가계자산은 80년대 말 이래 계속 하락하고 있다(그림 6-5).[46] 1989~2001년간 민간부문의 자산 가치는 2001년 GDP의 2~3배에 해당하는 1,300조 엔(10조 달러 이상)이 하락하였다. 개별 경제주체의 재무구조 개선은 합리적 선택이었지만, 경제 전체적으로는 바람직하지 않은 결과를 만들어내는 '구성의 오류'라는 함정에 빠진 것이다. 이른바 '대차대조표 침체'의 늪에 빠진 것이다.

자산가치의 하락으로 가계와 기업의 재무 상황이 악화되었고, 재무구조의 개선을 위해 가계와 기업은 소비와 투자를 억제했다. GDP 대비 부채의 규모는 1990~2000년간은 GDP 대비 24%포인트(가계 +8%, 기업 -22%, 금융기관 -10%)가 감소했고, 2000년대(2000~09년 2분기 기준)는 25%포인트(가계 -5%, 기업 -29%, 금융기관 +1%)가 감소하였다. 기업이 이윤극대화에서 부채최소화로 경영의 우선순위를 변경하면서 GDP 대비 투자율은 1990년대 이전까지 30%대에서, 1990년대 지속적으로 하락하여 2000년대에는 23%까지 약 7% 낮아졌다. 그중 주택건설 투자가 2.5%, 설비투자가 4.5%까지 하락하였다. 그 결과 〈그림 6-6〉

46 1989년 부동산 버블 붕괴 직전 부동산은 일본 가계자산의 약 70%를 구성하였다.

에서 보듯이 산업생산의 침체가 장기화되고 있다. 자산거품 붕괴 이후 산업생산은 후퇴하여 글로벌 금융위기 직전인 2005~07년을 제외하면 90년대 초 수준을 하회하였다. 투자율 또한 지속적으로 하락했고, 2000년대 이후에 순투자의 증가율은 마이너스(−) 행진을 계속하고 있다(그림 6-7). 고용 증가율 역시 90년대 초부터 하락하기 시작하였고, 특히 90년대 후반부터는 마이너스(−)를 기록하고 있다(그림 6-9). 은행도 무수익여신(Non-Per- forming Loans, NPLs)의 손실을 처리하기 위해 구조조정과 합병 등에 내몰렸다.[47] 일본 금융권의 부실채권 처분손실 규모도 2007년 9월 기준 99조 엔에 달했는데 서브프라임 모기지 대출의 추정 손실액 규모인 98조 엔과 절대 규모 면에서 비슷하였다.[48] 이른바 '유동성 함정'과 디플레이션이 구조화되어 버렸다.

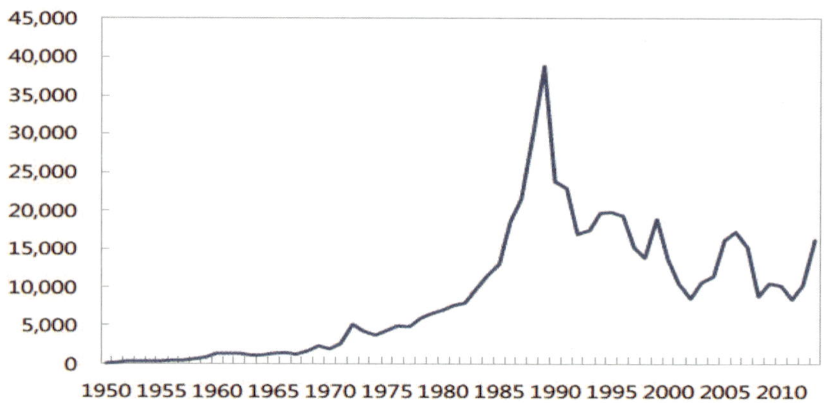

출처: B. Bakker and L. Lipschitz, 2014, " Conventional and Insidious Macroeconomic Balance-Sheet Crises," IMF Working Paper WP/14/160.

▌그림 6-4. 니케이 지수 추이

---

47 1992~94년간 소규모 금융기관들이 파산하기 시작했고, 바이러스의 확산으로 3개의 대형은행이 파산했다. 1997~98년 아시아 금융위기로 상황이 악화되자 재무성은 자본을 투입하였다. 닷컴버블의 붕괴로 2001년 주가가 폭락하자 2001년과 2002년에 다시 추가 자본을 투입했다. 그럼에도 불구하고 2005년에도 두 개의 은행이 파산했다.

48 98조 엔은 IMF가 전 세계 금융기관의 잠재적 총 손실이 9,450억 달러에 이르는 것으로 추정(Global Financial Stability Report, 2008. 4)하였는데 이를 엔화로 환산한 금액이다.

▌표 6-1. 일본의 지가 추이(2000년=100)

연 도	전국 시가지				6대 도시			
	전체 평균	상업지	주택지	공업지	전체 평균	상업지	주택지	공업지
1990	133.9	175.4	114.9	111.6	276.8	502.9	218.8	196.2
1991	147.8	195.5	126.1	122.6	285.3	519.4	223.4	203.6
1992	145.2	191.6	123.0	122.1	241.0	440.2	183.3	176.9
1993	137.2	177.1	116.9	118.4	197.7	341.4	149.1	154.7
1994	130.9	163.9	113.5	115.4	174.9	278.3	136.4	143.1
1995	126.1	152.8	111.8	113.3	151.4	210.8	125.7	131.8
1996	120.5	140.1	109.7	110.9	134.5	166.6	118.1	124.2
1997	115.6	128.9	108.0	108.9	124.4	143.2	113.7	118.9
1998	111.5	120.0	106.5	107.1	117.9	128.9	111.1	114.7
1999	106.1	110.2	103.7	104.0	109.2	114.1	106.1	107.6
2000	100.0	100.0	100.0	100.0	100.0	100.0	100.0	100.0
2001	93.7	90.5	96.0	95.3	91.7	89.5	94.8	90.6
2002	87.4	81.8	91.7	90.3	84.1	80.1	89.8	82.5
2003	81.2	73.6	87.3	84.8	77.0	72.1	84.8	74.6
2004	74.4	66.1	81.7	77.4	71.3	67.8	79.8	66.8
2005	69.1	60.6	77.3	71.2	68.6	67.3	77.6	61.0
2006	65.7	57.3	74.3	67.3	71.2	74.4	78.7	59.7
2007	64.4	56.0	73.2	65.3	79.0	89.0	84.8	61.2
2008	63.9	55.6	72.7	64.6	84.8	99.7	88.3	64.5
2009	61.4	53.0	70.2	62.5	76.7	85.2	81.4	61.8
2010	58.5	50.1	67.4	59.6	70.9	75.0	77.6	58.7
2011	56.1	47.8	65.2	57.0	68.8	71.5	76.6	57.1
2012	54.2	45.9	63.3	54.9	67.9	70.1	76.3	56.0
2013	52.7	44.6	61.9	53.2	67.8	70.2	76.3	55.6
2014	51.9	43.8	61.2	52.0	69.0	72.7	77.1	55.7

출처: Statistics Bureau. http://www.stat.go.jp/english/data/nenkan/1431-17.htm

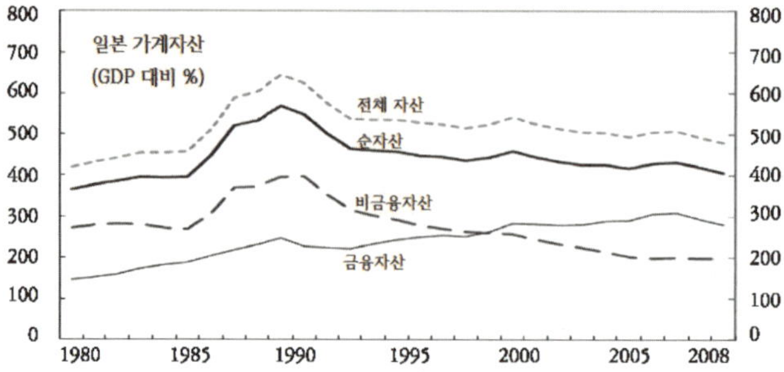

출처: Cabinet Office.

▌그림 6-5. GDP 대비 일본 가계의 자산(%)

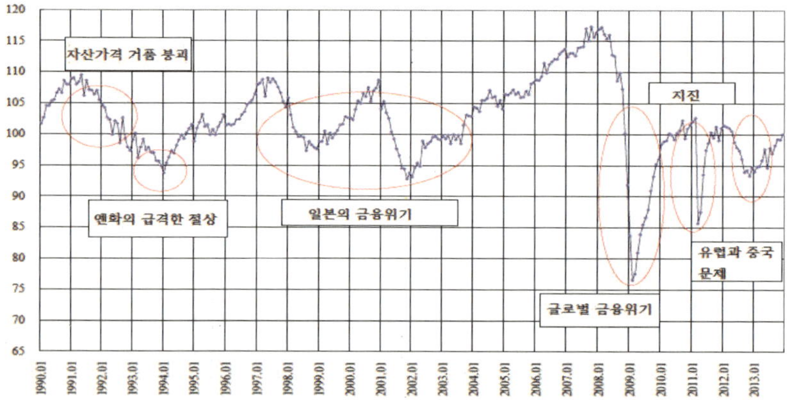

출처: M. Fukao, 2014, "Fiscal Consolidation in Japan," RIETI Discussion Paper 14-E-015.

▌그림 6-6. 일본의 산업생산지수(2000년=100) 추이

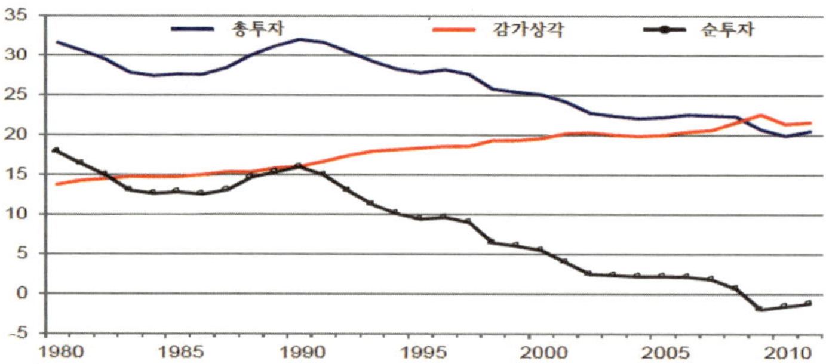

출처: M. Kawai and P. Morgan, 2014, Banking Crises and "Japanization": Origins and Implications, ADBI Working Paper Series.

▌그림 6-7. 총투자와 순투자 그리고 감가상각(GDP 대비)

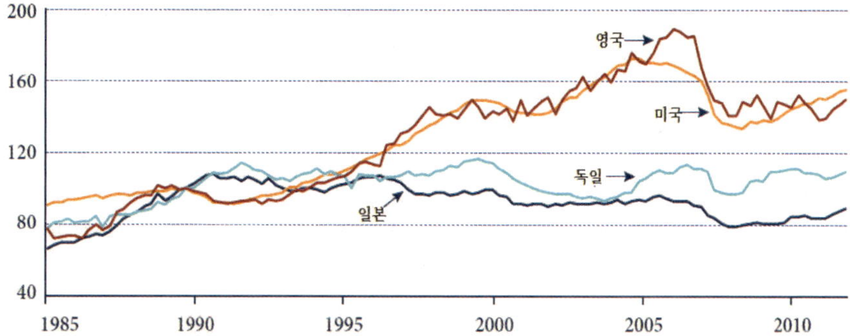

출처: R. DeVol, D, Markwardt, N. Zhang, 2014, "The Yen Sets, but Does the Sun Rise? Abenomics and the Future of Japan," Milken Institute (Aug), Figure 7.

▌그림 6-8. 실질 총자본형성 지수, 1985~2013년(1990년=100)

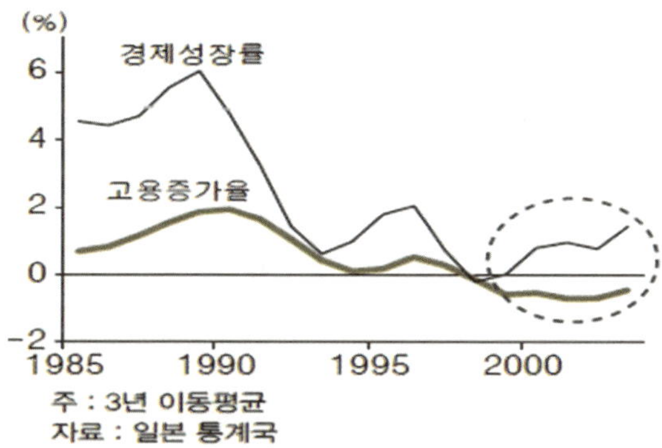

출처: 이근태, 2014, '성장 없는 고용': 고용 없는 저성장의 경고등, LG경제연구원에서 재인용.

▌그림 6-9. 일본의 경제 성장률과 고용 증가율 추이

자산거품의 붕괴에 따른 가계와 기업 등 민간부문의 부채 축소(디레버리지)의 결과가 '잃어버린 20년'이다. 2012년 명목 GDP 수준(475조 5,289억 엔)이 1992년 수준(480조 7,830억 엔)보다 후퇴한 배경이다(그림 6-10). 그런데 2012년 실질 GDP 수준(516조 3,700억 엔)은 1992년 수준(466조 280억 엔)보다는 50조엔 증가하였다. 물가가 하락했기 때문이다. 2012년 GDP 디플레이터(2000년=100) 수준은 87.0으로 1992년 수준 103.2보다 크게 하락했다(그림 6-11). 소비자물가도 20년간 변화

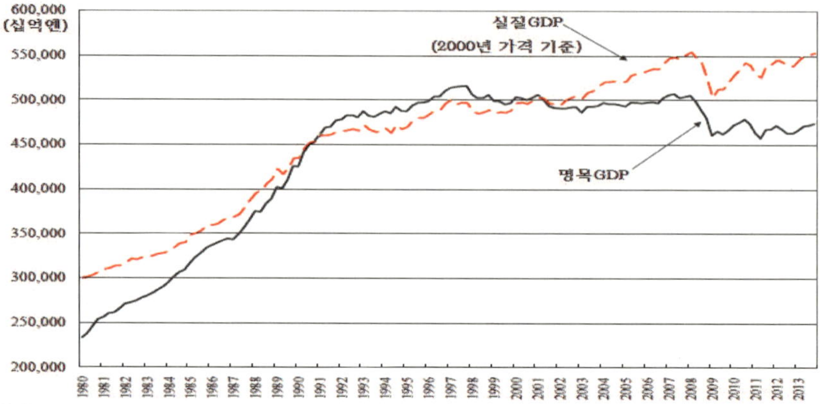

출처: Mitsuhiro Fukao, 2014, “Fiscal Consolidation in Japan,” RIETI Discussion Paper 14-E-015.

▌그림 6-10. 일본의 명목 및 실질 GDP 추이, 1980~2013년

▌표 6-2. 일본의 CPI (2010=100)

1990	94.5
1995	101.1
1997	103.1
1998	103.7
1999	103.4
2000	102.7
2001	101.9
2002	101.0
2003	100.7
2004	100.7
2005	100.4
2006	100.7
2007	100.7
2008	102.1
2009	100.7
2010	100.0
2011	99.7
2012	99.7

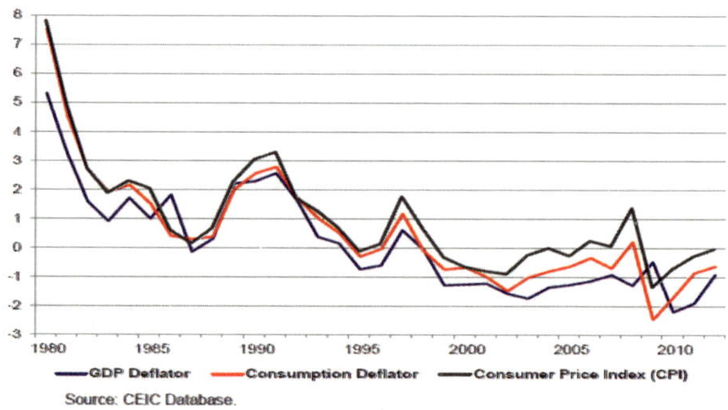

출처: M. Kawai and P. Morgan, 2014, Banking Crises and “Japanization”: Origins and Implications, ADBI WP.
http://www.stat.go.jp/english/data/nenkan/1431-17.htm

▌그림 6-11. 일본의 물가지수, 1980~2012년

가 없었다(표 6-2). 고용은 후퇴하였다. 경제활동참가율은 1992~2012년 사이에 63.3%에서 58.4%로 거의 5%가 하락하였고, 고용률도 62.0%에서 56.1%로 약 6%가 하락하였다. 일본 노동자의 임금(월급)도 1992년 92,100엔에서 2000년에는 101,800엔까지 증가했으나 2000년대 계속 후퇴한 결과 2011년 97,500엔까지 하

락하였다.[49]

대차대조표의 침체가 장기간 지속되는 이유는 인구구조의 변화가 맞물렸기 때문이다(그림 6-12). 자산거품이 정점에 달했던 1990년에 이른바 노동가능인구를 부양인구로 나눈 '역부양비율'[50] 역시 약 2.3명으로 최대치를 기록했다. 저출산과 고령화 그리고 베이비붐 세대의 은퇴 등 일할 사람은 줄어들고 부양해야 할 비노동인구가 늘어나는 '인구 오너스'로 전환된 것이다. 대차대조표 조정이 장기간 지속된 이유이다. 그 결과 자산가치의 추가 하락과 재무 구조의 악화라는 악순환 고리가 형성되었다. 일본 정부와 금융당국이 (글로벌 금융위기 이후 미국이 그랬듯이) 모든 수단을 동원했음에도 불구하고 효과를 보지 못한 이유이다. 불황 속에 은행 보유 자금의 일부만 대출되고, 소득 중 일부만 순환하면서 소득 감소의 악순환으로 이어지는 '축소경제'가 된 것이다.

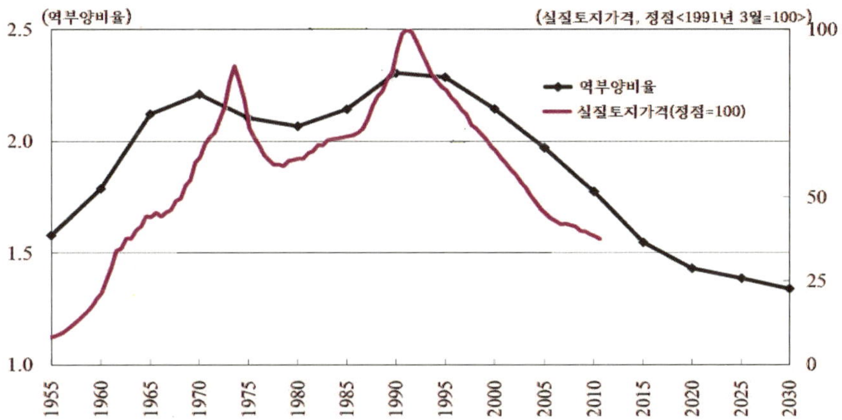

주: 역부양비율=노동가능인구/부양인구.
출처: K. Nishimura, 2011, "Population Ageing, Macroeconomic Crisis and Policy Challenges," Bank of Japan (June 20).

그림 6-12. 인구구조와 자산가격

49 L. Officer and S. Williamson, 2012, "What was the GDP, CPI, Wage or Population of Japan Then?" MeasuringWorth.

50 여기서 노동가능인구는 15~60세 인구로, 부양인구는 14세 이하와 60세 이상 인구로 계산한 것이다.

▪ 장기불황에 대한 대응

'대차대조표 침체'가 야기한 장기불황에 대한 일본 정부의 대응은 교과서적이었다. 먼저 재정지출을 통한 경기부양이었다. '대차대조표 침체' 상황에서 자산가격이 하락함으로써 부채에 빠져 있는 가계의 경우 대출을 신속히 상환해야만 하는 상황에 처해 있기 때문에 재정 부양을 통한 소득 증대는 금융부문의 조정을 돕고 회복을 도울 가능성이 높다. 경기부양을 위한 일본 정부의 재정지출은 130조 엔이 넘는 규모였다. 결론부터 말하면 재정지출에 의한 경기부양은 실패하였다. 재정 부양은 기본적으로 제조업 강국에서 한 단계 더 나아가는, 산업구조의 업그레이드와 산업체계의 다양화에 필요한 투자나 그와 관련된 새로운 일자리 창출의 기여와는 무관한 '삽질 프로젝트(shovel-ready project)'였기 때문이다(표 6-3). 재정 부양은 마이너스(−) 성장을 막은 요인이 되었음에도, 토건경제라는 한계 때문에 민간부문의 활력을 만드는 '마중물'의 역할에 실패하였다. 2009년 정권교체를 이뤄낸 민주당이 선거에서 "콘크리트에서 사람으로"라는 슬로건을 내건 이유도 자민당과 토건업자(건설업계)들과의 강력한 유착관계를 보여준 것이다.

즉 정부지출이 승수효과를 보기 위해서는 안정적인 일자리 창출로 이어져야만 한다. 안정적인 일자리가 소득을 창출하고 그 연장선에서 소비와 투자가 증가하여 소득을 증대시키기 때문이다. 또한 소득 증대에 따른 정부의 조세 수입 증가는 재정 건전성을 향상시키는 선순환을 만든다. 그러나 안정적인 일자리를 만들지 못하는 정부지출은 승수효과를 보장해주지 않는다. 정부지출이 승수효과를 기대하지 못할 경우 중기적으로 재정건전성을 악화시킬 수밖에 없다. 또한, 국가부채가 증대할 경우 민간부문은 미래의 세금이 증대하고 미래소득을 현재가치로 평가한 자산가치의 하락을 예상하여 소비를 축소하게 되기 때문에 승수효과는 나타나기 어렵게 된다('리카도 동등성 정리'). 재정지출의 대부분이 투입된 토건사업(그림 6-13)이 만드는 일자리는 일본의 일인당 국민소득 수준과 거리가 멀었을 뿐 아니라 일자리의 안정성도 낮았다. 그 결과 정부부채는 지속적으로 증가하였고, 정부부채의 증가에 따른 정부 차입비용의 증가는 정부부채를 증가시키는 악순환을

▌표 6-3. 버블 붕괴 이후 일본의 주요 정부대책

실시 연도	경제대책명	규 모
1992.8.28	종합경제대책	· 공공투자 확대 등 10.7조 엔
1993.4.13	종합경제대책	· 공공투자 확대 등 13.2조 엔
1993.9.16	긴급경제대책	· 공공투자 확대 등 6조 엔
1994.2.8	종합경제대책	· 공공투자 확대 등 15.3조 엔(소득세 감세효과 5.9조 엔 포함)
1995.4.14	긴급경제대책	· 오사카-고베 지진 관련 7조 엔
1995.9.20	경제대책	· 공공투자 확대 등 14.2조 엔
1998.4.24	종합경제대책	· 사회간접자본 정비 등 16조 엔
1998.11.16	긴급경제대책	· 사회간접자본 정비 및 금융대책 23조 엔(항구적 감세 6조 엔 포함)
1999.6.11	긴급고용대책	· 약 70만 명의 고용창출
1999.11.11	경제신생대책	· 사회간접자본 정비 및 중소기업 금융대책 등 17조 엔
2000.10.19	일본신생을 위한 신발전 대책	· 사회간접자본 정비 및 중소기업 금융대책 등 11조 엔
2001.10.26	개혁 선행 프로그램	· 중소기업 및 고용대책 등 1.3조 엔
2001.12.14	긴급대응 프로그램	· 고령화, 과학기술, 국제화 등을 위한 특별 조치 4.1조 엔

출처: 日本 財務省, 2002, "1990年代における日本の財政政策"(4월).

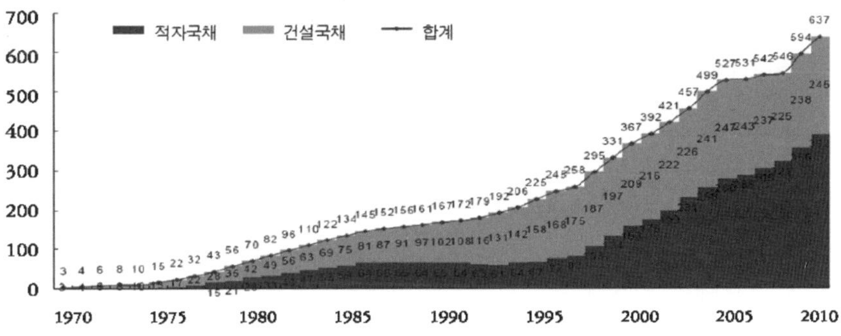

▌그림 6-13. 적자국채 및 건설국채 규모의 추이

형성하였다(그림 6-14).

장기불황에 대한 두 번째 대응은 통화완화 정책이었다. 정책금리(공정금리)를 공격적으로 인하한 결과 99년부터 제로금리 시대가 열리고, 2001년 3월 19일에는 1차 양적완화를 채택하였다(그림 6-15). 그 결과 90년대 초까지만 해도 약 50조

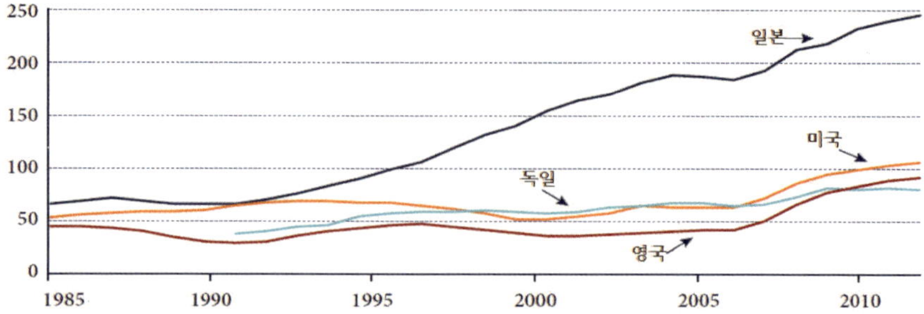

출처: R. DeVol, D, Markwardt, N. Zhang, 2014, "The Yen Sets, but Does the Sun Rise? Abenomics and the Future of Japan," Milken Institute (Aug), Figure 7.

▌그림 6-14. 일본 및 주요국의 총 정부부채 추이(GDP 대비)

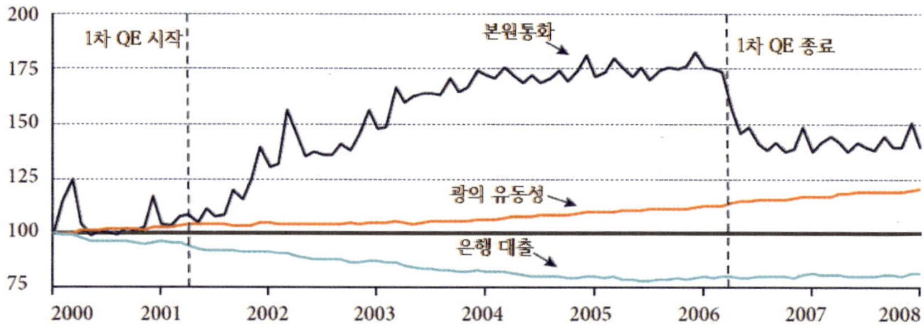

출처: R. DeVol, D, Markwardt, N. Zhang, 2014, "The Yen Sets, but Does the Sun Rise? Abenomics and the Future of Japan," Milken Institute (Aug), Figure 2.

▌그림 6-15. 일본의 1차 양적완화, 2001~06년

엔에 불과했던 일본은행의 자산 규모가 2006년에는 약 150조 엔으로 3배가 증가하였다. 그러나 은행 대출은 양적완화 기간 중에 15%나 오히려 하락하였다. 즉 통화확장 정책은 경기부양과 인플레율 증가에 효과를 거두지 못했다. 양적완화를 통한 장기 이자율(예: 10년물 국채 수익률) 인하는 초기 2년간은 효과를 보았지만 2003년 하반기 이후에는 효과가 실종되었다. 화폐유통속도와 통화승수도 계속 하락할 정도로 유동성 함정 상태에서 통화완화 정책은 효과를 거두기 어려웠다.

민간부문의 '대차대조표 침체'와 국가부채의 급증 그리고 통화완화 정책의 실패에 따라 일본경제는 수출에 의존할 수밖에 없었다. 제조업의 경쟁력은 장기침체 속에서도 경상수지 흑자구조를 지속시켰다. 1998~2008년 경상수지 흑자 누적

액은 1조 2,119억 4,400만 달러에 달할 정도였다. 이는 엔화 가치의 지속적 상승 요인으로 작용했다. 그러나 갈수록 심화되는 제조업의 공급 과잉에 따른 경쟁 격화 및 단기 수익성을 추구하는 금융가들의 기업에 대한 영향력 증대와 더불어 엔화 가치의 상승에 따른 가격경쟁력 약화는 기업에게 비용 절감과 수익성 개선의 압력으로 작용한다. 그 결과 기업은 고용 축소, 임금 동결 및 후퇴, 비정규직 노동력의 사용 증대, 해외 이전 등으로 대응했다. 첫째, 기업의 고용 규모 축소는 특히 대기업이 주도하였다. 1990~2008년 사이에 고용 규모의 변화를 보면 신닛테츠(新日鐵)는 55,255명에서 15,567명으로, 미쓰비시(三菱) 중공업은 44,534명에서 33,923명으로, 도시바(東芝)는 72,580명에서 34,096명으로, 소니는 18,188명에서 18,040명으로, 파나소닉은 45,191명에서 44,743명으로, 닛산(日産)은 57,964명에서 30,815명으로 축소되었다. 토요타도 70,841명에서 71,503명으로 근소한 고용 증가가 있었을 뿐이다. 둘째, 실질 생산성의 증가에도 불구하고 실질임이 90년대 후반부터 지속적으로 하락하고 있다(그림 6-16). 1990~2012년간 임금이 3.5% 하락하는 동안 물가는 5.5% 상승했기 때문이다.[51] 기업은 부유해지는데 노동자는 가난해지는 배경이다. 임금 하락(표 6-4)의 결과 노동소득의 비중 하락은 일본이 선진국 중 가장 빠르게 진행되었다(그림 6-17). 예를 들어, 1990~2005년간 노동소득의 비중은 4.5%까지 하락했다.[52] 셋째, 정규직 노동력이 1990년 80%에서 2007년 66%로 하락하였다. 비정규직 임금은 정규직의 62%에 불과하다. 일본 정부 총무성에 따르면 2014년 5월 기준 5,500만 명에 이르는 일본 근로자 가운데 비정규직이 약 2,000만 명(36%)을 차지하고 있다. 넷째, 해외 진출 기업의 비중은 제조업을 중심으로 장기 침체 동안 급증하여, 1987년만 해도 10% 정도에서 2000년대 들어 30%를 넘어섰다(그림 6-18). 생산기지의 해외이전은 제조업 종사자 축소의 한 요인으로 작용하였다. 해외 이전에 따른 산

51 Economist, 2014, "Corporate saving in Asia: A $2.5 trillion problem, Japanese and South Korean firms are the world's biggest cash-hoarders. This hurts their economies" (Sep 27).

52 D. Anderson, D. Botman, B. Hunt, 2014, "Is Japan's Population Aging Deflationary?" IMF Working Paper WP/14/139 (Aug.).

업생산 공동화는 금융위기와 2011년 봄 원전사태 등을 계기로 더욱 심화되었다. 예를 들어, 일본 제조업의 국내 설비투자 대비 해외 설비투자 비중은 2009년 42.0%에서 2010년에는 55.0%로 증가했다.

임금 둔화와 고용 악화 등은 소득불평등을 심화시키고 중산층을 몰락시켰다.

▌표 6-4. 노동시간과 월평균 임금

연도	노동일수	노동시간			임금(천 엔)				
		전체	정기적	비정기적	전체	계약직	계약직		보너스 기타 특별수당
							정기적	비정기적	
2000	20.0	154.4	144.6	9.8	335	284	265	19	72
2005	19.5	150.2	139.8	10.4	335	273	253	19	62
2010	19.0	146.2	136.2	10.0	317	263	245	18	54
2011	19.0	145.6	135.6	10.0	317	262	244	18	54
2012	19.1	147.1	136.7	10.4	314	262	243	19	53
2013	18.9	145.5	134.9	10.6	314	260	241	19	54
임금지수(2012년 평균=100)									
2000	-	105.4	105.8	98.2	110.5	106.4	106.7	-	-
2005	-	102.9	102.7	104.3	104.7	102.8	102.6	-	-
2010	-	100.0	100.0	100.0	100.0	100.0	100.0	-	-
2011	-	99.8	99.7	101.0	99.8	99.6	99.4	-	-
2012	-	100.3	100.2	101.6	99.1	99.5	99.2	-	-
2013	-	99.3	98.9	103.9	99.1	99.0	98.6	-	-

주: 5인 이상 정규직 노동력을 가진 작업장.
출처: 통계국, Statistical Handbook of Japan 2014. http://www.stat.go.jp/english/data/handbook/c0117.htm#c03

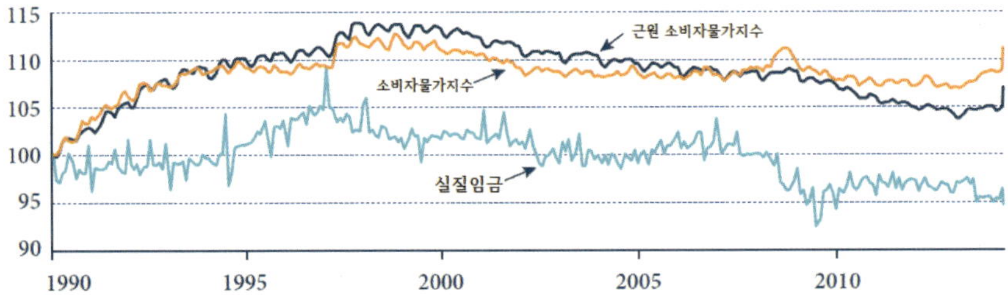

출처: R. DeVol, D, Markwardt, N. Zhang, 2014, "The Yen Sets, but Does the Sun Rise? Abenomics and the Future of Japan," Milken Institute (Aug), Figure 6.

▌그림 6-16. 소비자물가지수와 실질임금 추이, 1990~2013년

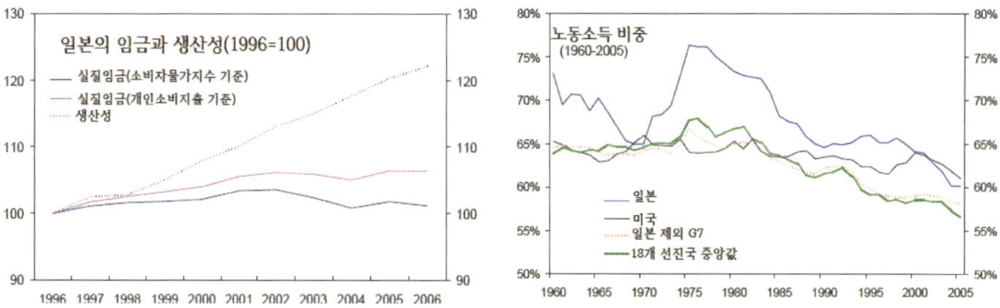

출처: M. Sommer, 2009, “Why Are Japanese Wages So Sluggish?” IMF Working Paper (Sep.).

▌그림 6-17. 임금과 생산성 그리고 노동소득의 비중

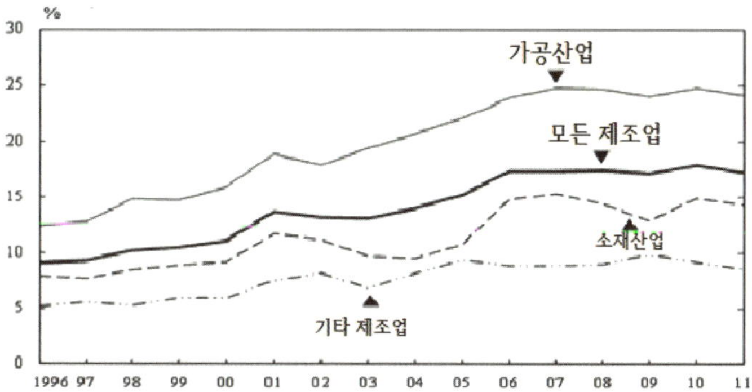

출처: Statistical Handbook of Japan 2013, Figure 3.7.
http://www.stat.go.jp/english/data/handbook/c0117.htm#c03

▌그림 6-18. 일본 제조업의 해외생산 비중

연소득 300만 엔 이상~1,000만 엔 이하 소득자 비율은 2000년 61.0%에서 2012년 58%로 감소한 반면 300만 엔 이하는 2000년 33.6%에서 2012년 41.0%로 증가하였다. 더 큰 문제는 2000년대 이후 연소득 200만 엔 이하 근로 빈곤층(워킹 푸어)이 16%에서 24%까지 급격히 증가한 점이다. 이러한 양극화의 확대는 내수를 약화시켰다. 게다가 비정규직 증가에 따른 임금불평등은 남녀 간 불평등[53]과 더불어 결혼율 저하[54] 및 만혼[55]에 영향을 미쳤다. 1970년에 인구

53 여성이 결혼을 기피하는 중요한 이유 중 하나이다. 예를 들어, 공무원의 경우 출산 후 복직률이 80%에 달하지만, 민간 기업의 경우 약 1/3에 불과하다. 그러다 보니 대부분의 여성이 출산 후 저임금의 비정규직이나 파트타임에 종사한다. Statistical Handbook of Japan 2013. http://www.stat.go.jp/english/data/handbook/c0117.htm#c03

천 명당 10명이 결혼한 반면, 2012년에는 5.3명으로 하락하였다. 가임 가능성이 가장 높은 20대 중후반 여성 중 미혼자는 1970년에 20%에 불과했으나 2010년에는 60%에 달했다. 낮은 결혼율과 만혼은 저출산율(그림 6-19)과 고령화의 주요 원인으로 작용하였다.[56] 일본 정부 역시 '비정규직 증가 → 소득감소 · 저출산 → 내수부족 및 경제활동인구 감소 등 경제활력 저하'라는 구조가 경제침체를 가져왔다고 진단했다.[57] 저출산 현상도 고용문제와 관련이 크다는 진단을 내렸다. 언

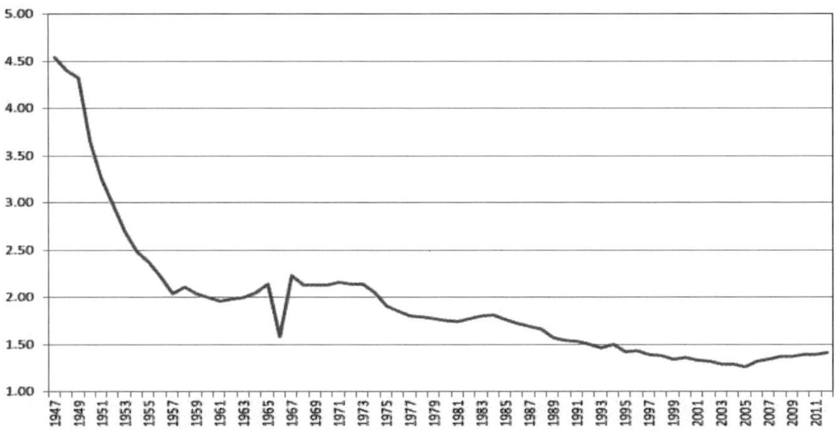

출처: M. Fukao, 2014, "Fiscal Consolidation in Japan," RIETI Discussion Paper 14-E-015.

그림 6-19. 일본의 출산율 추이

---

54 참고로 시장이론(결혼시장탐색모형, a search model of marriage market)에 따르면 남성이 결혼상대자인 여성에게 청혼을 하고 여성은 남성이 청혼해 오기를 기다린다는 가정하에서, 남성은 결혼시장 참가자 가운데 마음에 드는 여성에게 청혼을 하고 청혼을 받은 여성은 남성의 임금 수준을 관찰한 후, 그 수준이 자신이 생각하는 '유보가치'(reservation value: 노동을 공급하기 위해 노동자가 사용자에게 요구하는 최소한의 주관적인 임금 수준인 '기대임금 또는 희망임금'(reservation wage)과 유사한 개념)보다 낮다면 청혼을 거절하고 다음 청혼자를 기다린다. 즉 결혼시장탐색모형은 임금불평등이 심화될수록 결혼을 하지 못하는 남성과 여성이 증가할 수 있다는 것을 함축한다.

55 남성과 여성의 평균 초혼 연령은 1970년에 각각 26.9세와 24.2세였으나 2012년에는 각각 30.8세와 29.2세로 증가하였다. Statistical Handbook of Japan 2013. http://www.stat.go.jp/english/data/handbook/c0117.htm#c03

56 여성 1명이 평생 동안 낳을 수 있는 평균 자녀수로 정의되는 출산율은 1.4명으로, 한국에 이어 세계에서 두 번째로 낮다. Economist, 2014, "Demography, growth and inequality: Age invaders" (April 26).

57 후생노동성 고용정책연구회, 2010. 7, "지속가능 사회실현을 위한 고용 · 경제시스템".

제 해고될지 모르고 급여도 적기 때문에 비정규 근로자들이 결혼을 기피하면서 저출산을 가속화시킨다는 것이다. 일본 사회에서 현재 청년 실업이나 청년들의 비정규직 일자리보다 심각한 것은 청년 감소의 문제이다. 예를 들어, 2013년 기준 성인(만 20세)이 된 인구는 122만 명으로 1970년(246만 명), 1994년(207만 명)의 절반 수준이다. 반면 65세 이상 노인 인구는 3,200만 명으로 일본인 4명 중 1명꼴이다.[58] 1980년 남녀 각각 2.6, 4.5%였던 생애미혼율(50세까지 한 번도 결혼하지 않은 인구 비율)은 2010년 각각 20.1, 10.6%로 급증하였다. 20~59세 인구 중 직업도 없고 어떠한 사회적 관계도 맺지 않는 '고립 무직자'가 급증하고 있다. 이처럼 결혼율 저하와 저출산은 고령화 뿐만 아니라 인구 증가를 둔화시킴으로써 성장 및 내수 약화에 영향을 미치고 있다. 실제로 2005년부터 사망률보다 낮아진 출산율은 인구 감소와 성장률 둔화의 주요 원인이 되고 있다(그림 6-20). 2000~13년간 노동력 감소로 GDP가 연 0.6% 이상 감소하였다.

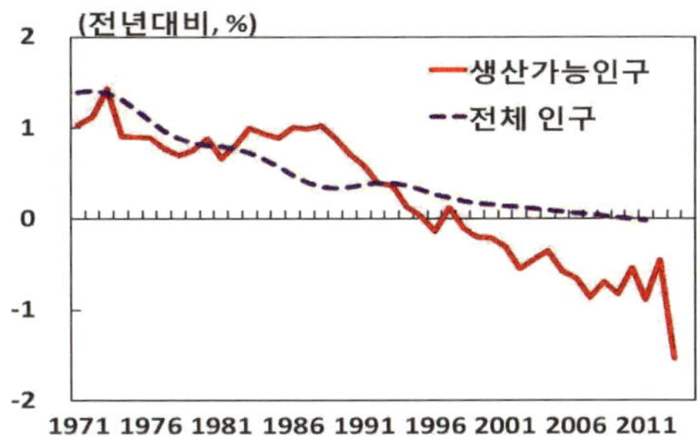

출처: 박진호, 2014, "선진국 경제의 장기정체 진입 여부에 대한 논쟁과 시사점", 한국은행, 「국제경제리뷰」 제2014-33호.

▌그림 6-20. 일본의 인구증가율 및 생산가능인구증가율

낮은 출산율과 동전의 앞뒷면을 이루는 고령화는 소비자 기반을 악화시켜 디플레이션을 조장한다. 예를 들어, 노인은 전기 사용량을 줄이는 데, 이는 유틸리티 산업에 영향을 미친다. 여행을 줄여 항공 사업에 부정적 영향을 미치고, 새로운 정보기술 사용에도 익숙하지 않아 IT 산업에 부정적 영향을 미친다. 게다가 고령화는 사회 평균적으로 안전자산의 선호를 증대시킴으로써 국채 수익률의 하락 압력으로 작용한다. 반면, 고령화는 연금과 의료비용에 대한 정부지출을 증대시

58 금융자산은 60대 이상이 55%, 50대 이상이 73%를 보유하고 있다.

키고, 조세 기반을 위축시킨다. 그 결과 인적 자본과 물적 자본 축적에 영향을 미치는 공공투자에 대한 지출을 축소시킨다. 또한 고령화에 따라 경제활동참가율이 하락하면서 실질 이자율을 하락시켰다.[59] 실질 이자율 하락은 토지 가격의 하락에 따른 담보 제약으로 강화되었다.

노동조건과 인구구조의 악화 등으로 내수가 취약지면서 다시 수출에 의존할 수밖에 없게 되는 악순환 고리를 형성하였다. 이른바 '수출에 죽고 사는' '일본병'이다. 디플레이션(deflation), 인구감소(demography), 국가부채(debt)가 서로 맞물려 악순환 고리를 형성한 '3D 함정'에 빠진 것이다. 제조업 의존도가 높다 보니 모노컬러 산업구조가 만들어내는 제조업 강국의 함정에 빠진 것이다. 일본은 GDP 대비 수출 비중이 1990년에 10% 수준에 불과했으나 금융위기 직전에는 18% 수준까지 증가하였다. 그런데 역설적으로 일본의 세계 수출시장 점유율은 90년대 이후 하락하고 있다(그림 6-21). 1970년대 6.7%에서 80년대에는 8.6%로 증가했으나 90년대에 8.5%, 2000~08년에는 6.1%, 그리고 2012년에는

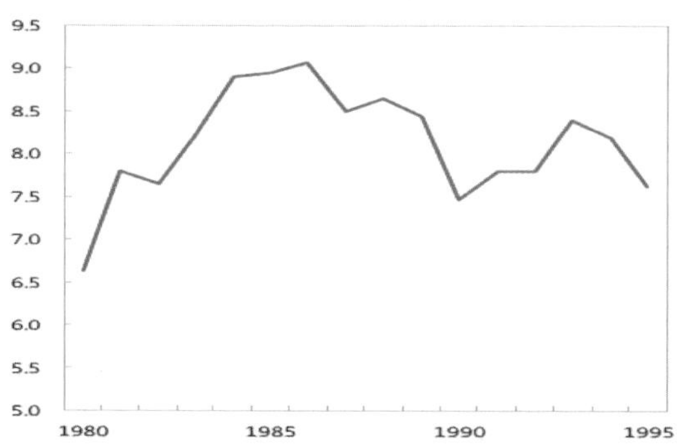

출처: B. Bakker and L. Lipschitz, 2014, "Conventional and Insidious Macroeconomic Balance- Sheet Crises," IMF Working Paper (Aug.).

그림 6-21. 세계 시장에서 일본 수출의 비중

59 가계 내 소비자의 숫자에 비해 임금소득자의 숫자가 하락함에 따라 가계의 저축은 증가한 반면, 자본과 토지에 대한 기업의 수요가 하락함에 따라 대출 자금에 대한 수요는 하락한 결과였다. D. Ikeda and M. Saito, 2012, "The Effects of Demographic Changes on the Real Interest Rate in Japan," Bank of Japan Working Paper No. 12-E-3.

4.5%로 하락하였다.

▪ 아베노믹스의 예정된 실패와 네트워크 시장시스템의 침몰

2001~06년 1차 양적완화의 실패는 2008년 리먼 파산 이후 수출이 급감하고 경기가 침체 국면으로 진입한 상황에서도 일본은행이 대차대조표 확대를 추진하지 않은 배경이었다.[60] 그러나 2009년 디플레이션이 악화되고 경제가 깊은 침체로 빠짐에 따라 2010년 10월 일본은행은 '포괄적 완화(comprehensive easing)'를 선언하며 양적완화를 재개하였다. 자산 매입 5조 엔과 자금공급 30조 엔의 총 35조 엔 규모의 '포괄적 완화'는 신용완화와 순수한 의미의 양적완화가 결합된 방식이었다. 일본은행의 자산 매입은 아베정권에서 양적·질적 통화완화(QQE) 프로그램이 도입되기 이전인 2012년 10월까지 91조 엔 규모로 증가하였다. 그러나 '포괄적 완화' 프로그램 역시 디플레이션 악화와 엔화 강세의 지속을 중단시키지 못하였다. 그 결과 수출 진작과 경기 부양은 기대하기 어려웠다. 민주당 정권(2009~12년)이 3년 만에 자민당 정권으로 교체된 이유이다.

2012년 12월에 집권한 자민당 아베 정권은 공격적 통화정책과 인플레이션 목표, 유연한 재정정책, 성장전략 등 세 개의 화살로 불황을 돌파하고 강한 일본경제를 재건하겠다는 목표를 내세웠다. 이른바 '아베노믹스(Abenomics)'이다. 무엇보다 15년간 지속된 마이너스(−) 인플레율의 종식이 일본경제의 부활을 위해 핵심 요인이라고 주장하며 일본은행에 강력한 통화완화를 주문했다. (앞에서 소개했듯이) 새로 지명된 구로다 일본은행 총재는 2013년 4월 4일에 연간 60~70조 엔씩 새로운 통화를 발행해 2년 내 일본은행의 대차대조표 규모를 두 배로 증가시켜 일본 국채와 더불어 각각 연간 1조 엔과 300억 엔 규모의 ETF와 J-REITs를 매입하고 일본은행이 보유하는 일본 국채의 만기를 두 배 연장시키는 내용의 양

60 물론, 1990년대 말과 2000년대 초 진행된 금융기관 개혁의 덕택에 일본의 금융기관은 재정적으로 안정적이었기에 글로벌 금융위기가 발발했을 때 일본은행은 연준, 영란은행, 유럽중앙은행처럼 대차대조표를 확장시킬 필요가 없었다.

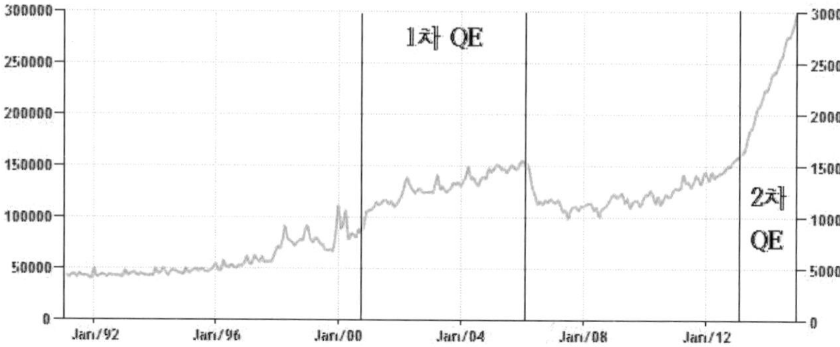

▌그림 6-22. 일본은행의 자산 규모, 1991. 1~2014. 12(10억 엔)

적 · 질적 완화(QQE: quantitative and qualitative easing)[61] 프로그램의 실행을 선언했다. 그 결과 2014년 연말까지 엔화 가치는 달러 대비 25% 절하되었고, 니케이225 주가지수는 40% 이상 상승했으며, 인플레율도 마이너스(−)에서 플러스(+)로 전환됐고, 10년물 국채수익률도 하락시켰다. 그러나 결론부터 말하면 아베노믹스는 실패할 수밖에 없다. 자민당 정권의 1차 양적완화(2001년 4월~2006년 9월)와 본질적으로 차이가 없기 때문이다.[62] 현재까지의 아베노믹스의 성과와 전망을 살펴보자.

첫째, 엔화 약세를 통해 순수출은 기대만큼 증가하지 않았다. 아베정권 출범 이후인 2013년과 2014년 수출액은 각각 69조 7,853억 엔과 72조 2,282억 엔(잠정치)으로 금융위기 이전인 2007년 83조 9,310억 엔에 미달하였다. 반면 2013년과 2014년 수입액은 각각 81조 2,403억 엔과 93조 4,745억엔(잠정치)[63]으로 2007년의 73조 1,360억 엔보다 크게 증가했다. 즉 엔화 약세는 2011년부터 무역적자로 돌아선 무역수지를 오히려 악화시켰다. 일본은 이전에도 간헐적으로 무

61 (앞에서 지적했듯이) 국채 매입뿐만 아니라 위험도가 높은 자산가격의 리스크 프리미엄을 낮추는 ETFs와 REITs를 매입했다는 점에서 '질적 완화'라 부른다.

62 예를 들어, 1차 양적완화에서도 13,000 이하에 있던 니케이 지수가 16,000대까지 상승하였다.

63 2014년 수출액과 수입액은 1~11월 수출액과 수입액으로부터 월 평균액을 구한 후 12를 곱한 수치이다.

역수지가 적자를 기록한 적이 있으나 연간 무역액 기준으로 적자를 기록하기 시작한 것은 1979년 이후 31년만인 2011년부터였다. 2011년 무역적자는 대지진 영향이 크게 작용하였으나 2012년 이후에는 유럽과 중국 등 세계 경제의 둔화에 따른 것이었고, 2013년 이후 적자폭의 확대는 엔화 약세가 추가된 결과였다. 일본의 수출이 83조 9,310억 엔을 기록한 2007년 이후 계속 하락한 이유는 강한 엔화에서 비롯한 것이 아니라 일본의 상품이 경쟁력이 없기 때문이다.[64]

둘째, 공격적 통화정책으로 디플레 종지부와 목표인플레 2% 달성을 추구하고 있으나 이를 위해서는 기본적으로 인플레 조정 후 GDP가 2년 동안 4%의 성장이 필요하다. 그런데 성장률은 2013년 1.5%에 이어 2014년에는 1%에도 훨씬 못 미칠 것으로 예상된다. 일본경제는 QQE가 시행된 2014년 2분기부터 2014년 3분기까지 6분기 동안 3번의 플러스(+) 성장과 3번의 마이너스(−) 성장을 기록하였다. 이는 국채 수익률(시장 이자율) 상승을 야기하지 않은 수요 부양은 경제성장 회복에 불충분할 수밖에 없음을 의미한다. 게다가 확장적 통화정책이 기대 인플레이션에 영향을 미쳤는가는 확인되지 않는다.[65] QQE 이후 물가 상승은 엔화 약세와 수입물가 상승에서 비롯한 것이다. 문제는 인플레이션 목표 설정이 과연 정책목표로서 적합한가이다. 명목임금 상승이 미미[66]한 가운데 실질임금을 하락시킬 수밖에 없고,[67] 또한 인플레 정책으로 자칫 명목금리가 오르기 시작하면 정부부채가 늘어 재정건전성에 문제가 생길 수밖에 없기 때문이다.

셋째, 아베노믹스는 단기 재정부양과 중기 재정건전성 확보를 목표로 설정하였다.[68] 그런데 재정부양은 실패한 삽질 프로젝트에서 벗어나지 못하고 있다.

64 Financial Times, 2013, "Japan's problem is uncompetitive products: The problem is not an uncompetitive currency, it is uncompetitive products" (Jan. 31).

65 T. Ito, 2014, We Are All QE-sians Now, IMES Discussion Paper No. 2014-E-5, p. 28.

66 아베노믹스는 10년 내 명목 국민소득 150만 엔 증가를 목표로 설정했지만 2013년 월평균 임금 31만 4,150엔으로 전년보다 23엔 증가에 불가했다. 엔저로 최대 수혜를 입은 도요타 자동차 등조차 2014년 정부 압력으로 임금을 인상했지만 인상률은 1% 안팎에 불과했다.

67 또한 인플레 정책으로 자칫 명목금리가 오르기 시작하면 정부부채가 늘어 재정건전성에 문제가 생길 수밖에 없기 때문이다.

68 2013년 재정적자가 GDP 대비 9.2%, 국가부채는 2013년 말 기준 1,017조 9,459억 엔으로 GDP

2014년 경제대책 자금 5조 4,654억 엔 중 사회간접자본, 올림픽 인프라, 재해 부흥 등 삽질 프로젝트가 4조 5246억 엔(약 83%)을 차지하였다. 또한, 국가부채가 2020년 250%까지 상승했다가 2030년에는 230%로 안정될 것이라는 목표는 재정적자 제거를 포함해 소비세의 두 차례 인상과 경제활동참가율 상승 등을 전제로 한 것이다. 문제는 아베노믹스가 설정한 2020년까지의 재정적자 해소의 목표조차 (일본 정부가 설정한) 2013~20년까지의 연평균 실질 GDP 성장률 2.1%로는 달성이 불가능하다는 점이다. 게다가 일본 정부가 2014년 4월 1일 소비세를 5%에서 8%로 인상시킨 후 2분기 연속 마이너스(−) 성장을 기록하는 등 후폭풍으로 2015년 10%로 추가 인상 계획을 유보하였다.69 이밖에도 2010년 이전까지 60% 이상 유지하였던 경제활동참가율은 60%선을 회복하지 못하고 있다. 무엇보다 시장 이자율 상승 시 국채 가격의 하락에 따라 은행 손실이 급증하며 은행을 부실화시킬 수 있다.70 일본 국채에 대한 외국인 소유가 2012년 9월 말 9.1%에서 아베정권이 출범한 12월 말 8.7%로 하락한 것이나 가계 소유 비중이 2012년 말 2.4%까지 하락한 것은 모두 이런 우려가 작용한 것이다. 따라서 아베정권의 공격적 재정부양에 따른 국채 공급액의 증가는 과잉공급의 문제를 야기할 수밖에 없다. 이는 일본은행이 소화할 수밖에 없음을 의미한다.71 '국가재정의 화폐화'인 것이다. '국가재정의 화폐화'는 국가재정의 악순환을 심화시킬 수밖에 없다.72

의 227.2%이다.

69 일본 정부의 약속 파기는 12월 초 국제신용평가사에 의한 일본 신용등급 하락의 빌미로 작용하였다. 일본의 신용등급은 2009년 5월 18일 이래 3차례의 강등한 결과 무디스 기준으로 Aaa에서 A1이 되었다.

70 2012년 3월 말 기준, 일본 은행들의 (지방정부 포함) 정부 채권 보유 규모는 약 180조 엔(전체의 21%)으로 은행 자본의 4.6배에 달한다. 이런 상황에서 예를 들어 이자율 2% 상승 시 10.8조 엔, 즉 은행자본의 28% 손실이 발생한다. 참고로 2012년 말 기준 주요 은행 보유 국채 만기 2.5년, 지역은행 4년, 평균 3년을 가정하여 계산한 것이다.

71 예를 들어, 2014년 11월 일본 재무성은 10조 7천억 엔 규모의 국채를 발행한 반면, 일본은행의 국채 매입액은 11.169조 엔에 달했다. 즉 일본 정부가 발행한 국채를 일본은행이 모두 사고 또 다른 기관이 시장에 내놓은 매물도 일본은행이 매입했다는 것을 의미한다.

72 2014 회계연도(2014년 4월~2015년 3월) 일반회계예산 95조 9,000억 엔 중 국채이자에 23조

이처럼 재정과 금융정책에 대한 과도한 의존으로는 일본경제의 재건은 불가능하다. 아베정권이 세 번째 화살로 신성장 전략을 추가한 이유이다. 새로운 성장의 내용을 만들어내지 못하는 한 국가부채 악화 등 부작용만 심화시킬 가능성이 높기 때문이다. 그런데 세 번째 화살에서 제시한 52개 개혁과제의 경우 대부분의 정책들이 진행과정과 세부사항이 애매모호할 뿐 아니라 정치적 저항도 예상된다.[73] 게다가 고용 안정성에서 노동 유연성으로의 노동정책의 변화는 과거 자민당 정권(고이즈미, 2001~06년)의 실패한 '신자유주의 개혁'[74]과 다를 바가 없고, 사회의식이나 제도의 변화 없는 여성 경제활동참가율 증대는 구호로 그칠 가능성이 높다. 또한, 임금의 대폭 개선 없이 법인세 인하와 기타 규제 완화 등 친기업 정책은 가계·기업소득의 성장불균형을 악화시킬 뿐이다. 주주 배당과 세금 등을 납부한 후에 쌓아둔 사내유보금(이익잉여금)이 2012년 12월 말 274조 4,000억 엔에서 2014년 9월말 323조 7,000억 엔으로 증가한 상황에서 법인세 인하의 명분도 약하다.[75] 세 번째 화살의 가장 중요한 문제점은 탈공업화 해법이 존재하지 않는다는 점이다. 의료기술, 대안에너지 등 신성장 산업의 육성에 캐치업(catch-up) 단계의 기존 산업정책을 적용하는 것이나 에너지 문제 해결을 위해 원자력을 재가동한 것은 일본경제가 과거에서 한 걸음도 나가지 못하는 모습을 잘 보여주고 있다.

2,702억 엔(총지출 대비 24.3%)을 배정했다. 국세를 통한 세입이 50조 10억 엔, 국채 발행을 통해 41조 2,500억 엔을 조달할 계획이기에 정부의 새 빚 중 56% 이상을 기존 채무 상환에 사용하는 것이다. 게다가 초고령화 사회로 의료·연금·복지 등 사회보장 예산이 30조 5,175억 엔으로 정부세입으로 사회보장 예산과 국채이자 비용 등도 충당하지 못하는 상황에 직면해 있다.

73 예를 들어, FTA 추진에 따라 농산물 수입관세 삭감 압력이 증가하는 등 농업부문 생존이 위협받으며 갈등이 고조되고 있다.

74 고이즈미 정권의 신자유주의 개혁은 일본경제모델의 핵심 가치인 와(和)를 붕괴시켰다. 노동 관련 규제 완화로 안정된 일자리를 제공하던 기업은 비정규직 사용을 지속적으로 증대시켰고, 소자영업자들을 보호하던 정책들도 대부분 폐기되었다. 사회안전망이 축소되면서 일본은 불평등과 빈곤과 갈등의 사회로 변모했다. 서양에서는 일본 사회가 가졌던 '집단 동질성의 위기(collective identity crisis)'라 불렀다. 고이즈미의 개혁은 소득 불평등과 연금 수급자의 빈곤화, 아동 빈곤의 급증을 수반하였다. 일본은 계급 자체를 무의미하게 하는 보편적 중산층 사회의 지향에 대한 믿음을 공유해왔다. 거품 붕괴 이후 일본에서는 소득불평등과 실업, 사회적 탈구들(social dislocations)이 증대하였다.

75 일본 재무성, "법인기업통계".

지금까지 보았듯이 아베노믹스는 국가 파산을 부채질하는 촉매제로 작용할 가능성이 높다. 일본은 탈제조업화가 진행될 무렵인 90년 전후부터 고령화 속도가 가장 빠르게 진행되기 시작해 2000년대 중반부터 세계에서 가장 고령화율이 높은 국가가 되었다. 그 결과 사회보장 예산은 1990년 11.5조 엔에서 2010년에 27.2조 엔으로 증가했다. 사회보장 예산의 약 70%가 65세 이상의 노인에게 돌아갔다. 일본의 사회보장 혜택은 대부분 유럽 국가보다 부족하고, 국가채무 때문에 범위를 확대하기가 어렵다. 저급여 대상자들에 대한 퇴직연금은 다른 선진국이 퇴직 전 임금의 평균 72%를 지급하는 반면, 일본은 47%에 불과하다. 문제는 공적 연금이 도입된 1960년대는 11명의 노동력이 1명을 부양했지만, 현재는 2.6명이 1명을 부양해야 한다는 점이다. OECD 평균인 4명에 비해 높은 부담이다. 연금 문제보다 더 심각한 것이 거침없이 상승하고 있는 의료 서비스 비용이다. 베이비붐 세대가 65세가 된 2012년부터 (소득의 정체 속에) 의료비 지출이 폭발적으로 증가하는 이른바 '악어의 입(crocodile's mouth, 소득과 의료비 지출의 그래프를 묘사한 표현)' 현상이 나타났다. 2006년에 연금 지불이 GDP의 13%였는데 2020년경에는 GDP의 20%에 달할 것으로 전망된다.

미국이나 유럽 등과 마찬가지로 일본경제 역시 탈제조업화와 더불어 일자리 양극화를 겪고 있다. 1984~2010년간 일자리 변화를 보면 정형화된 업무를 수행하는 일자리가 90년대부터 감소하기 시작하였는데 2000년대에는 감소가 더 빠르게 진행되었다(그림 6-23). 반면 정형화되지 못하는 저임금 서비스업종의 일자리가 크게 늘었다. 일자리 양극화가 소득 양극화의 원인이었음을 보여주는 것이다. 이러한 일자리 양극화 추세는 탈제조업화 추세와 정확하게 일치하고 있음을 보여준다. 특히 일자리 양극화의 최대 피해자는 젊은층이었다(표 6-5).

이처럼 미국이나 유럽처럼 탈제조업화와 일자리 양극화가 진행되는 반면 미국처럼 경쟁력 있는 서비스업도 갖고 있지 못한 상황이기에 일자리 창출 역량을 복원하지 못하는 한 일본경제는 일본병에서 벗어나기 어렵다. 즉 일본경제가 장기불황에서 벗어날 수 있느냐는 '탈공업화의 함정'에서 벗어날 수 있는가에 달렸

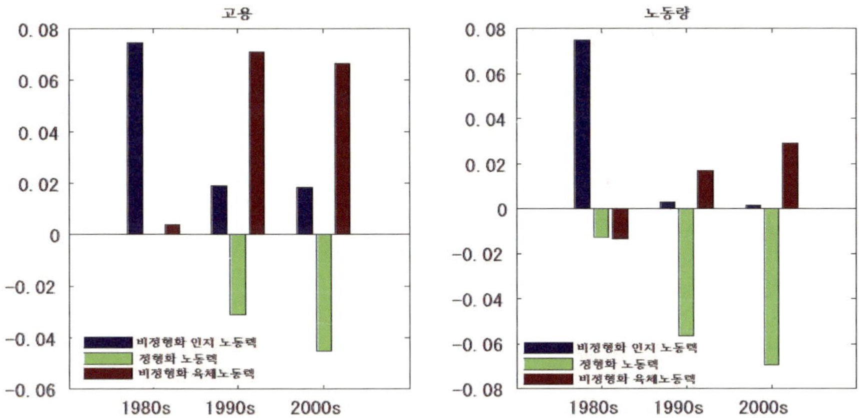

출처: Y. Furukawa and H. Toyoda, 2013, "Job Polarization and Jobless Recoveries in Japan: Evidence from 1984 to 2010," Kyoto Institute of Economic Research Discussion Paper No. 874 (June 17), p. 4.

▌그림 6-23. 일본의 일자리 양극화

▌표 6-5. 2000~10년간 연령별 고용 변화

	15~34	35~49	50~64	65~
전 체	-9.6	-7.6	-2.7	-2.5
비정형화 인지 노동력	1.1	-8.0	14.0	-13.8
비정형화 육체 노동력	35.5	20.5	20.1	48.0
정형화 노동력	-18.3	-10.5	-9.2	-2.5

출처: Y. Furukawa and H. Toyoda, 2013, p. 5.

다. 그러나 현재까지 탈공업화에 대한 대안 만들기의 결과는 참혹하다. 예를 들어, 90년대 후반부터 산업구조를 업그레이드시키기 위해 창조산업을 육성했지만 그 성과는 매우 충격적이다. 1999~2011년 사이에 매출액과 고용규모 그리고 기업체의 수에서 창조산업은 각각 -14.3, -14.0, -26.9%로 오히려 후퇴하였다. 특히 제조업부문에서 창조산업은 각각 -45.6, -50.5, -50.3%로 크게 축소되었다.[76] 제조업 이후 새로운 출구를 찾지 못하는 일본 기업들의 모습은 천문학적 규모의 현금 보유에서도 확인된다.[77]

76 E. Kakiuchi and K. Takeuchi, 2014, "Creative industries: Reality and potential in Japan," National Graduate Institute for Policy Studies, GRIPS Discussion Papers No 14-04.

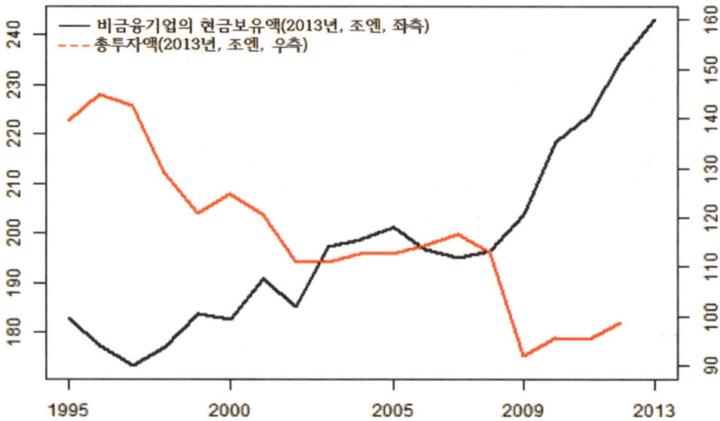

출처: G. Sher, 2014, " Cashing in for Growth: Corporate Cash Holdings as an Opportunity for Investment in Japan," IMF Working Paper WP/14/221.

▌그림 6-24. 일본 비금융기업의 실질 현금자산보유액과 실질 총투자액

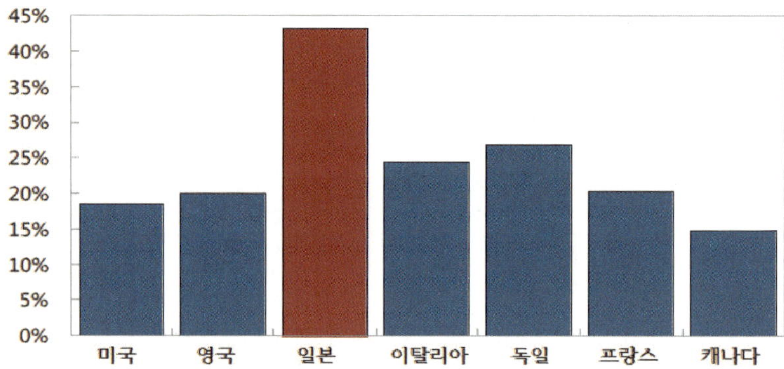

출처: Chie Aoyagi and Giovanni Ganelli, 2014, Unstash the Cash! Corporate Governance Reform in Japan, IMF Working Paper.

▌그림 6-25. 상장기업의 현금 및 현금성 자산 규모(기업가치 대비, %; 2004~12년 평균)

지금까지 지적했듯이 '일본병'은 기본적으로 제조업 이후 산업체계 전반에 대한 재검토 시기를 놓친 데서 비롯한다. 모노컬러 산업구조는 위계적인 사회구조와 기업문화, 그리고 최고(best)를 목표로 하는 경쟁 교육과 동전의 앞뒤처럼 맞

77 2014년 9월 기준 일본 기업들의 현금보유 규모는 233조 엔, 즉 GDP의 약 45%에 달하고 있다. 선진국 중 최고 수준이다. 일본 재무성, "법인기업통계".

물려 있다. 2008년에 〈뉴스위크Newsweek〉가 '애플이 일제가 아닌 이유'로 일본의 수직적 · 위계적 기업구조와 문화, 그에 따른 창의력의 빈곤을 지적한 이유이다. 이처럼 일본경제의 부활은 사회 체계의 근본적 재검토에서 찾아야 한다. 전설처럼 얘기되는 일본의 기업문화는 아이디어집약적인 무형재 경제(창조경제)에 부적합하다. 즉 일본경제가 창조산업에서 성과를 거두지 못하는 이유도 제조업과 전혀 다른 성격을 갖고 있는 창조산업을 제조업의 사고로 접근한 결과이다. 이는 연구개발비(R&D) 지출 추세에서도 확인된다. 일본은 R&D 규모에서 어느 선진국에 못지않게 지출하고 있다.[78] 그럼에도 불구하고 혁신과 일본 제품의 경쟁력은 예전만 못하다. 이는 가치 창출 방식에 변화가 발생했기 때문이다. 산업화 시대의 혁신 모델인 연구개발(R&D) 방식이 아이디어집약적인 무형재 경제에서는 효과성이 크게 약화되었다.[79]

일본 기업과 사회는 기본적으로 폐쇄적인 관계에 기초하고 있다. 일본의 특징으로 네트워크 시장시스템, 네트워크 국가를 말할 때 네트워크도 폐쇄성에 기초

표 6-6. R&D 추세

연 도	연구원 수	여 성(%)	재정연도	R&D 지출 (십억 엔)	GDP (십억 엔)	R&D 비중 (GDP 대비 %)
2003	757,300	11.2	2002	16,675	498,009	3.35
2004	787,300	11.6	2003	16,804	501,889	3.35
2005	790,900	11.9	2004	16,938	502,761	3.37
2006	819,900	11.9	2005	17,845	505,349	3.53
2007	826,600	12.4	2006	18,463	509,106	3.63
2008	827,300	13.0	2007	18,944	513,023	3.69
2009	839,000	13.0	2008	18,800	489,520	3.84
2010	840,300	13.6	2009	17,246	473,934	3.64
2011	842,900	13.8	2010	17,110	480,098	3.56
2012	844,400	14.0	2011	17,379	473,283	3.67

출처: Statistical Handbook of Japan 2013. http://www.stat.go.jp/english/data/handbook/c0117.htm#c03

78 예를 들어, 2012년 기준 독일은 GDP 대비 2.92%, 영국은 1.72%, 미국은 2.79%를 지출하고 있다. World Bank, Research and development expenditure (% of GDP).

79 이에 대해서는 최배근(2015) 참고.

하는 것이다. 일본 기업들이 뿌리를 공유하며 배타적인 문화를 가진 이유이다. 예를 들어, 세계적인 상사로 성장한 미쓰비시는 일본 남부 도사(土佐) 지방의 번(藩)[80]이 운영한 선박업에서 시작했다. 미쓰비시는 직원들에게 계열사인 기린(KIRIN, 麒麟) 맥주의 애용을 권장하며 그 이유로 한 가족임을 내세운다. 씨족주의는 일본 기업의 강점의 원천이었지만 나이에 기초한 엄격한 서열주의와 폐쇄성은 일본 기업을 아이디어집약적인 산업으로 업그레이드시키는 데 장애로 작용하고 있다. 또한 일본 사회를 지탱하는 키워드로 매뉴얼에 기반한 철저한 관리를 지적하듯이 일본 기업은 많은 규칙을 특징으로 한다. 그로 인해 높은 정밀성을 요구하는 제조업을 구축할 수 있었다. 하지만 상세한 규칙들은 자유로운 정신을 요구하는 무형재 경제에는 도움이 되지 않는다. 게다가 일본에는 모험적인 기업가를 기피하는 문화가 존재한다. 일본 은행들 역시 엄청난 자금을 쌓아 두고 수익이 매우 낮은 국채에 투자하면서도 창업에 대한 신용 제공을 기피한다. 그래서 위험을 추구하는 벤처자본은 매우 부족하다. 일본의 젊은 청년들도 사업 시작과 관련된 위험을 취할 의지가 거의 없다.

국가 파산에 대한 우려가 점점 고조되는 중요한 이유는 정치 리더십의 빈곤 때문이다. 20세기 일본을 경제 대국으로 만들었던 특성들이 21세기와 조응하지 못하고 있기에 근본적 개혁이 취해지지 않는 한 일본은 파산할 수밖에 없다. 현재의 일본경제 상황을 국가부채에 해외 채무가 없다는 점을 지적하며, 위기를 느끼지 못하는 말기 암 환자에 비유하는 이유이다. 그러나 많은 인구가 은퇴하면서 경제활동참가율은 하락하고, 노동소득 없는 은퇴자는 소비지출에 필요한 자금조달을 위해 저축을 줄일 것이며, 90년대 초 가처분소득 대비 약 15%에 달했던 가계의 저축률은 2011년에 거의 제로 수준으로 하락할 정도로 민간 저축의 하락은 공공재정 요구를 충당하기 위해서 해외 투자자에 점점 의존할 수밖에 없을 것이고, 이는 이자율을 상승시킴으로써 국채 리스크 프리미엄을 증가시킬 것이다.[81] 노

80 번(藩)은 과거 일본에서 제후가 다스리는 영지와 지배 기구 등을 가리키는 말.
81 D. Anderson, D. Botman, and B. Hunt, 2014, "Is Japan's Population Aging Deflationary?" IMF

동력 하락, 소비와 투자의 하락, 자본과 토지 등 생산요소에 대한 전반적 수요 하락, 생산성 쇼크 등에 직면한 일본경제에 필요한 것은 근본적인 개혁이지 단순한 개량이 아니다. 1700년 이후 150년간 일본 인구와 경제가 정체하면서 체제가 더 이상 지속불가능하자 1868년 메이지 유신이 일어났다. '내일의 파산'을 막기 위해서는 근본적이고 급진적인 변화가 불가피하다. 경직적인 기업의 위계제를 해체할 필요가 있고, 외국인 고용이나 외국인과 함께 노동하는 것에 대한 금기를 없애야 한다.

무형재경제에서 노동력은 보다 다양하게 구성되어야 한다. 인재가 어디에 있든, 어디 출신이든 고용할 수 있어야 하고, 고용해야만 한다. 무엇보다 구조적 장애물로 지적되는 관료제를 타파해야 한다. 도쿄도(東京都) 지요다구(千代田區) 남부에 있으며 미나토구(港區)와 접하고 있는 도쿄 제일의 관청 지구인 가스미가세키(霞が關)[82]를 '벙커 같은 복합체' 혹은 '안개로 덮인 요새'로 비유할 정도로, 전후 고도성장을 가능케 했던 관리 경제의 주역인 관료제가 개혁의 가장 큰 장애물로 지적되고 있다. 대중 주권과 참여 민주주의의 성장으로 관료제를 통한 관리사회 모델은 한계를 가질 수밖에 없다. 이러한 모순에 대한 변화의 욕구가 정권 교체로 나타났던 것이다. 즉 2009년 8월 31일 총선에서 하토야마 유키오가 이끄는 민주당은 중의원 480석 가운데 308석을 얻어 1955년 결당 이후 한 번도 제1당 자리를 내준 적이 없는 자민당을 119석의 힘없는 야당으로 밀어내고 명실상부한 정권교체를 이루었다.

그러나 탈토건 복지를 내세우고 집권한 민주당은 아동수당 등 복지 공약의 불발, 세금을 인상하지 않겠다는 공약과 반대되는 소비세 인상, 자민당과 별 차별성이 없는 노다 내각의 우경화 등 우왕좌왕, 무능, 비전의 부재를 보여주었다. 하토야마 유키오-간 나오토-노다 요시히코 3인이 이끌었던 3년 4개월간의 민주당은

Working Paper WP/14/139 (August).

82 농림수산성, 후생노동성, 문부과학성, 경제산업성, 환경성, 법무성, 총무성, 국토교통성, 외무성, 재무성, 검찰청, 내각부, 경시청, 국세청, 특허청 등 거의 모든 중앙 행정 기관과 부속 기관의 집합소.

자신이 제시한 개혁을 통해 유권자들이 미래에 희망을 가질 수 있다는 확신을 심어 주지 못했다. 일본 사회에 필요한 '제2의 메이지 유신'은 유권자들의 이해를 끌어낼 강력한 리더십과 실력이 요구되는 반면, 민주당 정권은 새로운 리더십을 보여주지 못한 것이다. 네트워크 국가에서 정치 리더십의 위기는 국가의 위기를 의미한다. 2011년 3월의 대지진은 정치 리더십의 위기로 침몰하고 있는 일본경제에 대한 '확인 사살'을 의미한다. 일본 대지진을 단순히 경제적 피해의 규모로 이해하는 것은 의미가 없다. 대지진을 계기로 정치 리더십의 부재와 정부에 대한 신뢰 약화는 가속화되었고, 이는 '정부에 의해 관리된 시장'에 기반한 일본의 네트워크 시장시스템의 침몰을 앞당길 수밖에 없다. 이처럼 일본경제가 탈공업화 함정에서 빠져나오지 못하는 이유는 새로운 시스템을 설계할 정치 리더십이 존재하지 않기 때문이다. 자민당의 재집권은 민주당을 비롯한 야당의 무기력함과 대안 부재에 대한 반사이득의 결과일 뿐 큰 기대는 하지 않고 있다. 일본 사회의 절망감이 독버섯처럼 확산되며 일본 네트워크 시장시스템도 침몰하고 있다.

제7장 ▸

중국, 또 다른 시장시스템
- 지속 불가능한 베이징 모델과 팍스시니카의 환상 -

‘중국에 의한 · 중국을 위한 · 중국 중심의 질서’, 즉 ‘중화주의’를 의미하는 ‘팍스시니카(Pax Sinica)’의 도래를 얘기하듯이 중국 경제의 질주는 거침이 없다. 덩샤오핑(鄧小平)이 지난 1987년에 밝힌 중국 정부의 장기적인 전략인 ‘3단계 발전론－원바오(溫飽), 샤오캉(小康), 따통(大同)’에서 중국 정부는 일인당 GDP를 2010년에 3천 달러 그리고 2020년에 6천 달러에 도달할 것으로 예상했다. 그러나 중국은 이미 2013년에 6,747달러를 기록했다. 2013년 중국의 GDP 9조 2,400억 달러는 2007년보다 거의 3배 이상이 증가한 규모였다.[1] 그리고 2013년 수출과 수입을 합친 중국의 총 무역액은 4조 1,603억 달러로 미국의 3조 8,457억 달러를 앞질렀다.[2] 중국의 외환보유액은 2014년 6월 기준 4조 558억 달러[3]로 2위인 일본의 1조 2,644억 달러(2014년 9월 기준)의 3.2배가 넘는다. IMF는 구매력평가지수(PPP)를 기준으로 집계한 GDP[4]로는 2014년 중국이 17조 6,320억

---

1 2009년까지만 해도 중국 GDP는 4조 9,850만 달러로 일본의 5조 680억 달러보다 적었다.

2 독일은 수출 1조 2,690억 달러, 수입 1조 670억 달러로 3위를 기록했다. 2011년 중국의 교역 규모는 2010년 대비 22.5% 증가한 3.64조 달러를 기록하였다.

3 홍콩의 외환보유액을 제외한 수치이다. 홍콩은 2014년 8월 기준 3,313억 달러를 보유하였다.

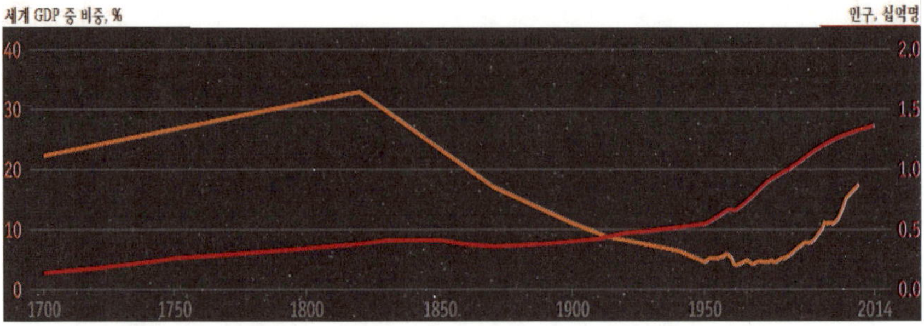

출처: A, Maddison, "Monitoring the World Economy," Economist, 2014, "What China Wants" (Aug. 23).

▌그림 7-1. 세계 GDP(PPP GDP)에서 중국이 차지하는 비중과 중국의 인구

달러를 기록해 미국 전망치인 17조 4,163억 달러를 넘어설 것으로 전망했다. 즉 실질 구매력(PPP GDP)을 기준으로 계산했을 때 중국은 세계 경제의 16.5%, 미국은 16.3%를 차지하게 된다.[5]

그 결과 오늘날 중국 경제 성장의 글로벌 경제성장에 대한 기여율은 2010년 초 기준으로 1/3 이상에 달하고 있다.[6] 중국 경제 부상을 상징하는 표현이 홍수를 이룬다. 그중 대표적 표현은 "모든 길은 베이징으로 통한다"일 것이다. 중국은 전 세계의 유동성을 빨아들이고, 전 세계에 중국 자본이 투자되고 있다.[7] 제조대국에서 자본수출국과 소비의 용광로로 변신한 것이다.[8] 개혁·개방을 추진한 지 30여

4 각국의 물가를 반영해 평가한 명목 GDP.

5 2013년 명목 GDP 기준으로는 여전히 미국이 22.8%, 중국이 12.2%로 10% 이상의 격차를 보인다. Goldman Sachs, 2013, "Emerging Markets: As the Tide Goes Out" (Dec.).

6 Economist, 2013, "World GDP" (Sep 21). http://www.economist.com/news/economic-and- financial-indicators/21586611-world-gdp

7 중국은 1982년 스웨덴과 첫 투자보장협정을 맺은 이래 2010년 5월까지 양자 투자협정 125개를 맺으면서 독일 다음으로 세계에서 투자협정을 많이 맺은 나라가 됐다. 특히, 2000년대 초반 중국 정부가 중국 기업의 국외 투자를 적극 장려하는 '저우추취(走出去, 이제는 밖으로 나가자)'를 국가전략으로 채택하면서 중국 자본의 외국 진출은 선진국뿐만 아니라 아시아, 아프리카, 라틴아메리카 개발도상국으로 전방위적으로 진행되었다. 그 결과 2009년 기준 중국의 해외직접투자는 565억 달러로 세계 5위이며 2002년의 57배에 이른다. 중국의 해외 투자는 농업, 공업, 첨단기술 등 모든 산업에 이루어지고 있다. 투자 지역도 180개국에 달한다. 명실 공히 자본수출국인 것이다.

8 2010년 기준 중국은 전체 인구의 46%가 1963년 앞뒤로 7년간 출생한 사람들이다. 엄청난 구매력을 갖춘 베이비붐 세대들인데, 지금 40~50대가 되어 내구 소비재를 대량으로 구매하고 있다. 덕분

년 만의 일이다. 중국의 명목 GDP는 1978년 3,624억 위안에서 2010년에 40조 2,012억 위안으로 약 111배가 증가했다. 달러 기준으로도 12배 이상이 증가했다. 세계 GDP에서 중국이 차지하는 비중도 1980년 2.6%에서 2008년 7.3%까지 증가했고, 2012년에는 10%를 넘어설 것으로 IMF는 추정하고 있다. 1953~79년간 연평균 실질 GDP 성장률은 6.7%를 기록한 반면, 1980~2010년간은 9.7%를 기록했다. 특히 WTO에 가입한 이후인 2002~10년간은 10% 이상을 기록했다. 그 결과 개혁 · 개방 이전에는 20%에도 미치지 못했던 중국의 도시인구 규모는 2010년에 49.7%에 달했다.[9] 개혁 · 개방 이후 중국 경제의 성과는 시장시스템의 다양성을 보여주는 중요한 사례이다.[10]

제1절 개혁 · 개방의 정치경제학

개혁, 농촌공업화와 향진기업 그리고 공유된 성장

중국의 개혁 · 개방은 1978년 12월 제11기 3중전회(중앙위원회 전체회의)에서 덩샤오핑의 4개 현대화 노선과 개혁 · 개방 방침 발표로 시작된다.[11] 무엇보

에 중국은 세계 사치품 시장의 27%를 소비하는 랭킹 2위 소비국이 됐다.

9 참고로 중국 국가통계국의 발표에 의하면 2014년 기준 중국의 총인구는 13억 6천만 명이고, 국토면적은 세계 육지 면적의 1/15 및 아시아 면적의 1/4을 차지하고 있으며, 한반도의 약 44배로 러시아와 캐나다 다음으로 세계 제3위이다. 중국 인구는 대부분 한족이고, 몽고 · 회(回) · 장(藏) · 묘(苗) · 조선족 등 55개의 소수민족으로 구성되어 있다. 이들 소수민족은 전체 인구의 약 7%에 불과하지만 이들이 분포되어 있는 지역의 면적은 전체 면적의 약 50~60%로 대부분 변경지역이다. 중국의 도시인구 비중은 50%가 초과했음에도 불구하고 공식적으로는 약 35%에 불과하다. 거주 이전의 자유를 제한해 농촌 출신에 대한 차별로 비판받는 후코우(戶口) 제도의 산물이다. Economist, 2012, Going to town (Jan. 18).

10 중국 스스로 중국형 시장시스템을 '사회주의 시장경제'라 부른다. 그러나 많은 이들은 중국 사회주의 시장경제는 사회주의가 아니라 국가자본주의에 불과하다고 비판한다.

11 중국의 정치는 국가조직과 중국공산당 조직 및 군 조직을 통해서 살펴볼 수 있다. 첫째, 중국의 국가조직 이론은 민주집중제(民主集中制)와 인민민주전정(人民民主專政, 인민민주독재)이고, 국가의 최고 권력기관은 전국인민대표대회(全國人民代表大會, 약칭 全人大)를 정점으로 하여, 행정 · 사법 · 검찰기구가 중앙에서 지방으로 연계되어 중앙이 통일적으로 관할하고 있다. 둘째, 중국공산

다, 중국의 성공적인 경제 발전은 안정적인 체제 전환을 가능케 한 개혁 전략과 관련이 있다. 중국의 경제체제 개혁은 현대화 추진에 걸림돌이 되는 각종 장애요인을 극복하여 사회주의를 완성하려는 필요에서 출발하였다. 즉 생산력 발전에 방해가 되는 각종 요인들을 제거하여 생산력을 높여 사회주의의 완성, 즉 공산주의를 실현하려는 배경에서 시작된 것이다.

크게 볼 때, 경제체제 개혁은 내용별 혹은 시기별로 4단계로 나눌 수 있다. 제1단계(1978~83)는 농촌 지역을 중심으로 이루어졌다. 제2단계(1984~87)에는 도시부문의 경제개혁을 중점으로 진행되었으며 기업의 자율성과 효율성을 높이기 위해 가격, 세제, 금융개혁 및 대외무역 활성화 등이 추진되었다. 원래 개혁·개방의 기본전략은 농촌에서 출발하여 도시로 이어지게 하는 것이었다. 도시부문 개혁의 핵심을 이루는 것은 생산의 기본단위인 기업운영메커니즘의 개혁, 즉 도시경제를 지배하고 있는 국가소유 기업에 대한 개혁이라고 할 수 있다. 간단히 말해서 국가소유 기업의 활력과 생산성의 제고이다. 제3단계(1988~91)에는 개혁의 결과 긍정적 성과와 더불어 인플레이션, 소득분배의 불균형, 각종 권력형 부조리·비리 등의 부작용이 나타남에 따라, 경제·사회적 안정을 도모하고 전반적인 경제구조를 조정하기 위해 경제 환경에 대한 정리와 경제질서에 대한 정돈을 기치로 긴축 정책을 도입하였다. 제4단계(1992년 이후)는 등소평의 '남순강화' 담화 발표를 계기로 개혁이 심화되고 개방이 확대된 시기이다. 오늘날 중국이 추진하는 사회주의 시장경제론의 탄생에 결정적 계기가 되었다. 즉 1992년 제14차 당대회에서 '사회주의 시장경제론'을 결정하고 시장제도, 사영경제, 대외개방

당은 모든 정치권력의 근원이고, 삼각형 구조의 중앙집권적 위계질서를 통해 다른 정치조직을 통제하는 절대적 권한을 장악하고 있다. 중국공산당은 국가의 중요 정치·경제·사회적 목표와 정책을 결정하고, 이 정책과 결정들이 각 분야의 국가기관을 통해 집행되는 것을 감독·통제한다. 전국대표대회(全國代表大會, 약칭 全大)는 중국공산당의 명목상 혹은 의전상 최고기관이다. 전대의 회의는 5년마다 1회 소집하고, 전대의 회기는 1~2주 동안이다. 중국공산당 중앙위원회는 당의 최고 정책심의기구이다. 중앙위의 주요 기능은 전대 폐회기간 중 전대의 결의를 집행하고, 당의 모든 활동을 지도하며, 대외적으로 중국공산당을 대표한다. 셋째, 중국 군사력의 조직은 인민해방군(人民解放軍), 인민무장경찰부대(人民武裝警察部隊), 민병(民兵) 등으로 구성되어 있다.

중국 사회주의 시장경제론의 형성 과정

1. **주보론(主補論) 시기~** 1979년 2월 리셴녠(李先念, 당시 중국공산당 중앙 부주석 겸 국무원 부총리)은 "계획경제와 시장경제를 결합하여, 계획경제를 위주로 하고, 시장경제를 보조 수단으로 하는 체제를 수립하자"라고 주장하면서, '시장경제'라는 용어를 사용하였다. 1979년 3월 천윈(陳雲, 당시 중국공산당 중앙정치국 상무위원)은 '계획과 시장 문제'라는 담화 중에, "전체 사회주의시기의 경제는 2부분으로 구성되어 있다. 하나는 계획경제 부분이며, 다른 하나는 시장조절 부분이다. 계획경제 부분은 기본적이고 가장 중요한 것이며, 시장조절 부분은 종속적이고 부차적인 것이지만 필수적인 것이다"라고 주장하면서, 중국공산당의 문헌 중에서는 최초로 시장조절이라는 개념을 제기하였다. 1979년 11월 등소평은 "우리는 계획경제를 위주로 하여 시장경제를 결합시켰다. 그러나 이것도 사회주의 경제이다. 시장경제는 자본주의의 전유물이 아니며, 사회주의도 시장경제를 실행할 수 있다"라고 주장하였다. 당시 중국 지도부는 시장경제의 필요성에 대해 재인식하는 의견을 전개했지만, 여전히 중국 경제체제는 계획경제를 위주로 하는 체제라고 강조하였다. 이런 상황의 인식하에서 1982년 9월 12전대는 계획경제를 위주로 하고, 시장조절을 보충으로 하는 주보론(主補論) 체제를 공식으로 천명하였다.
2. **내재통일론 시기~** 제한적이나마 시장의 존재를 인정하게 된 중국은 기존의 계획생산에 의한 '생산품'이 아닌 시장의 필요에 의한 '상품'으로서의 존재에 대한 이론적 근거를 마련하였다. 이를 바탕으로 1987년 13전대에서는 "사회주의의 계획적 상품경제 체제는 반드시 '계획'과 '시장'이 내재적으로 통일된 체제이어야 한다"라고 천명하였다. 계획과 시장의 내재적인 결합이라는 내재통일론(內在統一論)의 제기는 계획과 시장을 둘러싸고 장기간 지속되었던 이원구조적 논쟁을 종식시켰다.
3. **성사성자(姓社姓資) 논쟁 시기~** 1989년 6・4사건, 이른바 '천안문 사건'으로 자오쯔양(趙紫陽, 당시 중국공산당 총서기)은 보수파에 의해 실각되고, 보수 성향의 중국 지도부는 '시장경제'를 '자산계급 자유화'・'화평연변(和平演變, 평화적 정권전복)'과 동일시하며, 공유제 경제의 기초를 전복하는 개념으로 간주하였다. 이에 따라 사회주의와 자본주의의 기준을 어디에 맞출 것인가 하는 중국 경제체제의 경향에 관한 논쟁, 즉 사회주의와 자본주의의 기준에 관한 '성사성자 논쟁'이 가열되었다. 1990년 12월 덩샤오핑은 자본주의와 사회주의의 구분은 '계획'이나 '시장' 성분에 있는 것이

아니고, 사회주의에도 시장이 있고 자본주의에도 계획에 의한 통제가 있으며, 시장경제를 약간 실행한다고 해서 자본주의를 지향하는 것은 아니며, 계획경제와 시장조절은 모두 필요한 것이라며 시장에 어두우면 낙후를 감수해야 하며 세계 정보에도 어둡게 된다는 기존의 의견을 견지하였다. 그러나 천안문 사건의 후유증으로 인해 덩샤오핑의 의견은 더 이상 진전되지 못했다.

4. **남순강화(南巡講話) 시기 ~** 천안문 사건 이후 경제가 침체에 빠지자 덩샤오핑은 '제3의 혁명'을 외치며, 중국 남부지방을 시찰하여 개혁・개방을 한층 더 고취하고자 시도하였다. 덩샤오핑은 1992년 1월 18일부터 2월 21일까지 무한(武漢)・심천(深圳)・주해(珠海)・상해(上海) 등지를 방문하며 "11기 3중전회 이후의 노선・방침을 관철하고, 1개 중심(一個中心, 경제건설 중심)・양개 기본점(兩個基本点, 개혁・개방노선과 4개 기본노선)을 견지"할 것을 주장하였다. 또한, '성사성자의 논쟁'에 대해, "사회주의 생산력 발전에 유리한가 여부가 판단 기준"으로 '계획'이든 '시장'이든 간에 경제발전에 유리하다면 문제가 되지 않는 수단임을 강조하였다. 이른바 '흑묘백묘(黑猫白猫)론'이다(不管黑猫白猫 捉到老鼠 就是好猫, 검은 고양이든 흰 고양이든 상관없이 쥐를 잘 잡는 고양이가 좋은 고양이다). 게다가 향후 현대화 과정에서, 일부 지역의 경제가 우선 발달하고 일부 주민의 경제가 우선 부유해지는 '선부론(先富論)'을 제기하며, 마오쩌둥 방식의 평등주의를 타파하였다.

(WTO 가입)을 전면적으로 추진하기로 결정했다.

중국의 개혁은 먼저 농촌에서 시작되었으며 농촌개혁의 내용은 바로 종전의 인민공사[12]와 같은 방법을 지양하고 책임제를 실시하여 농민의 적극성을 유도하는 것이었다. 그러면 왜 농촌에서부터 개혁을 시작해야 했었는가? 중국인구의 80%는 농촌에 있으므로 만약 그들의 생활문제를 해결하지 못한다면 사회는 안정을 얻지 못하기 때문이었다. 또한 만약 농촌이 계속 빈곤한 상태로 남아 있게 되면 공업의 발전이라든지 상업 혹은 기타 경제활동들도 불가능하게 되기 때문이다. 결과적으로 농촌개혁은 농민들이 자주권과 실질적인 혜택을 얻게 하였다. 따

12 1958년에 농업 집단화를 위해 만든 대규모 집단농장.

라서 개혁의 목표는 인민들의 창조적 활력을 해방시키는 것이었다. 이를 위해 농촌에서는 인민공사를 해체하고 농업의 생산책임제를 도입하였다.

도시의 기업도 공유제에서 다원화된 소유제 구조로 전환하여 개체소유제, 개인소유경영, 각종 경제연합체 등 다양한 소유 형태로 진화하였다. 경영과 소유의 분리가 인정되었으며, 경제활동에 관여하는 의사결정권을 다원화시켰다. 또한 지령성 계획 위주의 경제계획을 지도성 계획으로 전환하고, 국가는 중장기 계획만 담당하여 경제주체들의 자유로운 경제활동을 보장하였다. 분배의 측면에서도 국가 이익을 강조하던 것에서 집단(기업)과 개인(노동자)의 이익을 고려하는 제도로 전환되고 자유시장이 부활되었다. 이 과정의 중심에 향진기업(鄕鎭企業)[13]이 있다.

향진기업에 주목하는 이유는 체제 전환의 핵심은 생산력을 향상시키면서 사회주의 특성을 유지하는 것이기 때문이다. **생산력 향상을 위해 개인이나 기업 등 개체 단위의 자율성을 신장시키고 비효율적 국가 통제를 축소하는** 과정에서 피할 수 없는 문제가 **재산권**이다. 오늘날 중국의 소유제는 개체 소유와 집체 소유, 국(가소)유 등 다원화된 소유구조를 특징으로 한다. 공(동소)유를 유지하는 경우에도 경영과 소유의 분리를 인정하여 경제활동에 관여하는 의사결정권을 분권화시켰다. 개혁의 진수는 향진기업에 나타났다. 중국 경제의 핵심부문에 대한 기존의 국가소유 원칙을 유지하는 가운데 개체 소유의 도입이 확산되었지만, 개체의 자율성과 집단이해가 조화를 이룬, 즉 중국 전통 사회가 추구[14]한 **'개체주의와 공동체주의의 역설적 결합**(a paradoxical combination of individualism and communalism)'[15]을 만들어낸 것이 향진기업이기 때문이다.

사실, 지난 30년간 중국의 사회경제에 많은 변화를 가져온 개혁은 이미 1978년 훨씬 이전부터 진행돼 온 것이었다. 변화는 산업구조 간 균형관계의 재조정, 기업

---

13 우리나라의 읍・면에 해당하는 향과 진 소속 주민들이 만들어 경영과 생산, 판매를 자율적으로 결정하는 기업을 일컫는다.

14 이에 대해서는 최배근, 2012, 「시장시스템들의 붕괴와 대변환」, 집문당, 제8장 제1절 참고.

15 F. Bray, 1986, *The Rice Economies: Technology and Development in Asian Societies*, Basil Blackwell, p. 7.

과 농가의 경영자율권 확대, 생산품 유통구조의 전문화 그리고 경제효율성에 따른 노동분배의 실시에서 출발하였다. 예를 들어, 인민공사 하에서는 작업량에 의해 소득이 분배되지 않고 무상노동이 행해졌으나, 1960년 여름에 들어서며 중국 농업과 대중의 생활 특히 농민의 생활은 심각한 위기적 상황을 맞게 되면서, 마침내 그때까지의 인민공사 정책을 수정하여 인민공사의 규모를 축소하는 한편 많은 권한을 하부 단위에 이양하기 시작하였다. 그러나 작목 선택 등 생산계획에 대한 결정권은 계속 상부의 제약을 받고 있었다. 그럼에도 불구하고 이 시기부터 자류지(自留地)가 확대되거나 생산책임제가 일부 지역에서 실시되는 움직임이 나타나기도 하였다. 그리하여 당시 자류지(自留地), 책임전(責任田), 개간지를 합하여 사적으로 경작된 '자유소토지'가 전체 경지의 1/3에 달하였으며, 일부 생산대에서는 전체 경지의 1/2을 넘어서기까지 하였다.[16] 특히, 노동력 격리정책은 동시에 농촌노동력을 흡수하기 위해 농업 이외의 어떤 생산주체를 형성해야 하는 압력을 형성하였고, 그 결과 **'농촌공업화'**는 점차 중국 경제정책의 중요한 과제가 되었다. '3중전회'(1978년 12월에 열린 '중국공산당 제11기 중앙위원회 제3회 전체회의') 이전의 농촌공업은 사영기업과 인민공사 산하에 있는 생산대대(生産大隊)의 대영기업(隊營企業)에 의해 이루어졌다. 이 사영기업(社營企業)과 대영기업(隊營企業)을 '사대기업(社隊企業)'이라고 한다.[17] 1958년부터 시작된 대약진정책 하에서 농업노동력을 무리하게 농촌공업에 흡수시켰기 때문에 농업생산이 많이 감소했으며, 그로 인해 사대기업의 활동도 정상궤도를 이탈하게 되어 공업생산에도 많은 영향을 미쳤다. 그 결과, 1961년부터 많은 사대기업이 폐쇄되었고 1962년에는 신규설립도 금지되었다.[18] **즉 농촌공업의 발전 없이 농업생산재의 공급에 한계가 있었고, 따라서 '농촌공업화'가 재개되는 것이 불가피했다.** 농촌공업화 역

16 C. Chen and C. Ridley, 1969, *The Rural People's Communes in Lienchiang*, Stanford: Hoover Institution, pp. 18, 99.

17 사대기업(社隊企業)은 향진기업의 전신으로 여기서 사(社)는 인민공사이고 대(隊)는 생산대대(生産大隊)를 지칭한다.

18 張毅, 1983, "我國社隊企業的歷史, 現狀與今後的發展", 「經濟調査」, 北京: 紅旗出版社, p. 121.

시 전통시대가 추구했던 중국식 '근대화의 길'이었다.[19]

농촌공업화가 다시 전개되는 계기가 되었던 1970년 북방지구 농업회의에서도 농업기계화의 실현을 위해 농업에 관련된 산업을 지역의 자원부존의 조건과 범위 내에서 진흥하는 것이 목적이었으며, 그 지역의 생활용품의 생산도 제기되었다. 또 도시 근교의 농촌에서는 도시공업의 하청도 허가되어 공업은 도시에서 농촌으로 확대되었다. '3중전회' 이후 도시 근교에 있는 향진기업이 발전한 이유 중 하나가 바로 개혁 전 70년대 사대기업의 발전 때문이었던 것이다. 그러나 농촌 근교를 중심으로 한 농촌공업은 어느 정도의 발전이 가능했으나 농촌 전체에서 농업잉여가 창출되어 그것이 확대되는 순환 메커니즘으로 진전되지 않았다. 그것은 국민경제에 **새롭게 창출된 잉여가 생산자에게 귀속되지 않고 국고에 집중되는 경제구조에 근본적인 원인**이 있었다. 요컨대, 중공업화를 추진한 국가에 농업잉여를 제공한 농촌은 낮은 생산력 때문에 농업생산재뿐만 아니라 공업생산물도 농업부문 내에서 공급할 수밖에 없었고, 이것을 사대기업이 담당했던 것이다.

중국의 농업과 농촌부문에 대한 결정적 개혁은 '3중전회'를 계기로 이루어졌다. 즉 중국에서는 '3중전회' 이후 사회주의 집권적 명령성경제('행정지령형 계획경제')가 분권화된 시장경제로의 이행이 진행되었다. '3중전회'에서는 농업발전을 도모하는 방향에서 농산물 수매가격의 인상과 **생산대의 자주권 확대를 내용으로 한 경제관리의 분권화**('신농업정책')가 제기되었다. 첫째, 1965년 이후 십 몇 년 만에 농산물의 수매가격이 인상되었다. 1978년 말까지 농촌에 잉여가 남지 않았던 것은 국가의 농산물 수매가격의 설정과 강제수매제도에 그 원인이 있었다. 농산물 수매가격의 인상은 농가의 수익성을 개선시켰고, 또 농업투입재의 상대가격을 인하시켜 농가 교역조건을 개선하는 등 농민의 잉여 증식에 결정적 역할을 하였다. 그러나 농민의 잉여를 증대시키기 위해서는 무엇보다 인센티브가 필요하였다. 농민에게 인센티브를 제공한 것은 1979년 9월 '농업의 발전을 촉진시키는

19 이에 대해서 최배근(2012), 제8장 제1절 참고.

약간의 문제에 관한 결정'(이하 '결정')에 의한 '청부제(請負制)'의 도입이었다.[20] 즉 각종 형태의 생산책임제[21]를 도입하고, 변경지역에 대하여 '호별(경영)청부제'를 실시할 것을 결정하였다. 안휘성의 성공적 도입 경험을 토대로 호별청부제는 1980~81년간 지역 구분을 넘어 전국에 확산되었다.[22] 집단농업의 구조는 1982년 말 '중화인민공화국 헌법'의 수정을 계기로 하여 그 제도적 틀마저 붕괴되기 시작하였다.[23] 새 헌법에서는 인민공사에 통합되어 있던 경제조직과 국가기관의 기능을 분리하여 향・진(鄕・鎭)의 인민정부와 촌민위원회를 설치할 것을 규정하였다. 이러한 헌법 규정에 따라 1983년 이후 단기간 내에 향・진 정부와 촌민위원회가 설치되었으며 1984년 중에 인민공사의 정사분리(政社分離: 공산당과 기업소의 분리)가 완료되었다. 이에 따라 인민공사의 해체는 법제적으로나 실제적으로 확인되었다. 이와 같이 중국의 집단농업체제는 1980~82년 사이에 생산책임제가 지방에서부터 급속히 보급되면서 아래로부터 붕괴하였으며 가족농업체제가 확립되었다. 중요한 점은 **농가생산책임제가 심화・보급되는 가운데 인민공사 제**

20 여기서 '청부(請負)'란 기능적으로는 자본주의하에서 행해지는 '임대'와 유사한 의미이지만, 사적 소유를 전제하지 않는다는 점에서 임대와는 근본적으로 구분된다.

21 생산대의 생산과정을 분할하여 소그룹(到組), 개별농가(到戶), 개인노동(到勞) 등에 청부하는 제도를 일컫는다.

22 1982년 4월에는 포산도호(包産到戶: 호별〈경영〉청부제)가 사회주의 집단경제의 책임제 형식이라고 정식으로 인정되었다. 포산도호는 1981년 1월 전국 농촌의 1%의 생산대에서 실시되었다가 같은 해 6월에는 19.9%까지 증가하였다. 이후 포산도호는 점차 감소하여 1982년 6월 4.9%에 이르게 되었다. 대신 포간도호(包幹到戶)가 급속히 확산되어 1982년 6월에는 전국 생산대의 67%에, 1983년 말에는 98.3%에 보급되었다. 그리하여 1983년 이후 중국의 농업경영은 포간도호가 지배적인 형태가 되었다. 포산도호(包産到戶)는 집단소유의 토지를 농가에 분배한 후 개별농가는 생산 책임을 초과하여 생산한 부분에 대하여는 추가적인 노동점수를 주어 더 많은 배분을 받도록 하는 제도인 반면, 포간도호(包幹到戶)는 생산대가 토지를 개별농가에 분배하고 여기에서 나온 수입은 계약에 따라 국가세수와 집단보유분을 제외한 후 전부 개별농가에 귀속시키는 것이다. 포산도호(包産到戶)와 포간도호(包幹到戶)를 총칭하여 '쌍호'(雙戶)라고 칭한다. 川村嘉夫, 1989, "家族經營の發展と當面の課題", 阪本楠彦・川村嘉夫 編, 「中國農村の改革-家族經營と農産物流通」, アシア經濟硏究所, p. 41; 孫潭鎭, 1991, "農村はどのように變遷してきたか-土地改革・人民公社・生産責任制-", 渡邊利夫 編, 「中國の經濟改革と新發展メカニズム」, 東洋經濟新報社, p. 60.

23 이일영, 1994, "중국의 집단농업의 구조 및 제도개혁에 관한 비교연구—소련・중국・북한농업을 중심으로—", 「농촌경제」 제17권 제4호, 한국농촌경제연구원.

도라는 종래의 권력기구가 소멸하였다는 사실이다.

이러한 농업·농촌개혁은 증산 의욕을 불러일으키는 한편, 농촌 밖으로 유출되던 농업잉여를 농촌 내에 유보하는 데 공헌하였다.[24] 그리고 농민소득의 증대는 농민의 소비수요를 확대함과 동시에 농업생산성을 개선하기 위한 자금을 증대시켰다. 또한 목축, 임업, 어업의 발전도 장려되어 농촌지역의 경제활동도 다양화하기 시작했고, 농민은 각 작물, 각 산업 간의 수익성에 민감하게 반응하게 되었다. 특히, 농업과 가공, 운수, 판매도 겸하는 농가와 비농업에 특화하는 농가도 나타났다.[25] 1984년에 향진기업에 포함된 개인영업과 농민합작기업은 이러한 흐름에 속한다. 게다가 새로운 농업정책이 전개됨에 따라 인구 이동에 대하여 과거와 같이 엄격한 제한을 유지하는 것이 곤란해지게 되었다. 1984년에 이르러 "농민이 집진(集鎭: 비농업 인구를 고려한 작은 규모의 거주 지역)에 들어가고 호적을 옮기는 문제에 관한 국무원 규정"이 공표되었다. 이에 따르면 진(鎭)의 공업·상업·서비스 부문에 종사할 의사와 능력을 보유하고 있고 진(鎭)에 고정적 주거를 가지면서 그 가족이 향진기업에 장기적으로 종사하는 경우 진(鎭)으로의 이주를 허용한다는 것이다. 단, 식량배급을 받을 권리는 부여하지 않았기 때문에 식량은 원래의 호적이 있는 농촌으로부터 공급받아야 했다. 다시 말해, 비농업에 특화하더라도 곡물을 자급할 수 있는 경지만은 보유하게 하는 것이 특색이다. **이러한 사회적 분업의 생성과 심화는 중국의 농촌지역에서 자급부분 이상의 잉여생산물 교환을 전제로 생산되고 그것이 유통되는 이른바 시장경제의 생성을 의미한다.** '3중전회'를 계기로 "시장경제의 발전 없이는 국민경제의 근대화는 있을 수 없다"라는 것을 자각[26]하게 된 것이다. 따라서 1984년의 '계획적 상품경제' 그리고

24 가령, 농업은행예금 중 가정예금은 1979~89년간 20.1배나 증가했고, 그 비중은 동 기간 중 7.6%에서 41.3%로 상승했다. 마찬가지로 농촌신용합작사에 예탁된 농가예금의 증가율도 같은 기간 동안 9.0배 증가했고, 예금 중 농가예금의 구성비도 36.3%에서 84.6%로 증가했다. 全載旭, 1994, "中國 經濟體制 개혁과 鄕鎭企業의 발전", 「中國硏究」, p. 174.

25 D. Perkins, 1988, p. 612, Table 1 참조.

26 시장친화적인 발전은 전통시대 말의 특징이었다. 이에 대해서는 최배근(2012), 제8장 제1절 참고.

1992년의 '사회주의 시장경제'라고 규정된 중국 경제의 성격은 그 기원을 '3중전회'에서 찾을 수 있다.

새로운 경제주체로서 향진기업은 '농촌공업화'의 주역으로 급성장하였다. 무엇보다, 청부제 보급에 의해 농촌의 과잉노동력이 비농업부문에 취업할 수밖에 없게 되었고, 농업정책의 전환으로 비농업부문에 투하할 수 있는 잉여가 발생했기 때문이다. 그 결과 농업 편중적인 **농촌경제를 다산업(多産業) 경제구조로 변화**시켰다. 농촌사회 생산액 중 향진기업이 차지하는 생산액의 비중이 개혁・개방이 실시된 1979년에 22.3%에 불과하였던 것이 1987년에는 50%를 넘어섰고, 1992년에는 70.8%까지 상승했다.[27] 이는 향진기업이 중국 경제의 고도성장에 결정적 역할을 수행했음을 보여주는 것이다. 둘째, 농촌 내부의 노동 이동을 가능케 한 향진기업의 발달은 농촌지역에 새로운 소도시군을 형성시켰을 뿐 아니라 도시에 인구가 집중하는 것을 상당히 완화시켰다.[28] 농촌의 유휴노동력이 이동하는 형태는 '불이토불이향(不離土不離鄕)', '이토불이향(離土不離鄕)', '이향불이토(離鄕不離土)', '이토우이향(離土又離鄕)'의 네 유형이 있는데, 향진기업이 발전한 지역에서는 '이토불이향(離土不離鄕)' 형이 중요한 형태를 이루었다. 이는 농업을 떠난 노동력을 농촌 내부의 향진기업이 흡수하는 방식이다. 이것은 도시화를 수반하지 않는 노동력의 흡수 방책[29]으로서 서구 공업화나 개발도상국의 공업화에 따른 농촌에서 도시로의 노동력의 이동과 다른 점이다.[30] 즉 중국은 인구가 많고 여전히 농촌인구의 비중이 크기 때문에 도시화는 많은 문제를 야기할 수 있을 뿐만 아니라 실현불가능하기까지 하다. 따라서 농촌의 비농업부문의 발전과 농촌 주변의 소도시 건설을 상호 결합한 향진기업의 발전은 농촌의 잉여노

---

27 中國年鑑社, 1993, 『中國年鑑』; R. Islam and J. Hehui, 1994, "Rural Industrialization: An Engine of Prosperity in Postreform Rural China," *World Development*, Vol. 22 No. 11, p. 1647, Table 4.

28 全載旭 1994, pp. 178-81.

29 예를 들어, 1979년 2,909만 명이었던 향진기업의 취업자 수는 1984년 5,208만 명, 1992년 1억 581만 명으로 증가하였다. 中國年鑑社, 1993, 「中國年鑑」.

30 憑蘭瑞・姜渭漁, 1987, "農業余剩勞動力轉移模式的比較研究", 「中國社會科學」 第5號, 북경.

동력을 흡수하면서 도시화의 문제를 피하는 중요한 수단이 되었다. 이는 중국 전통사회가 지향했던 농촌공업화와 시장경제의 결합과 맥을 같이한다.[31] 한편, 농민의 향진기업에의 취업 증가는 농촌소득 중 농외소득을 증가시켰다.[32] 농민 일인당 경지가 극히 영세하여 농업소득을 증대시키는 데는 한계가 있을 수밖에 없

▌표 7-1. 중국 제조업의 고용(백만 명)

	제조업 고용		
	전 체	도 시	농촌(향진기업)
2002	85.9	30.3	55.6
2003	86.4	29.8	56.5
2004	88.6	30.2	58.4
2005	92.0	31.3	60.7
2006	94.9	32.8	62.1
2007	96.9	34.1	62.8
2008	98.5	34.5	64.0
2009	99.0	34.6	64.4

출처: U.S. Bureau of Labor Statistics, International Labor Comparisons. J. Banister, "China's manufacturing employment and hourly labor compensation, 2002-2009"에서 재인용. http://www.bls.gov/fls/china_method.htm

▌표 7-2. 중국 제조업 종사자의 평균 시간 당 임금(미국 달러), 2002~2009년

	노동자 평균 시간 당 임금		
	전 체	도 시	농촌(향진기업)
2002	0.60	0.95	0.41
2003	0.68	1.09	0.46
2004	0.74	1.23	0.50
2005	0.83	1.35	0.57
2006	0.95	1.56	0.64
2007	1.21	1.96	0.80
2008	1.59	2.58	1.06
2009	1.74	2.85	1.15

출처: U.S. Bureau of Labor Statistics, International Labor Comparisons. J. Banister, "China's manufacturing employment and hourly labor compensation, 2002-2009"에서 재인용. http://www.bls.gov/fls/china_method.htm

31 최배근, 2012, 제8장 제1절.

32 예를 들어, 1980년 농민 일인당 연간 순수입 191.3위안 중 향진기업에서 얻은 임금은 14.7위안으

기에 농민소득의 향진기업 의존도는 더욱 높아질 수밖에 없다.[33]

셋째, 향진기업은 국가 재정수입의 주요한 원천이 되고 있다.[34] 즉 향진기업은 정부가 부담해야 할 재정지출을 부담하고 있다. 예를 들어, 농촌교육이나 영화관 건설 등 농촌집체(農村集体) 복리사업과 소도시 건설 같은 농촌의 각종 건설사업을 향진기업의 수입으로 건설하였다.[35] 이와 같이 이공보농(以工補農: 공업으로 농업을 육성)의 목적으로 진행된 향진기업이 1978~93년간 농업건설에 직접투자한 자금은 652억 위안으로 이는 동 기간에 국가가 농업에 투입한 자금의 84.3%에 해당하였다.[36] 넷째, 개방과 더불어 대외지향적인 경제가 발전되면서 개방 초기 대외무역에서 향진기업의 역할은 갈수록 증대하였다.[37]

이러한 향진기업의 역동성은 독자적인 성장 메커니즘에서 비롯된다. 국유기업은 국가 계획의 양적 달성에 중점이 주어진 기관으로 개별기업의 채산은 거의 문제가 되지 않고, 또 국가 계획을 담당하고 있는 이상 도산은 있을 수 없다. 그러나 향진기업은 그 전신인 사대기업 때부터 국가 계획과는 기본적으로 직접 관계가 없었고, 설립・경영자금의 조달에서 원료의 조달 및 판매의 확보까지 거의 독자적으로 실시하였다. 예를 들어, 종래에는 농촌에서 마련된 저축은 농촌지역 내

로 7.7%를 차지하였으나 1993년에는 연간순수입 921.6위안 중 향진기업의 임금이 280.2위안으로 전체의 30.4%를 차지하였다. R. Islam and J. Hehui, 1994, p. 1645, Table 1 참조.

33 金衡模, 1997, "中國의 農村工業化(鄕鎭企業)에 관한 硏究-山東省을 중심으로-", 「東北亞經濟硏究」, 제8호, 한국동북아경제학회, p. 301.

34 1980년 향진기업이 납부한 세금은 26억 위안(元)으로 전체 재정수입 1,042억 위안의 2.5%를 차지하였으나 1985년에는 137억 위안으로 7.5%, 1993년에는 947.8억 위안으로 24.0%를 차지하였다. 특히 향진기업이 비교적 발달한 지방(縣)에서는 재정수입의 80% 이상이 향진기업에서 나왔다.

35 향진기업이 부담한 농촌집체 복리사업과 각종 건설사업비는 1980년에 48.7억 위안, 1985년에 129.4억 위안, 1993년에 290억 위안으로 증가했기 때문에 향진기업이 발달한 지역은 농촌의 복지시설과 소도시 건설이 순조롭게 진행되었다.

36 金衡模, 1997, pp. 302-303; R. Islam and J. Hehui, 1994, pp. 1652-53, Tables 7-8.

37 향진기업의 수출이 총수출액에서 차지하는 비중은 1984~85년 4.5%에서 1986년 14.3%, 1988년 16.8%, 1990년 20.8%, 1992년 25.5%, 1993년 41.5%로 빠르게 증가했다. 그러나 외국자본의 역할이 크게 증가함에 따라 상대적으로 수출에서 향진기업의 역할은 축소되었다. 특히, WTO 가입 이후 크게 하락하여 2005년 중국 총수출액에서 향진기업이 차지하는 비중은 4.8%, 중국 기업의 전체 수출액에서는 11.6%를 차지하였다.

에서 순환되지 않고 금융기관을 통해 도시의 상공업에 공급되고는 했다. 그러나 1984년을 기점으로 농촌의 내부에서 자금이 대규모로 순환하게 되었고, 특히 향진기업에 대출된 금액은 향진기업의 예금액을 훨씬 상회할 정도로 증대하였다. 이것은 급증하는 농가예금이 향진기업으로 대출되었기 때문이다. 향진기업은 융자를 통해 투자한 결과 공급량이 증대되어 판로를 찾는 제품은 원격지로 향하게 되었던 것이다.

향진기업이 주도한 '중국 시장경제화(the Chinese road to a market economy)'의 주요 특징을 요약하면 다음과 같다. 첫째, **농촌공업화와 지역정부의 역할, 그리고 집체소유와의 결합을 특성**으로 한다. 따라서 도시 중심의 공업화를 경험한 서구 중심의 사고로는 농촌공업화를 통한 중국 시장경제의 역동성과 의미를 제대로 이해하기 어렵다. 향진기업은 지방정부의 자치 권한을 증대시키고, 재정 분산과 분권화의 촉진은 다시 지역 간 발전 경쟁을 불러일으킴으로써 경세 환경을 더 시장 중심적으로 만들었다. 둘째, 대부분의 향진기업은 규모 면에서 중소기업에 비교된다. 즉 대개의 향진기업은 경영 규모가 작고 제품의 가격지배력을 가지지 않는 가격수용자였기 때문에 이윤을 증대시키는 방법은 생산비를 절감하고 대량으로 판매할 수밖에 없었다. 이는 **향진기업의 효율성이 시장경제의 경쟁원칙에서 비롯된 것임을 의미한다.** 셋째, **'사유화를 수반하지 않은 분권화와 시장경제화'**였다. 정치영역에서 사회주의 원칙, 즉 공유제 원칙을 고수하면서 진행된 경제영역에서의 시장경제화였다. 다시 말해, **향진기업은 배타적 사유재산권에 기초한 자본주의 시장시스템이 시장시스템의 한 유형에 불과하고, 시장시스템은 다양한 소유와 결합될 수 있음을 보여주는** 중요한 의미를 제공한다.[38]

사실, 향진기업의 소유 형식이나 경영 방식은 전통사회에서의 **다원적 소유제 및 다각경영**과 그 맥을 같이한다.[39] 흔히, 향진기업의 특성으로 '삼다종(三多種)',

---

38 최배근, 1998, "유교자본주의(론)의 위기와 상상력의 빈곤", 「경제와 사회」, 제39호(가을호). 2002년 12월 제16차 전대에서 허용된 자본가의 공산당 입당이나, 사유재산이 보장된 2007년 3월 물권법의 통과 등의 배경이다.

39 이에 대해서는 최배근(2012), 제8장 제1절 참고.

즉 **다종소유형식 · 다종경영방식 · 다종산업**을 지적한다. 이는 중국 전통사회의 생산력 특성과 진화패턴의 '부활'인 반면, 향진기업의 등장으로 전통시대의 농촌 사회가 극복하지 못했던 '발전 없는 성장(growth without development)'과는 다른 모습이었다. 향진기업은 성장률이나 생산성에서 국영기업보다 훨씬 앞섰기 때문이다. 사기업과의 차이도 발견되지 않거나, 심지어 사기업보다 큰 것으로 보고되고 있다. 향진기업을 통해 중국은 '공유된 성장(shared growth)'을 만들어냈다. 영미형의 시장시스템에 익숙한 사람들은 중국 향진기업의 문제점으로 흔히 '재산권이 불명확하고, 지역 정부와 분리되지 않았다는 것'을 지적한다. 즉 주류 사회과학의 재산권 개념에 따르면 재산권이 명확하게 규정되지 않으면 효율성이 담보되지 않는다고 주장한다. 그러나 중국의 기층정부가 사실상 소유하는 향진기업들

▌표 7-3. 중국 산업생산의 소유구조

	1978	1985	1993
국가소유	78	65	43
집체소유 −도시집체소유 −농촌집체소유	22 13 9	32 16 16	39 10 29
개인소유	Neg.	2	8
외국인투자	Neg.	Neg.	10

주: Neg. = 무시해도 좋을 정도의 비중.
자료: 國家統計局, 「中國統計年鑑」, 1994, pp. 373-75.

▌표 7-4. 소유 형태별 기업의 수익성

	ROA		ROE	
	1998	2003	1998	2003
전체 기업	6.1	12.2	3.8	12.2
국영기업	4.8	10.2	2.0	10.2
집체기업	11.2	16.5	10.8	16.5
사기업	7.8	15.0	6.0	14.4

출처: G. Ferri and L. Liu, 2009, "Honor Thy Creditors Beforan Thy Shareholders: Are the Profits of Chinese State-Owned Enterprises Real?" HKIMR Working Paper 16, Honk Kong Institute for Monetary Research (April).

의 '모호한 소유권'은 효율성에 심각한 문제를 갖고 있지 않다. 정교한 사적 소유권을 불필요하게 하는 '협조적 문화'의 존재나 사기업과 같은 인센티브제의 작동 등 때문이다. 이 밖에도 정치 민주화 없는 중국의 경제성장은 글로벌 금융위기와 더불어 주류 사회과학의 뿌리를 흔들어 놓고 있다.

개방, 성장의 가속화와 팍스시니카의 우려

중국의 성공적인 경제성장을 도운 두 번째 토대는 개방전략이다. 마오쩌둥 집권하에 중국은 자급자족적 경제를 추구한 나머지 기본적으로 대외개방을 하지 않았다. 덩샤오핑은 과거 중국이 바로 이러한 폐쇄정책으로 인하여 낙후 상태를 면할 수 없었다고 평가했다.[40] 1979년 1월 중・미 수교를 시작으로 1980년에는 4대 경제특구가 지정되고, 1984년 4월에는 동남부 14개 연안도시가 개방되었다.[41] 그러나 1992년 이전까지 개방은 연안지방을 중심으로 제한적이었다. 게다가 일부 보수파들은 개방정책을 반대했다. 외국기업 및 해외자본의 중국 진출로 중국 경제가 종속될 것이라는 우려 때문이었다. 그러나 개혁으로 자신감을 획득한 중국의 개방 세력은 경제개발을 촉진하기 위해서 서구 선진국의 자본과 기술 도입이 불가피하다고 생각하였다. 게다가 90년대 중반을 넘어서면서 성장이 둔화되자 성장의 가속화를 위해 외자 유치와 수출주도형 경제성장을 지지하는 목소리가 힘을 얻게 된다. 즉 1992~94년간 연평균 12.4%의 성장률을 경험하였던 중국 경제는 90년대 후반부터 성장률의 둔화를 경험한다. 95년 9.7%, 96년 8.9%, 97년 8.2%, 98년 6.8%, 99년 6.7%까지 지속적으로 하락하였다. 중국 정부는 사회 안정의 유지를 위해 이른바 '바오바(保八) 정책'[42]을 고수해왔다. 예를 들어,

40 예를 들어, 덩샤오핑은 "중국이 오랫동안 정체와 낙후상태에 머물러 있었던 주요 원인은 폐쇄성에 있다. 문호를 닫은 상태로 건설을 추진한다는 것은 성공할 수 없는 동시에 중국의 발전이 국제관계를 떠날 수 없다는 사실은 경험을 통해 입증되었다"라고 지적하였다.

41 1985~97년간 전체 외국인직접투자의 71.3%가 연안지역에서 이루어졌다. E. Graham and E. Wada, 2001, "Foreign Direct Investment in China: Effects on Growth and Economic Performance," P. Drysdale(ed.), *Achieving High Growth: Experience of Transitional Economies in East Asia,* Oxford University Press.

최소 8% 이상의 성장을 유지해야만 실업의 급증 방지할 수 있기 때문이다. 성장률의 둔화에 직면한 중국 정부는 공격적인 개방전략을 선택하고 WTO 가입을 추진한다.[43] 성장률을 끌어올리기 위해서는 자본투입(그림 7-3)의 증대와 시장 확대(그림 7-5)가 불가피했고, 이를 위해 해외자본의 도입과 해외시장의 확장이 필요했기 때문이다. 개방전략의 결과 GDP와 수출 증가는 가속화되었다(그림 7-2, 4). WTO 가입 후부터 금융위기 이전인 2002~07년간 연평균 GDP 성장률은 10.6%에 달했다. 그 결과 중국의 일인당 PPP GDP는 1990년 미국의 5% 수준에서 2013년 21%까지 증가하였다(그림 7-2). 마찬가지로 GDP 대비 수출 비중(그림 7-6)은 90년대 말 약 20% 수준에서 글로벌 금융위기 전까지 약 40%까지 상승하였고, 그 결과 글로벌 시장에서 중국 수출의 비중은 90년대 2%대에서 2013년에는 10% 이상으로 증가하였다(그림 7-5).

이처럼 중국의 개방은 중국 내부가 결여하고 있는 부분을 보완하는 성격을 갖는다. 공업화와 경제성장을 추구하는 후발국으로서 중국은 자본 부족과 시장(수

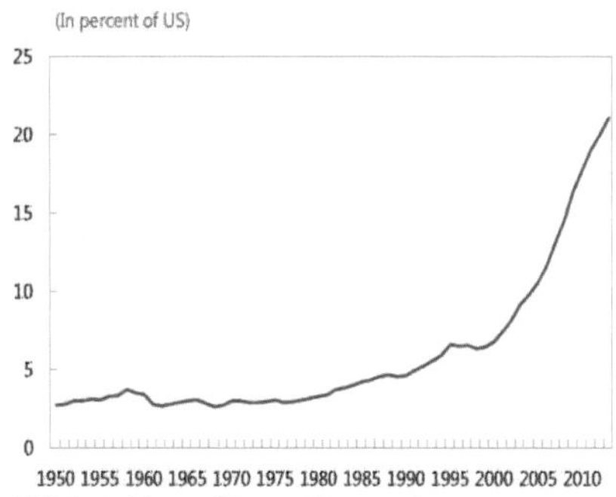

출처: B. Bakker and L. Lipschitz, 2014.

▌그림7-2. 중국의 일인당 GDP(미국 대비, %)

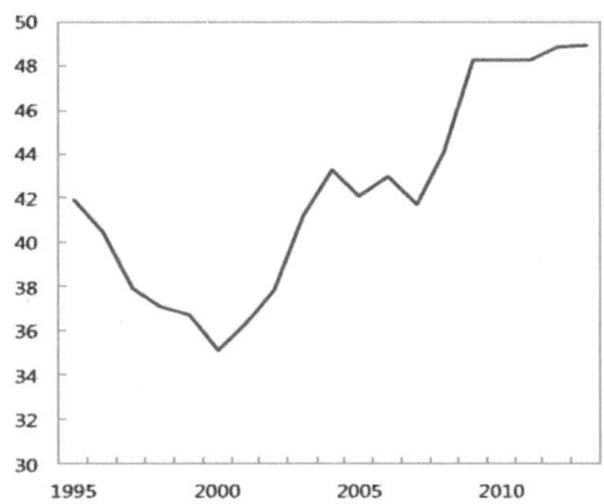

▌그림7-3. 중국의 GDP 대비 투자 비중

42 예를 들어, 중국인민대표대회에서 2005년부터 2011년까지 그 해 성장률 목표치를 줄곧 8%로 제시해왔다.

43 중국은 80년대 후반부터 WTO 가입을 희망해왔지만 본격적인 추진을 한 것은 1999년이고 그 해 11월 15일 중국의 WTO 가입에 대해 미국과 중국 간에 합의가 이루어졌다.

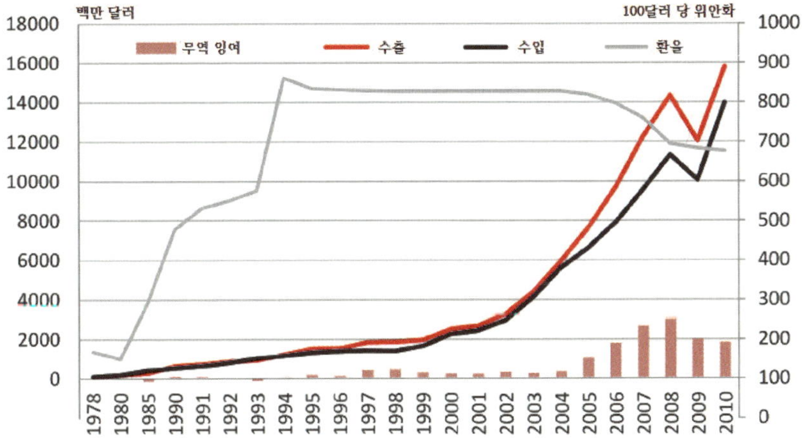

출처: X. Li, 2012 "China as a Trading Superpower," in N. Kitchen (ed.) China's Geoeconomic Strategy, London School of Economics, Table 1.

▌그림 7-4. 개혁개방 이후 중국 수출과 수입의 추이

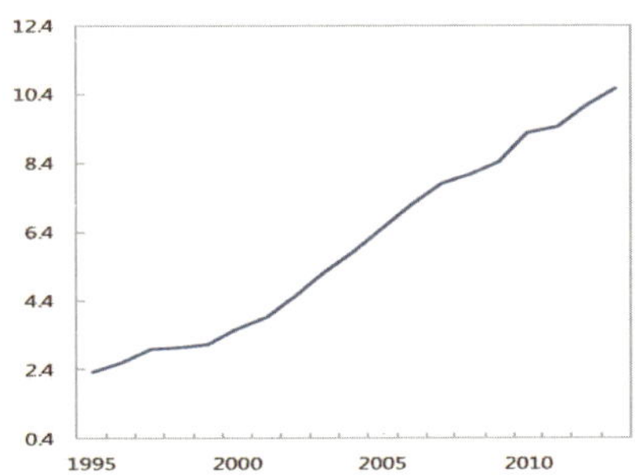

출처: B. Bakker and L. Lipschitz, 2014.

▌그림 7-5. 세계시장에서 중국의 수출 비중

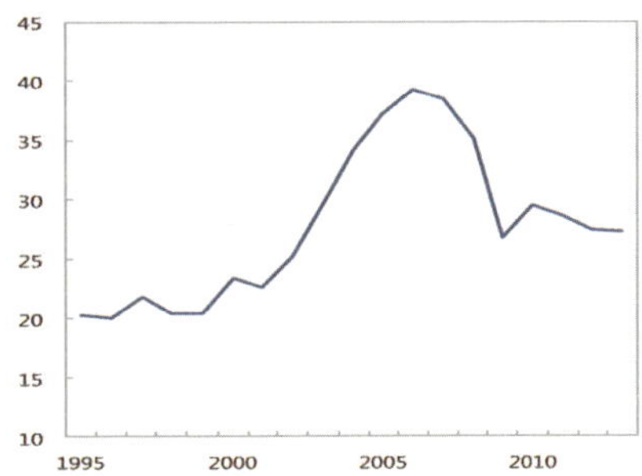

▌그림 7-6. 중국의 GDP 대비 수출 비중

요) 부족의 문제에 직면하였다. 따라서 자신이 보유한 노동력과 결합할 수 있는 자본의 유입을 촉진시킬 개방전략(직접투자 중심의 자본 유치 전략)이 필요하였고,[44] 낮은 소득 수준에서 비롯한 제한된 시장의 문제를 해결하기 위한 개방전략(수출 주도의 성장 전략)이 요구되었다. 즉 제한된 내수시장과 자본축적으로 빠른 성장을

44 2010년 4월 기준으로 중국에 대한 외국인직접투자액의 누계가 1조 달러를 돌파하였다. 개발도상국을 대상으로 하는 외국인투자 1위를 17년간 유지하고 있다.

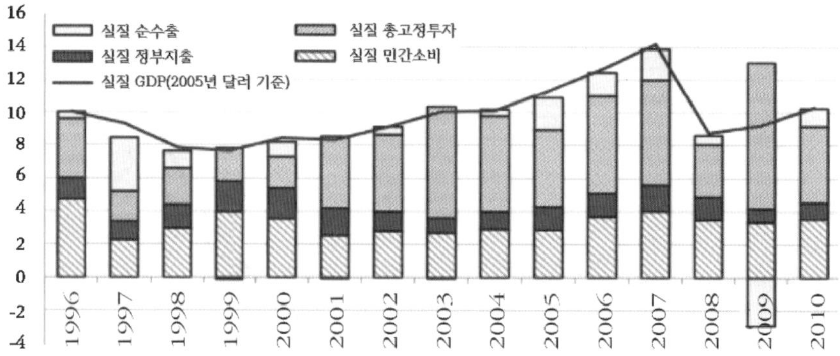

출처: Economist, EIU Country Data.

▌그림 7-7. 중국 경제성장의 원천

위해서는 '해외자본에 기초한 고투자와 수출'에 의존해야 했다.45 〈그림 7-7〉에서 보듯이 2000년 전후부터 수출이 크게 증가하고 2001년부터 경제성장에 대한 기업 투자지출의 기여가 크게 증가한 배경이다.

그리고 수출은 공업화 과정을 거치며 농촌에서 도시로 유입되는 실업 문제의 해법이기도 하였다. 1992년 이래 중국에 대한 외국인직접투자(FDI)의 규모는 개도국 중 1위였고, 세계에서는 미국 다음이었다. 그리고 2002년에는 미국에 대한 FDI(530억 달러)를 추월하였다. 이처럼 중국 경제, 특히 제조업에서 가장 중요한 역할을 수행한 것은 해외 자본으로, 이들의 활동이 중국 경제를 수출 주도 경제로 전환시켰다 해도 과언이 아니다. 예를 들어, GDP 대비 수출 비중은 1990년 16%에서 2006년에는 40%로 증가했는데, 외국인에 의한 생산・수출 규모는 1985년 전체 수출 중 2%에서 2005년에는 58%까지 증가했다. 특히, 하이테크 제품의 수출은 88%를 차지했다.

초기의 높은 투자는 외국인자본의 유치에 따른 것이었으나, 수출과 무역흑자가 증대함에 따라 국영기업 중심의 투자가 증대하였다. 투자지출이 GDP에서 차

45 M. Hart-Landsberg, 2010, "The U.S. Economy and China: Capitalism, Class, and Crisis," Volume 61, Issue 9.

지하는 평균 비중은 1980년대(1981~90)는 28%에서 90년대(1991~2000)는 34%, 그리고 2000년대(2000~05)는 38%로 증가했다. 그 결과 성장에 대한 기여분도 연평균 9.1%로 성장한 1980년대는 26%, 연평균 10.5%가 증가한 90년대는 40%, 그리고 2000년대에는 51%로 증가했다. 중국의 수출은 특히 WTO 가입 이후 가속화되었다. 2001~08년 사이에 중국의 수출은 5.4배나 증가했다.[46] 그 결과 성장에 대한 순수출의 기여율은 80년대와 90년대 1%에 불과했으나 2000년대에는 15%로 15배나 증가했을 정도이다.[47] 순수출의 기여 증대는 무역흑자와 외환보유고의 급증으로 나타났다. 무역수지 흑자는 다시 투자와 수출 증대로 이어졌다. 금융위기 이후 세계 교역이 감소하는 가운데도 높은 성장률을 기록[48]할 수 있었던 것도 높은 투자율로 가능한 것이었다. 예를 들어, 글로벌 금융위기로 세계 교역이 크게 침체했던 2009년에 총투자율은 45% 수준까지 상승했고,[49] 2010년에도 고정자산투자는 GDP의 50%에 달하였다. 이처럼 무역흑자, 특히 미국과의 무역흑자가 급증하면서 새로운 단계의 '글로벌 불균형' 문제가 대두하였다. 즉 중국의 무역흑자가 급증하면서 외환보유고 증대는 불태화정책의 일환으로 미국채 투자로 이어졌다. 이는 앞에서 지적했듯이 미국 자본시장을 왜곡시킴으로써 과잉 소비와 부동산가격의 상승 그리고 금융위기의 원인으로 지적된다.

수입액에서도 2009년부터 독일을 앞질러 미국 다음으로 세계 2위 규모의 시장이 되었다. 2013년 수입액은 중국이 1조 9,503억 달러, 미국이 2조 7,440억 달러를 기록하였다. 여전히 미국 시장보다는 작지만 2009년 미국 시장 규모 대비 63%에서 71%로 증가하였듯이 세계 소비시장으로서 중국의 역할은 빠르게 증가하고 있다. 이처럼 중국은 세계경제의 가장 역동적인 부분이 되었고, 세계 경제

46 중국의 2010년 수출은 1조 1,940억 달러로 2008년 1조 4,290억 달러보다 후퇴했고, 주요 수출국은 미국(17.7%), 홍콩(13.3%), 일본(8.1%), 한국(5.2%), 독일(4.1%) 등이다.
47 MGI, 2009, "If you've got it, spend it: Unleashing the Chinese Consumer" (Aug.).
48 중국의 GDP 증가율은 2008년부터 2010년까지 각각 9.6, 9.2, 10.3%를 기록했다.
49 Economist, Jan. 21st, 2010.

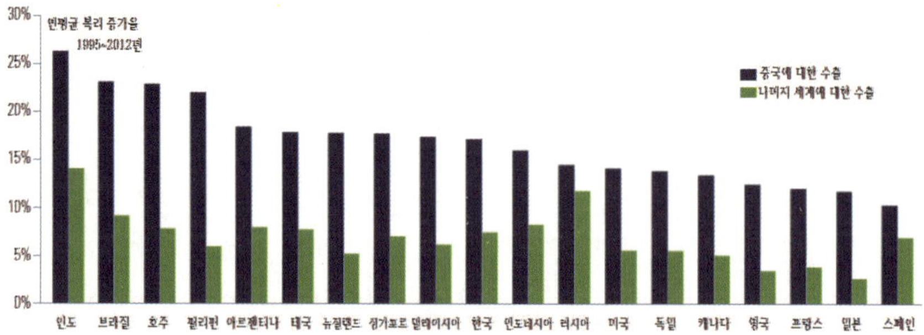

출처: Goldman Sachs, 2013, "The China credit conundrum: Risks, paths and implications" (July 26).

▌그림 7-8. 주요국의 중국에 대한 수출의 급증, 1995~2012년간 연평균 복리 증가율

성장에서 가장 큰 기여를 하고 있다. 이는 1995~2012년간 대부분 주요 국가들의 경우 중국에 대한 수출증가율이 중국 이외의 나머지 국가들에 대한 수출증가율보다 두 배 이상인데서도 확인된다(그림 7-8). 이는 중국이 세계의 공장에서 소비 시장으로 이행하고 있음을 의미한다. 중국의 2011년 수입 증가분 3,487억 달러는 전 세계 수입 증가액 9,700억 달러의 36%에 달하였다.[50] 특히, 세계 총 제조업 수입에서 1/5 이상을 차지한다. 일본 제조업 수입에서 중국의 비중이 35%, EU에서 약 30%, 미국에서 25% 이상을 차지한다. 게다가 중국은 더 이상 저가 제품의 시장이 아니라, 고급 제품에서도 세계 제일의 시장으로 부상하였다. 예를 들어, 2010년 중국 내 아우디의 판매량은 독일보다 많았다.[51]

중국의 세계경제에 대한 영향은 상품에 대한 소비시장에서 자본시장으로 확대되고 있다. 2014년 9월 말 기준 3.89조 달러의 외환보유고[52]를 무기로 해외 자산의 수요자 역할을 하고 있다. GDP 대비 40%가 넘는 외환보유고는 무역흑자에서 비롯한 것이었다. 2004년까지 500억 달러 이하였던 무역흑자는 2005년부터 급증하여 2008년에 무역흑자 규모는 3,500억 달러에 근접하였다. 그에 비례

50 A. Mattoo and A. Subramanian, Dec. 2011, "China and the World Trading System," World Bank, Policy Research Working Paper 5897.

51 중국의 2010년 수입은 9,215억 달러로 2008년의 1조 1,310억 달러보다 감소했고, 주요 수입국은 일본(13.3%), 한국(9.9%), 미국(7.2%), 독일(4.9%) 등이다.

52 2014년 2분기의 4.01조 달러보다 1,030억 달러 줄어든 것이다.

하여 2004년경 약 5천억 달러에 불과했던 중국의 외환보유액도 2006년 말에는 1조 달러를 돌파했고, 2009년에는 2조 달러, 2010년에는 3조 달러를 돌파했다. 중국이 자본 수입국에서 수출국으로 전환한 것은 국제 경제에 대한 영향력을 강화하고, 위안화 평가절상의 압력을 줄이기 위한 것이다. 물론 중국의 자본 및 자산 시장에 대한 투자는 중국의 무역 규모에 비하면 절대적으로 비중이 낮다. 중국의 해외직접투자는 2008년 535억 달러(세계 해외직접투자의 2.8%)에서 2012년 624억 달러(세계 4.4%)로 증가했지만,53 이는 영국이 1914년에 해외직접투자액의 45%를, 미국이 1967년에 50%를, 그리고 2012년 미국이 25%를 차지한 것과 비교할 때 절대적으로 낮은 수준이다.54 그럼에도 불구하고 해당 국가들을 중심으로 우려가 증대하는 이유는 그 속도가 매우 빠르기 때문이다. 특히 기업 인수합병(M&A) 시장에서 2013년 중국은 680억 달러에 달하는 367 계약을 성사시킴으로써 2천억 달러에 해당하는 1,693 계약을 성사시킨 미국 기업에 이어 두 번째를 기록하였다(표 7-5).

표 7-5. 중국 기업의 해외기업 인수합병(M&A) 금액과 건수

연 도	계약 금액	계약 성사 건수
2006	21,107	107
2007	31,009	174
2008	50,246	242
2009	36,433	258
2010	49,857	324
2011	54,172	372
2012	59,817	365
2013	67,982	367

출처: Dealogic. A. Cheng, 2014, "Chinese Companies Are the New Force in Global M&A", Institutional Investor (Aug. 28)에서 재인용.

중국의 성장은 에너지 및 원자재의 수요와 가격에 영향을 미치는 주요 변수가 되었다. 예를 들어, 미국보다 많은 자동차를 소비하고 중국에서 소비된 휴대전화가 세계 전체 소비보다 많은 상황이다. 2013년 한 해 동안 세계 석탄 소비량 중 중국이 차지하는 비중은 절반 가까이에 이르렀고, 화력발전에 소모되는 석탄량도 절반 이상에 달했다. 2013년 철강 수요도 약 46%(15억 8천 6백만 톤 중 7억 2천

53 OECD, 2013, "FDI in Figures" (April).

54 Economist, Nov. 11th, 2011. 사실 중국은 여전히 자본 유입이 유출보다 크다. 2012년 중국 내 유입된 해외직접투자는 전 세계 해외직접투자의 18%를 차지함으로써 미국의 12%를 앞섰다.

9백만 톤)에 달했다. 그리고 이는 미국과 유럽연합, 일본의 소비량을 합한 것보다 2.2배 이상이 많은 규모였다.[55] 구리와 알루미늄 등도 비슷한 비중을 차지했다(그림 7-9). 그 결과 기업의 인수합병도 에너지 등 자원개발 사업 부문에 적극적으로 추진하고 있다. 2009년에 중국 해외직접투자(FDI)의 70%가 자연자원에 이루어질 정도였다.[56] 아프리카와의 중국 무역도 급증한 배경이다. 아프리카 무역액에서 중국이 차지하는 비중은 1980년대만 하더라도 1% 미만이었다. 그러나 2009년(상품 기준) 아프리카 수출과 수입 중 중국이 차지하는 비중은 각각 약 11%와 13%를 차지하였다. 전통적으로 깊은 관계를 맺고 있는 유럽의 어느 국가보다 높

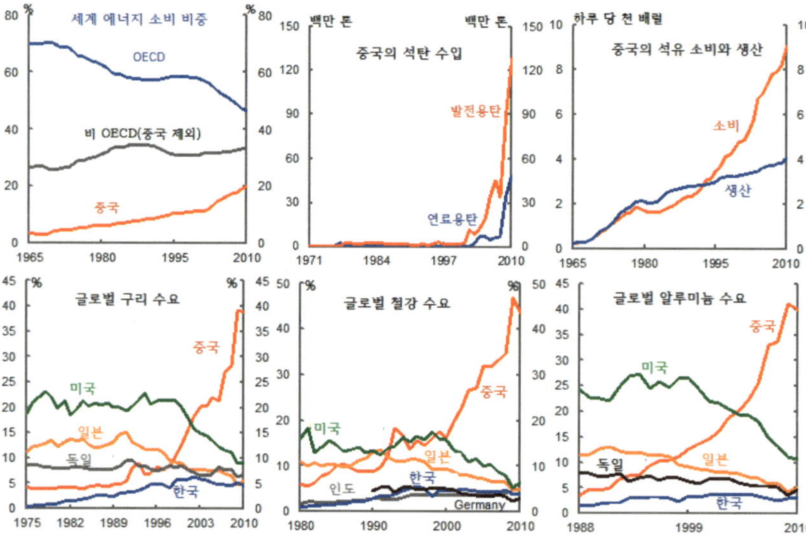

출처: 호주 재무성, 2012, Economic Roundup Issue 1.
http://www.treasury.gov.au/PublicationsAndMedia/Publications/2012/Economic-Roundup-Issue-1/Report/global-commodity-markets

▌그림 7-9. 글로벌 에너지 및 자원 시장에서 중국의 수요 비중

55 Ernst & Young, Global Steel 2014.

56 예를 들어, CNOOC, CNPC, 중국석유화공집단공사(Sinopec) 등 3대 국영기업 등이 중심이 된 중국의 해외 석유가스기업 인수 총액은 2010년에 300억 달러로 사상 최고치를 기록했고, 이는 세계 M&A 거래액의 20%에 달하는 규모였다.

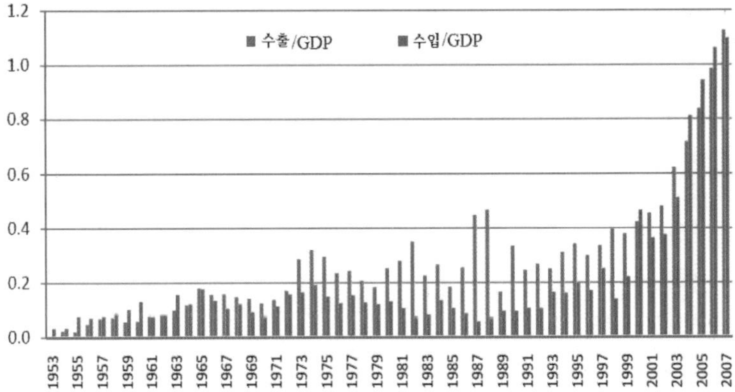

출처: M. Renard, 2011, "China''s Trade and FDI in Africa," African Development Bank Group Working Paper No. 126, Figure 1.

▌그림 7-10. 아프리카에 대한 중국의 수출과 수입, 1953~2007년(GDP 대비 %)

은 비중이다.[57] 이는 중국의 수출과 수입에서 아프리카가 차지하는 비중에서도 확인된다. 무역액이 급증한 2000년대 이후 중국의 수출과 수입에서 아프리카가 차지하는 비중도 급증하였다. 아프리카에 대한 중국의 직접투자 역시 자원 중심적으로 추진되고 있다(그림 7-10).[58] 중국의 해외투자는 세계 최대 규모로 2013년 기준 1.22조 달러가 넘는 국부펀드가 주도하고 있다.

이처럼 오늘날 중국은 세계 경제에 광범위한 영향을 미치고 있다. IMF에 따르면 중국 경제가 1% 성장할 경우 세계 GDP는 5년 이후 0.4%, 약 2,900억 달러가 증가한다.[59] 〈이코노미스트〉가 개발한 중국의존지수(Sinodependency index)[60]는 S&P500지수와 같이 움직이고 있음을 보여준다(그림 7-11). 실제로 2010년 하반기부터 생활물가 급등, 부동산 등 자산버블, 은행 대출의 급증, 지방부채의 과잉,

57 S. Asongu and G. Aminkeng, 2013, "The Economic Consequences of China-Africa Relations: Debunking Myths in the Debate," MPRA Paper No. 48468 (July 20).

58 I. Kolstad and A. Wiig, 2011, "Better the Devil You Know? Chinese Foreign Direct Investment in Africa," *Journal of African Business* Vol. 12 No. 2, pp. 31-50.

59 V. Arora and A. Vamvakidis, 2010, "China's Economic Growth: International Spillovers," IMF Working Paper WP/10/165

60 Economist, Oct. 20, 2010. 중국에서의 수입 비중이 높은 22개 기업의 시장 가치와 중국에서의 수입 비중으로 가중 계산한 지수이다.

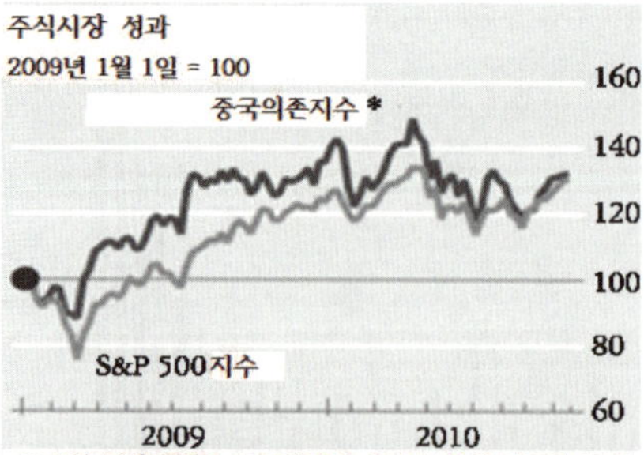

* 주식의 시장가치와 중국에서의 수입에 의해 가중된 22개 S&P 500 기업에 기초해 산출.
출처: Economist, Oct. 20, 2010.

▌그림 7-11. 중국의존지수와 S&P500지수

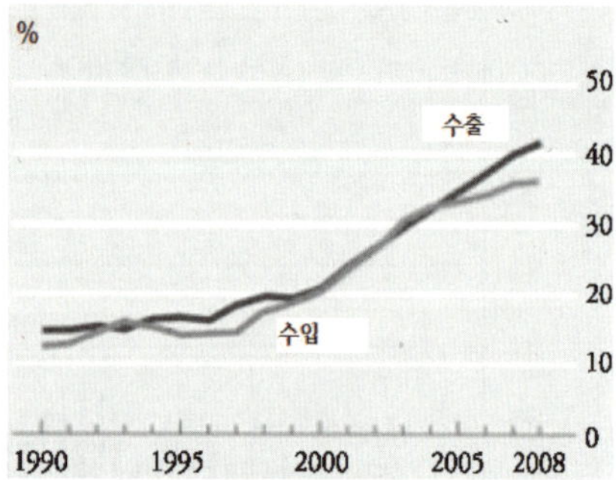

출처: Economist, Sep. 2, 2010.

▌그림 7-12. 동아시아 무역에서 중국의 비중

자동차 등 일부 산업의 과잉 투자 및 공급 등 과열 억제를 위해 중국 정부가 긴축으로 전환하자 글로벌 경제는 차이나 리스크와 쇼크를 우려하였다. 실제로 2010년 4분기 이후 중국 인민은행이 금리를 인상하자 자산 가격과 상품 가격 그리고 금값 등은 바로 영향을 받았다. 글로벌 경제에서 중국 경제가 차지하는 비중을 보여주는 것이다.

한편, 중국의 수출 주도 성장은 경제 논리 이상의 의미를 갖는다. 흔히 중국은 '승천을 꿈꾸는 용'에 비유되곤 한다. 중국의 부상은 주변국뿐만 아니라 세계의 많은 나라들에게 위협으로 다가오기도 한다. 특히 중국의 인접국인 동아시아 국가들의 중국 경제에 대한 의존도가 매우 높다(그림 7-12). 아시아 국가들의 수출과 수입에서 중국이 차지하는 비중은 1980~2008년간 각각 10배와 5배가 증가하였다. 아프리카와 중동 국가들에서 중국 비중이 1/10 안팎인 것을 비교하면, 아시아 국가들의 경제가 중국과 깊은 연관성을 가졌음을 알 수 있다(그림 7-13). 실제로 2000년대 중반 이래 중국의 위안화는 (1980년대와 90년대 유럽 무역의 허브 역할을 하였던 독일의 마르크화가 지배통화 역할을 수행했듯이) 아시아에서 통화가치 움직임의 핵심 동인(a key driver), 즉 '지배 통화(dominant currency)'가 되고 있다(그림 7-14).[61]

61 지배 통화란 해당 지역에서 환율과 통화정책에 커다란 영향을 행사할 수 있는 통화를 뜻한다. 신흥

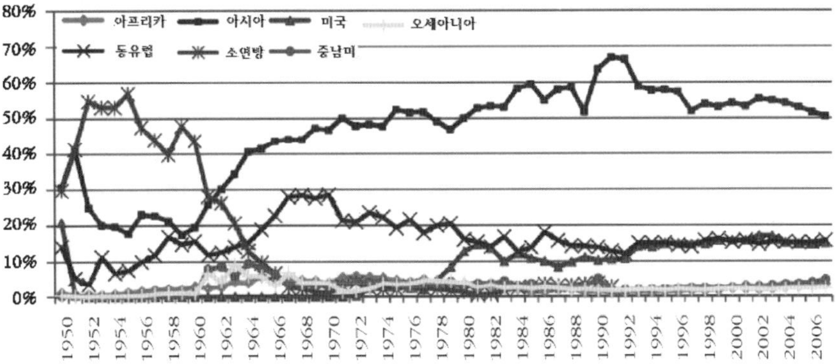

출처: M. Renard, 2011, Figure 2.

▌그림 7-13. 중국의 지역 무역 비중 1950~2007년(무역액, %)

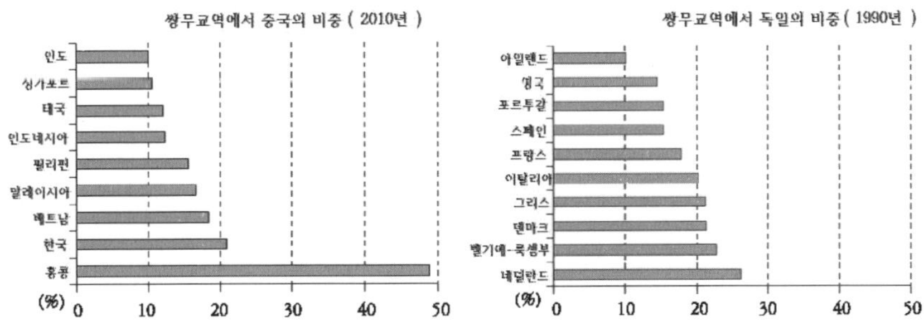

출처: M. Fratzscher and A. Mehl, 2011, Figure 2 & 3.

▌그림 7-14. 지역의 무역 허브로서 중국과 독일 역할의 비교

이는 중국의 안보전략과도 깊은 관련을 갖고 있다. 특히, 타이완과 한국의 경우는 중국에 대한 수출이 각각 GDP의 14%와 10% 이상을 차지할 정도로 중국 경제권에 들어간 상태이다. 일본조차 중국에 대한 수출 의존도가 미국이나 EU보다 높다. 일본의 수출에서 중국이 차지하는 비중은 2000년에 5%에도 미치지 못

경제권으로 불리는 아시아에서 지배 통화의 역할을 수행한다는 것은 이미 국제통화시스템이 삼극(tri-polar) 통화 체제가 되었음을 의미한다. "M. Fratzscher and A. Mehl, 2011, China's Dominance Hypothesis and the Emergence of a Tri-Polar Global Currency System," ECB Working Paper No. 1392 (Oct.). 그러나 중국 위안화의 국제화는 그동안 자본통제로 가능했던 통화정책의 독립성과 환율 안정성 그리고 높은 외환보유고의 축적을 어렵게 할 수밖에 없다.

하다가 2010년에는 20%에 육박하고 있다. 반면, 일본 수출에서 미국이 차지하는 비중은 같은 기간에 약 30%에서 14%로 하락하였다. 동아시아 국가들이 중국에 수출하는 상품도 대개가 부품들로, 중국의 해외 수출과 관련이 있다. 그런데 중국의 수입 중 부품 수입 비중이 하락하고 있다는 점에 주목해야 한다. 10년 전만 해도 약 40%를 차지하였는데, 2008년에는 27%로 하락했다. 즉 중국과 동아시아 국가의 관계가 비대칭적으로 전환되고 있는 것이다. 최근 서태평양, 즉 남중국해와 동중국해에서의 영토 분쟁도 이와 무관하지 않다. 여기에 중국의 군비 증강과 태평양으로 진출하려는 중국을 봉쇄하려는 미국의 전략이 결합되면서 위기를 고조시키고 있다.

한·중 사이의 경제협력 역시 비대칭성이 심화되고 있다. 2013년 한국의 대중 수출은 전체 수출에서 26% 이상을 차지하였다. 특히 중국이 한국경제에 대한 영향력 강화를 통해 한·미동맹 의존적인 안보구조를 약화시키는 전략을 선택할 가능성이 높아지고 있다. 예를 들어, 미·중 사이의 균형보다 한·미동맹의 강화를 추구한 한국의 이명박 정부에 노골적으로 불만을 제기하기 시작하며 2009년까지 한국 채권을 거의 보유하지 않았던 중국이 4조 달러의 외환 보유고를 앞세워 2009년 하반기 이후 한국 채권을 사들이기 시작했다. 특히 2010년 11월부터 외국인 채권 투자에 대해 세금을 물리기 시작한 이후 해외 투자자의 채권 매수가 급격히 줄어들었는데도 중국의 한국 채권 투자는 급증했다. 다른 나라들은 민간 자금이 주로 투자되는 반면, 중국은 주로 국가외환관리국이 투자하기 때문에 세금을 면제받는다. 중앙은행 간 채권 거래에는 세금이 붙지 않기 때문이다. 중국의 채권 투자는 가속도가 붙어 중국의 한국 채권 투자 규모는 유럽 및 미국을 크게 따돌리고 있다. 그 결과 2014년 11월 기준 중국의 상장채권 보유 규모는 14조 1,420억 원으로 미국(18조 9,000억 원) 다음으로 많다.[62] 중국의 채권 투자 급증은 한국의 금리 정책을 무력화시키고 있다는 점에서 심각하다. 즉 경제주권이 침

62 금융감독원, 2014, "2014. 11월 외국인 증권투자 동향"(12월 5일).

식당할 가능성이 높아지고 있다. 기준 금리(단기 금리)를 인상해도 중국의 채권 투자로 시중 실세 금리가 상승하지 않는 것이다. 저금리 정책을 선택해야 하는 상황에서 중국의 대규모 채권 매도는 시장금리를 상승시켜 통화정책의 독립성을 훼손시키고, 금융시장의 불안정성을 크게 증가시킬 수 있다. 이처럼 중국에 대한 수출이 미국과 일본에 대한 수출 규모를 합친 것보다 많을 정도로 높은 무역의존도와 더불어 금융부문까지 중국의 영향력이 크게 확대되고 있다. 실물부문에 대한 과도한 의존뿐만 아니라 금융주권이 중국에 의해 침식되고 있는 것이다. 게다가 중국 자금은 M&A시장과 부동산시장 등으로 그 영향력을 확대시키고 있다.

제2절 지속 불가능한 차이나 모델: 불평등의 함정과 부채주도 및 수출주도 성장 방식의 한계

지금까지 보았듯이 중국의 고속 성장을 만들어낸 중국형 사회주의 시장시스템은 영미의 자기조정적 시장시스템은 물론이고 일본의 네트워크형 시장시스템과도 차이를 보여주었다. 2005년 미국의 절반에 불과했던 중국의 경제규모가 (비록 PPP GDP 기준이지만) 10년도 안 돼 미국을 추월하면서 중국식 발전모델에 대한 관심이 고조되고 있다. 그리하여 일부에서는 중국의 독특한 경제발전 방식을 '베이징 콘센서스(Beijing Consensus)' 또는 '차이나 모델(China Model)'로 부르고 있다. 즉 '차이나 모델'은 공산당 1당 체제 속의 경제성장, 국가와 민간의 혼합소유 체제 등에서 다른 모델과 차이를 보인다. 문제는 '차이나 모델'을 다른 나라들이 모방할 수 있는지, 즉 보편적으로 적용이 가능한가 하는 점이다. 그리고 이 모델을 근간으로 중국이 정치적 안정 위에 고도성장을 지속할 수 있는가도 과제이다. 보편성 문제에서는 중국 당국을 포함한 대부분의 전문가들이 부정적 견해를 가지고 있으나, 지속성 문제에 대해서는 의견이 크게 엇갈리고 있다. 보편성의 경우 중국 자신도 동의하지 않는다. '차이나 모델'은 "중국적 특색이 반영된 사회주의"일 뿐이고, 각국은 자신의 고유한 경제 및 사회발전 전략이 필요하며, 다른 국가의 경험은 참고 사항에 불과하다는 입장이다.

그러나 '차이나 모델'의 지속성도 의문시된다. 중국 정부가 부문 간 불균형을 해소하지 못하는 한, 일반 국민의 다양한 정치・사회적 요구를 수용하고 사회를 다원화시키지 못하는 한, 그리고 국제 사회와 공존해나가지 못하는 한 지속 가능하기 어렵다. 무엇보다 대규모 자본 투입과 수출 그리고 제조업 기반으로 지난 30년간 연평균 10%의 성장을 만들어낸 '차이나 모델'은 자본의 한계생산 체감[63]과 임금 상승에 따른 수출경쟁력의 손상 및 글로벌 경제의 장기 저성장, 그리고 탈공업화 등으로 제약에 직면하며 국내 소비의 강화와 아이디어집약적 경제구조로 전환해야 하는 분기점을 맞이하고 있다. 예를 들어, 중국 정부 역시 투자와 수출 주도의 성장 방식에 문제가 있다는 점을 인식하고 11차 5개년 계획(2006~10)부터 내수주도형 성장으로의 전환을 목표로 삼았다.[64] 문제는 내수주도형 성장으로 전환했음에도 불구하고 민간소비의 비중 하락이 지속되고 있다는 점이다(그림 7-15). 즉 GDP에서 민간소비가 차지하는 비중은 1980년대 평균 55%에서 90년대 51%, 그리고 2000년대 38%로 하락하였다. 2010년까지 35% 수준으로 하락했다.[65] 그 결과 성장에 대한 가계소비의 기여도 역시 80년대는 58%에서 90년대 43%, 그리고 2000년대 22%로 크게 하락하였다.[66] 2005~06년 이후 중국의 성장률이 하락세로 전환한 이유이다(그림 7-16). 즉 2004년 이후 GDP에서 투

63 D. Beim, 2011, "The Future of Chinese Growth," Columbia Business School Working Paper (Jan.).

64 11차 5개년 계획을 통해 중국 정부는 국유자산관리위원회가 2008년부터 담배, 석유화학, 석탄, 전기, 통신업종은 이윤의 10%, 철강, 교통, 전자 등은 5%를 배당하도록 한 것과 2009년 7월 상장국유기업의 주식 10%를 사회보장기금에 납입하는 등 국유기업의 사내 유보이윤 지출을 늘리기로 결정하였고, 정부지출 중 의료・교육・연금 등 사회보장성 경상지출을 점진적으로 확대하기로 하였다. 또한 농촌금융기구 설립을 허용한 이래 2011년까지 1,294개의 농촌금융기구를 설립하고, 2010년 초 북경・상해・성도에 소비자금융회사의 설립을 허용하는 등 소비촉진책도 적극적으로 추진하였다.

65 Economist, 2011, "Growth prospects: Beware the middle-income trap" (June 23).

66 MGI, 2009, "If you've got it, spend it: Unleashing the Chinese Consumer" (Aug.).

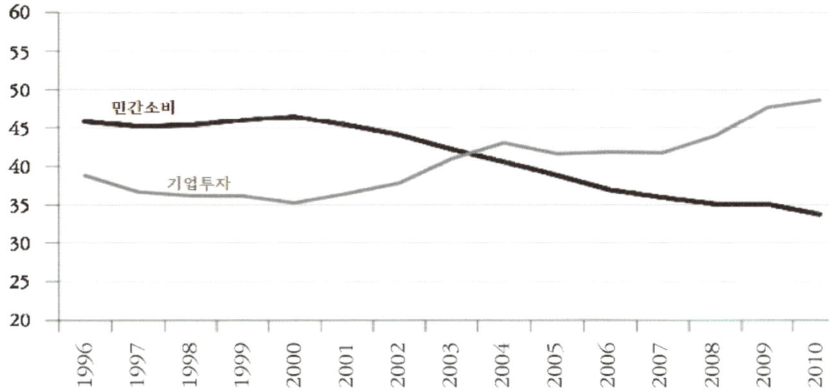

출처: CEIC, National Bureau of Statistics, IMF.

▌그림 7-15. GDP 대비 가계소비와 투자의 비중(%), 2000~13년

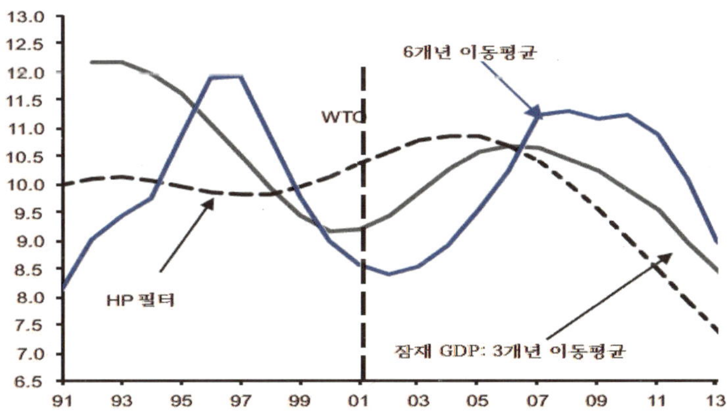

주: 일명 Hodrick-Prescott 분해로 알려진 HP 필터는 단기 변동보다 장기변동에 민감한 시계열의 원자료로부터 경기순환적 요인을 분리하여 얻은 매끄러운 시계열 곡선.

출처: L. Buttiglione, P. Lane, L. Reichlin and V. Reinhart, 2014, Figure 4.24.

▌그림 7-16. 중국의 실질 GDP 성장률 추이, 1991~2013년

자가 차지하는 비중이 정체되는 가운데 GDP 대비 가계소비의 비중은 감소했기 때문이다. 2007년 이후 금융위기 이전까지 높은 성장은 기업투자와 순수출의 증가 등에 힘입은 바가 크다. 문제는 금융위기 이후에도 최근까지 기업투자 비중이 높게 지속되었음에도 불구하고 성장률이 지속적으로 둔화되고 있다는 점이다. 이는 2007년 이후 높은 성장세 속에서 진행된 생산성의 하락과 무관하지 않다(그림 7-17).

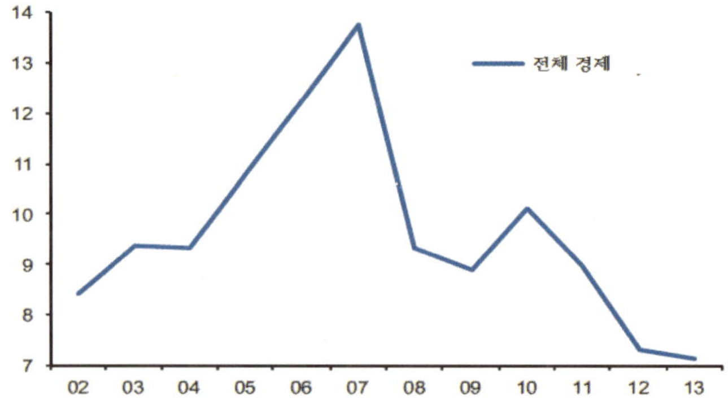

출처: L. Buttiglione, P. Lane, L. Reichlin and V. Reinhart, 2014, Figure 4.25.

▌그림 7-17. 중국의 생산성 증가율 추이, 2002~13년

개방과 불평등 그리고 지속 불가능한 성장 방식

문제는 GDP에서 민간소비가 차지하는 비중이 개방을 가속화하기 시작한 90년대부터 하락하기 시작했다는 점이다. 개혁·개방 초기인 1983년의 노동자 임금이 GDP에서 차지하는 비중은 56.5%였지만 2005년에는 36.7%로 급감하였다. 개혁·개방 이전 계획경제의 중국은 가장 평등한 사회 중 하나였다. 게다가 농가책임제 개혁으로 농촌과 도시의 소득 격차가 축소됨에 따라 80년대까지 소득불평등은 더욱 개선되었다. 그러나 92년부터 본격적으로 추진한 개방은 농업부문의 상대가격에 불리하게 작용했을 뿐 아니라 도시-농촌 간 소득 격차를 확대시켰다.[67] WTO 가입 등 2000년대 이후 개방의 심화는 불평등을 더욱 악화시켰다.[68] 개방으로 성장을 가속화시켰지만 개혁의 성과를 훼손시킨 것이다. 중국 정

67 예를 들어, 중국 수출의 90%를 31개의 성 중에서 9개의 성이 차지하고 있다 보니 수출에 따른 일자리와 경제적 혜택도 지역 간에 불균등하게 배분될 수밖에 없다.

68 중국국가통계국의 발표에 기초한 세계은행 자료에 따르면 지니계수는 1980년 0.30, 1990년 0.32, 1995년 0.36, 2000년 0.41, 2005년 0.49, 2010년 0.48, 2012년 0.47이다. 그러나 이러한 공식적인 소득불평등 통계는 신뢰하기 어렵다. 불평등은 오히려 훨씬 심각한 것으로 알려지고 있다. 예를 들어, 인민일보에 따르면 지니계수가 80년대까지는 0.3 이하였으나, 90년대부터 크게 증가하여 1995년 0.45, 2002년 0.55 그리고 2012년에는 0.73으로 90년대 중반 이후 크게 상승하였다. 인민일보, 2014, "北大报告: 中国1%家庭占有全国三分之一以上财产" (July 26).

부가 12.5 규획(12차 5개년 개발계획) 기간(2011~15년)에 "국부(國富)와 민부(民富)가 함께 성장하도록 노동자의 임금 상승을 촉진하기 위해 합리적 소득분배 구조를 만들고, 도시 주민의 1인당 실소득과 농촌 주민의 순소득을 연평균 7% 이상 높여갈 예정"이라고 밝힌 배경이다. 구체적으로 도시와 농촌 저소득층의 기본소득 상승, 최저임금 인상, 소득세의 면세점 조정을 통한 중·저소득자의 세금 부담의 경감, 중·저소득층의 주택문제 해결 등을 제시하였다.

소득분배의 악화는 소비지출을 하락시키고 있다. 이론적으로 소득분배의 악화는 시장의 크기를 축소시켜 경제성장에 부정적으로 작용한다. '차이나 모델'은 경제성장에 따른 도·농 간, 지역 간, 직업 간에 수입 격차가 확대되면서 소득분배를 악화시켜 왔다. 중국 국가통계국에 따르면 상·하위 10%의 소득격차는 1985년에 2.9배, 1995년에 6.2배, 2005년에 9.2배, 2007년에 23배로 확대됐고, 금융위기를 거치면서 65배까지 벌어진 것으로 나타났다.[69] 커다란 소득격차가 심각한 사회 불안정으로 발전하지 않는 것은 비록 속도가 더디지만 저소득계층의 소득도 지속적으로 증가했기 때문이다. 그러나 절대빈곤층이 현저히 감소했음에도 불구하고 중간소득의 50% 이하인 상대빈곤층의 비중은 2002년 12.2%에서 2007년에는 14.6%로 증가할 정도로 양극화가 심화되며 대다수 인민의 좌절감은 확산되고 있다.[70] '不患寡而患不均(불환과이환불균: 적은 것을 걱정하지 않고 고르지 않음을 걱정한다)'이라는 분배균등의 사회경제와 문화를 가진 중국에서는 절대빈곤층의 감소보다 분배의 균등이 더 중요하다.[71] 2000년대 들어 중국 정부가 '조화사회'를 국정

---

http://news.163.com/14/0726/05/A22CNRP90001124J.html

69 Businessweek, Jan. 31~Feb. 6, 2011. 게다가 중국 가계의 위장 소득(9.3조 위안, 1.4조 달러)은 GDP의 약 30%에 달할 것으로 추정되고, 80%는 최상위 부자의 것으로 추정된다. Bloomberg, 2010, "Beware $1 Trillion Lying Under Chinese Mattress: William Pesek" (Aug. 16).

70 Economist, June 23rd, 2011, "Growth prospects: Beware the middle-income trap."

71 중국인의 중산계급 열망은 성장의 속도가 둔화됨에 따라 정체하고 있고, 대학 졸업자는 취업 기회를 얻지 못하고 있다. 여기에 중국의 부유층은 개인 재산을 해외로 이전시키고, 심지어 해외 영주권 취득이나 해외 이주를 준비하고 있다. 대다수 중국 인민의 좌절감은 한 해 약 20만 건의 시위가 보고될 정도로 사회불안정의 원천이 되고 있다. D. Shambaugh and J. Thornton, 2014, "China at the Crossroads: Ten Major Reform Challenges" Brookings Institute (Oct. 1).

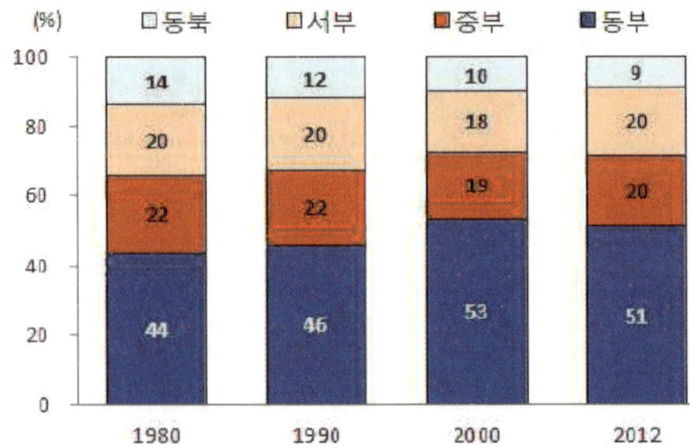

출처: CEIC. 현대경제연구원, 2013, "중국경제의 구조조정 현황과 전망" 13-35[통권 552호](8월 16일)에서 재인용.

▌그림 7-18. 중국의 지역별 GDP 비중

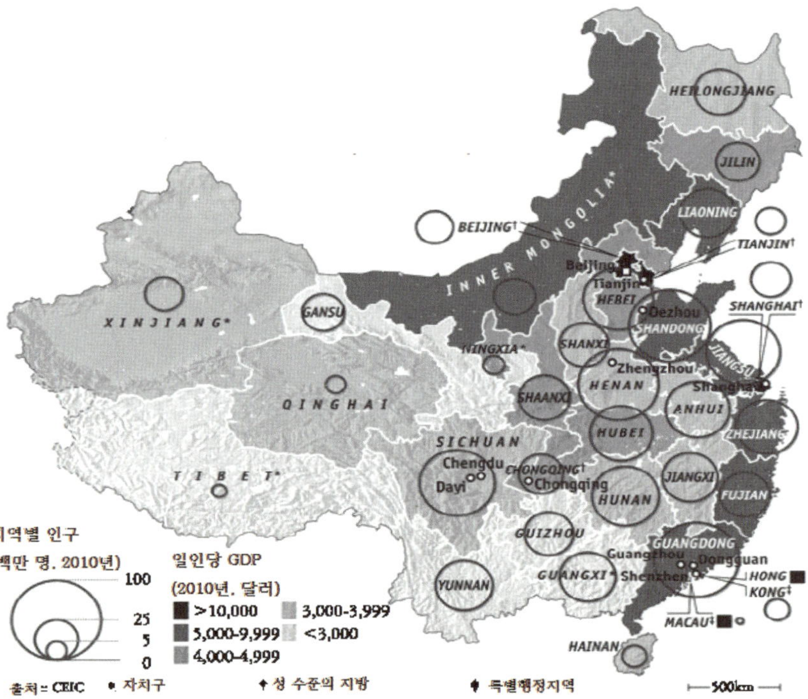

출처: Goldman Sachs, 2013, "The China credit conundrum: Risks, paths and implications" (July 26).

▌그림 7-19. 중국의 지역별 인구와 일인당 GDP

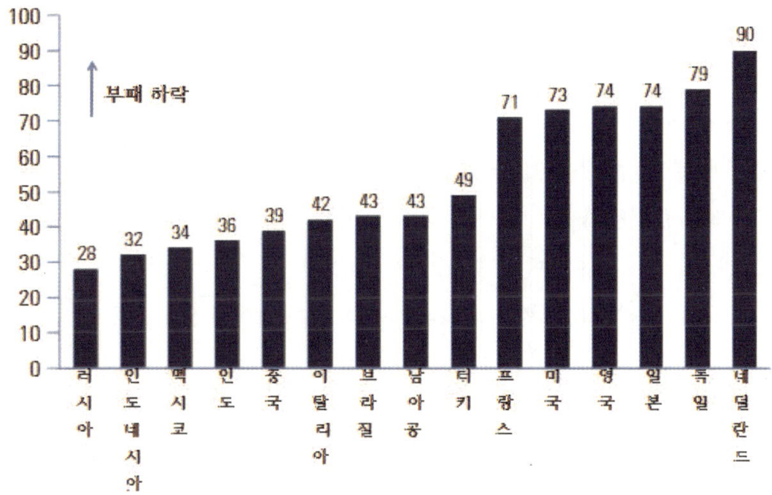

▌그림 7-20. 부패인식지수, 2012년 기준

목표로 설정한 배경이다.[72] 특히 불균등이 부정부패에서 비롯한 것일 때 사회 안정은 지속되기 어렵다. 국제 기준에서 볼 때 중국의 부패는 매우 심각하다. 시진핑 정부가 개혁의 중심 과제로 반부패 척결을 추진하는 배경이다(그림 7-20).

개방과 더불어 국영기업에서 4, 50대 노동력을 대량 해고시킨 국영부문 개혁도 90년대 이후 불평등을 확대시킨 요인이었다. 2차 산업에 종사하는 국유기업 종사자의 규모는 90년대 말 60%대에서 2000년대 말에는 20% 수준까지 축소되었다.[73] 게다가 중국은 1990년대 말, 특히 2001년 WTO 가입 이후부터 자본집약적 산업을 집중 육성[74]하였고, 이를 국유기업이 주도하였다. 그 결과 자본집약

72 후진타오-원자바오 정권이 등장하는 2002년 16차 당 대회에서 중국은 "의식주 걱정하지 않는 물질적으로 안락한 사회, 즉 비교적 잘사는 중산층 사회"를 의미하는 샤오캉(小康)사회를 2020년까지 달성하겠다고 선언하면서 경제발전뿐만 아니라 사회적 조화의 필요성을 주장하였다. 이는 2005년 10월의 제16기 5중전회에서 발표된 '11차 5개년 규획'에서 덩샤오핑의 불균등발전 전략을 수정하여 물질적 발전과 더불어 분배, 환경, 복지를 함께 고려하는 균형발전을 통한 조화로운 사회 건설로 진화한다. 즉 2020년까지 사회주의 조화사회를 구축하기 위해 도시와 농촌, 지역 간 불평등을 억제하고 사회보장제도를 보완하겠다고 밝혔다.

73 「중국통계연보」.

74 그 결과 2005년경에는 경공업 비중이 30%선 이하로, 중화학 공업의 비중은 70%를 상회하게 되

적 국유기업이 경제에서 차지하는 비중은 1999년에 28%에 불과했으나 2008년에는 43%로 증가하였다. 국유기업 중심의 경제성장이 자본집약적 경제성장을 의미하였기에 이 과정에서 가계소득 비중이 위축되고 기업 잉여재원이 증가하였다. 2차 산업에서 국유기업이 차지하는 비중은 90년대 말부터 2000년대 말까지 기업 수, 매출액, 취업자 수 모두에서 하락했지만 기업의 세후이익은 증가했다.[75] 즉 이 기간에 국유기업의 수는 13만 개에서 9,700개로 감소했지만 규모가 크게 증가한 것이다. 그런데 자본집약적 국유기업은 인건비의 비중이 낮다. 이처럼 자본집약적 성장은 경제활동인구의 증가에 비하여 고용 창출이 작아 임금 상승 압력이 적고 고용 증가도 완만할 수밖에 없는 반면, 부가가치의 많은 부분을 근로자보다는 자본에 귀속시켰다. 2013년 기준 중국 전체 주식시장 가치의 약 70%를 차지[76]하는 국유기업의 지분 분산이 이루어지지 않고 있다 보니 가계의 주식 소유도 적기 때문이다. 국유기업이 자본집약적으로 성장을 할 수 있었던 것은 민간 사기업에 비해 자본 접근이 유리했기 때문이다(표 7-6). 그리고 이는 금융자산에 대한 국가 독점에서 비롯한 것이다. 중국의 금융구조는 기본적으로 4대 국영은행

표 7-6. 국유기업과 민간기업 그리고 협동조합의 차입에 대한 이자율

	2001	2002	2003	2004	2005
국영기업	2.46	2.23	2.67	2.86	2.61
사기업	4.84	4.64	4.61	3.81	4.57
차이(국영기업-사기업)	-2.38	-2.41	-1.94	-0.95	-1.96
협동조합	4.94	4.65	5.38	-	10.46

주: 이자율은 이자액을 부채로 나눈 값.
출처: G. Ferri and L. Liu, 2009, Table 2A.

었다. 수출에서도 섬유, 의복, 신발 등 경공업의 수출 비중이 1990년대 중반 40%에서 2009년에는 15% 전후로 하락한 반면, 전자기기 및 기계의 수출 비중은 같은 기간 15%에서 45% 수준으로 상승하였다.

75 「중국통계연보」.

76 중국의 가장 커다란 국영기업인 페트로차이나(PetroChina), 중국석유화공집단공사(Sinopec), 중국신화에너지(China Shenhua)의 이윤은 중국 주식시장에 상장된 1,454 사기업의 이윤을 초과한다. 2013 포천 선정 500대 기업 중 95개가 중국 기업인데 그중 80개가 국영기업이다. 그리고 이들의 전체 수입 4.6조 달러는 중국 GDP의 절반에 달하였다. D. Chen, D. Jiang, A. Ljungqvist, H. Lu, and M. Zhou, 2015, “State Capitalism Vs. Private Enterprise,” NBER Working Paper 20930.

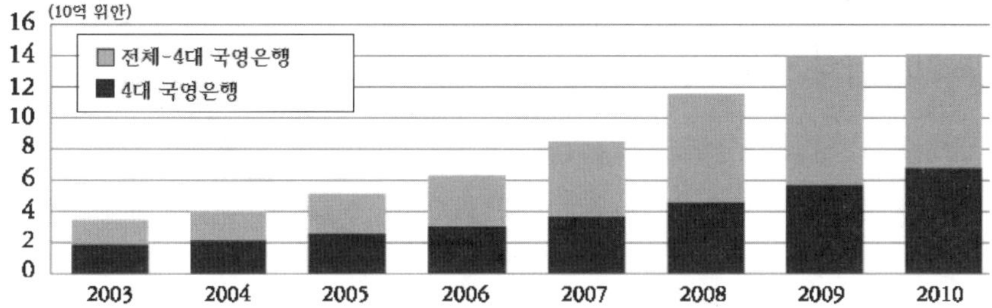

출처: Bankscope.

▮ 그림 7-21. 중국의 전체 금융자산에서 4대 국영은행의 비중

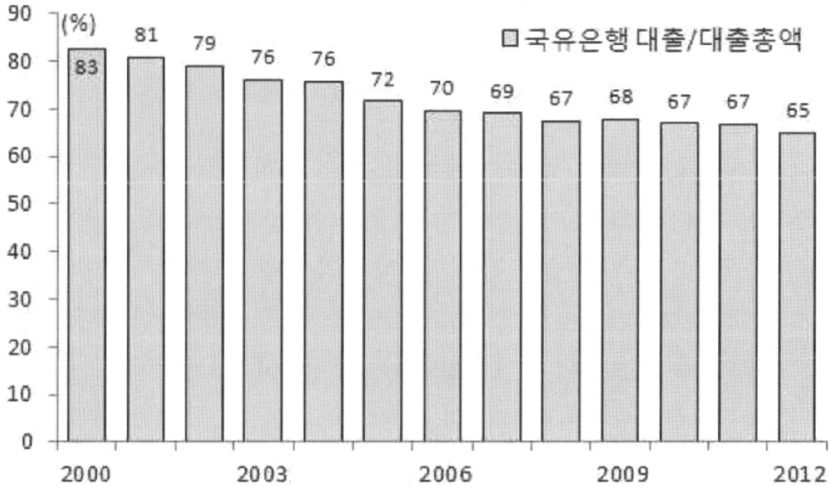

주: 국유(상업)은행이란 중국농업은행, 중국은행, 중국교통은행, 중국건설은행, 중국공상은행, 중국개발은행, 중국농업발전은행, 중국수출입은행 등을 의미.

출처: CEIC. 각 은행의 연차보고서. 현대경제연구원(2013)에서 재인용.

▮ 그림 7-22. 중국 대출 총액 대비 국유은행 대출의 비중(%)

(공상은행, 건설은행, 농업은행, 중국은행)[77]에 의해 지배되고 있다. 중소기업들은 금융서비스에 대한 접근에서 억압받고 있다.

국영은행과 비금융 국영기업의 독점은 중국 정부 수입이나 소득의 급증에서도 확인된다(그림 7-23).[78] 중국 경제의 성장률과 수출증가율이 높아져도 고용이

77 5대 은행이라고 할 때는 교통은행이 포함되지만 4대 은행에 비해서는 규모가 작다.

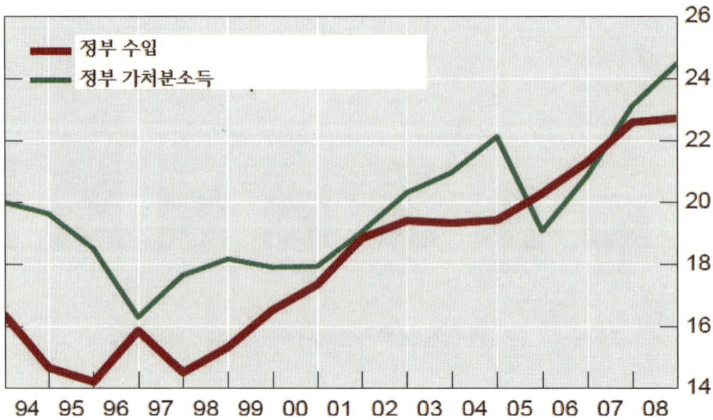

출처: G. Ma and W. Yi, 2010, "China's high saving rate: myth and reality," BIS Working Papers No. 312.

▌그림 7-23. GDP 대비 정부의 수입과 가처분소득

나 소비가 크게 증가하지 못하는 이유이기도 하다. 특히, 중국 경제가 두 자리 수 성장률을 기록한 2003년 이후 역설적으로 일자리와 소비가 위축된 배경이다. 예를 들어, GDP 1%가 상승할 경우 일자리 증가 수를 나타내는 고용탄성치가 1990년대에는 240만 명에 달했으나, 2000년대 이후에는 70만 명으로 감소했다. 국가는 부유해지고 있는데, 대다수 인민들의 처지가 비례해서 개선되고 있지 않는 것이다. 이런 상황에서 저축의 필요성은 GDP 대비 소득 비중의 하락폭 이상으로 소비 비중을 떨어뜨리는 결과를 초래했다.

가계소비 비중을 크게 저하시킨 또 다른 요인은 가계의 높은 저축률에서 비롯하였다. 1990년대 중반 국가보장 시스템을 폐지함에 따라 사회보장시스템의 미비가 가계의 높은 저축률을 초래했고, 그 결과 낮은 소비지출의 주요 요인으로 작용하고 있는 것이다. 가계저축률 상승은 우선 의료, 연금, 교육 등 사회보장시스템이 취약한 상황[79]에서 물가 상승 등으로 자가 부담이 급증함에 따라 예비적 동

78 예를 들어, 2003~10년간 중국농업은행의 이윤은 4,838%가 증가했다. J. Lin and V. Treichel, 2012, p. 67. 마찬가지로 차이나 모바일의 이윤도 1999~2010년간 24배가 증가하였다. China Mobile Limited Annual Report 2010, p. 3.

79 중국 정부가 주택 금융, 소비자 신용, 교육비, 의료비, 연금 등에 대해 가계 지원을 증대시켜도 2025년

기의 저축이 증가한 데 기인한다. OECD 추정에 따르면 2008년 기준 도시가구당 보건의료비는 소비지출 총액의 7%, 교육 및 문화 오락비는 12.1%에 이르고 있다. 연금의 평균 소득대체율(퇴직 전 평균임금 대비 연금소득 비율)도 30%에 불과할 정도여서 미래 불안감이 클 수밖에 없고, 이는 높은 저축률로 나타난다. 예를 들어, 가처분소득 대비 저축을 나타내는 가계저축률은 2002년 28.3%에서 2007년 37.9%로 무려 9.7%포인트 상승하였다. 게다가 동 기간 중 국민소득에서 가계소득이 차지하는 비중이 감소했음에도 불구하고 가계저축 비중은 오히려 상승했다. 저축이 차지하는 비중은 1990년대만 하더라도 GDP 대비 40%에도 못 미쳤으나, 금융위기 이전까지 50%를 상회하였다. 높은 저축은 2000년대 이후 고투자의 원천이 되고 있다.

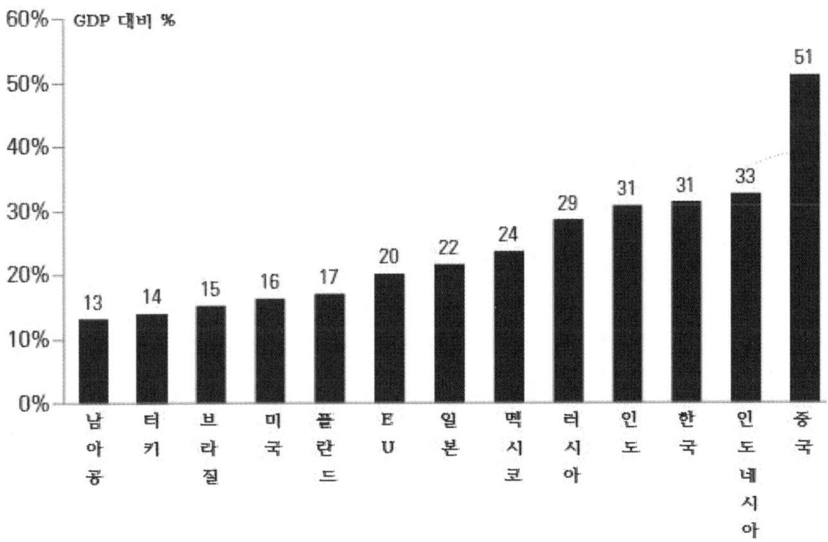

출처: Goldman Sachs, 2013, "Emerging Markets: As the Tide Goes Out" (Dec.).

▌그림 7-24. GDP 대비 국가 총저축의 비중, 2012년 기준

까지 GDP 대비 가계 소비지출의 비중은 45~50% 정도까지만 상승할 것으로 전망된다. J. Devan, M. Rowland, J. Woetzel, 2009, "A consumer paradigm for China," McKinsey Global Institute (Aug.).

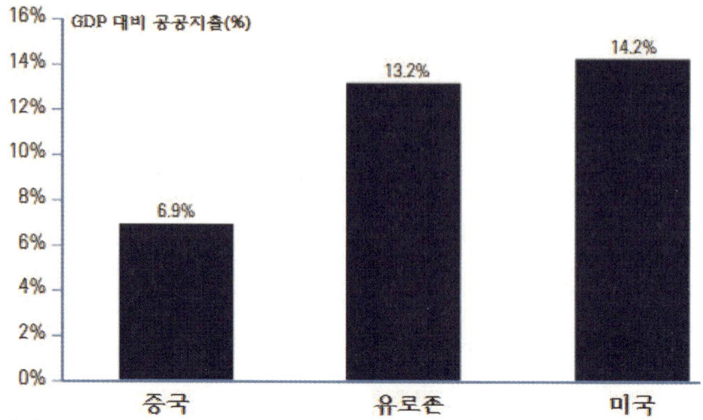

출처: Goldman Sachs, 2013.

▌그림 7-25. GDP 대비 공공지출의 비중, 2012년 기준

인구구조의 악화와 성장 잠재력의 약화 그리고 자산시장의 충격

2011년 4월 28일 발표된 중국의 제6차 인구센서스 결과는 많은 사람들에게 주목을 받았다. 그 이유는 그 동안 중국 경제의 고속성장에 큰 공헌을 해온 중국의 인구구조가 머지않아 경제성장을 저해하는 정반대 방향으로 바뀔 것이라는 점이 확실히 드러났기 때문이다. 중국의 총인구는 2000년 이래 10년간 연평균 인구 증가율이 0.57%에 그쳤다. 90년대(1990~2000년)의 증가율 1.11%에 비해 0.54%포인트 낮은 수치이다. 인구 증가세 둔화의 주원인은 저출산이다. 중국의 합계출산율은 1985~90년 2.63에서 1990~95년 2.01로 떨어져 처음으로 인구대체 수준[80]을 밑돈 뒤에도 줄곧 하락세를 이어가고 있다. 2010년 기준 합계출산율은 최대 1.3~1.5명 수준에 불과한 것으로 추정된다.[81] 이 같은 저출산 추세가 지속된다면 중국은 총인구에서 2025년경 인도에 추월당하고, 2025~30년에 감소세로 접어들 것으로 관측된다.[82]

80 인구를 동일한 규모로 유지하는 데 필요한 출산율 수준으로, 통상 2.1명이 기준이다.

81 중국의 출산율 통계는 출생신고 지연, 신고 누락, 지방정부의 거짓보고(관리 부실이라는 비판을 피하기 위해 실제보다 수치를 낮춰 보고) 등으로 정확성이 낮다. 그래서 현실에 부합하는 수치를 얻기 위해 아동 인구(0~14세)의 변동 추이를 바탕으로 출산율을 역추정하는 방식이 실제 출산율 추정에 많이 쓰인다.

저출산의 일차적 원인으로 1970년대 말에 시작된 산아제한 정책, 즉 '한 자녀 낳기' 정책이 지적된다. 중국은 개혁 · 개방 정책의 연장선에서 1980년 9월부터 한 가구 한 자녀 정책이 시행되었다. 저출산은 고령화와 동전의 앞뒷면을 구성한다. 2010년 기준 중국의 생산가능인구(15~64세 인구)는 9억 9,849만여 명으로, 전체 인구의 74.5%를 점하였다. 생산가능인구 비율이 역사상 가장 높은 수준을 나타내는 경제성장 황금기의 막바지를 보내고 있다. 생산가능인구 증가율은 1980년대에 가장 높았으며, 이후 감소세를 보이고 있다. 저출산의 영향이 시차를 두고 반영되면서 생산가능인구에 새로 편입되는 인구가 점차 줄어든 탓이다. 1980년대 이후 태어난 저출산 세대가 나이를 먹어감에 따라 생산가능인구 비율은 앞으로도 계속 떨어질 전망이다. UN의 장기 인구 전망(5년 간격)에 따르면, 중국의 생산가능인구가 전체 인구에서 차지하는 비율은 2010~15년 72.7로 최고치에 이른 다음 하락세로 접어들게 된다. 생산가능인구 규모 역시 2015년 최대치에 도달한 후 감소세로 전환할 것으로 예상된다. 이는 중국 정부나 학계 등의 예상보다 빠르게 진행된 도시화에서도 확인된다.[83] 경제성장을 경험했던 국가들과 마찬가지로 공업화와 도시화가 동시에 진행된 것이다. 개혁 · 개방 이후 중국의 경제성장은 공업화에 기반한 것이었고, 공업화에 필요한 노동력은 기본적으로 농촌에서 공급되었기 때문이다.

저출산과 고령화 그리고 생산가능인구 비율의 하락 등에 따라 총부양비율이 상승하기 시작한다. UN은 중국의 총부양비율이 2010~15년에 바닥을 찍고 상승세로 전환할 것으로 전망되고 있다. 총부양비율의 상승은 경제에 많은 영향을 미칠 수밖에 없다. 무엇보다 스태그플레이션 압력이 높아질 수밖에 없다. 생산가능인구 비율이 감소하고 노인인구 비율이 증가하면 임금수준이 전반적으로 높게 형성되고, 종속인구(피부양인구)에 대한 부양 부담이 커지면 저축률이 낮아져 자

82 UN의 인구전망 2010년 개정판(UN World Population Prospects, the 2010 Revision)의 전망이다.

83 2000년 센서스 당시의 36.22%였던 도시화율은 2010년 센서스에서 49.68%로 나타났다. 10년만에 무려 13.46%포인트 상승하였다. 2010년 도시화율은 중국 학계의 예상치보다 2%포인트 높은 수치였다.

본조달 가격(금리)이 높아지고 자본 공급에 부정적으로 작용한다. 이들 생산요소의 가격은 전반적인 물가에 반영되어 상대적인 고물가 속에서 저성장이 가능해진다. 특히 생산가능인구 비율이 하락하면서 가장 뚜렷하게 나타나는 현상이 임금의 뚜렷한 상승세이다. 즉 생산가능인구 비중의 하락은 노동의 값싼 공급이 소진되면서 임금이 상승하고 성장세도 둔화되는 시기인 이른바 '루이스 전환점'에 다다르고 있음을 의미한다. 따라서 중국 경제가 성장세를 유지하기 위해서는 기술개발, 인적자본의 질 제고 등 총요소생산성 향상 노력을 포함해 산업구조의 전환이 불가피하다. 이에 대해서는 후술할 것이다.

현재 중국 경제에 큰 부담으로 작용하는 문제 중 하나가 부동산 시장의 충격과 이와 연관된 그림자금융의 문제이다. 중국 경제는 압축적인 공업화를 통해 고도성장을 달성하는 과정에서 생산가능인구 비율의 증가를 경험하였고 도시화가 급속하게 진행되었다. 그 결과 주택가격이 지속적으로 상승하였다(그림 7-26). 2000년 1분기 대비 2014년 2분기의 중국의 주택가격은 명목가치 기준으로는 2.1배, 실질가치 기준으로는 1.5배 증가하였다. 부동산의 장기적 가치를 결정하는 가장 중요한 요인인 소득과 인구가 함께 증가한 결과였다.

그런데 고성장과 생산가능인구 비율의 증가가 저성장과 저출산 시대로 바뀌면서 주택시장에 부담으로 작용하고 있다. (다른 국가들의 경험에서 보았듯이) 역부

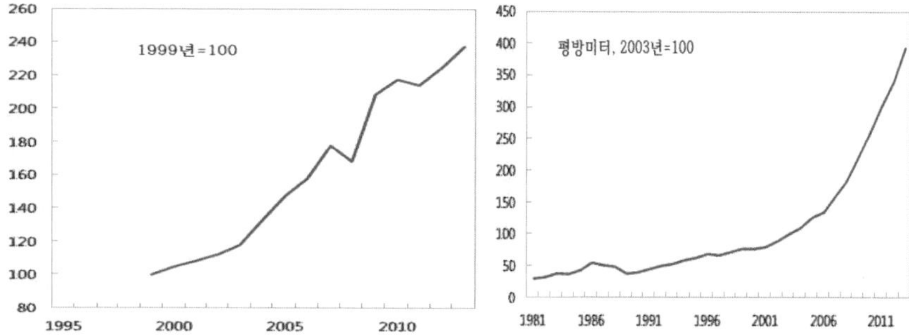

출처: B. Bakker and L. Lipschitz, 2014.

▌그림 7-26. 실질 주택가격과 주택건축 지수의 추이

양인구비율과 부동산 가격의 흐름 간에는 밀접한 상관관계를 보이고 있다. 앞에서 보았듯이 일본이 1990년경, 미국과 GIIPS 국가들이 2007~08년경에 역부양인구비율이 정점에 도달했고, 동시에 자산시장 붕괴가 시작하였다. UN은 중국의 생산가능인구 비율과 역부양인구비율이 정점에 이르는 시점을 2010~15년경으로 추정한다(그림 7-27). 실제로 최근 주택가격 상승률이 하락세로 전환 혹은 마이너스(−)를 기록하면서 주택시장에 대한 우려가 고조되고 있다.[84] 예를 들어, 주택가격(100대도시 기준, 전월대비)이 2014년 5월을 정점으로 하락세로 돌아서고 주택가격 하락 도시 수(70대도시 기준, 전월대비)가 2014년 1월을 전후하여 확대되고 있다. 기본적으로 주택의 공급 과잉에서 비롯된 것이다.[85] 그 결과 부동산투자 증가세가 둔화되고 부동산판매액과 착공면적이 2014년 들어 마이너스(−)를 지속하면서 부동산경기지수가 하향세를 지속하고 있다(그림 7-28).

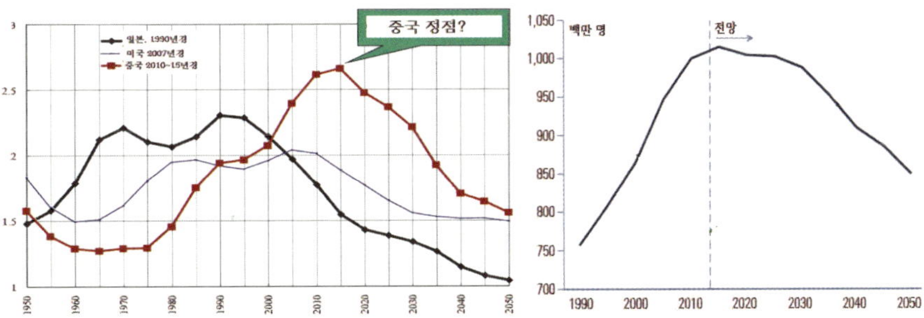

출처: UN 세계인구전망, Kiyohiko G. Nishimura, 2011, "Population Ageing, Macroeconomic Crisis and Policy Challenges," Bank of Japan; Goldman Sachs, 2013, "Emerging Markets: As the Tide Goes Out" (Dec.).

▌그림 7-27. 역부양인구비율(좌측)과 생산가능인구(우측)

---

84 사실 부동산시장의 위축은 중국 정부가 글로벌 금융위기 당시 경기부양을 위해 도입한 각종 부동산시장 완화조치가 부동산가격 급등을 초래함에 따라 2009년 말 이후 각종 규제정책을 도입 시행한 것도 주요 요인으로 작용하였다.

85 Economist, 2014, "Housing: Why grumble?" (Dec. 20). 2010~13년 중 주택착공면적은(연평균 13.8억m^2) 2000~06년에 비해 3.3배 증가하였으며, 주택재고 소진기간은 대도시의 경우 2010년 약 5개월에서 최근에는 9개월 이상으로, 중소도시의 경우에는 약 7개월에서 20개월 이상으로 장기화(신은만국증권)되고 있다. 주택의 과다 공급과 더불어 정부의 부동산경기 과열 규제 조치 및 은행의 신용 리스크 관리 강화 등이 요인으로 작용하고 있다.

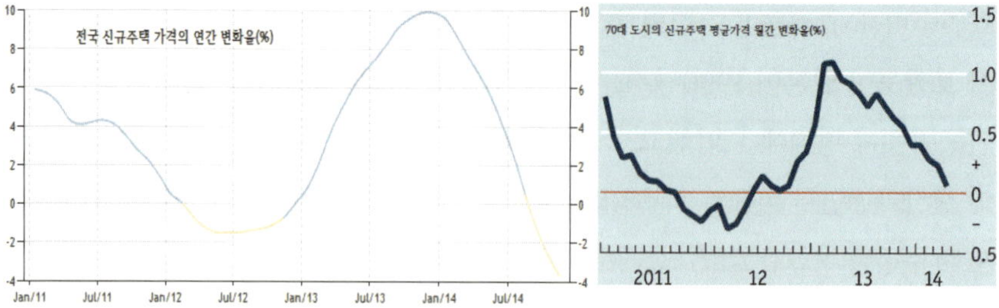

출처: National Bureau of Statistics of China; Economist, 2014, China's property market End of the golden era (May 31).

▌그림 7-28. 중국의 신규 주택가격의 변화율

게다가 주택시장의 부담은 금융 취약성으로 발전할 가능성이 높다. 이른바 '중국 그림자금융'의 문제이다. 중국 정부의 금융 통제('금융억압' 정책)의 결과 마이너스(−) 예금 수익에 실망한 저축자들과 공식적인 금융에 접근할 기회가 낮은 대출자들을 연결시켜 준 금융이 그림자금융 혹은 지하금융이었다. 그림자금융을 대표하는 상품이 자산관리상품(WMP, wealth management products)이다(그림 7-29, 30). 특히, 2010년 이후 발행이 급증한 자산관리상품은 은행 및 신탁회사 등이 투자자에게 높은 고정수익을 보장해주고 조달한 자금을 부동산 개발사, 지방정부, 신용이 낮은 중소기업 등에게 고금리로 대출해주는 상품이다. 예를 들어, 지방정부는 개발업자에게 토지를 판매하여 확보한 자금으로 일자리를 증대시키고 할당 받은 목표 GDP를 증가시키기 위해 부동산과 사회간접자본 프로젝트 등을 추진하였다. 그런데 개발 프로젝트의 지속 불가능성(a near empty housing project)에 대한 우려가 증대하면서 공식 은행부문이 대출을 축소[86]하자 차입자들은 그림자금융에 의존하였다. 문제는 그림자금융의 대부분이 은행에 연결되어 있다는 점이다.[87] 게다가 지방정부 채무상환의 토지사용권 매각수입 의존도가 과

86 예를 들어, 지방정부 채무의 은행대출 비중은 2010년 말 79%에서 2013년 6월 말 57%로 하락하였다.

87 2012년 기준 중국의 GDP 52조 위안의 40~60% 규모로 추정되는 그림자금융의 약 80%가 은행에 연결된 것으로 신용평가사 피치(Fitch)는 추정하였다. K. Yao, 2013, "China banks 'significantly exposed' to shadow financing−Fitch" Reuters (Apr. 10). 특히 5대 은행을 제외한 은행들이 비전통적인 대출을 주도하였다. 2014년 6월 기준 5대 은행의 전통적 대출과 비전통적 대출은 각각 71.2조 위안과 1.6조 위안이었던 반면, 나머지 은행은 각각 24.8조 위안과 6.4조 위안이었다.

다한 상황에서 부동산시장 위축은 지방정부의 재정건전성을 악화시키고 있다(그림 7-32).

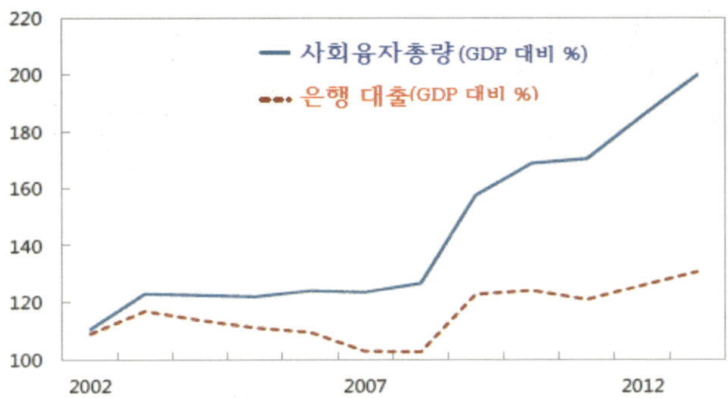

주: 사회융자총량(total social financing)은 중국 인민은행이 2011년 1분기부터 새로 도입한 유동성 지표로 이전의 위안화 신규 대출을 대체하는 개념이다. 사회융자총량에는 위안화 신규대출을 비롯해 외화대출, 신탁회사 대출과 회사채, 비금융회사 주식, 보험권 융자 등을 포함.

출처: B. Bakker and L. Lipschitz, 2014.

▌그림 7-29. 공식 은행부문 밖에서의 신용 급증

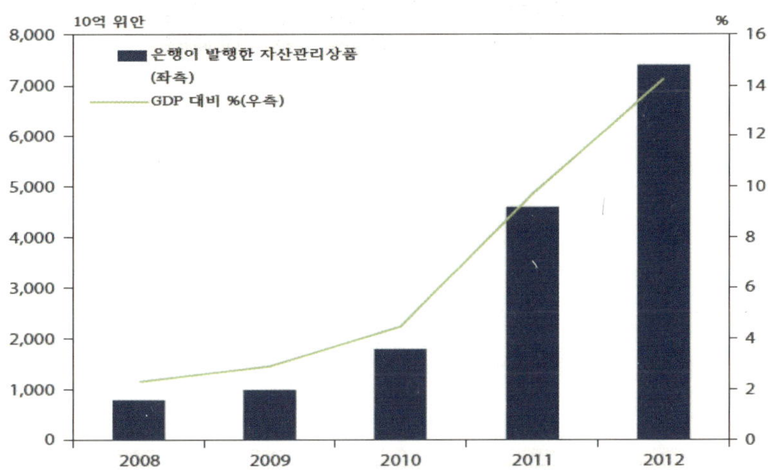

출처: N. Borst, 2013, "Shadow Deposits as a Source of Financial Instability: Lessons from the American Experience for China," PIIE (May).

▌그림 7-30. 은행이 발행한 자산관리상품(WMP), 2008~12년

Economist, 2014, "China's shadow banks: A moving target" (Sep. 6).

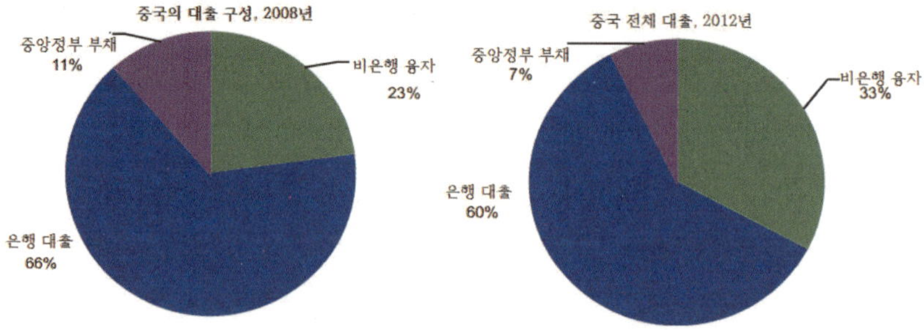

출처: L. Buttiglione, P. Lane, L. Reichlin, and V. Reinhart, 2014, Figure 4.28.

▌그림 7-31. 중국의 대출 구성

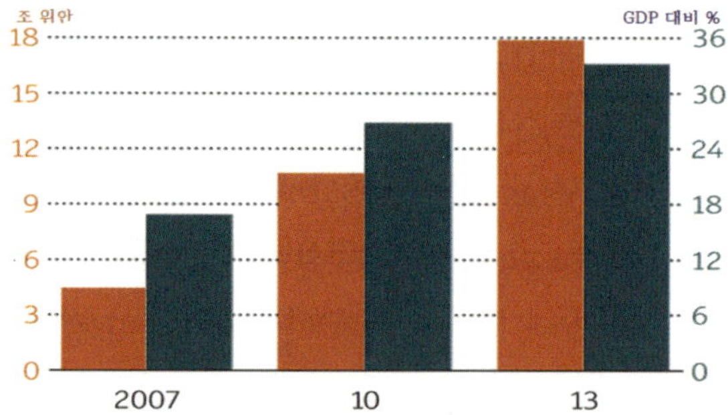

출처: Economist, 2014, "Local government: Emerging from the shadows" (April 19).

▌그림 7-32. 중국 지방정부의 부채 추이(조 위안, GDP 대비 %)

그런데 부동산 시장의 위축으로 자산관리상품(WMP)의 파산 → 투자자의 새로운 WMP 매입 중단 → 비은행 금융회사의 신용 고갈 → 투자 하락 → 자산가격의 추가 하락 → 비수익여신(NPLs)의 증가와 은행 수익성 악화 → 은행 신용의 추가 위축 → 성장 저하 등의 우려가 제기되고 있다. 물론, 그림자금융의 문제는 중앙정부에 의한 부실여신 매입과 대출 재개 명령 그리고 정부 지출 증가로 해결될 수 있다. 그럼에도 불구하고 경기 둔화에 미치는 영향은 불가피할 뿐 아니라 금융시스템 개혁이 수반되지 않는 한 근본적 문제 해결은 불가능하다. 즉 과거 장기간 유지하여 온 금융억압에 기초한 저금리 체제는 그간 정부부채문제 악화를 상쇄시키는 요인으로 작용하여 왔으나 금리자유화 등 금융개혁 진전으로 금융억압이 완화될 경우 정부부채 문제가 급격히 악화될 가능성을 배제할 수 없다.

이밖에도 뒤에서 보듯이 기업부문의 레버리지가 과다한 상황에서 정부가 채무 축소(디레버리징)를 추진할 경우 금융수지(FA, financial balance account)의 균형을 위해 경상수지 흑자 지속이 필요하나 이는 소비주도형 성장전략과 상충된다. 즉 한 나라의 금융수지는 정부부문(재정수입-재정지출), 민간부문(가계 · 기업저축-가계 · 기업투자), 해외부문(수입-수출)의 총 합으로 구성되기에 민간부문 FA( ) + 정부부문 FA(↑) = 해외부문 FA(순수출↑)가 된다. 그런데 경상수지 흑자는 저축이 투자보다 높은, 즉 과잉저축과 과소소비를 의미한다. 이처럼 중국의 정부부채 문제가 시스템적 리스크로 확산될 가능성은 낮으나, 문제 해결에 상당한 시간이 소요될 전망인 데다 정책목표간 상충 가능성 등을 감안할 때 향후 상당 기간 금융안정에 부정적 영향이 기질 수 있다.

수출 주도 성장과 부채 주도 성장의 위기

금융위기 이후 중국 경제의 성장세가 빠르게 둔화되고 있다. 그런데 경기순환적 변동요인을 배제하고 추정한 성장률을 보면 중국 경제성장의 둔화는 이미 2005년 이후부터 진행되었다(그림 7-33). 앞에서 지적했듯이 중국 정부 역시 성장 방식의 문제를 인식하고 2006년 시작된 11차 5개년 계획부터 내수주도형 성장 방식으로 전환을 한 배경이다. 문제는 앞에서 보았듯이 내수 확대를 위한 부문 · 지역 · 계층 간 불균형을 해소하기가 쉽지 않다는 점이다. 금융위기 이전에는 선진국의 부채 주도에 의한 성장과 세계 경제의 호황으로 중국 성장의 둔화는 표면화되지 않았다. 수출의 급증이 성장 둔화를 가렸기 때문이다.

그런데 금융위기 이후 수출 주도 성장 방식 역시 위기에 직면하고 있다. (앞에서도 지적했듯이) 세계 경제의 장기 저성장 국면 진입과 그에 따른 세계 무역액의 급감에서 보듯이 중국 수출액의 감소도 불가피하기 때문이다. 즉 중국 경제의 성장률은 세계 경제의 성장률과 동조화 현상을 보이고 있다(그림 7-34). 내수가 취약

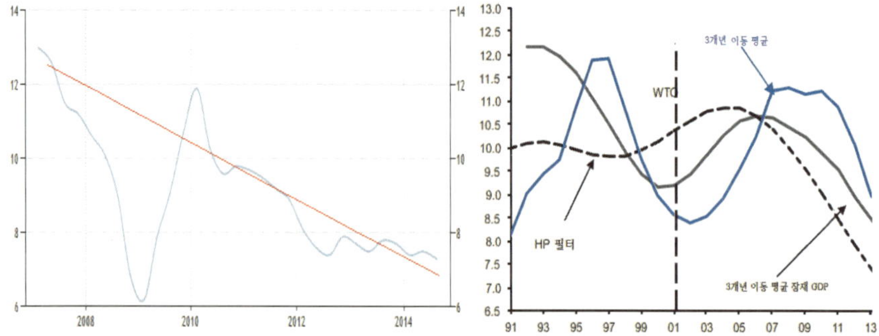

주: 일명 Hodrick-Prescott 분해로 알려진 HP 필터는 단기 변동보다 장기변동에 민감한 시계열의 원자료로부터 경기순환적 요인을 분리하여 얻은 매끄러운 시계열 곡선.

출처: L. Buttiglione, P. Lane, L. Reichlin, V. Reinhart, 2014, Figure 4.24.

▌그림 7-33. 중국 경제성장의 둔화, 2007~14년 3분기(연평균 GDP 증가율)

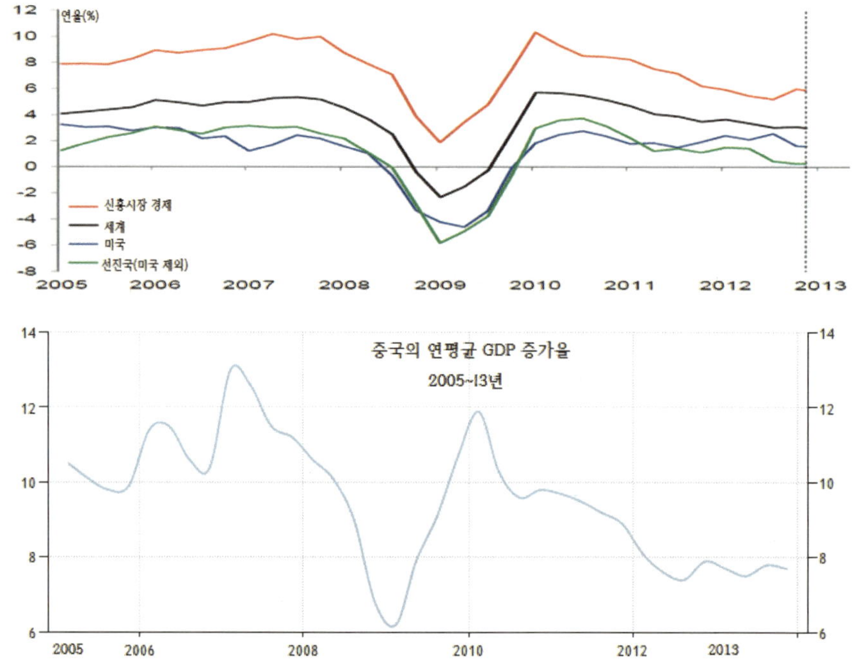

출처: Haver Analytics; Consensus Economics. http://www.tradingeconomics.com/china/gdp-growth-annual

▌그림 7-34. 세계 경제와 중국 경제의 동조화, 2005~13년간 GDP 증가율

한 중국만의 홀로 성장이 어렵다는 점을 의미한다. 마찬가지로(앞에서 지적했듯이) 금융위기 이후 세계 무역액이 급감했듯이 중국 수출액도 크게 줄어들었다. 예를 들어, 중국 및 기타 국가의 수출을 위한 최종 수요처 역할을 하였던 미국의 중요성이 크게 감소하였다. 2006년 GDP 대비 약 6%에 달했던 미국의 경상수지 적자는 2009년 2.7%, 그리고 2012년 2.8%로 하락했다. 중국 수출의 연평균 수출 증가율은 금융위기 이전(2000~07년)에 20%였던 반면, 금융위기 이후(2008~13년)에는 절반도 안 되는 8.8%로 줄어들었다. 그 결과 금융위기 이전 GDP 대비 40%에 육박하던 수출도 약 28%로 떨어졌다(그림 7-35). 게다가 성장이 둔화되면서 국내수요 증가율도 둔화되고 있다(그림 7-36). 심지어 2012년 1분기 이후 중국 도시인구의 1인당 가처분소득 증가 속도조차 하락이 지속되고 있다. 수출 위축이 내수 위축으로 이어지고 있는 것이다.

금융위기에 따른 성장 둔화에 직면한 중국 정부는 국영기업이 주도하는 투자 증가로 대응하였다(그림 7-37). 금융위기 전후 중국의 기업투자는 5~6%포인트 이상 증가했다. 문제는 국영기업의 높은 투자율이 기본적으로 은행을 매개로 한 정부의 '신용 지원', 즉 부채에 의존한 성장 방식이라는 점이다. 은행 대출은 2009년 초 9조 위안에서 2012년 23조 위안으로 증가하였고, 그 결과 GDP 대비 신용 규

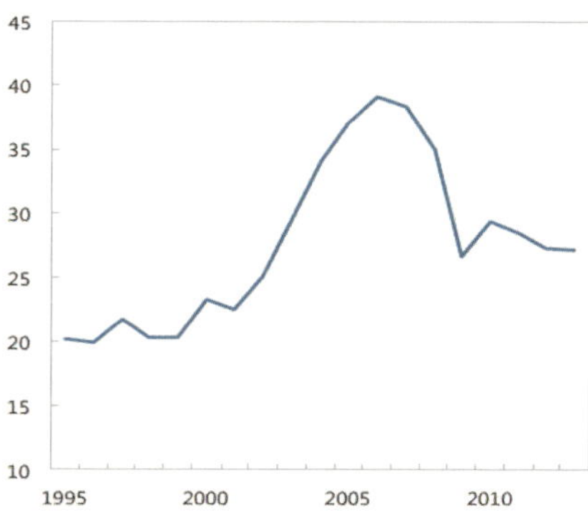

출처: B. Bakker and L. Lipschitz, 2014.

▌그림 7-35. GDP에서 수출이 차지하는 비중, 1995~2013년

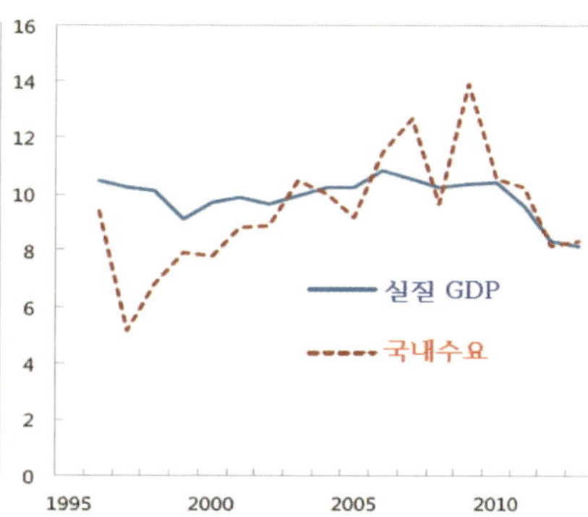

출처: B. Bakker and L. Lipschitz, 2014.

▌그림 7-36. 성장의 둔화와 국내수요 증가율의 둔화

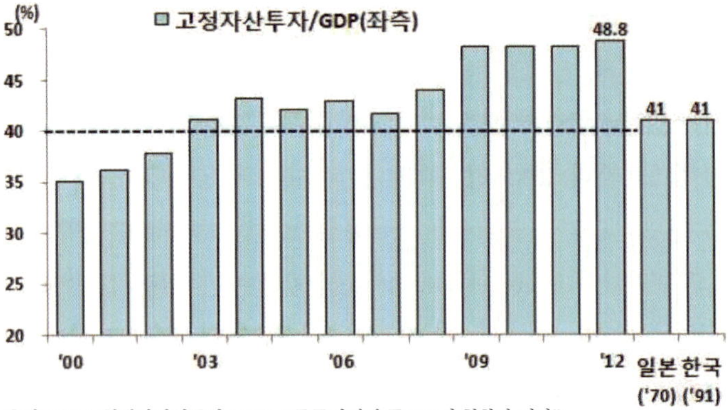

출처: CEIC. 현대경제연구원, 2013, "중국경제의 구조조정 현황과 전망".

▌그림 7-37. 금융위기 이후 과잉투자의 심화

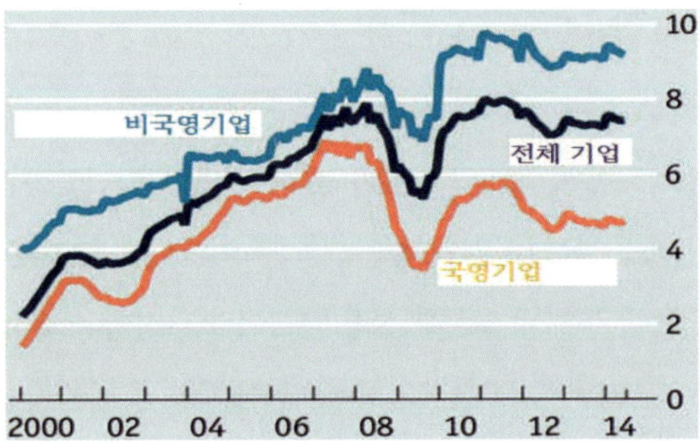

출처: Economist, 2014, "State-owned enterprises: Fixing China Inc" (Aug. 30). http://www.economist.com/news/china/2161 4240-reform-state-com panies-back-agenda-fixing-china-inc

▌그림 7-38. 중국 제조업 기업의 자산수익률(RoA)의 추이

모는 2008년 125%에서 2012년 198%로 증가하였다. 문제는 신용 지원과 기타 보조금 등을 지원받고 있음에도 불구하고 국영기업의 수익률이 하락하고 있다는 점이다. 국영기업의 자산수익률(RoA)은 2008년 약 7%에서 2014년에는 비국영기업의 절반 수준인 5% 미만으로 하락하였다(그림 7-38).[88]

이론적으로도 투자 주도의 성장 방식은 자본의 한계생산 체감이 불가피하다.

88 Economist, 2014, "State-owned enterprises: Fixing China Inc" (Aug. 30).

게다가 사실상 제로 수준의 실질금리에서 이루어지는 국영기업의 많은 투자의 경우 투자의 질이 높을 수 없다. 그 결과 단위 부채당 성장(credit-to-GDP efficiency)의 효과가 저하되는 것이다. 국제신용평사인 피치(Fitch)의 추정에 따르면 2009년 대출 1위안화 당 0.8위안에서 2012년에는 0.35위안으로 GDP 창출력이 저하되었다.89 부채 주도의 성장 방식이 한계에 도달하고 있음을 보여주는 것이다. 문제는 금융위기 이후 지방정부 산하 공기업 등을 포함한 기업부문을 중심으로 부채가 급증한 결과 (금융부문을 제외한) 중국의 총부채 비중은 GDP 대비 2009년 40%에서 2013년에 약 220%로 급증하였다는 점이다(그림 7-39). 중국의 부채 증가 속도는 2008년 금융위기 이전 미국보다 빠르다. 즉 중국의 부채 비율은 지난 2007년 GDP 대비 153%에서 2012년 209%로 5년간 56%포인트나 높아졌는데 이는 금융위기 이전 5년간(2002~07) 미국의 부채 비율 상승폭 46%포인트를 10%포인트나 앞선 규모이다. 부채 관리가 불가피한 것을 의미한다. 이처럼 금융위기 전후 성장이 둔화되는 가운데 중국 정부에 의해 추진된 부채에 의존한 성장 방식은 (선진국에서도 보았듯이) 지속이 불가능하다.

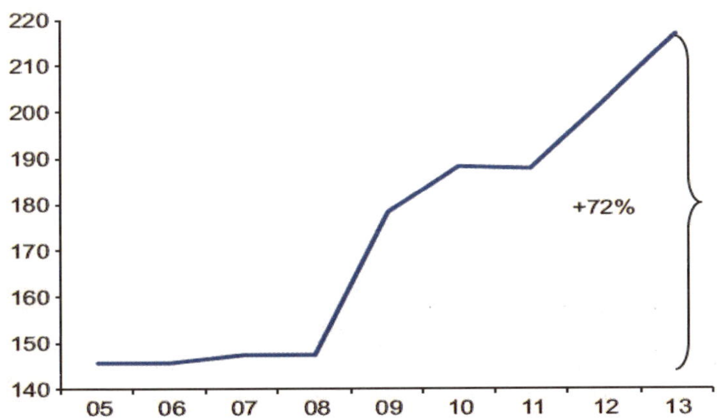

출처: L. Buttiglione, P. Lane, L. Reichlin, V. Reinhart, 2014, Figure 4.26.

▌그림 7-39. 금융부문 제외한 GDP 대비 중국의 총부채 비율

89 Telegraph, 2013, "China's shadow banking boom rings alarm bells" (Dec. 4).

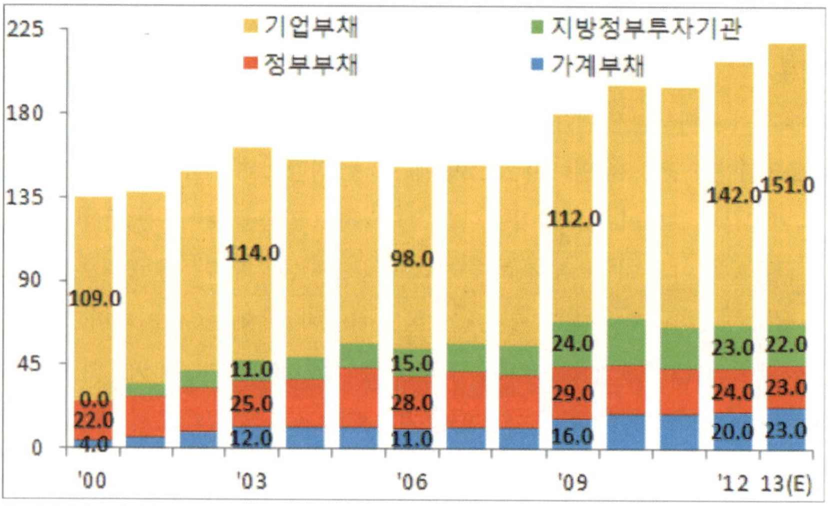

주: 지방정부 투자기관은 대개가 지방정부 산하 부동산개발공사를 지칭.
출처: 현대경제연구원, 2014, "최근 중국경제 진단과 시사점" 현안과 진단 14-18호(5월 7일).

▍그림 7-40. 금융위기 이후 중국의 부문별 레버리지의 변화

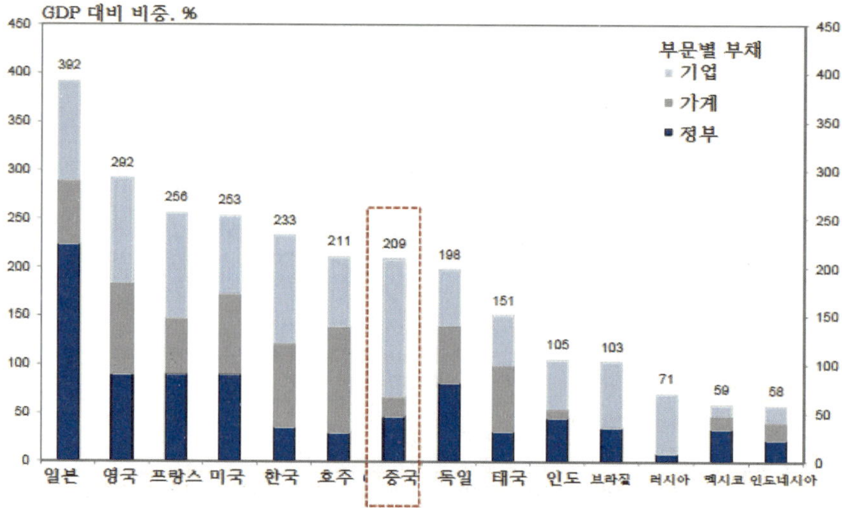

출처: Goldman Sachs, 2013, "The China credit conundrum: Risks, paths and implications" (July 26).

▍그림 7-41. GDP 대비 총부채 비율의 국제비교, 2012년

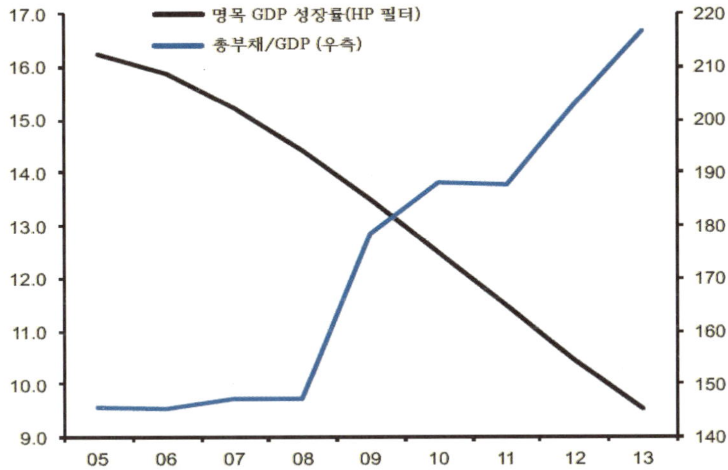

출처: L. Buttiglione, P. Lane, L. Reichlin, and V. Reinhart, 2014, Figure 4.27.

▌그림 7-42. 레버리지와 명목 GDP 성장률의 추이

▪ 탈공업화와 산업구조 전환 그리고 중국의 책임

이처럼 중국 성장의 둔화는 내수 취약성, 세계 경제의 장기 저성장 국면 진입과 수출 주도 성장의 한계, 그리고 국가 부채의 증가 등에서 비롯하는 구조적인 문제이다. 이 문제를 해결하려면 좋은 일자리가 증가해야 한다. 문제는 그동안 일자리 창출을 주도하였던 도시부문의 일자리 창출 역량이 둔화되고 있다는 점이다. 즉 도시부문은 도시로 유입되는 노동력에 대해 충분하고 적절한 고용 기회를 창출하는 데 실패하고 있다. 1990년대 이후 도시에서 만들어진 대부분의 일자리는 건설, 건물 청소와 관리, 소매업, 길거리 판매, 수리서비스, 가사 등 일용직이나 자영업이었다. 제조업에서도 정규직 일자리 창출은 이루어지지 않았다. 수출과 성장에 의해 만들어진 대부분의 일자리는 저임금과 열악한 고용조건의 일자리들이었다.[90] 다른 주요국들처럼 중국 역시 '좋은 일자리 만들기'의 고통을 겪고 있는 것이다. 중국 제조업의 고용 비중은 90년대 중반 약 15%까지 상승했으나 그

90 Economist, 2011, "Urbanisation: Where do you live?" (June 23).

이후 15% 이하에 남아 있다. 제조업의 생산액도 1980년 GDP 대비 40%를 차지하였으나 최근에는 32%까지 하락했다.[91]

이런 점에서 중국도 '탈공업화의 함정'에서 자유롭지 못하다. 중국 역시 제조업 중심의 성장에서 벗어나 산업체계의 다양화 및 산업구조의 업그레이드 문제라는 '탈공업화 함정'에 빠져 있는 것이다. 문제는 '차이나 모델'이 산업화 이후 새로운 산업 만들기에서 다른 모델과 차별적 성과를 만들어내지 못하고 있다는 점이다. 중국은 자신이 표준을 설정함으로써 글로벌 플레이어(Global Player)가 되려 하고 있다. 즉 중국은 자신의 시장을 활용하여 기존의 패권 국가들처럼 새로운 질서를 주도하겠다는 속내를 드러내고 있다. 중국의 의도는 중국이 산업사회 이후의 세계를 주도할 수 있는가에 달려 있고, 이는 중국 경제의 혁신 역량에 달려 있다. 중국 경제가 여전히 고도성장을 구가하고 있지만, 혁신의 부족은 지속가능한 성장에 방해가 될 수밖에 없다. 빠르게 증가하고 있는 중국의 연구개발(R&D) 투자는 일본 수준으로 미국의 약 1/3 수준에 불과하다.[92] 여전히 중국 하이테크 제품 수출의 대부분은 타이완 기업이나 노키아, 삼성, 휴렛팩커드(Hewlett- Packard, HP) 등 외국 기업들의 역할에 의존하고 있다.[93] 물론, 중국의 R&D 투자의 증가 속도는 세계 1위이다. 특히 신에너지 분야의 투자 규모는 전 세계 1위로, 중국은 이 분야를 전략적 신흥 사업으로 지정하고 표준 체계를 마련해 지원하고 있다.[94]

---

91 D. Rodrik, 2013, "The Perils of Premature Deindustrialization," Project Syndicate (Oct. 11).

92 중국의 R&D 지출액은 GDP 대비 1.7%로 미국 2.9%, 독일 2.8%, 일본 3.3%에 비해 낮은 수준이다.

93 예를 들어, 90명 안팎이 탑승할 수 있는 중국 최초의 제트 여객기(상업용 비행기)인 ARJ-21의 전자기기나 엔진, 주요 시스템 등은 하니웰(Honeywell), GE, 록웰 콜린스(Rockwell Collins) 등에서 공급한 것들이다. 중국은 아직 서양 기술 없이 항공기를 개발할 능력을 갖고 있지 못하다. 또한, 오래 전부터 중국은 반도체 제조를 주요 산업으로 인식하고, 2005년 이래 8개의 웨이퍼(wafer; 반도체의 재료가 되는 얇은 원판) 공장을 지었다. 목적은 외국 반도체 칩 디자인 업체들에게 납품하는 저비용 제조업의 경쟁력을 확보하는 것이었다. 그러나 중국의 웨이퍼 기술은 타이완, 미국, 일본 등에 비해 2세대나 뒤처져 수익성 면에서 경쟁적이지 못하다. Businessweek, 2009, "China's Economy: Behind All the Hype: Despite an impressive rebound, an innovation shortfall may hobble sustainable growth" (Oct. 22).

94 중국의 제12차 5개년 계획의 기본 방향에서 재생에너지 산업은 수력발전을 중심으로 풍력발전을 재생에너지의 새로운 동력으로 삼고, 태양에너지를 향후 잠재력이 가장 큰 재생에너지 산업으로 설정했다. 동시에 바이오 에너지를 추진하는 다원화 전략을 수립하고 있다.

문제는 중국 정부가 전략적으로 지원하는 신재생 에너지 산업 역시 기본적으로 제조업이라는 것이다.[95] 초기에 거대한 투자가 필요한 신재생 에너지 산업의 장비 개발에서는 성과를 거두겠지만, 무형가치의 혁신 능력은 확인되지 않는다. 앞에서 보았듯이 R&D로 무형가치의 혁신은 가능하지 않기 때문이다. 즉 중국 경제는 '중진국 함정(middle income trap)'에 놓여 있다. 조립과 가공 경제에서 벗어나 창조적이고 혁신적인 경제, 즉 아이디어집약적 경제구조를 만드는 것은 중국 경제의 지속가능성을 결정하는 관건이 되고 있다.

중국이 고부가가치의 아이디어집약적 부문에서 혁신을 만들어내지 못하는 이유는 기본적으로 다양성의 부족이다. R&D 지출액의 부족만이 문제가 아니라 혁신은 비판적 사고와 자유실험 정신이 넘쳐나게 하는 교육시스템을 요구한다. 그리고 이는 개방적이고 다양성이 포용되는 정치시스템을 필요로 한다. 그러나 '차이나 모델'은 자유방임형 시장시스템으로의 급진적인 체제 이행을 추구하였던 러시아나 동유럽 국가들과 달리, 국가와 시장 사이에 힘의 균형을 추구하는 방식이었다. 중국의 선택은 시장이라는 제도가 충분히 갖추어지지 않았다는 점에서 올바른 선택이었다. 그러나 국내에서 권력을 지지하기 위해 국유기업을 사용했을 뿐만 아니라, 국유기업을 통해 글로벌 자본주의의 과실을 축적하고 있다. 국유 제조업체들은 글로벌 시장에 제품을 판매하고 자연자원을 사들였다. 이러한 모든 활동으로부터의 수익을 갖고 있는 중국의 국부펀드들은 글로벌 시장에 투자하였다. 이처럼 중국은 대부분의 주요 자원이 국가에 집중된 사회이다.[96]

---

95 예를 들어, 수십 년간 중국이 육성한 자동차산업의 결과물이라 할 전기차 BYD의 가장 큰 장점은 디자인이나 최첨단 기술, 최고 수준의 제조가 아니라 저렴하게 생산할 수 있는 배터리 분야이다. Businessweek, 2009. 또한, 중국에서 조립되는 아이폰(iPhone)의 부가가치 중 중국의 비중은 1%에 불과하다. 아이폰 3G의 경우 소매가격이 500달러였던 반면, 중국에서의 조립비용은 6.50달러에 불과했다. A. Rassweiler, 2009, "iPhone 3G S Carries $178.96 BOM and Manufacturing Cost, iSuppli Teardown Reveals," iSuppli (June 24).

96 물론, 국영기업체의 양적 규모는 지난 20년간 급감했다. 예를 들어, 1995년과 2012년 사이에 국영기업체의 숫자(비중)는 11만 8천 개(23%)에서 6,770개(2%), 국영기업체의 고용자 수(도시 지역 고용 비중)는 1억 955만 명(73%)에서 6,467만 명(45%), 국영기업체 산업총생산액(비중)은 3조 1,220억 위안(57%)에서 6조 6,673억 위안(2011년, 8%)으로 감소하였다. H. Chen and J. Whalley,

문제는 국가 주도의 경제시스템으로 제조업은 육성할 수 있지만, 창의성을 요구하는 무형가치 분야의 혁신을 만들어내기는 어렵다는 점이다. 무형가치 분야의 혁신의 원천은 차이와 다양성, 창의성인 것에 비해 다원화는 중국의 권위주의 체제와 양립할 수 없기 때문이다. 이는 중국이 지속 성장을 하려면 사회의 다원화 추세가 불가피함을 의미한다. 차이나 모델의 지속가능성에 회의를 제기하는 주장 역시 민주주의가 수반되지 않는 경제성장은 한계가 있다는 견해에 기초한다. 차이나 모델의 지속성은 미국을 비롯한 국제 사회와의 공존에도 달려 있다. 앞에서 살펴보았듯이 글로벌 불균형은 세계경제의 불안정성을 심화시키고 있다. 중국의 위안화 절상 문제[97]는 미국만이 요구하는 사안이 아니다. 2011년 1월 브라질 재무장관 만테가(Mantega)는 통화전쟁은 무역전쟁이 되고 있다며 미국뿐만 아니라 중국도 가장 나쁜 범죄자에 포함시켰다.[98] 인도 역시 고위급회담에서 중국과의 무역불균형을 주요 관심사로 다루고 있다.[99] 통화가치의 절상으로 브라질 역시 중국으로부터의 무역적자에 시달리고 있기 때문이다. 개도국과 선진국으로부터 중국에 대한 반덤핑 제소가 증가하는 배경이다. 문제는 이러한 대응도 중국이 시장경제 지위를 획득하는 2016년에는 어렵게 된다. 이처럼 중국의 시장 점유율 증가에 대한 국제 사회의 우려 목소리가 고조되고 있다. 주요국의 일자리 감소도 중국의 시장점유율 증가와 관련 있기 때문이다. 그런데 중국의 경상수지 흑자가 과잉저축인 반면, 중국의 높은 저축을 국유기업이 주도한다는 점에서 소득불평등의 해결, 중소기업 및 개인에 대한 신용 접근 기회의 확대, 국유기업 소유지배구조의 개혁(주식 분산) 등이 수반되지 않는 한 중국의 경상수지 흑자는 해소되기 어

2014, "The State-owned Enterprises Issue in China's Prospective Trade Negotiations," CIGI Papers No. 48 (Oct.).

97 중국 위안화 가치의 평가절하는 2000~07년간 약 19%로 추정된다. A. Mattoo and A. Subramanian, Dec. 2011, "China and the World Trading System," World Bank Policy Research WP. 5897, p. 7.

98 Moneynews, 10 Jan 2011, "Brazil Threatens Trade War Against US, China; Financial Times, January 10, 2011, Trade war looming, warns Brazil."

99 The Economic Times, 201, "Trade deficit with China matter of concern: India" (Apr. 12).

렵다.[100] 점증하는 소득과 부의 집중, 즉 대내적 불균형이 경상수지 흑자라는 대외불균형과 동전의 앞뒷면을 이루고 있는 것이다. 중국 경제의 지배력 증대에 따른 갈등은 중국 시장점유율의 확대에서 그치지 않는다. 중국은 자연자원에 대한 차별적 접근의 획득에 자신의 경제 지배력을 이용한다. 즉 중국은 지금까지 일반 시장에 대한 특권적 접근보다 자연자원에 대한 특권적 접근을 획득하는 데 초점을 맞추었다. 시장 규모가 큰 선진국은 대개 개방되어 있는 반면, 자원시장의 경우 거대 수요자인 중국과 공급이 집중된 소규모 개도국 간의 비대칭적인 수급구조를 갖고 있기 때문이다.[101] 중국은 자원 의존의 해결을 자원에 대한 장기 접근의 확보를 위해 해외투자로 대응하고 있고, 이 투자의 약 80%가 국유기업 혹은 국가가 통제하는 기업에 의해 이루어지다보니 투자를 받는 국가의 우려는 증대할 수밖에 없다.[102] 이처럼 국제협력의 필요성이 증대하는 상황에서 중국 경제의 부상은 초국가 협력을 만들어내기보다는 새로운 힘과 낡은 힘 사이에 이해의 대립을 고조시키며 글로벌 경제에 '또 하나의 리스크'를 추가시키고 있다. 이처럼 글로벌 불균형이나 중국 경제의 지속가능성 등 중국 경제의 핵심 문제들의 근원은 모두 중국 내부에 있다.

---

100 IMF는 GDP 대비 중국의 경상수지 흑자 규모를 2012년 6.3%에서 2015년에는 7.6%로 증가할 것으로 전망하고 있다. E. Prasad(2011: Table 1)에서 재인용.

101 예를 들어, 2009년 기준 중국은 세계 철광석 수입의 65%를 차지하였고 그 중 80%는 호주와 브라질과 인도에서 수입하였다.

102 D. Rosen and T. Hanemann, 2009, "China's Changing Outbound Foreign Direct Investment Profile: Drivers and Policy Implications, Peterson Institute for International Economics," Policy Brief 09-14.

찾아보기

ㄱ

▌A~Z▐

저자소개

최배근(崔培根)

건국대학교 경제학과 교수(현)
KBS 고정출연(현)
경제사학회 회장
코리아글로브 이사장
국가인권위원회 전문위원
경향신문 〈경제와 세상〉 고정칼럼 집필
MBC 자문위원
한겨레21, 지구촌경제 고정칼럼 집필
한국경제TV '최배근의 글로벌 이슈' 고정출연 해설
행정자치부 자문위원
하남민주연대 대표
대안학교 민들레학교 교장
전국사립대학교 교수협의회 사무총장
학교법인 지산학원 임시이사(공익관선이사)
건국대학교 민족통일연구소 소장

주요 저서

탈공업화 시대의 경제학강의—시장이론에 대한 비판적 이해, 법문사, 2015.
탈공업화와 무형재경제 그리고 협력의 경제학, 집문당, 2015.
파국에서 레짐 체인지로—채무 노예의 길과 구체제 해체의 갈림길, 집문당, 2013.
협력의 경제학—탈공업화와 금융위기 이후의 경제학, 집문당, 2013.
한국사회 대논쟁(공저), 한국사회과학협의회 · 중앙SUNDAY, 메디치미디어, 2012.
시장시스템들의 붕괴와 대변환, 집문당, 2012.
어게인 쇼크, 팬덤북스, 2011.
시장이론 비판, 집문당, 2011.
대변환의 시작, 집문당, 2009.
시장경제, 진화와 위기, 집문당, 2008.
시장과 네트워크 그리고 경제학, 집문당, 2007.
한국경제의 새로운 길, 박영사, 2007.
헌법 다시 보기: 87년 헌법, 무엇이 문제인가(공저), 창비, 2007.
시장경제와 민주주의의 유형: 영미형과 동아시아형의 비교, 집문당, 2005.
네트워크사회의 경제학, 한울아카데미, 2003.
디지털시대, 새로 쓰는 경제학, 한울아카데미, 2002.
인터넷한국의 10가지 쟁점(공저), 역사넷, 2002.
시장경제들의 역사적 기원과 특성, 법문사, 2000.
한국경제의 역사적 인식: 유럽 중심적 사고의 극복, 박영사, 1998.
참여민주주의와 한국 사회(공저), 창작과비평사, 1997.
우리가 바로잡아야 할 39가지 개혁과제(공저), 도서출판 푸른숲, 1997.
한반도통일론: 전망과 과제(공저), 건국대학교출판부, 1997.
한국경제의 이해: 한국경제성장의 회고와 전망(공저), 법문사, 1997.

탈공업화 함정과 낡은 질서의 붕괴 그리고 대변환의 시작

탈공업화와 시장시스템들의 붕괴 그리고 대변환 값 30,000원

2015년 3월 5일 1판 1쇄

저 자 최 배 근
발 행 인 임 동 규
발 행 처 **집 문 당**
주 소 110-360 서울시 종로구 돈화문로 82
등 록 1971. 3. 23. 제300-2012-69호
영 업 부 (02)743-3192~3 팩스(02)742-4657
전자우편 sale@jipmoon.co.kr
편 집 부 (02)743-3096~7 팩스(02)743-0227
전자우편 edit@jipmoon.co.kr
홈페이지 www.jipmoon.co.kr

ISBN 978-89-303-1671-2

이 도서의 국립중앙도서관 출판예정도서목록(CIP)은 서지정보유통지원시스템 홈페이지(http://seoji.nl.go.kr)와 국가자료공동목록시스템(http://www.nl.go.kr/kolisnet)에서 이용하실 수 있습니다.(CIP제어번호: CIP2015005988)